NEW CHINA
EXCELLENT LITERARY
WORKS LIBRARY

1949–2019

新中国70年
优秀文学作品文库

散文卷
PROSES

梁鸿鹰 / 主编

1
上卷

中国言实出版社

图书在版编目（CIP）数据

新中国 70 年优秀文学作品文库 . 散文卷 / 梁鸿鹰主编 .
-- 北京 : 中国言实出版社，2019.6
ISBN 978-7-5171-3117-5

Ⅰ . ①新…　Ⅱ . ①梁…　Ⅲ . ①中国文学 – 当代文学 – 作品综合集②散文集 – 中国 – 当代　Ⅳ . ① I217.1

中国版本图书馆 CIP 数据核字（2019）第 063345 号

出 版 人： 王昕朋
策 划 人： 王昕朋
总 监 制： 朱艳华
责任编辑： 宫媛媛
代青霞
责任校对： 王战星
崔文婷
责任印制： 佟贵兆
封面设计： 柒拾叁号

出版发行　中国言实出版社
地　址：北京市朝阳区北苑路 180 号加利大厦 5 号楼 105 室
邮　编：100101
编辑部：北京市海淀区北太平庄路甲 1 号
邮　编：100088
电　话：64924853（总编室） 64924716（发行部）
网　址：www.zgyscbs.cn
E-mail：zgyscbs@263.net

经　　销　新华书店
印　　刷　北京中科印刷有限公司
版　　次　2019 年 6 月第 1 版　　2019 年 6 月第 1 次印刷
规　　格　710 毫米 ×1000 毫米　　1/16　　40.5 印张
字　　数　692 千字
定　　价　168.00 元（全二卷）　ISBN 978-7-5171-3117-5

目录

上卷

毛主席向着黄河笑　臧克家 / 1

谁是最可爱的人　魏　巍 / 4

游了三个湖　叶圣陶 / 8

社稷坛抒情　秦　牧 / 13

第二次考试　何　为 / 18

鉴湖风景如画　许钦文 / 21

天山景物记　碧　野 / 23

小橘灯　冰　心 / 29

他们是普通劳动者　袁　木 / 32

夜走灵官峡　杜鹏程 / 37

长江三日　刘白羽 / 40

黄山松　丰子恺 / 47

歌声　吴伯箫 / 49

雨中登泰山　李健吾 / 53

画山绣水　杨　朔 / 57

澜沧江边的蝴蝶会　冯　牧 / 60

海南杂忆　茅　盾 / 65

五星红旗在天安门前升起　李水清 / 68

驿路梨花　彭荆风 / 72

一封终于发出的信　陶斯亮 / 75

杜晚香　丁　玲 / 88

太阳下的风景　黄永玉 / 106

啊，你盼望的那个原野　严文井 / 121

梦中的天地　陆文夫 / 125
谈梁遇春　冯　至 / 131
商州又录　贾平凹 / 139
忆白石老人　艾　青 / 151
鞋的故事　孙　犁 / 156
文学的根　韩少功 / 159
昆仑飞瀑　李若冰 / 164
故乡的红头船　秦　牧 / 168
沈从文先生在西南联大　汪曾祺 / 172
隐身衣　杨　绛 / 178
早晨从中午开始（节选）　路　遥 / 182
我的大院，我昔日的梦　韩小蕙 / 200
王瑶先生杂忆　赵　园 / 206
我与地坛　史铁生 / 212
新疆的歌　王　蒙 / 226
三松堂断忆　宗　璞 / 230
幽径悲剧　季羡林 / 235
关于死的反思　萧　乾 / 238
一个王朝的背影　余秋雨 / 242
驯心　王充闾 / 256
大地上的事情（节选）　苇　岸 / 269
剩下的事情　刘亮程 / 278
一路绿色　楚　汜 / 294
皋兰夜语（节选）　雷　达 / 298
妈妈在山岗上　陈建功 / 305
一百年的青春　谢　冕 / 310
上海与北京　王安忆 / 313

雨后　周晓枫 / 316
信仰坐在我们中间多少时候了　何向阳 / 323
走进一座圣殿　周国平 / 330

下卷

原下的日子　陈忠实 / 337
出生入死　林斤澜 / 343
筑万松浦记　张　炜 / 349
爱着你的苦难　塞　壬 / 358
滚烫的石头　彭　程 / 361
会唱歌的沙漠　王昕朋 / 370
被时间决定的讲述　张锐锋 / 374
在卢梭铜像面前的思索　林　非 / 382
一条河的两岸　宁　肯 / 387
七七级　南　帆 / 394
祖国伴我去飞翔　杨利伟 / 403
小小的篝火　潘旭澜 / 409
在我的书房怀想上海　赵丽宏 / 412
天安门见证　袁　鹰 / 415
春日探寻聚源中学　陈丹燕 / 418
花土沟的花　肖复兴　肖复华 / 423
汉代的五个历史细节　穆　涛 / 426
紫禁城：时间与空间的秘密　祝　勇 / 435
山中少年今何在　铁　凝 / 451
回望延安　王巨才 / 457
父亲的眼光　艾克拜尔·米吉提 / 465
去看一棵大树　贺捷生 / 469

苍天般的阿拉善　陈世旭 / 474
原来姹紫嫣红开遍（节选）　迟子建 / 479
谁为失去故土的人安魂　吴佳骏 / 481
我们的存在感　王小妮 / 487
致鱼山　叶　梅 / 494
草原上的农民（节选）　冯秋子 / 500
草木深　江　子 / 507
唤声姐姐叫萧红　红　孩 / 515
站在“辽宁”舰的甲板上　黄传会 / 520
百年梨树记　丹　增 / 524
一个人和一种命运的逝去　阎晶明 / 529
迁徙的故乡　梅　洁 / 536
精致的肺　李敬泽 / 547
一念三千里　毕淑敏 / 554
司马迁：在肉身与灵魂之间（节选）　夏立君 / 556
士与绅的最后遭逢　阿　来 / 565
安放自我（节选）　梁鸿鹰 / 579
索布日嘎之夜：我听到了谁的歌声？　鲍尔吉·原野 / 584
天空下的麦莱岭　朝　颜 / 589
还有哪里比湘西更美　彭学明 / 598
激流中（节选）　冯骥才 / 603
母亲的手艺　林那北 / 619
玄鸟　格　致 / 625
鲁迅的公务员生涯　张宏杰 / 636

毛主席向着黄河笑

臧克家

毛主席视察黄河，一张留影告诉了我们这个消息。

毛主席向着黄河笑了。这是望到了壮丽的远景，从一个伟大心胸里流露出来的欢笑。这笑里带着完成一个伟大任务必胜的信心。这笑是有力的，动人的，富有强烈的感染力量。

追随在毛主席身后，紧跟着他的脚步前进的六个人，不，应该是六万万人，也都笑了。

毛主席在笑着向黄河打招呼，好似说："这是人民当家作主的年代，黄河啊，不能再任情纵横了，我们要你为祖国社会主义的建设服务。"

远在童年时代，读了地理和历史教科书上的描写，就使我对于孕育古代中国文明的这祖国第二大河，发生了一种豪迈的景仰感情。

古代诗人们的诗句更把它美化了。长河落日的雄浑景象，奔流到海不复回的伟大气势，是会令人为之心怀壮阔、志气昂扬的。

黄河，这流经七个省份[①]、流长五千公里的来自天上的水，是任性的、娇纵的、粗野的，简直像一头横冲直撞的饥饿的猛兽。

不必向前代的典籍上去清查它那残酷灾害的记录，听一听千百年来挂在人民口头上的这血泪凝成的一句谚语吧：

"黄河百害，惟富一套。"

富庶的河套，是黄河所给的一点甜头，这一点点它口里所吐出的，和被它所吞没的比较起来，真是微乎其微了。

---

① 编者注：作者是按当时的行政区划进行的计算，现在黄河流经九个省份。

黄河，不简直就是黄祸吗？

过去黑暗社会的统治者，对于自然的灾害，不是设法去控制它，为了个人的野心，反而放纵了它，就像解开饿虎颈上的铁链，把它驱向善良的人民。

一九三八年蒋介石炸决花园口黄河大堤的情况，就是这样。

对于这次以八九十万人民的生命和无法估计的财产供作牺牲的人造黄泛，我也是它的一个见证人。我在豫东虽然只见到了它的一点余波，那景象已经够动魄惊心的了。举目茫茫，一片黄汤。树木的梢头，挣扎出水面，遥遥地向人招手。日用家具，像小船随波漂荡，时而看到人的尸首和死了的家畜互相追逐着，好似恋恋地舍不得分开。平地上行船，高的屋脊鱼群似的掠船而过。在退了水的土堤上，走动着一些无衣无食无家可归的受难者，他们有的睡在露天里，有的在树上打一个吊铺，时间仿佛倒退了一万年，二十世纪的人民，在过着原始时代的生活。

任何一个人看到这悲惨的景象，都会对受灾的同胞，发生无限同情，对蒋介石反动政权的这种毫无人性的暴行，十分愤慨；对于黄河呢，认识到它为害的惨烈，从心里兴起一种制服它的愿望。

这种制服黄河，使它滔滔的洪流安澜的愿望，不是自今日始的。远古时代传说中的英雄人物大禹，不就是人民智慧、人民希望的一个化身吗？他那凿龙门、疏九河的气魄和毅力，他那三过家门而不入的惶惶不宁居处的忘我精神，是叫人肃然起敬而且为之深深感动的。历代以来，凡是在治黄方面尽过一些力量、作出一些贡献的人，人民铭记着他们的名字，用感激与尊敬的心情怀念着他们，甚至替他们立了庙堂，把他们当成神来供奉。

可是，由于历史性的限制，由于旧式的社会制度的阻碍，对于为害剧烈的黄河，只能凭一次又一次惨痛的经验，作出一些消极性的防御工作，如何从根本上控制它，使它对祖国和人民作出有益的巨大贡献，我们的祖先在这方面，是做梦也想不到的。他们把“等到黄河水清”和“日头从西边出来”看作同样是不可能的。

是的，滔滔的黄河，流过荒古的北京人时代，流过奴隶社会和封建社会时代，流过蒋介石反动统治时代，它那贪婪的大口，吞进了千万顷良田沃土，在大地上留下了漠漠荒沙，它把几千年前的水纹留在峭壁上，它把惊险留在一代又一代三门峡船公的心头，它把报警的锣鼓声、大堤溃决时绝望的呼号，永远留在人民深深的记忆里。

黄河，终于流到了毛泽东时代。

千万年蛮横任性的黄河，今天，我们要叫你服服帖帖地顺着社会主义建设的指标前进。

千万年来滔滔的浑黄浊流，我们要叫你一清见底。

黄河，一个领导全中国人民大翻身的巨人，走近了你的身旁。他笑着向你打招呼，他也要你彻底翻一个身。在他的笑容里，我们看到了一个美丽动人的黄河远景：

规模相当于第聂伯河水电站的一个水电站，巍然屹立在三门峡上，这里的电门一开，无数工厂的机器立刻轰响了起来，数以亿计的电灯，一齐放出了亮光。

拦河坝，拦腰把黄河拦住，成为一个又一个人造湖。它的绿波，映在旭日和晚照里，会使人想起“澄江静如练”这美丽的诗句所表现的境界来。黄河两岸，树木成林，绿草如茵，秋天来到的时候，一望无边的黄土地上，火似的沉甸甸的高粱的红穗在风里摇晃。

成队的汽车在柳荫大道上疾驰而过；汽笛叫了，满载客人和货物的轮船正行走在河面上……

毛主席站在黄河身旁，望着它的壮丽远景，笑了。

原载《人民日报》1951 年 4 月 11 日

谁是最可爱的人

魏 巍

在朝鲜的每一天，我都被一些东西感动着；我的思想感情的潮水，在放纵奔流着；我想把一切东西都告诉给我祖国的朋友们。但我最急于告诉你们的，是我思想感情的一段重要经历，这就是：我越来越深刻地感觉到谁是我们最可爱的人！

谁是我们最可爱的人呢？我们的战士，我感到他们是最可爱的人。

也许还有人心里隐隐约约地说：你说的就是那些“兵”吗？他们看来是很平凡、很简单的哩。既看不出他们有什么高深的知识，又看不出他们有什么丰富的感情。可是，我要说，这是由于他跟我们的战士接触太少，还没有了解我们的战士：他们的品质是那样的纯洁和高尚，他们的意志是那样的坚韧和刚强，他们的气质是那样的淳朴和谦逊，他们的胸怀是那样的美丽和宽广！

让我还是来说一段故事吧。

还是在二次战役的时候，有一支志愿军的部队向敌后猛插，去切断军隅里敌人的逃路。当他们赶到书堂站时，逃敌也恰恰赶到那里，眼看就要从汽车路上开过去。这支部队的先头连（三连）就匆匆占领了汽车路边一个很低的光光的小山冈，阻住敌人。一场壮烈的搏斗就开始了。敌人为了逃命，用了三十二架飞机、十多辆坦克发起集团冲锋，向这个连的阵地汹涌卷来，整个山顶的土都被打翻了，汽油弹的火焰把这个阵地烧红了。但是，勇士们在这烟与火的山冈上，高喊着口号，一次又一次把敌人打死在阵地前面。敌人的死尸像谷个子似的在山前堆满了，血也把这山冈流红了。可是敌人还是要拼死争夺，好使自己的主力不致覆灭。这场激战整整持续了八个小时。最后，勇士们的子弹打光了。蜂拥上来的敌人占领了山头，把他们压到山脚。飞机掷下的汽油弹，把他们的身上烧着了火。这时候，勇士们是仍然不会后退的呀，他们把枪一摔，向敌人扑去，身上帽子上呼呼地冒着火苗，把敌人抱住，让身上的火，也把占领阵地的敌人烧死。……据这个营的营长告诉我，战后，这个连的阵地上，枪支完全摔碎了，机枪零件扔得满山都是。烈士们的遗体，保留着各种各样的姿势，有抱住敌人腰的，有抱住敌人头的，有掐住敌人脖子，把敌人摁倒在地上的，和敌人倒在一起，烧在一起。有一个战士，他手里还紧握着一个手榴弹，弹体上沾满脑浆；和他死在一起的美国鬼子，脑浆迸裂，涂了一地。另一个战士，嘴里还衔着敌人的半块耳朵。在掩埋烈士遗体的时候，由于他们两手扣着，把敌人抱得那样紧，分都分不开，以致把有些人的手指都掰断了。……这个连虽然伤亡很大，他们却打死了三百多敌人，更重要的，他们使得我们部队的主力赶上来，聚歼了敌人。

这就是朝鲜战场上一次最壮烈的战斗——松骨峰战斗，或者叫书堂站战斗。假若需要立纪念碑的话，让我把带火扑敌和用刺刀跟敌人拼死在一起的烈士们的名字记下吧。他们的名字是：王金传、邢玉堂、胡传九、井玉琢、王文英、熊官全、王金侯、赵锡杰、隋金山、李玉安、丁振岱、张贵生、崔玉亮、李树国。还有一个战士，已经不可能知道他的名字了。让我们的烈士们千载万世永垂不朽吧！

这个营的营长向我叙说了以上的情形，他的声调是缓慢的，他的感情是沉重的。他说在阵地上掩埋烈士的时候，他掉了眼泪。但是，他接着说："你不要以为我是为他们伤心，不，我是为他们骄傲！我觉得我们的战士太伟大了，太可爱了，我不能不被他们感动得掉下泪来。"

朋友，当你听到这段英雄事迹的时候，你的感想如何呢？你不觉得我们的战士是可爱的吗？你不以我们的祖国有着这样的英雄而自豪吗？

我们的战士，对敌人这样狠，而对朝鲜人民却是那样的仁义，充满国际主义的深厚热情。

在汉江北岸，我遇到一个青年战士，他今年才二十一岁，名叫马玉祥，是黑龙江青冈县人。他长着一副微黑透红的脸膛，高高的个儿，站在那儿，像秋天田野里一株红高粱那样淳朴可爱。不过因为他才从阵地上下来，显得稍微疲劳些，眼里的红丝还没有退净。他原来是炮兵连的。有一天夜里，他被一阵哭声惊醒了，出去一看，是一个朝鲜老妈妈坐在山冈上哭。原来她的房子被炸毁了，她在山里搭了个窝棚，窝棚又被炸毁了。回来，他马上到连部要求调到步兵连去，正好步兵连也需要人，就批准了他。我说："在炮兵连不是一样打敌

人吗？”“那，不同！”他说，“离敌人越近，越觉着打得过瘾，越觉着打得解恨！”

在汉江南岸阻击敌人的日子里，有一天他从阵地上下来做饭。刚一进村，有几架敌机袭过来，打了一阵机关炮，接着就扔下了两个大燃烧弹。有几间房子着了火，火又盛，烟又大，使人不敢到跟前去。这时候，他听见烟火里有一个小孩子哇哇哭叫的声音。他马上穿过浓烟到近处一看，一个朝鲜的中年男人在院子里倒着，小孩子的哭声还在屋里。他走到屋门口，屋门口的火苗呼呼的，已经进不去人，门窗的纸已经烧着。小孩子的哭声随着那滚滚的浓烟传出来，听得真真切切。当他叙述到这里的时候，他说：“我能够不进去吗？我不能！我想，要在祖国遇见这种情形，我能够进去，那么，在朝鲜我就可以不进去吗？朝鲜人民和我们祖国的人民不是一样的吗？我就踹开门，扑了进去。呀！满屋子灰洞洞的烟，只能听见小孩哭，看不见人。我的眼也睁不开，脸烫得像刀割一般。我也不知道自己的身上着了火没有，我也不管它了，只是在地上乱摸。先摸着一个大人，拉了拉没拉动；又向大人的身后摸，才摸着小孩的腿，我就一把抓着抱起来，跳出门去。我一看小孩子，是挺好的一个小孩儿啊。他穿着小短褂儿，光着两条小腿儿，小腿儿乱蹬着，哇哇地哭。我心想：‘不管你哭不哭，不救活你家大人，谁养活你哩！’这时候，火更大了，屋子里的家具什物也烧着了。我就把他往地上一放，就又从那火门里钻了进去。一拉那个大人，她哼了一声，我就使劲往外拉，见她又不动了。凑近一看，见她脸上流下来的血已经把她胸前的白衣染红了，眼睛已经闭上。我知道她不行了，才赶忙跳出门外，扑灭身上的火苗，抱起这个无父无母的孩子。……”

朋友，当你听到这段事迹的时候，你的感觉又是如何呢？你不觉得我们的战士是最可爱的人吗？

谁都知道，朝鲜战场是艰苦些。但战士们是怎样想的呢？有一次，我见到一个战士，在防空洞里，吃一口炒面，就一口雪。我问他：“你不觉得苦吗？”他把正送往嘴里的一勺雪收回来，笑了笑，说：“怎么能不觉得？我们革命军队又不是个怪物。不过我们的光荣也就在这里。”他把小勺儿干脆放下，兴奋地说：“就拿吃雪来说吧。我在这里吃雪，正是为了我们祖国的人民不吃雪。他们可以坐在挺豁亮的屋子里，泡上一壶茶，守住个小火炉子，想吃点什么就做点什么。”他又指了指狭小潮湿的防空洞说：“再比如蹲防空洞吧，多憋闷得慌哩，眼看着外面好好的太阳不能晒，光光的马路不能走。可是我在这里蹲防空洞，祖国的人民就可以不蹲防空洞啊，他们就可以在马路上不慌不忙地走啊。他们想骑车子也行，想走路也行，边溜达边说话也行。只要能使人民得到幸福，就是我们最大的幸福。所以，”他又把雪放到嘴里，像总结似的说：“我在这里流点血不算什么，吃这点苦又算什么哩！”我又问：“你想不想祖国啊？”他笑起来：“谁不想哩，说不想，那是假话，可是我不愿意回去。如果回去，祖国的老百姓问：‘我们托付给你们的任务完成得怎么样啦？’我怎么答对呢？我说‘朝鲜半边红，半边黑’，这算什么话呢？”我接着问：“你们经历了这么多危险，吃了这么多苦，你们对祖国对朝鲜有什么要求吗？”他想了一下，才回答我：“我们什么也不要。可是说心里话，——我这话可不一定恰当啊，我们是想要这么大的一个东西，”他笑着，用手指比个铜子儿大小，怕我不明白，又说，“一块‘朝鲜解放纪念章’，我们愿意戴在胸脯上，回到咱们的祖国去。”

朋友们，用不着多举例，你们已经可以了解我们的战士是怎样一种人，这种人有一种什么品质，他们的灵魂多么的美丽和宽广。他们是历史上、世界上第一流的战士，第一流的人！他们是世界上一切善良爱好和平人民的优秀之花！是我们值得骄傲的祖国之花！我们以我们的祖国有这样的英雄而骄傲，我们以生在这个英雄的国度而自豪！

亲爱的朋友们，当你坐上早晨第一列电车驰向工厂的时候，当你扛上犁耙走向田野的时候，当你喝完一杯豆浆、提着书包走向学校的时候，当你坐到办公桌前开始这一天工作的时候，当你往孩子口里塞苹果的时候，当你和爱人一起散步的时候……朋友，你是否意识到你是在幸福之中呢？你也许很惊讶地说：“这是很平常的呀！”可是，从朝鲜归来的人，会知道你正生活在幸福中。请你意识到这是一种幸福吧，因为只有你意识到这一点，你才能更深刻了解我们的战士在朝鲜奋不顾身的原因。朋友！你是这么爱我们的祖国，爱我们的伟大领袖毛主席，你一定会深深地爱我们的战士，——他们确实是我们最可爱的人！

原载《人民日报》1951 年 4 月 11 日

游了三个湖

叶圣陶

这回到南方去，游了三个湖。在南京，游玄武湖，到了无锡，当然要望望太湖，到了杭州，不用说，四天的盘桓离不了西湖。我跟这三个湖都不是初相识，跟西湖尤其熟，可是这回只是浮光掠影地看看，写不成名副其实的游记，只能随便谈一点儿。

首先要说的，玄武湖和西湖都疏浚了。西湖的疏浚工程，做的五年的计划，今年四月初开头，听说要争取三年完成，每天挖泥船轧轧轧地响着，连在链条上的兜儿一兜兜地把长远沉在湖底里的黑泥挖起来。玄武湖要疏浚，为的是恢复湖面的面积，湖面原先让淤泥和湖草占去太多了。湖面宽了，游人划船才觉得舒畅，望出去心里也开朗，又可以增多渔产。湖水宽广，鱼自然长得多了。西湖要疏浚，主要为的是调节杭州城的气候。杭州城到夏天，热得相当厉害，西湖的水深了，多蓄一点儿热，岸上就可以少热一点儿。这些个都是顾到居民的利益。顾到居民的利益，在从前，哪儿有这回事？只有现在的政权，人民自己的政权，才当作头等重要的事儿，在不妨碍国家社会主义工业化的前提之下，非尽可能来办不可。听说，玄武湖平均挖深半公尺以上，西湖准备平均挖深一公尺。

其次要说的，三个湖上都建立了疗养院——工人疗养院或者机关干部疗养院。玄武湖的翠洲有一所工人疗养院，太湖、西湖边上到底有几所疗养院，我也说不清。我只访问了太湖边中犊山的工人疗养院。在从前，卖力气淌汗水的工人哪有疗养的份儿？害了病还不是咬紧牙关带病做活，直到真个挣扎不了，跟工作、生命一齐分手？至于休养，那更是做梦也想不到的事儿，休养等于放下手里的活闲着，放下手里的活闲着，不是连吃不饱肚子的一口饭也没有着落了吗？只有现在这时代，人民当了家，知道珍爱创造种种财富的伙伴，才要他们疗养，而且在风景挺好、气候挺适宜的所在给他们建立疗养院。以前人有句诗道，“天下名山僧占多”。咱们可以套用这一句的意思说，目前虽然还没做到，往后一定会做到，凡是风景挺好、气候挺适宜的所在，疗养院全得占。僧占名山该不该，固然是个问题，疗养院占好所在，那可绝对地该。

又其次要说的，在这三个湖边上走走，到处都显得整洁。花草栽得整齐，树木经过修剪，大道小道全扫得干干净净，在最容易忽略的犄角里或者屋背后也没有一点儿垃圾。这不只是三个湖边这样，可以说哪儿都一样。北京的中山公园、北海公园不是这样吗？撇开园林、风景区不说，咱们所到的地方虽然不一定栽花草，种树木，不是也都干干净净，叫你剥个橘子吃也不好意思把橘皮随便往地上扔吗？就一方面看，整洁是普遍现象，不足为奇。就另一方面看，可就大大值得注意。做到那样整洁决不是少数几个人的事儿。固然，管事的人如栽花的，修树的，扫地的，他们的勤劳不能缺少，整洁是他们的功绩。可是，保持他们的功绩，不让他们的功绩一会儿改了样，那就大家有份儿，凡是在那里、到那里的人都有份儿。你栽得整齐，我随便乱踩，不就改了样吗？你扫得干净，我嗑瓜子乱吐瓜子皮，不就改了样吗？必须大家不那么乱来，才能保持经常的整洁。解放以来属于移风易俗的事项很不少，我想，这该是其中的一项。回想过去时代，凡是游览地方、公共场所，往往一片凌乱，一团肮脏，那种情形永远过去了，咱们从“爱护公共财物”的公德出发，已经养成了到哪儿都保持整洁的习惯。

现在谈谈这回游览的印象。

出玄武门，走了一段堤岸，在岸左边上小划子。那是上午九点光景，一带城墙受着晴光，在湖面和蓝天之间划一道界限。我忽然想起四十多年前头一次游西湖，那时候杭州靠西湖的城墙还没拆，在西湖里朝东看，正像在玄武湖里朝西看一样，一带城墙分开湖和天。当初筑城墙当然为的防御，可是就靠城的湖来说，城墙好比园林里的回廊，起掩蔽的作用。回廊那一边的种种好景致，亭台楼馆，花坞假山，游人全看过了，从回廊的月洞门走出来，瞧见前面别有一番境界，禁不住喊一声“妙”，游兴益发旺盛起来。再就回廊这一边说，把这一边、那一边的景致合在一块儿看也许太繁复了，有一道回廊隔着，让一部分景致留在想象之中，才见得繁简适当，可以从容应接。这是园林里修回廊的妙用。湖边的城墙几乎跟回廊完全相仿。所以西湖边的城墙要是不拆，游人无论从湖上看东岸或是从城里出来看湖上，就会感觉另外一种味道，跟现在感觉的

大不相同。我也不是说西湖边的城墙拆坏了。湖滨一并排是第一公园至第六公园，公园东面隔着马路，一带相当齐整的市房，这看起来虽然繁复些，可是照构图的道理说，还成个整体，不致流于琐碎，因而并不伤美。再说，成个整体也就起回廊的作用。然而玄武湖边的城墙，要是有人主张把它拆了，我就不赞成。不知道为什么，我总觉得那城墙的线条，那城墙的色泽，跟玄武湖的湖光、紫金山复舟山的山色配合在一起，非常调和，看来挺舒服，换个样儿就不够味儿了。

这回望太湖，在无锡鼋头渚，又在鼋头渚附近的湖面上打了个转，坐的小汽轮。鼋头渚在太湖的北边，是突出湖面的一些岩石，布置着曲径蹬道，回廊荷池，从林花圃，亭榭楼馆，还有两座小小的僧院。整个鼋头渚就是个园林，可是比一般园林自然得多，何况又有浩渺无际的太湖做它的前景。在沿湖的石上坐下，听湖波拍岸，挺单调，可是有韵律，仿佛觉得这就是所谓静趣。南望马迹山，只像山水画上用不太淡的墨水涂上的一抹。我小时候，苏州城里卖芋头的往往喊“马迹山芋艿”。抗日战争时期，马迹山是游击队的根据地。向来说太湖七十二峰，据说实际不止此数。多数山峰比马迹山更淡，像是画家蘸着淡墨水在纸面上带这么一笔而已。至于我从前到过的满山果园的东山，石势雄奇的西山，都在湖的南半部，全不见一丝影儿。太湖上渔民很多，可是湖面太宽阔了，渔船并不多见，只见鼋头渚的左前方停着五六只。风轻轻地吹动桅杆上的绳索，此外别无动静。大概这不是适宜打鱼的时候。太阳渐渐升高，照得湖面一片银亮。碧蓝的天空中飘着几朵若有若无的薄云。要是天气不好，风急浪涌，就会是一幅完全不同的景色。从前人描写洞庭湖、鄱阳湖，往往就不同的气候、时令着笔，反映出外界现象跟主观情绪的关系。画家也一样，风雨晦明，云霞出没，都要研究那光和影的变化，凭画笔描绘下来，从这里头就表达出自己的情感。在太湖边作较长时期的流连，即使不写什么文章，不画什么画，精神上一定会得到若干无形的补益。可惜我来也匆匆，去也匆匆，只能有两三个钟头的勾留。

刚看过太湖，再来看西湖，就有这么个感觉，西湖不免小了些儿，什么东西都挨得近了些儿。从这一边看那一边，岸滩，房屋，林木，全都清清楚楚，没有太湖那种开阔浩渺的感觉。除了湖东岸没有山，三面的山全像是直站到湖边，又没有衬托在背后的远山。于是来了个总的印象：西湖仿佛是盆景。换句话说，有点儿小摆设的味道。这不是给西湖下贬辞，只是直说这回的感觉罢了。而且盆景也不坏，只要布局得宜。再说，从稍微远一点儿的地点看全局，才觉得像个盆景，要是身在湖上或是湖边的某一个所在，咱们就成了盆景里的小泥人儿，也就没有像个盆景的感觉了。

湖上那些旧游之地都去看看，像学生温旧课似的。最感觉舒坦的是苏堤。堤岸正在加宽，拿挖起来的泥壅一点儿在那儿，巩固沿岸的树根。树栽成四行，每边两行，是柳树、槐树、法国梧桐之类，中间一条宽阔的马路。妙在四行树接叶交柯，把苏堤笼成一条绿荫掩盖的巷子，掩盖而绝不叫人觉得气闷，外湖和里湖从错落有致的枝叶间望去，似乎时时在变换样儿。在这条绿荫的巷子里骑自行车该是一种愉快。散步当然也挺合适，不论是独个儿、少数几个人还是成群结队。以前好多回经过苏堤，似乎都不如这一回，这一回所以觉得好，就在乎树补齐了而且长大了。

灵隐也去了。四十多年前头一回到灵隐就觉得那里可爱，以后每到一回杭州总得去灵隐，一直保持着对那里的好感。一进山门就望见对面的飞来峰，走到峰下向右拐弯，通过春淙亭，佳境就在眼前展开。左边是飞来峰的侧面，不说那些就山石雕成的佛像，就连那山石的凹凸、俯仰、向背，也似乎全是名手雕出来的。石缝里长出些高高矮矮的树木，苍翠，茂密，姿态不一，又给山石添上点缀。沿峰脚是一道泉流；从西往东，水大时候急急忙忙，水小时候从从容容，泉声就有宏细疾徐的分别。道跟泉流平行。道左边先是壑雷亭，后是冷泉亭，在亭子里坐，抬头可以看飞来峰，低头可以看冷泉。道右边是灵隐寺的围墙，淡黄颜色。道上多的是大树，又大又高，说“参天”当然嫌夸张，可真做到了“荫天蔽日”。暑天到那里，不用说，顿觉清凉；就是旁的时候去，也会感觉“身在画图中”，自己跟周围的环境融和一气，挺心旷神怡的。灵隐的可爱，我以为就在这个地方。道上走走，亭子里坐坐，看看山石，听听泉声，够了，享受了灵隐了。寺里头去不去，那倒无关紧要。

这回在灵隐道上大树下走，又想起常常想起的那个意思。我想，无论什么地方，尤其在风景区，高大的树是宝贝。除了地理学、卫生学方面的好处而外，高大的树又是观赏的对象，引起人们的喜悦不比一丛牡丹、一池荷花差，有时还要胜过几分。树冠和枝干的姿态，这些姿态所表现的性格，往往很耐人寻味。辨出意味来的时候，咱们或者说它“如画”，或者说它“入画”，这等于说它差不多是美术家的创作。高大的树不一定都“如画”“入画”，可是可以修剪，从审美观点来斟酌。一般大树不比那些灌木和果树，经过人工修剪的不多，风吹断了枝，虫蛀坏了干，倒是常有的事，那是自然的修剪，未必合乎审美观点。我的意思，风景区的大树得请美术家鉴定，哪些不用修剪，哪些应该修剪。凡

是应该修剪的，动手的时候要遵从美术家的指点，唯有美术家才能就树的本身看，就树跟环境的照应配合看，决定怎么样叫它“如画”“入画”。我把这个意思写在这里，希望风景区的管理机关考虑，也希望美术家注意。我总觉得美术家为满足人民文化生活的要求，不但要在画幅上用功，还得扩大范围，对生活环境的布置安排也费一份心思，加入一份劳力，让环境跟画幅上的创作同样地美——这里说的修剪大树就是其中一个项目。

1954年

社稷坛抒情

——

秦　牧

北京有座美丽的中山公园，公园里有个用五色土砌成的社稷坛。

社稷坛是北京九坛之一，它和坐落在南城的天坛遥遥相对。古代的帝王们，在天坛祭天，在社稷坛祭地。祭天为了要求风调雨顺，祭地为了要求土地肥沃。祭天祭地的终极目的只有一个：就是五谷丰登，可以“聚敛贡城阙”。五谷是从地里长出来的，因此，人们臆想的稷神（五谷）就和社神（土地）同在一个坛里受膜拜了。

穿过古柏参天、处处都是花圃的园林，来到这个社稷坛前，突然有一种寥廓空旷的感觉。在庄严的宫殿建筑之前，有这么一个四方的土坛，屹立在地面，它东面是青土，南面是红土，西面是白土，北面是黑土，中间嵌着一大块圆形的黄土。这图案使人沉思，使人怀古。遥想当年帝王们穿着衮服，戴着冕旒，在礼乐声中祭地的情景，你仿佛看到他们在庄严中流露出来的对于“天命”畏惧的眼色，你仿佛看到许多人慑服在大自然脚下的神情。

这社稷坛现在已经没有一点儿神秘庄严的色彩了。它只是一个奇特的历史遗迹。节日里，欢乐的人群在上面舞狮，少年们在上面嬉戏追逐。平时则有三三两两的游人在那里低徊。对，这真是一个激发人们思古幽情的所在！作为一个中国人，可以让这种使人微醉的感情发酵的去处可真多呢！你可以到泰山去观日出，在八达岭长城顶看日落。可以在西湖荡画舫，到南京鸡鸣寺听钟声。可以在华北平原跑马，在戈壁滩上骑骆驼。可以访寻古代宫殿遗迹，听一听燕子的呢喃，或者到南方的海神庙旁，看浪涛拍岸……这些节目你随便可以举出一百几十种来，但在这里面可不要遗漏掉这个社稷坛！这坛后的宫殿是华丽的，飞檐、斗拱、琉璃瓦、白石阶……真是金碧辉煌！而坛呢，却很荒凉，就只有

五色的泥土。然而这种对照却也使人想起：没有这泥土所代表的大地，没有在大地上胼手胝足的劳动者，根本就不会有这宫殿，不会有一切人类的文明。你在这个土坛上走着走着，仿佛走进古代去，走到一望无际的原野上，在那里，莽莽苍苍，风声如吼。一个戴着高冠、穿着芒鞋的古代诗人正在用他的悲悯深沉的眼睛眺望大地，吟咏着这样的诗句：

> 朝东西眺望没有边际，
> 朝南北眺望没有头绪，
> 朝上下眺望没有依归，
> 我的驱驰不知何所底止！
> ……
>
> 九州究竟安放在什么上面？
> 河床何以洼陷？
> 地面，从东至西究竟多少宽，从南至北多少长？
> 南北要比东西短些，短的程度究竟是怎样？
>
> （屈原：《悲回风》和《天问》，引自郭沫若译诗）

这不仅仅是屈原的声音，也是许许多多古代诗人瞭望原野时曾经涌起的感情。这种“大地茫茫”的心境，是和对于自然之谜的探索和对于人间疾苦的愤慨联结在一起的。

想一想这些肥沃土地的来历，你会不由得涌起一种遥接万代的感情。我们居住的这个星球，最古老时代原是一个寂寞的大石球，上面没有一株草、一只虫，也没有一层土壤。经过了多少亿万年，太阳风雨的力量，原始生物的尸骸，才给地球造成了一层层的土壤，每经历千年万年，土壤才增加薄薄的一层。想一想我们那土壤厚达五十米的华北黄土高原吧！那该是大自然在多长的时间里的杰作！但这还不算，劳动者开辟这些土地，是和大自然进行过多么剧烈的斗争呀！这种斗争一代接连一代继续着，我们仿佛又会见了古代的唱着《诗经》里怨愤之歌的农民，像敦煌壁画上面描绘的辛勤劳苦的农民，驾着那种和古墓里挖掘出来的陶制高轮牛车相似的车子，奔驰在原野上，辛苦开辟着田地。然而他们一代代穿着破絮似的衣服，吃着极端粗劣的食物。你仿佛看到他们在田野里仰天叹息，他们一家老小围着幽幽的灯光在饮泣。看到他们画红了眉毛，或者在头上包一块黄布揭竿起义，看到他们大批地陈尸在那吸尽了他们的汗水然后又吸尽了他们鲜血的土地。想一想，在原始社会中他们怎样匍匐在鬼神脚下，在阶级社会中他们又怎样挣扎在重重枷锁之中。啊，这些给荒凉的大地铺上了锦绣花巾的人们，这些从狗尾草、蟋蟀草中给我们选出了稻麦来的人们，我们该多么感念他们！想象的羽翼可以把我们带到古代去，在一家家的门口清清楚楚看到他们在劳动，在饮食，在希望，在叹息，可惜隔着一道历史的门限，我们却不能和他们作半句的交谈！但怀古思今，想起了我们这个时代的农民是几千年历史中第一次真正挣脱了枷锁，逐渐离开了鬼神天命的羁绊的农民，我们又仿佛走出了黑暗的历史的隧洞，突然见到耀眼的阳光了。

你在这个五色土坛上面走着走着，仿佛又回到公元前几千年去，会见了古代的思想家。他们白发苍苍，正对着天上的星辰，海里的潮汐，陶窑的火光，大地的泥土沉思。那时的思想家没有什么书籍可以阅读参考，日月经天，江河行地，四时代谢，万物死生的现象，都使他们抱头苦思。他们还远不能给世界的现象说出一个较完整的答案。但是他们终究也看出一点道理来了，世间的万物万事，有因有果，有主有从，它们互相错综地关联着……正是由于古代有这样的思想家在这样地思考过，才给后来的历史创造了这样一座五色的土坛。

“五行”的观念和我们这个民族一样地古老，东、南、西、北是人们很早就知道的，人们总以为自己所处是大地的中间，于是在四方之外又加上了一个“中心”，东、南、西、北、中凑成了五方五土的观念，直到今天我们还看到好些人家的屋角有“五方五土龙神”的牌位。烧陶方法和冶铜技术发明了，人们在熊熊火光旁边，看到火把泥土变成了陶器，把矿石烧成溶液，木头燃烧发出了火光，水又能够把火熄灭。这种现象使古代的思想家想到木、火、金、水、土（依照《左传》的排列次序）是万物的本源。于是木、火、金、水、土把五行的观念充实起来了。

烧制陶器这件事使人类向文明跨前一大步，在埃及，在希腊，都由此产生了神明用泥土造人的神话。在中国，却大大地发扬了“五行”的观念。根据木、火、金、水、土五种东西彼此的作用，又产生了五行相克相生的理论。根据这几种东西的颜色：树木是苍翠的，火光是红艳艳的，金属是亮晶晶的，深深的水潭是黝黑的，中原的泥土是黄色的。于是青、赤、白、黑、黄五种颜色就被拿来配木、火、金、水、土，成为颜色上的五行了。

这个五方、五行的观念被古代思想家用来分析许许多多的事物，音乐上的宫、商、角、徵、羽五个音阶，天上二十八宿的分隶青龙、朱雀、白虎、玄武

（乌龟）四方，都是和这种观念紧密地联结起来的。

把世界万物的本源看作是木、火、金、水、土五种东西相互作用产生出来的，这和古代印度哲学家把万物说成是由地、火、水、风所构成，古代希腊哲学家说万物的本源是水或者火……那思想的脉络是多么地近似啊。

尽管这种说法在几千年后的今天看来是奇特甚至好笑的，然而那里面不也包含着光辉的真理吗：万物的本源都是物质，物质彼此起着错综的作用……哦！我们遇见的对着泥土沉思的思想家，他们正是古代的略具雏形的唯物主义者！

没有这些古代思想家，我们就不会有这个五色的土坛。审视这五种颜色吧，端详这个根据“天圆地方”的古代观念筑起来的四方坛吧！它和我们民族的古代文化存在多么密切的关系啊！

我们汉民族的摇篮在黄河的中上游，那里绵亘的是一望无际的黄土高原。因此，黄色被用来配“土”，用来配“中心”，成为我们民族传统中高贵的颜色。中心是不同于四方的，能够生长五谷的土地是不同于其他东西的，黄色是不同于其他颜色的。在这个土坛的中心，黄土被特别砌成了一个圆形，审视这个黄色的圆圈吧！它使我们想起奔腾澎湃的黄河，想起在地层下不断被发掘出来的古代村落，也想起那古木参天的黄帝的陵墓。

我多么想去抱一抱那些古代的思想家，没有他们的艰苦探索，就没有今天人类的智慧。正像没有勇敢走下树来的猿人，就不会有人类一样。多少万年的劳动经验和生活智慧积累起来，才有了今天的人类文明。每一个人在人类智慧的长河旁边，都不过像一只饮河的鼹鼠。在知识的大森林里面，都不过像一只栖于一枝的鹪鹩。这河是多少亿万滴水汇成的啊，这森林是多少亿万株草木构成的啊！

瞧着这个社稷坛，你会想起中国的泥土，那黄河流域的黄土，四川盆地的红壤，肥沃的黑土，洁白的白垩土……你会想起文学里许许多多关于泥土的故事：有人包起一包祖国的泥土藏在身旁到国外去；有人临死遗嘱必须用祖国的泥土撒到自己胸上；有人远适异国归来，俯身亲吻了自己国门的土地。这些动人的关于泥土的故事，使人对五色土发生了奇异的感情，仿佛它们是童话里的角色，每一粒土壤都可以叙述一段奇特的故事，或者唱一首美好的诗歌一样。

瞧着这个紧紧拼合起来的五色土坛，一个人也会想起了国土的统一，在我们的土地上，为了统一而发生的战争该有多少万次呀！然而严格说来，历史上的中国从来没有高度统一过。四分五裂，豪强纷纷划地称王的时代不去说它了，可怜的共主像傀儡似的住在京都，整天送猪肉、龟肉慰问跋扈的诸侯的时代不去说它了，就是号称强盛统一的时代，还不是有许多拥兵的藩镇，许多专权的贵戚，许多地方的豪霸，在他们的领地里当着小皇帝，使中央号令不行，使国中还有许许多多的小国。中国历史上没有一个时期像今天这样高度统一过，等我们解放了台湾和一些沿海岛屿以后，这种统一的规模就更加空前了。古代思想家的预言："不嗜杀人者能一之。"由于不剥削人的无产阶级登上了历史舞台，竟使这一句话在两千多年后空前地应验了。

我在这个土坛上低徊漫步，想起了许许多多的事情。我们未必"前不见古人，后不见来者"，凭着思想和激情的羽翼，我们尽可去会一会古人，见一见来者。我仿佛曾经上溯历史的河流，看见了古代的诗人、农民、思想家、志士，看他们的举动，听他们的声音，然后又穿过历史的隧洞，回到阳光灿烂的现实。啊，做一个历史悠久的民族的子孙是多么值得自豪的一回事！做今天的一个中国的儿女是多么值得快慰的一回事！回溯过去，瞻望未来，你会觉得激动，很想深深呼吸一口新鲜的空气，想好好地学习和劳动，好好地安排在无穷的时间之中一个人仅有一次，而我们又恰恰生逢其时的宝贵的生命。

啊，这座发人深思的社稷坛！

原载《北京晚报》1956年11月14日

第二次考试

——

何　为

声乐家苏林教授发现了一件奇怪的事情：在这次参加考试的二百多名考生中，有一个二十岁的女生陈伊玲，初试成绩十分优异：声乐、视唱、练耳和乐理等都列入优等，尤其是她的音色美丽、音域宽广，令人赞叹。而复试时却使人大失所望。苏林教授一生桃李满天下，但这样年轻而又有才华的学生却还是第一个，这样的事情也还是第一次碰到。

那次公开的考试是在一间古色古香的大厅里举行的。当陈伊玲镇静地站在考试委员会的几位声乐专家面前，唱完了冼星海那支有名的《二月里来》时，专家们不由得互相递了递赞赏的眼色。按照规定，应试者还要唱一支外国歌曲。她唱的是意大利歌剧《蝴蝶夫人》中的咏叹调《有一个良辰佳日》。她那灿烂的音色和深沉的感情艺惊四座。一向以要求严格闻名的苏林教授也颔首赞许。在他严峻的目光中，隐藏着一丝微笑。大家都注视着陈伊玲：嫩绿色的绒线上衣，咖啡色的西裤，宛如春天早晨里一株亭亭玉立的小树。在众目睽睽下，这个本来从容自若的姑娘也不禁有点困惑了。

复试是在一个星期后举行的。它将决定一个人终生的事业。经过初试这一关，剩下的人已经寥寥无几。本市有名的音乐界人士都到了。这些考试委员和旁听者，在评选时几乎都带着苛刻挑剔的神气。但是大家都认为，如果合乎录取条件的只有一个人，那么这人无疑应该是陈伊玲。

谁知道事情却出乎意料。陈伊玲是参加复试的最后一个人，唱的还是那两支歌，可是声音发涩，毫无光彩，听起来前后判若两人。是因为怯场、心慌，还是由于身体不适而影响了声音？在座的人面面相觑，大家带着询问和疑惑的眼光望着她。虽然她掩饰不住脸上的困倦，一双聪颖的眼睛显得黯然无神，那顽皮的嘴角也流露出一种无法诉说的焦虑，可是她通体是明朗、坦率的，使人信任的。她抱歉地对大家笑笑，飘然走了。

苏林教授显然是大为生气了。他一向认为，要做一个真正为人民所爱戴的艺术家，首先要是一个高尚的人，一个各方面都能成为表率的人！这样一个自暴自弃的女孩子，是永远也不能成为有成就的歌唱家的！他生气地侧过头去望着窗外。这个城市刚刚受到一次严重的台风袭击，窗外断枝残叶狼藉满地，整排竹篱倾倒在满是积水的地上，一片惨淡的景象。

考试委员会对陈伊玲有两种意见：一种认为陈伊玲的声音极不稳定，很难造就；另一种认为可以让她再试一次。苏林教授有他自己的看法，他觉得重要的是应了解造成她声音前后悬殊的原因，如果问题在于她对事业和生活的态度，就算禀赋再好，也不能录取她！

可是究竟是什么原因呢？

苏林教授从秘书那里取来陈伊玲的报名单，在填着地址的那一栏上，他用红铅笔画了一条粗线。表格上那姑娘的照片，是一张朝气蓬勃、叫人喜欢的脸，小而好看的嘴，明快单纯的眼睛，笑起来鼻翼稍稍皱起的鼻子。这一切像是在提醒这位声乐专家，不能用任何简单的方式对待一个人——一个有活力、有思想、有感情的人。至少眼前这个姑娘的某些具体情况，是从这张简单的表格上看不到的。如果这一次落选了，也许这个人终生就和音乐分手了。她的天赋可能从此被埋没。情况如果是这样，那他是绝对不能原谅自己的。

第二天，苏林教授乘早上第一班电车出发，根据报名单上的地址，好不容易找到了在杨树浦的那条偏僻的马路。他进了弄堂，不由得吃了一惊。

那弄堂里有些墙垣已经倾塌，烧焦的梁柱呈现一片可怕的黑色，断瓦残垣中间时而露出焦黄的破布碎片，所有这些说明了这条弄堂不仅受到台风破坏，而且显然发生过火灾。就在这片瓦砾场上，有些人大清早就在忙碌着清理些什么。

苏林教授手持纸条，不知从何处找起，忽然听见对面的楼窗口，有一个孩子有事没事地张口唱着：“咪——咿——咿——咿——，吗——啊——啊——啊——”仿佛歌唱家在练声似的。苏林教授不禁微笑了：“这准是她的家！”他猜对了，那孩子就是陈伊玲的弟弟。

从孩子嘴里知道：他姐姐是个转业军人，从文工团回来的，到了上海被分配到工厂里担任行政工作。她是个青年团员，又积极又热心，不管厂里也好，弄堂里也好，有事找陈伊玲准没有错！两三天前，这里因为台风造成电线走火，

烧毁了不少房子。陈伊玲协助弄堂干部安置灾民，忙得整夜没睡，影响了嗓子。第二天刚好是她复试的日子，她说了声：“糟糕！”还是去参加考试了。

这就是全部经过。

“瞧，她还在那儿忙着呢！”孩子向窗外扬了扬手说，“我叫她！我去叫她！”

“不用了。请转告你姐姐，通过第二次考试，她已经被录取了！”

苏林教授从陈伊玲家里出来，走得很快。他心里想着：这个女孩子完全有条件成为一个优秀的歌唱家，我差点儿犯了一个错误！这天早晨，有什么使人感动的东西充溢在他胸口，他想赶紧回去把陈伊玲的故事告诉每一个人。

原载《人民文学》1956年第12期

鉴湖风景如画

——

许钦文

艺术家依照自然景物作画，叫作写生。所谓风景如画，是说美好的风景。拿画来形容风景的好，因为有些画是经过艺术家美化了的风景的写照。“风景如画”这意义，我日前在绍兴才深刻地体会到。

我坐着踏桨船，到小云栖等地方去看看，觉得路上风景实在可观。偏门外，虽然由石条叠成圆洞的高高的跨湖桥已于抗日战争时期毁掉，可是快阁所在，是爱国大诗人陆游写过“风吹麦饭满村香”的地方，大片银波鳞鳞的水，远处衬着青青的山，湖光山色依然。在那青山绿水之间，金黄黄的早稻穗和碧油油的晚稻苗一方一方地间隔在田间；还有杨柳、柏树排列在河岸和田塍上。且不说经过鱼荡的箔时，那竹笆刮着船底飕飕的清脆悦耳声，在菱荡旁垂钓鲈鱼的渔翁的幽然的姿态，往常我也只有在画面上见到过。绍兴极大部分是平地，所以河流通常总是静止的样子。水面如镜，这就成了“镜湖”，也称“鉴湖”。一个魁星阁，一座三眼桥，几株柏树，一丛松树，砖墙的楼房，茅草的平屋，摇着橹的出畈船和供行人休息的路亭等等，分开来个别观看，没有什么特别，可是配置在稽山镜水之间，这就千变万化，形成了许多醒目的景象。有名的峨眉山，所谓风景奇特，五步一小变，十步一大变的，我欣赏过一个星期。虽然多变化，可是气势太急促，岩石峰峦，近近地迫在眼前，往往看得透不过气来的样子。会稽山脉在鉴湖水上观望，似乎淡淡的几笔，远远的，只是衬托的背景。可是我能想见：那里禹陵、兰亭等古迹的所在，崇山峻岭之间长着茂林修竹，雄伟、庄严，也是秀丽的。坐在船上摇动着，也可以说是“五步一小变，十步一大变”的，却处处使人眼开眉展、爽神悦目。我坐在踏桨船上，一桨一桨地踏过去，眼前景物渐渐地转变，一幅一幅的图画，好像是在看优美的风景片子

的电影，真是百看不厌的。杜甫有诗说：“越女天下白，鉴湖五月凉。”这凉是清凉爽快，无论何时，看着鉴湖的风景，总是觉得爽快的呀！

绍兴是我的故乡，偏门外一带是我旧游之地；以前我可没有这样感兴趣过。固然，由于年龄、世故等关系，有些事情一时体会不到真情；想我早在中等学校里唱过的“鸟鸣山更幽”和“夜归鹿门”等歌词，一直要到我年已半百在福建永安的山上时才忽然体会到，却也只是一会儿就过去了的。如今鉴湖风景给我优美的印象是使我念念不忘的了。“静观万物皆自得”，原来在旧社会里，我迫于生计，一直匆匆忙忙，没有好好地安静过心境。不久以前我到北京去开会，在火车开出城站时，我忽然想到，以前我屡次北上，总是为着生计，这次才主要的是为着事业。

新社会给我们的幸福，并不限于物质条件，更加是精神上可以愉快，得到安慰！

1956年

天山景物记

——

碧　野

朋友，你到过天山吗？天山是我们祖国西北边疆的一条大山脉，连绵几千里，横亘准噶尔盆地和塔里木盆地之间，把广阔的新疆分为南北两半。远望天山，美丽多姿，那长年积雪高插云霄的群峰，像集体起舞时的维吾尔族少女的珠冠，银光闪闪；那富于色彩的连绵不断的山峦，像孔雀正在开屏，艳丽迷人。

天山不仅给人一种稀有美丽的感觉，而且更给人一种无限温柔的感情。它有丰饶的水草，有绿发似的森林。当它披着薄薄云纱的时候，它像少女似的含羞；当它被阳光照耀得非常明朗的时候，又像年轻母亲饱满的胸膛。人们会同时用两种甜蜜的感情交织着去爱它，既像婴儿喜爱母亲的怀抱，又像男子依偎自己的恋人。

如果你愿意，我陪你进天山去看一看。

雪峰·溪流·森林

七月间新疆的戈壁滩炎暑逼人，这时最理想的是骑马上天山。新疆北部的伊犁和南部的焉耆都出产良马，不论伊犁的哈萨克马或者焉耆的蒙古马，骑上它爬山就像走平川，又快又稳。

进入天山，戈壁滩上的炎暑就远远地被撇在后边，迎面送来的雪山寒气，立刻会使你感到像秋天似的凉爽。蓝天衬着高矗的巨大的雪峰，在太阳下，几块白云在雪峰间投下云影，就像白缎上绣上了几朵银灰的暗花。那融化的雪水，从高悬的山涧、从峭壁断崖上飞泻下来，像千百条闪耀的银练。这飞泻下来的雪水，在山脚汇成冲激的溪流，浪花往上抛，形成千万朵盛开的白莲。可是每

到水势缓慢的洄水涡，却有鱼儿在跳跃。当这个时候，饮马溪边，你坐在马鞍上，就可以俯视那阳光透射到的清澈的水底，在五彩斑斓的水石间，鱼群闪闪的鳞光映着雪水清流，给寂静的天山添上了无限生机。

再往里走，天山越来显得越优美，沿着白皑皑群峰的雪线以下，是蜿蜒无尽的翠绿的原始森林，密密的塔松像撑天的巨伞，重重叠叠的枝桠，只漏下斑斑点点细碎的日影，骑马穿行林中，只听见马蹄溅起漫流在岩石上的水声，增添了密林的幽静。在这林海深处，连鸟雀也少飞来，只偶然能听到远处的几声鸟鸣。这时，如果你下马坐在一块岩石上吸烟休息，虽然林外是阳光灿烂，而遮去了天日的密林中却闪耀着你烟头的红火光。从偶然发现的一棵两棵烧焦的枯树看来，这里也许来过辛勤的猎人，在午夜中他们生火宿过营，烤过猎获的野味。这天山上有的是成群的野羊、草鹿、野牛和野骆驼。

如果说进到天山这里还像是秋天，那么再往里走就像是春天了。山色逐渐变得柔嫩，山形也逐渐变得柔和，很有一伸手就可以触摸到嫩脂似的感觉。这里溪流缓慢，萦绕着每一个山脚，在轻轻荡漾着的溪流两岸，满是高过马头的野花，红、黄、蓝、白、紫，五彩缤纷，像织不完的织锦那么绵延，像天边的彩霞那么耀眼，像高空的长虹那么绚烂。这密密层层成丈高的野花，朵儿赛八寸的玛瑙盘，瓣儿赛巴掌大。马走在花海中，显得格外矫健，人浮在花海上，也显得格外精神。在马上你用不着离鞍，只要稍微伸手就可以满怀捧到你最心爱的大鲜花。

虽然天山这时并不是春天，但是有哪一个春天的花园能比得过这时天山的无边繁花呢？

迷人的夏季牧场

就在雪的群峰的围绕中，一片奇丽的千里牧场展现在你的眼前。墨绿的原始森林和鲜艳的野花，给这辽阔的千里牧场镶上了双重富丽的花边。千里牧场长着一色青翠的酥油草，清清的溪水齐着两岸的草丛在漫流。草原是这样无边的平展，就像风平浪静的海洋。在太阳下，那点点水泡似的蒙古包在闪烁着白光。

当你尽情策马在这千里草原上驰骋的时候，处处都可以看见千百成群肥壮的羊群、马群和牛群。它们吃了含有乳汁的酥油草，毛色格外发亮，好像每一根毛尖都冒着油星。特别是那些被碧绿的草原衬托得十分清楚的黄牛、花牛、白羊、红羊，在太阳下就像绣在绿色缎面上的彩色图案一样美。

有的时候，风从牧群中间送过来银铃似的叮当声，那是哈萨克牧女们坠满衣角的银饰在风中击响。牧女们骑着骏马，优美的身姿映衬在蓝天、雪山和绿草之间，显得十分动人。她们欢笑着跟着嬉逐的马群驰骋，而每当停下来，就骑马轻轻地挥动着牧鞭歌唱她们的爱情。

这雪峰、绿林、繁花围绕着的天山千里牧场，虽然给人一种低平的感觉，但位置却在海拔两三千米以上。每当一片乌云飞来，云脚总是扫着草原，洒下阵雨过去，雨洗后的草原就变得更加清新碧绿，远看像块巨大的蓝宝石，近看缀满草尖上的水珠，却又像数不清的金刚钻。

特别诱人的是牧场的黄昏，周围的雪峰被落日映红，像云霞那么灿烂；雪峰的红光映射到这辽阔的牧场上，形成一个金碧辉煌的世界，蒙古包、牧群和牧女们，都镀上了一色的玫瑰红。当落日沉没，周围雪峰的红光逐渐消褪，银灰色的暮霭笼罩草原的时候，你就可以看见无数点点的红火光，那是牧民们烧起铜壶准备晚餐。

你用不着客气，任何一个蒙古包都是你的温暖的家，只要你朝火光的地方走去，不论走进哪一家蒙古包，好客的哈萨克牧民都会像对待亲兄弟似的热情地接待你。渴了你可以先喝一盆马奶，饿了有烤羊排，有酸奶疙瘩，有酥油饼，你可以一如哈萨克牧民那样豪情地狂饮大嚼。

当家家蒙古包的吊壶三脚架下的野牛粪只剩下一堆红火烬的时候，夜风就会送来冬不拉的弦音和哈萨克牧女们婉转嘹亮的歌声。这是十家八家聚居在一处的牧民们齐集到一家比较大的蒙古包里，欢度一天最后的幸福时辰。

过后，整个草原沉浸在夜静中。如果这时你披上一件皮衣走出蒙古包，在月光下或者繁星下，你就可以朦胧地看见牧群在夜的草原上轻轻地游荡，夜的草原是这么宁静而安详，只有漫流的溪水声引起你对这大自然的遐思。

野马·蘑菇圈·旱獭·雪莲

夜牧中，草原在繁星的闪烁下或者在月光的披照中，该发生多少动人的情景，但人们却在安静的睡眠中疏忽过去了；只有当黎明来到这草原上，人们才会发现自己的马群里的马匹在一夜间忽然变多了，而当人们怀着惊喜的心情走拢去，马匹立刻就分为两群，其中一群会奔腾离你远去，那长长的鬣鬃在黎明淡青的天光下，就像许多飘曳的缎幅。这个时候，你才知道那是一群野马。夜

间，它们混入牧群，跟牧马一块嬉戏追逐。它们机警善跑，游走无定，几匹最骠壮的公野马领群，它们对许多牧马都熟悉，相见彼此用鼻子对闻，彼此用头亲热地磨擦，然后就合群地在一起吃草、嬉逐。黎明，当牧民们走出蒙古包，就是它们分群的一刻。公野马总是掩护着母野马和野马驹远离人们。当野马群远离人们站定的时候，在日出的草原上，还可以看见屹立护群的公野马的长鬣鬃一直披垂到膝下，闪着美丽的光泽。

日出后的草原千里通明，这时最便于去发现蘑菇。天山蘑菇又嫩又肥厚，又大又鲜甜。这个时候你只要立马草原上瞭望，便可以发现一些特别翠绿的圆点子，那就是蘑菇圈。你对着它朝直驰马前去，就很容易在这直径三四丈宽的一圈沁绿的酥油草丛里，发现像夏天夜空里的繁星似的蘑菇。眼看着这许许多多雪白的蘑菇隐藏在碧绿的草丛中，谁都会动心。一只手忙不过来，你自然会用双手去采，身上的口袋装不完，你自然会添上你的帽子，甚至马靴去装。第一次采到这么多新鲜蘑菇，对一个远来的客人是一桩最快乐的事。你把鲜蘑菇在溪水里洗净，不要油，不要盐，光是白煮来吃就有一种特别鲜甜的滋味，如果你再加上一条野羊腿，那就又鲜甜又浓香。

天山上奇珍异品很多，我们知道水獭是生活在水滨和水里的，而天山上却生长着旱獭。在牧场边缘的山脚下，你随处都可以看见一个个洞穴，这就是旱獭居住的地方。从九十月大雪封山，到第二年四五月冰消雪化，旱獭要整整在它们的洞穴里冬眠半年。只有到了夏至后，发青的酥油草才把它们养得胖墩墩，圆滚滚。这时它们的毛色麻黄发亮，肚子拖着地面，短短的四条腿行走迟缓，正可以大量捕捉。

另一种奇珍异品是雪莲。如果你从山脚往上爬，超越天山雪线以上，就可以看见青凛凛的雪的寒光挺立着一朵朵玉琢似的雪莲，这习惯于生长在奇寒环境中的雪莲，根部扎入岩隙间，汲取着雪水，承受着雪光，柔静多姿，洁白晶莹。这生长在人迹罕至的海拔几千米雪线以上的灵花异草，据说是稀世之宝——一种很难求得的妇女良药。

天然湖与果子沟

在天山峰峦的高处，常常出现有巨大的天然湖，就像美女晨妆时开启的明净的镜面。湖面平静，水清见底，高空的白云和四周的雪峰清晰地倒映水中，把湖山天影融为晶莹的一体。在这幽静的湖中，唯一活动的东西就是天鹅。天鹅的洁白增添了湖水的明净，天鹅的叫声增添了湖面的幽静。人家说山色多变，而事实上湖色也是多变，如果你站立高处瞭望湖面，眼前是一片爽心悦目的碧水茫茫，如果你再留意一看，接近你的视线的是鳞光闪闪，像千万条银鱼在游动，而远处平展如镜，没有一点纤尘或者没有一根游丝的侵扰。湖色越远越深，由近到远，是银白、淡蓝、深青、墨绿，界线非常分明。传说中有这么一个湖是古代一个不幸的哈萨克少女滴下的眼泪，湖色的多变正是象征着那个古代少女的万种哀愁。

就在这个湖边，传说中的少女的后代子孙现在已在放牧着羊群。湖水滋润着湖边的青草，青草喂胖了羊群，羊奶哺育着少女的后代子孙。当然，这象征着哈萨克族不幸的湖，今天已经变为实际的幸福湖。

山高爽朗，湖边清净，日里披满阳光，夜里缀满星辰，牧民们的蒙古包随着羊群环湖周游，他们的羊群一年年繁殖，他们恋爱、生育，他们弹琴歌唱自己幸福的生活。

高山的雪水汇入湖中，又从像被一刀劈开的峡谷岩石间，泻落到千丈以下的山涧里去，水从悬崖上像条飞练似的泻下，即使站在十几里外的山头上，也能看见那条飞练的白光。如果你走到悬崖跟前，脚下就会受到一种惊心动魄的震撼。俯视水练冲泻到深谷的涧石上，溅起密密的飞沫，在日中的阳光下，形成蒙蒙的瑰丽的彩色水雾。就在急湍的涧流边，绿色的深谷里也散布着一顶顶牧民的蒙古包，像水洗的玉石那么洁白。

如果你顺着弯弯曲曲的涧流走，沿途汇入千百泉流就逐渐形成溪流，然后沿途再汇入涧流和溪流，就形成河流奔腾出天山。

就在这种深山野谷的溪流边，往往有着果树夹岸的野果子沟。春天繁花开遍峡谷，秋天果实压满山腰。每当花红果熟，正是鸟雀野兽的乐园。这种野果子沟往往不为人们所发现。其中有这么一条野果子沟，沟里长满野苹果，连绵五百里。春天，五百里的苹果花开无人知，秋天，五百里成熟累累的苹果无人采。老苹果树凋枯了，更多的新苹果树苗长起来。多少年来，这条五百里长沟堆积了几丈厚的野苹果泥。

现在，已经有人发现了这条野苹果沟，开始在沟里开辟猪场，用野苹果来养育成群的乌克兰大白猪；而且有人已经开始计划在沟里建立酿酒厂，把野苹果酿造成大量芬芳的美酒，让这大自然的珍品化成人们的血液，增进人们的健康。

朋友，天山的丰美景物何止这些，天山绵延几千里，不论高山、深谷，不

论草原、湖泊，不论森林、溪流，处处都有丰饶的物品，处处都有奇丽的美景，你要我说我可真说不完，如果哪一天你有豪情去游天山，临行前别忘了通知我一声，也许我可能给你当一个不很出色的向导。当向导在我只是一个漂亮的借口，其实我私心里也很想找个机会去重游天山。

原载《人民文学》1956年第12期

小橘灯

冰　心

这是十几年以前的事了。

在一个春节前一天的下午，我到重庆郊外去看一位朋友。她住在那个乡村的乡公所楼上。走上一段阴暗的仄仄的楼梯，进到一间有一张方桌和几张竹凳、墙上装着一架电话的屋子，再进去就是我的朋友的房间，和外间只隔一幅布帘。她不在家，窗前桌上留着一张条子，说是她临时有事出去，叫我等着她。

我在她桌前坐下，随手拿起一张报纸来看，忽然听见外屋板门吱的一声开了，过了一会儿，又听见有人在挪动那竹凳子。我掀开帘子，看见一个小姑娘，只有八九岁光景，瘦瘦的苍白的脸，冻得发紫的嘴唇，头发很短，穿一身很破旧的衣裤，光脚穿一双草鞋，正在登上竹凳想去摘墙上的听话器，看见我似乎吃了一惊，把手缩了回来。我问她："你要打电话吗？"她一面爬下竹凳，一面点头说："我要 ×× 医院，找胡大夫，我妈妈刚才吐了许多血！"我问："你知道 ×× 医院的电话号码吗？"她摇了摇头说："我正想问电话局……"我赶紧从机旁的电话本子里找到医院的号码，就又问她："找到了大夫，我请他到谁家去呢？"她说："你只要说王春林家里病了，他就会来的。"

我把电话打通了，她感激地谢了我，回头就走。我拉住她问："你的家远吗？"她指着窗外说："就在山窝那棵大黄果树下面，一下子就走到的。"说着就登、登、登地下楼去了。

我又回到里屋去，把报纸前前后后都看完了，又拿起一本《唐诗三百首》来，看了一半，天色越发阴沉了，我的朋友还不回来。我无聊地站了起来，望着窗外浓雾里迷茫的山景，看到那棵黄果树下面的小屋，忽然想去探望那个小

姑娘和她生病的妈妈。我下楼在门口买了几个大红橘子，塞在手提袋里，顺着歪斜不平的石板路，走到那小屋的门口。

我轻轻地叩着板门，刚才那个小姑娘出来开了门，抬头看了我，先愣了一下，后来就微笑了，招手叫我进去。这屋子很小很黑，靠墙的板铺上，她的妈妈闭着眼平躺着，大约是睡着了，被头上有斑斑的血痕，她的脸向里侧着，只看见她脸上的乱发，和脑后的一个大髻。门边一个小炭炉，上面放着一个小沙锅，微微地冒着热气。这小姑娘把炉前的小凳子让我坐了，她自己就蹲在我旁边，不住地打量我。我轻轻地问："大夫来过了吗？"她说："来过了，给妈妈打了一针……她现在很好。"她又像安慰我似的说："你放心，大夫明早还要来的。"我问："她吃过东西吗？这锅里是什么？"她笑说："红薯稀饭——我们的年夜饭。"我想起了我带来的橘子，就拿出来放在床边的小矮桌上。她没有作声，只伸手拿过一个最大的橘子来，用小刀削去上面的一段皮，又用两只手把底下的一大半轻轻地揉捏着。

我低声问："你家还有什么人？"她说："现在没有什么人，我爸爸到外面去了……"她没有说下去，只慢慢地从橘皮里掏出一瓤一瓤的橘瓣来，放在她妈妈的枕头边。

炉火的微光，渐渐地暗了下去，外面变黑了。我站起来要走，她拉住我，一面极其敏捷地拿过穿着麻线的大针，把那小橘碗四周相对地穿起来，像一个小筐似的，用一根小竹棍挑着，又从窗台上拿了一段短短的蜡头，放在里面点起来，递给我说："天黑了，路滑，这盏小橘灯照你上山吧！"

我赞赏地接过，谢了她，她送我出到门外，我不知道说什么好，她又像安慰我似的说："不久，我爸爸一定会回来的。那时我妈妈就会好了。"她用小手在面前画一个圆圈，最后按到我的手上："我们大家也都好了！"显然地，这"大家"也包括我在内。

我提着这灵巧的小橘灯，慢慢地在黑暗潮湿的山路上走着。这朦胧的橘红的光，实在照不了多远，但这小姑娘的镇定、勇敢、乐观的精神鼓舞了我，我似乎觉得眼前有无限光明！

我的朋友已经回来了，看见我提着小橘灯，便问我从哪里来。我说："从……从王春林家来。"她惊异地说："王春林，那个木匠，你怎么认得他？去年山下医学院里，有几个学生，被当作共产党抓走了，以后王春林也失踪了，据说他常替那些学生送信……"

当夜，我就离开那山村，再也没有听见那小姑娘和她母亲的消息。

但是从那时起，每逢春节，我就想起那盏小橘灯。十二年过去了，那小姑娘的爸爸一定早回来了。她妈妈也一定好了吧？因为我们“大家”都“好”了！

原载《中国少年报》1957年1月31日

他们是普通劳动者

袁　木

烈日当空，热风炙人，脚下的砂粒都被晒得发烫。周恩来同志领先打着一杆鲜艳的红旗，一支由中央国家机关和中共中央直属机关领导干部组成的劳动队伍，这时正在迎着十三陵水库的拦洪大坝，向着他们的劳动现场进发。

这是一面标志着崇高的共产主义风格的红旗。一个多星期以来，五百多位领导同志完全以普通劳动者的姿态，在这里紧张地劳动，流下了他们的汗水。

每天下午三时，银笛一响，人们立刻从比比相连的地铺上一跃而起，列队出发。不论总理、部长、副部长、司局长以至工地技术员、卫生员或行政管理人员，大家一起徒步八里去上工，一路上谈笑风生。直到夜间十一时，人们才背着水库大坝上的万盏灯火，回到驻地。有时，这支队伍在路上同青年水库建设者们迎面相遇，调皮的年轻人就故意高声地挑起战来："黄忠队，唱一个吧！""老头儿"们也不示弱，老远地看到年轻人就争取主动："小伙子们，来一个！"在这互相挑战的热情的呼唤声和欢笑声中，愉快的歌声就在热风中荡漾起来。

这里没有首长

第一天，水库指挥部沙西工段政治委员白寿康同志被请来向大家分配任务，指示工作。他刚刚说出"我们欢迎首长们……"的第一句话，周恩来同志立刻纠正他说："这里没有首长，没有总理、部长、司局长的职务。在这里大家都是普通劳动者。"王震同志紧接着对白寿康同志补充说："现在你是首长，我们是你的部下。"

要想如实地表达出工地上愉快欢乐的沸腾气氛，表达出我们敬爱的领导同志们热爱劳动的感情和他们的干劲，那是一件十分困难的事情。炎热的太阳晒得石头烫手，人们不但不加理会，反而快乐地把大石头称作“西瓜”，把小石头称作“香瓜”，一面有节奏地高喊着这样的呼号：“嘿！来了一个大西瓜！”“又来一个小西瓜！”一面飞快把石块运向料堆。几十辆独轮车装着石块在工地上轻捷地转动，人们担起石筐健步如飞，这支平均年龄在四十五岁以上的劳动队伍，几乎个个都想在劳动中赛一赛干劲。

周恩来同志在大家的集体劳动还没有开始时，就一个人推起一辆小车练习起来。我们敬爱的总理在过去的革命战争中骑马摔坏了右臂，至今他这只胳臂还不能完全伸直，虽然人们一再劝阻，他在干了装料、拉车等活儿以后，还是坚持推了几车石料，要学一学这种劳动。罗瑞卿同志再三告诉大家要注意安全，干起活儿来要量力而行，稳步前进，而他自己一到工地就忘记了自己对别人的告诫，越干越猛。第一、二两大队的队长陈国栋同志和余光生同志身体健壮，穿着短裤，脚蹬球鞋，是工地上的“少壮派”，他们不仅指挥得好，并且带头劳动得好。中央国家机关党委书记龚子荣同志在这里担任着支队政治委员的职务，他同连贯同志是工地上出名的一对“矮胖子”，他们两人一直坚持抬石筐，始终不懈，人们都称赞他俩坚持劳动的毅力。李葆华同志被石头砸破了手，流了血，但他坚持轻伤不下火线，包扎一下以后，干得越发起劲。

永不忘怀的形象

有几个在工地上使人们永远不能忘怀的形象是：早年就失去了一只胳臂的王兴让同志，他一会儿用一只手提着几十斤重的石筐，同别人一起装车卸料，一刻不停；一会儿担起一副石筐，又快又稳；一会儿又帮助别人拉车，一往直前。汗水湿透了他的衣衫，他一面劳动还一面同别人大声谈笑，或者低声哼起歌曲。平凡的劳动给这位不知疲倦的人带来了多大的乐趣啊！工地上大家都尊敬地称他是“独臂英雄”。章夷白同志 1926 年在江西参加北伐战争时，被军阀孙传芳的部队打伤了两腿的关节，后来他在艰苦的白色恐怖下从事党的地下工作时，又曾在 1931 年被国民党反动派逮捕，长期生活在敌人的监狱里，因而多年来留下了双腿不能弯曲的残疾。章夷白同志这次不仅不顾别人的多次劝阻，一定要来工地，并且拄着一根拐棍坚持徒步上工，在劳动中和大家一样干得起劲。金明同志幼年得过肋膜炎症，没有能很好医治，后来，许多年革命的艰苦生活又损害了他的健康，因而他现在半边肺已经萎缩，左边的胸脯显然地塌陷

下去。就是他，却不仅始终是全队保持推车最高纪录中的一个，并且当不少人推车还需要一个人帮着拉时，他却一个人推着往来快跑。有不少比较年轻的司局长同志曾经一再地对我说："在这些英雄们的面前，我们多劳动一些又算得了什么呢！"

我久久地凝视着总理和许多久经考验的领导同志，凝视着他们在劳动中那样平易近人而又闪耀着无限光辉的形象，好久好久不能平复自己的激动心情。

老当益壮的英雄

许多年老长者也都表现了"老当益壮"的英雄气概，他们在共同的劳动和生活中显得年轻了。72岁的陈其瑗副部长是全队的长者，他不仅干劲十足，并且两天之后饭量就几乎加了一倍。年近60的史良部长拣几块小石头以后，就要给别人送一块大的，人们称赞她是"既会抱西瓜，又会拣芝麻"。潘震亚副部长和庄希泉副主任同岁，今年都已过70。我在工地上时常发现他们天真地嘟着嘴在生气，原因就是别人老去"干涉"他们，劝他们休息。叶圣陶副部长、郑振铎副部长、胡愈之副主任等人，虽也已年近60或者60开外，他们都表现出始终不懈的十足干劲。李德全部长一向是有名的"人老身心不老"，她在一到工地的头一天就大声疾呼地让大家注意健康，三申"禁令"，不要猛干，而她自己却不知疲劳，越干越欢。地质部的孟宪民同志听说别人说他老，他赌气地说："怎么，是不是你们嫌我胡子多？"第二天，他已经把脸刮得精光，精神更加焕发。

工地上有一首颂扬长者的诗，它实际上也生动地体现了这次领导干部集体劳动的整个气概："工地争传老黄忠，日车顽石气吞虹。童颜鹤发身犹健，无数英雄指顾中。"

从劳动中吸取"养料"

我越是留神观察，领导同志们以真正的普通劳动者的态度对待劳动的精神，就越加使我感动。他们虽然因为工作太忙抽不出更多的时间，但即使在短短一星期内，还是那样认真地不放过劳动中的任何细节，并且从劳动中吸取丰富领导思想和改善领导作风的"养料"。刚来到工地的第一、二两天，人们本来是排成三条长龙，徒手传递石头。后来运输线拉长了，并且各人体力强弱不均，挨个儿传递使效率降低，第三天完成的石方由第二天的一百三十多方降到九十多方。这时，马上就有不少人提出实行车子化的建议，并且立即在两个大队试行，成功后又普遍推广。有不少人还写了大字报，指出这是“两种方法，两种效果”，说是他们“从切身的劳动经验中，深刻地认识到在今后领导生产时，要时时注意调整劳动组织和大力推行技术革新”。我在工地上还曾看到一位署名“庄稼汉”的领导同志写的大字报，他用“顺口溜”总结了推车的经验：“手把车辕端得正，腿要蹬直腰不弓，走路谨防一边倒，两条路线作斗争，正确全凭掌握好，左右摇摆可不中，众英雄都是我国经纶手，要善化矛盾求平衡。”我想，假如不是全心倾注于自己的劳动，谁能这样具体地总结出推车的经验，又从如此思想原则高度悟出自己的体会呢？

吃晚饭的时候，大家就在工地上抓起几块咸菜，一头大蒜，津津有味地吃起干粮。这时，也是工地“俱乐部主任”荣高棠同志最活跃的时候。在人们正咀嚼着香甜的大块丝糕时，就可以欣赏到他的诗歌朗诵、京韵大鼓和陕北民歌。史良部长有一天也在三百多人面前学起鸡叫、猫叫和狗叫来，有些早年同她熟悉的人，也还是第一次听到她的绝妙口技呢！抗战时期在陕北南泥湾领导过大生产运动的王震同志，不仅至今还是劳动能手，他讲的讽刺孔夫子犯教条主义的故事，也逗得大家捧腹大笑。每天上午的休息期间，人们有时开个小会，有时三三两两去洗自己那浸满汗渍的衣裳。有的人诗兴大作，就用民歌、新诗和古体诗词等各种形式来写大字报，抒发自己在共同劳动和共同生活中的体会与感情变化。连贯同志一口气就写了一首一百零四行的长诗。在这种亲密无间的生活气氛中，许多老年人都变得年轻多了。

劳动思想健康三丰收

“同吃同住同劳动”，不仅深刻改变着人们之间的关系，许多人的思想也在发生着深刻变化。有人说这次是“劳动思想双丰收”，有人说还应加上“劳动医百病”，大家健康都有增进，因此是“劳动思想健康三丰收”。人们都说这次是在“十三陵大学”受了劳动教育，并且认为十分光荣，临别时都互称“同学”。年近六十的马锡五老同志写了一张大字报，他说没有经过劳动锻炼的人应该在劳动中改造思想，就是经过战争和劳动锻炼的人，日子久了也应该“回炉”，以免“身心生锈”。许多人都提出要把这种集体劳动制度化，每年组织几次，使党的光荣传统在今天更加发扬光大。对外文委的一位司长鲁明同志有一天悄悄地把我拉到工地上一个休息用的席棚里，他态度严肃认真，但又抑制不住激动的

感情。他对我说："一星期的同吃同住同劳动给我最深刻的印象是，我们有许多领导同志原来就出身于劳动人民，或者即使不是劳动家庭出身，也在长期的革命斗争中同劳动人民建立了血肉联系。只要党的光荣传统认真发扬起来，你就可以看到，像在今天这样完全出于高度自觉的劳动中，你可以看出他们是多么完美地显示出平凡而又高尚的劳动者本色！"听了他的这番话，我再回过头来凝视那支由领导同志组成的劳动队伍，我是又激动而又不安，我怎么样才能体会到孕育在他们心里的那种劳动人民的感情，而又确当地把它表达出来呢！？

"凭君查遍高史五千载，那见尚书侍郎同劳动。"这是纺织部副部长陈维稷同志写下的诗句。的确，不论古今中外，有谁见过这样一支"普通劳动者"的队伍？那些胡说无产阶级专政是新的极权国家的人，那些胡说什么社会主义制度将不可免地产生官僚主义的人，他们绝不敢在这支队伍面前抬头正视！

原载《人民日报》1958年6月25日

夜走灵官峡

杜鹏程

纷纷扬扬的大雪下了半尺多厚。天地间雾蒙蒙的一片。我顺着铁路工地走了四十多公里，只听见各种机器的吼声，可是看不见人影，也看不见工点。一进灵官峡，我就心里发慌。这山峡，天晴的日子，也成天不见太阳；顺着弯曲的运输便道走去，随便你什么时候仰面看，只能看见巴掌大的一块天。目下，这里，卷着雪片的狂风，把人团团围住，真是寸步难行！但是，最近这里工作很紧张，到处都是冒着风雪劳动的人。发电机、卷扬机、混凝土搅拌机和空气压缩机的吼声，震荡山谷。点点昏黄的火球，就是那无数的电灯。看不清天空里蛛网似的电线；只见运材料的铁斗子，顺着架在山腰里的高架索道，来回运转。

我肚里饿，身上冷，跌了几跤，手掌也擦破了。算啦！到山崖下边找个避风的地方蹲上一阵，天明十点钟赶到材料厂也不迟。晚上瞎摸乱闯，跌到深谷里就把我这材料队长“报销”了！

抬头看，一条小路通到绝壁上的石洞里。石洞门口还挂着布帘子。无疑，这里住着工人。我抓住树枝爬上去，钻进石洞。奇怪！石洞门口有个小孩，看来不过七八岁。他坐在小板凳上，两个肘子支在膝盖上，两只手掌托住冻得发红的脸蛋，从帘子缝里傻呵呵地向外望着对面的绝壁。我进来，他看了一眼，又朝外望着。

石洞挺大，里头热腾腾的，有锅碗盆罐，有床铺。床头贴着“胖娃娃拔萝卜”的年画。墙上裱糊的报纸，让灶烟熏得乌黑。

“屋里怎么没有人哪？”我一边说，一边抖着大衣和帽子上的雪。

坐在那里的小孩扭转头，眼睛忽闪忽闪地望着我，说：“叔叔！我不是个人？”他站起来背着手，挺着胸脯站在我跟前，不住地用舌头舔着嘴唇，仿佛

向我证明：他不仅是个人，而且是个很大的人。

我捧住那挺圆实的脸盘说："小鬼！你机灵得很哟！"

他把我的手推开，提着两个小拳头，偏着脑袋质问："哼！叫我'小鬼'？我有名字呀！"他指着床上那个睡得挺香的小女孩说："妹妹叫宝情（成），我叫情（成）渝！"

不用问，这孩子像我碰到的千百个孩子一样：工地里出生，工地里成长。工人们喜欢用工地的名字给孩子命名。成渝这孩子大约地生长在成渝铁路工地，那个叫宝成的小女孩，也许就出生在此处。

我坐在火炉跟前，一边抽烟，一边搓着手上的泥。

成渝爬在我的膝盖上，伸长脖子，望着我的眼睛，问："叔叔！明天还下雪？说呀，叔叔！明天还下？"

我把那冻得发红的小鼻子按了一下，说："天上要通电话，我一定给你问问。可是——"

呵！他恼啦！一蹦起来，站在离我几步远的地方，皱着眉头，偏着脑袋，把我上下打量了一番，说："你！哼，还哄我！你口袋装着报纸。报上有天气哩。"

哦！他是说，每天的报纸上都登载着天气预报的消息。这小家伙精得很哪！

成渝噘着小嘴巴，又坐在门口，双肘支在膝盖上，两手托着圆圆的脸蛋，从帘子缝里望着对面的工地。我问他水壶在哪里，他也懒得说。真后悔：不该得罪这位小主人！

我说："成渝！明天还下雪，是不是你就不能出去玩啦？"

他连看我也不看，说："爸爸说，明天还下雪，就要停工哩！"

我说："你爸爸这样关心天气？他干啥工作？"

他骄傲地说："开仙（山）工！"

"在哪里开山？"

他努着小嘴巴，指着对面的工地。

我顺着他指的方向望去，只见探照灯的光带，透过飘飞的雪片，直向天空射去。顺着光带，隐隐约约可以看见几十名工人像贴在万丈绝壁上似的，打着炮眼，仿佛在开凿着登天的梯子。

我说："成渝！哪个是你爸爸，根本看不清哪！"

成渝说："我也看不见爸爸。爸爸能看见我。爸爸说，他打炮眼呀，打炮眼呀，一扭头就看见我了！"他的两只脚在地上乱踢腾，"我常坐在这儿望爸爸哩。”

啊！是这么回事！

我鞋子上的冰雪化开了，这工夫，我才感觉到冻得麻木的双脚开始发痛。为了取暖，我跺着脚。

成渝咬住嘴唇，又摆手，又瞪眼睛。我懂得他的意思了：怕我把他的妹妹惊醒。我说：“你对妹妹倒挺关心！”

他说：“妈妈说，我的印（任）务是看妹妹。妈妈回来，我就下班了！”

“啊！你也天天上班！”我把他搂在怀里说，“妈妈干啥去啦？”

他指了指石洞下边的运输便道。

我顺着他的手望去，只见一个人站在便道旁边的电线杆子下，已经变成一个雪人，像一尊石像。看样子，她是指挥交通的。这条从绝壁上凿开的运输便道，并不宽畅，一天二十四小时，汽车、马车、驮骡、架子车和行人，来来往往，非常拥挤，没有人指挥就乱得一团糟。

今天下大雪，路上行人和车辆都很少，她满可以回到家里歇歇，可是她屹然不动地站在那里。她可能在这个岗位上工作了三个月五个月，或者是三年五载了。平素，也许她仰起头就能看见她的丈夫，也能看见她的孩子；而那攀登在山与天相接之处的丈夫，也许在擦汗水的工夫，一转眼就看见他妻子坚毅的身影和孩子小小的身材。我猜想：即使在这风雪迷茫的黑夜，工人、工人的妻子和工人的孩子，谁也看不清谁，可是他们一定能感觉到相互间深切的鼓舞和期待。

我回头一看，成渝笼着手，缩着脖子，不住地打盹。我拉拉他圆胖胖的小手说：“会着凉的。上床睡吧！”

成渝从睡梦中醒来，以为是他的爸爸妈妈回来了，仔细辨认了一阵，发现是我，头摇得像拨浪鼓似的说：“我不睡！我不睡！”

“为什么？”

他用小拳头揉了揉眼睛，说：“爸爸妈妈说，不管哪个人都要杼（守）住康（岗）位。”

我把成渝紧紧地抱起来，用我的脸暖了暖他的脸蛋。然后放下他，裹紧了大衣，把帽檐往下拉了拉，出了石洞，下了山坡，顺着绝壁上开凿的运输便道，向前走去。

风，更猛了。雪，更大了……

长江三日

刘白羽

十一月十七日

雾笼罩着江面，气象森严。十二时，“江津”号启碇顺流而下了。在长江与嘉陵江汇合后，江面突然开阔，天穹顿觉低垂。浓浓的黄雾，渐渐把重庆隐去。一刻钟后，船又在两面碧森森的悬崖陡壁之间的狭窄的江面上行驶了。

你看那急速漂流的波涛一起一伏，真是“众水会涪万，瞿塘争一门”。而两三木船，却齐整地摇动着两排木桨，像鸟儿扇动着翅膀，正在逆流而上。我想到李白、杜甫在那遥远的年代，以一叶扁舟，搏浪急进，该是多么雄伟的搏斗，那会激发诗人多少瑰丽的诗思啊！……不久，江面更开朗辽阔了。两条大江，骤然相见，欢腾拥抱，激起云雾迷蒙，波涛沸荡，至此似乎稍为平定，水天极目之处，灰蒙蒙的远山展开一卷清淡的水墨画。

从长江上顺流而下，这一心愿真不知从何时就在心中扎下根子，年幼时读“大江东去……”，读“两岸猿声……”，辄心向往之。后来，听说长江发源于一片冰川，春天的冰川上布满奇异艳丽的雪莲，而长江在那儿不过是一泓清溪；可是当你看到它那奔腾叫啸，如万瀑悬空，砰然万里，就不免在神秘气氛的“童话世界”上又涂了一层英雄光彩。后来，我两次到重庆，两次登枇杷山看江上夜景，从万家灯光、灿烂星海之中，辨认航船上缓缓浮动而去的灯火，多想随那惊涛骇浪，直赴瞿塘，直下荆门呀。但亲身领略一下长江风景，直到这次才实现。因此，这一回在“江津”号上，正如我在第二天写的一封信中所说：

“这两天，整天我都在休息室里，透过玻璃窗，观望着三峡。昨天整日都在朦胧的雾罩之中。今天却阳光一片。这庄严秀丽气象万千的长江真是美极了。”

下午三时，天转开朗。长江两岸，层层叠叠，无穷无尽的都是雄伟的山峰，苍松翠竹绿茸茸地遮了一层绣幕。近岸陡壁上，背纤的纤夫历历可见。你向前看，前面群山在江流浩荡之中，则依然为雾笼罩，不过雾不像早晨那样浓，那样黄，而呈乳白色了。现在是“枯水季节”，江中突然露出一块黑色礁石，一片黄色浅滩，船常常在很狭窄的两面航标之间迂回前进，顺流驶下。山愈聚愈多，渐渐暮霭低垂了，渐渐进入黄昏了，红绿标灯渐次闪光，而苍翠的山峦模糊为一片灰色。

当我正为夜色降临而惋惜的时候，黑夜里的长江却向我展开另外一种魅力。开始是，这里一星灯火，那儿一簇灯火，好像长江在对你眨着眼睛。而一会儿又是漆黑一片，你从船身微微的荡漾中感到波涛正在翻滚沸腾。一派特别雄伟的景象，出现在深宵。我一个人走到甲板上，这时江风猎猎，上下前后，一片黑森森的，而无数道强烈的探照灯光，从船顶上射向江面，天空江上一片云雾迷蒙，电光闪闪，风声水声，不但使人深深体会到“高江急峡雷霆斗”的赫赫声势，而且你觉得你自己和大自然是那样贴近，就像整个宇宙，都罗列在你的胸前。水天，风雾，浑然融为一体，好像不是一只船，而是你自己正在和江流搏斗。“曙光就在前面，我们应当努力。”这时一种庄严而又美好的情感充溢我的心灵，我觉得这是我所经历的大时代突然一下集中地体现在这奔腾的长江之上。是的，我们的全部生活不就是这样战斗、航进、穿过黑夜走向黎明的吗？现在，船上的人都已酣睡，整个世界也都在安眠，而驾驶室上露出一片宁静的灯光。想一想，掌握住舵轮，透过闪闪电炬，从惊涛骇浪之中寻到一条破浪前进的途径，这是多么豪迈的生活啊！我们的哲学是革命的哲学，我们的诗歌是战斗的诗歌，正因为这样——我们的生活是最美的生活。列宁有一句话说得好极了：“前进吧！——这是多么好啊！这才是生活啊！”……“江津”号昂奋而深沉地鸣响着汽笛向前方航进。

十一月十八日

在信中，我这样叙说：“这一天，我像在一支雄伟而瑰丽的交响乐中飞翔。我在海洋上远航过，我在天空上飞行过，但在我们的母亲河流长江上，第一次，为这样一种大自然的威力所吸摄了。”

朦胧中听见广播到奉节。停泊时天已微明。起来看了一下，峰峦刚刚从黑夜中显露出一片灰蒙蒙的轮廓。启碇续行，我到休息室里来，只见前边两面悬

崖绝壁，中间一条狭长的江面，已进入瞿塘峡了。江随壁转，前面天空上露出一片金色阳光，像横着一条金带，其余天空各处还是云海茫茫。瞿塘峡口上，为三峡最险处，杜甫《夔州歌》云:“白帝高为三峡镇，瞿塘险过百牢关。”古时歌谣说:“滟滪大如马，瞿塘不可下；滟滪大如猴，瞿塘不可游；滟滪大如龟，瞿塘不可回；滟滪大如象，瞿塘不可上。”这滟滪堆指的是一堆黑色巨礁。它对准峡口。万水奔腾一冲进峡口，便直奔巨礁而来。你可想象得到那真是雷霆万钧，船如离弦之箭，稍差分厘，便撞得个粉碎。现在，这巨礁，早已炸掉。不过，瞿塘峡中，激流澎湃，涛如雷鸣，江面形成无数漩涡，船从漩涡中冲过，只听得一片哗啦啦的水声。过了八公里的瞿塘峡，乌沉沉的云雾，突然隐去，峡顶上一道蓝天，浮着几小片金色浮云，一注阳光像闪电样落在左边峭壁上。右面峰顶上一片白云像白银片样发亮了，但阳光还没有降临。这时，远远前方，无数层峦叠嶂之上，迷蒙云雾之中，忽然出现一团红雾，你看，绛紫色的山峰，衬托着这一团雾，真美极了，就像那深谷之中向上反射出红色宝石的闪光；令人仿佛进入了神话境界。这时，你朝江流上望去，也是色彩缤纷：两面巨岩，倒影如墨；中间曲曲折折，却像有一条闪光的道路，上面荡着细碎的波光；近处山峦，则碧绿如翡翠。时间一分钟一分钟过去，前面那团红雾更红更亮了，船越驶越近，渐渐看清有一高峰亭亭笔立于红雾之中，渐渐看清那红雾原来是千万道强烈的阳光。八点二十分，我们来到这一片晴朗的金黄色朝阳之中。

抬头望处，已到巫山。上面阳光垂照下来，下面浓雾滚涌上去，云蒸霞蔚，颇为壮观。刚从远处看到那个笔直的山峰，就站在巫峡口上，山如斧削，隽秀婀娜，人们告诉我这就是巫山十二峰的第一峰。它仿佛在招呼上游来的客人说:“你看，这就是巫山巫峡了。”“江津”号紧贴山脚，进入峡口。红通通的阳光恰在此时射进玻璃厅中，照在我的脸上。峡中，强烈的阳光与乳白色云雾交织一处，数步之隔，这边是阳光，那边是云雾，真是神妙莫测。几只木船从下游上来，帆篷给阳光照得像透明的白色羽翼，山峡却越来越狭，前面两山对峙，看去连一扇大门那么宽也没有，而门外，完全是白雾。

八点五十分，满船人，都在仰头观望。我也跑到甲板上来，看到万仞高峰之巅，有一细石耸立如一人对江而望，那就是充满神奇缥缈传说的美女峰了。据说一个渔人在江中打鱼，突遇狂风暴雨，船覆灭顶，他的妻子抱了小孩从峰顶眺望，盼他回来，一天一天，一月一月，他终未回来，而她却依然不顾晨昏，不顾风雨，站在那儿等候着他——至今还在那儿等着他呢！……

如果说瞿塘峡像一道闸门，那么巫峡简直像江上一条迂回曲折的画廊。船随山势左一弯，右一转，每一曲，每一折，都向你展开一幅绝好的风景画。两岸山势奇绝，连绵不断，巫山十二峰，各峰有各峰的姿态，人们给它们以很高的美的评价和命名，显然使我们的江山增加了诗意，而诗意又是变化无穷的。突然是深灰色石岩从高空直垂而下浸入江心，令人想到一个巨大的惊叹号；突然是绿茸茸草坂，像一支充满幽情的乐曲；特别好看的是悬岩上那一堆堆给秋霜染得红艳艳的野草，简直像是满山杜鹃了。峡急江陡，江面布满大大小小漩涡，船只能缓缓行进，像一个在丛山峻岭之间慢步前行的旅人。但这正好使远方来的人，有充裕时间欣赏这莽莽苍苍、浩浩荡荡长江上大自然的壮美。苍鹰在高峡上盘旋，江涛追随着山峦激荡，山影云影，日光水光，交织成一片。

十点，江面渐趋广阔，急流稳渡，穿过了巫峡。十点十五分至巴东，已入湖北境。十点半到牛口，江浪汹涌，把船推在浪头上，摇摆着前进。江流刚奔出巫峡，还没来得及喘息，却又冲入第三峡——西陵峡了。

西陵峡比较宽阔，但是江流至此变得特别凶恶，处处是急流，处处是险滩。船一下像流星随着怒涛冲去，一下又绕着险滩迂回浮进。最著名的三个险滩是：泄滩、青滩和崆岭滩。初下泄滩，你看着那万马奔腾的江水会突然感到江水简直是在旋转不前，一千个、一万个漩涡，使得“江津”号剧烈震动起来。这一节江流虽险，却流传着无数优美的传说。十一点十五分到秭归。据袁崧《宜都山川记》载：秭归是屈原故乡，是楚子熊绎建国之地。后来屈原被流放到汨罗江，死在那里。民间流传着：屈大夫死日，有人在汨罗江畔，看见他峨冠博带，美髯白皙，骑一匹白马飘然而去。又传说：屈原死后，被一大鱼驮回秭归，终于从流放之地回归楚国。这一切初听起来过于神奇怪诞，却正反映了人民对屈原的无限怀念之情。

秭归正面有一大片铁青色礁石，森然耸立江面。经过很长一段急流绕过泄滩。在最急峻的地方，“江津”号用尽全副精力，战抖着，震颤着前进。急流刚刚滚过，看见前面有一奇峰突起，江身沿着这山峰右面驶去，山峰左面却又出现一道河流，原来这就是王昭君诞生地香溪。它一下就令人记起杜甫的诗：“群山万壑赴荆门，生长明妃尚有村。”我们遥望了一下香溪，船便沿着山峰进入一道无比险峻的长峡——兵书宝剑峡。这儿完全是一条窄巷，我到船头上，仰头上望，只见黄石碧岩，高与天齐，再驶行一段就到了青滩。江面陡然下降，波涛汹涌，浪花四溅，当你还没来得及仔细观看，船已像箭一样迅速飞下，巨浪为船头劈开，旋卷着，合在一起，一下又激荡开去。江水像滚沸了一样，到处是泡沫，到处是浪花。船上的同志指着岩上一片乡镇告诉我：“长江航船上很多

领航人都出生在这儿……每只木船要想渡过青滩，都得请这儿的人引领过去。”这时我正注视着一只逆流而上的木船，看起这青滩的声势十分吓人，但人从汹涌浪涛中掌握了一条前进途径，也就战胜了大自然了。

中午，我们来到了崆岭滩跟前，长江上的人都知道：“泄滩青滩不算滩，崆岭才是鬼门关。”可见其凶险了。眼看一片灰色石礁布满水面，“江津”号却抛锚停泊了。原来崆岭滩一条狭窄航道只能过一只船，这时有一只江轮正在上行，我们只好等下来。谁知竟等了那么久，可见那上行的船只是如何小心翼翼了。当我们驶下崆岭滩时，果然是一片乱石林立，我们简直不像在浩荡的长江上，而是在苍莽的丛林中找寻小径跋涉前进了。

十一月十九日

早晨，一片通红的阳光，把平静的江水照得像玻璃一样发亮。长江三日，千姿万态，现在已不是前天那样大雾迷蒙，也不是昨天“巫山巫峡气萧森”，而是“楚地阔无边，苍茫万顷连”了。长江在穿过长峡之后，现在变得如此宁静，就像刚刚诞生过婴儿的年轻母亲一样安详慈爱。天光水色真是柔和极了。江水像微微拂动的丝绸，有两只雪白的鸥鸟缓缓地和“江津”号平行飞进，水天极目之处，凝成一种透明的薄雾，一簇一簇船帆，就像一束一束雪白的花朵在蓝天下闪光。

在这样一天，江轮上非常宁静的一日，我把我全身心沉浸在“红色的罗莎”——卢森堡的《狱中书简》中。

这个在一九一八年德国无产阶级革命中最坚定的领袖，我从她的信中，感到一个伟大革命家思想的光芒和胸怀的温暖，突破铁窗镣铐，而闪耀在人间，你看，这一页：

> 雨点轻柔而均匀地洒落在树叶上，紫红的闪电一次又一次地在铅灰色中闪耀，遥远处，隆隆的雷声像汹涌澎湃的海涛余波似的不断滚滚传来。在这一切阴霾惨淡的情景中，突然间一只夜莺在我窗前的一株枫树上叫起来了！在雨中，闪电中，隆隆的雷声中，夜莺啼叫得像是一只清脆的银铃，它歌唱得如醉如痴，它要压倒雷声，唱亮昏暗……
>
> 昨晚九点钟左右，我还看到壮丽的一幕，我从我的沙发上发现映

在窗玻璃上的玫瑰色的返照，这使我非常惊异，因为天空完全是灰色的。我跑到窗前，着了迷似的站在那里。在一色灰沉沉的天空上，东方涌现出一块巨大的、美丽得人间少有的玫瑰色的云彩，它与一切分隔开，孤零零地浮在那里，看起来像是一个微笑，像是来自陌生的远方的一个问候。我如释重负地长吁了一口气，不由自主地把双手伸向这幅富有魅力的图画。有了这样的颜色，这样的形象，然后生活才美妙，才有价值，不是吗？我用目光饱餐这幅光辉灿烂的图画，把这幅图画的每一线玫瑰色的霞光都吞咽下去，直到我突然禁不住笑起自己来。天哪，天空啊，云彩啊，以及整个生命的美并不只存在于佛龙克，用得着我来跟它们告别？不，它们会跟着我走的，不论我到哪儿，只要我活着，天空、云彩和生命的美会跟我同在。

“江津”号在平静的浪花中缓缓驶行。我读着书，一种非常珍贵的感情渗透我的全身。我必须立刻把它写下来，我愿意把它写在这奔腾叫啸，而又安静温柔的长江一起，因为它使我联想到我前天想到的“战斗——航进——穿过黑夜走向黎明”的想象，过去，多少人，从他们艰巨战斗中想望着一个美好的明天呀！而当我承受着像今天这样灿烂的阳光和清丽的景色时，我不能不意识到，今天我们整个大地，所吐露出来的那一种芬芳、宁馨的呼吸，这社会主义生活的呼吸，正是全世界上，不管在亚洲还是在欧洲，在美洲还是在非洲，一切先驱者的血液，凝聚起来，而发射出来的最自由最强大的光辉。我读完了《狱中书简》，一轮落日那样圆，那样大，像鲜红的珊瑚球一样，把整个江面笼罩在一脉淡淡的红光中，面前像有一种细细的丝幕柔和地、轻悄地撒落下来。

最后让我从我自己的一封信中抄下一段，来结束这一日吧：

夜间，九时余从前面漆黑的夜幕中，看见很小很小几点亮光。人们指给我那就是长江大桥，“江津”号稳稳地向武汉驶近。从这以后，我一直站在船上眺望，渐渐地渐渐地看出那整整齐齐的一排像横串起来的珍珠，在熠熠闪亮。我看着，我觉得在这辽阔无边的大江之上，这正是我们献给我们母亲河流的一顶珍珠冠呀！……再前进，江上无数蓝的、白的、红的、绿的灯光，拖着长长倒影在浮动，那是无数船只在航行，而那由一颗颗珍珠画出的大桥的轮廓，完全像升在云端里一样，高耸空中，而桥那面，灯光稠密得简直像是灿烂的金河，那是

什么？仔细分辨，原来是武汉两岸的亿万灯光。当我们的“江津”号，嘹亮地向武汉市发出致敬欢呼的声音时，我心中升起一种庄严的情感，看一看！我们创造的新世界有多么灿烂吧！……

1960年

黄山松

丰子恺

没有到过黄山之前，常常听人说黄山的松树有特色。特色是什么呢？听别人描摹，总不得要领。所谓“黄山松”，一向在我脑际留下一个模糊的概念而已。这次我亲自上黄山，亲眼看到黄山松，这概念方才明确起来。据我所看到的，黄山松有三种特色：

第一，黄山的松树大都生在石上。虽然也有生在较平的地上的，然而大多数是长在石山上的。我的黄山诗中有一句：“苍松石上生。”石上生，原是诗中的话；散文地说，该是石罅生，或石缝生。石头如果是囫囵的，上面总长不出松树来；一定有一条缝，松树才能扎根在石缝里。石缝里有没有养料呢？我觉得很奇怪。生物学家一定有科学的解说，我却只有臆测：《本草纲目》里有一种药叫作“石髓”。李时珍说：“《列仙传》言邛疏煮石髓。”可知石头也有养分。黄山的松树也许是吃石髓而长大起来的吧？长得那么苍翠，那么坚劲，那么窈窕，真是不可思议啊！更有不可思议的呢：文殊院窗前有一株松树，由于石头崩裂，松根一大半长在空中，像须蔓一般摇曳着。而这株松树照样长得郁郁苍苍，娉娉婷婷。这样看来，黄山的松树不一定要餐石髓，似乎呼吸空气，呼吸雨露和阳光，也会长大的。这真是一种生命力顽强的生物啊！

第二个特色，黄山松的枝条大都向左右平伸，或向下倒生，极少有向上生的。一般树枝，绝大多数是向上生的，除非柳条挂下去。然而柳条是软弱的，地心吸力强迫它挂下去，不是它自己发心向下挂的。黄山松的枝条挺秀坚劲，然而绝大多数像电线木上的横木一般向左右生，或者像人的手臂一般向下生。黄山松更有一种奇特的姿态：如果这株松树长在悬崖旁边，一面靠近岩壁，一面向着空中，那么它的枝条就全部向空中生长，靠岩壁的一面一根枝条也不生。

这姿态就很奇特，好像一个很疏的木梳，又像学习的“习”字。显然，它不肯面壁，不肯置身丘壑中，而一心倾向着阳光。

第三个特色，黄山松的枝条具有异常强大的团结力。狮子林附近有一株松树，叫作“团结松”。五六根枝条从近根的地方生出来，密切地偎傍着向上生长，到了高处才向四面分散，长出松针来。因此这一束树枝就变成了树干，形似希腊殿堂的一种柱子。我谛视这树干，想象它们初生时的状态：五六根枝条怎么会合伙呢？大概它们知道团结就是力量，可以抵抗高山上的风吹、雨打和雪压，所以生成这个样子。如今这株团结松已经长得很粗、很高。我伸手摸摸它的树干，觉得像铁铸的一般。即使十二级台风，漫天大雪，也动弹它不了。更有团结力强得不可思议的松树呢：从文殊院到光明顶的途中，有一株松树，叫作“蒲团松”。这株松树长在山间的一小块平坡上，前面的砂土上筑着石围墙，足见这株树是一向被人重视的。树干不很高，不过一二丈，粗细不过合抱光景。上面的枝条向四面八方水平放射，每根都伸得极长，足有树干的高度的两倍。这就是说：全体像个“丁”字，但上面一划的长度大约相当于下面一直的长度的四倍。这一划上面长着丛密的松针，软绵绵的好像一个大蒲团，上面可以坐四五个人。靠近山的一面的枝条，梢头略微向下。下面正好有一个小阜，和枝条的梢头相距不过一二尺。人要坐这蒲团，可以走到这小阜上，攀着枝条，慢慢地爬上去。陪我上山的向导告诉我：“上面可以睡觉的，同沙发床一样。”我不愿坐轿，单请一个向导和一个服务员陪伴着，步行上山，两腿走得相当吃力了，很想爬到这蒲团上去睡一觉。然而我们这一天要上光明顶，赴狮子林，前程远大，不宜耽搁；只得想象地在这蒲团上坐坐，躺躺，就鼓起干劲，向光明顶迈步前进了。

1961 年

歌声

吴伯箫

感人的歌声留给人的记忆是长远的。无论哪一首激动人心的歌，最初在哪里听过，哪里的情景就会深深地留在记忆里。环境，天气，人物，色彩，甚至连听歌时的感触，都会烙印在记忆的深处，像在记忆里摄下了声音的影片一样。那影片纯粹是用声音绘制的，声音绘制色彩，声音绘制形象，声音绘制感情。只要在什么时候再听到那种歌声，那声音的影片便一幕幕放映起来。“云霞灿烂如堆锦，桃李兼红杏”，《春之花》那样一首并不高明的歌，带来一整套辛亥革命以后启蒙学堂的生活。“我们是开路先锋”，反映出一个暴风雨来临的时代。“我的家在东北松花江上”，描绘出抗日战争初期一幅动乱的景象。……

我以无限恋念的心情，想起延安的歌声来了。

延安的歌声，是革命的歌声，战斗的歌声，劳动的歌声，极为广泛的群众的歌声。列宁在纪念《国际歌》的作者欧仁·鲍狄埃的文章里说：“一个有觉悟的工人，不管他来到哪个国家，不管命运把他抛到哪里，不管他怎样感到自己是异邦人，言语不通，举目无亲，远离祖国，——他都可以凭《国际歌》的熟悉的曲调，给自己找到同志和朋友。”我们可以这样理解：《国际歌》是全世界无产阶级的共同的声音，共同的语言。我们也可以这样看延安的歌。在延安，《国际歌》就是被最庄严最普遍地歌唱的。

回想从冼星海同志指挥的《生产大合唱》开始吧。那是一九三九年夏初一个晚上，在延安城北门外西山脚下的坪坝上，煤气灯照得通亮。以煤气灯为中心，聚集了上万的人。印象中仿佛都是青年人。少数中年以上的人，也是青年人的心情，青年人的襟怀和气魄。记得那时候我刚刚从前方回到延安，虽然只出去四五个月，也像久别回家那样，心里热乎乎的，见到每个人都感到亲热。

不管认识不认识，见到谁都打招呼。会场上那些男的，女的，都一律穿着灰布军装，朴素整洁，打扮得都那样漂亮。大家说说笑笑，熙熙攘攘，像欢度快乐的节日一样。是的，正是欢乐的节日，是第一个五四青年节。就是在那天晚上，我们听了伟大的领袖毛泽东同志那篇有名的报告:《青年运动的方向》。

说的这时候，是报告完了，热烈的鼓掌、欢呼以后，大家正极兴奋的时候。那真是“意气风发，斗志昂扬”；只是大家酣醉的幸福里，那里还想不出这样恰当的形容文字。每个人都咀嚼、回味报告里的深刻意义和警辟的语句:“革命的或不革命的或反革命的知识分子的最后的分界，看其是否愿意并且实行和工农民众相结合。”“今天到会的人，大多数来自千里万里之外，不论姓张姓李，是男是女，作工务农，大家都是一条心。”咀嚼着，回味着这些语句，同时等候大合唱开始。

露天会场，西边是黑黝黝的群山，东边是流水汤汤的延河，隔河是青凉山。南边是隐隐约约的古城和城上的女墙。北边是一条路，沿了延河，蜿蜒过蓝家坪、狄青牢，直通去三边的阳关大道。合唱开始，大概已经是夜里十一点了。

就在那样不平凡的时刻，在那个可纪念的地方，我第一次听见唱:

二月里来，好风光，
家家户户种田忙。
……

冼星海同志指挥得那样有气派，姿势优美，大方；动作有节奏，有感情。随着指挥棍的移动，上百人，不，上千人，还不，仿佛全部到会的，上万人，都一齐歌唱。歌声悠扬，淳朴，像谆谆的教诲，又像娓娓的谈话，一直唱到人们的心里，又从心里唱出来，弥漫整个广场。声浪碰到群山，群山发出回响；声浪越过延河，河水演出伴奏；几翻回荡往复，一直辐散到遥远的地方。抗日战争的前线后方，有谁没有听过，没有唱过那种从延安唱出来的歌呢？

延安唱歌，成为一种风气。部队里唱歌，学校里唱歌，工厂、农村、机关里也唱歌。每逢开会，各路队伍都是踏着歌走来，踏着歌回去。往往开会以前唱歌，休息的时候还是唱歌。没有歌声的集会几乎是没有的。列宁评价十九世纪七十年代德国工人歌咏团，说他们是“在法兰克福一家小酒馆的一间黑暗的、充满了油烟的里屋集会，房子里是用脂油做的蜡烛照明的”。在黑暗的时代里，唱唱歌该是多么困难啊。在延安，大家是在解放了的自由的土地上，为什么不随时随地集体地，大声地歌唱呢？每次唱歌，都有唱有和，互相鼓舞着唱，互相竞赛着唱。有时简直形成歌的河流，歌的海洋，歌声一波未平，一波又起，接唱，联唱，轮唱，使你辨不清头尾，摸不到边际。那才叫尽情的歌唱哩！

唱歌的时候，一队有一个指挥，指挥多半是多才多艺的，即能使自己的队伍唱得整齐有力，唱得精彩，又有办法激励别的队伍唱了再唱，唱得尽兴。最喜欢千人、万人的大会上，一个指挥用伸出的右手向前一指，唱一首歌的头一个音节定定调，全场就可以用同一种声音唱起来。一首歌唱完，指挥用两臂有力地一收，歌声便戛然停止。这样简直把唱歌变成了一种思想、一种语言，甚至一种号令。千人万人能被歌声团结起来、组织起来，踏着统一的步伐前进，听着统一号令战斗。

延安歌声，也有传统，那就是陕北民歌。

“信天游”唱起来高亢、悠远，“蓝花花”唱起来缠绵、哀怨。那多半是歌唱爱情，诉说别离，控诉旧社会剥削压迫的。过去陕北地广人稀，走路走很远才能碰到一个村子，村子也往往只有几户人家散落在山峁沟畔。下地劳动，或者吆了牲口驮脚，两三个人一伙，同不会说话的牲口嘀嘀咚咚地走着，够寂寞，诉说不得不诉说的心事，于是就唱民歌。歌声拖得很长很长，因此能听得很远很远。人还没看见，已经先听见歌声了；或者人已经转过山头望不见了，歌声还余音袅袅，不绝如缕。

时代变了，延安的歌就增加了新的曲调，换上了新的内容。二十年前那个时候，主要是歌唱革命，歌唱领袖，歌唱抗战，歌唱生产。延安唱的歌很快传到各抗日根据地，后来又传到一个接一个的解放了的地区。日本投降以后，哪里听到延安的歌声，哪里就快要解放了。延安的歌声直接变成了解放的先声，譬如《三大纪律，八项注意》那首歌吧，从苏区唱起，一直就是红军、八路军、新四军和人民解放军的先遣部队。哪个地方的人民最痛苦，哪个战场上的战斗最艰巨，这首歌就先到哪里。听见这首歌，连小孩子都知道人民的救星来了，毛主席的队伍来了。它是黑夜的火把，雪天的煤炭，大旱的甘霖。人们含着笑又含着喜欢的眼泪听这首歌。我甚至养成了这样一种习惯，听别人唱这首歌，仿佛也是自己在唱。听见声音，仿佛同时看见了队伍，看见队伍两旁拥挤着欢迎队伍的人群。人群里，年长的是大娘、大爷，同年的是大哥、大嫂、兄弟、姊妹，都是亲人。又仿佛队伍同时是群众，群众又同时是队伍，根本分不

清。这首歌，唱一千遍，听一万遍，我都喜欢。

这里就不说我喜欢那首唱遍世界的歌——《东方红》了。那是标志着全国人民对伟大领袖衷心爱戴的歌，又是人民群众自己创作的歌。谁不喜欢呢？从心里，从灵魂的深处。

1961 年

雨中登泰山

李健吾

从火车上遥望泰山，几十年来有好些次了，每次想起“孔子登东山而小鲁，登泰山而小天下”那句话来，就觉得过而不登，像是欠下悠久的文化传统一笔债似的。杜甫的愿望：“会当凌绝顶，一览众山小”，我也一样有，惜乎来去匆匆，每次都当面错过了。

而今确实要登泰山了，偏偏天公不作美，下起雨来，淅淅沥沥，不像落在地上，倒像落在心里。天是灰的，心是沉的。我们约好了清晨出发，人齐了，雨却越下越大。等天晴吗？想着这渺茫的“等”字，先是憋闷。盼到十一点半钟，天色转白，我不由喊了一句：“走吧！”带动年轻人，挎起背包，兴致勃勃，朝岱宗坊出发了。

是烟是雾，我们辨认不清，只见灰蒙蒙一片，把老大一座高山，上上下下，裹了一个严实。古老的泰山越发显得崔嵬了。我们才过岱宗坊，震天的吼声就把我们吸引到虎山水库的大坝前面。七股大水，从水库的桥孔跃出，仿佛七幅闪光黄锦，直铺下去，碰着嶙嶙的乱石，激起一片雪白水珠，脱线一般，撒在回旋的水面。这里叫作虬在湾：据说虬早已被吕洞宾度上天了，可是望过去，跳掷翻腾，像又回到了故居。

我们绕过虎山，站到坝桥上，一边是平静的湖水，迎着斜风细雨，懒洋洋只是欲步不前，一边却暗恶叱咤，似有千军万马，躲在绮丽的黄锦底下。黄锦是方便的比喻，其实是一幅细纱，护着一幅没有经纬的精致图案，透明的白纱轻轻压着透明的米黄花纹。——也许只有织女才能织出这种瑰奇的景色。

雨大起来了，我们拐进王母庙后的七真祠。这里供奉着七尊塑像，正面当中是吕洞宾，两旁是他的朋友铁拐李和何仙姑，东西两侧是他的四个弟子，所

以叫作七真祠。吕洞宾和他的两位朋友倒也还罢了，站在龛里的两个小童和柳树精对面的老人，实在是少见的传神之作。一般庙宇的塑像，往往不是平板，就是怪诞，造型偶尔美的，又不像中国人，跟不上这位老人这样逼真、亲切。无名的雕塑家对年龄和面貌的差异有很深的认识，形象才会这样栩栩如生。不是年轻人提醒我该走了，我还会欣赏下去的。

我们来到雨地，走上登山的正路，一连穿过三座石坊：一天门、孔子登临处和天阶。水声落在我们后面，雄伟的红门把山挡住。走出长门洞，豁然开朗，山又到了我们跟前。人朝上走，水朝下流，流进虎山水库的中溪陪我们，一直陪到二天门。悬崖崚嶒，石缝滴滴汯汯，泉水和雨水混在一起，顺着斜坡，流进山涧，涓涓的水声变成訇訇的雷鸣。有时候风过云开，在底下望见南天门，影影绰绰，耸立山头，好像并不很远；紧十八盘仿佛一条灰白大蟒，匍匐在山峡当中；更多的时候，乌云四合，层峦叠嶂都成了水墨山水。蹚过中溪水浅的地方，走不太远，就是有名的经石峪，一片大水漫过一亩大小的一个大石坪，光光的石头刻着一部《金刚经》，字有斗来大，年月久了，大部分都让水磨平了。回到正路，雨不知道什么时候已经住了，人走了一身汗，巴不得把雨衣脱下来，凉快凉快。说巧也巧，我们正好走进一座柏树林，阴森森的，亮了的天又变黑了，好像黄昏提前到了人间，汗不但下去，还觉得身子发冷，无怪乎人把这里叫作柏洞。我们抖擞精神，一气走过壶天阁，登上黄岘岭，发现沙石全是赤黄颜色，明白中溪的水为什么黄了。

靠住二天门的石坊，向四下里眺望，我又是骄傲，又是担心。骄傲我已经走了一半的山路，担心自己走不了另一半的山路。云薄了，雾又上来。我们歇歇走走，走走歇歇，如今已经是下午四点多了。困难似乎并不存在，眼面前是一段平坦的下坡土路，年轻人跳跳蹦蹦，走了下去，我也像年轻了一样，有说有笑，跟在他们后头。

我们在不知不觉中，从下坡路转到上坡路，山势陡峭，上升的坡度越来越大。路一直是宽整的，只有探出身子的时候，才知道自己站在深不可测的山沟边，明明有水流，却听不见水声。仰起头来朝西望，半空挂着一条两尺来宽的白带子，随风摆动，想凑近了看，隔着辽阔的山沟，走不过去。我们正在赞不绝口，发现已经来到一座石桥跟前，自己还不清楚是怎么一回事，细雨打湿了浑身上下。原来我们遇到另一类型的飞瀑，紧贴桥后，我们不提防，几乎和它撞个正着。水面有两三丈宽，离地不高，发出一泻千里的龙虎声威，打着桥下奇形怪状的石头，口沫喷得老远。从这时候起，山涧又从左侧转到右侧，水声淙淙，跟我们跟到南天门。

过了云步桥，我们开始走上攀登泰山主峰的盘道。南天门应该近了，由于山峡回环曲折，反而望不见了。野花野草，什么形状也有，什么颜色也有，挨挨挤挤，芊芊莽莽，要把巉岩的山石装扮起来。连我上了一点岁数的人，也学小孩子，掐了一把，直到花朵和叶子全蔫了，才带着抱歉的心情，丢在山涧里，随水漂去。但是把人的心灵带到一种崇高的境界的，却是那些“吸翠霞而夭矫”的松树。它们不怕山高，把根扎在悬崖绝壁的隙缝，身子扭得像盘龙柱子，在半空展开枝叶，像是和狂风乌云争夺天日，又像是和清风白云游戏。有的松树望穿秋水，不见你来，独自上到高处，斜着身子张望。

有的松树像一顶墨绿大伞，支开了等你。有的松树自得其乐，显出一副潇洒的模样。不管怎么样，它们都让你觉得它们是泰山的天然的主人，谁少了谁，都像不应该似的。雾在对松山的山峡飘来飘去，天色眼看黑将下来。我不知道上了多少石级，一级又一级，是乐趣也是苦趣，好像从我有生命以来就在登山似的，迈前脚，拖后脚，才不过走完慢十八盘。我靠住升仙坊，仰起头来朝上望，紧十八盘仿佛一架长梯，搭在南天门口。我胆怯了。新砌的石级窄窄的，搁不下整脚。怪不得东汉的应劭，在《泰山封禅仪记》里，这样形容：“仰视天门窔辽，如从穴中视天，直上七里，赖其羊肠逶迤，名曰环道，往往有絙索可得而登也，两从者扶挟前人相牵，后人见前人履底，前人见后人顶，如画重累人矣，所谓磨胸舁石扪天之难也。”一位老大爷，斜着脚步，穿花一般，侧着身子，赶到我们前头。一位老大娘，挎着香袋，尽管脚小，也稳稳当当，从我们身边过去。我像应劭说的那样，“目视而脚不随”，抓住铁扶手，揪牢年轻人，走十几步，歇一口气，终于在下午七点钟，上到南天门。

心还在跳，腿还在抖，人到底还是上来了。低头望着新整然而长极了的盘道，我奇怪自己居然也能上来。我走在天街上，轻松愉快，像一个没事人一样。一排留宿的小店，没有名号，只有标记，有的门口挂着一只笊篱，有的窗口放着一对鹦鹉，有的是一根棒槌，有的是一条金牛，地方宽敞的摆着茶桌，地方窄小的只有炕几，后墙紧贴着峥嵘的山石，前脸正对着万丈的深渊。别成一格的还有那些石头。古诗人形容泰山，说“泰山岩岩”，注解人告诉你：岩岩，积石貌。的确这样，山顶越发给你这种感觉。有的石头像莲花瓣，有的像大象头，有的像老人，有的像卧虎，有的错落成桥，有的兀立如柱，有的侧身探海，有的怒目相向。有的什么也不像，黑乎乎的，一动不动，堵住你的去路。年月久，传说多，登封台让你想象帝王拜山的盛况，一个光秃秃的地方会有一块石

碣，指明是“孔子小天下处”。有的山池叫作洗头盆，据说玉女往常在这里洗过头发；有的山洞叫作白云洞，传说过去往外冒白云，如今不冒白云了，白云在山里依然游来游去。晴朗的天，你正在欣赏“齐鲁青未了”，忽然一阵风来，“荡胸生层云”，转瞬间，便像宋之问在《桂阳三日述怀》里说起的那样，“云海四茫茫”。是云吗？头上明明另有云在。看样子是积雪，要不也是棉絮堆，高高低低，连续不断，一直把天边变成海边。于是阳光掠过，云海的银涛像镀了金，又像着了火，烧成灰烬，不知去向，露出大地的面目。两条白线，曲曲折折，是濑河，是汶河。一个黑点子在碧绿的图案中间移动，仿佛蚂蚁，又冒一缕青烟。你正在指手画脚，说长道短，虚象和真象一时都在雾里消失。

我们没有看到日出的奇景。那要在秋高气爽的时候。不过我们也有自己的独得之乐：我们在雨中看到的瀑布，两天以后下山，已经不那样壮丽了。小瀑布不见，大瀑布变小了。

我们沿着西溪，翻山越岭，穿过果香扑鼻的苹果园，在黑龙潭附近待了老半天。不是下午要赶火车的话，我们还会待下去的。山势和水势在这里别是一种格调，变化而又和谐。山没有水，如同人没有眼睛，似乎少了灵性。我们敢于在雨中登泰山，看到有声有势的飞泉流瀑，倾盆大雨的时候，恰好又在斗母宫躲过，一路行来，有雨趣而无淋漓之苦，自然也就格外感到意兴盎然。

1961 年

画山绣水

杨　朔

自从唐人写了一句“桂林山水甲天下”的诗，多有人把它当作品评山水的论断。殊不知原诗只是出力烘衬桂林山水的妙处，并非要褒贬天下山水。本来天下山水各有各的特殊风致，桂林山水那种清奇峭拔的神态，自然是绝世少有的。

尤其是从桂林到阳朔，一百六十里漓江水路，满眼画山绣水，更是大自然的千古杰作。瞧瞧那漓水，碧绿碧绿的，绿得像最醇的青梅名酒，看一眼也叫人心醉。再瞧瞧那沿江攒聚的怪石奇峰，峰峰都是瘦骨嶙嶙的，却又那样玲珑剔透，千奇百怪，有的像大象在江边饮水，有的像天马腾空欲飞，随着你的想象，可以变幻成各种各样神奇的物件：这种奇景，古往今来，不知有多少诗人画师，想要用诗句、用彩笔描绘出来，到底谁又能描绘得出那山水的精髓？

凭着我一支钝笔，更无法替山水传神，原谅我不在这方面多费笔墨。有点东西却特别触动我的心灵。我也算游历过不少名山大川，从来却没见过一座山，这样凝结着劳动人民的生活感情；没有过一条水，这样泛滥着劳动人民的智慧的想象。只有桂林山水。

如果你不嫌烦，且请闭上眼，随我从桂林到阳朔去神游一番，看个究竟。最好是坐一只竹篷小船，正是顺水，船稳，舱里又眼亮，一路山光水色，紧围着你。假使你的眼福好，赶上天气晴朗，水面平得像玻璃，满江就会画着一片一片淡墨色的山影，晕糊糊的，使人恍惚沉进最恬静的梦境里去。

这种梦境往往要被顽皮的鱼鹰搅破的。江面上不断漂着灵巧的小竹筏子，老渔翁戴着尖顶竹笠，安闲地倚着鱼篓抽烟。竹筏子的梢上停着几只鱼鹰，神气有点迟钝，忽然间会变得异常机灵，抖着翅膀扑进水里去，山影一时都搅碎

了。一转眼，鱼鹰又浮出水面，长嘴里咬着条银色细鳞的鲢子鱼，咕嘟地吞下去。这时渔翁站起身伸出竹篙，挑上鱼鹰，一捏它的长脖子，那鱼便吐进竹篓里去。你也许会想：鱼鹰真乖，竟不把鱼吞进肚子里去，不是不吞，是它脖子上套了个环儿，吞不下去。

可是你千万不能一味贪看这类有趣的事儿，怠慢了眼前的船家。他们才是漓江上生活的宝库，那船家或许是位手脚健壮的壮族妇女，或许是位两鬓花白的老人。不管是谁，心胸里都贮藏着无数迷人的故事，好似地下的一股暗水，只要戳个小洞，就要喷溅出来。

你不妨这样问一句："这一带的山真绝啊，都有个名儿没有？"那船家准会说："怎么没有？每个名儿还都有来历呢。"

这以后，横竖是下水船，比较消闲，热心肠的船家必然会指点着江山，一路告诉你那些山的来历：什么象鼻山、斗鸡山、磨米山、螺蛳山……大半是由山的形状得到名字。譬如磨米山头有块岩石，一看就是个勤劳的妇女歪着身子在磨米，十分逼真。有的山不但象形，还流传着色彩极浓的神话故事。

迎面来了另一座怪山，临江是极陡的悬崖，船家说那叫父子岩。悬崖上不见近似人的形象，为什么叫父子岩，就难懂了。你耐心点，且听船家说吧。

船家轻轻摇着橹，会告诉你说：古时候有父子二人，姓龙，手艺巧，最会造船，造的船装得多，走起来跟箭一样快。不料叫圩子上一个万员外看中了，死逼着龙家父子连夜替他赶造一条大船，准备把当地粮米都搜括起来，到合浦去换珠子，好献给皇帝买官做。粮米运空了，岂不要闹饥荒，饿死人么？龙家父子不肯干，藏到这儿的岩洞里，又缺吃的，最后饿死了。父子岩就这样得了名，到如今大家还记得他们的义气……前面再走一段水路，下几个险滩，快到寡婆桥了，也有个故事……

究竟从哪年哪代传下来这么多故事，谁也说不清。反正都说早年有这样个善心的老婆婆，多年守寡，靠着种地打草鞋，一辈子积攒几个钱。她见来往行人从江边过，山路险，艰难得很，便拿出钱，请人贴着江边修一座桥。修着修着，一发山水，冲垮了，几年也修不成。可巧歌仙刘三姐路过这儿，敬重寡婆婆心地善良，就亲自参加砌桥，一面唱歌，唱得人们忘记疲乏，一鼓气把桥修起来。刘三姐展开歌扇，扇了几扇，那桥一眨眼变成石头的，永久也不坏，前边那不就是寡婆桥？你看临江拱起一道石岩，下头排着几个岩洞，乍一看，真像桥呢。岩上长满绿盈盈的桉树、杉树、凤尾竹，清风一吹，萧萧飒飒的，想是刘三姐留下的袅袅的歌音吧？

船到这儿，渐渐接近阳朔境界，江上的景色越发奇丽。两岸都是悬崖峭壁，累累垂垂的石乳一直浸到江水里去，像莲花，像海棠叶儿，像一挂一挂的葡萄，也像仙人骑鹤，乐手吹箫……说不定你忘记自己是在漓江上了呢！觉得自己好像走进一座极珍贵的美术馆，到处陈列着精美无比的石头雕刻。可不是嘛，右首山顶那块石头，简直是个妙手雕成的石人，穿着长袍，正在侧着头往北瞭望。下边有个妇人，背着娃娃，叫作望夫石。不待你问，船家又该对你说了：早年闹灾荒，有一对夫妇带着小孩，背着点米，往桂林逃荒。逃到这里，米完了，孩子饿得哭，哭得夫妇心里像刀绞似的。丈夫便爬上山顶，想瞭望瞭望桂林还有多远，妻子又从下边望着丈夫。刚巧在这一刻，一家人都死了，化成石头。这是个神话，却又是多么痛苦的事实。

江山再美，谁知道曾经洒过多少劳动人民斑斑点点的血泪。假如你听见船家谈起媳妇娘岩的事情，你更能懂得我的意思。媳妇娘岩是阳朔境内风景绝妙的一处，杂乱的岩石当中藏着个洞，黑黝黝的，洞里是一潭深水。

船家指点着山岩，往往叹息着说：“多可怜的媳妇娘啊！正当好年龄，长得又俊，已经把终身许给自己心爱的情郎了，谁料想一家大财主仗势欺人，强逼着要娶她。那姑娘坐在花轿里，思前想后，赶走到岩石跟前，她叫花轿停下，要到岩石当中去拜神。一去，就跳到岩洞里了。”

到这儿，你兴许会说：“这都是以往的旧事了，现在生活变了样儿，山也应该改改名儿，别尽说这类阴惨惨的故事才好。”

为什么要改名儿呢？就让这极美的江山，永久刻下千百年来我们人民艰难苦恨的生活吧，这是值得引起我们的深思的。今后呢，人民在崭新的生活里，一定会随着桂林山水千奇百怪的形态，展开他们丰富的想象，创造出新的神话、新的故事。你等着听吧。

1961 年

澜沧江边的蝴蝶会

冯　牧

我在西双版纳的美妙如画的土地上，幸运地遇到了一次真正的蝴蝶会。

很多人都听说过云南大理的蝴蝶泉和蝴蝶会的故事，也读到过不少关于蝴蝶会的奇妙景象的文字记载。从明朝万历年间的《大理志》到近年来报刊上刊载的报道，我们都读到过关于这个反映了美丽的云南边疆的独特自然风光的具体描述。关于蝴蝶会的文字记载，由来已久。据我所知道的，第一个细致而准确地描绘了蝴蝶会的奇景的，恐怕要算是明朝末年的徐霞客了，在三百多年前，这位卓越的旅行家就不但为我们真实地描写了蝴蝶群集的奇特景象，并且还详尽地描写了蝴蝶周围的自然环境。他这样写着：

"……山麓有树大合抱，倚崖而耸立，下有泉，东向漱根窍而出，清冽可鉴。稍东，其下又有一树，仍有一小泉，亦漱根而出，二泉汇为方丈之沼，即所溯之上流也。泉上大树，当四月初，即发花如蛱蝶，须翅栩然，与生蝶无异；又有真蝶千万，连须钩足，自树巅倒悬而下，及于泉面，缤纷络绎，五色焕然。"

这是一幅多么令人目眩神迷而又美妙奇丽的景象！无怪乎许多来到大理的旅客都要设法去观赏一下这个人间奇观了。但可惜的是，胜景难逢，由于某种我们至今还不清楚的自然规律，每年蝴蝶会的时间总是十分短促并且是时有变化的；而交通的阻隔，又使得有机会到大理去游览的人，总是难于恰巧在那个时间准确无误地来到蝴蝶泉边。就是徐霞客也没有亲眼看到真正的蝴蝶会的盛况；他晚去了几天，花朵已经凋谢，使他只能折下一枝蝶树的标本，惆怅而去。他的关于蝴蝶会的描写，大半是根据一些亲历者的转述而记载下来的。

我在七八年前也探访过一次蝴蝶泉。我也去晚了。但我并没有像徐霞客那样怅然而返。我还是看到了成百的蝴蝶在集会。在一泓清澈如镜的泉水上央，环绕着一株枝叶婆娑的大树，一群彩色缤纷的蝴蝶正在翩翩飞舞，映着水潭中映出的倒影，确实是使人感到一种超乎常态的美丽。

以后，我遇见过不少曾经专诚探访过蝴蝶泉的人。只有个别的人有幸看到了真正的蝴蝶盛会。但是，根据他们的描述，比起记载中和传说中所描述的景象来，已经是大为逊色了。

其实，这是毫不足怪的。随着公路的畅通，游人的频至，附近的荒山僻野的开拓，蝴蝶泉边蝴蝶的日渐减少，本来是完全符合自然发展规律的。而且，如果我们揭开关于蝴蝶会的那层富有神话色彩的传说的帷幕，我们便会发现：像蝴蝶群集这类罕见的景象，其实不只是一定的自然环境的产物；而且有些书籍中也分明记载着，所谓蝴蝶会，并不是大理蝴蝶泉所独有的自然风光，而是在云南的其他地方也曾经出现过的一种自然现象。比如，在清人张泓所写的一本笔记《滇南新语》中，就记载了昆明城里的圆通山（就是现在的圆通公园）的蝴蝶会，书中这样写道：

“每岁孟夏，蛱蝶千百万会飞此山，屋树岩壑皆满，有大如轮、小于钱者，翩翻随风，缤纷五彩，锦色烂然，集必三日始去，究不知其去来之何从也。余目睹其呈奇不爽者盖两载。”

张泓是乾隆年间人，他自然无法用科学道理来解释他在昆明看到的奇特景象；同时，由于时旷日远，现在住在昆明的人恐怕也很少有人听说过在昆明城里有过这种自然界的奇观。但是，张泓关于蝴蝶会的绘影绘色的描写，却无意中为我们印证了一件事情：蝴蝶的集会并不只是大理蝴蝶泉所独有的现象，而是属于一种云南的特殊自然环境所特有的自然现象，属于一种气候温煦、植物繁茂、土地肥腴的自然境界的产物。由此，我便得出了这样一个设想：即使是大理的蝴蝶逐渐减少了（正如历史上的昆明一样），在整个云南边疆的风光明丽的锦绣大地上，在蝴蝶泉以外的别的地方，我们一定也不难找到如像蝴蝶泉这样的诗情浓郁的所在的。

这个设想，被我不久以前在西双版纳旅途中的一次意外的奇遇所证实了。

由于一种可遇而不可求的机会，我看到了一次真正的蝴蝶会，一次完全可以和徐霞客所描述的蝴蝶相媲美的蝴蝶会。

西双版纳的气候是四季常春的。在那里你永远看不到植物凋敝的景象。但是，即使如此，春天在那里也仍然是最美好的季节。就在这样的季节里，在傣族的泼水节的前夕，我们来到了被称为西双版纳的一颗“绿宝石”的橄榄坝。

在这以前，人们曾经对我说：谁要是没有到过橄榄坝，谁就等于没有看到真正的西双版纳。当我们刚刚从澜沧江的小船踏上这片密密地覆盖着浓绿的植物层的土地时，我马上就深深地感觉到，这些话是丝毫也不夸张的。我们好像来到了一个天然的巨大的热带花园里。到处都是一片浓荫匝地，繁花似锦。到处都是一片蓬勃的生气：鸟类在永不休止地啭鸣；在棕褐色的沃土上，各种植物好像是在拥挤着、争抢着向上生长。行走在村寨之间的小径上，就好像是行走在精心培植起来的公园林荫路上一样，只有从浓密的叶隙中间，才能偶尔看到烈日的点点金光。我们沿着澜沧江边的一连串村寨进行了一次远足旅行。

我们的访问终点，是背倚着江岸、紧密接连的两个村寨——曼厅和曼扎。当我们刚刚走上江边的密林小径时，我就发现，这里的每一块土地，每一段路程，每一片丛林，都是那样地充满了秾丽的热带风光，都足以构成一幅色彩斑斓的绝妙风景画面。我们经过了好几个隐藏在密林深处的村寨，只有在注意寻找时，才能从树丛中发现那美丽精巧的傣族竹楼。这里的村寨分布得很特别，不是许多人家聚成一片，而是稀疏地分散在一片林海中间。每一幢竹楼周围都是一片丰饶富庶的果树园；家家户户的庭前窗后，都生长着枝叶挺拔的椰子树和槟榔树，绿荫盖地的芒果树和荔枝树。在这里，人们用果实累累的香蕉树作篱笆，用清香馥郁的夜来香作围墙。被果实压弯了的柚子树用枝叶敲打着竹楼的屋檐；密生在枝桠间的菠罗蜜散发着醉人的浓香。

我们在花园般的曼厅和曼扎度过了一个愉快的下午。我们参观了曼扎的办得很出色的托儿所；在那里的整洁而漂亮的食堂里，按照傣族的习惯，和社员们一起吃了一餐富有民族特色的午饭，分享了社员们的富裕生活的欢快。我们在曼厅旁听了为布置甘蔗和双季稻生产而召开的社长联席会，然后怀着一种充实的心境走上了归途。

我们走的仍然是来时的路程，仍然是那条浓荫遮天的林中小路，数不清的奇花异卉仍然到处散发着沁人心脾的清香。在路边的密林里，响彻着一片鸟鸣和蝉叫的嘈杂而又悦耳的合唱。透过树林枝干的空隙，时时可以看到大片的平整的田畴，早稻和许多别的热带经济作物的秧苗正在夕照中随风荡漾。在村寨的边沿，可以看到枫树林和菩提林的巨人似的身姿，在它们的荫蔽下，佛寺的高大的金塔和庙顶在闪着耀眼的金光。

一切都和我们来时一样。可是，我们又似乎觉得，我们周围的自然环境和来时有些异样，终于，我们发现了一种来时所没有的新景象：我们多了一群新的旅伴——成群的蝴蝶。在花丛上，在枝叶间，在我们的周围，到处都有三五成群的彩色蝴蝶在迎风飞舞；它们有的在树丛中盘旋逗留，有的却随着我们一同前进。开始，我们对于这种景象也并不以为奇。我们知道，这里的蝴蝶的美丽和繁多是别处无与伦比的；我们在森林中经常可以遇到彩色的斑斓的蝴蝶和人们一同行进，甚至连续飞行几里路。我们早已养成了这样的习惯：习于把成群的蝴蝶看作是西双版纳的美妙自然景色的一个不可缺少的组成部分了。

但是，我们越来越感到，我们所遇到的景象实在是超过了我们的习惯和经验了。蝴蝶越聚越多，一群群、一堆堆从林中飞到路径上，并且成群结队地在向着我们要去的方向前进着。它们在上下翻飞，左右盘旋；它们在花丛树影中飞快地扇动着彩色的翅膀，闪得人眼花缭乱。有时，千百个蝴蝶拥塞了我们前进的道路，使我们不得不用树枝把它们赶开，才能继续前进。

就这样，在我们和蝴蝶群的搏斗中走了大约五里路的路程之后，我们看到了一个奇异的景色。我们走到一片茂密的枧树林边；在一块草坪上面，有一株硕大的菩提树，它的向四面伸张的枝丫和浓茂的树叶，好像是一把巨大的阳伞似的遮盖着整个草坪。在草坪中央的几方丈的地面上，仿佛是密密地丛生着一片奇怪的植物似的，聚集着数以万计的美丽的蝴蝶，好像是一座美丽的花坛一样，它们互相拥挤着，攀附着，重叠着，面积和体积都在不断地扩大。从四面八方飞来的新的蝶群正在不断地加入进来。这些蝴蝶大多数是属于一个种族的，它们的翅膀的背面是嫩绿色的，这使它们在停伫不动时就像是绿色的小草一样，它们翅膀的正面却又是金黄色的，上面还有着美丽的花纹，这使它们在扑动翅翼时却又像是朵朵金色的小花。在它们的密集着的队伍中间，仿佛是有意来作为一种点缀，有时也飞舞着少数的巨大的黑底红花身带飘带的大木蝶。在一刹那间，我们好像是进入了一个童话世界；在我们的眼前，在我们四周，在一片令人心旷神怡的美妙的自然景色中间，到处都是密密匝匝、层层叠叠的蝴蝶；蝴蝶密集到这种程度，使我们随便伸出手去便可以捉到几只。天空中好像是雪花似的飞散着密密的花粉，它和从森林中飘来的野花和菩提的气息混在一起，散出了一种刺鼻的浓香。

面对着这种自然界的奇景，我们每个人几乎都目瞪口呆了。站在千万只翩然飞舞的蝴蝶当中，我们觉得自己好像是有些多余的了。而蝴蝶却一点也不怕我们；我们向它们的密集的队伍投掷着树枝，它们立刻轰拥地飞向天空，闪动着彩色缤纷的翅翼，但不到一分钟之后，它们又飞到草地上集合了。我们简直是无法干扰它们的参与盛会的兴致。

我们在这些集成阵的蝴蝶前长久地观赏着，赞叹着，简直是流连忘返了。

在我的思想里，突然闪过了一个念头：难道这不正是过去我们从传说中听到的蝴蝶会么？我们有人时常慨叹着大理蝴蝶泉上的蝴蝶越来越少了，但是，在祖国边疆的无限美好无限丰饶的土地上，不是随处都可以找到它们欢乐聚会的场所么？

当时，我们这些想法自然是非常天真可笑的。我根本没有考虑到如何为我所见到的奇特景象去寻求一个科学解释（我觉得那是昆虫学家和植物学家的事情），也没有考虑到这种蝴蝶群集的现象，对于我们的大地究竟是一种有益的还是有害的现象。我应当说，我完全被这片童话般的自然景象所陶醉了；在我的心里，仅仅是充溢着一种激动而欢乐的情感，并且深深地为了能在我们祖国边疆看到这样奇丽的风光而感到自豪。我们所生活、所劳动、所建设着的土地，是一片多么丰富，多么美丽，多么奇妙的土地啊！

原载《人民日报》1961年6月18日

海南杂忆

茅　盾

我们到了那有名的“天涯海角”。

从前我有一个习惯：每逢游览名胜古迹，总得先找些线装书，读一读前人（当然大多数是文学家）对于这个地方的记载——题咏、游记等等。

后来从实践中我知道这不是一个好办法。

当我阅读前人的题咏或游记之时，确实很受感染，陶陶然有卧游之乐；但是一到现场，不免有点失望（即使不是大失所望），觉得前人的十分华赡的诗词游记骗了我了。例如，在游桂林的七星岩以前，我从《桂林府志》里读到好几篇诗、词以及骈四俪六的游记，可是一进了洞，才知道文人之笔之可畏——能化平凡为神奇。

这次游“天涯海角”，就没有按照老习惯，皇皇然作“思想上的准备”。

然而仍然有过主观上的想象。以为顾名思义，这个地方大概是一条陆地，突入海中，碧涛澎湃，前去无路。

但是错了。完全不是那么一回事。

所谓“天涯海角”就在公路旁边，相去二三十步。当然有海，就在岩石旁边，但未见其“角”。至于“天涯”，我想象得到千数百年前古人以此二字命名的理由，但是今天，人定胜天，这里的公路是环岛公路干线，直通那大，沿途经过的名胜，有盐场、铁矿等等；这哪里是“天涯”？

出乎我的意料，这个“海角”却有那么大块的奇拔的岩石；我们看到两座相偎相倚的高大岩石，浪打风吹，石面已颇光滑，两石之隙，大可容人，细沙铺地；数尺之外，碧浪轻轻扑打岩根。我们当时说笑话：可惜我们都老了，不然，一定要在这个石缝里坐下，谈半天情话。

然而这些怪石头，叫我想起题名为《儋耳山》的苏东坡的一首五言绝句：

突兀隘空虚，他山总不如。君看道旁石，尽是补天遗[1]！

感慨寄托之深，直到最近五十年前，凡读此诗者，大概要同声浩叹。我翻阅过《道光琼州府志》，在“谪宦”目下，知谪宦始自唐代，凡十人，宋代亦十人；又在“流寓”目下，知道隋一人，唐十二人，宋亦十二人。明朝呢，谪宦及流寓共二十二人。这些人，不都是“补天遗”的“道旁石”么？当然，苏东坡写这首诗时，并没料到在他以后，被贬逐到这个岛上的宋代名臣，就有五个人是因为反对和议，力主抗金而获罪的，其中有大名震宇宙的李纲、赵鼎与胡铨。这些名臣，当宋南渡之际，却无缘“补天”，而被放逐到这“地陷东南”的海岛作“道旁石”。千载以下，真叫人读了苏东坡这首诗同声一叹！

经营海南岛，始于汉朝；我不敢替汉朝吹牛，乱说它曾经如何经营这颗南海的明珠。但是，即使汉朝把这个“大地有泉皆化酒，长林无树不摇钱”的宝岛只作为采珠之场，可是它到底也没有把它作为放逐罪人的地方。大概从唐朝开始，这块地方被皇帝看中了，可是，宋朝更甚于唐朝。宋太宗贬逐卢多逊至崖州的诏书，就有这样两句：“特宽尽室之诛，止用投荒之典。”原来宋朝皇帝把放逐到海南岛视为仅比满门抄斩罪减一等，你看，他们把这个地方当作怎样的“险恶军州”。

只在人民掌握政权以后，海南岛才别是一番新天地。参观兴隆农场的时候，我又一次想起了历史上的这个海岛，又一次想起了苏东坡那首诗。兴隆农场是归国华侨经营的一个大农场。你如果想参观整个农场，坐汽车转一转，也得一天两天。以前这里没有的若干热带作物，如今都从千万里外来这里安家立业了。正像这里的工作人员，他们的祖辈或父辈万里投荒，为人作嫁，现在他们回到祖国的这个南海大岛，却不是“道旁石”，而是真正的补天手了！

我们的车子在一边是白浪滔天的大海、一边是万顷平畴的稻田之间的公路上，扬长而过。时令是农历岁底，北中国的农民此时正在准备屠苏酒，在暖屋里计算今年的收成，筹划着明年的夺粮大战吧？不光是中国，长江两岸的农民此时也是刚结束一个战役，准备着第二个。但是，眼前，这里，海南，我们却看见一望平畴，新秧芊芊，嫩绿迎人。这真是奇观。

还看见公路两旁，长着一丛丛的小草，绵延不断。这些小草矮而丛生，开着绒球似的小白花，枝顶聚生如盖，累累似珍珠，远看去却又像一匹白练。

我忽然想起明朝正统年间王佐所写的一首五古《鸭脚粟》了。我问陪同我

---

① 编者注：苏轼原诗为“尽是补天余”。

们的白光同志："这些就是鸭脚粟么？"

"不是！"她回答，"这叫飞机草。刚不久，路旁有鸭脚粟。"

真是新鲜，飞机草。寻根究底之后，这才知道飞机草也是到处都有，可作肥料。我问鸭脚粟今作何用，她说："喂牲畜。可是，还有比它好的饲料。"

我告诉她，明朝一个海南岛的诗人，写过一首诗歌颂这种鸭脚粟，因为那时候，老百姓把它当作粮食。这首诗说：

> 五谷皆养生，不可一日缺；谁知五谷外，又有养生物。茫茫大海南，落日孤凫没；岂有亿万足，垄亩生倏忽。初如凫足撑，渐见蛙眼突。又如散细珠，钗头横曲屈。

你看，描写鸭脚粟的形状，多么生动；难怪我印象很深，而且错认飞机草就是鸭脚粟了。但是诗人写诗不仅为了咏物，请看他下文的沉痛的句子：

> 三月方告饥，催租如雷动。小熟三月收，足以供迎送。八月又告饥，百谷青在垄。大熟八月登，恃此以不恐。琼民百万家，菜色半贫病。每到饥月来，此草司其命。闾阎饱饭饼，上下足酒浆。岂独济其暂，亦可赡其常。

照这首诗看来，小大两熟，老百姓都不能自己享用哪怕是其中的一小部分，而经常借以维持生命的，是鸭脚粟。

然而王佐还有一首五古《天南星》：

> 君看天南星，处处入本草。夫何生南海，而能济饥饱。八月风飕飕，闾阎菜色忧，南星就根发，累累满筐收。

这就是说，"大熟八月登"以后，老百姓所得，尽被搜刮以去，不但靠鸭脚粟过活，也还靠天南星。王佐在这首诗的结尾用了下列这样的"含泪微笑"式的两句：

> 海外此美产，中原知味不？

1963 年

五星红旗在天安门前升起

李水清

朝霞托着红日，徐徐地从东方升起。倏然间，在这世界的东方，遍地金灿灿，万物都发光，闪光的山，闪光的水，闪光的树，闪光的屋……

一九四九年十月一日，我们伟大的中华人民共和国诞生了。

这天一大早，我们全师指战员，穿着崭新的军装，持着缴获的各种美式武器，满怀兴奋，列队肃立在天安门前。天安门焕然一新：光亮耀眼的琉璃瓦，吊着金黄流苏的大红宫灯，朱红的宫墙，汉白玉的玉带河桥，秀丽挺拔的华表，都放出夺目的光彩。天安门，真是雄伟壮丽，气象万千！挂在天安门城楼上的毛主席巨幅画像，是一切的中心，赋予天安门以新的生命、新的意义。广场上彩旗飞舞，欢声雷动，从长期禁锢着的岁月中得到解放的各族各界人民，张着笑脸，参加这亘古未有的开国大典，庆祝祖国的新生。参加检阅的部队，人人精神抖擞，意气风发，等待着毛主席等党和国家领导人的检阅。虽然我们都刚从战火纷飞的前线赶来，还带着满身的硝烟，但是，整齐的行列，雄壮的阵容，充分显示了我军的强大。中国人民就是凭着这样一支由毛泽东等同志缔造的英雄部队，战胜了国内外强大的敌人，取得全国的胜利。

"轰！轰！轰……"五十四门礼炮齐鸣了二十八响。

二十八响，二十八年啊！我们党经历了多么艰难曲折而又漫长的道路，领导着中国人民，前仆后继，英勇奋斗，终于扳倒了压在中国人民头上的三座大山，推动了时代的巨轮，争得今天！

庄严嘹亮的国歌声，响彻天安门上空。人们屏息凝神，望着一面巨大的五星红旗，在天安门前冉冉升起。红旗，无数烈士鲜血染成的红旗，由敬爱的毛主席亲手升起。红旗的色彩，鲜艳绚丽，红旗的光辉，铺天盖地。占人类四分之一的中国人民从此站起来了，开始了自己新的世纪！

望着迎风飘扬的五星红旗，思绪起伏，像江河横溢。是兴奋，是欢乐，是幸福，是感激，一行行热泪，顺着面颊，滚滚落下。

二十一年前，我还是个十多岁的孩子，在我的家乡——井冈山下吉水县的一个小村里，第一次见到了像这样的红旗。那是毛委员带领的中国工农红军把它插在我们村头。我也第一次看到了这样的五角星，那是闪烁在每个红军同志帽子上的小红星。那时候，革命还只有一点小小的力量，几小块红色根据地，兵力不过数千，武器更缺，百十个人的连队，只有十几支步枪，几支还是破的，其余的都是梭镖、大刀。我参军了，因为年纪小，连大刀也分不到一把。我好像受了很大的委屈，闹着向连长要把大刀。郭永新连长安慰我说："同志弟，别怄气，将来全中国都是我们的，还愁没有一把刀。只要我们跟着毛委员，胜利很快就会来的。"我相信连长的话，革命一定胜利。但是，在四周强大的白匪军时刻对我们进行"围剿"的情况下，尽管我们无时不在盼望着、憧憬着胜利欢腾的一天，胜利却显得十分遥远。然而，革命的发展，正如毛委员所说："星星之火，可以燎原。"今天，井冈山上的火种，已经燃遍全中国。在茫茫大海中飘行的航船已经到达胜利的彼岸；躁动在母腹中的婴儿已经呱呱坠地；喷薄欲出的红日的光辉已经照耀人间。

"中华人民共和国，中央人民政府，在今天成立了！"

随着这浑厚洪亮的声音，广场上响起了震耳欲聋的欢呼声和鼓掌声。

千万颗被胜利冲击着的热烈的心，发出千万声欢呼：

"中华人民共和国万岁！""中国共产党万岁！""毛主席万岁！"

在千万人的欢呼声中，苦难的生活结束了，旧中国彻底灭亡！幸福的生活开始了，新中国矗立在东方！

毛主席宣布了中华人民共和国中央人民政府的诞生。这开天辟地的第一声，是四亿七千万中国人民心底的共鸣。这一天的到来多么不易，却又显得这么突然迅速。我极力控制着自己的感情，睁大眼睛看着天安门城楼上毛主席高大身躯，耸起耳朵听着毛主席洪亮的声音。这身躯多么熟悉，这声音多么亲切。毛主席，中国革命的舵手！是他打着革命的红旗，引导我们克服了重重艰难险阻，从胜利走向胜利。在这幸福的时刻，艰苦年代的记忆常常顽强地萦绕在心际，情感的锁链，牵着我走向遥远的过去。

长征路上，雪山、草地，我们一步一个泥窝，艰难地前进。正走着，一位倒在泥沼中的同志忽然坐起，高举两手，把半袋子炒青稞递到我的手里，说道：

"革命，一定胜利！可惜我不能继续前进。这个还能为革命出力，拿去，它能帮助同志们走出草地！"

我望着他过雪山时冻坏的双脚，青紫肿胀，有的地方已经溃烂化脓，实在难以走动。我哽咽地叫了一声："同志哥，来，我们轮流背你，你看……"

随着我的手指，他两眼向前望去：天边一抹红霞，茫茫草地的尽头，飘着一面红旗，红旗下走着一个高大的身躯。他两眼闪闪发光，霍地从泥沼中站起，捶着自己的脑袋："我想的什么啊！走吧！"我们架着他向天边走去……

红旗就是火炬。我们以超乎寻常的毅力，经历了无数艰险，征战二万五千里，越过人迹罕到的雪山、草地，完成了史无前例的英雄壮举！从此，革命像骑上千里骏马，叱咤风云，驰骋东西。八年烽火连天的抗日战争，三年半风起云涌的解放战争，我们都取得了胜利。千河入海，万水归川，所有的胜利汇聚成毛主席亲手升起的这面灿烂的五星红旗。真理的旗，胜利的旗，幸福的旗！

盛大的阅兵式开始了！天空掠过展翅翱翔的银鹰，地上是轰隆前进的铁流。旗的森林，人的海洋。"八一"军旗在前面招展，后面紧跟着陆海空三军，一列列，一行行，迈着整齐的步伐，向着主席台前走去。望着这强大的人民武装，想起自己为了一把大刀又哭又闹的情景，不禁好笑。我怀着一颗怦怦跳动的心，昂首挺胸，迈步前进。

在我们的行列里，有的是来自井冈山上的老红军；有的是在敌后坚持过八年抗日战争的八路军、新四军的战士；更多的是来自黄河两岸、大江南北解放了的祖国大好河山的子弟兵。这就是一部活的革命史，记载着人民解放军的光荣历程。

阅兵式是庄严的、盛大的，它给我们带来了光荣和自豪，我们将永远记住这一天，这是我们开国大典的一天，我们胜利的一天！我们也将永远记住，我们胜利了，我们来了，还有多少同志却没有来到这里！他们没有等到今天就献出了宝贵生命！郭永新连长啊，今天我分外想念你！在草地，我们刚淋过一场冰雹骤雨，疯狂的敌人骑兵突然向我们袭来，郭连长带领我们迅速占领了稍有起伏的阵地，勇猛地向敌人还击，掩护主力前进。敌人在我们打击下溃退了，郭连长却负了重伤，已经奄奄一息，昏迷中还大声呼喊："坚决打！前面是党中央和毛主席！"郭连长醒了，看到我满脸泪痕，轻轻地责备说："哭什么？同志弟，革命就是要流血牺牲来换取！我不行了，你们快跟上，跟上红旗，跟上毛主席，胜利……"话没说完，双目已经紧闭。我们抑制着悲伤，没有哭泣，掩埋好郭连长和其他烈士的尸体，从地上站起，擦干身上的血迹，继续走他们没有走完的道路。还有多少倒下的战友啊！今天他们虽然没有来到这里，但他们永远活在我们的心里，仿佛就在我们身边，一步不离地同我们并肩向前。

伴随着“唰唰”的脚步声，毛主席的教导又回响在我们的耳旁：现在的胜利，只是万里长征走完了第一步，更伟大、更艰苦的道路还在前面。

我们遵循着毛主席的教导，迈开大步，向着红旗指引的方向，继续勇往直前！

1977 年

驿路梨花

彭荆风

山，好大的山啊！起伏的青山一座挨一座，延伸到远方，消失在迷茫的暮色中。

这是哀牢山南段的最高处。这么陡峭的山，这么茂密的树林，走上一天，路上也难得遇见几个人。夕阳西下，我们有点着急了，今夜要是赶不到山那边的太阳寨，只有在这深山中露宿了。

同行老余是在边境地区生活过多年的人。正走着，他突然指着前面叫了起来："看，梨花！"

白色梨花开满枝头，多么美丽的一片梨树林啊！

老余说："这里有梨树，前边就会有人家。"

一弯新月升起了，我们借助淡淡的月光，在忽明忽暗的梨树林里走着。山间的夜风吹得人脸上凉凉的，梨花的白色花瓣轻轻飘落在我们身上。

"快看，有人家了。"

一座草顶、竹篾泥墙的小屋出现在梨树林边。屋里漆黑，没有灯也没有人声。这是什么人的房子呢？

老余打着电筒走过去，发现门是从外扣着的。白木门板上用黑炭写着两个字："请进！"

我们推开门进去。火塘里的灰是冷的，显然，好多天没人住过了。一张简陋的大竹床铺着厚厚的稻草。倚在墙边的大竹筒里装满了水，我尝了一口，水清凉可口。我们走累了，决定在这里过夜。

老余用电筒在屋里上上下下扫射了一圈，又发现墙上写着几行粗大的字："屋后边有干柴，梁上竹筒里有米，有盐巴，有辣子。"

我们开始烧火做饭。温暖的火、喷香的米饭和滚热的洗脚水，把我们身上的疲劳、饥饿都撵走了。我们躺在软软的干草铺上，对小茅屋的主人有说不尽的感激。我问老余："你猜这家主人是干什么的？"老余说："可能是一位守山护林的老人。"

正说着，门被推开了。一个须眉花白的瑶族老人站在门前，手里提着一杆明火枪，肩上扛着一袋米。

"主人"回来了。我和老余同时抓住老人的手，抢着说感谢的话；老人眼睛瞪得大大的，几次想说话插不上嘴。直到我们不作声了，老人才笑道："我不是主人，也是过路人呢！"

我们把老人请到火塘前坐下，看他也是又累又饿，赶紧给他端来了热水、热饭。老人笑了笑："多谢，多谢，说了半天还得多谢你们。"

看来他是个很有穿山走林经验的人。吃完饭，他燃起一袋旱烟笑着说："我是给主人家送粮食来的。"

"主人家是谁？"

"不晓得。"

"粮食交给谁呢？"

"挂在屋梁上。"

"老人家，你真会开玩笑。"

他悠闲地吐着烟，说："我不是开玩笑。"停了一会儿，又接着说："我是红河边上过山岩的瑶家，平常爱打猎。上个月，我追赶一群麂子，在老林里东转西转迷失了方向，不知怎么插到这个山头来了。那时候，人走累了，干粮也吃完了，想找个寨子歇歇，偏偏这一带没有人家。我正失望的时候，突然看到了这片梨花林和这小屋，屋里有柴、有米、有水，就是没有主人。吃了用了人家的东西，不说清楚还行？我只好撕了片头巾上的红布、插了根羽毛在门上，告诉主人，有个瑶家人来打扰了，过几天再来道谢……"

说到这里，他用手指了指门背后："你们看，那东西还在呢！"

一根白羽毛钉在红布上，红白相衬很好看。老人家说到这里，停了一会儿，又接着说下去："我到处打听小茅屋的主人是哪个，好不容易才从一个赶马人那里知道个大概，原来对门山头上有个名叫梨花的哈尼小姑娘，她说这大山坡上，前不着村后不挨寨，她要用为人民服务的精神来帮助过路人。"

我们这才明白，屋里的米、水、干柴，以及那充满了热情的"请进"二字，都是出自那哈尼小姑娘的手。多好的梨花啊！

瑶族老人又说："过路人受到照料，都很感激，也都尽力把用了的柴、米补上，好让后来人方便。我这次是专门送粮食来的。"

这天夜里，我睡得十分香甜，梦中恍惚在那香气四溢的梨花林里漫步，还看见一个身穿着花衫的哈尼小姑娘在梨花丛中歌唱……

第二天早上，我们没有立即上路，老人也没有离开，我们决定把小茅屋修葺一下，给屋顶加点草，把房前屋后的排水沟再挖深一些。一个哈尼小姑娘都能为群众着想，我们真应该向她学习。

我们正在劳动，突然梨树丛中闪出了一群哈尼小姑娘。走在前边的约莫十四五岁，红润的脸上有两道弯弯的修长的眉毛和一对晶莹的大眼睛。我想："她一定是梨花。"

瑶族老人立即走到她们面前，深深弯下腰去，行了个大礼，吓得小姑娘们像小雀似的蹦开了，接着就哈哈大笑起来："老爷爷，你给我们行这样大的礼，不怕折损我们吗？"老人严肃地说："我感谢你们盖了这间小草房。"

为头的那个小姑娘赶紧摇手："不要谢我们！不要谢我们！房子是解放军叔叔盖的。"

接着，小姑娘向我们讲述了房子的来历。十多年前，有一队解放军路过这里，在树林里过夜，半夜淋了大雨。他们想，这里要有一间给过路人避风雨的小屋就好了，第二天早上就砍树割草盖起了房子。她姐姐恰好过这边山上来拾菌子，好奇地问解放军叔叔："你们要在这里长住？"解放军说："不，我们是为了方便过路人。是雷锋同志教我们这样做的。"她姐姐很受感动。从那以后，常常趁砍柴、拾菌子、找草药的机会来照料这小茅屋。

原来她还不是梨花。我问："梨花呢？"

"前几年出嫁到山那边了。"

不用说，姐姐出嫁后，是小姑娘接过任务，常来照管这小茅屋。

我望着这群充满朝气的哈尼小姑娘和那洁白的梨花，不由得想起了一句诗："驿路梨花处处开。"

原载《光明日报》1977年11月27日

一封终于发出的信

——给我的爸爸陶铸

——

陶斯亮

一

爸，我在给您写信。

人们一定会奇怪："你的爸爸不是早就离开人间了吗？"是的，早在九年前，您就化成灰烬了，可是对我来说，您却从来没有死。我绝不相信像您这样的人会死！您只是躯体离开了我们，您的精神却一直紧紧地结合在我的生命中。您过去常说我们是相依为命的父女，现在我们依然如此。爸爸呀！你我虽然隔着两个世界，永无再见面的那一天，但我却铭心刻骨，昼夜思念，与您从未有片刻分离……

爸，九年前，您含冤死去；九年来，我饮恨活着。是万恶的林彪、"四人帮"害得我们家破人亡，妻离子散。我简直无法想象您这么一条硬铮铮的汉子，是如何咽下最后的一口气；同样，您也想象不到在您印象中如此脆弱的女儿，又是怎样度过了那些艰难的岁月……

爸，我永远不会忘记这一天。一九六七年一月四日，半夜里有几个同学猛然把我从睡梦中叫醒，递给我一张《打倒陶铸》的传单，上面印着江青、陈伯达等人一月四日对一些群众组织的讲话，说您"背着中央文革小组独断专行"，是"中国最大的保皇派"，他们要"发动群众"把您"揪出来"。记得一九六六年十一月我离开北京回上海时，妈妈曾对我说："爸爸还是有一定的危险性，弄不好就会粉身碎骨，你要事事谨慎……"当时，我以为妈妈只是一般的叮咛，

没有在意。可是，现在竟然真的大祸临头。同学们劝我赶快给家里打电话。电话是妈妈接的。她讲："情况就是这样，可究竟是怎么回事，你爸爸也不知道，他当时还在接见群众组织的代表呢！"听了妈妈的话，我惊奇极了，也伤心极了。您知道女儿是单纯的，我不敢想，可无情的现实却逼得我不能不想：为什么江青、陈伯达他们要这样从背后捅您一刀？这难道光明磊落吗？可怜的爸爸，在您被抛出来的最后一瞬间还被蒙在鼓里，成了一个可耻的政治骗局的无辜牺牲者。党中央政治局的一个常委，政府的一个副总理，没有经过党的任何会议，党也没有做过任何决议，以后也没有追发过任何补充文件，就这样任凭几个人的信口雌黄，莫名其妙地被赶出政治舞台，横遭囚禁迫害，我想不通，这究竟是为什么？为什么？

许多朦胧的往事一下子涌到眼前。我想起：不久前，有些叔叔、阿姨悄悄告诉我："亮亮，你知道你爸爸为什么搬出钓鱼台吗？那是因为你爸爸到中央工作后，江青他们想拉他在一次中央会议上带头向小平同志发难，被你爸爸拒绝了。""亮亮，因为保一些干部，你爸爸跟江青、陈伯达他们顶得很厉害，听说江青对他发了好几次脾气，这样下去可要吃亏的。""亮亮，你该提醒爸爸，江青不好惹，能退让就退让点吧！"这些叔叔、阿姨的劝告当然都是一片好心，可我知道：违心的事爸爸是不会干的。当时，我虽然摸不清政治斗争的深浅，可心里一直为您不安，我万万没有想到大难临头得如此迅速，如此猛烈。我被这突如其来的惊涛骇浪打得头晕目眩……

八月，我们想尽了办法才得到允许去北京看您，那时，您和病中的妈妈被软禁在字廊的住所里。一路上，我不停地设想即将相逢的情景，当我兴冲冲而又心神不安地走进家门时，一眼就看到出来接我的您，您像孩子一样地高兴，但我却愣住了：一个声音嘶哑、头发花白、驼背的老人出现在我面前。这哪像我那生龙活虎的爸爸呀！爸，仅仅几个月的工夫，您怎么就被折磨成这个样子了呢？我心酸地仔细看着您：深感负疚的痛苦，茫然不解的思索，强捺在心里的愤怒，都汇集在您那皱起的眉峰和额头上，但您的目光依然炯炯有神，就像两团燃烧的火。看着您，我心酸，我心痛。我怕您看出我的悲痛，就假装着去洗脸，可是任凭怎样擦，也擦不尽刷刷下落的泪水；怎么忍，也忍不住喉头的哽噎。过了一会儿，妈妈进来找我，轻轻地对我说："亮亮，你要坚强些，父亲和我都不喜欢你这样子。"爸爸，从那时起到现在十一年过去了，可当时的情景仍然历历在目，仿佛就发生在眼前……

在字廊的一个月，是我与您相处的最后一段日子，如果当时能知道这点，我一定会千倍、万倍地珍惜它。当时，您已完全丧失了自由，饮食起居都有专人监视，您除了被带去看大字报外，只有晚饭过后的那段时间能到屋外的廊上放放风。您是个从不停息的人，可现在却硬是被关在笼子里，外面阶级斗争的疾风暴雨正在冲击着整个中国，您怎么能不为党和国家的命运、前途担忧呢？江青一伙虽然使您身陷囹圄，但他们何曾有一时能囚禁住您那颗为国为民的心！您有在思索时踱步的习惯，我记得，那时您每天都用急促的步子在不大的房间里走来走去，您经常是几个小时、几个小时地这样急促地走着，走着……虽然您从来没向我流露过一句内心的愤懑和焦灼，可我从那急促沉重的脚步声中却听到了您热血的沸腾。您当时的情景真像是一只被关在笼子里的猛虎。爸爸，您可知道，从此我就不爱去动物园了，因为每当我看到孩子们兴高采烈地逗弄铁笼里的老虎时，我立刻就想到您，一种触动隐伤的痛苦常常催我泪下……

我还记得，您多么珍惜那短短的放风。您经常目不转睛地凝视着四周池水里的荷花，对我说："亮亮，你要好好记住它。你看它出污泥而不染，光明磊落，象征了一种崇高的品德。"直到今日，我眼前还时时清晰地浮现您当日目视荷花的那种专心致志的样子。爸爸，从此我也爱上了荷花，因为我知道，您是在用荷花来寄托自己的情操和志向呵！

由于监管的人监视很严，我们不能谈任何现实情况，您就给我讲历史上的直节忠臣的故事。您是那样满怀激情地给我讲汉朝的范滂如何刚直不阿，挺身就险，跟擅权祸国的宦官阉党作斗争；您又是那样情真意切地给我讲为官清正廉洁、关心人民疾苦的宋代贤臣范仲淹，如何不畏权贵，抨击时弊，在被贬外逐时，还念念不忘"先天下之忧而忧，后天下之乐而乐"。有一次，您意味深长地给我讲李贺的诗："我有迷魂招不得，雄鸡一声天下白。少年心事当拏云，谁念幽寒坐呜呃。"您说："亮亮，你领会到了吗？李贺在这里寄喻了自己在困厄时的苦闷心情和他不甘在伤感中消沉的决心。"爸爸，您在这里借李贺的诗向女儿表达了自己的处境和心情，您是多么渴望着鸡鸣天亮啊！尽管在监禁中您也不悲戚伤感，仍然壮怀激烈地向往着"拏云"的心事。我看着，听着，我的整个身心都融汇在您的思想感情中。爸爸，您可知道，您的气质使软弱的女儿也因此坚强起来，而且随着岁月的流逝，我对您当日的这些囚训，也就领悟得越来越深，到后来简直是刻骨铭心了。

妈妈经常为您担心。记得，有次她劝您："人家已经批判你搞封资修，现在，你何苦还说这些？！"您听后，气愤地说："嘿，我就是因为不会给他们叩头下跪才落得今天这个下场！以后，我也还要凭着这点骨气活下去。"十一年过

去了，您的这段话一直在激励着我，鼓舞着我，每当我在困苦挫折中稍存气馁和懈怠时，我的耳边就会立刻回响起您的这段话。我是陶铸的女儿，我也要有爸爸的骨气。

二

为了把您搞臭，江青和陈伯达等人无中生有地在社会上散布您是叛徒，然后又伪造民意，加害于您。那时，我单纯得像一泓清水，当我初次听到您是“叛徒”的流言时，我的心僵硬了。半年多来，出自江青、陈伯达之口对您的所谓反党、反社会主义的种种诬陷，我都嗤之以鼻。我从小在您的教育下长大，您是怎样一心一意为党和人民拼命地工作，我十分清楚。他们诬陷您反毛主席，可我看到的却是您每当谈到毛主席时的那种肃然起敬的敬仰和深情。我从小就听您的教诲，我身上所有的对党和毛主席的感情，大都是从您那儿得来的，我怎么能怀疑您？我又怎么能怀疑自己？可说您是叛徒，我的心就乱了，虽然我脑海里装的都是过去那些叔叔、阿姨讲给我听的关于您在南京国民党狱中英勇斗争的故事，可这终归是听说呀，难道连叛徒这样重大的问题也能编造吗？有一次，趁监管的人不注意，我心怀疑虑地质问您：“你出卖过同志吗？”听了我突如其来的质问，您一下子愣住了，十分恼火，愤怒地直视着我的眼睛，难过地说：“难道你也不相信爸爸？我是宁愿把自己的热血全洒在地上，也不会做对不起党的事的！”这件事我记得太清楚了，您当时的表情，是只有受了最大伤害和委屈的人才会有的。今天，写到这里，您写的那首诗又字字真切地出现在我的眼前：

狱中（一九三五年）

秋来风雨费吟哦，铁屋如灰黑犬多。
国未灭亡人半死，家无消息梦常过。
攘外空谈称绝学，残民工计导先河。
我欲问天何聩聩，漫凭热泪哭施罗。
（注：施罗指邓中夏[①]、罗登贤两同志）

---

① 编者注：邓中夏曾化名施义。

您这首诗其实我很小就读过，可那时不甚懂得它的价值，因此，日子一长也就慢慢忘记了。就在那次谈话过后不久，您再次把这首一九三五年在狱中写的咏志诗抄录给我。您当时的神态是那样严肃，坦然，眉宇间的凛然正气使我仅有的一丝疑问烟消云散了，我为有您这样一个经过铁窗考验的爸爸自豪。但同时，心里又罩上了一层阴影，我奇怪为什么在我们党内会有这么大的冤案？当时，您也和我一样困惑不解，我们多么渴望有一天能解开这个谜！现在，谜底揭晓了，真正的叛徒、特务就是诬害您的江青、陈伯达之流，可是爸爸，您却长眠地下，抱恨千古了……

爸爸，您还记得江青他们策划的那次批判会吗？那是一个炎热的八月天，突然有一群彪形大汉闯进来，说是要开批斗会，二话没讲就把您押走了。妈妈正患病，可是这伙人仍然硬拖妈妈去陪斗。你们走了，屋里是死样的沉寂，空荡荡的，只有屋外看守的沉闷脚步声陪着我在屋里发愣。我实在放心不下，想去看您和妈妈，又怕惹出麻烦被赶出去。正当我踌躇不决时，有个看守偷偷地走进来同情地对我说："你想去看就去看看吧，没关系的。"爸，至今我还常常以感激的心情想起这位同志，因为从他身上我看到了沉默的人民和民心。

我站在围斗的人群后面，悲愤地看着。当时，他们故意制造一种气氛，在那里拍摄电影，准备在全国放映。您和妈妈站在台前，那些人吼着，叫着，让你们低头认罪、背诵语录，而你们是那样不卑不亢，神态自若地对待不明真相的人的辱骂和围攻……对于这种人格的侮辱和摧残，我实在看不下去，不等结束就先回去了。我给您和妈妈准备热水，等你们回来好烫烫站肿了的脚……批斗会结束后，十几个人押着您回来。您气呼呼地坐在椅子上，我端着盆走过去，忽然看到您的额头上有个大包，我扑上去想帮您揉揉，可您一把将我推开，愤怒地说："别管它，让它留着。要不是相信共产主义，相信党和毛主席，老子今天就和他们拼了！"面对您的盛怒，那些人不知所措，而我也受到了极大的震动。写到这里，啊，爸爸！好像您又怒容满面地站在我的眼前……爸，我记得在这段时间里，您也有过两次极大的喜悦。一次是您被带出去看大字报回来，高兴地对妈妈和我说，刚才见到了陈毅同志，尽管周围监视的人很多，但陈伯伯还是意味深长地向您点头致意，从陈伯伯的亲切目光中，您看到了党和同志的信任。在这个时候，还有什么比得到同志的信任更使您感到幸福的？当时，有许多老同志都很同情您的遭遇，他们常常冒着被牵连的危险，通过各种途径表示对您的关切。有一次，我碰到了康（克清）妈妈，她悄悄地把我叫到身边，

询问您和妈妈的情况，分手时再三叮咛我，一定要劝爸爸、妈妈相信党、相信群众，要坚强地活下去。当我偷偷把这些话告诉您时，您微笑了。此后，每当我看到您在沉思时脸上露出幸福的微笑，我就知道，您又在重温同志的信任和爱，用它给自己的信仰淬火加钢……

我知道，您一直到死，心里都带着同志们的信任，它给予您斗争的勇气和力量。

三

爸，那是一段多么痛苦、难堪的日子啊！但生活仍然沿着自己的轨道前进。我至今能告慰自己的就是我也曾在苦难中给您带来过一点欢欣。那是一个夏日的黄昏，我轻轻地走近您，告诉您我有男朋友了。您高兴极了，激动地拉着我的手仔细地问：他是谁？是个什么样的人？当我把照片拿给您看时，您眯缝着眼认真地端详了好久，然后满意地说："看样子人很聪明，有头脑，可你是否把咱家的情况都告诉了他？千万不要因为我连累了人家。"我知道您当时忧喜交加的复杂心情，赶忙说："他什么都考虑过了，无论将来如何，都不后悔。"您含笑地点了点头，我以为这下子已经解除了您的疑虑，哪知道，第二天您交给我一封给他的信，里面详细地谈到了我的优点、缺点，您受审查的情况，劝他务必再做慎重考虑。爸，今天当我也有了子女时，我才越来越懂得，为什么当时您是那样地痛苦和不安：您既怕说的分量不够将来我受委屈，又怕自己受审查的严重情况吓住了这位您还不了解的年轻人。您长时间对自己的受屈从未呻吟过一声，可是，那天，您却怕因自己的处境而妨碍一对年轻人的幸福，感到那样愤怒和痛苦。信送走后，整天您焦躁不安，这天对您好像格外地长，直到我带来了回信。信写得很短，斩钉截铁地表示他不改变主意，他要和我结婚。这一来您再也无法按捺自己的高兴。您笑着在屋里走来走去："我的亮亮有爱人了！""我的亮亮有爱人了！"突然您猛地拉住我的手兴冲冲地对妈妈说："咱们给亮亮的爱人送点礼物吧。"可已被抄了几次的家哪还有什么东西？您翻了半天才找到了一架旧半导体收音机和一个亚非作家会议发的手提包。您想了想，觉得太少，又从自己身上脱下了那件穿了多年的毛衣，对我说："亮亮，再加上这件毛衣吧，虽说旧了些，但总是爸爸的心意。爸爸实在是再没什么可送你们了！"说着，您就哈哈大笑起来，您笑得那样爽朗，那样开心，没有一点压抑和阴暗。听着您的笑声，我的忧患和伤感也都消融了……可是，他们哪里允许您有一丝一毫的欢乐呢！很快，他们就强迫我们分开，再不允许我和您在一起。

那是一九六七年九月八日，我和妈妈在广播里听到反动文痞姚文元的文章《评陶铸的两本书》，每一句都如钢刀扎心。他们在搞文字狱！他们在用笔杀人！我愤怒，我神志恍惚，我悲恸欲绝！可妈妈仍是镇静地面对着这拔地而起的狂风，好像一切都已在她预料之中。我和妈妈相对无言，彼此心里都明白，您这次是被彻底抛出来了……过了一会儿，您走过来，两眼发直，悲愤地自言自语说："姚文元这是置我于死地啊！"您一夜没睡，在屋里徘徊着，直到天亮。等我惴惴不安地再见您时，您已恢复了平静，好像是一夜之间您已经为自己在政治上做了最后的选择：斗争到底，绝不屈服！

一两天后，有人找我谈话，让我立即离开北京去东北白城子。当时我正发高烧，妈妈也患重病，体重只剩六十来斤。我要求暂缓几天再走，被拒绝了。为了不使您再伤心，妈妈和我没有把赶我走的事告诉您。我要走了。走前的那天晚上，我一直找各种借口待在您的屋里，我想哭，又怕您发觉，只好强忍着。您看出我有些反常，以为是我身体不舒服，再三催我早睡，我只好走了，走了……这一夜，我辗转反侧，怎么也不能入睡，而您则通宵在看列宁的《国家与革命》。我几次披上衣服要过去，都被妈妈拦住了。我躺在床上悲愤地想：我们究竟犯了什么罪？第二天破晓，我就起来了，见您的屋里还亮着灯，我知道您没睡，我在您的房前转了很久、很久，不能决定是否该进去同您告别。那时，我对这场斗争的残酷性怎么能估计得充分，幻想迟早总有一天会见到您，眼下您正处在极度的痛苦中，我怎么能再让您伤心？再说我也想避开使人心碎的送别场面，咬着牙没和您告别就走了。我在青海、甘肃一待就是五年，我万万没想到从此一别，就再也没能见到您——我最亲爱的父亲，甚至连一封信他们也不允许我给您写啊！爸，我的好爸爸，您可知道，这不告而别的憾事整整折磨我十一年，十一年呵！

十一年来，我日日追悔莫及，每当想起这件事，就心如刀绞，泪不能忍……爸爸，在您最困难的时候，我被迫离开了您，我内心负疚，我抱憾终生……从此，您不但在政治上被迫害蒙冤，在生活上又妻病女离了，在这几重痛苦的折磨下，妈妈后来告诉我，您一直保持着乐观，不向权势折腰，几次申请要去农村落户。您认认真真地对妈妈说："我们老两口好好劳动，只要每月有三十元钱，就能过得很好了。"您在一首诗中写道："我欲卜宅潇湘，贫雇永结邻芳。沐浴东风浩荡，劳动学习昂扬。"以后，在整理您的遗物时，我们从散佚的文稿中发现了您在一九六七年十月一日，也就是在姚文元的文章发表二十二天

后，您在纸上写的自勉：

“自杀，就是有见不得人的事，不想把自己的问题弄清楚。当然也有这样的可能，就是你去见了马克思，问题还是弄不清楚。那也不要紧，事实终归是事实，最后还是可以弄清楚的，我相信我自己的四句话：性质纵已定，还将心肝掏，苌弘血化碧，哀痛总能消。”

这是血和泪的控诉，这是火和钢的自白。这里面的每一句话，每一个字，都是深思熟虑的产物，都是不屈不挠的结晶。我想，任何一个有革命正义感的人，看到它，都会情绪激昂，热血沸腾。他们会看到在自己面前矗立的是一个真正共产党员的形象：他既热情而又坚定，既有生的愿望而又不惧牺牲；他是一个有血肉身躯的平凡的人，他有着一般人的喜怒哀乐，也有着自己的缺点错误，但他更有一个坚定的共产主义信念和一颗全心全意为人民服务的心。爸爸，您的女儿说得对么？

四

在大西北高原，我有了儿子，您知道后可高兴了。爸爸，见到小亮的人都惊叹地说：简直太像外公了。听到这话，我是多么高兴呵！人们常说，当胎儿的心脏在母亲的身体里和着母亲的心脏一起跳动的时候，母亲热爱和思念着谁，孩子长得就会像谁。爸，小亮是带着我对您多么深沉的眷恋之情成长、出生的呵，在他身上融进了我对您的全部的热爱和思念，他怎么能不像您呢？

可是，这个与您酷似，您最疼爱的外孙却从来没让您见过。爱人来信讲：“我们多次请求把孩子抱进去让他外公看上一眼，都被拒绝了，我只有抱着不满周岁的小亮，伫立在萧瑟的秋风中，默默地等待在外公住处的门口，盼着外婆出来，看一眼小亮，然后回去把他牙牙学语的可爱乖相讲给外公听，引外公高兴……”每当接到这样的家信，我真恨不得插上双翅飞回北京。我想您，想得心都要碎了。我曾多次申请回家探亲，都被粗暴拒绝。突然，一九六九年十月下旬的一天，单位领导同志通知我马上回北京，这种意外的“开恩”，使我不知是喜是悲。在这之前，我，这个“叛徒”“中国最大保皇派”的女儿是严禁离开西北的，可这次究竟是为什么呢？爸，在家时您常叫我傻亮亮，可是苦难使人变得头脑复杂起来，我觉得这件事来得蹊跷。提心吊胆到北京，爱人来车站接我。他脸色阴沉忧郁，强作笑脸对我说：“亮亮，你只能见到妈妈了……”听到这话，我就像遭到了雷击，赶忙问他：“爸爸呢？”他避开我的眼睛，低声告诉我，根据林彪一号通令，爸被疏散去外地了。接着他说：“亮亮，别慌，听说安排得还好……”我知道他这是在安慰我，各种可怕的念头在脑际萦回，可我多愿他的话是真的呵……

妈妈在一个临时住的招待所里等我们。她愈发瘦得可怜了，可是，妈妈的自持使我心静下来。爸，您可知道，您不在，妈妈就成了我唯一的精神支柱了。妈妈让我单独跟她待一会，当屋里只剩我俩的时候，妈的脸变得煞白，劈头就说：“亮亮，你爸爸活不长了，他得了癌症……”她抽泣，再也说不下去。爸，我长那么大，从没见妈掉过泪，可现在，妈却泪飞如雨。那时，只有那时，我才真正懂得了什么叫心如刀绞，我多想抱住她说：“妈妈，您就痛痛快快地哭吧，您就把胸中积郁已久的愤怒和悲痛全都哭出来吧……现在只有女儿一个人，您哭吧……妈妈，我的坚强的好妈妈……”可是，妈妈很快就控制住自己，给我讲起您的病和不久前被迫生离死别的情景。

爸爸，原来您在一九六八年十月就感到身体不适了，由于被监禁，就医有种种限制，一直拖到第二年四月胆囊受压，全身变黄，病显危态后，才被允许去医院治疗。妈妈告诉我，是敬爱的周总理亲自批示给您做剖腹探查，指名让全国最好的肿瘤和外科专家共同负责您的手术，并且让通知家属征求意见。当妈妈把总理的批示内容告诉您时，对总理的感激之情，使您这个铁骨铮铮的硬汉子竟热泪满眶，您欣然同意开刀。听到这里，我哭了。爸爸，总理想救您，可是晚了，就医太晚了呵！探查结果证明您得的是胰腺癌，虽然做了根治手术，可是到九月，病情再度恶化，此后您就再没有出过门。

爸，女儿是医生，我知道胰脏靠近腹腔的一个大神经节，癌块侵犯神经会引起极大的疼痛。妈妈在您的病情记录中写道：“经常痛得在床上东倒西歪，前趴后仰，每次痛过后都是一身大汗，要用几条毛巾才能擦干，像这样，一天要发作三四次……虚弱得连大便的气力都没有，每隔几天，就得用手给他抠大便……昏昏迷迷地睡着就讲谵语，有时听到在叫亮亮。”可妈妈却从没听过您哼一声。有时她看您太痛苦了，就劝您：“实在忍不住就哼几声吧，哼几声吧！”您说：“哼有什么用，你已经够苦了，听到我哼，会更难受的，为什么还要给你增加痛苦？我咬咬牙就过去了。”有一次，您夜里痛得实在熬不住了，就请求身边的监管人员给您几片止痛片，遭到的竟是厉声呵斥，极度衰竭的您，只好从床上挣扎着起来，踉踉跄跄，一跌一撞地去取药……即使到了这样的地步，您明知已患了不治之症，仍然倔强地对妈妈说：“我不能死，特别是这个时候，不应该死！”爸爸，可以说，一直到心脏的最后一跳，您都还抱着强烈的生的愿

望。您死的时候才六十一岁……六十一岁！……

十月中旬，您差不多已是濒于死亡的人了，可就在这时，上面却来了命令，让您到外地去。专案人员对妈妈说："根据一号通令的精神，陶铸要马上离开北京去安徽合肥。我们给你考虑过了，最好去广东插队，如果你要同陶铸一起去，到合肥后要断绝和女儿的一切来往，因为陶铸的住处不能让人知道，如果你不去合肥，那么就要和陶铸断绝联系。"直截了当地说，他们就是让妈妈在您和我之间作一个选择。妈妈同您商量，您经过反复考虑后对妈妈说："我活不久了，你跟我去也帮不上忙，何苦再牺牲你？还是争取和亮亮在一起吧，现在不行，将来总还可能。有你和亮亮在一起，我也放心了，我们只有她这一个女儿……"妈妈还能说什么呢？爸，我的爸呵！

生离死别的三天，您和妈妈是在怎样一种难熬的悲哀依恋中度过的，我无法想象，可听妈妈讲，你们彼此谁也没有说过一次伤心的话。妈妈强捺着悲痛，为您准备了该带的东西，什么都为您想到了，什么都为您拼命做到了。您能给妈妈的仅是一首诗：

赠曾志

重上战场我亦难，感君情厚逼云端。
无情白发催寒暑，蒙垢余身抑苦酸。
病马也知嘶枥晚，枯葵更觉怯霜寒。
如烟往事俱忘却，心底无私天地宽。

今天，我读着它，依然像九年来每次读到它一样感到震动。爸，这哪是一首诗，这是一个痛苦而坚强的心灵的跳动。它熔铸了您作为一个革命同志加丈夫的全部情感和信念呵！

分别的日子终于到了，再有一个多小时您就要被押送合肥。您知道此去离泉台只有一步，您再也见不到妈妈和我，妈妈也知道这是你们的诀别，可你们这对为共产主义共同战斗了四十多年，共度忧患，感情笃深的老夫妻竟然没有掉一滴泪。您由于不完全性肠梗阻已经几天没吃东西了，妈妈强颜欢笑地为您切了一片薄薄的面包。为了安慰她，您忍着剧痛一口口把面包强咽下去。每咽一口，您都要流一头汗呵……

专案人员问您还有什么话要讲，您沉思了一下，一字一句地说："我已经是油尽灯残的人，他们尽可随意给我做结论。但我是一个共产党员，我有权利保留自己的意见。我相信历史会对一切做出说明。”爸爸，您就是这样威武不屈，一直到死，也没向江青和陈伯达他们低头。就要分手了，您无限深情地对妈妈说：“我怕是难见到亮亮了，等你看到她，要告诉她，爸爸对不起她，让她跟我受委屈了。但爸爸在政治历史上是清白的，是对得起她的。希望她无论在什么情况下都要跟着党，跟着毛主席干革命。我相信亮亮也会这样做的。”说完，您和妈妈握了握手，妈妈要送您也不让，就这样由人架着上路了。您和妈妈分别得那样从容，那样镇定，你们把个人的生死置之度外，想到的仍然是革命，是对党的忠诚，是共产党员的气节和对下一代的教育。爸，你们把自己的一切都献给了人民，而唯一属于你们的女儿，却在临死前都没能见她一面，您死能瞑目吗？

爸爸，妈妈把您的遗言告诉了我，从那时起已经过去九年了，我一时一刻也没有忘记您的话。“四人帮”被粉碎前，一个“黑帮”的女儿，生活的道路是多么艰难，她要不断地受到各种歧视和冷遇。有时，在受到一而再、再而三的打击后，我真想破罐破摔，自暴自弃，可是一想到您，我就又觉得不应该那样做。我随时想到我不单纯是一个陶斯亮，我是陶铸的女儿，有些人认为这是一个耻辱的称号，那是因为江青她们在您的名字上泼撒了污垢，可我则知道陶铸是一个坚强的老共产党员。我不能让自己的言行玷污了您的名字，给那些人留下攻击您的口实和笑柄。

五

您走后，妈妈很快就被强迫去广东了。爸爸，广东是您和妈妈战斗了多年的地方，你们在这块土地上流血流汗。您知道吗，至今广东人民没有忘记您。这种人民的怀念对一个共产党员来说是最可珍贵的，女儿把这点告诉您，您在九泉下也会感到欣慰的。

我们去广东农村帮妈妈安排了新家。那是一间破旧的小屋，阴暗潮湿，四面漏风，有很多虫子。这间房深深地铭刻在我的记忆中，这不仅仅是因为体弱多病的妈妈在这间房子里孤苦伶仃地生活了三年，而且更重要的是我和妈妈在这间小屋子里度过了您逝世后最初的一段时日……

一九六九年十二月的一天，被林彪一伙控制的广州军区突然有人来找妈妈，通知我们：您到合肥后四十三天就死去了，时间是十一月三十日上午十一时。

闻讯后，妈妈虽然脸色铁青，但在来人面前仍然是那样沉稳持重，一直到人走才簌然泪下……我们坚决要求去合肥料理您的后事，但是遭到了拒绝，一直到今天，我们都不知道您的遗骨沦落在何处……

一个为党，为人民的革命事业战斗了四十多年的老共产党员，就这样被林彪、“四人帮”残酷迫害，夺去了生命。那时，像您这样的老革命，被他们害得家破人亡的不知有多少呵！这些用血和泪写成的事实，就是林彪、“四人帮”所谓的“对资产阶级全面专政”的政治内容。爸，今天可以告慰您的是：这些淋漓的鲜血已经提醒人们，永远记住这些奇耻大恨，认真总结历史的经验教训了。

爸爸，您的女儿是个医生，曾给许多病人看过病，曾在许多病人弥留之际进行抢救，也曾守护过许多病人与生命告别。可是，在您病中，我却没能给您喂过一次药，打过一次针，甚至在您临终之际，我都不能让您看上一眼……爸爸，女儿对不起您……女儿实在对不起您……我知道，您一定会原谅女儿的，可是，我又怎么能宽恕自己呢？怎么能不含着刻骨的仇恨诅咒万恶的林彪和“四人帮”呢？

爸，我听人说，在夜深人静时，九泉之下的人会听到亲人的絮语和思念，这时，他们就会化作梦来与家人相会。这当然是不可能的事情，但我却常常希望它是真的，那样，我就可以和您在梦中见面了。爸爸，您现在在哪儿？您可曾听到女儿的呼唤？您是否知道女儿在您逝世一周年的时候，一个人在大西北高原的月夜给您荒祭的事呢？

一九七〇年十一月二十八日，离您去世一周年还差两天。当时，我仍身不由已，来自四面八方的监视使我不能对您的死表示任何哀悼。于是，我只好提前两天避开那些人的注意来暗中悼念您。那天晚上，我找了个借口，一个人先回了宿舍，偷偷地在罩衣里面戴上早就准备好的黑纱。我来到单位外的一个事先选好的荒僻场地，对着您逝世的东南方向恭敬地默哀了三分钟，然后借着月光念了写给您的悼词。我对着苍天大地发誓：等到红旗盖上您的身体那一天，我一定要书寄黄泉告诉爸爸：林、陈、江之流垮台了，人民又得到解放了！好让您展开紧锁的眉头，再听您开怀的大笑……

冬去春来，第一年过去了，埋在我心底的愿望的种子没能冲破冰封的土层……

第二年又过去了，催苏唤生的春天还迟迟没有到来……

等啊，等啊，我们一直等了七年，才盼来了华主席为首的党中央揪出了祸国殃民的“四人帮”……现在，党中央终于为您平反昭雪了。爸爸，我真恨不得砸开死亡的铁门，找遍整个九泉，将这个好消息告诉您，您听到了一定会高兴得拉着我的手重返人间。

亲爱的爸爸，十一年了，我不知在默默中给您写了多少封信，我既不能让人知道，又没有可投之处，可我却不停地写，不停地写……写在纸上的我不得不一封封毁掉，可写在心上的却铭刻得越来越深。现在，我终于给您发出了十一年来在纸上和心上反反复复写的这封信。它仅仅是我作为一个女儿在短短的时间里看到的，听到的，想到的。它怎么能装得下我积郁多年的感情，又怎么能表现您四十多年来的战斗生涯呢？它仅仅是一朵小小的白花，是女儿向您致哀和报春的一朵小小的白花。关于您一生的功过，党、人民和与您共同战斗过的同志是会给予正确评价的。

您虽然去世了，但您作为一个真正共产党员的革命形象，却永远不会在人民的心上泯灭……

安息吧，爸爸！

原载《人民日报》1978 年 12 月 10 日

杜晚香

丁 玲

一枝红杏

春天来了，春风带着黄沙，在塬上飞驰；干燥的空气把仅有的一点水蒸气吸干了，地上裂开了缝，人们望着老天叹气。可是草却不声不响地从这个缝隙、那个缝隙钻了出来，一小片一小片地染绿了大地，树芽也慢慢伸长，灰色的、土色的山沟沟里，不断地传出汩汩的流水声音，一条细细的溪水寂寞地低低吟诵。那条间或走过一小群一小群牛羊的陡峭的山路，迤迤逦逦，高高低低。从路边乱石垒的短墙里，伸出一支盛开的耀眼的红杏，惹得沟这边，沟那边，上坡下沟的人们，投过欣喜的眼光。呵！这就是春天，压不住，冻不垮，干不死的春天。万物总是这样倔强地迎着阳光抬起头来，挺起身躯，显示出它们生命的力量。

杜家八岁的那个晚香闺女，在后母嫌厌的眼光、厉声的呵叱声和突然降临的耳光拳头中，已经挨过了三年，居然能担负许多家务劳动了，她也就在劳动里边享受着劳动的乐趣。她能下到半里地的深沟里担上大半担水，把她父亲的这副担子完全接了过来，每天中午她又担着小小饭食担儿爬到三里高的塬上送给刨地的父亲。父亲是爱她的，却只能暗暗地用同情的眼光默默望着这可爱的闺女。可是晚香这个小女子，并不注意这些，只尽情享受着寥廓的蓝天，和蓝天上飞逝的白云。这塬可大咧，一直望到天尽头，满个高塬平展展，零零星星有些同她父亲差不多的穷汉们，弯着腰在这儿在那儿侍弄地块，还有散散落落几十只、十几只绵羊在一些没有开垦过的地边找草吃。多舒坦呵！小小眼睛，一双像古画上的丹凤眼那么一双单眼皮的长长的眼睛向四方搜罗。几只大鹰漫天盘旋，一会儿在头顶，一会儿又不见了，它们飞到哪里去了呢？是不是找妈妈去了？妈妈总有一天要回来的。妈妈的眼睛多柔和，妈妈的手多温暖，妈妈的话语多亲切，睡在妈妈的怀里是多么的香甜呵！晚香三年没有妈妈了，白天想念她，半夜梦见她，她什么时候回来呵！晚香从来就相信自己的想法，妈妈有事去外婆家了，妈妈总有一天会回来的。一到了海阔天空的塬上，这些想法就像大鹰一样，自由飞翔。天真的幼小的心灵是多么的舒畅呵！

晚香就是这样，像一枝红杏，不管风残雨暴，黄沙遍野，她总是在那乱石墙后，争先恐后地怒放出来，以她的鲜艳，唤醒这荒凉的山沟，给受苦人以安慰，而且鼓舞着他们去作向往光明的遐想。

做媳妇

一年过去又一年，五年了，晚香满了十三岁，由后母做主许给对门塬那边什么地方一个姓李的家里做媳妇。那天她背了一个很小很小的包袱，里边放一件旧褂子，一条旧单裤，一双旧鞋，一个缺齿的木梳，一块手心那么大的小镜子，跟着父亲走出了家门。正是冬天，山沟里的人家都关着门，只有村头那家的老爷爷站在门口等着他们过去，还对她说了一句："香女呵！去到李家，听人家的话，规规矩矩做人家的事，不要惹人生气才是呵！"就这样一个人，一句话，的确使得心硬的晚香眼角疼了一阵，她把这话，把这老人的声音相貌永远刻在脑子里了，尽管她后来一直也没有见到过他。这就是她生活了十三年的偏僻的穷山沟对她唯一的送别。

塬上纷纷下开了雪，父亲一句话也不说，只在前边默默地走。他舍不得这小闺女到人家去做媳妇，也想到自己对不住她死去了的娘，他没有按照她的心愿好好看承这闺女。可是他觉得一切事情都不如他的愿望，他没有一点办法呵！就让她凭命去吧。

路不近，晚香吃力地在寒冷的塬上，迎着朔风，踏着雪地上的爹的脚印朝前走，她懂得她就要踏入另一个世界了。她对新的生活，没有幻想，可是她也不怕。她觉得自己已经不小了，能经受住一切。她也看见过做媳妇的人。她能劳动，她能吃苦，她就能不管闯到什么陌生的环境里都能对付。她是一棵在风霜里面生长的小树，她是一枝早春的红杏，反正她是一个失去了母亲的孤女，公公婆婆，大姑小叔也无非是另一个后母。

李家是一个人口众多的人家，老两口有四个儿子，和四个孙子，晚香是他

们小儿子的媳妇。虽说是穷人家，可比晚香家过得宽裕多了。他们有二十来亩地，自种自吃。他们替小儿子和新来的儿媳妇在他们的房子里砌了一盘小炕。晚香有生以来第一次铺了一床新擀的羊毛毡，她摸着那短毛的硬毡，觉得非常暖和。三个嫂嫂看见她瘦弱的身体都叹气："这毛丫头能干什么？五十块大洋还不如买头毛驴。"

晚香不多说话，看着周围的事物，听着家人的议论，心里有数。婆婆领着她，教她做着家里各种各样的活儿。晚香安详地从容不迫地担水，烧火，刷锅做饭，喂鸡喂猪。不久就同几个嫂嫂一样的值班上灶。轮班到她的日子，她站在小板凳上一样把全家十几人的饭食做得停停当当，一样能担着满担水、米汤和饭食上坡、下沟，她在地里学着耩、耪、犁、刈，她总能悄悄地赶上旁人。公公是一个好把式，也挑剔不出她什么毛病。嫂嫂们都是尖嘴薄舌，也说不出她什么。晚香就在这个小山沟又扎下根来，勤勤恳恳，为这一大家子人长年不息地劳累着。

这个新的小山沟如今就是她全部的世界，外边的惊天动地，改天换地，并没有震动过这偏僻的山沟。公公有时也把在村上听到的一星半点的消息带回家来，但这些新闻对于一个蒙昧的小女子，也无非像塬上的风、沟里的水，吹过去，淌下来那样平平常常。但，风越吹越大，水越流越响，而且临到了每个偏僻的大小山沟。这李家沟也不由自己地卷进去了。这沟里没有地主，没有富农，少数地块是自己的，大片大片的是租种别村的。现在忽然来了解放军、共产党、工作队，忽然地亩这块那块都归种地的人了。晚香家里按人口也分进了不少地。公公婆婆成天咧开着嘴，老两口天天爬到塬上，走过这个地块，又走过那个地块，看了这片庄稼，又看那片庄稼，绿油油，黄灿灿，这是什么世界呵！有这样的好事！晚香一时半刻是不能深刻体会老人们的心意的，可是全家分到土地的喜悦，感染着她，她也兴致勃勃地忙碌着。不久，解放军扩军了，只听人人说什么抗美援朝。抗美援朝，晚香还来不及懂得这个新名词，李家的小儿子就报名参军了。两个老人说这是应该的，我们家有四个儿子。于是不久，晚香的丈夫李单就披红戴花辞别了这高塬深沟。这是一九五一年的事，那时晚香十七岁了。

"妈妈"回来了

就在这个时候，又来了土改复查工作队。工作队里有个中年妇女，这个女同志落脚晚香家里，睡在晚香那小炕上。她白天跟着她们爬坡种地，烧饭喂猪，晚上教村里妇女识字。没有一个妇女能比晚香更上心的，她看中了这个十七岁的小媳妇，夜夜同她谈半宵，晚香听得心里着实喜欢，她打开了心中的窗户，她看得远了，想得高了。她觉得能为更多的人做事比为一家人做事更高兴。这个女同志又再三劝说，公公婆婆只得答应让晚香去县上住了三个月的训练班。她回来时变得更为稳定和坚强，外表看起来却又比小时更温顺谦和，总是带着微微的含蓄的笑容，好像对一切人一切事、对生活怀着甜甜的心意。人们都会自然地望着她，诧异地猜想她到底遇着什么高兴的事咧。

的确是的，晚香好像又回到了妈妈怀里似的，现在有人关心她了，照顾她了，对她满怀着希望，她像一个在妈妈面前学步的孩子，走一步，望一步，感到周围都在注视着她，替她使力，鼓舞着她。她不再是一个孤儿，一个孤零零，只知道劳动，随时都要避免恶声的叱责和狠毒的打骂的可怜人了。现在是温暖的春风吹遍了原野，白云在蓝天浮游，山间小路好似康庄大道。晚香白天跟在兄嫂们后边耩耢犁刈，挑着担儿爬上爬下，晚上走家串户，学着那些工作队的人们，宣传党和政府的各项政策。她懂的，就现身说法，她还不懂的，就把听来的，生吞活剥地逐条念一遍。她当了妇女组长，又当了妇女主任，这个村才二十来户人家，她得把全村的一半人的心意摸透。随后她被吸收参加了共产党。她有了真正的妈妈，她就在这个村里，慢慢地成长，她生活在这里，就像鱼在水里一样，自由，安适。没有一个人小看她，也没有一个人不服她。

一九五四年，那个抗美援朝的志愿军回来了，天天晚上向村里的大伯小叔、哥哥弟弟，讲述一些闻所未闻的战斗故事，大家把他看成非凡的人。晚香知道他是“同志”，她的心几乎跳出来了。她不再把他看成只是过日子的伙伴，而是能终身依靠的两个有着共同理想、共同言语的神圣关系的人。李桂没住几天，便到四川上学去了，学文化，学政治，学军事。党要培养这批从朝鲜回来的勇敢而忠诚的战士，使他们几年后成为一批有实战经验的初级军事干部。

杜晚香仍旧留在这个闭塞的小山沟。她为他们一大家子人辛勤地劳动着，她又为这个山村的妇女工作而奔波。年复一年，她是否就在这条山沟里，随着它的建设和发展，缓缓地按部就班地走向社会主义、共产主义社会呢？

飞向北大荒

一九五八年的春天，李家沟全村人都在谈论一件新鲜事：李桂从四川的军

事学校集体转业到东北的什么北大荒去了。小小的村里各种猜测都有，那是什么地方啊！远在几千里的边戍，那是古时候犯罪的人充军流放的地方，就是受苦的地方。李桂这孩子是咋搞的，抗美援朝，打过仗，受过苦，是有功的人，怎么却转业到那里去呢？这事大约不好。从李桂的信上来看，也看不出什么头绪，只说是支援边疆建设，叫媳妇也去。这能去吗？北大荒，北大荒，究竟在哪里呢？听说那里是极冷极冷的地方，六月还下雪，冬天冰死人，风都会把人卷走，说摸鼻子，鼻子就掉，摸耳朵，耳朵也就下来。嫂嫂们用同情的眼光望着晚香，那是不能去的。公公婆婆也说，媳妇要是再走，儿子就更不容易回家了，还是向上级要求，转业就转回老家吧。村里党支部同志也说，不一定去，去那里当家属，没意思，不如留在村上做工作。晚香默默地含着微笑，听着这各种各样的议论和劝说，最后才说："妈，爸，还是让我去看看，好歹我能告诉你们真情况。李桂能去的地方，我有什么不能去？李桂是集体转业，那就不止他一个人，而是有许许多多的人。那么多人能住的地方，我有什么不能住？去建设边疆么，建设就是工作，我不会吃现成饭。村上的工作，能做的人也多，有我没我是一个样。我看，我是去定了。"

公公婆婆、众人看她意志坚定，只得同意她。她仍旧背着一个小包袱，里面放几件换洗衣服，梳头洗脸零用东西，几个玉米饼子，还有李桂寄来的钱，离别了在这里生长二十多年的故乡。公公陪她走几十里路到天水车站，嘱咐她到了地方千万详详细细写信回来。

火车隆隆地奔驰向东。不断的远山，一层一层向后飞逝。车两边的道路、原野，无尽的一片一片地移近来，又急速地流过去。天怎么这样蓝，白云一团一团地聚在空中，可是又随着转动的蓝天袅袅地不见了，一忽又是一团一团新的白云涌上来。晚香过去常常在塬上看到寥廓的天空，也极目天地的尽头，可是现在却是走不完、看不完的变化多景的山川河流，田野树林，风是这样软，一阵一阵从车窗口吹进来，微微飘动她额前的短发，轻拂着她绯红的脸颊。

太阳红彤彤地浮在西边天上，火车在转向北方时，那漫天火一样的红光直照到车窗里边，透明而又好似罩在一层轻雾里边。那个射着金光的火球，慢慢沉下去了。天像张着的一个大网，紫色的雾上升了，两边又呈现出暗青色，黄昏了，夜正在降临。

火车走过了一个小站，又一个小站，一座大城市又一座大城市。无数的人群，牵着孩子，扶着老人，背着大包小包，跑到站台，拥进车厢，坐在刚腾空出来的座位上。可是在车站上又有了一列长长的队伍，在歌唱伟大的祖国的乐曲声中走过检票的地方。刺目的灯光，在站台照耀着，火车又开动了，远远近近，遮遮掩掩的繁星，又比繁星还亮的闪闪的灯光，更是一大团一大团地掠过。呵！祖国，祖国呵！您是这样的辽阔，这样的雄伟，这样的神秘和迷人呵！杜晚香从一个小山沟被抛到这么一个新的连做梦也想不到的宇宙里来了。她紧张得顾不上多看，来不及细想，好像精疲力竭，却又神情振奋，两个眼睛瞪得大大的，好像有使不完的力量。她就这样坐在车上，吃一点带的玉米饼，喝一点白开水。她随着人流，出站进站，下车上车，三天三夜过去，同车旅客告诉她，北大荒到了。呵！北大荒到了。

这是什么地方

火车停在道轨上，车站和站台两边的雪地里，排满了各种各样的红色的，绿色的，蓝色的，黑色的，叫不出名字来的像房子那样大、比房子还要大的机器。机器上面覆盖着绿色的，黄色的，灰色的雨布，雨布上存留着厚厚一层积雪。到处都围着一圈一圈的人，穿大衣的，穿棉衣的，大皮帽下面露出闪光的眼睛，张着大嘴笑呵呵，他们彼此都像很熟识，只听这个人问：“你是哪个农场的？”那个说：“呵！看呵！这几台洛阳东方红是给我们场的！”远处又在喊：“喂，这是什么机器，哪国造呵？我们要国产的。”还有人说：“你哪天回场，赶着把豆种和拖拉机零件都运走，家里等着……”远远近近一群一群的人，喊着号子，扛着抬着什么东西往汽车上装。大包小包装满了汽车，出厂不久的解放牌，大轮上绕着防滑铁链，一队一队开走了。站外的汽车停车场真说不来有多宽有多大，汽车就像大匣子似的，密密麻麻，全是十个轱辘的大卡车，一打问，啊呀，都是农场的，是哪个农场的却说不清，这里农场可多咧。站在坡坡上一望，路就像蜘蛛网似的从这里向四面八方延伸出去，这么多条路，通到哪里去呢？通到农场嘛！街道不多，铺子也不算多，可是路宽着咧，路两边都挖有排水沟，沟边栽着小白桦树，整整齐齐，都是新栽的。街道上的人像赶会一样，拥挤得很。这里的人真怪，买东西都拣着那几样东西买，热水瓶，饭盒，防蚊帽，花毛巾……买的卖的都像老熟人一样。常常听见售货员亲切地问：“春麦播上了吗？新到的防蚊油，广州来的，顶有效。”买的也问：“依兰镰刀有了么？雨季麦收，我们要得多咧。”

最热闹的地方，数豆浆油条小铺子。从火车上下来的，从汽车上下来的，住招待所的，都爱来这里喝一碗热豆浆，吃两根刚出锅的炸油条。这里也是交

换新闻的好地方。新闻也就是一个方面的——农场。“听说你们那里来了转业军官，上甘岭战斗的英雄呀！听说部长又来了，到××农场去了！”

“来了！到我们场去的！部长一来，不到场部，不进办公室，还是当年开垦南泥湾的那股劲头，坐着小吉普先到地头，看整地质量，麦播质量，又一头扎进驾驶棚，亲自试车，检查机车，农具的保养质量，和拖拉机手，农具手们说说笑笑，热乎着呢！”

“我刚到农场，思想不稳定，不知怎样让部长知道了。他找到我住的马架子，和我谈道：‘你们当年打过仗，有过功，现在在这里屯垦戍边，向地球开战，同大自然搏斗，搞共产主义社会，这是豪迈的事业，要有豪情壮志，要干一辈子！子孙万代都会怀念你们，感谢你们！’我听部长的话，把爱人、小孩都接来了，就在这里扎根落户干一辈子了，哈哈！”

“去年麦收时，连月阴雨，队里人、机、畜齐上阵，我们队一个转业排长，却拿上镰刀，坐在道边树荫下看书。一会儿过来一个老汉，手拿镰刀，脚穿解放鞋，裤腿卷起，看见了问他：‘为什么在这里看书，不下地？’他答道：‘谁乐意干，谁干吧，我不去！’老汉停步，问：‘这是龙口夺麦，大家都去，你为什么不去？”他回答说：‘就是不乐意！’老汉发火了，猛地喊道：‘你不去，我关你禁闭！’他说：‘你管不了我，你算老几！’老汉笑道：‘我是王震，管得了你吗？’排长吓一跳，拿起镰刀就跑，满心惭愧，到地里见人便说部长怎么怎么……这天他创纪录割了三亩五分地！”

杜晚香听到这些，也跟着笑，把这些最初的印象，刻在心的深处了。豆浆铺里的顾客走了一批，又换来一批，从早晨四点到晚上八点。怎么早晨四点就有人？原来北大荒天亮得早，再往后三点就天亮了，天一亮就有人动弹，谁能等到太阳老高才起炕！现在这里的早晨是一天的最好时辰。四点，往后是三点两点，东边天上就微微露出一线、一片透明的白光。微风带着融雪时使人舒适的清凉，带着苏醒了的树林泛出来的陈酒似的香味扑入鼻孔，沁入心中。白光慢慢变成绯色了，天空上的星星没有了，远远近近传来小鸟的啾唧，一线金红色的边，在云后边涌上来了，层层云朵都镶上了窄窄的透亮的金色的边。人们心里不禁说“太阳要出来了”，于是万物都显露出无限生机，沸腾的生活又开始了。

杜晚香被接待在招待所了。招待所住得满满的，房间，过道，饭厅，院子，人来人往，大家很容易不约而同地问道：“你是哪个农场的？你分配在哪里？做什么工作？……你们农场房建怎么样？还住帐篷吗？……”

杜晚香的房间里还住有两个女同志和一个小男孩。一个十八九岁的女同志是学生样子，动作敏捷，说话伶俐，头扬得高高的，看人只从眼角微微一瞟。她听到隔壁房间有人说北大荒狼多，便动了动嘴唇，露出一列白牙，嗤嗤笑道："狼，狼算个什么，家常便饭。那熊瞎子才真闯咧，看到拖拉机过来，也不让开，用两个大爪子，扑住车灯，和拖拉机对劲呢……"原来她是一个拖拉机手，来农场一年，开了多少荒，自己都算不清了。杜晚香真佩服她，觉得是一个高不可攀的人。另一个是转业海军的妻子，带一个半岁多的男孩，这是一个多么热情而温柔的女性呵！她亲切仔细地问杜晚香的家乡、来历，鼓励她说："北大荒，没有什么吓人的。多住几天就惯了。我是南方人，在大城市里长大，说生活，我们那里吃的，穿的，享受的，样样都好，刚听说要来这里，我也想过，到那样冷的地方去干什么。刚来时，正是阳历二月底，冰天雪地，朔风刺骨，住无住处，吃的高粱米黄豆，一切都得从头做起，平地起家，说不苦，也实在有些过不惯。嘿，忙了一阵子，真怪。我们都喜欢这里了，我们决心在这里安家落户，像部长说的，开创事业。享现成的，吃别人碗里的残汤剩水，实在没有什么味道。我现在是要把这孩子送到他姥姥家，过两年这里有了幼儿园时再接回来。一个人呀，只有对党，对革命，对穷苦百姓，充满无限的热爱，就没有什么困难不能克服，就没有什么事情不愿为之尽力，就才能懂得什么叫真正的生活和幸福……"这个越说越激动的女性看了看晚香，感到自己说得太多太远了，才遗憾似的慢慢说道："像你这样的人，受过苦，会劳动，是党员，又有一个志愿军战士的丈夫，你一定会喜欢这个地方，一定能过得很好的。我真希望你能生活得好，工作得好啊！"

她的曾经是海军战士的丈夫，长得堂堂一表，浓眉俊眼，谦虚和蔼，也走到房间里来，彬彬有礼地招呼杜晚香，幸福地抱起他们的儿子，挽着爱人到外边去散步。这是些什么人呵！这到底是什么地方！

这就是家

接待站的人，按地址把杜晚香交给一位司机，搭乘他的大卡车去 ×× 农场。同车的，还有两家的家属，都是拖儿带女，另有三个办事的干部。这天天气明朗，地还是硬硬的，斑斑点点未化完的雪，东一片西一片，仍然积在大道上，车轮碾过去，咔咔发响。太阳照在远山上，照在路两边的地里，有的地方反射出一道道刺目的白光，在凸出的地面，在阳坡边全是沾泥带水的黑色土壤。

从黄土高原来的人，看到这无尽的，随着汽车行走的蒸发出湿气，渗出油腻的黑色大地，实在希罕可爱。同车的人告诉她："黑龙江人常说，这里的土插根筷子都会发芽咧。"

一路上远处有山，近处是原，村庄很少，人烟很稀，汽车就在只能遇到汽车的大道上驰骋，景物好像很单调，可是谁也舍不得把眼光从四周收回，把一丝一点的发现都当作奇迹互相指点。

一阵微风吹过，只见从地平线上漫过来一片轻雾，雾迅速地重起来，厚起来，像一层层灰色的棉絮罩在头上，人们正在怀疑，彼此用惊奇的眼光询问，可是忽然看见小小的白羽毛，像吹落的花瓣那样飞了下来，先还零零落落，跟着就一团一团地飞舞，司机棚里的小孩欢喜得叫了起来，大人们也笑道："怎么，说下就下，可不真的下起雪来了。"汽车加快速度，在飞舞的花片中前进。花片越来越大，一朵朵一簇簇的，却又是轻盈地横飞过来，无声地落在衣衫上，落在头巾帽子上，沾在眼睫上、眉毛上，消了，又聚上来，擦干了，又沾上来。空中已经望不见什么了，只有重重叠叠，一层又一层地扯碎了的棉花团，整个世界都被裹进桃花、梨花，或者绣球花里了。车开不快了，一步一步摸索着前进。司机同志在这满天飞雪的春寒中，浑身冒着热汗呢。不远了，农场就在前边，快点到达吧。

不久，就听见花雾中传来人声，车子停了，一个人，一群人走了出来，牵人的，扶人的，抱小孩的，拿东西的，都亲切地问道："路上还好走吧。我们真担心事咧。快进屋，暖和暖和。"

这里是农场的汽车站，人群里有没有李桂呢？李桂来接没有没有？没有。杜晚香随着被人们拥进一间大屋，屋中燃烧着一个汽油桶做的大火炉，炉筒子就有房梁粗，满室暖融融的。屋子里没有什么陈设，只有一张白木桌子，几条板凳，有些人围在刚下车的家属们周围，问寒问暖，连说："一路辛苦了，先到场部招待所待几天，好好休息。有什么需要，有什么困难，尽管说。这就到了家嘛。"这些人杜晚香一个也不认识，却像来到一个亲戚家被热情招待着，又像回到久别的家里一样。样样生疏，样样又如此熟稔。她也就像在家乡一样习惯地照顾着别人。有人拿开水来了，她接过来一碗一碗地倒着，捧到别人面前。看见地上有些泥块，烟头，便从屋角拿起一把笤帚扫了起来。旁人先还有点客气，慢慢也就不觉得她是一个新来乍到，从好几千里远方来的客人，倒好像她也是一个住久了的主人似的。那个同车来的干部，一路来很欣赏杜晚香的那种安详自若、从容愉快的神情，他对她说："这就是家，我们都在这里兴家立业。

我们刚来时，连长带着我们一连人，说是到农场去，汽车走了两天，第二天傍晚，汽车停在一块靠山的荒地上，连长说：‘下车吧！到家了，到家了。’家在哪里呢？一片原始森林，一片荒草地，哪里有家呢？我们迟疑地你望着我，我望着你，不动弹。连长说：‘都下车吧。都到家了，还不下来。’又说：‘快下车，砍木头，割草，割条子，盖个窝棚，要不今晚就要露营了。’连长首先跳下车，我们一个一个也都下车了。忙忙乱乱，就这样安下家来。哼，现在可不一样了。你明天看看场部吧，电灯电话，高楼大厦咧。回想当初真够意思。”

家属生活

离场部三十多里路的第十三生产队，是一个新建队。李桂是这个队的一名拖拉机手，虽是新手，但他谨慎、勤奋，有问题找老师，一面工作一面学习，在这都是初来乍到的人群里，谁都在做着没有学习过的新鲜事儿，因此他很忙。妻子来了，他很高兴。他从集体宿舍搬了出来，在一间刚盖好的干打垒的草房里安了家，一切整修过日子的事，都交给晚香，心里很满意，在他家乡整整辛勤劳累了十一年的媳妇，该安安闲闲过几天舒服日子，他的工资很够他们过的。

杜晚香忙了几天，把一个家安下来了。从生活看来是安定的。但人的心境，被沿路的新鲜事物所激起的波浪却平静不下来。她觉得有许多东西涌上心头，塞满脑手，她想找一个人谈谈，想找一些事做做，可是李桂很少回家，回家后也只同她谈谈家常，漫不经心地说：“先住下，慢慢再谈工作。再说，你能干什么呢？无非是地里活，锄草耪地，可这里是机械化，大型农场，一切用机器，我看把家务活做好也不坏嘛。”

五月正是这里播种的大忙季节，红色的拖拉机群，在耙好的大块大块的地面上走过去，走到好远好远，远到快看不见的地边，才轰轰轰地掉头转回来。杜晚香在宿舍前边一排刚栽的杨树跟前，一站半天。她不是一个会表达自己思想的人，她才从小山沟里出来，觉得这里人人都比自己能干。连李桂现在也成了一个很高很大的角色。他出过国，在朝鲜打过美国鬼子，他学习了几年，增长了许多知识，现在又是一名拖拉机手，操纵着那么大的、几十匹马力的大车，从早到晚，从晚到早地在这无垠的平层层的黑色海洋里驰骋。他同一些司机们，同队上的其他的人有说有笑，而回到家里，就只是等着她端饭，吃罢饭就又走了，去找别的人谈、笑，或者是打扑克下象棋，他同她没有话说，正像她公公对她婆婆一样。其实，他过去对她也是这样，她也从没有感到什么不适合，也

没有别的要求，可是现在她却想：“他老远叫我来干什么呢？就是替他做饭，收拾房子，陪他过日子吗？”她尽管这样想，可是并没有反感，有时还不觉得产生出对他的尊敬和爱慕，她只是对自己的无能，悄悄地怀着一种清怨，这怨一天天生长，实在忍不住了，她便去找队长：“队长，你安排点工作给我做吧。我实在闲得难受。”队长是一个老转业军人，同来自五湖四海的家属们打过交道，很懂得家属们刚来这里生活的不习惯，总是尽量为她们想办法，动脑筋，做细致的思想工作。可是对于现在这个急于要求工作的人，还不很了解，也还没有领会到她的充满了新鲜，和要求参加劳动的热情，他只说：“你要工作么，那很好嘛，我们这样一个新建队，事事都要人，处处有工作，你看着办嘛，有什么事，就做什么事，能干什么，就干什么。唉，要把你编在班组里，还真不知道往哪里编才合适咧……”

晚香没有说什么。可是这个新凑合起来，还只有三十多户的家属区，却一天天变样了。原来无人管的一个极脏的厕所忽然变得干净了，天天有人打扫，地面撒了一层石灰，大家不再犯愁进厕所了。家家门前也光光亮亮，没有煤核、垃圾烟头。开始谁也没有注意，也没有人打问，只以为是很自然的事。有些人家孩子多，买粮，买油常常感到不方便，看见晚香没孩子，就托她捎东西，看看孩子。慢慢找她帮忙的人多了起来，先还说声谢谢，往后也就习以为常了。有的人见她好使唤，连自己能做的事也要找她，见她在做鞋子，就请她替孩子也做一双，看见她补衣服，也把丈夫的衣服拿来请她补补。还有向她借点粮票，或借几角钱的，却又不记得还。晚香对这些从不计较。反正这家属区有了这样一个人，人人都称心。队长也顾不上管她们，生活从表面上看起来就像一潭平静的湖水，悠然自得地过下去。李桂觉得妻子不再吵着要工作，也以为她很安心地在过日子。活了多少年，就几乎劳累了多少年的一个孤女子，现在也该像一只经历了巨风恶浪的小船，找到了一个避风的小港湾，安安稳稳地过几天太平生活了。

欢乐的夏天

七月的北大荒，天色清明，微风徐来，袭人衣襟。茂密的草丛上，厚厚地盖着五颜六色的花朵，泛出迷人的香气。粉红色的波斯菊，鲜红的野百合花，亭亭玉立的金针花，大朵大朵的野芍药，还有许许多多叫不出名字的花，正如丝绒锦绣，装饰着这无边大地。蜜蜂、蝴蝶、蜻蜓闪着五彩缤纷的翅膀飞翔。

野鸡野鸭、鹭鸶、水鸟，在低湿的水沼处欢跳，麃子、獐子在高坡上奔窜。原来北大荒的主人们，那些黑熊、野猪、狼、狐……不甘心退处边远地带，留恋着这蔚蔚群山、莽莽草原，还时常偷跑到庄稼地里找寻食物，侵袭新主人。表面上看来非常平静的沃野，一切生物都在这里为着自己的生长和生存而战斗。

被包围在这美丽的天地之间的农场景色，就更是壮观，玉米绿了，麦子黄了，油漆的鲜红鲜红的拖拉机、联合收割机，宛如舰艇，驰骋在金黄色的海洋里，劈开麦浪，滚滚前进。它们走过一线，便露出了一片黑色的土地，而金字塔似的草垛，疏疏朗朗一堆堆排列在土地之上，太阳照射在上边，闪着耀眼的金光。汽车一部接着一部在大路上飞驰。场院里，人声鼎沸，高音喇叭播送着雄壮的进行曲和小调，一会儿是男低音，一会儿是女高音，各个民族的醉人的旋律，在劳动者之间飘荡。人们好像一会儿站在高山之巅昂首环顾，一会儿浮游在汹涌的海洋，随波逐浪，一会儿又仿佛漫步于小桥流水之间，低徊婉转，但最令人注意的，仍然是场院指挥部的召唤，或是关于生产数量与质量进度的报告。

杜晚香带领着一群家属，一会儿在吞云吐雾的扬场机旁喂麦粒，一会儿又在小山似的麦堆周围举着大扫帚，轻轻地扫着。什么时候见过这样多的麦子这群穿得花花绿绿的年轻妇女，一会儿又排成雁翎队在晒麦场上，齐头并进翻晒麦粒。这时杜晚香觉得整个宇宙是这样的庄严，这样的美丽。她年轻了，她抬头环望，洋溢在同伴们脸上的是热情豪迈，歌声与劳动糅合在一起，她低头细看，脚下是颗颗珍珠，在她们的赤脚上滚来滚去。那热乎乎、圆滚滚的麦粒，戏耍似的痒酥酥地刺着脚心。她踩了过去，又踩着回来，翻了这片，又翻那片。她好像回到了幼年，才七八岁，只想跳跃和呼叫。可这是幸福的幼年，同当年挑着半担水，独自爬上高塬，又独自走回家来，整天提心吊胆的幼年是多么的有了天渊之别！她不觉地放肆地把幼年时代的山歌，放声唱了起来。歌声吸引着人群，人们侧耳聆听着这来自西北高原上的牧歌，高亢清朗，油然产生了广阔的情怀和无尽的遐想。人们惊异地望着这个经常只默默微笑着的小女子，更多的人响应她的颤动的歌声，情不自禁地也唱起自己熟悉的乡歌来了。整个场院在纯朴的音乐旋律中旋转着，歌声与笑脸四处浮动与飘扬。多么活跃的生命，多么幸福的人生呵！

杜晚香在充满愉快的劳动中，没有疲劳的感觉，没有饥饿的感觉。大家休息了，她不休息，大家吃饭，她也不停下手脚。在场院参加劳动的工人、家属的工资，有计时的，有计件的，而她的工资，是既不计时，又不计件。全场院

的人都用惊奇的眼光望着这个个儿不高，身子不壮，沉静地，总是微微笑着的小女子，奇怪她为什么有那么多使不完的劲，奇怪在她长得平平常常的脸上总有那么一股引得人家不得不去注意的一种崇高的、尊严而又纯洁的光辉。

平凡不平凡

冬天来了，北风呼啸，一阵烟儿泡（北大荒特有的暴风雪）卷起遍地雪沙，漫天飞洒，一时天昏地暗，不辨东西南北，人们即使付出全身精力，也难站得稳身体，北大荒的严寒是不会对任何人让步的。但北大荒人却能骄傲地享受着胜利者的幸福。在零下三十度，胡子眉毛沾满了雪花，眼睫毛凝成了两排细细的冰棍，可是汗水依然打湿了额上的短发，而又冻在额上。衬衣被汗水湿透了，罩在外边的毛衣或绒衣后背上是厚厚的一层雪白的霜花。上山伐木，野外刈草，取石开渠，这些都是只有被挑选出来的年轻棒小伙子，才能争得的鏖战权力；可是已经为自己闯开了劳动闸门的杜晚香，也像小伙子一样，勇敢地投入到这一些汹涌的劳动波涛，蹈千层浪，攀万仞峰。就这样冬去夏来，年复一年，杜晚香在平凡的岗位上，做出了不平凡的成绩。她总是从容不迫，沉静地跨越过去，远远地走在同伴们的头前。心服她的，越来越服，不服她的，那就努力追赶吧。杜晚香在激流中涌进，在涌进中振奋起无穷力量。她总是在她遇到的各种各式的人和事物中，显出她宽大的胸怀，她只是悄悄地为这个人，为那个人做些她认为应该做的小事。可是一到年终评比，也总是像泉水一样，从这里那里冒，出来数不清的颂扬。说起来事情很平常，但一思量，人人都会觉得这是一般人不容易做到的。于是不管她自己怎样谦虚，她总是被全体一致地推选出来。她是队的，然后又是农场的、全垦区的标兵了。看起来杜晚香像开顺风船似的青云直上，实际同长江大河一样有暗流险滩。杜晚香也常常在一些意想不到的事情上遇到麻烦，她也就从这里锻炼成长的。她原是一个温和的人，从来不同人吵嘴打架，闹意见，可是家属队伍也不是好领导的。有一次，她遇上一个偷公家东西的人，她上去好言好语劝阻，谁知那个人反而大要威风，骂她多管闲事。她气得直发抖，红着脸，拉着那只偷东西的手，沉重而严厉的呵叱道：“怎么能这样呢？这是公家的东西！谁也不能拿，快放回去！”她的正气压倒了对手，那人软了下来，灰溜溜地走了。在低标准那年，农场粮食供应标准降低了，李桂的父母又从乡下迁来，他们还生了一个女孩，生活一时困难些。秋收以后，许多人到收割了的地里去捡点粮食，这年因为雨水多，机器收割不干净，地块不大能捡得不少，李桂的父亲跟着去捡点。后来一些职工也利用休息时间去捡，到晚边，大包小包、麻布口袋都背回自己家里去。杜晚香也跟着去，她眼快手勤，捡得比别人多，可是她却把捡来的黄豆、麦粒，一麻袋一麻袋地扛到场院去了。于是有人指着她瘦伶的背影笑她傻，有人背地骂她讨好出风头。家庭里也闹开了矛盾。婆婆不做饭了，说哪有婆婆做饭给媳妇吃的？公公不吃饭了，说省给小的吃。李桂站在父母一边，唠唠叨叨说："公家的粮食，大家捡一点回家，算不了什么，你自己不去捡也行，辛辛苦苦捡来交公，背后惹人埋怨……"杜晚香不顾别人笑骂，好言好语说服家庭，照旧去捡，捡了交到场院。她说："这是自家的粮食。我们是国营农场的工人，要看到六亿人口呵！我们农场职工的口粮标准，已经比哪里都要高。"眼睛大了，身子瘦了的杜晚香硬是影响了许多人，连小学校的学生也组织起来为国家去捡粮。

有一年，农场里来了许多大城市的知识青年，大都是中学毕业生，懂得许多名词，会说会道，能歌能舞，好不天真活泼，十三队来了二十多个这样天之骄子的姑娘，杜晚香被分配给她们当组长，带领她们劳动、学习，照顾她们的生活。姑娘们一听介绍，好不惊异呵！什么，这个土里土气、一点也不起眼的小个儿女子是共产党员，全垦区的标兵？真看不出！唉，还有一个不坏的名字咧，也不知道谁给取的！

这群多变的女孩子，开头高高兴兴地玩了几天，后来有的想家了，有的哼着不知道何人编的歌，什么"谁的青春谁不爱惜……"。

她们开始几天，也还喜欢过她们的组长，觉得她诚恳严肃、和蔼可亲、工作细致，可是慢慢地，老看着她打过补丁的蓝布衣服，和那不时兴的发式不顺眼。唉，真是毫无风趣！杜晚香耐心地向她们讲农场的建场事迹，讲王震部长、讲老红军场长……凡是她听到的，感动过她的，教育了她的那些有伟大人格的人们的往事。有的人爱听，决心振作起来，学习老红军。可也有人嫌她啰嗦，噘嘴望着她冷笑："哼！一个半文盲，土包子，家属妇女，跟我们上什么政治课？让你带领劳动，就算客气了，也不拿镜子照照？"

但杜晚香好像不懂得她们的轻视，只是无微不至地，信心百倍，始终如一，兴致勃勃地照顾她们，引导她们，她打心眼里爱这群姑娘，她们是遵照毛主席的指示，离开了温暖的家庭，放弃了城市的优裕生活，到艰苦的边疆来学习劳动的，是一群有着雄心壮志的幼苗，她应该以爱毛主席、爱党的一颗热心去照顾她们，她觉得自己也还要向她们学习呐。因此该体贴她们的时候，她像一个妈妈，该严格的时候，她像一个老师。她了解她们，宽得是地方，严得是时候。

慢慢地这群女孩感到离不开她，有困难的时候要找她，欢喜的时候，也忘不了她，探亲回来，总要把爸爸妈妈捎来的纪念品塞给杜姐，原来那几个看不起她的人，也认识到自己的不是，慢慢转变了对她的态度。

有一次杜晚香带她们去十里外的树林里背柴。早晨出去时，小沟里的水还结着薄冰，可回来时，冰化了，水有六七寸深，却有丈把宽。走到沟边，前面的一个姑娘停步了，叫道："杜姐！水太凉了，怎么办？"杜晚香毫不迟疑地脱下了自己的水靴。可是跟上来的第二个又叫了起来，晚香一蹲身，说道："上来吧，我背你。"晚香来回背了几趟，最后一个小姑娘没有等她，脱了鞋，咬着嘴唇，趟着冰水走了过去，过了沟，却因为脚冻得疼，忍不住，哭起来了。晚香即刻陪她坐在地上，把她的双脚放在自己怀里，用棉衣和胸前的温暖焐着，还替她揉着双腿。姑娘们围了上来，才发现杜晚香那双冻得发紫了的双脚，不禁惊叫起来："杜姐！杜姐呀！"这天晚上，大家躺在炕上，许久睡不着。一个姑娘说："我们谁也做不到，我是真服了。"另一个说："我们这些中学生，光说漂亮话，什么向工农兵学习，思想革命化，可是行动呢……哼！"又一个补充道："我看呀，我们里边说不定还有人利用工农同志们忠厚，占了人家便宜，还说人家是傻瓜咧。"另一个纠正道："不要把杜姐看扁了，杜姐才不傻，傻还能当标兵？杜姐才是名副其实的共产党的好党员，我们就是该向她学。"

根深叶茂

宏伟的文化宫的二楼工会办公室，从一九六四年一月起，杜晚香每天来这里上班，她是工会的女工干事了。工会主席是抗日战争时期的老同志，几个干事、秘书都是解放战争胜利后来农场的转业军官，最年轻的一个女会计，也是抗美援朝时期志愿军文工团的小团员。杜晚香对他们都很尊敬，把他们看成自己的老师，他们对她也真心爱护，都愿意帮助她工作，辅导她看文件、小册子，替她起草工作计划，整理学习心得，还有各种各样的发言稿……因为杜晚香经常被邀请出席一些模范工作者的座谈会，要到生产队去讲经验，讲学习毛主席著作的体会，有时又要参加农垦区、省的劳模经验交流会议，此外，还要会见来采访的记者，接待来参观的领导同志。荣誉像春风和流水一样迎面扑来，温柔滋润。但杜晚香却没有醉倒，她跑出大楼，短时间内跑遍场部的直属机关、企业和附近的生产队，以后又跑到那些边远队，住几天，和职工家属一同劳动，和干部群众谈话，开座谈会。她把了解目的，看到的，学习着整理成材料，提出问题。她坚持到夜校学文化，两年来，一同学习的人，都奇怪她进步的速度。同一个办公室的那些干事、秘书，原来以为她只不过是一个受党提拔的普通妇女干部，现在才感到不仅如此。她的与日俱进，十分令人注目。到底是什么原因使得她那样一天比一天更具有一种伟大高尚的纯粹的情操呢?

杜晚香又要讲学习心得了。周围几个同志又忙了起来，他们十分热心，乐意帮助她把这次的发言写得更好，更生动。他们和她谈话，翻阅报纸、杂志、文件，翻阅马列著作和毛主席著作，把发言稿写得完美通顺、清楚。杜晚香读着这些讲稿，觉得十分好，只是她感到一种曾经有过的痛苦又要来打扰她了，这不能再重复了。过去在台上，在几千人瞩目中，在念完讲稿后的鼓掌声中，她曾经常常感到一种不安，一种空虚。讲稿的确写得很好，里面引用的有报纸社论，有学习毛主席著作的体会，有先进人物的经验，可是杜晚香总觉得那些漂亮话不是她自己讲的。而是她在讲别人的话，她好像在骗人。她不能继续这样。她可以不当标兵，不讲演，名字不在报纸上出现，而一定要老实。她尽管现在不会写文章，但她可以、而且应该讲自己的真心话。她是怎样想的，就怎样讲嘛。于是她决定重新起草，自己去想，理出线索，用自己理解的字词，说自己的心里话。她先写了一个提纲，讲给工会的几个同志们听，讲给夜校的老师听，请他们提意见，然后就在职工大会上，第一次照着自己准备的，用自己的语言来讲，这是一九六五年年底的时候。

那天夜晚，明镜似的天空，闪耀着繁密的星辰，没有一丝风，文化宫前广场上的柏树林，覆盖着一层厚厚的白雪，显得挺拔庄严，远远近近的马路上，浮漾着、反射着淡淡的白色微光。夜是寒冷而宁静。可是从文化宫里却闪耀出辉煌灿烂的灯光，还不时传出欢腾的笑声和掌声，原来是杜晚香在文化宫，在楼上楼下都挤满了人的、暖融融的大礼堂里向全场职工汇报自己的工作和思想。

她从她的幼年讲起，那穷僻的小山沟，那世世代代勤劳苦干，受尽剥削压迫，而又蒙昧无知的人们的艰难岁月，在这样落后的受折磨的痛苦生涯中，她是多么幻想过另一个世界，另一种生活，和另一种人与人的关系呵！听的人都跟着杜晚香走进了阴暗而沉重的时代，走进了劳苦人民的心灵。他们回想到自己，回想到被狂风暴雨侵袭鞭打过的祖祖辈辈，回想到祖辈们的坚强的生的意志和斗争的毅力。尽管旧中国的头上曾经压着“三座大山”，但劳动人民显示了力量，杜晚香就是从无限的干旱的高塬上挤出来，冒出来的一株小草，是在风沙里傲然生长出来的一株红杏。

杜晚香的汇报，转到了革命胜利后带来的新的光辉天地。于是一阵春风吹进文化宫的礼堂，人们被一种崭新的生活所鼓舞，广阔的、五彩绚丽的波涛，随着杜晚香的朴素言辞滚滚而来，祖国！人民的祖国！你是多么富饶，多么广袤！你蔚蓝的明朗的天空，你新鲜柔嫩的草原，你参差栉比的村庄，你浓荫护盖的绿色林带，你温柔多姿的河流，你雄伟的古城和繁华似锦的新都……一切一切，祖国的一切都拥抱着人们的心，每个人的心都如痴如醉，沉浸在幸福中，而又汹涌澎湃，只想驾狂风，乘巨浪，飞越高山大流，去斩蛟擒龙。

什么地方是最可爱的地方？是北大荒！什么事业是最崇高的事业？是开垦建设北大荒！什么人是最使人景仰的人？是开天辟地、艰苦卓绝、坚忍不拔、从斗争中取得胜利、从斗争中享受乐趣的北大荒人。他们远离家乡，为祖国开垦草泽荒原，为祖国守住北大门，保卫边疆，建设边疆。他们同传统的意识感情决裂，豪情满怀，建设现代化的社会主义农业基地，把自己锻炼为有高尚品德的新型劳动者。他们生产财富，创立文化。这里是祖国的边疆，却又紧紧联系着祖国的心脏。人们听到这里，从心中涌出一股热流，只想高呼："党呵！英明而伟大的党呵！你给人世间的是光明！是希望！是温暖！是幸福！我们将永远为你，为共产主义事业战斗，我们是属于你的！"

杜晚香最后说道："我是一个普通人，做着人人都做的平凡的事。我能懂得一点道理，我能有今天，都是因为你们，辛勤劳动的同志们和有理想的人们启发我，鼓励我。我们全体又都受到党的教育和党的培养。我只希望永远在党的领导下，实事求是，老老实实按党的要求，为共产主义事业奋斗终身。"

杜晚香讲完了，站在台前，谦虚地望着满礼堂的人微笑着。楼上楼下却依然鸦雀无声，人们还在等着，等着这宛如淙淙流水、袅袅琴音般的讲话继续下去。他们从她的讲话中看到了、听到了、感触到了自己还没有看到、没有听到、没有感触到的东西，或者看到过、听到过、感触到过却又忽略了的现实生活和一些有意义的、发人深思的人和事。杜晚香没有引经据典，但经典著作中的某些名言哲理，都融合在她的朴素的讲话里了，就像庄稼吸收阳光雨露那样，一些好人、好事、好话都能浸润在她的心灵里边、血液里边，使她根深叶茂，使她能抵抗一切病毒。杜晚香没有慷慨激昂，有的只是亲切细致。不管她怎样令人景仰信服，但她始终是那么平易近人，心怀坦白，朴实坚强，毫不虚夸，始终是一个蕴藏着火一样热情的，为大家所熟悉的杜晚香。

这时党委书记走近她的身边，紧紧地握住她的手，欣喜而又诚挚地说道："晚香同志，你确实给我上了很好的一课，我，我代表大家谢谢你。"

猛然，礼堂里轰地响起了春雷似的掌声。从沉思中醒过来的广大职工，如同在深夜发现了一团火光似的，心中涌起了无限的希望，他们完完全全肯定了杜晚香，她不愧是我们的排头兵，我们一定要向她学习，和她共同前进。

1979 年

太阳下的风景

——沈从文与我

黄永玉

从十二岁出来，在外头生活了将近四十五年，才觉得我们那个县城实在是太小了。不过，在天涯海角，我都为它骄傲，它就应该是那么小，那么精致而严密，那么结实。它也实在是太美了，以至以后的几十年我到哪里也觉得还是我自己的故乡好；原来，有时候，还以为可能是自己的偏见。最近两次听到新西兰的老人艾黎说："中国有两个最美的小城，第一是湖南凤凰，第二是福建的长汀……"他是以一个在中国生活了将近六十年的老朋友说这番话的，我真是感激而高兴。

我那个城，在湘西靠贵州省的山坳里。城一半在起伏的小山坡上，有一些峡谷，一些古老的森林和草地，用一道精致的石头城墙上上下下地绣起一个圈来圈住。圈外头仍然那么好看，有一座大桥，桥上层叠着二十四间住家的房子，晴天里晾着红红绿绿的衣服，桥中间是一条有瓦顶棚的小街，卖着奇奇怪怪的东西。桥下游的河流拐了一个弯，有学问的设计师在拐弯的地方使尽了本事，盖了一座万寿宫，宫外左侧还点缀一座小白塔。于是，成天就能在桥上欣赏好看的倒影。

城里城外都是密密的、暗蓝色的参天大树，街上红石板青石板铺的路，路底有下水道，蔷薇、木香、狗脚梅、橘柚，诸多花果树木往往从家家户户的白墙里探出枝条来。关起门，下雨的时候，能听到穿生牛皮钉鞋的过路人叮叮叮地从门口走过。还能听到庙檐四角的"铁马"风铃叮叮当当的声音。下雪的时候，尤其动人，因为经常一落即有二尺来厚。

最近我在家乡听到一位苗族老人这么说，打从县城对面的“累烧坡”半山下来，就能听到城里哄哄哄的市声，闻到油炸粑粑的香味。实际上那距离还在六七里之遥。

城里多清泉，泉水从山岩石缝里渗透出来，古老的祖先就着石壁挖了一眼一眼壁炉似的竖穹，人们用新竹子做成的长勺从里头将水舀起来。年代久远，泉水四周长满了羊齿植物，映得周围一片绿，想起宋人赞美柳永的话“有井水处必有柳词”，我想，好诗好词总是应该在这种地方长出来才好。

我爸爸在县里的男小学做校长，妈妈在女小学做校长。妈妈和爸爸都是在师范学校学音乐美术的，不知道什么时候爸爸用他在当地颇有名气的拿手杰作通草刻花作品去参加了一次“巴拿马赛会”（天晓得是一次什么博览会），得了个铜牌奖，很使他生了一次大气（他原冀得到一块大金牌的）。虽然口味太高，这个铜牌奖毕竟使他增长了怀才不遇的骄傲快感。这个人一直是自得其乐的。他按得一手极复杂的大和弦风琴，常常闭着眼睛品尝音乐给他的其他东西换不来的快感。以后的许多潦倒失业的时光，他都是靠风琴里的和弦与闭着的眼睛度过的。我的祖母不爱听那些声音，尤其不爱看我爸爸那副“与世无争随遇而安”的神气，所以一经过聒噪的风琴旁边时就嘟嘟囔囔，说这个家就是让这部风琴弄败的。可是这风琴却是当时本县唯一的新事物。

妈妈一心一意还在做她的女学校校长，也兼美术和音乐课。从专业上说，她比爸爸差多了，但人很能干，精力尤其旺盛。每个月都能从上海北京收到许多美术音乐教材。她教的舞蹈是很出色而大胆的，记得因为舞蹈是否有伤风化的问题和当地的行政长官狠狠地干过几仗，而都是以她的胜利告终。她第一个剪短发，第一个穿短裙，也鼓励她的学生这么做。在当时的确是颇有胆识的。

看过几次电影，《早春二月》那些歌，那间学校，那几位老师，那几株桃花李花，多么像我们过去的生活！

再过一段时候，爸爸妈妈的生活就寥落了，从外头回来的年轻人代替了他们。他们消沉，难过，以为是某些个人对不起他们。他们不明白这就是历史的规律，后浪推前浪啊！不久，爸爸到外地谋生去了，留下祖母和妈妈支撑着摇摇欲坠的自古相传的“古椿书屋”。每到月底，企盼着从外头寄回来的一点点打发日子的生活费。

有一天傍晚，我正在孔庙前文星街和一群孩子进行一场简直像真的厮杀的游戏，忽然一个孩子告诉我，你们家来了个北京客人！

我从来没亲眼见过北京客人。我们家有许许多多北京上海的照片，那都是

我的亲戚们寄回来让大人们觉得有意思的东西，对孩子来说，它又不是糖，不是玩意，看看也就忘了。这一次来的是真人，那可不是个随随便便的事。

这个人和祖母围着火炉膛在矮凳上坐着，轻言细语地说着话，回头看见了我。

“这是老大吗？”那个人问。

“是呀！”祖母说，“底下还有四个咧！真是旺丁不旺财啊！”

“喂！”我问，“你是北京来的吗？”

“怎么那样口气？叫二表叔！”祖母说，“是你的从文表叔！”

我笑了，在他周围看了一圈，平平常常，穿了件灰布长衫。

“嗯……你坐过火车和轮船？”

他点点头。

“那好！”我说完马上冲出门去，继续我的战斗。一切一切都那么淡漠了。

几年以后，我将小学毕业，妈妈叫我到四十五里外的外婆家去告穷，给骂了一顿，倒也在外婆家住了一个多月。有一天，一个中学生和我谈了一些很深奥的问题，我一点也不懂，但我即将小学毕业，不能在这个中学生面前丢人，硬着头皮装着对答如流的口气问他，是不是知道从凤凰到北京要坐几次轮船和几次火车？

他好像也不太懂，这叫我非常快乐。于是我又问他知不知道北京的沈从文，他是我爸爸的表弟，我的表叔。

“知道！他是个文学家，写过许多书，我有他的书，好极了，都是凤凰口气，都是凤凰事情，你要不要看？我有，我就给你拿去！”

他借的一本书叫作《八骏图》，我看了半天也不懂，“怎么搞的？见过这个人，又不认得他的书？写些什么狗皮唠糟的事？老子一点也不明白……”我把书还给那个中学生。

“怎么样？”

“唔、唔、唔。”

许多年过去了。

我流浪在福建德化山区里，在一家小瓷器作坊里做小工。我还不明白世界上有一种叫作工资的东西，所以老板给我水平极差的三顿伙食已经十分满足。有一天，老板说我的头发长得已经很不像话，简直像个犯人的时候，居然给了我一块钱。我高高兴兴地去理了一个“分头”，剩下的七角钱在书店买了一本《昆明冬景》。

我是冲着“沈从文”三个字去买的。钻进阁楼上又看了半天，仍然是一点意思也不懂。这我可真火了。我怎么可以一点也不懂呢？就这么七角钱？你还是我表叔，我怎么一点也不明白你在说些什么呢？七角钱，你知不知道我这七角钱要派多少用场？知不知道我日子多不好过？我可怜的七角钱。

德化的跳蚤很多，摆一脸盆水在床板底下，身上哪里痒就朝哪里抓一把，然后狠狠往床下一摔，第二天，黑压压一盆底跳蚤。

德化出竹笋，柱子般粗一根，山民一人抬一根进城卖掉买盐回家。我们买来剁成丁子，抓两把米煮成一锅清粥，几个小孩一口气喝得精光，既不饱，也不补人，肚子给胀了半天，胀完了，和没有吃过一样。半年多，我大腿跟小腿都肿了起来，脸也肿了；但人也长大了……我是在学校跟一位姓吴的老师学的木刻，我那时是很自命不凡的，认为既然刻了木刻，就算是有了一个很好的倾向了。听说金华和丽水的一个木刻组织出现，就连忙把自己攒下来的一点钱寄去，算是入了正道，就更是自命不凡起来，而且还就地收了两个门徒。

甚惋惜的是，那两位好友其中之一给拉了壮丁，一个的媳妇给保长奸污受屈，我给他俩报了仇，就悄悄地离开了那个值得回忆的地方，不能再回去了。

在另一个地方遇见了一对夫妇，他们善心地收留我，把我当作自己的孩子一样照顾，这个家真是田园诗一样善良和优美。我就住在他们收藏极丰富的书房里，那些书为我所有，我贪婪地吞嚼那些广阔的知识。夫妇俩给我文化上的指引，照顾我受过伤的心灵，生怕伤害了我极敏感的自尊心，总是小心地用商量的口气推荐给我系统性的书本。

“你可不可以看一下威尔斯的《世界史纲》，你掌握了这一类型的各种知识，就会有一个全局的头脑。你还可以看看他写书的方法……”

“我觉得你读一点中外的历史、文化史，你就会觉得读起别的书来更有本领，更会吸收……”

“……莱伊尔的《普通地质学》和达尔文《在贝尔格军舰上的报告书》之类的书，像文学一样有趣，一个自然科学家首先是个文学家这多好！是不是？”

“……波特莱尔是个了不起的诗人，多聪明机智，是不是？但他的精神上是有病的，一个诗人如果又聪明能干，精神又健康多好！”

“不要光看故事，你不是闲人；如果你要写故事，你怎么能只做受感动的人呢？要抓住使人感动的许许多多的艺术规律，你才能够干艺术工作。你一定做得到……”

将近两年，院子的红梅花开了两次，我背着自己做的帆布行囊远远地走

了，从此没有再回到那个温暖的家去。他们家的两个小孩都已长大成人，而且在通信中知道还添了一个美丽的女孩。这都是将近四十年前的往事了。我默祷那些活着的和不在人世的善良的人过得好，好人迟早总是有好报的，遗憾的是，世上的许多好人总是等不到那一天……在两位好人家里的两年，我过去短短的少年时光所读的书本一下子都觉醒了，都活跃起来。生活变得那么有意思，几乎是，生活里每一样事物，书本里都写过，都歌颂或诅咒过。每一本书都有另一本书做它的基础，那么一本一本串联起来，自古到今，成为庞大的有系统的宝藏。

以后，我拥有一个小小的书库，其中收集了从文表叔的几乎全部的著作。我不仅明白了他书中说过的话，他是那么深刻地了解故乡土地和人民的感情，也反映出他青少年时代储存的细腻的观察力和丰富的语言的魅力，对以后创作起过了不起的作用。对一个小学未毕业的人来说，这几乎是奇迹；而且坚信，人是可以创造奇迹的。

抗日战争胜利后我只身来到上海，生活困难得相当可以了，幸好有几位前辈和好友的帮助和鼓舞，正如伊壁鸠鲁说过的“欢乐的贫困是美事”，工作还干得颇为起劲。先是在一个出版社的宿舍跟一个朋友住在一起，然后住到一座庙里，然后又在一家中学教音乐和美术课。那地方在上海的郊区，每到周末，我就带着一些划好的木刻和油画到上海去，给几位能容忍我当时年轻的狂放作风的老人和朋友们去欣赏。记得曾经有过一次要把油画给一位前辈看看的时候，才发现不小心早已把油画遗落在公共汽车上了。生活穷困，不少前辈总是一手接过我的木刻稿子一手就交出了私人垫的预支稿费。记得一位先生在一篇文章里写过这样的话：“大上海这么大，黄永玉这么小。”天晓得我那时才二十一岁。

我已经和表叔沈从文开始通信。他的毛笔蝇头行草是很著名的，我收藏了将近三十年的来信，好几大捆，可惜在令人心疼的前些日子，都散失了。有关传统艺术系统知识和欣赏知识，大部分是他给我的。那一段时间，他用了许多精力在研究传统艺术，因此我也沾了不少的光。他为我打开了历史的窗子，使我有机会沐浴着祖国伟大传统艺术的光耀。在一九四六年或是一九四七年，他有过一篇长文章谈我的父母和我的行状，与其说是我的有趣的家世，不如说是我们乡土知识分子在大的历史变革中的写照。表面上，这文章有如山峦上抑扬的牧笛与江流上浮游的船歌相呼应的小协奏，实质上，这文章道尽了旧时代小知识分子与小山城相互依存的哀哀欲绝的悲惨命运。我在傍晚的大上海的马路上买到了这张报纸，就着街灯，一遍又一遍地读着，眼泪湿了报纸，热闹的街肆中没有任何过路的人打扰我，谁也不知道这哭着的孩子正读着他自己的故事。

朋友中，有一个是他的学生，我们来往得密切，大家虽穷，但都各有一套蹩脚的西装穿在身上。记得他那套是白帆布的，显得颇有精神。他一边写文章一边教书，而文章又那么好，使我着迷到了极点。人也像他的文章那么洒脱，简直是浑身的巧思。于是我们从霞飞路来回地绕圈，话没说完，又从头绕起。和他同屋的是一个报社的夜班编辑，我就睡在那具夜里永远没有主人的铁架床上。床年久失修，中间凹得像口锅子。据我的朋友说，我窝在里面，甜蜜得像个婴儿。

那时候我们多年轻，多自负，时间和精力像希望一样永远用不完。我和他时常要提到的自然是“沈公”。我以为，最了解最敬爱他的应该是我这位朋友。如果由他写一篇有关“沈公”的文章，是再合适也没有的了。

在写作上，他文章里流动着从文表叔的血型，在文字功夫上他的用功使当时大上海许多老人都十分惊叹。我真为他骄傲。所以我后来不管远走到哪里，常常用他的文章去比较我当时读到的另一些文章是不是蹩脚？

在香港，我待了将近六年。在那里欢庆祖国的解放。与从文表叔写过许许多多的信。解放后，他是第一个要我回北京参加工作的人。不久，我和梅溪带着一架相机和满满一皮挎包的钞票上北京来探望从文表叔和婶婶以及两个小表弟了。那时他的编制还在北京大学，而人已在革命大学学习。记得婶婶在高师附中教书，两个表弟则在小学上学。

我们呢！年轻到了家，各穿着一套咔叽布衣服，充满了简单的童稚的高兴。见到民警也务必上前问一声好，热烈地握手。

表叔的家在沙滩中老胡同宿舍。一位叫石妈妈的保姆料理家务。我们为北方每天三餐要吃这么多面食而惊奇不已。

我是一个从来不会深思的懒汉。因为“革大”在西郊，表叔几乎是“全托”，周一上学，周末回来，一边吃饭一边说笑话，大家有一场欢乐的聚会。好久我才听说，表叔在“革大”的学习，是一段非常奇妙的日子。他被派定要扭秧歌，要过组织生活。有时凭自己的一时高兴，带了一套精致的小茶具去请人喝茶时，却受到一顿奚落。他一定有很多作为一个老作家面对新事物有所不知、有所彷徨困惑的东西，为将要舍弃几十年所熟悉用惯的东西而深感惋惜痛苦。他热爱这个崭新的世界，从工作中他正确地估计到将有一番开拓式的轰轰烈烈、旷古未有的文化大发展，这与他素来的工作方式很对胃口。他热爱祖国的土地和人民，但新的社会新的观念对于他这个人能有多少了解？这需要多么细致的

分析研究而谁又能把精力花在这么微小的个人哀乐上呢？在这个大时代里多少重要的工作正等着人做……在那一段日子里，从文表叔和婶婶一点也没有让我看出在生活中所发生的重大的变化。他们亲切地为我介绍当时还健在的写过《玉君》的杨振声先生，写过《莫须有先生坐飞机以后》的废名先生，至今生气勃勃、老当益壮的朱光潜光生，冯至先生。记得这些先生当时都住在一个大院子里。

两个表弟那时候还戴着红领巾，我们四人经过卖冰棍摊子时，他们还客气地做出少先队员从来不嗜好冰棍的样子，使我至今记忆犹新。现在他们的孩子已经跟当时的爸爸一般大了，真令人唏嘘……我们在北京住了两个月不到就返回香港，通信中知道表叔已在“革大”毕业，并在历史博物馆开始新的工作。

两年后，我和梅溪就带着七个月大的孩子坐火车回到北京。

那是北方的二月天气。火车站还在大前门东边，车停下来，一个孤独的老人站在月台上迎接我们。我们让幼小的婴儿知道：“这就是表爷爷啊！”

从南方来，我们当时又太年轻，什么都不懂，只用一条小小的薄棉绒毯子包裹着孩子，两只小光脚板露在外边，在广东，这原是很习见的做法，却吓得老人大叫起来：

“赶快包上，要不然到家连小脚板也冻掉了……”

从文表叔十八岁的时候也是从前门车站下的车，他说他走出车站看见高耸的大前门时几乎吓坏了！

“啊！北京，我要来征服你了……”

时间一晃，半个世纪过去了。

比他晚了十年，我已经二十八岁才来到北京。

时间是一九五三年二月。

我们坐着古老的马车回到另一个新家，北新桥大头条十一号，他们已离开沙滩中老胡同两年多了。在那里，我们寄居下来。

从文表叔一家老是游徙不定。在旧社会他写过许多小说，照一位评论家的话说“叠起来有两个等身齐”。那么，他该有足够的钱去买一套四合院的住屋了，没有；他只是把一些钱买古董文物，一下子玉器，一下子宋元旧锦、明式家具……精精光。买成习惯，送也成习惯，全搬到一些博物馆和图书馆去。有时连收条也没打一个。人知道他无所谓，索性捐赠者的姓名也省却了。

现在租住下的房子很快也要给迁走的。所以住得很匆忙，很不安定，但因为我们到来，他就制造一副长住的气氛，免得我们年轻的远客惶惑不安。晚上，他陪着我刻木刻，看刀子在木板上运行，逐渐变成一幅画。他为此而兴奋，轻声地念叨一些鼓励的话……他的工作是为展品写标签，无须乎用太多的脑子。但我为他那精密之极的脑子搁下来不用而深深惋惜。我多么地不了解他，问他为什么不写小说；粗鲁的逼迫有时使他生气。

一位我们多年尊敬的、住在中南海的同志写了一封信给他，愿意为他的工作顺利出一点力气。我从旁观察，他为这封回信几乎考虑了三四年，事后恐怕始终没有写成。凡事他总是想得太过朴素，以至许多年的话不知从何谈起。

保姆石妈妈的心灵的确像块石头。她老是强调从文表叔爱吃熟猪头肉夹冷馒头。实际上这是一种利用老人某种虚荣心的鼓励，而省了她自己做饭做菜的麻烦。从文表叔从来是一位精通可口饭菜的行家，但他总是以省事为宜，过分的吃食是浪费时间。每次回家小手绢里的确经常胀鼓鼓地包着不少猪头肉。

几十年来，他从未主动上馆子吃过一顿饭，没有这个习惯。当他得意地提到有限的几次宴会时——徐志摩、陆小曼结婚时算一次，郁达夫请他吃过一次什么饭算一次，另一次是他自己结婚。我没有听过这方面再多的回忆。那些日子距今，实际上已有半个世纪。

借用他自己的话说：

“美，总不免有时叫人伤心……”

什么力量使他把湘西山民的朴素情操保持得这么顽强，真是难以相信，对他自己却早已习以为常。

我在中央美术学院教学的工作一定，很快地找到了住处，是在北京东城靠城边的一个名叫大雅宝的胡同，宿舍很大，一共三进院子。头一间房子是李苦禅夫妇和他的岳母，第二间是董希文一家，第三间是张仃夫妇。然后是第二个院子，第一家是我们，第二家是柳维和，第三家是程尚仁。再是第三个院子，第一家是李可染，第二家是范志超，第三家是袁迈，第四家是彦涵，接着就是后门了。院子大约有大大小小三十多个孩子。一来我们是刚从香港回来的，行动和样子都有点古怪，引起他们的兴趣；再就是平时我喜欢跟孩子一道，所以我每天要有一部分时间跟他们在一起。我带他们一道玩，排着队，打着扎上一条小花手绢的旗帜上公园去。现在，这些孩子都长大了，经历过不少美丽和忧伤的日子。直到现在，我们还保持了很亲密的关系。

我搬家不久，从文表叔很快也搬了家，恰好和我们相距不远，他们有三间房，朝南都是窗子，卧室北窗有一棵枣树横着，映着蓝天，真是令人难忘。

儿子渐渐长大了，每隔几天三个人就到爷爷家去一趟。爷爷有一具专装食

物的古代金漆柜子，儿子一到就公然地面对柜子站着，直到爷爷从柜子里取出点什么大家吃吃为止。令人丧气的是，吃完东西的儿子马上就嚷着回家，为了做说服工作每一次都要花很多功夫。

从文表叔满屋满床的画册书本，并以大字报的形式把参考用的纸条条和画页都粘在墙上。他容忍世界上最噜苏的客人的马拉松访问，尤其仿佛生怕他们告辞，时间越长，越热情越精神的劲头使我不解，因为和我对待生熟朋友的情况竟如此相似。

有关于民族工艺美术及其他史学艺术的著作一本本出来了，天晓得他用什么时间写出来的。

婶婶像一位高明的司机，对付这么一部结构很特殊的机器，任何情况都能驾驶在正常的生活轨道上，真是神奇之至。两个人几乎是两个星球上来的，他们却巧妙地走在一道来了。没有婶婶，很难想象生活会变成什么样子，又要严格，又要容忍。她除了承担全家运行着的命运之外，还要温柔耐心引导这长年不驯的山民老艺术家走常人的道路。因为从文表叔从来坚信自己比任何平常人更平常，所以形成一个几十年无休无止的学术性的争论。婶婶很喜欢听我讲一些有趣的事和笑话，往往笑得直不起身。这里有一个秘密，作为从文表叔文章首席审查者，她经常为他改正许多错别字。婶婶一家姐妹的书法都是非常精彩的，但她谦虚到了腼腆的程度，面对着称赞往往像是身体十分不好受起来，使人简直不忍心再提起这件事。

那时候，《新观察》杂志办得正起劲，编辑部的朋友约我为一篇文章赶着刻一幅木刻插图。那时候年轻，一晚上就交了卷。发表了，自己也感觉弄得太仓促，不好看。为这幅插图，表叔特地来家里找我，狠狠地批了我一顿：

“你看看，这像什么？怎么能够这样浪费生命？你已经三十岁了。没有想象，没有技巧，看不到工作的庄严！准备就这样下去？……好，我走了……”

这给我的打击是很大的。我真感觉羞耻。将近三十年，好像昨天说的一样，我总是提心吊胆想到这些话，虽然我已经五十六岁了。

在从文表叔家，常常碰到一些老人：金岳霖先生、巴金先生、李健吾先生、朱光潜先生、曹禺先生和卞之琳先生。他们相互间的关系温存得很，亲切地谈着话，吃着客人带来的糖食。印象较深的是巴老伯（家里总那么称呼巴金先生），他带了一包鸡蛋糕来，两个老人面对面坐着吃这些东西，缺了牙的腮帮动得很滑稽，一面低声地品评这东西不如另一家的好。巴先生住在上海，好些时候才能来北京一次，看这位在文学上早已敛羽的老朋友。

金岳霖先生的到来往往会使全家沸腾的。他一点也不像在世纪初留学英国的洋学生，而更像哪一家煤厂的会计老伙计。长长的棉袍，扎了腿的棉裤，尤其怪异的是头上戴的罗宋帽加了个自制的马粪纸帽檐，里头还贴着红纸，用一根粗麻绳绕在脑后捆起来。金先生是从文表叔的前辈，表弟们都叫他“金爷爷”。这位哲学家来家时不谈哲学，却从怀里掏出几个奇大无比的苹果来和表弟家里的苹果比赛，看谁的大（当然就留下来了）。或者和表弟妹们大讲福尔摩斯。老人们的记忆力真是惊人，信口说出的典故和数字，外行几乎不大相信其中的准确性。

表叔自己记性也非常好，但谈论现代科学所引用的数字明显地不准确，虽然是聊天，孩子们却很认真，抓着辫子就不放手，说爷爷今天讲的数字很多相似。表叔自己有时发觉了也会笑起来说：“怎么我今天讲的全是‘七’字？”（七十辆车皮，七万件文物，七百名干部调来搞文物，七个省市……）“文化大革命”时，那些“管”他的人员要他背毛主席语录，他也是一筹莫展。

我说他有非凡的记忆力，所有和他接触过的年轻朋友是无有不佩服的。他曾为我开过一项学术研究的一百多个书目，注明了出处和卷数以及大约页数。

他给中央美院讲过古代丝绸锦缎课，除了随带的珍贵古丝绸锦缎原件之外，几乎是空手而至，站在讲台上把近百的分期的断代信口讲出来。

他那么热衷于文物，我知道，那就离开他曾经朝夕相处近四十年的小说生涯越来越远了。解放后出版的一本《沈从文小说选集》序言中有一句话：

“我和我的读者都行将老去。”

听起来真令人伤感……

有一年我在森林，我把森林的生活告诉他，不久就收到他一封毛笔蝇头行草的长信，他给我三点自己的经验：一、充满爱去对待人民和土地。二、摔倒了，赶快爬起来往前走，莫欣赏摔倒的地方耽误事，莫停下来哀叹。三、永远地、永远地拥抱自己的工作不放。

这几十年来，我都尝试着这么做。

有时候，他也讲俏皮话——

“有些人真奇怪。一辈子写小说，写得好是应该的，不奇怪；写得不好倒真叫人奇怪。”

写小说，他真是太认真了，十次、二十次地改。文字音节上，用法上，一而再地变换写法，薄薄的一篇文章，改三百回根本不算一回事。

“文化大革命”开始了。

我们两家是颠簸在波浪滔天的大海中的两只小船，相距那么远，各有各的波浪。但我们总还是找得到巧妙的机会见面。使我惊奇的是，从文表叔非常坚强洒脱，每天接受批斗之外，很称职地打扫天安门左边的历史博物馆的女厕所（对年纪大的老人比较放心）。

真是人人熟悉的一段漫长的经历。

我的爱人也变了另一个样，过去从学校到学校，没有离开过家门，连老鼠也害怕的人，居然帮着几家朋友处理起家务来了。表叔一生几十年收藏的心爱的书、家具，满堆在院子里任人践踏，日晒雨淋。由我爱人一个决心，论斤地处理掉了。骑着自行车，这家料理，那家帮忙，简直是一反常态，锻炼得很了不起的精明能干，把几家人的担子全挑在肩膀上，过了这么些年。

我们一有机会就偷偷地见面。也有大半年没有见面的时候，但消息总是非常灵通的。

生活变化多端，有一个规律常常使我产生信仰似的尊敬。那就是真正的痛苦是说不出口的，且往往不愿说。比如，在战场上，身旁的战友突然死去，有谁口头细致地对人描述过这些亲身的经历、描述那个逐渐走近死亡的战友的痛苦煎熬的过程？这几乎是不可能的。描述总有个情感能承受的极限。它不牵涉到描述才能问题。

聪明的莱辛把这个道理在艺术理论范畴里阐述得很透彻（见《拉奥孔》），但有一点我还在考虑，照他说："为什么拉奥孔在雕刻里不哀号，而在诗里却哀号？"又说："为什么诗不受上文的局限？"

依我看，莱辛和他列举的诸般中外诗人是不是经历过痛苦的极限的生活？我不知道；知道了，肯不肯写到头，那又是一回事。用现实生活印证，雕塑和诗的描写深广度应该是一致的。

从文表叔一家和我们一家在那个年代的生活，我就不想说得太多了。因为这不仅仅是我们两家的事。在太具体、太现实的"考验"面前，往往我们的生活变得非常抽象，只靠一点点脆弱的信念活下去，既富于哲理，也极端蒙昧。

不久，从文表叔就下乡了。走之前，他把他积留下来的一点点现金，分给所有的孩子们，我们也得到一份。这真是一个悲壮的骊歌。他已经相信，再也不可能回到多年生活过的京华了。

他走得非常糊涂，到了湖北咸宁，才清醒过来，原来机关动员下乡的几十个人，最后成为下乡现实的就只老弱病三个人。几乎是给一种什么迷药糊里糊涂弄到咸宁去的。真用得上"彷徨"两个字。那么大的机关只来一个老高知和另外二老弱病，简直不成气候。吊儿郎当，谁也不去理会他。他也管不着任何人。

幸好，我说幸好是婶婶早三个月已跟着另一个较齐整的机构到了咸宁，从文表叔作为“家属”被“托”在这个有点慈善性质的机构里，过了许多离奇的日子。在这多雨泥泞遍地的地方，他写信给我时，居然说：

“……这儿荷花真好，你若来……”

天晓得！我虽然也在另一个倒霉的地方，倒真想找个机会到他那儿去看一场荷花……在这场“文化大革命”中，他的确是受到锻炼，性格上撒开了，“七十而从心所欲，不逾矩”，派他看菜园子，“……牛比较老实，一轰就走；猪不行，狡诈之极，外像极笨，走得飞快。貌似走了，却冷不防又从身后包抄转来，……”还提到史学家唐兰先生在嘉鱼大江边码头守砖，钱锺书先生荣任管仓库钥匙工作，吴世昌先生又如何如何……每封信充满了欢乐情趣，简直令人嫉妒。为那些没有下去的人深感惋惜。

这段时间，仅凭记忆，写下了《中国服饰史》稿的补充材料。还为我的家世写了一个两万余字的“楔子”。《中国服饰史》充满着灿烂的文采、严密的逻辑性以及美学价值，以社会学、历史唯物主义的角度阐明艺术的发展和历史趋势（这部巨型图录性的著作得到中央领导同志的关注，不久恐将问世）。那个“楔子”，从文表叔如果在咸宁多待上五年，就会连接成一部几十万字的长篇小说，当然，留下那个“楔子”就已经很好，我宁愿世界没有这部未完成的小说，也不希望从文表叔在咸宁多待上一天。在那种强作欢悦的忧郁生活中，对一位具有细腻心地的老年人说来，是不适宜维持过久的。

咸宁有个地方也叫双溪，当然跟金华的那个双溪是两码事，从文表叔待在那里不少日子了。我几次想在信上提一提李清照的词《武陵春》：“……闻说双溪春尚好，也拟泛轻舟。只恐双溪舴艋舟，载不动、许多愁。”都深感自己可耻的残忍。这不是诗情大发的时候！

几年之后，我们全家在北京站为表叔举行一个充满温暖的归来仪式。“楔子”不必继续写下去了，“要爷爷，不要‘红楼梦’！”（孩子们把那部未完成的小说代号为“红楼梦”），能够健康地回来，比一切都好。

原来的三间房子已经变成一间，当然，比一切都没有要好得多。回忆前几年的生活，谁不珍惜眼前的日子呢？

再过半年，婶婶退休也回来了，从文表叔得到一些关心，在另一条两里远的胡同里，为他们增加了一个房间。要知道，当时关心人的人，自己的生活也

是颇不稳定的，所以这种微薄的照顾是颇显得具有相濡以沫的道义的勇气和美感的。于是，表叔婶一家就有了一块“飞地”了，像以前的东巴基斯坦和西巴基斯坦一样。从文表叔在原来剩下的那间房间里为所欲为，写他的有关服饰史和其他一些专题性的文章，会见他那批无止无休的不认识的客人。把那小小的房间搅得天翻地覆，无一处不是书，不是图片，不是零零碎碎的纸条。任何人不能移动，乱中有致，心里明白，物我混为一体。床已经不是睡觉的床，一半堆随手应用的图书。桌子只有稍微用肘子推一推才有地方写字。夜晚，书躺在躺椅上，从文表叔就躺在躺椅上的书上。这一切都极好，十分自然。恩格斯说过:“……除了真实的细节之外，还应注意典型环境的典型性格……”在这里，创作的三个重要元素都具备了。

不管是冬天或夏天的下午五点钟，认识这位“飞地”总督的人，都有机会见到他提着一个南方的带盖的竹篮子，兴冲冲地到他的另一个“飞地”去。他必须到婶婶那边去吃晚饭，并把明早和中午的两餐饭带回去。

冬天尚可，夏天天气热，他屋子特别闷热，带回去的两顿饭很容易变馊的。我们担心他吃了会害病。他说：

“我有办法！”

“什么办法？”因为我们家里也颇想学习保存食物的先进办法。

“我先吃两片消炎片。”

从文表叔许许多多回忆，都像是用花朵装点过的，充满了友谊的芬芳。他不像我，我永远学不像他，我有时用很大的感情去咒骂、去痛恨一些混蛋。他是非分明，有泾渭，但更多的是容忍和原谅。所以他能写那么好的小说。我不行，忿怒起来，连稿纸也撕了，扔在地上践踏也不解气。但我们都是故乡水土养大的子弟。

十八岁那年，他来到北京找他的舅舅——我的祖父。那位老人家当时在帮熊希龄搞香山慈幼院的基本建设工作，住在香山，论照顾，恐怕也没有多大的能力。从文表叔据说就住在城中的湖南会馆面西的一间十分潮湿长年有霉味的小亭子间里。到冬天，那当然是更加凉快透顶的了。

下着大雪，没有炉子，身上只两件夹衣，正用旧棉絮裹住双腿，双手发肿、流着鼻血在写他的小说。

敲门进来的是一位清瘦个子而穿着不十分讲究的、下巴略尖而眯缝着眼睛的中年人。

“找谁？”

“请问，沈从文先生住在哪里？”

“我就是。”

“哎呀……你就是沈从文……你原来这么小。……我是郁达夫，我看过你的文章，好好地写下去……我还会再来看你。……”

听到公寓大厨房炒菜打锅边，知道快开饭了。“你可吃包饭？”

“不。”

邀去附近吃了顿饭，内有葱炒羊肉片，结账时，一共约一元七角多，饭后两人又回到那个小小住处谈谈。

郁达夫走了，留下他的一条浅灰色羊毛围巾和吃饭后五元钞票找回的三元二毛几分钱。表叔俯在桌上哭了起来。

……

……

从文表叔有时也画画，那是一种极有韵致的妙物，但竟然不承认那是正式的作品，很快地收藏起来，但有时又很豪爽地告诉我，哪一天找一些好纸给你画些画。我知道，这种允诺是不容易兑现的。他自然是极懂画的，他提到某些画、某些工艺品高妙之处，我用了许多年才醒悟过来。

他也谈音乐，我怀疑这七个音符组合的常识他清不清楚。

但是他明显地理解音乐的深度，用文学的语言却阐述得非常透彻。

“音乐、时间和空间的关系。”

他也常常说，如果有人告诉他一些作曲的方法，一定写得出非常好听的音乐来。这一点，我特别相信，那是毫无疑问的。但我的孩子却偷偷地笑爷爷吹牛，他们说：“自然咯！如果上帝给我肌肉和力气，我就会成为大力士……”

孩子们不懂的是，即使有了肌肉和力气的大力士，也不一定是个杰出的智慧的大力士。

契诃夫说过写小说的极好的话：

“好与坏都不要叫出声来。”

这几乎是搞文学的基本规律和诀窍，也标志了文学的深广度和难度。

从文表叔的书里从来没有——美丽呀！雄伟呀！壮观呀！幽雅呀！悲伤呀！……这些词藻的泛滥，但在他的文章里，你都能感觉到它们的恰如其分的存在。

他的一篇小说《丈夫》，我的一位从事文学几十年的，和从文表叔没有见过面的前辈，十多年前读到之后，深受感动，他说：

“……这篇小说真像普希金说过的，‘伟大的俄罗斯的悲哀’……”

跟表叔的第三次见面是最令人难忘的了。经历的生活是如此漫长、如此浓郁，那么彩色斑斓；谁也没有料到，而恰好就把我们这两代表亲拴在一根小小的文化绳子上，像两只可笑的蚂蚱，在崎岖的道路上做着一种逼人的跳跃。

我们那个小小山城不知由于什么原因，常常令孩子们产生奔赴他乡的献身的幻想。从历史角度看来，这既不协调且充满悲凉，以至表叔和我都是在十二三岁时背着小小包袱，顺着小河，穿过洞庭去“翻阅另一本大书”的。

1979 年

啊，你盼望的那个原野

严文井

看着你的画像，我忽然想起要举行一次悄悄的祭奠。我举起了一个玻璃杯。它是空的。

你知道我的一贯漫不经心。

我有酒。你也知道，那在另一个房间里，在那个加了锁的柜橱里。

现在我只是单独一人。那个房间，挂满了蜘蛛网，积满了厚厚的灰尘。我没有动，只是瞅着你的面容。

我由犹豫转而徘徊。

我徘徊在一个没有边际的树林里。

这儿很丰饶，但有些阴森。几条青藤缠绕着那些粗大的树干，开着白色的花。青藤的枝条在树冠当中伸了出来，好像有人在那儿窥望。

我绊绊跌跌。到处都是那么厚的落叶，歪歪斜斜的朽木，还有水坑。

我低头审视，想认出几个足迹和一条小径。也许我是想离开树林。我可能已经染成墨绿色了，从头到尾。我干渴，舌头发苦，浑身湿透。

我总是忘不了那个有些令我厌烦的世俗的世界。我不懂为什么还要回到那里去。可是我优柔寡断，仍然在横倒的老树干和被落叶埋着的乱石之间跌跌绊绊，不断来回，不断绕着圈儿。这儿过于清幽，反而令人感到憋闷。

“七毛啊——回来吧！”一个女人在叫喊。

“回来了！”另一个女人在回答。

“七毛啊——回来吧！”

“回来了！”

一个母亲在为一个病重的儿子招魂。一呼一应，忧伤的声音渐渐远去。

那是五十多年前的一个夜晚。记不清是一个什么样的夜晚，但那的确是一个夜晚。那个小城市灯光很少，街巷里黑色连成一片。

“魂兮归来！”

“魂兮归来！”

一片黄色的木叶在旋转着飘飘而下，落在我的面前。也许这就是他，他失落在我的面前。我张口呼喊。然而我听不见自己的声音。一片寂静。难道我也失落了？我又失落在谁的面前？

如果真有那么一个人，我很想看见他。只有一阵短促的林鸟嘶鸣，有些凄厉，随即消失。那不能算回答。

那飘忽不定的是几个模糊的光圈，颜色惨白。那一定是失落到这儿的太阳。

有微小的风在把树林轻轻摇晃。

“不要看，快把眼睛闭着。你的眼睛反光，会暴露目标。”

九架轰炸机，排成三排，正飞临我们上空。它们的肚皮都好像笔直地对着我们躺在里面的那个土坑，对着我们。

“驾驶员看不见我的眼睛。”

“不，看得见的。你的眼睛太亮。”

你伸出一只手来遮住我的双眼，又用一只胳膊来护住我的脑袋。你毫不怀疑你那柔弱的胳膊能够拯救我的生命。上帝也不会这样真诚。

轰炸机从这片田野上空飞过去了，炸弹落在远方。战争过去了，我们安然度过了自己的青春。但是，总是匆匆忙忙。

你躺在那张病床上。

你并不知道那就是你临终的病床，说：

“明年我们一定要一起出去旅行，到南方。你陪着我去那些我没有去过的地方。”

你还说：

“可怜的老头儿，你也该休息休息。”

在昏迷中，你还有一句不完整的话：

“……那个花的原野，那个原野都是花……”

就这样，你一点点地耗尽了灯油，熄灭了你的光。

我和几个人把蒙着白布的你从床上抬起。我真没有想到你有这么沉。

护士们来打开这间小房的窗扇，让风肆意吹。这些窗扇好久没有打开过，你总是幻觉到有股很冷的风。

我提着那个瓷坛走向墓地。瓷坛叮当作响，那是我母亲火化后剩余的骨殖在里面碰击。

我尽量走得慢一些，也不断调整我走路的姿势，但无法找到一个更妥当的办法，避免这样的碰击。

一些路人远远躲开我。他们认得这种瓷坛。

我母亲不会这样对待我。当我在她肚子里的时候，我得到的只能是温暖和柔和。即使我有些不安分，她也不会让我碰击作响。她用自己的肉体装着我，我用冰冷的瓷坛装着她。那个给予和这个回报是如此不相称。我的后悔说不完。

我正在把母亲送往墓地。一片宁静，我没有听见母亲说话的声音。

我仍在密树和丛莽之间转圈儿。

这也许是一个我永远无法穿过的迷宫。树叶沙沙作响，无边无垠，无始无终。也许一阵暴风雨就要来临。

突然响起了一个闷雷，在一个不知道的远方。

我也许会永远失落在这里，也许。

我是这样矛盾。喜欢孤寂，可又害怕与世隔绝。

这么热。这里可能有一团厚厚的水蒸气正在郁结。可是我又看不见那股灰白色的热雾。

我已满身湿透，我仍在转悠。

我多么希望听见你的一声呼唤。哪怕是嘲笑，甚至斥责，只要是你的声音。

你太善良了。我有失误，你总是给以抚慰；我有不幸，必然会引起你的忧伤；我对你粗暴，你只有无声的眼泪。

“魂兮归来！归来！”

只有树叶沙沙作响。

那个时候我们真是无忧无虑，只要能够行走就会感到海阔天空。

那片高原上有黄土，有石头，有酸枣刺，还有溪流。溪流里还常常看到成群的小蝌蚪。我们老是沿着弯弯拐拐的山沟跋涉，不知道哪儿是尽头。

我绝没有想到你后我而来，竟会先我而去。绝没有，绝没有。

“魂兮归来！归来！”

现在我脑子里独自装着那些山沟，我只好勉强承认那个有些神秘的尽头。

现在我正跟着一大队奇装异服的人去开垦一块“沼泽地”，一个美丽的湖。大水还没退尽，一片泥泞。这是一个多雨的地方。我们不少人滑倒了，每个人都是大汗淋漓。如果你看见这个场面，肯定又会说：“可怜的老头儿？”

不，我们不应该讨人怜悯，更不必为自己伤心。

前面有一片高地，地面铺满了小草，竟然一片翠绿。

你定会代我感到高兴，再前面又突然出现了一丛丛野花。

紫色的一片，红色的一片，蓝色的一片，都是矮矮的，紧紧贴着地面。它们没有喧嚣，更不吵嚷。只是一片宁静，一片安详。

我叫不出那些小小的野花的名字。我的最高赞美只有一个字：花！

正如同你就是你一样，它们就是花，就是美，就是它们自己。

我很想为那些野花野草多流连一会儿，但是没有办法。我们并没有参加一场战争，也没存心冒犯谁，一夜之间却变成了自己同事的"俘虏"。我们还得继续在无尽的泥泞里东歪西倒，去开垦那片"沼泽地"，那个美丽的湖。那是命令。唉！那个年代！虚妄逐渐退却，幻影慢慢隐去。我终于在树林中找到了一片开阔地。这里有许多蘑菇，许多野花。一片宁静，一片幽香。这不就是你说的那个"花的原野"！

我想你早就想象过这样一个原野，而你白白盼望了一生，等待了一生。

我终于明白了你未说完的话的意思。

我颠三倒四地向你说了这么一大堆，你当然记得这是我的秉性难移。你在倾听，带着我熟悉的那个笑容。你从来不嫌我啰嗦。

不必再呼唤你的归来，你根本就没有离开。你就在我的身边，每朵花都可以作证明。

我放下了酒杯。

原谅我，我忘记了你是不会喝酒的。美好的感情，不靠酒来激发。我们的心很柔和，还要继续保持柔和。

你应该高兴，我们正在走向花的原野。

啊，你盼望的那个原野！

1983年

梦中的天地

陆文夫

我也曾到过许多地方，可是梦中的天地却往往是苏州的小巷。我在这些小巷中走过千百遍，度过了漫长的时光；青春似乎是从这些小巷中流走的，它在脑子里冲刷出一条深深的沟，留下了极其难忘的印象。

三十八年前，我穿着蓝布长衫，乘着一条木帆船闯进了苏州城外的一条小巷。这小巷铺着长长的石板，石板下还有流水淙淙作响。它的名称也叫街，但是两部黄包车相遇便无法交会过来；它的两边都是低矮的平房，晾衣裳的竹竿从这边的屋檐上搁到对面的屋檐上。那屋檐上都砌着方形带洞的砖墩，看上去就像古城上的箭垛一样。

转了一个弯，巷子便变了样，两边都是楼房，黑瓦、朱栏、白墙。临巷处是一条通长的木板走廊，廊檐上镶着花板，雕刻都不一样，有的是松鼠葡萄，有的是八仙过海，大多是些“富贵不断头”，马虎而平常。也许是红颜易老吧，那些朱栏和花板都已经变黑、发黄。那些晾衣裳的竹竿都在雕花的檐板中躲藏，竹帘低垂，掩蔽着长窗。我好像在什么画卷和小说里见到过此种式样，好像潘金莲在这种楼上晒过衣裳。那楼下挑着糖粥担子的人，也像是那卖炊饼的武大郎。

这种巷子里也有店铺，楼上是住宅，楼下是店堂。最多的是烟纸店、酱菜店和那带卖开水的茶馆店。茶馆店里最闹猛，许多人左手搁在方桌上，右脚翘在长凳上，端起那乌油油的紫砂茶杯，一个劲儿地把那些深褐色的水灌进肚皮里。这种现象苏州人叫作皮包水，晚上进澡堂便叫水包皮。喝茶的人当然要高谈阔论，一片嗡嗡声，弄不清都是谈的些什么事情。只有那叫卖的声音最清脆，那是提篮的女子在兜售瓜子、糖果、香烟。还有那戴着墨镜的瞎子在拉二胡，

哑沙着嗓子唱什么，说是唱，但也和哭差不了许多。这小巷在我面前展开了一幅市井生活的画图。

就在这图卷的末尾，我爬上了一座小楼。这小楼实际上是两座，分前楼与后楼，两侧用厢房联在一起，形成了一个口字。天井小得像一口深井，只放了两只接天水的坛子。伏在前楼的窗口往下看，只见人来人往，市井繁忙；伏在后楼的窗口往下看，却是一条大河从窗下流过。河上橹声咿呀，天光水波，风日悠悠。河两岸都是人家，每家都有临河的长窗和石码头。那码头建造得十分奇妙，简单而又灵巧，是用许多长长的条石排列而成的。那条石一头腾空，一头嵌在石驳岸上，一级一级地扦进河床，像一条条石制的云梯挂在家家户户的后门口。洗菜淘米的女人便在云梯上凌空上下，在波光与云影中时隐时现。那些单桨的小船，慢悠悠地放舟中流，让流水随便地把它们带走，那船上装着鱼虾、蔬菜、瓜果。只要临河的窗内有人叫买，那小船便箭也似的射到窗下，交易谈成，楼上便垂下一只篮筐，钱放在篮筐中吊下来，货放在篮筐中吊上去。然后楼窗便吱呀关上，小船又慢慢地随波漂去。

在我后楼的对面，有一条岔河，河上有一顶高高的石拱桥，那桥栏是一道弧形的石壁，人从桥上走过，只有一个头露在外面。可那桥洞却十分宽大，洞内的岸边有一座古庙，我站在石码头上向里看，还可以看见黄墙上的“南无……”二字。有月亮的晚上可以看见桥洞里流水湍急，银片闪烁，月影揉碎，古庙里的磬声随着波光向外流溢。那些悬挂在波光和月色中的石码头上，捣衣声啌啌地响成一片，“长安一片月，万户捣衣声”，小巷的后面也颇有点诗意。翻身再上前楼，又见巷子里一片灯光，黄包车辚辚而过，卖馄饨的敲着竹梆子，卖五香茶叶蛋的提着带小炉子的大篮子。茶馆店夜间成了书场，琵琶叮咚，吴语软侬，苏州评弹尖脆悠扬，卖茶叶蛋的叫喊怆然悲凉。我没有想到，一条曲折的小巷竟然变化无穷，表里不同，栉比鳞次的房屋分隔着陆与水，静与动。一面是人间的苦乐与喧嚷，一面是波影与月光，还有那低沉回荡的夜磬声，似乎要把人间的一切都遗忘。

我也曾住过另一种小巷，两边都是高高的围墙，这围墙高得要仰面张望，任何红杏都无法出墙，只有那常春藤可以爬出墙来，像流苏似的挂在墙头上。这是一种张生无法越过的粉墙，而且那沉重的大门终日紧闭，透不出一点个中的消息，还有两块下马石像怪兽似的伏在门边，虎视眈眈，阴冷威严，注视着大门对面的一道影壁。那影壁有砖雕镶边，当中却是空白一片。这种巷子里行人稀少，偶尔有卖花人拖着长声叫喊：“阿要白兰花？”其余的便是麻雀在门楼上吱吱唧唧，喜鹊在风火墙上跳上跳下。你仿佛还可以看见王孙公子骑着高头大马走进了小巷，吊着铜环的黑漆大门咯咯作响，四个当差的从大门堂内的长凳上慌忙站起来，扶着主子踏着门边的下马石翻身落马，那马便有人牵着系到影壁的旁边。你仿佛可以听到喇叭声响，爆竹连天，大门上张灯结彩，一顶花轿抬进巷来。若干年后，在那花轿走过的地方却树起了一座贞节坊或节孝坊。在那发了黄的志书里，也许还能查出那烈女、节妇的姓氏，可那牌坊已经倾圮，只剩下两根方形的大石柱立在那里。

我擦着那方形的石柱走进了小巷，停在一座石库门前。这里的大门上钉着竹片，终日不闭，有一个老裁缝兼作守门人，在大门堂里营业，守门工便抵作了房租费。也有的不是裁缝，是一个老眼昏花的妇人，她戴着眼镜伏在绷架上，在绣着龙凤彩蝶。这是那种失去了青春的绣女，一生都在为他人作嫁衣裳，老眼虽然昏花，戴上眼镜仍然能把如丝的彩线劈成八片。这种大门堂里通常都有六扇屏门，有的是乳白色，有的在深蓝色上飞起金片，金片都发了黑，成了许多不规则的斑点。六扇屏门只开靠边的一扇，使你对内中的情景无法一目了然。我侧着身子走进去，不是豁然开朗，而是进入了一个黑黝黝的天地，一条窄长的陪弄深不见底。陪弄的两边虽然有许多洞门和小门，但门门紧闭，那微弱的光线是从间隔得很远的漏窗中透出来的。踮起脚来从漏窗中窥视，左面是一道道的厅堂，阴森森地；右面是一个个院落，湖石修竹，朱栏小楼，绿荫遍地。这是那种钟鸣鼎食之家，妻妾儿女各有天地，还有个花园自成体系。

我曾经在某个东花园中借住过半年，这园子仅占两亩多地，可以说是一个庭院，也可以说是个花园，因为在这小小的地方却具备了园林的一切特点，这里有湖石堆成的假山，山上有鹅卵石铺成的小路，小路盘旋曲折，忽高忽低，一会儿钻进洞中，一会儿又从小桥上越过山涧；山涧像个缺口，那桥也小得像模型似的。如果你循着小路上下，居然也得走好大一气；如果你行不由径，三五步便能爬上山顶。山顶笼罩在参天的古木之中，阳光洒下的都是金线，处处摇曳着黑白相间的斑点。荷花池便在山脚边，有一顶石板曲桥横过水面。曲桥通向游廊，游廊通向水榭、亭台，然后又回转着进入居住的小楼。下雨天你可以沿着游廊信步，看着那雨珠在层层的枝叶上跌得粉碎，雨色空濛，楼台都沉浸在烟雾之中。你坐在亭子里小憩，可以看那池塘里慢慢地涨水，涨得把石板曲桥都没在水里。

这园子里荒草丛生，地上都是白色的鸟粪，山洞里还出没着狐狸。除掉鸟鸣之外，就算那荷塘最有生气，那里水草茂盛，把睡莲都挤到了石驳岸，初夏

时石缝里的清水中游动着惹人喜爱的蝌蚪。尖尖的荷叶好像犀利无比，它可以从厚实的水草中戳出来，一夜间就能钻出水面。也有些钻不出来，因为鲤鱼很喜欢鲜嫩的荷叶。一到夜间更加热闹，蛙声真像打鼓似的，一阵喧闹，一阵沉寂，沉寂时可以听见鱼儿唧喋。呼啦啦一声巨响，一条大鱼跃出水面，那响声可以惊醒树上的宿鸟，吱吱不安，直到蛙声再起时才会平息。住在这种深院高墙中是很寂寞的，唯有书籍可以作为伴侣，我常常坐在假山上看书，看得入神时身上便爬来许多蚂蚁，这种蚂蚁捏不得，它身上有股怪味，似乎是一种冲脑门儿的松节油的气味，我怀疑它是吃那白皮松的树脂长大了的。

比较起来我还是欢喜另一种小巷，它有浓厚的生活气息，在形式上也是把各种小巷的特点都汇集在一起。既有深院高墙，也有低矮的平房；有烟纸店、大饼店，还有老虎灶。那石库门里住着几十户人家，那小门堂里只有几十个平方。巷子头上有公用的水井，巷子里面也有只剩下石柱的牌坊。这种巷子也是一面临河，却和城外的巷子大不一样，两岸的房子拼命地挤，把个河道挤成一条狭窄的水巷。“古宫闲地少，水巷小桥多”，唐代的诗人就已经见到过此种景象。

夏日的清晨，你走进这种小巷，小巷里升腾着烟雾，巷子头上的水井边有几个妇女在那里汲水，慢条斯理地拉着吊桶绳，似乎还带着夜来的睡意，还穿着那肥大的、直条纹的睡衣。其实整个的巷子早就苏醒了。退休的老头已经进了园林里的茶座，或者是什么茶馆店，在那里打拳、喝茶、聊天。也有的老头足不出户，在庭院里侍弄盆景，或者是呆呆地坐在藤椅子上，把一杯杯的浓茶灌下去。家庭主妇已经收拾了好大一气，提篮走进那个喧嚷嘈杂的小菜场里。她们熙熙攘攘地进入小巷，一路上议论着菜肴的有无、好丑和贵贱。直等到垃圾车的铃声响过，垃圾车渐渐地远去，上菜场的人才纷纷回来，结束清晨买菜这一场战斗。

买菜的队伍消散了，隔不多久，巷子里的活动就进入了高潮。上班的人几乎是在同一个时间内拥出来的，有的出巷往东走，有的入巷往西去，背书包的蹦蹦跳跳，抱孩子的叫孩子和好婆说声再见，只看见那自行车银光闪闪，只听见那铃铛儿响成一片。小巷子成了自行车的竞技场，展览会，技术不佳的女同志只好把车子推出巷口再骑。不过这种高潮像一阵海浪，半个小时后便会平息。

上班、上学的都走了，那些喝茶、打拳的便陆陆续续地回来。这些人走进巷子里来时，大多不慌不忙，神色泰然，眼帘半垂，好像是这条巷子里再也没有任何东西可以使他们感到新奇。欢乐莫如结婚，悲伤莫如死人，张惶莫如失火，可怕莫如炮声，他们都经历过的，无啥稀奇。如果你对他们不感兴趣的东西感兴趣的话，每个人的经历倒很值得收集。他们有的是一代名伶；有的身怀绝技；有的是八级技工，曾经在汉阳兵工厂造过枪炮的；有的人历史并不光彩，可那情节却也十分曲折离奇。研究这些人的生平，你可以追溯一个世纪。但是需要使用一种电影手法——化出，否则的话，你怎么也想不到那个白发如银、伛偻干瘪的老太太是演过《天女散花》的。

夏天是个敞开的季节。入夜以后，小巷的上空星光低垂，风从巷子口上灌进来，扫过家家户户的门口。这风具有很大的吸引力，把深藏在小庭深院中的生活都吸到了外面。巷子的两边摆着许多小凳和藤椅，人们坐着、躺着来接受那凉风的恩惠。特别是那房子缩进去的地方，那里有几十个平方的砖头地，是一个纳凉、休息小憩的场所。砖头地上洒上了凉水，附近的几家便来聚会。连那些终年卧床不起的老人也被儿孙搀到藤椅子上，接受邻居的问候。于是，这巷子里的春花秋月，油盐柴米，婚丧嫁娶统统成了人们的话题，生活底层的秘密情报可以在这里猎取。只是青年人的流动性比较大，一会儿来了个小友，几个人便结伴而去；一会儿来了个穿连衫裙的，远远地站在电灯柱下招手，藤椅子咯喳一响，小伙子便被吸引而去。他们不愿意对生活作太多的回顾，而是欢喜向未来作更多的索取；索取得最多的人却又不在外面，他们面对着课本、提纲、图纸，在房间里挥汗不止，在蚊烟的缭绕中奋斗。

奇怪的是今年夏天在巷子里乘凉的人不多，夏夜敞开的生活又有隐蔽起来的趋势。这都是那些倒霉的电视机引起的，那玩意儿以一种飞跃的速度日益普及。在那些灯光暗淡的房间里老少咸集，一个个寂然无声，两眼直瞪，摇头风扇吹得呼呼地响。又风凉，又看戏，谁也不愿再到外面去。有趣的是那些电视机的业余爱好者，那些头发蓬乱、衣冠不整的小青年，他们把刚刚装好还没有配上外壳的电视机捧出来，放在那砖头地上作技术表演，免费招待那些暂时买不起或者暂时不愿买电视机的人。静坐围观的人也不少，好像农村里看露天电影。

小巷子里一天的生活也是由青年人来收尾，更深人静，情侣归来，空巷沉寂，男女二人的脚步都很合拍、和谐、整齐。这时节，路灯灼亮，粉墙反光，使得那挂在巷子头上的月亮也变得红殷殷的。脚步停住，钥匙声响，女的推门而入，男的迟疑而去，步步回头；那门关了又开，女的探出上半身来，频频挥手，这一对厚情深意，那一对不知道出了什么问题，男的手足无措，站在一边，女的依在那牌坊的方形石柱上，赌气、别扭，双方僵持着，好像要等待月儿沉

西。归去吧姑娘，夜露浸凉，不宜久留，何况那方形的石柱也依不得，那是块死硬而沉重的东西……

面对着大路你想驰骋，面对着高山你想攀登，面对着大海你想远航。面对着这些深邃的小巷呢？你慢慢地向前走啊，沿着高高的围墙往前走，踏着细碎的石子往前走，扶着牌坊的石柱往前走，去寻找艺术的世界，去踏勘生活的矿藏，去倾听历史的回响……

1983年

谈梁遇春

——

冯 至

近几年来，常有研究中国现代散文的同志约我写篇文章谈谈梁遇春。我想，比较更深地了解梁遇春的朋友和同学多已去世，我和梁遇春交往虽然不久，在一九三〇年从晚春到初秋不过五六个月，却也共同度过些只有年轻人才能享有的愉快的时日，我对于这个要求有义不容辞之感。但是我那时不写日记，信件也不知保存，随着岁月的流失，当年亲切的会晤已变得模糊不清，饶有风趣的交谈也只剩下东鳞西爪。在那“忘形到尔汝”的时刻，我怎么会想到半个多世纪后要搜索枯肠，追思往事，写这样的回忆呢？

这是我答应写这篇文章时思想里直接的反应。可是经过一番考虑，想到我这不幸早年逝世的朋友，想到他的为人、他的风姿、他的文采，我不应用“搜索枯肠”来对付。我应该认真再读一遍他留给我们的两本散文集——《春醪集》和《泪与笑》，以无限的怀念之情实事求是地把模糊不清的事想得清楚一些，给残存的片言只语寻得一些线索。当然，更重要的还是根据他的散文谈一谈这个年轻的思考者在他那个时代想了些什么。

这是文学史里的一种现象，有少数华年早丧的诗人，像是稀有的彗星忽然出现在天边，放射异样的光芒，不久便消逝。他们仿佛预感自己将不久于人世，迫不及待地要为人类做出一点贡献，往往当众多“大器晚成”享有高龄的作家不慌不忙地或者尚未开始写作时，他们则以惊人的才力，呕心沥血，谱写下瑰丽的诗篇。他们的思想格外活跃，感触格外锐敏，经历虽然不多，生活却显得格外灿烂，在短暂的时期内真可以说是春花怒放。我的这个看法，难免不招来唯心或宿命之讥，我自己也不认为是正确的，但例如中国的李贺、英国的济慈、德国的诺瓦利斯等人，确实是这样，他们的创作时期极为短促，论成绩则

抵得住或者超过有些著名诗人几十年的努力成果。梁遇春的成就虽不能与列举的那几位短命诗人相比，但他短暂的一生中工作的勤奋却与他们很相似。他从一九二六年冬开始发表散文，到一九三二年夏他二十七岁逝世不满六年的时间内，写了三十六篇闪耀着智慧光辉、具有独特风格的散文。他拼命地阅读古今中外的书籍，翻译外国文学作品二十余种，其中英汉对照的《英国诗歌选》，有在三四十年代攻读过英国文学的大学生，在他们已将进入老年的今天，还乐于称道这本书，说从中获益匪浅。梁遇春没有创作过诗，但他有诗人的气质，他的散文洋溢着浓郁的诗情。

梁遇春在他第一本散文集《春醪集》第一篇题名《讲演》的散文里说："近来我很爱胡思乱想，但是越想越不明白一切事情的道理。"紧接着他说，他同意"作《平等阁笔记》的主笔，所谓世界中不只'无奇不有'，实在是'无有不奇'"。这段话，他写的时候不过二十二岁，却可以作为他此后六年所写的散文共同的题词。"胡思乱想"是自谦之词，实际上说明他开动脑筋，勤于思考，事事都要问个是什么、为什么。"不明白一切事情的道理"，才能促使人追根究底，把事情弄明白些。在弄明白的过程中，便会发现世界上的事不仅"无奇不有"，而且"无有不奇"。这里所说的"奇"，我看有双重意义：一是"新奇"的奇，是从平凡的生活中看出"新"；一是"奇怪"的奇，是从社会上不合理而又习以为常的事物中看到"怪"。至于思想怠惰、遇事随声附和、自以为一切都明白了的人们不可能发现什么"新"，更不会感觉到"怪"。梁遇春则是从"胡思乱想"开始，写他字里行间既新奇又奇怪的散文。但他的散文委婉自如，并不标新立异，故作惊人之笔。

梁遇春在他的散文里一再说，矛盾是宇宙的根本原理，自然界和人世间无穷无尽的矛盾是"数千年来贤哲所追求的宇宙的本质"。他还引用萧伯纳的话："天下充满了矛盾的事情，只是我们没有去思考，所以看不见了。"我们无须说，梁遇春懂得多少辩证法，可是他确实从书本上、从对于宇宙和人生的探索和观察中，领悟到一切事物内存在着矛盾，而且他很欣赏那些矛盾。

他热爱人类。他一九三〇年写的《救火夫》是他散文中最有积极意义的名篇。他看见某处失火，救火的人们争先恐后奔赴火场，把生死置之度外，他们多半素不相识，但在救火时都成为互助的同志，他们也不问失火的那家主人是好人或是坏蛋，那时他们去救的好像不是某个个人，而是"人类"。他热情颂扬救火的人们，谴责隔岸看火的旁观者。同时他认为，如今全世界，至少在中国，到处都着了火，如果见火不救，就等于对人类失职。他说他三年来的"宏愿"

是想当个救火夫。但他的“宏愿”并没有实现，他直到逝世只不过是一个对人类抱有悲悯之情的旁观者。他自身内在就存在着一个这样的矛盾。

他赞美光明。他认为只有深知黑暗的人才会热烈地赞美光明，同样，想知道黑暗的人最少总得有光明的心地。他例举某些著名的作家和作品，说明在黑暗中受过苦难和考验的人最能迫切地向往光明，反过来说，若是谁的心里没有光明，也不能真正描写黑暗，像一度流行的黑幕小说，只能污染读者的心灵。

他说，希望是一服包医百病的良方。希望的来源是烦恼，因为烦恼使人不得不有希望；希望的去处应该是圆满和成功。可是圆满的地位等于死刑的宣告，成功的代价是使人感觉迟钝，不再前进。他说他喜欢读屠格涅夫的小说，由于“屠格涅夫所深恶的人是那班成功的人”，他从中推论出“值得我们可怜的绝不是一败涂地的，却是事事马到功成的所谓幸运人们”。

关于道德，他在《查理斯·兰姆评传》中说，兰姆的“道德观念却非常重。他用非常诚恳态度采取道德观念，什么事情一定要寻根到底赤裸裸地来审察，绝不容有丝毫伪君子成分在他心中。也是因为他对道德态度是忠实，所以他又常主张我们有时应当取一种无道德态度，把道德观念撇开一边不管，自由地来品评艺术和生活”。这里说的是兰姆，其实也是梁遇春自己的意见。他最憎恶伪君子，因为“伪君子们对道德没有真情感，只有一副空架子，记着几句口头禅，无处不说他们的套语，一时不肯放松将道德存起来，这是等于做贼心虚，更用心保持他好人的外表……只有自己问心无愧的人才敢有时放了道德的严肃面孔，同大家痛快地毫无拘管地说笑”。梁遇春的散文，就给人以一种印象，作者毫无拘束地面对读者说自己心里的真话。

以上仅就梁遇春对于人类和道德的态度，对于光明和黑暗、希望与成功的看法这几点，说明他为什么认为矛盾是宇宙的本质，为什么他看世界上的事物有的是新奇，有的是奇怪。这是他散文的根本精神。废名在他给《泪与笑》写的序里说：“他的文思如星珠串天，处处闪眼，然而没有一个线索，稍纵即逝。”这句话常被梁遇春散文的评论者援引，认为说得中肯，我则认为这句话只形容了梁遇春散文的风格，至于散文中的思想，如前所述，还是有线索可寻的。

梁遇春的散文有许多非同凡响的议论，其中有的是真知灼见，有的也近于荒唐；他给读者的印象有时如历尽沧桑、看透世情的智者，有时又像是胸无城府、有奇思异想的顽皮孩子，他对于社会上因袭的习俗和时髦的风气肆意嘲讽，毫不容情，而又热爱人生，要“真真地跑到生活里面，把一切事都用宽大通达的眼光来细细咀嚼一番”。他在《“还我头来”及其他》这篇散文里表明了他的

写作态度，他不能“满口只会说别人懂自己不懂的话”，“我以后也只愿说几句自己确实明白了解的话”。他的散文证明，他确实说了些他自己领悟了的道理。这些领悟了的道理是从哪里来的呢？当然不是与生俱来或是到了一定年龄从脑子里冒出来的。这里我不得不提到他的另一篇散文《途中》。他在《途中》强调睁开眼睛在路上观看人生万象的重要意义。他把“行万里路”与“读万卷书”对比，他说：“读书是间接地去了解人生，走路是直接地去了解人生，一落言筌，便非真谛，所以我觉得万卷书可以搁开不念，万里路非放步走去不可。”他向往古今中外许多走过万里路的诗人和作家，他们有丰富的生活经验和深刻的体会，写下不朽的诗篇和名著。但梁遇春短短的一生走的道路不过是从福州的家到北京的学校，大学毕业后到上海的一个大学里当助教，最后又从上海回到北京，他只能把车中、船上和人行道看作是“人生博览会的三张入场券”。尽管他热爱人生，观察锐敏，勤于思考，但这三个博览会所能展出的究竟很有限，它们并不是人生的本身。说来说去，从他散文里的旁征博引就可以看出，他还是从书本里得到的更多。这也是他生活中的一个矛盾，他非常羡慕行万里路，但他只能更多地读万卷书。

他博览群书，他受影响较多的，大体看来有下边的三个方面：他从英国的散文学习到如何观察人生，从中国的诗、尤其是从宋人的诗词学习到如何吟味人生，从俄罗斯的小说学习到如何挖掘人生。这当然不能包括他读到的所有书籍。不管这三个范畴以内或以外，许多书中的隽语警句他在文章里经常引用，它们有的与他原来的思想相契合，有的像一把钥匙打开了他的思路，但也有时引用过多，给文章添了些不必要的累赘。

他勤于阅读，尊重知识，却又蔑视知识的“贩卖者”。他写过一篇《论知识贩卖所的伙计》，对于教师们、尤其是大学教授很不恭敬。文章一开始就引用了威廉·詹姆士一句尖锐刺耳的话：“每门学问的天生仇敌是那门的教授。”这话说得相当偏激，但在文学这一门里，的确有些生趣盎然的作品，经大学教授一讲，便索然无味，不仅不能引起学生欣赏的兴趣，反而使学生对那些作品发生反感。我听有人对我说过，他后悔很晚才读莎士比亚，其原因就是作学生时听过莎士比亚这门课，使他长时期不想和莎士比亚的作品接近。梁遇春大半有鉴于此，他认为在课堂里听教授讲课，无异于浪费光阴，在课外还去听名人演讲，更是自寻苦恼。他惯于跟教授学者们开玩笑，唱对台戏。约在一九二四、一九二五年间北京有些教授学者开展过一次关于人生观的论战，他则在这场论战无结果而散的两年后，写了一篇《人死观》；后来又有些教授学者郑重讨论英语里的

Gentleman（绅士）这个字怎样翻译才准确，他却撰写长文歌颂 Gentleman 对立面的人物流浪汉，说惠特曼的《草叶集》是流浪汉的圣经。他列举许多富有叛逆精神的流浪汉以极大的痛苦和快乐，写下激动人心的不朽名著，却被循规蹈矩、思想感情都僵化的教授们在课堂里讲解剖析，岂不是一个很大的笑话！

梁遇春这样蔑视听课，"诋毁"教授，可是他从一九二二年到一九二八年在北京大学上过六年学，从一九二八年到一九三二年在上海和北京的大学里当过四年助教，前前后后，他也算是在他所谓的知识贩卖所里当了十年的"伙计"。他这个伙计是怎么当的，我不清楚。但有一种情况我是清楚的，他在北大英文系的学习成绩是优良的，并且得到个别教授的赞赏。一九二八年由于政局的关系，北京大学的工作陷于停顿，北大英文系教授温源宁去上海暨南大学任教，就把刚毕业的梁遇春介绍到暨南大学当助教，一九三〇年温源宁返回北大，他也跟着回来，管理英文系的图书并兼任助教。由此可见，他这个"伙计"当得还是不错的。

梁遇春于一九二二年暑假考入北京大学预科，比我晚一年。那时北大预科在东华门内北河沿北大第三院上课。我常常看到他。由于他显得年轻聪颖，走路时头部略微向前探，有特殊的风姿，而且往往是独来独往，这都引起我的注意。我不记得什么时候才知道他的姓名，却总没有结识的机会，更不知道他的头脑里蕴蓄着那么多丰富而又新奇的思想。直到一九二七年后，才先后在《语丝》《奔流》等刊物上读到他的散文，并且在一九三〇年知道他出版了一本散文集《春醪集》。

一九三〇年从五月到九月，我和废名在北平办过一个小型周刊《骆驼草》，里边登载过几篇梁遇春（秋心）的散文，原稿最初是废名拿来的，不久我和他也渐渐熟识了。我身边没有《骆驼草》，无从查考梁遇春的哪些文章是在这刊物上发表的。我只记得他的三篇关于爱情的文章曾引起我的惊讶。这三篇散文的标题是《她走了》《苦笑》《坟》，读后的印象觉得它们既是用散文写的抒情诗，又是用诗的语言写的爱情论。这三篇每篇的首句各自以"她走了""你走了""你走后"，像一组"走了"的三部曲，说尽了爱人走后一片错综复杂的凄苦心情，对于人生有一层又一层深入的体会。第一篇里他说，"命运的手支配着我的手写这篇文字"。第二篇是痛苦的断念。第三篇则是"叫自己不要胡用心力，因为'想你'是罪过，可说是对你犯一种罪……然而，'不想你'也是罪过，对于自己的罪过"。在这样的矛盾中只好什么也不想，可是心里又不是空无一物，却是有了一座坟，"小影心头葬"。作者说："我觉得这一座坟是很美的，因为天下美的东西都是使人们看着心酸的。"这最后一句话涵义很深，在当时一

般文艺作品里是读不到的。

这三篇文章是用“秋心”笔名发表的。在我初读原稿以及校对清样时，已经感到惊奇，不久我又知道，他写这三篇文章，他的妻子正住在妇产医院里。妇女分娩，是希望与痛苦并存、生的快乐与死的担心互相消长的时刻，梁遇春独自在家里的灯下写这样的文字，到底是什么意思呢？我更无从得到解答。这里所说的“她”是另一个人呢？还是象征他的妻子，认为孩子一降生，往日的爱情就会变成另一个样子？或者“她”既不是另一个人，也不是象征他的妻子，而是个抽象的人物？后来我在《春醪集》里读到两篇《寄给一个失恋人的信》，收信人的名字也叫“秋心”，我才若有所悟，原来那位虚构的收信人如今现身说法了。在那两封信里，写信人畅谈易逝的青春如何值得爱恋，“当初”是如何永远可贵（因为一般失恋者常说“既有今日，何必当初”那类的话），变更是不可抗拒的自然规律。他劝人不要羡慕得意的人们，“人生最可怕的是得意，使人精神废弛一切灰心的事情无过于不散的筵席”。写给“秋心”的两封信和署名“秋心”的三篇散文，二者写作的时间相隔两三年，却可以互相补充，表达了梁遇春的恋爱观。

我对那三篇散文虽然有过疑问，但我和遇春见面时从未问过他是怎么写出来的。后来他的妻子出院了（那时产妇住院的时间比较长些），他这样的文章也从此搁笔了。一天，我到他在北池子租赁的寓所找他，他的妻子已出满月，按照南方的习惯，煮了美味的汤圆招待我，他抱出他新生的女儿给我看，同时他说：“这在‘曾是年华磨灭地’，听着婴儿的啼声，心里有一种难以形容的又苦又甜的滋味。”

我到他家里只去过一次，他到我的住处次数也不多，但是我们常常会面，我想不起我们都是怎么遇合的，只记得我们的畅谈多半是在公园的茶桌旁。我们谈人生，谈艺术，谈读书的心得，他心胸开阔，正如他说的，“对于知己的朋友老是这么露骨地乱谈着”。那时我们有一个共同的脾气，不喜欢四平八稳、满口道德语言的正人君子，觉得这样的人不容易接近，也不必接近。我曾向他称道张岱的《陶庵梦忆》里的一句话：“人无癖不可与交，以其无深情也；人无疵不可与交，以其无真气也。”人无完人，总会有这样那样的缺点，假如有个人给人以印象，一点毛病也没有，那就是遮羞盖耻的伪君子，对人不会以真诚相见，同样，一个人如果事事都不即不离，无所偏好，更谈不上对某件事锲而不舍，这样的人不可能有深厚的感情。遇春同意我的意见，他说：“宋朝有个宰相，一生官运亨通，既无深情，也无至性，告老还乡后，倒说了一句真心话：‘一辈子逢人就做笑脸，只笑得满脸都是皱纹。’你看，这是多么一副丑相！”他说时没有说出宰相的姓名，我也无从查考这句话的出处了。

我们还欣赏那时不知从哪里听来的一句诗“六朝人物晚唐诗”。在六朝和晚唐极其混乱的时代，能产生那么多超脱成规、鄙夷礼教的人物和一往情深、沁人肺腑的诗篇，是中国历史上特殊的光彩，我们不同意有些人把他们与西方世纪末的颓废派相提并论。

我们上天下地无所不谈，但两个人好像不约而同，也有所不谈。一，不在背后议论共同的朋友和熟人。二，不谈个人的苦恼。梁遇春在《坟》里转述友人沉海的话：“诉自己的悲哀，求人们给以同情，是等于叫花子露出胸前的创伤，请过路人施舍。”我不知“沉海”是谁。我记得我也说过这类的话。三，不谈个人的家世。他的家庭情况，我一无所知。只有一次例外，我去德国前，他说他有一个叔父在德国学医，但没有告诉我他叔父在德国的地址。

我在一九三〇年九月下旬到德国后，我们通信不多，我有时在报刊上读到他新发表的文字。一九三二年夏，我在柏林读里尔克晚年的两部诗集《杜伊诺哀歌》和《致奥尔弗斯的十四行诗》，在十四行诗里读到“苦难没有认清，/爱也没有学成，/远远在死乡的事物，/没有揭开了面幕”，我想起遇春的散文《人死观》里有类似的思想；在哀歌的第一首里读到“因为美无异于/我们还能担当的恐怖之开端”，又使我想起，这与《坟》里的那句“天下美的东西都是使人们看着心酸的”也有些相似。我很想把这些诗写给他，和他讨论，不料一天在国内寄来的报纸上读到梁遇春逝世的消息，这对我是怎么也意想不到的事。为了排解哀思，我到德国东海吕根岛上做了一个星期的旅行，一路上，遇春的言谈面貌总在萦绕着我，我应该用什么来纪念他呢？

一九三七年，我在上海写了《给秋心》四首诗，在一个文学杂志上发表，一九四二年我出版《十四行集》，曾把这四首诗作为杂诗附印在十四行的后边，一九四九年《十四行集》重版，我觉得这四首诗对于亡友的怀念表达得很不够，又把它们删去了。过了三十年，我从中选出两首，编入一九八〇年出版的《冯至诗选》里，诗的题目改为《给亡友梁遇春》。我在第一首里说，有些老年人好像跟死断绝了关联，反而在青年身上却潜伏着死的预感。诗的最后两行是：

你像是一个灿烂的春
沉在夜里，宁静而黑暗。

第二首大意是，我曾意外地遇见过素不相识的人，我和他们有的在树林里共同走过一段小路，有的在车中谈过一次心，有的在筵席间问过名姓，可是一转眼便各自东西，想再见也难以找到。这首诗是这样收尾的：

你可是也参入他们
生疏的队伍，让我寻找？

可是我不能再找到他了，我把他安排在一个春夜里、一个生疏的队伍里，是幻想着他仍然存在。

四十年代初，我在昆明却有一次遇见梁遇春在德国学过医的叔父。抗日战争时期，大批文化教育工作者、自由职业者退入内地。我偶然听说他的叔父在昆明行医，便去拜访他，谈到他侄子的早逝，他不胜惋惜。他身边有一幅遇春的女儿的照片，他拿出来给我看，是一个十岁左右的活泼的女孩。我端详许久，舍不得放下，我当时竟那样神不守舍，连她的名字叫什么都忘了问一问。她如果健在，现在应该是五十多岁了，她三岁丧父，但愿父亲在一个婴儿的头脑里还留下一个亲爱的影像。

许多青年时的朋友后来都有较大的变化。遇春如不早逝，他一定也会有变化的。从他散文里的迹象看来，他也许后来摒弃了旁观者的态度，实现他那“救火夫”的宏愿，成为革命者。他在大学里工作，勤勤恳恳，最后也许成为一门学问的“天生仇敌”大学教授；他也许成长为一个优秀的评论家，因为《泪与笑》最后的一篇评论英国传记作家齐尔兹·栗董·斯特拉奇的长文，品评得失，持论透彻精辟，就是放在我们现在有关外国文学的论文中，也毫无逊色；他也许会写出更多优秀的散文，成为中国的兰姆。这些只能由我们虚无缥缈地去推测，永远不会成为事实。刘国平在为《泪与笑》写的序里引用过梁遇春的一句话：“青年时候死去，在他人的记忆里永远是年轻的。”这句话一点也不错，遇春在我的记忆里永远是年轻的。

最后，我有一句声明。我只是如实地谈一谈我所知道的梁遇春，并不是要宣扬梁遇春那样的思想。我认为，若有人下点功夫，研究一下五四后十几年内各种类型的青年人的思想，对于我们研究现代文学还是有用处的。

1983 年

商州又录

贾平凹

小序

去年两次回到商州，我写了《商州初录》。拿在《钟山》杂志上刊了，社会上议论纷纷，尤其在商州，《钟山》被一抢而空，上至专员，下至社员，能识字的差不多都看了，或褒或贬，或抑或扬。无论如何，外边的世界知道了商州，商州的人知道了自己，我心中就无限欣慰。但同时悔之《初录》太是粗糙，有的地名太真，所写不正之风的，易被读者对号入座；有的字句太拙，所旨的以奇反正之意，又易被一些人误解。这次到商州，我是同画家王军强一块旅行的，他是有天才的，彩墨对印的画无笔而妙趣天成。文字毕竟不如彩墨了，我只仅仅录了这十一篇。录完一读，比《初录》少多了，且结构不同，行文不同，地也无名，人也无姓，只具备了时间和空间，我更不知道这算什么样的文体，匆匆又拿来求读者鉴定了。

商州这块地方，大有意思，出山出水出人出物，亦出文章。面对这块地方，细细作一个考察，看中国山地的人情风俗，世时变化，考察者没有不长了许多知识，清醒了许多疑难，但要表现出来实在是笔不能胜任的。之所以我还能初录了又录，全凭着一颗拳拳之心。我甚至有一个小小的野心：将这种记录连续写下去。这两录重在山光水色、人情风俗上，往后的就更要写到新中国成立以来各个时期的政治、经济诸方面的变迁在这里的折光。否则，我真于故乡“不肖”，大有“无颜见江东父老”之愧了。

一

最耐得寂寞的，是冬天的山，褪了红，褪了绿，清清奇奇的瘦，像是从皇宫里走到民间的女子，沦落或许是沦落了，却还原了本来的面目。石头裸裸地显露，依稀在草木之间。草木并没有摧折，枯死的是软弱，枝柯僵硬，风里在铜韵一般地颤响。冬天是骨的季节吗？是力的季节吗？

三个月的企望，一轮嫩嫩的太阳在头顶上出现了。

风开始暖暖地吹，其实那不应该算作风，是气，肉眼儿眯着，是丝丝缕缕的捉不住拉不直的模样。石头似乎要发酥呢，菊花般的苔藓亮了许多。说不定在生产时候满山竟有了一层绿气，但细察每一根草，每一枝柯，却又绝对没有。两只鹿，一只有角的和一只初生的，初生的在试验腿力，一跑，跑在一片新开垦的田地上，清新的气息使它撑了四蹄，呆呆的，然后一声锐叫，寻它的父亲的时候，满山树的枝柯，使它分不清哪一丛是老鹿的角。

山民挑着担子从沟底走来，棉袄已经脱了，垫在肩上，光光的脊梁上滚着有油质的汗珠。路是顽皮的，时断时续，因为没有浮尘，也没有他的脚印；水只是从山上往下流，人只是牵着路往上走。

山顶的窝洼里，有了一簇屋舍。一个小妞儿刚刚从鸡窝里取出新生的热蛋，眯了一只眼儿对着太阳耀。

二

这个冬天里，雪总是下着。雪的故乡在天上，是自由的纯洁的王国；落在地上，地也披上一件和平的外衣了。洼后的山本来也没有长出什么大树，现在就浑圆圆的，太阳并没有出来，却似乎添了一层光的虚晕，慈慈祥祥的像一位梦中的老人。洼里的梢林全覆盖了，幻想是陡然涌满了凝固的云，偶尔的风间或使某一处承受不了压力，陷进一个黑色的坑，却也是风，又将别的地方的雪扫来补缀了。只有一直走到洼下的河沿，往里一看，云雪下是黑黝黝的树干，但立即感觉那不是黑黝黝，是蓝色的，有莹莹的青光。

河面上没有雪，是冰。冰层好像已经裂了多次，每一次分裂又被冰住，明显着纵横横的银白的线。

一棵很丑的柳树下，竟有了一个冰的窟窿，望得见下面的水，是黑的，幽幽的神秘。这是山民凿的，从柳树上吊下一条绳索，系了竹筐在里边，随时来提提，里边就会收获几尾银亮亮的鱼。于是，窟窿周围的冰层被水冲击，薄亮透明，如玻璃罩儿一般。

山民是一整天也没有来提竹筐了吧？冬天是他们享受人伦之乐的季节，任阳沟的雪一直涌到后墙的檐下去，四世同堂，只是守着那火塘。或许，火上吊罐里，咕嘟嘟煮着熏肉，热灰里的洋芋也熟得冒起白气。那老爷子兴许喝下三碗柿子烧酒，醉了。孙子却偷偷拿了老人的猎枪，拉开了门，门外半人高的雪扑进来，然后在雪窝子里拔着推，无声地消失了。

一切都是安宁的。

黄昏的时候，一只褐色的狐狸出现了。它一边走着，一边用尾巴扫着身后的脚印，悄没声地伏在一个雪堆上。雪堆上站着一只山鸡，这是最俏的小动物了，翘着赤红色的长尾，欣赏不已。远远的另一个雪堆上，老爷子的孙子同时卧倒了，伸出黑黑的枪口，右眼和准星已经同狐狸在一条线上……

三

西风一吹，柴门就掩了。

女人坐在炕上，炕上铺满着四六席；满满当当的，是女人的世界。火塘的出口和炕门接在一起，连炉沿子上的红椿木板都烙腾腾的。女人舍不得这份热，把粮食磨子都搬上来，盘腿正坐，摇那磨拐儿，两块凿着纹路的石头，就动起来，呼噜噜一匝，呼噜噜一匝，“毛儿，毛儿”，她叫着小儿子，小儿子刚会打能能，对娘的召唤并不理睬；打开了炕角的一个包袱，翻弄着五颜六色的、方的圆的长的短的碎布头儿。玩腻了，就来扑着娘的脊背抓。女人将儿子抱在从梁上吊下来的一个竹筐子里，一边摇一匝磨拐儿，一边推一下竹筐儿。有节奏的晃动，和有节奏的响声，使小儿子就迷糊了。女人的右手也乏疲了，两只手夹一个六十度的角，一匝匝继续摇磨拐儿。

风天里，太阳走得快，过了屋脊，下了台阶，在厦屋的山墙上磨蚀了一片，很快就要从西山峁上滚下去了。太阳是地球的一个磨眼吧，它转动一圈，把白天就从磨眼里磨下去，天就要黑了？

女人从窗子里往外看，对面的山头上，孩子的爹正在那里犁地。一排五个山头上，山头上都是地；已经犁了四个山头，犁沟全是由外往里转，转得像是指印的斗纹，五个山头就是一个手掌。女人看不到手掌外的天地。

女人想：这日子真有趣，外边人在地里转圈圈，屋里人在炕上摇圈圈；春

天过去了，夏天就来；夏天过去了，秋天就来；秋天过去了，冬天就来。一年四季，四个季节完了，又是一年。

天很快就黑了，女人溜下炕生火做饭。饭熟了，她一边等着男人回来，一边在手心唾口唾沫，抹抹头发。女人最爱的是晚上，她知道，太阳在白日散尽了热，晚上就要变成柔柔情情的月亮的。

小儿子就醒了，女人抱了她的儿子，倚在柴门上指着山上下来男人，说：“毛儿爹——叫你娃哟！——哟——哟——”

“哟——哟——”，却是叫那没尾巴的狗的，因为小儿子屎拉下来了，要狗儿来舐屎的。

四

初春的早晨，没有雪的时候就有着雾。雾很浓，像扯不开的棉絮，高高的山就没有了吓人的巉石，山弯下的土塬上，梢林也没有了黝黝的黑光。河水在流着，响得清喧喧的。

河对岸的一家人，门拉开的声很脆，走出一个女儿，接着又牵出一头毛驴走下来。她穿着一件大红袄儿，像天上的那个太阳，晕了一团，毛驴只显出一个长耳朵的头，四个蹄腿被雾裹着。她是下到河里打水的。

这地面只有这一家人，屋舍偏偏建得高，原本那是山嘴，山嘴也原本是一个囫囵的石头，石头上裂了一条缝，缝里长出一棵花栗木树。用碎石在四周帮砌上来，便做了屋舍的基础。门前的石头面上可以织布，也可以晒粮食。这女儿是独生女，二十出头，一表人才。方圆几十里的后生都来对面的山上，山下的梢林里，割龙须草，拾毛栗子，给她唱花鼓。

她牵着毛驴一步步走下来，往四周看看，四周什么却看不清，心想：今日倒清静了！无声地笑笑，却又感到一种空落。河上边的木板桥上，有一鸡爪子厚的霜，没有一个人的脚印。

在河边，她蹴下了，卸下了毛驴背上的木桶，一拎，水就满了，但却不急着往驴背上挂，大了胆儿往河那边的山上、塬上看。看见了河水割开的十几丈高的岸壁，吃水线在雾里时隐时现。有一棵树，她认得是冬青木的，斜斜在壁上长着。这是一棵几百年的古木，个儿虽并不粗高，却是岸上塬头上的梢林的祖爷子。那些梢林长出一代，砍伐了一代，这冬青还是青青的长着，又孕了米粒大的籽儿。

她突然心里作想：这冬青，长在那么危险的地方，却活得那么安全呢。

于是，也就想起了那些唱给她的花鼓曲儿。水桶挂在毛驴背上，赶着往回走，走一步，回头看一下，走一步，再回过头来。雾还没有退，桥面上的霜还白白的。上斜坡的时候，路仄仄地拐“之”字形，她却唱起一首花鼓曲了：

后院里有棵苦李子啊，小郎儿哟，
未曾开花，亲人哪，
谁敢尝哎，哥呀嗳！

五

秋天里，什么都成熟了；成熟了的东西是受不得用手摸的，一摸就要掉呢。四个女子，欢乐得像风里的旗，在一棵柿树上吃蛋柿。洼地里路纵纵横横，似一张大网，这树就在网底，像伏着的一只大蜘蛛。果实很繁，将枝股都弯弯地坠下来，用不着上树，寻着一个目标，那嘴轻轻咬开那红软了的尖儿，一吸，甜的香的软的光的就会到肚子里。只需再送一口气去，那蛋柿壳儿就又复圆了。末了，最高的枝儿上还有一颗，她们拿石子掷打，打一次没有打中，再打一次，还是不中。

树后的洼地里，呜哇哇有了唢呐声，一支队伍便走过来了。这是迎亲的；一家在这边的山上，一家在那边的山上，家与家都能看见，路却要深入到这洼地，半天才能走到。洼地里长满了黄蒿，也长满了石头，迎亲的队伍便时隐时现，好像不是在走，是浮着漂着来的。前面两杆唢呐，三尺长的铜杆，一个碗大的口孔，拉长了喉咙，扩大了嘴地吹。后边是两架花轿，轿简易却奇特，是两根红桑碾杆，用红布裹了，上边缚一个座椅，也是铺了红布的，一走一颠，一颠一闪；新郎便坐了一架，新娘便坐了一架。再后边，是未婚的后生抬了柜，抬了箱，被子，单子，盒子，镜子。再后边是一群老幼。女人们衣服都浆得硬硬的，头上抹了油，一边交头接耳，一边拿崭新的印花手帕撩撩，赶那些追着油香飞的蜂。

吃蛋柿的女人忙隐身在树后，睁一只眼儿看，看见了那红桑木碾杆上的新娘，从头到脚穿得严严实实，眼睛却红红的，像是流过泪。吹唢呐的回头看一眼，故意生动着变形的脸面，新娘扑地笑了，但立即就噤住，脸红得烧了火炭。

一生都在山路上走，只有这一次竟不走路啊。被抬着，娘生她在这个山头上，长大了又要到那个山头上去生去养了。

村后的女子都觉得有趣，细嚼起来，却不知道这是怎么回事。

她们很快被迎亲的队伍发现了，都拿眼光往这里瞅。四个女子羞羞的，却一起仰起头儿盯那高枝儿上的蛋柿。她们没有用石子去打，蛋柿也没有掉下来。

迎亲队伍没有停，过去了，他们走过了一条小路，柿树下同时放射出的，通往四面八方山头的小路上，便都有了唢呐的余音。

六

高高的山挑着月亮在旋转，旋转得太快了，看着便感觉没有动，只有月亮的周围是一圈一圈不规则的晕，先是黑的，再是黄的，再灰，再紫，再青，再白。洼地里全模糊了，看不见地头那个草庵子，庵后那一片桃林，桃林全修剪了，出地像无数的五指向上分开的手。桃林过去，是拴驴的地方，三个碌碡，还有一根木桩；现在看不见了，剪了尾巴的狗在那里叫。河里，桥空无人，白花花的水。

一个男人，蹲在屋后阳沟的泉上，拿一个擀杖在水里搅，搅得月亮碎了，星星也碎了，一泉的烂银，口中念念有词。接着就摸起横在泉口的竹管。这竹管是打通了节的，一头接在泉里，一头是通过墙眼到屋里的锅台上。他却不得进屋去。他已经从门口走过来，又走到门口去，心里痒痒的，腿却软得像抽了筋，末了就使劲敲门。屋里有骂他的声音。

骂他的是一个婆子，婆子正在搬弄着他的女人；女人正在为他生着儿子。他要看看儿子是怎样生出来的，婆子却总是把他关在门外。

“这是人生人呢！”

“我是男子汉，死都不怕呢！”

“不怕死，却怕生呢。”

他不明白，人生人还这么可怕。当女人在屋里一阵阵惨叫起来，他着实害怕了。他搅着泉水祈祷，他想跑过那桃林，一个人到河面的桥上去喊，他却没了力气，倒在木桩篱笆下，直眼儿只看着月亮，认作那是风火轮子，是一股旋风，是黑黑的夜空上的一个白洞。

一更过去，二更已尽，已经是三更，鸡儿都叫了。女人还在屋里嘶叫。他认为他的儿子糊涂：来到这个世界竟这么为难。山洼里多好，虽然有狼，但只要在猪圈上画白灰圈圈，它就不敢来咬猪了。这里山高，再高的山也在人的脚下。太阳每天出来，怕什么，只要脊背背了它从东山到西山，它就成月亮了。

晚上不是还有疙瘩柴火烤吗？还有洋芋糊汤呢，你会是有媳妇，还有酒，柿子可以烧，苞谷也可以烧，喝醉了，唱花鼓。

女人一声锐叫，不言语了。接替女人叫的是一阵尖而脆的哇哇啼声。

门打开了，接生的婆子喊着男人：“你儿子生下了，生下了！”催他进去烧水，打鸡蛋，泡馍。男人却稀软得立不起来。天上的月亮没有了，星星亮起来，他觉得星星是多了一颗。“又一个山里人。”他说。

七

路到山上去，盘十八道弯，山顶上一棵栗木树下一口泉，趴下喝了，再从那边绕十八道弯下去。山的两面再没有长别的树，石头也很分散，却生满了刺玫，全拉着长条儿覆衍石上，又互相交织在一起。花儿却嫩得噙出水儿，一律白色，惹得蝴蝶款款地飞。

十八道弯口，独独一户人家，住着个寡妇，寡妇年轻，穿着一双白布蒙了尖儿的鞋，开了店卖饭。

公路上往来的司机都认识她，她也认识司机，迟早在店里窗内坐着，对着奔跑的汽车一抬手，车就停了。方圆三十里的山民，都称她是“车闸”。

山里人出到山外去，或者从山外回到山里来，都在店里歇脚。谁也不惹她，谁也没理由敢惹她。她认了好多亲家，当然，干儿子干女儿有几十，有本乡本土的，有山外城里的。为了讨好她，送给她狗的人很多；为了讨好她，一走到店前就唤狗儿喂东西吃。十几条狗都没有剪尾巴，肥得油光水亮。

八月里，店里店外，堆满了柿子、核桃、黄蜡、生漆、桐油；山民们都把山货背来交给她。她一宗一宗卖给出外来的汽车。店里说话的人多，吃饭的人少。营业的时间长，获取的利润短。她不是为了钱，钱在城乡流通着，使她有了不是寡妇的活泼，使一些外地来人都知道了她是寡妇。她不害羞，穿的那双有白布的鞋儿，整头平脸，拿光光的眼睛看人，外地来人也就把她这个寡妇知道了，也讨好地掰了干粮给那狗儿吃，也只有给狗儿吃。

满山的刺玫都开了，白得宣净，一直繁衍到店的周围。因为刺在花里，谁也不敢糟蹋花，因为花围了店屋，店里人总是不断。忽一日，深山跑来一只美丽的麝，从那边十八道弯里跑上，从这边十八道弯里跑下，又在山梁上跑。山里的一切猎手都不去打。他们一起坐在店里往山头上看，说那麝来回跑得那么快，是为它自身的香气兴奋呢。

八

你毕竟是看见了，仲夏的山上并不是一种纯绿，有黄的颜色，有蓝的颜色，主体则是灰黑的，次之为白，那是枸子和狼牙刺的花了。你走进去，你就是你梦中的人，感觉到了渺小。却常常会不辨路径，坐下来看那峡谷，两壁的梢林交错着，你不知道谷深到何处，成团成团的云雾往外涌，疑心是神鬼在那里出没。偶然间一棵干枯的树站在那里，满身却是肉肉的木耳。有蛇，黑藤一样地缠在树上。气球大的一个土葫芦，团结了一群细腰黄蜂。蹑手蹑脚地走过去，一只松鼠就在路中摇头洗脸了。这小玩意儿，招之即来，上了身却不被抓住，从右袖筒钻进去了，又从左袖筒钻出去了。同时有一声怪叫，嘎喇喇地，在远处的什么地方，如厉鬼狞笑。

你终于禁不住了寂寞，唱起来；一旦唱起来，就不敢停下，想要使所有的东西都听见，来提醒它们：你是有力量的，是强者。但唱得声越来越颤了。惊恐驱使着你突然跑动，越跑越紧，像是梦中一样，力不从心。后来就滚下去，什么也不可能得知了。

人昏了，权当是睡着了；但醒来，却是忍不住的苦痛；腿上的血还在流呢。

一位老者，正抱着你，你只看见那下巴上一窝银须，在动，不见那嘴，末了，胡子中吐一团烂粥般的草，是蓖蓖芽。敷在腿上的伤口，于是血凝固，亦不再疼。你不知道他是谁，哪儿来的？

“采药的。”他说。

“采药的？就在这山上，成年采吗？”

他点点头，孤独已经使他不愿再多说话吗？扶着你站起来，他就走了。

你是该下山了，但你不愿意；想陪陪他，心里在说：山上是太苦了。正是太苦，才长出了这苦口的草药吗？采药的人成年就是挖着这苦，也正是挖着了这草药的苦，才医治了世上人的一生中所遇到的苦痛吗？

你一定得意了你这话里的哲理，回头再寻那采药人，云雾又从那一丛黑柏下涌过来了，什么也没有了响动，你听见的是你的呼吸声。

九

一座山竟是一块完整的石头，这石头好像曾经受了高温，稀软着往下墩，显出一层一层下墩的纹线。在左边，有一角似乎支持不住，往下滴溜，上边的拉出一个向下的奶头状，下边的向上壅一个蘑菇状，快要接连了，突然却凝固，使完整的石头又生出了许多灵巧，倒疑心此山是从什么地方飞来的。

河水就绕着这山的半圆走，水很深，是黑的液体，只有盛在桶里，才知道它是清白的，清白到了没有。沿着河边的石砭，人家就筑起屋舍，屋舍并不需起基础，前墙根紧挨着石砭沿，屋下的水面，什么地方在石砭上凿出坑儿，立栽上石条，然后再用石头斜斜垒起来，算作是台阶。水涨了，台阶就缩短，水落了，台阶就拉长。水也是长了脚的，竟也一年走到门槛下，鸡儿站在门墩上能喝水。

现在，水平平地伏在台阶下，那里是码头，柏木解成了一溜长排，被拴在石嘴上。船儿从峡谷里并没有回来，女人们就蹲在那捶打一种树皮。这树皮在水里泡了七七四十九天，用棒槌砸着，砸出麻一样的丝来，晒干了可以拧绳纳鞋底。四只五只鸭子在那里浮，看着一个什么就钻下去啄，其实那不是鱼，是天上落下的还没有消失的残月。

一只很大的木排撑下来，靠近了对面的山根，几十人开始抬一个棺材往山上去，唢呐咿咿呜呜的。这是河湾上一个汉子要走了，他是在上游砍荆条，然后扎排运到下游去卖，已经砍了许多，往山下扛的时候，滚了坡。在外的人横死了，尸首不能进家门。棺材上就缚了一只雄鸡，一直要运到河那边山头的坟地去。熟人死了一个，新鬼多了一名。孝子婆娘在唢呐声中哭，有板有眼。这边砸树皮的女人都站起来，说那汉子的好话，看着那儿子在河里摔了孝子盆，就拿一块手帕，捂了鼻子嘴地流眼泪。

在水里钻了一生，死了却都要到山顶上去，女人们不明白这是为什么，或许山上有荆条，有龙须草，有桐子，有土漆，河里只是运往的路吧。唢呐吹得这么响，唢呐是人生的乐器呢，上世的时候，吹过一阵，结婚的时候，吹过一阵，下世的时候，还是这么吹。

一个女人突然觉得肚子疼，她想了想，才六个月，还不是坐炕的日子呀？就怀疑是那汉子的阴魂要作孽了，吓得脸色苍白。夜里，女人的男人偷偷从门前石阶上下去，坐船到了对岸山上，浇了一壶酒，将削好的四个桃木橛子钉在坟头，说：“你不要勾了我的儿子，让他满满月月生下来，咱山上河里总盼着一个劳力啊！”

一切很安静。住人家的那块完整的石头的山上，月亮小小的，水落了，门下斜斜的台阶，长长的，月亮水影照着像一条光光的链条。

十

一群乌鸦在天上旋转，方向不固定的，末了，就落下来；黑夜也在翅膀上驮下来了。九沟十八岔的人，都到河湾的村里来，村里正演电影。三天前消息就传开，人来得太多，场畔的每一棵苦楝子树，枝枝丫丫上都坐满了，从上面看，净是头，像冰糖葫芦，从下面看，尽是脚，长的短的，布底的，胶底的。后生们都是二十出头，永不安静在一个地方，灰暗里，用眼睛寻着眼睛说话。

早先地在一起，他们常被组织着，去修台田，去狩猎，去护秋，男男女女在一起说话，嬉闹，大声笑。现在各在各家地里，秋麦二料忙清了，袖着手总觉得要做什么，却不知道做什么，肚子饱饱的，却空空地饥饿。只看见推完磨碾后的驴，在尘土里打滚，自己的精神泄不出去，力气也恢复不来。

场畔不远，就是河，河并不宽，却有深深的水。两岸都密长了杂木，又一层儿相对向河面斜，两边的树枝就复交纠缠了。河面常被这种纠缠覆盖，时隐时现。一只木排，被八个女子撑着，咿咿呀呀漂下来。树分开的时候，河是银银的，钻树的防空洞了，看不见了树身上的蛇一样裹绕的葛条，也看不见葛条上生出茸茸的小叶的苔藓。木排泊在场畔下，八个女子互相照看了头发，假装抹脸，手心儿将香脂就又一次在脸上擦了，大声说笑着跳上场畔。

后生们立即就发现了。但却正经起来，两只眼儿都睁着，一只看银幕，一只看着场畔。

八个女子，三个已经结了婚，勾肩搭背的，往人窝里去了，她们不停地笑，笑是给同伴听的，笑也是给前后的人听的。前后有了后生，也大声说话，说是说明电影上的事，话也是给他人说明自己的能耐的。都知道是为了什么，都不说是为了什么。

五个女人是没有订婚的，五个女子却并不站在一起，又不到人窝去，全分散在场河边上，离卖糟的小贩摊，不远不近，小贩摊上的马灯照身上，不暗不明。有后生就匆匆走过去，又匆匆走过来，忙乱中瞅一眼，或者站在前边，偏踩在一块圆石头上，身子老不得平衡，每一次从石头上歪下来，后看一眼，不经意的。女子就吃吃地笑，后生一转身笑声便噤，身再一转，吃吃又响。目光碰在一起了，目光就说了话，后生便勇敢了，要么搭讪一句，要么，挪过步来，女子倒忽地冷了脸，骂一声："流氓！"热热的又冷冷了，后生无趣地走了。女子却无限后悔，望着星星，星星蒙蒙的，像滴流着水。再换过地方，站在卖糟的那边，一只手儿托着下巴，食指咬在牙里。

一场电影完了，看了银幕上的人，也看了看银幕下的人，也被人看了。八个女子集合在场畔，唱了一段花鼓，却说：别唱了，那些没皮脸的净往这儿看呢！就爆一阵笑声，上了木排，从水面上划走了。木排在河里，一河的星星都在身下，她们数起来，都争着说哪颗星星是她的，但星星老数不清。说："这电影真好！"奋力划桨。

木排上行到五里外的湾里，八人女子跳下去，各自问一句："几时还演电影呢？"各自走进八个岸边的山洼。已经听见狗在家门口汪着了，一时间，脚腿却沉重起来，没了一丝儿力气……

十一

冬天里沟深，山便高，月便小，逆着一条河水走，水下是沙，沙下是水，突然水就没有了，沙干白得像漂了粉，疑惑水干枯了，再走一段，水又出现，如此忽隐忽现。一个源头，倒分地上地下两条河流，山在转弯的时候，出现一片栲树，树里是三间房，房没有木架，硬打硬搁，两边山墙上却用砖砌了四个"吉"字。栲树叶子都枯了，只是不脱落，静得没声没息。门前一溜石板下去，是一处场面，左边新竹，每一片细叶都亮亮的，像打了蜡光。竹子是石磙子碾子，碾盘上卧着一条狗，碾杆上挂着一副牛的暗眼套。右边是十三个坟墓，坟墓前边都有一个砖砌的灯盏窝。这是百十年里这屋里的主人。十三个主人都死去了，这屋还没有倒，新主人正坐在炕上。

这是个老婆子，七十多岁了，牙口还好，在灯下捏针纳扣门儿，续线的时候，线头却穿不到针眼，就叹口气坐着，起身从锅台上抱了猫儿上来。猫是妖媚的玩物，她离不得它，它也离不得她，她就在嘴里嚼馍花，嚼得烂烂的了，拿在手里喂它吃。

孙子还没有回来。黄昏时到下边人家喝酒去了。孙子是儿子的一条根，儿子死了，媳妇也死了，她盼着这孙子好生守住这个家。孙子却总是在家里坐不住，他喜欢看电影，十里外的地方演也去，回来就呆呆痴几天。他不愿留光头。衣服上不钉口门儿。两年前就不和她一个炕上睡，嫌她脚臭。早晚还刷牙呢。有男朋友，也有女朋友，一起说话，笑，她听不懂。

她总觉得这孙子有一对翅膀，有一天会飞了。

灯光幽幽的，照在墙角一口棺木上，这是她将来睡的地方，儿子活着的时

候就做的，但儿子死了，她还活着；每一年就用土漆在上边刷一次，已经刷过八次了。她也奇怪自已命长。是没有尽到活着的责任吗？洋芋糊汤疙瘩火，这么好的生活，她不愿离去，倒还收不住她的心呢！

心想：现在的人，怎么就不像前几年的人了，一天不像一天了。她疑心是她没在门框上挂一个镜儿。上辈人常是家里有灾有祸了，要挂一块镜子的。她爬起来，将镜子就挂上了，企望将一切邪事不要勾了孙子的魂，把外界的诱惑都用镜收住吧。

半夜里，门外有了脚步声，有人在敲门。老婆子从窗子看出去，三个人背着孙子回来了，打着松油节子火把，说是孙子喝醉了。白日听说县上要修一条柏油公路到这里来，他们庆贺，酒就喝得多了。老婆子窸窸窣窣下来开门，嘟囔道："越来越不像山里人了！"

门框上的镜亮亮的，在坟头上照下一点白；天上的月亮分外明，照得满山满谷里的光辉。

1984 年

忆白石老人

艾　青

一九四九年我进北京城不久，就打听白石老人的情况，知道他还健在，我就想看望这位老画家。我约了沙可夫和江丰两个同志，由李可染同志陪同去看他，他住在西城跨车胡同十三号。进门的小房间住了一个小老头子，没有胡子，后来听说是清皇室的一名小太监，给他看门的。

当时，我们三个人都是北京军事管制委员会的文化接管委员，穿的是军装，臂上带臂章，三个人去看他，难免要使老人感到奇怪。经李可染介绍，他接待了我们。我马上向前说："我在十八岁的时候，看了老先生的四张册页，印象很深，多年都没有机会见到你，今天特意来拜访。"

他问："你在哪儿看到我的画？"

我说："一九二八年，已经二十一年了，在杭州西湖艺术院。"

他问："谁是艺术院院长？"

我说："林风眠。"

他说："他喜欢我的画。"

这样他才知道来访者是艺术界的人，亲近多了，马上叫护士研墨，带上袖子，拿出几张纸给我们画画。他送了我们三个人每人一张水墨画，两尺琴条。给我画的是四只虾，半透明的，上画有两条小鱼。题款："艾青先生雅正八十九岁白石。"印章"白石翁"，另一方"吾所能者乐事"。

我们真高兴，带着感激的心情和他告别了。

我当时是接管中央美术学院的军代表。听说白石老人是教授，每月到学校一次，画一张画给学生看，作示范表演。有学生提出要把他的工资停掉。

我说："这样的老画家，每月来一次画一张画，就是很大的贡献。日本人

来，他没有饿死。国民党来，也没有饿死，共产党来，怎么能把他饿死呢？”何况美院院长徐悲鸿非常看重他，收藏了不少他的画，这样的提案当然不会采纳。

老人一生都很勤奋，木工出身，学雕花，后来学画。他已画了半个多世纪了，技巧精练，而他又是个爱创新的人，画的题材很广泛：山水、人物、花鸟虫鱼。没有看见他临摹别人的。他具有敏锐的观察力，记忆力特别强，能准确地捕捉形象。他有一双显微镜的眼睛，早年画的昆虫，纤毫毕露，我看见他画的飞蛾，伏在地上，满身白粉，头上有两瓣触须；他画的蜜蜂，翅膀好像有嗡嗡的声音；画知了、蜻蜓的翅膀像薄纱一样；他画的蚱蜢，大红大绿，很像后期印象派的油画。

他画鸡冠花，也画牡丹，但他和人家的画法不一样，大红花，笔触很粗，叶子用黑墨只几点；他画丝瓜、倭瓜；特别爱画葫芦；他爱画残荷，看看很乱，但很有气势。

有一张他画的向日葵，题“齐白石居京师第八年画”，印章“木居士”。题诗：“茅檐矮矮长葵齐，雨打风摇损叶稀。干旱犹思晴畅好，倾心应向日东西。白石山翁灯昏又题。”印章“白石翁”。

有一张柿子，粗枝大叶，果实赭红，写“杏子坞老民居京华第十一年矣丁卯”，印章“木人”。

他也画山水，没有见他画重峦叠嶂，多是平日容易见到的。他一张山水画上题：“予用自家笔墨写山水，然人皆余为糊涂，吾亦以为然。白石山翁并题。”印章“白石山翁”。

后在画的空白处写“此幅无年月，是予二十年前所作者，今再题。八十八白石”，印章“齐大”。

事实是他不愿画人家画过的。

我在上海朵云轩买了一张他画的一片小松林，二尺的水墨画，我拿到和平书店给许麟庐看，许以为是假的，我要他一同到白石老人家，挂起来给白石老人看。我说：“这画是我从上海买的，他说是假的，我说是真的，你看看……”他看了之后说：“这个画人家画不出来的。”署名“齐白石”，印章是“白石翁”。

我又买了一张八尺的大画，画的是没有叶子的松树，结了松果，上面题了一首诗：“松针已尽虫犹瘦，松子余年绿似苔。安得老天怜此树，雨风雷电一起来。阿爷尝语，先朝庚午夏，星塘老屋一带之松，为虫食其叶。一日，大风雨雷电，虫尽灭绝。丁巳以来，借山馆后之松，虫食欲枯。安得庚午之雷雨不可得矣。辛酉春正月画此并题记之。三百石印富翁五过都门。”下有八字：“安得之安字本欲字。”印章“白石翁”。

他看了之后竟说：“这是张假画。”

我却笑着说：“这是昨天晚上我一夜把它赶出来的。”他知道骗不了我，就说：“我拿两张画换你这张画。”我说：“你就拿二十张画给我，我也不换。”他知道这是对他画的赞赏。

这张画是他七十多岁时的作品。他拿了放大镜很仔细地看了说：“我年轻时画画多么用心啊。”

一张画了九只麻雀在乱飞。诗题：“叶落见藤乱，天寒入鸟音。老夫诗欲鸣，风急吹衣襟。枯藤寒雀从未有，既作新画，又作新诗。借山老人非懒辈也。观画者老何郎也。”印章“齐大”。看完画，他问我：“老何郎是谁呀？”

我说：“我正想问你呢。”他说：“我记不起来了。”这张画是他早年画的，有一颗大印“甑屋”。

我曾多次见他画小鸡，毛茸茸，很可爱；也见过他画的鱼鹰，水是绿的，钻进水里的，很生动。

他对自己的艺术是很欣赏的。有一次，他正在画虾，用笔在纸上画了一根长长的头发粗细的须，一边对我说：“我这么老了，还能画这样的线。”

他挂了三张画给我看，问我：“你说哪一张好？”我问他：“这是干什么？”他说：“你懂得。”

我曾多次陪外宾去访问他。有一次，他很不高兴，我问他为什么，他说外宾看了他的画没有称赞他。我说：“他称赞了，你听不懂。”他说他要的是外宾伸出大拇指来。他多天真！

他九十三岁时，国务院给他做寿，拍了电影，他和周恩来总理照了相，他很高兴。第二天画了几张画作为答谢的礼物，用红纸签署，亲自送到几个有关的人家里。送我的一张两尺长的彩色画，画的是一筐荔枝和一枝枇杷，这是他送我的第二张画，上面题“艾青先生齐璜白石九十三岁”，印章“齐大”，另外在下面的一角有一方大的印章“人犹有所憾”。

他原来的润格，普通的画每尺四元，我以十元一尺买他的画，工笔草虫、山水、人物加倍，每次都请他到饭馆吃一顿，然后用车送他回家。他爱吃对虾，据说最多能吃六只。他的胃特别强，花生米只一咬成两瓣，再一咬就往下咽，他不吸烟，每顿能喝一两杯白酒。

一天，我收到他给毛主席刻的两方印子，阴文阳文都是毛泽东（他不知毛

主席的号叫润之）。我把印子请毛主席的秘书转交。毛主席为报答宴请他一次，由郭沫若作陪。

他所收的门生很多，据说连梅兰芳也跪着磕过头，其中最出色的要算李可染。李原在西湖艺术院学画，素描基础很好，抗战期间画过几个战士被日军钉死在墙上的画。李在美院当教授，拜白石老人为师。李有一张画，一头躺着的水牛，牛背脊梁骨用一笔下来，气势很好，一个小孩赤着背，手持鸟笼，笼中小鸟在叫，牛转过头来听叫声……

白石老人看了一张画，题了字："心思手作不愧乾嘉间以后继起高手。八十七岁白石甲亥。"印章"白石题跋"。

一天，我去看他，他拿了一张纸条问我："这是个什么人哪，诗写得不坏，出口能成腔。"我接过来一看是柳亚子写的，诗里大意说："你比我大十二岁，应该是我的老师。"我感到很惊奇地说："你连柳亚子也不认得，他是中央人民政府的委员。"他说："我两耳不闻天下事，连这么个大人物也不知道。"感到有些愧色。

我在给他看门的太监那儿买了一张小横幅的字，写着："家山杏子坞，闲游日将夕。忽忘还家路，依着牛蹄迹。"印章"阿芝"，另一印"吾年八十已矣"。我特别喜欢他的诗，生活气息浓，有一种朴素的美。早年，有人说他写的诗是薛楷体，实在不公平。

我有几次去看他，都是李可染陪着，这一次听说他搬到一个女弟子家——是一个起义的将领家。他见到李可染忽然问："你贵姓？"李可染马上知道他不高兴了，就说："我最近忙，没有来看老师。"他转身对我说："艾青先生，解放初期，承蒙不弃，以为我是能画几笔的……"李可染马上说："艾先生最近出国，没有来看老师。"他才平息了怨怒。他说最近有人从香港来，要他到香港去。我说："你到香港去干什么？那儿许多人是从大陆逃亡的……你到香港，半路上死了怎么办？"他说："香港来人，要了我的亲笔写的润格，说我可以到香港卖画。"他不知道有人骗去他的润格，到香港去卖假画。

不久，他就搬回跨车胡同十三号了。

我想要他画一张他没有画过的画，我说："你给我画一张册页，从来没有画过的画。"他欣然答应，护士安排好了，他走到画案旁边画了一张水墨画：一只青蛙往水里跳的时候，一条后腿被草绊住了，青蛙前面有三个蝌蚪在游动，更显示青蛙挣不脱去的焦急。他很高兴地说："这个，我从来没有画过。"我也很高兴。他问我题什么款。我说："你就题吧，我是你的学生。"他题："青也吾弟小兄璜时同在京华深究画法九十三岁时记齐白石。”

一天，我在伦池斋看见了一本册页，册页的第一张是白石老人画的：一个盘子放满了樱桃，有五颗落在盘子下面，盘子在一个小木架子上。我想买这张画。店主人说：“要买就整本买。”我看不上别的画，光要这一张，他把价抬得高高的，我没有买；马上跑到白石老人家，对他说：“我刚才看了伦池斋你画的樱桃，真好。”他问：“是怎样的？”我就把画给他说了，他马上说：“我给你画一张。”他在一张两尺的琴条上画起来，但是颜色没有伦池斋的那么鲜艳，他说：“西洋红没有了。”

画完了，他写了两句诗，字很大：“若教点上佳人口言事言情总断魂。”

他显然是衰老了，我请他到曲园吃了饭，用车子送他回到跨车胡同，然后跑到伦池斋，把那张册页高价买来了。署名“齐白石”，印章“木人”。

后来，我把画给吴作人看，他说某年展览会上他见过这张画，整个展览会就这张画最突出。

有一次，他提出要我给他写传。我觉得我知道他的事太少，他已经九十多岁，我认识他也不过最近七八年，而且我已经看了他的年谱，就说：“你的年谱不是已经有了吗？”我说的是胡适、邓广铭、黎锦熙三人合写的，商务印书馆出版的《齐白石年谱》。他不作声。

后来我问别人，他为什么不满意他的年谱，据说那本年谱把他的“瞒天过海法”给写了。1937年他七十五岁时，算命的说他流年不利，所以他增加了两岁。

这之后，我很少去看他，他也越来越不爱说话了。

最后一次我去看他，他已奄奄一息地躺在躺椅上，我上去握住他的手问他：“你还认得我吗？”他无力地看了我一眼，轻轻地说：“我有一个朋友，名字叫艾青。”他很少说话，我就说：“我会来看你的。”他却说：“你再来，我已不在了。”他已预感到自己在世之日不会有多久了。想不到这一别就成了永诀——紧接着的一场运动把我送到北大荒。

他逝世时已经九十七岁。实际是九十五岁。

1983年

鞋的故事

孙 犁

我幼小时穿的鞋，是母亲做。上小学时，是叔母做，叔母的针线活好，做的鞋我爱穿。结婚以后，当然是爱人做，她的针线也是很好的。自从我到大城市读书，觉得“家做鞋”土气，就开始买鞋穿了。时间也不长，从抗日战争起，我就又穿农村妇女们做的“军鞋”了。

现在老了，买的鞋总觉得穿着别扭。想弄一双家做鞋，住在这个大城市，离老家又远，没有办法。

在我这里帮忙做饭的柳嫂，是会做针线的，但她里里外外很忙，不好求她。有一年，她的小妹妹从老家来了。听说是要结婚，到这里置办陪送。连买带做，在姐姐家住了一程子。有时闲下来，柳嫂和我说了不少这个小妹妹的故事。她家很穷苦。她这个小妹妹叫小书绫，因为她最小。在家时，姐姐带小妹妹去浇地，一浇浇到天黑。地里有一座坟，坟头上有很大的狐狸洞，棺木的一端露在外面，白天看着都害怕。天一黑，小书绫就紧抓着姐姐的后衣襟，姐姐走一步，她就跟一步，闹着回家，弄得姐姐没法干活儿。

现在大了，小书绫却很有心计。婆家是自己找的，订婚以前，她还亲自到婆家私访一次。订婚以后，她除拼命织席以外，还到山沟里去教人家织席。吃带砂子的饭，一个月也不过挣二十元。

我听了以后，很受感动。我有大半辈子在农村度过，对农村女孩子的勤快劳动、质朴聪明，有很深的印象，对她们有一种特殊的感情。可惜进城以后，失去了和她们接触的机会。城市姑娘，虽然漂亮，我对她们终是格格不入。

柳嫂在我这里帮忙，时间很长了。用人就要做人情。我说：“你妹妹结婚，我想送她一些礼物。请你把这点钱带给她，看她还缺什么，叫她自己去买吧！”

柳嫂客气了几句，接受了我的馈赠。过了一个月，妹妹的嫁妆操办好了，在回去的前一天，柳嫂把她带了来。

这女孩子身材长得很匀称，像农村的多数女孩子一样，她的额头上，过早地有了几条不太明显的皱纹。她脸面清秀，嘴唇稍厚一些，嘴角上总是带有一点微笑。她看人时，好斜视，却使人感到有一种深情。

我对她表示欢迎，并叫柳嫂去买一些菜，招待她吃饭，柳嫂又客气了几句，把稀饭煮上以后，还是提起篮子出去了。

小书绫坐在炉子旁边，平日她姐姐坐的那个位置上，看着煮稀饭的锅。我坐在旁边的椅子上。

“你给了我那么多钱。”她安定下来以后，慢慢地说，“我又帮不了你什么忙。”

“怎么帮不了？”我笑着说，“以后我走到哪里，你能不给我做顿饭吃？”

“我给你做什么吃呀？”女孩子斜视了我一眼。

“你可以给我做一碗面条。”我说。

我看出，女孩子已经把她的一部分嫁妆穿在身上。她低头撩了撩衣襟说：“我把你给的钱，买了一件这样的衣服。我也不会说，我怎么谢承你呢？”

我没有看准她究竟买了一件什么衣服，因为那是一件内衣。我忽然想起鞋的事，就半开玩笑地说：“你能不能给我做一双便鞋呢？”

这时她姐姐买菜回来了。她没有说行，也没有说不行，只是很注意地看了看我伸出的脚。

我又把求她做鞋的话，对她姐姐说了一遍。柳嫂也半开玩笑地说：

“我说哩，你的钱可不能白花呀！”

告别的时候，她的姐姐帮她穿好大衣，箍好围巾，理好鬓发。在灯光之下，这女孩子显得非常漂亮，完全像一个新娘，给我留下了容光照人，不可逼视的印象。

这时女孩子突然问她姐姐：“我能向他要一张照片吗？”我高兴地找了一张放大的近照送给她。

过春节时，柳嫂回了一趟老家，带回来妹妹给我做的鞋。

她一边打开包，一边说：“活儿做得精致极了，下了功夫哩。你快穿穿试试。”

我喜出望外，可惜鞋做得太小了。我懊悔地说：“我短了一句话，告诉她往大里做就好了。我当时有一搭没一搭，没想她真给做了。”

“我拿到街上，叫人家给拍打拍打，也许可以穿。”柳嫂说。

拍打以后，勉强能穿了。谁知穿了不到两天，一个大脚趾就瘀了血。我还不死心，又当拖鞋穿了一夏天。

我很珍重这双鞋。我知道，自古以来，女孩子做一双鞋送人，是很重的情意。

我还是没有合适的鞋穿。这二年柳嫂不断听到小书绫的消息：她结了婚，生了一个孩子，还是拼命织席，准备盖新房。柳嫂说：“要不，就再叫小书绫给你做一双，这次告诉她做大些就是了。”

我说：“人家有孩子，很忙，不要再去麻烦了。”

柳嫂为人慷慨，好大喜功，终于买了鞋面，写了信，寄去了。

现在又到了冬天，我的屋里又生起了炉子。柳嫂的母亲从老家来，带来了小书绫给我做的第二双鞋，穿着很松快，我很满意。柳嫂有些不满地说：“这活儿做得太粗了，远不如上一次。”我想：小书绫上次给我做鞋，是感激之情。这次是情面之情。做了来就很不容易了。我默默地把鞋收好，放到柜子里，和第一双放在一起。

柳嫂又说：“小书绫过日子心胜，她男人整天出去贩卖东西。听我母亲说，这双鞋还是她站在院子里，一边看着孩子，一针一线给你做成的哩。眼前，就是农村，也没有人再穿家做鞋了，材料、针线都不好找了。”

她说的都是真情。我们这一代人死了以后，这种鞋就不存在了，长期走过的那条饥饿贫穷、艰难险阻、山穷水尽的道路，也就消失了。农民的生活变得富裕起来，小书绫未来的日子，一定是甜蜜美满的。

那里的大自然风光，女孩子们的纯朴美丽的素质，也许是永存的吧。

1984 年

文学的根

韩少功

我以前常常想一个问题：绚丽的楚文化到哪里去了？我曾经在汨罗江边插队落户，住地离屈子祠仅二十来公里。细察当地风俗，当然还有些方言词能与楚辞挂上钩。如当地人把“站立”或“栖立”说为“集”，这与《离骚》中的“欲远集而无所止”吻合，等等。除此之外，楚文化留下的痕迹就似乎不多见。如果我们从洞庭湖沿湘江而上，可以发现很多与楚辞相关的地名：君山、白水、祝融峰、九嶷山……但众多寺庙楼阁却不是由“楚人”占据的：孔子与关公均来自北方，而释迦牟尼则来自印度。至于历史悠久的长沙，现在已成了一座革命城，除了能找到一些辛亥革命和土地革命的遗址之外，很难见到其他古迹。那么浩荡深广的楚文化源流，是什么时候在什么地方中断干涸的呢？都流入了地下的墓穴吗？

两年多以前，一位诗人朋友去湘西通道县侗族地区参加了一次歌会，回来兴奋地告诉我：找到了！她在湘西那苗、侗、瑶、土家所分布的崇山峻岭里找到了还活着的楚文化。那里的人惯于“制芰荷以为衣兮，集芙蓉以为裳”，披兰戴芷，佩饰纷繁，萦茅以占，结苣以信，能歌善舞，呼鬼呼神。只有在那里，你才能更好地体会到楚辞中那种神秘、奇丽、狂放、孤愤的境界。他们崇拜鸟，歌颂鸟，模仿鸟，作为“鸟的传人”，其文化与黄河流域“龙的传人”有明显的差别。后来，我对湘西多加注意，果然有更多发现。史料记载：在公元三世纪以前，苗族人民就已劳动生息在洞庭湖附近（即苗歌中传说的“东海”附近，为古之楚地），后来，由于受天灾人祸所逼，才沿五溪而上，向西南迁移（苗族传说中是蚩尤为黄帝所败，蚩尤的子孙撤退到山中）。苗族迁徙史歌《跋山涉水》就隐约反映了这段西迁的悲壮历史。看来，一部分楚文化流入湘西一说，

是不无根据的。

文学有“根”，文学之“根”应深植于民族传说文化的土壤里，根不深，则叶难茂。故湖南的作家有一个“寻根”的问题。这里还可说一南一北两个例子。

南是广东。人们常说不久前的香港是“文化沙漠”，这恐怕与现代商品经济瓦解了民族文化主体有关。你到临近香港的深圳，可以看到蓬勃兴旺的经济，有辉煌的宾馆、舒适的游乐场、雄伟的商贸大厦，但较难看到传统文化遗迹。倒常能听到一些舶来词：的士、巴士、紧士（工装裤）、波士（老板）以及OK。岭南民间多天主教，且重商甚于重文。对西洋文化的简单复制，只能带来文化的失血症。明人王士性《广志绎》中说：粤人分四，“一曰客户，居城郭，解汉音，业商贾；二曰东人，杂处乡村，解闽语，业耕种；三曰俚人，深居远村，不解汉语，唯耕垦为活：四曰疍户，舟居穴行，仅同水族，亦解汉音，以探海为生。”这介绍了分析广东传统文化的一个线索。将来岭南的文化在商品经济的熔炉中再生，也许能在“俚人”“东人”和“疍户”之中获取不少特异的潜能吧。

北是新疆。近年来新疆出了不少诗人，小说家却不多，当然可能是暂时现象。我到新疆时，遇到一些青年作家，他们说要出现真正的西部文学，就不能没有传统文化的骨血。我对此深以为然。新疆文化的色彩丰富。俄罗斯族中相当一部分源于战败东迁的白俄“归化军”及其家属，带来了欧洲的东正教文化；维、回等族的伊斯兰文化，则是沿丝绸之路来自波斯和阿拉伯世界等地域；汉文化及其儒教在这里也深有影响。各种文化的交汇，加上各民族都有一部血淋淋的历史，是应该催育出一大批奇花异果的。十九世纪的俄罗斯文学以及二十世纪的日本文学，不就是得天独厚地得益于东西方文化的双重双面影响吗？如果割断传统，失落气脉，只是从内地文学中“横移”一些主题和手法，势必是无源之水，很难有新的生机和生气。

几年前，不少作者眼盯着海外，如饥似渴，勇破禁区，大量引进。介绍一个萨特，介绍一个海明威，介绍一个艾特玛托夫，都引起轰动。连品位不怎么高的《教父》和《克莱默夫妇》都会成为热烈的话题。作为一个过程，是正常而重要的。近来，一个值得欣喜的现象是：作者们开始投出眼光，重新审视脚下的国土，回顾民族的昨天，有了新的文学觉悟。贾平凹的“商州”系列小说，带上了浓郁的秦汉文化色彩，体现了他对商州细心的地理、历史及民性的考察，自成格局，拓展新境；李杭育的“葛川江”系列小说，则颇得吴越文化的气韵。杭育曾对我说，他正在研究南方的幽默与南方的孤独。这都是极有兴趣的新题目。与此同时，远居大草原的乌热尔图，也用他的作品连接了鄂温克族文化源流的过去和未来，以不同凡响的篝火、马嘶与暴风雪，与关内的文学探索遥相呼应。

他们都在寻“根”，都开始找到了“根”。这大概不是出于一种廉价的恋旧情绪和地方观念，不是对方言歇后语之类浅薄的爱好；而是一种对民族的重新认识、一种审美意识中潜在历史因素的苏醒，一种追求和把握人世无限感和永恒感的对象化表现。丹纳在《艺术哲学》中认为：人的特征是有很多层次的，浮在表面上的是持续三四年的一些生活习惯与思想感情，比如一些时行的名称和时行的领带，不消几年就全部换新。下面一层略为坚固些的特征，可以持续二十年、三十年或四十年，像大仲马《安东尼》等作品中的当今人物，郁闷而多幻想，热情汹涌，喜欢参加政治，喜欢反抗，又是人道主义者，又是改革家，很容易得肺病，神气老是痛苦不堪，穿着颜色刺激的背心等等……要等那一代过去以后，这些思想感情才会消失。往下第三层的特征，可以存在于一个完全的历史时期，虽经剧烈的摩擦与破坏还是岿然不动，比如说古典时代的法国人的习俗：礼貌周到，殷勤体贴，应付人的手段很高明，说话很漂亮，多少以凡尔赛的侍臣为榜样，谈吐和举动都守着君主时代的规矩。这个特征附带或引申出一大堆主义和思想感情，宗教、政治、哲学、爱情、家庭，都留着主要特征的痕迹。但这无论如何顽固，也仍然是要消灭的。比这些观念和习俗更难被时间铲除的，是民族的某些本能和才具，如他们身上的某些哲学与社会倾向，某些对道德的看法，对自然的了解，表达思想的某种方式。要改变这个层次的特征，有时得靠异族的侵入，彻底的征服，种族的杂交，至少也得改变地理环境，迁移他乡，受新的水土慢慢地感染，总之要使精神气质与肉体结构一齐改变才行。丹纳几乎是个“地理环境决定论”者，其见解不需要被我们完全赞成，但他至少从某一侧面帮助我们领悟到了所谓文化的层次。

作家们写住房问题，写过很多牢骚和激动，目光开始投向更深的层次，希望在立足现实的同时，又对现实进行超越，去揭示一些决定民族发展和人类生存的谜。他们很容易首先注意到乡土。乡土是城市的过去，是民族历史的博物馆。哪怕是农舍的一梁一栋，一檐一桷，都可能有汉魏或唐宋的投影。而城市呢，上海除了一角城隍庙，北京除了一片宫墙，那些林立的高楼、宽阔的沥青路、五彩的霓虹灯，南北一样，多少有点缺乏个性；而且历史短暂，太容易变换。于是，一些表现城市生活的作家，如王安忆、陈建功等，想写出更多的中国“味”，便常常让笔触越过这表层文化，深入胡同、里弄、四合院或小阁楼

里。有人说这是“写城市里的乡村”。我们不必说这是最好的办法，但我们至少可以指出这是凝集历史和现实、是扩展文化纵深感的手段之一。

更为重要的是，乡土中所凝结的传统文化，更多地属于不规范之列。俚语、野史、传说、笑料、民歌、神怪故事、奇异风俗等等，其中大部分鲜见于经典，不入正宗，更多地显示出生命的自然面貌。它们有时可以被纳入规范，被经典加以肯定。像浙江南戏所经历的过程一样。反过来，有些规范的文化也可能由于某种原因，从经典上消逝而流入乡野，默默潜藏，默默演化。像楚辞中有的风采，现在还闪烁于湘西的穷乡僻壤。这一切，像巨大无比、暧昧不明、炽热翻腾的大地深层，潜伏在地壳之下，承托着地壳——我们的规范文化。在一定的时候，规范的东西总是绝处逢生，依靠对不规范的东西进行批判地吸收，来获得营养，获得更新再生的契机。宋词、元曲、明清小说，都是前鉴。因此，从某种意义上说，不是地壳而是地下的岩浆，更值得作家们注意。

这丝毫不意味着闭关自守，不是反对文化的对外开放，相反，只有找到异己的参照系，吸收和消化异己的因素，才能认清和充实自己。但有一点似应指出，我们读外国文学，多是读翻译作品，而被译的多是外国的经典作品、流行作品或获奖作品，即已入规范的东西。从人家的规范中来寻找自己的规范，模仿翻译作品来建立一个中国的“外国文学流派”，想必前景黯淡。

外国优秀作家与某民族传统文化的复杂联系，我们对此缺乏材料以作描述。但至少可以指出，他们是有脉可承的。比方说，美国的“黑色幽默”与美国人的幽默传统和“牛仔”趣味，与卓别林、马克·吐温、欧·亨利等是否有关呢？拉美的“魔幻现实主义”，与拉美光怪陆离的神话、寓言、传说、占卜迷信等文化现象是否有关呢？萨特、加缪的存在主义哲学小说和哲理戏剧，与欧洲大陆的思辨传统，甚至与旧时的经院哲学是否有关呢？日本的川端康成“新感觉派”，与佛教禅宗文化，与东方士大夫的闲适虚净传统是否有关呢？希腊诗人埃利蒂斯与希腊神话传说遗产的联系就更明显了。他的《俊杰》组诗甚至直接采用了拜占庭举行圣餐的形式，散文与韵文交替使用，参与了从荷马到当代整个希腊诗歌传统的创造。

另一个可以参照的例子来自艺术界。小说《月亮和六便士》中写了一个画家，属现代派，但他真诚地推崇提香等古典派画家，很少提及现代派的同志。他后来逃离了繁华都市，到土著野民所在的丛林里，长年隐没，含辛茹苦，最终在原始文化中找到了现代艺术的支点，创造了杰作。这就是后来横空出世的高更。

“五四”以后，中国文学向外国学习，学西洋的，东洋的，俄国和苏联的；也曾向外国关门，夜郎自大地把一切洋货都封禁焚烧。结果带来民族文化的毁灭，还有民族自信心的低落——且看现在从外汇券到外国的香水，都在某些人那里成了时髦。但在这种彻底的清算和批判之中，萎缩和毁灭之中，中国文化也就能涅槃再生了。西方历史学家汤因比曾经对东方文明寄予厚望。他认为西方基督教文明已经衰落，而古老沉睡着的东方文明，可能在外来文明的“挑战”之下，隐退后而得“复出”，光照整个地球。我们暂时不必追究汤氏的话是真知还是臆测，有意味的是，西方很多学者都抱有类似的观念。科学界的笛卡尔、莱布尼兹、爱因斯坦、海森堡等，文学界的托尔斯泰、萨特、博尔赫斯等，都极有兴趣于东方文化。传说张大千去找毕加索学画，毕加索也说：你到巴黎来做什么？巴黎有什么艺术？在你们东方，在非洲，才会有艺术。……这一切都是偶然的巧合吗？在这些人注视着的长江、黄河两岸，到底会发生什么事呢？

这里正在出现轰轰烈烈的改革和建设，在向西方“拿来”一切我们可用的科学和技术等等，正在走向现代化的生活方式。但阴阳相生，得失相成，新旧相因。万端变化中，中国还是中国，尤其是在文学艺术方面，在民族的深层精神和文化物质方面，我们有民族的自我。我们的责任是释放现代观念的热能，来重铸和镀亮这种自我。

这是我们的安慰和希望。

在前不久一次座谈会上，我遇到了《棋王》的作者阿城，发现他对中国的民俗、字画、医道诸方面都颇有知识。他在会上谈了对苗族服装的精辟见解，最后说：“一个民族自己的过去，是很容易被忘记的，也是不那么容易被忘记的。”

他说完这句话之后，大家都沉默了，我也沉默了。

1985 年

昆仑飞瀑

李若冰

我曾经漫游过不少名山大川，但不知为什么那巍然屹立于祖国西部的昆仑山，总也牵挂在我的心头，使我时常想着要回到它的身边。

我至今弄不明白，到底什么时候萌生了这种思恋之情。啊，人的感觉器官是这样奇特，也许第一眼的印象非常重要，以致影响此后的记忆、观能和感情。我回想二十六年前，当我第一次和野外勘探者，踏入人迹罕至的柴达木，远远看到昆仑山的时候，它整个儿被飘流的云雾萦绕着，带着莫测高深的神秘风韵，只有绵绵蜿蜒而时隐时现的峦峰，在天空勾勒出了一线伟丽磅礴的轮廓。其实，等你靠近了才会发现，它是那么眨巴着乌黑晶亮的眼睛，袒露着宽阔丰润的胸脯，以其坚韧刚健的风姿，挺立在荒古大漠上。尤其在墨黑的夜晚，当你在沙漠里奔跑了一天，困卧在它身边的时候，仿佛觉得有双无形的强大手臂环抱着你，抚慰着你，促使你安稳而甜蜜地睡去。其时，你在朦胧中也会感觉到昆仑山的倩影，像安睡在它温馨的怀抱里。

但是，当我再度看见昆仑山的时候，却感到过去对它了解得很少。这次，我来到这里，正是高原八月，天气凉爽极了。我和旅伴心情兴奋，一出格尔木城，就直往前面走去。沿途，我看到这荒凉无边的大戈壁，虽然仍有十年浩劫的痕迹，但已有新开垦的黑沃沃的农田，和将要收割的金黄的小麦。再往前走，那一丛丛自然生成的浓密的柽柳，舒展着颀长嫩绿的枝叶，散发出淡淡的清香。戈壁一见到绿色，就有了生机。各色的鸟儿欢叫着。那乖巧的云雀群，鼓翅在高空上下扑旋，唱着自由快乐的歌，一直陪伴着我们，飞上昆仑山。

等刚走到昆仑脚下，我的旅伴就感慨万端，喘着气说：

“昆仑山呵，是大戈壁生命的渊薮！”

我惊异了，他的诗情竟来得这般快当。

“你看见了么，山上水电站的小屋子？”

我抬头望去，首先进入眼帘的是一条嶙峋层叠的深谷，而山口凛然坐卧着一尊像猛兽似的山头，虎视眈眈地察看着过往的行客。只在穿过它的视线，绕了一大圈，我才看清几根凌空飞架的天线，通往嵌在高峡中间的小屋里。我们一边往上爬，一边耳旁传来隆隆的吼声，这莫不是水电站机轮的运转声吗！此刻，在谷口听起来，显得异常高亢洪亮，有种撼天动地的气势。与此同时，我还隐约分辨出一丝仿佛从昆仑心窝里飞弹出来的音响，其声如行云流水，朗朗悦耳，和机轮的轰鸣声糅合在一起，回荡着一种更其摄人魂魄的旋律。

我们越往山上走，越觉得呼吸急促，气不够用。而且风也越来越狂，有时不得不背转身倒走。等爬上深谷里的水电站营地，才算缓了口气。我们先遇见一位姓郝的陕北绥德汉子，长得高大健壮，是水电站负责人。还有一位长得瘦削结实的老王，是专管水务的。他俩脸庞都像久经酷风寒霜洗炼过，闪射着褐红透亮的色泽，并肩站在昆仑狂风中，犹如两根铁柱子似的。我开口便说：

“你们这里的风可真够厉害！”

“风季早过啦！”老郝呵呵笑着说，“如果你们赶冬月或春上来，那才真叫飞沙走石，风刮得人连路也看不见，身子也站不定，栽楞爬坡的。这里是昆仑山的风洞嘛！”

我这才察觉到，我们已置身于昆仑山一条罕见的幽深的大峡谷中，抬眼回望，两边石山高高耸立，直插云天。周围悬崖倒挂，绝壁陡峭，既看不透前头的边缘，又摸不清后面的底细，俨然是条深奥狭长的天然风道。我简直难以想象，人们怎样在这陡壁险境里造就了这座水电站？难道他们是倒栽葱式的在空中施工吗？噢，我猜得还有点门道。据说，那些来自青藏高原的汉、回、撒拉族兄弟和支边青年们，正像山鹰般飞身登上悬崖，用绳子把自己吊起，在峭壁上勘察测量，正是在半空中搭起脚手架，一步步攀援而上，给大坝喷水灌浆。他们就是这样在无比艰险的峡谷里，在不同的窄狭的工作面上，一任狂风飞沙的扑打，一任严寒酷暑的煎熬，开挖着导流、冲刷洞，搬运着笨重的闸门机件，安装着电器仪表……

这一阵儿，我们已走上四十八米高的薄拱坝。忽然，眼前涌现出了一泓碧绿如镜的大湖。呵，应该叫它作天湖，因为它竟奇迹般飘流在这远离人间的高峡里。天湖呵天湖，你是这样恬静地轻荡着涟漪，这样温存地拂动着浪花，清澈得照得见天上的飞霞，碧绿得映现着昆仑雪峰的影子，致使不远千里来到你

湖畔的行客，依依不舍，流连忘返。

还是老郝提醒了我们："这座水库容量两千四百万立方米，是昆仑山雪水汇集成的。"

"那深山里还有不少条河吧？"

"嗯，上游有清水河、雪水河、干沟河。离这不远四十里，还有个昆仑桥，肚子很大，也在峡谷里，如果能早些开发利用，电容量冒估也达一亿多千瓦！"

"呵呵，你们这儿的前景很乐观哪！"

"我们如今是有多少水，发多少电，满发是九千千瓦。"他矜持地笑了笑，却转过了话题，"你们到这里来还适应吧？"

我说："适应，才上来有些气喘。"

老郝立即快活起来："这儿海拔三千米以上，目前是中国第一座最高的水电站！"

噢，中国最高的第一座水电站！我从他们谈吐里已晓得，这座水电站从设计到投产，时间竟拖沓了二十年之久。站在昆仑水电站身旁，我感到格外激动，也格外惋惜！如果不是"四害"横行，贻误了那十年春华，那十年光阴，这座水电站不是会早些出现在昆仑山上吗？那么，在我国许多富饶的高山峻岭之上，不是还会出现比这座更高更漂亮的第二座、第三座水电站吗？我想，一定会的。就在这昆仑深山中，不是还潜藏着个肚儿挺大的昆仑桥，早在等候着有识之士去开发吗！我和旅伴们不由得欢呼起来。

就在我们沿着水波粼粼的湖边漫步，穿过坝头那间小屋子的时候，有种扣人心扉的声音，一直在我耳边鸣响。这时，我惊疑地掉转身，循声望去，蓦地只见在宽阔的大坝前面，深谷里白云翻卷，水烟升腾，一条飞银吐珠似的瀑布，发出嗯嗯的喧响，急速地翻卷滚动，直落万丈谷底。飞流荡漾的瀑布，仿佛拨弄着巨大雪白的竖琴，悠然在水云浪花中旋舞，欢奏着喷薄激情的英雄交响乐。起初，我们进山时，远远看不到瀑布，只听见隐约的哗哗声、轻柔的汩汩声，而此刻身在瀑布面前，它的声韵是这般豪迈奔放，这般壮怀激烈，好像昆仑山里埋伏着千军万马，正在浩浩荡荡地疾行，向着广袤的大漠挺进似的。多么宏伟壮观的昆仑飞瀑，多么摄人魂魄的昆仑飞瀑呵！

我们在欢腾的飞瀑声中，转弯下了条大坡，走进靠山的电气运行控制室。瞬间，喧闹的瀑布声隐去，代之以静谧肃穆的气氛。这间大大的控制室是现代装置，在这里工作的同志似乎很轻松，也很悠闲。随即，我也发现，这儿每个人的眼睛却异乎寻常地专注忙碌，手脚也出乎寻常地敏捷麻利。这里管水管电，这里一举一动，牵扯着水电站的生计，关乎着山下格尔木城的命脉，而且维系着戈壁农田、工矿和草原的兴衰。我看见立在操纵台前，掌握水电命运的人，多是支边的姑娘和小伙子们。他们毅然摆脱世俗的羁绊，长年在昆仑高山上生活，在荒寂的峡谷中战斗，使巍巍昆仑焕发出了新的生命、新的血液、新的光华。我想，应该称颂他们是昆仑勇士，是可爱的昆仑山人！

从电气控制室出来，我们迎面又看到了飞飘迷人的昆仑瀑布。也许因为距离太近，又看得见瀑布的底部，使我感到眼前如同矗立着一座晶莹的万仞雪峰，流水和云天相连，喷溅着珠玉翡翠，闪烁着斑斓炫目的光点。我倏忽觉得，仿佛是娇丽的云雀、天鹅和仙鹤群集的长阵，是这样潇洒自如地飞荡着，以气盖山河的流势，凌空呼呼欢叫，旋即俯冲而下。转眼间，它却宛如莫高窟飞天肩披的长长的飘带，飞落于幽深的谷底之后，霎时拍波击浪，掀起狂涛巨浪，继而在闪闪的霞光里，哼着自由悠扬的歌，跌宕有致地向大漠奔去。我被这飞瀑震慑了，被它瑰丽多姿的景象迷惑了。呵，这飞瀑来自何处？它莫不是从天宇里倾泻人间的金波银流？它莫不是从昆仑胸脯里喷涌的奶汁玉浆？

我翘望着昆仑飞瀑，心如潮涌。这飞瀑，发源于伟丽的昆仑深山里，和无数条大小溪流相融合，于是铸就了一派势不可挡的巨流，永无休止地流向戈壁荒漠，流向城乡村镇，流向八十年代的今天，流向斑斓透亮的明天。这飞瀑，始终鸣响着昆仑母亲亲昵的声音，有时像讷讷的甜蜜的呼唤，有时像声震寰宇的呐喊，它无疑是永恒的自然、执着的爱恋、生命的元素，它是这般源远流长、无穷无尽、飞载千古。此时，我从飞腾不息的瀑布声中，倾听到了祖国大地心脏的激跳，也触摸到了中华民族向前奋进的脉搏！

我站在昆仑飞瀑面前，思绪驰骋。我还清醒地意识到，我是这样无限热爱着自然的创造，然而也无比热爱着创造的自然。此时此刻，我怎能不惦念这昆仑山英勇的开拓者，和那荒古大漠艰苦的勘探者。我想到，在祖国的名山大川里，飞荡着不少闻名于世的瀑布。但是，没有昆仑瀑布这么吸引我，这么使我留恋的了。这犹如搏击长空的海燕般的昆仑瀑布，正以无与伦比的滚滚洪流，穿过千沟万壑，跨越千难万险，向生活的大海奔去，向历史的未来奔去。

昆仑飞瀑啊，我愿意投身在你的怀抱中，化作你飞流里的一只云雀，随你飞去……

原载《延河》1982 年第 1 期

故乡的红头船

秦　牧

一个人，有时认识一桩事情，需要十分悠长的时间。

半个世纪以前，当我还是一个少年的时候，随父母侨居于新加坡。那时，每隔若干年，我们就要搬家一次。有一次搬家，新居恰好面对新加坡河。

新加城河，那时密密麻麻靠满了驳船。轮船到达海面，驳船就把货物转载到新加坡河，由苦力把大米、咸菜、瓷器、土产之类的东西搁在肩膀上，搬运上岸，放进岸畔星罗棋布的货栈之中。

我常常坐在骑楼，观赏新加坡河的一幅幅生动图景。中国苦力（那时新加坡还未独立，仍是英国殖民地，没有所谓新加坡籍华人）的劳动本领是非常惊人的。他们大抵裸露着上体，在肩上披一块搭布，手里持着一把短柄铁钩，用这来钩取货物，搁到肩上，一百公斤一包的暹罗（泰国）大米，用竹篦笼罩着的中国咸菜瓮、冬菜瓮、盐水荔枝之类，他们都能够把它搁在肩上，在一条狭窄的跳板上疾走，上岸的时候，还能够腾出一只手来，接过工头发给他们的竹签（这是在搬运完毕的时候，赖以结算工资的筹码）。他们一列列走在摇晃的跳板上的时候，构成了一幅异常生动的中国劳动者海外谋生、勤奋辛劳的图景。

熙熙攘攘的新加坡河上，除了这些热闹的劳动场面以外，还有一个奇特的景观，吸引了我这个异邦少年的注意。那就是有一种船，船头漆成红色，并且画上两颗圆圆的大眼睛。木船本来就有点像浮出水面的鱼，画上这么一对眼睛，鱼的形象，就更加突出了。听长辈们说，这叫作“红头船”。当昔年海上没有轮船或者轮船是很少的时候，粤东的居民，就是乘坐这种红头船出洋，来到新加坡和东南亚各国的。三十年代的红头船，倒不一定仍然经常来往于祖国和新加坡之间，那大抵是当地居民“仿古法制”，借以纪念先人，也用来驳运东西的一种产物。

“九一八事变”之后不久，父亲破产了，我们一群兄弟姐妹随他回国。澄海的樟林镇，就是我们的故乡。初抵国门，觉得什么事都新鲜，都想接触，不久，我就把“红头船”的事情置之脑后了。

故乡有许多特别的事物，吸引了我。首先，是当时已经显得有点破败的一个内地小镇，为什么竟有那么多夸耀门第家声的人家呢？这些宅第，个个大门上挂着“大夫第”“陕西世家”“种玉世家”“颍川世家”之类的牌匾。河边有一座“天后宫”，香烟鼎盛。照一般状况，凡是船民、渔民众多的地方，才有许多人到天后宫去卜问旅程吉凶，祷求风调雨顺；为什么这儿也有一座天后宫呢？故乡并没有多少船民和渔民呀！还有，这个小镇里，市街上竟有不少可口的食品在出售，什么肉粽、饼食之类，其制作精美的程度，并不逊于后来我在国内好些大城市里所见到的。小贩多极了，各种小食竞奇斗巧程度，也是我在许多内陆小镇里很少见到的。当时我只认为大概是由于这里华侨众多的缘故，并没有想到，它是蕴藏着更加深远的根源的。

我们家附近有一条小河，河面并不很宽。我们常在河中游泳和捕鱼。小河里面，不但可以捕到鳗鲡、甲鱼、鲫鱼、泥虾，有时还可以捕到一种扁蟹，它的甲壳里蟹黄极多，腌制起来，风味极美。这种小蟹，各地都很少见到。据渔民们说，它只出产在咸水淡水交界的区域，我们有时喝到的河水也有咸味，这就可见，我们家乡离海很近，有时海水涨潮，是会倒灌进来的。

我们有时会见到一些老头子，站在河岸上，慨叹道：“这条河现在比以前窄多了。你们年轻人不知道，从前，听老辈人说，这河是可以停靠很大很大的船舶的，从这里直达‘外洋州府’呢！”

少年时期对这样的言语，听过也就算了，并没有怎么引起注意，更谈不上寻根究底了！我从青年时代起就离开家乡，高飞远走，此后数十年间，再也没有在家乡长住过，阔别之后，偶尔回去，也是行色匆匆，从没久留，对于家乡的印象，终于像久历沧桑的照片一样，斑驳迷离了。

解放后，不断听到一些消息，现在潮汕一带，不断发掘出一些古代航海的遗物，有一次还发掘出一条大体完整的几百年前的红头船的遗骸，不禁为之神往。想起几百年前，人们带着一点寒伧的行李，乘着简陋的红头船，以咸鱼、虾酱、酸菜、腌萝卜送饭，在风浪中漂泊，分别到达当时的安南、暹罗、东印度群岛、新加坡、马来西亚的情景，是需要多么大的勇气和毅力啊！这些人，也就是东南亚各国土生华人的祖先了。马六甲那儿的古老的华人坟墓，石碑上

的纪年，不但有清初的，也还有明代的呢！

年前，读了一些史料，又有了新的收获，知道我的家乡樟林，原来在汕头未开埠以前，已经是一个著名的港口了。清初，由于海外贸易的需要，它渐渐崛起，那时它河道宽阔，离海又近，在康熙、雍正、乾隆、嘉庆之世，变成了一个热闹的城镇，粤东以至福建许多地方，人们都到这儿集中乘红头船出洋。以后，汕头开埠了，它才逐渐没落。这些史料使我豁然开朗。那儿为什么有香火鼎盛的天后宫呢？为什么集中了那么多的大户人家呢？这正是历史的流风余韵！我们少年时代为什么能够在河里捉到咸水、淡水交界处才有的小蟹？老年人为什么在河滨停产时发出那样的感慨？这一来，各种零碎的事好像都可以贯穿起来了。

一九八五年我访问新加坡的时候，看到了童年时代熟悉的新加坡河，河面上已连一条木船的影子也没有了！因为海上轮船直接卸货，已经无须经过驳船。这种景象，也使我想起了故乡的沧桑，世间的事物是多么变动不定啊！澄海，我们那个县准备在樟林建设一座碑亭，竖立一块碑记，让人们知道这个小镇在华侨史上、航运史上的地位，也让远方的游子回来时凭吊先人的足印。他们约我给写的碑记是这样的：

樟林古港碑记

这里矗立着一座古色古香的碑亭，记录着人间的风云和历史的沧桑。

樟林现在是一个内陆乡镇，然而在历史上，它曾经是粤东第一大港。早在汕头开埠之前，清代康熙年间，由于对外贸易的发展和群众海外移民的需要，澄海的这一滨海村寨，渐渐发展为一个海运港口。那时它帆樯云集，货栈成行。红头船，即一种船头漆成朱红色，单桅或双桅，木材结构的大型帆船，从这里装载旅客和货物，乘风破浪，扬帆远征，北上直达上海、天津、青岛等地，南下出航暹罗、交趾、新加坡诸邦。樟林作为一个繁盛的港口，历时长达一个世纪以上，那时，它曾被喻为“通洋总汇之地”“河海交会之墟”。水手和旅人，本着他们的宗教观念，向之祈福禳祸的风伯庙、天后宫等庙宇，就是那个时期在这里陆续建成的。红头船的古老遗骸和沉重铁链，解放后曾经被陆续发现，也是这段历史的一个佐记。

岁月递嬗，时移势易，直到十九世纪六十年代，汕头开埠，蒸汽轮船来往频繁之后，樟林古港才结束了它作为海运枢纽的地位。潮汕地区最早出现的华侨之乡，就在这片土地之上。

建立这座碑亭，可以让人们重温自己的乡史；让南洋各国的华裔旅客，凭吊遗迹，缅念自己当年漂洋过海、艰苦奋斗的先人。

世事尽管沧桑多变，但是因果关系，历历可辨。建立这座碑亭，也让人们有所领会，进而虚心尊重客观法则，勇于面对现实，开拓未来。

1986 年

沈从文先生在西南联大

——

汪曾祺

沈先生在联大开过三门课：各体文习作、创作实习和中国小说史。三门课我都选了，——各体文习作是中文系二年级必修课，其余两门是选修。西南联大的课程分必修与选修两种。中文系的语言学概论、文字学概论、文学史（分段）……是必修课，其余大都是任凭学生自选。诗经、楚辞、庄子、昭明文选、唐诗、宋诗、词选、散曲、杂剧与传奇……选什么，选哪位教授的课都成。但要凑够一定的学分（这叫“学分制”）。一学期我只选两门课，那不行。自由，也不能自由到这种地步。

创作能不能教？这是一个世界性的争论问题。很多人认为创作不能教。我们当时的系主任罗常培先生就说过：大学是不培养作家的，作家是社会培养的。这话有道理。沈先生自己就没有上过什么大学。他教的学生后来成为作家的，也极少。但是也不是绝对不能教。沈先生的学生现在能算是作家的，也还有那么几个。问题是由什么样的人来教，用什么方法教。现在的大学里很少开创作课的，原因是找不到合适的人来教。偶尔有大学开这门课的，收效甚微，原因是教得不甚得法。

教创作靠“讲”不成。如果在课堂上讲鲁迅先生所讥笑的“小说作法”之类，讲如何作人物肖像，如何描写环境，如何结构，结构有几种——攒珠式的、橘瓣式的……那是要误人子弟的，教创作主要是让学生自己“写”。沈先生把他的课叫作“习作”“实习”，很能说明问题。如果要讲，那“讲”要在“写”之后。就学生的作业，讲他的得失。教授先讲一套，让学生照猫画虎，那是行不通的。

沈先生是不赞成命题作文的，学生想写什么就写什么。但有时在课堂上也出两个题目。沈先生出的题目都非常具体。我记得他曾给我的上一班同学出过一个题目——“我们的小庭院有什么”，有几个同学就这个题目写了相当不错的散文，都发表了。他给比我低一班的同学曾出过一个题目——“记一间屋子里的空气”！我的那一班出过些什么题目，我倒不记得了。沈先生为什么出这样的题目？他认为：先得学会车零件，然后才能学组装。我觉得先做一些这样的片段的习作，是有好处的，这可以锻炼基本功。现在有些青年文学爱好者，往往一上来就写大作品，篇幅很长，而功力不够，原因就在零件车得少了。

沈先生的讲课，可以说是毫无系统。前已说过，他大都是看了学生的作业，就这些作业讲一些问题。他是经过一番思考的，但并不去翻阅很多参考书。沈先生读很多书，但从不引经据典，他总是凭自己的直觉说话，从来不说亚里士多德怎么说、福楼拜怎么说、托尔斯泰怎么说、高尔基怎么说。他的湘西口音很重，声音又低，有些学生听了一堂课，往往觉得不知道听了一些什么。沈先生的讲课是非常谦抑、非常自制的。他不用手势，没有任何舞台道白式的腔调，没有一点哗众取宠的江湖气。他讲得很诚恳，甚至很天真。但是你要是真正听“懂”了他的话——听“懂”了他的话里并未发挥罄尽的余意，你是会受益匪浅，而且会终生受用的。听沈先生的课，要像孔子的学生听孔子讲话一样，“举一隅而三隅反”。

沈先生讲课时所说的话我几乎全都忘了（我这人从来不记笔记）！我们有一个同学把闻一多先生讲唐诗课的笔记记得极详细，现已整理出版，书名就叫《闻一多论唐诗》，很有学术价值，就是不知道他把闻先生讲唐诗时的“神气”记下来了没有。我如果把沈先生讲课时的精辟见解记下来，也可以成为一本《沈从文论创作》。可惜我不是这样的有心人。

沈先生关于我的习作讲过的话我只记得一点了，是关于人物对话的。我写了一篇小说（内容早已忘记干净），有许多对话。我竭力把对话写得美一点，有诗意，有哲理。沈先生说：“你这不是对话，是两个聪明脑壳打架！”从此我知道对话就是人物所说的普普通通的话，要尽量写得朴素。不要哲理，不要诗意。这样才真实。

沈先生经常说的一句话是：“要贴到人物来写。”很多同学不懂他的这句话是什么意思。我以为这是小说学的精髓。据我的理解，沈先生这句极其简略的话包含这样几层意思：小说里，人物是主要的，主导的；其余部分都是派生的，次要的。环境描写、作者的主观抒情、议论，都只能附着于人物，不能和人物游离，作者要和人物同呼吸、共哀乐。作者的心要随时紧贴着人物。什么时候

作者的心“贴”不住人物，笔下就会浮、泛、飘、滑，花里胡哨，故弄玄虚，失去了诚意。而且，作者的叙述语言要和人物相协调。写农民，叙述语言要接近农民；写市民，叙述语言要近似市民。小说要避免“学生腔”。

我以为沈先生这些话是浸透了淳朴的现实主义精神的。

沈先生教写作，写的比说的多，他常常在学生的作业后面写很长的读后感，有时会比原作还长。这些读后感有时评析本文得失，也有时从这篇习作说开去，谈及有关创作的问题，见解精到，文笔讲究。一个作家应该不论写什么都写得讲究。这些读后感也都没有保存下来，否则是会比《废邮存底》还有看头的。可惜！

沈先生教创作还有一种方法，我以为是行之有效的，学生写了一部作品，他除了写很长的读后感之外，还会介绍你看一些与你这个作品写法相近似的中外名家的作品看。记得我写过一篇不成熟的小说《灯下》，记一个店铺里上灯以后各色人的活动，无主要人物、主要情节，散散漫漫。沈先生就介绍我看了几篇这样的作品，包括他自己写的《腐烂》。学生看看别人是怎样写的，自己是怎样写的，对比借鉴，是会有长进的。这些书都是沈先生找来，带给学生的。因此他每次上课，走进教室里时总要夹着一大摞书。

沈先生就是这样教创作的。我不知道还有没有别的更好的方法教创作。我希望现在的大学里教创作的老师能用沈先生的方法试一试。

学生习作写得较好的，沈先生就做主寄到相熟的报刊上发表。这对学生是很大的鼓励。多年以来，沈先生就干着给别人的作品找地方发表这种事。经他的手介绍出去的稿子，可以说是不计其数了。我在一九四六年前写的作品，几乎全都是沈先生寄出去的。他这辈子为别人寄稿子用去的邮费也是一个相当可观的数目了。为了防止超重太多，节省邮费，他大都把原稿的纸边裁去，只剩下纸芯。这当然不大好看。但是抗战时期，百物昂贵，不能不打这点小算盘。

沈先生教书，但愿学生省点事，不怕自己麻烦。他讲《中国小说史》，有些资料不易找到，他就自己抄，用夺金标毛笔，筷子头大的小行书抄在云南竹纸上。这种竹纸高一尺，长四尺，并不裁断，抄得了，卷成一卷。上课时分发给学生。他上创作课夹了一摞书，上小说史时就夹了好些纸卷。沈先生做事，都是这样，一切自己动手，细心耐烦。他自己说他这种方式是“手工业方式”。他写了那么多作品，后来又写了很多大部头关于文物的著作，都是用这种手工业方式搞出来的。

沈先生对学生的影响，课外比课堂上要大得多。他后来为了躲避日本飞机空袭，全家移住到呈贡桃园新村，每星期上课，进城住两天。文林街二十号联大教职员宿舍有他一间屋子。他一进城，宿舍里几乎从早到晚都有客人。客人多半是同事和学生，客人来，大都是来借书，求字，看沈先生收到的宝贝，谈天。

沈先生有很多书，但他不是“藏书家”，他的书，除了自己看，也是借给人看的，联大文学院的同学，多数手里都有一两本沈先生的书，扉页上用淡墨签上“上官碧”的名字。谁借的什么书，什么时候借的，沈先生是从来不记得的。直到联大“复员”，有些同学的行装里还带着沈先生的书，这些书也就随之而漂流到四面八方了。沈先生书多，而且很杂，除了一般的四部书、中国现代文学、外国文学的译本，社会学、人类学、黑格尔的《小逻辑》、弗洛伊德、亨利·詹姆斯、道教史、陶瓷史、《髹饰录》、《糖霜谱》……兼收并蓄，五花八门。这些书，沈先生大都认真读过。沈先生称自己的学问为“杂知识”。一个作家读书，是应该杂一点的。沈先生读过的书，往往在书后写两行题记。有的是记一个日期，那天天气如何，也有时发一点感慨。有一本书的后面写道：“某月某日，见一大胖女人从桥上过，心中十分难过。”这两句话我一直记得，可是一直不知道是什么意思。大胖女人为什么使沈先生十分难过呢？

沈先生对打扑克简直是痛恨。他认为这样地消耗时间，是不可原谅的。他曾随几位作家到井冈山住了几天。这几位作家成天在宾馆里打扑克，沈先生说起来就很气愤：“在这种地方打扑克！”沈先生小小年纪就学会掷骰子，各种赌术他也都明白，但他后来不玩这些。沈先生的娱乐，除了看看电影，就是写字。他写章草，笔稍偃侧，起笔不用隶法，收笔稍尖，自成一格。他喜欢写窄长的直幅，纸长四尺，阔只三寸。他写字不择纸笔，常用糊窗的高丽纸。他说：“我的字值三分钱！”从前要求他写字的，他几乎有求必应。近年有病，不能握管，沈先生的字变得很珍贵了。

沈先生后来不写小说，搞文物研究了，国外、国内，很多人都觉得很奇怪。熟悉沈先生历史的人，觉得并不奇怪。沈先生年轻时就对文物有极其浓厚的兴趣。他对陶瓷的研究甚深，后来又对丝绸、刺绣、木雕、漆器……都有广博的知识。沈先生研究的文物基本上是手工艺制品。他从这些工艺品看到的是劳动者的创造性。他为这些优美的造型、不可思议的色彩、神奇精巧的技艺发出的惊叹，是对人的惊叹。他热爱的不是物，而是人，他对一件工艺品的孩子气的天真激情，使人感动。我曾戏称他搞的文物研究是“抒情考古学”。他八十岁生日，我曾写过一首诗送给他，中有一联——“玩物从来非丧志，著书老去为抒

情”，是纪实。他有一阵在昆明收集了很多耿马漆盒。这种黑红两色刮花的圆形缅漆盒，昆明多的是，而且很便宜。沈先生一进城就到处逛地摊，选买这种漆盒。他屋里装甜食点心、装文具邮票……的，都是这种盒子。有一次买得一个直径一尺五寸的大漆盒，一再抚摩，说：“这可以作一期《红黑》杂志的封面！”他买到的缅漆盒，除了自用，大多数都送人了。有一回，他不知从哪里弄到很多土家族的挑花布，摆得一屋子，这间宿舍成了一个展览室。来看的人很多，沈先生于是很快乐。这些挑花图案天真稚气而秀雅生动，确实很美。

沈先生不长于讲课，而善于谈天。谈天的范围很广，时局、物价……谈得较多的是风景和人物。他几次谈及玉龙雪山的杜鹃花有多大，某处高山绝顶上有一户人家，——就是这样一户！他谈某一位老先生养了二十只猫。谈一位研究东方哲学的先生跑警报时带了一只小皮箱，皮箱里没有金银财宝，装的是一个聪明女人写给他的信。谈徐志摩上课时带了一个很大的烟台苹果，一边吃，一边讲，还说：“中国东西并不都比外国的差，烟台苹果就很好！”谈梁思成在一座塔上测绘内部结构，差一点从塔上掉下去。谈林徽因发着高烧，还躺在客厅里和客人谈文艺。他谈得最多的大概是金岳霖。金先生终生未娶，长期独身。他养了一只大斗鸡。这鸡能把脖子伸到桌上来，和金先生一起吃饭。他到外搜罗大石榴、大梨。买到大的，就拿去和同事的孩子的比，比输了，就把大梨、大石榴送给小朋友，他再去买！……沈先生谈及的这些人有共同特点：一是都对工作、对学问热爱到了痴迷的程度；二是为人天真到像一个孩子，对生活充满兴趣，不管在什么环境下永远不消沉沮丧，无机心，少俗虑。这些人的气质也正是沈先生的气质。“闻多素心人，乐与数晨夕”，沈先生谈及熟朋友时总是很有感情的。

文林街文林堂旁边有一条小巷，大概叫作金鸡巷，巷里的小院中有一座小楼。楼上住着联大的同学：王树藏、陈蕴珍（萧珊）、施载宣（萧荻）、刘北汜。当中有个小客厅。这小客厅常有熟同学来喝茶聊天，成了一个小小的沙龙。沈先生常来坐坐。有时还把他的朋友也拉来和大家谈谈。老舍先生从重庆过昆明时，沈先生曾拉他来谈过“小说和戏剧”。金岳霖先生也来过，谈的题目是“小说和哲学”。金先生是搞哲学的，主要是搞逻辑的，但是读很多小说，从普鲁斯特到《江湖奇侠传》。“小说和哲学”这题目是沈先生给他出的。不料金先生讲了半天，结论却是：小说和哲学没有关系。他说《红楼梦》里的哲学也不是哲学。他谈到兴浓处，忽然停下来，说：“对不起，我这里有个小动物！”说着把右手从后脖领伸进去，捉出了一只跳蚤，甚为得意。有人问金先生为什么搞逻辑，金先生说：“我觉得它很好玩！”

沈先生在生活上极不讲究。他进城没有正经吃过饭，大都是在文林街二十号对面一家小米线铺吃一碗米线。有时加一个西红柿，打一个鸡蛋。有一次我和他上街闲逛，到玉溪街，他在一个米线摊上要了一盘凉鸡，还到附近茶馆里借了一个盖碗，打了一碗酒。他用盖碗盖子喝了一点，其余的都叫我一个人喝了。

沈先生在西南联大是一九三八年到一九四六年。一晃，四十多年了！

原载《人民文学》1986年第5期

隐身衣

杨　绛

我们夫妇有时候说废话玩儿。

“给你一件仙家法宝，你要什么？”

我们都要隐身衣；各披一件，同出遨游。我们只求摆脱羁束，到处阅历，并不想为非作歹。可是玩得高兴，不免放肆淘气，于是惊动了人，隐身不住，得赶紧逃跑。

“啊呀！还得有缩地法！”

“还要护身法！”

想得越周到，要求也越多，干脆连隐身衣也不要了。

其实，如果不想干人世间所不容许的事，无须仙家法宝，凡间也有隐身衣；只是世人非但不以为宝，还唯恐穿在身上，像湿布衫一样脱不下。因为这种隐身衣的料子是卑微。身处卑微，人家就视而不见，见而无睹。我记得我国笔记小说里讲一人梦魂回家，见到了思念的家人，家里人却看不见他。他开口说话，也没人听见。家人团坐吃饭，他欣然也想入座，却没有他的位子。身居卑微的人也仿佛这个未具人身的幽灵，会有同样的感受。人家眼里没有你，当然视而不见；心上不理会你，就会瞠目无睹。你的“自我”觉得受了轻视或怠慢或侮辱，人家却未知有你；你虽然生存在人世间，却好像还未具人形，还未曾出生。这样活一辈子，不是虽生犹如未生吗？假如说，披了这种隐身衣如何受用，如何逍遥自在，听的人只会觉得这是发扬阿Q精神，或阐述“酸葡萄论”吧？

且看咱们的常言俗语，要做个“人上人”呀，“出类拔萃”呀，“出人头地”呀，“脱颖而出”呀，“出风头”或“拔尖”“冒尖”呀，等等，可以想见一般人都不甘心受轻忽。他们或悒悒而怨，或愤愤而怒，只求有朝一日挣脱身上这件隐身衣，显身而露面。英美人把社会比作蛇阱（Snakepit）。阱里压压挤挤的蛇，一条条都拼命钻出脑袋，探出身子，把别的蛇排挤开，压下去；一个个冒出又没入的蛇头，一条条拱起又压下的蛇身，扭结成团、难分难解的蛇尾，你上我下，你死我活，不断地挣扎斗争。钻不出头，一辈子埋没在下；钻出头，就好比大海里坐在浪尖儿上的跳珠飞沫，迎日月之光而生辉，可说是大丈夫得志了。人生短促，浪尖儿上的一刹那，也可作一生成就的标志，足以自豪。你是“窝囊废”吗？你就甘心郁郁久居人下？

但天生万物，有美有不美，有才有不才。万具枯骨，才造得一员名将；小兵小卒，岂能都成为有名的英雄。世上有坐轿的，有抬轿的；有坐席的主人和宾客，有端茶上菜的侍仆。席面上，有人坐首位，有人陪末座。厨房里，有掌勺的上灶，有烧火的灶下婢。天之生材也不齐，怎能一律均等。

人的志趣也各不相同。《儒林外史》二十六回里的王太太，津津乐道她在孙乡绅家“吃一、看二、眼观三”的席上，坐在首位，一边一个丫头为她掠开满脸黄豆大的珍珠拖挂，让她露出嘴来吃蜜饯茶。而《堂吉诃德》十一章里的桑丘，却不爱坐酒席，宁愿在自己的角落里，不装斯文，不讲礼数，吃些面包葱头。有人企求飞上高枝，有人宁愿“曳尾涂中”。人各有志，不能相强。

有人是别有怀抱，旁人强不过他。譬如他宁愿“曳尾涂中”，也只好由他。有人是有志不伸，自己强不过命运。譬如庸庸碌碌之辈，偏要做“人上人”，这可怎么办呢？常言道：“烦恼皆因强出头。”猴子爬得愈高，尾部又秃又红的丑相就愈加显露；自己不知道身上只穿着“皇帝的新衣”，却忙不迭地挣脱“隐身衣”，出乖露丑。好些略具才能的人，一辈子挣扎着求在人上，虚耗了毕生精力，一事无成，真是何苦来呢。

我国古人说：“彼人也，予亦人也。”西方人也有类似的话，这不过是勉人努力向上，勿自暴自弃。西班牙谚云：“干什么事，成什么人。”人的尊卑，不靠地位，不由出身，只看你自己的成就。我们不妨再加上一句：“是什么料，充什么用。”假如是一个萝卜，就力求做个水多肉脆的好萝卜；假如是棵白菜，就力求做一棵瓷瓷实实的包心好白菜。萝卜白菜是家常食用的菜蔬，不求做庙堂上供设的珍果。我乡童谣有“三月三，荠菜开花赛牡丹”的话，荠菜花怎赛得牡丹花呢！我曾见草丛里一种细小的青花，常猜测那是否西方称为“勿忘我”的草花，因为它太渺小，人家不容易看见。不过我想，野草野菜开一朵小花报答阳光雨露之恩，并不求人“勿忘我”，所谓“草木有本心，何求美人折”。

我爱读东坡“万人如海一身藏”之句，也企慕庄子所谓“陆沉”。社会可以

比作“蛇阱”，但“蛇阱”之上，天空还有飞鸟；“蛇阱”之旁，池沼里也有游鱼。古往今来，自有人避开“蛇阱”而“藏身”或“陆沉”。消失于众人之中，如水珠包孕于海水之内，如细小的野花隐藏在草丛里，不求“勿忘我”，不求“赛牡丹”，安闲舒适，得其所哉。一个人不想攀高就不怕下跌，也不用倾轧排挤，可以保其天真，成其自然，潜心一志完成自己能做的事。

而且在隐身衣的掩盖下，还会别有所得，不怕旁人争夺。苏东坡说，“山间之明月，水上之清风”是“造物者之无尽藏”，可以随意享用。但造物所藏之外，还有世人所创的东西呢。世态人情，比明月清风更饶有滋味；可作书读，可当戏看。书上的描摹，戏里的扮演，即使栩栩如生，究竟只是文艺作品；人情世态，都是天真自然的流露，往往超出情理之外，新奇得令人震惊，令人骇怪，给人以更深刻的效益，更奇妙的娱乐。唯有身处卑微的人，最有机缘看到世态人情的真相，而不是面对观众的艺术表演。

不过这一派胡言纯是废话罢了。急要挣脱隐身衣的人，听了未必入耳；那些不知世间也有隐身衣的人，知道了也还是不会开眼的。平心而论，隐身衣不管是仙家的或凡间的，穿上都有不便——还不止小小的不便。

英国威尔斯（H. G. Wells）的科学幻想小说《隐形人》（*Invisible Man*）里，写一个人使用科学方法，得以隐形。可是隐形之后，大吃苦头，例如天冷了不能穿衣服，穿了衣服只好躲在家里，出门只好光着身子，因为穿戴着衣服鞋帽手套而没有脸的人，跑上街去，不是兴妖作怪吗？他得把必需外露的面部封闭得严严密密：上部用帽檐遮盖，下部用围巾包裹，中部架上黑眼镜，鼻子和两颊包上纱布，贴满橡皮膏。要掩饰自己的无形，还需这样煞费苦心！

当然，这是死心眼儿的科学制造，比不上仙家的隐身衣。仙家的隐身衣随时可脱，而且能把凡人的衣服一并隐掉。不过，隐身衣下的血肉之躯，终究是凡胎俗骨，耐不得严寒酷热，也经不起任何损伤。别说刀枪的袭击，或水烫火灼，就连砖头木块的磕碰，或笨重的踩上一脚，都受不了。如果没有及时逃避的法术，就需炼成金刚不坏之躯，才保得大事。

穿了凡间的隐身衣有同样不便。肉体包裹的心灵，也是经不起炎凉，受不得磕碰的。要炼成刀枪不入、水火不伤的功夫，谈何容易！如果没有这份功夫，偏偏有缘看到世态人情的真相，就难保不气破了肺，刺伤了心，哪还有闲情逸致把它当好戏看呢，况且，不是演来娱乐观众的戏，不看也罢。假如法国小说家勒萨日笔下的瘸腿魔鬼请我夜游，揭起一个个屋顶让我观看屋里的情景，我一定辞谢不去。获得人间智慧必须身经目击吗？身经目击必定获得智慧吗？人生几何！凭一己的经历，沾沾自以为独具冷眼，阅尽人间，安知不招人暗笑。因为凡间的隐身衣不比仙家法宝，到处都有，披着这种隐身衣的人多得很呢，他们都是瞎了眼的吗？

但无论如何，隐身衣总比国王的新衣好。

1987 年

早晨从中午开始（节选）

——《平凡的世界》创作随笔

路 遥

1

在我的创作生活中，几乎没有真正的早晨。我的早晨都是从中午开始的。这是多年养成的习惯。我知道这习惯不好，也曾好多次试图改正，但都没有达到目的。这应验了那句古老的话：积习难改。既然已经不能改正，索性也就听之任之。在某些问题上，我是一个放任自流的人。

通常情况下，我都是在凌晨两点到三点左右入睡，有时甚至延伸到四到五点。天亮以后才睡觉的现象也时有发生。

午饭前一个钟头起床，于是，早晨才算开始了。

午饭前这一小时非常忙乱。首先要接连抽三五支香烟。我工作时一天抽两包烟，直抽得口腔舌头发苦发麻，根本感觉不来烟味如何。有时思考或写作特别紧张之际，即使顾不上抽，手里也要有一支燃烧的烟卷。因此，睡眠之后的几支烟简直是一种神仙般的享受。

用烫热的水好好洗洗脸，紧接着喝一杯浓咖啡，证明自己同别人一样拥有一个真正的早晨。这时，才彻底醒过来了。

午饭过后，几乎立刻就扑到桌面上工作。我从来没有午休的习惯，这一点像西方人。我甚至很不理解，我国政府规定了那么长的午睡时间。当想到大白天里正是日上中天的时候，我国十一亿公民却在同一时间都进入梦乡，不免有某种荒诞之感。又想到这是一种传统的民族习性，也属“积习难改”一类，也就像理解自己的“积习”一样释然了。

整个下午是工作的最佳时间，除过上厕所，几乎在桌面上头也不抬。直到吃晚饭，还会沉浸在下午的工作之中。晚饭后有一两个小时的消闲时间，看中央电视台半小时的新闻联播，读当天的主要报纸，这是一天中最为安逸的一刻。这时也不拒绝来访。夜晚，当人们又一次又睡的时候，我的思绪再一次跃起来。如果下午没完成当天的任务，便重新伏案操作直至完成。然后，或者进入阅读（同时交叉读多种书），或者详细考虑明天的工作内容以至全书各种各样无穷无尽的问题，并随手在纸上和各式专门的笔记本上记下要点以备日后进一步深思。这时间在好多情况下，思绪会离开作品，离开眼前的现实，穿过深沉寂静的夜晚，穿过时间的隧道，漫无边际地向四面八方流淌。入睡前无论如何要读书，这是最好的安眠药，直到睡着后书自动从手中脱离为止。

第二天午间醒来，就又是一个新的早晨了。

在《平凡的世界》全部写作过程中，我的早晨都是这样从中午开始的。对于我，对于这部书，这似乎也是一个象征。当生命进入正午的时候，工作却要求我像早晨的太阳一般充满青春的朝气投身于其间。

2

小说《人生》发表之后，我的生活完全乱了套。无数的信件从全国四面八方蜂拥而来，来信的内容五花八门。除过谈论阅读小说后的感想和种种生活问题文学问题，许多人还把我当成了掌握人生奥妙的“导师”，纷纷向我求教：“人应该怎样生活？”叫我哭笑不得。更有一些遭受挫折的失意青年，规定我必须赶几月几日前写信开导他们，否则就要死给你看。与此同时，陌生的登门拜访者接踵而来，要和我讨论或“切磋”各种问题。一些熟人也免不了乱中添忙。刊物约稿，许多剧团电视台电影制片厂要改编作品，电报电话接连不断，常常半夜三更把我从被窝里惊醒。一年后，电影上映，全国舆论愈加沸腾，我感到自己完全被淹没了。另外，我已经成了“名人”，亲戚朋友纷纷上门，不是要钱，就是让我说情安排他们子女的工作，似乎我不仅腰缠万贯，而且有权有势，无所不能。更有甚者，一些当时分文不带而周游列国的文学浪人，衣衫褴褛，却带着一脸破败的傲气庄严地上门来让我为他们开路费，以资助他们神圣的嗜好，这无异于趁火打劫。

也许当时好多人羡慕我的风光，但说实话，我恨不能地上裂出一条缝赶快

钻进去。

我深切地感到，尽管创造的过程无比艰辛而成功的结果无比荣耀，尽管一切艰辛都是为了成功；但是，人生最大的幸福也许在于创造的过程，而不在于那个结果。

我不能这样生活了。我必须从自己编织的罗网中解脱出来。当然，我绝非圣人。我几十年在饥寒、失误、挫折和自我折磨的漫长历程中，苦苦追寻一种目标，任何有限度的成功对我都至关重要。我为自己牛马般的劳动得到某种回报而感动人生的温馨。我不拒绝鲜花和红地毯。但是，真诚地说，我绝不可能在这种过分戏剧化的生活中长期满足。我渴望重新投入一种沉重。只有在无比沉重的劳动中，人才会活得更为充实。这是我的基本人生观点。细细想想，迄今为止，我一生中度过的最美好的日子是写《人生》初稿的二十多天。在此之前，我二十八岁的中篇处女作已获得了全国第一届优秀中篇小说奖，正是因为不满足，我才投入到《人生》的写作中。为此，我准备了近两年，思想和艺术考虑备受折磨；而终于穿过障碍进入实际表现的时候，精神真正达到了忘乎所以。记得近一个月里，每天工作十八个小时，分不清白天和夜晚，浑身如同燃起大火。五官溃烂，大小便不畅通，三更半夜在陕北甘泉县招待所转圈圈行走，以致招待所白所长犯了疑心，给县委打电话，说这个青年人可能神经错乱，怕要寻“无常”。县委指示，那人在写书，别惊动他（后来听说的）。所有这一切难道不比眼前这种浮华的喧嚣更让人向往吗？是的，只要不丧失远大的使命感，或者说还保持着较为清醒的头脑，就决然不能把人生之船长期停泊在某个温暖的港湾，应该重新扬起风帆，驶向生活的惊涛骇浪中，以领略其间的无限风光。人，不仅要战胜失败，而且还要超越胜利。

那么，我应该怎么办。

有一点是肯定的，眼前这种红火热闹的广场式生活必须很快结束。即使变成一个纯粹的农民，去农村种一年庄稼，也比这种状况于我更为有利。我甚至认真地考虑过回家去帮父亲种一年地。可是想想，这可能重新演变为一种新闻话题而使你不得安宁，索性作罢。

但是，我眼下已经有可能冷静而清醒地对自己已有的创作做出检讨和反省了。

换一个角度看，尽管我接连两届获全国优秀中篇小说奖，《人生》小说和电影都产生了广泛影响。但实际上并没有什么。作家的劳动绝不仅是为了取悦于当代，而更重要的是给历史一个深厚的交代。如果为微小的收获而沾沾自喜，本身就是一种无价值的表现。最渺小的作家常关注着成绩和荣耀，最伟大的作家常沉浸于创造和劳动。劳动自身就是人生的目标。人类史和文学史表明，伟大劳动和创造精神即使产生一些生活和艺术的断章残句，也是至为宝贵的。

劳动，这是作家义无反顾的唯一选择。

但是，我又能干些什么呢？当时，已经有一种论断，认为《人生》是我不能再逾越的一个高度。我承认，对于一个人来说，一生中可能只会有一个最为辉煌的瞬间——那就是他事业的顶点，正如跳高运动员，一生中只有一个高度是他的最高度，尽管他之前之后要跳跃无数次横杆。就我来说，我又很难承认《人生》就是我的一个再也跃不过的横杆。

3

在无数个焦虑而失眠的夜晚，我为此而痛苦不已。在一种几乎是纯粹的渺茫之中，我倏然间想起已被时间的尘土埋盖得很深很远的一个早往年月的梦。也许是二十岁左右，记不清在什么情况下，很可能在故乡寂静的山间小路上行走的时候，或者在小县城河边面对悠悠流水静思默想的时候，我曾经有过一个念头：这一生如果要写一本自己感到规模最大的书，或者干一生中最重要的一件事，那一定是在四十岁之前。我的心不由为此而颤栗。这也许是命运之神的暗示。真是不可思议，我已经埋葬了多少“维特时期”的梦想，为什么唯有这个诺言此刻却如此鲜活地来到心间？

几乎在一刹那间，我便以极其严肃的态度面对这件事了。是的，任何一个人，尤其是一个有某种抱负的人，在自己的青少年时期会有过许多理想、幻想、梦想，甚至妄想。这些玫瑰色的光环大都会随着时间的流逝和环境的变迁而消散得无踪无影。但是，当一个人在某些方面一旦具备了某种实现雄心抱负的条件，早年间的梦幻就会被认真地提升到现实中并考察其真正复活的可能性。

经过初步激烈的思考和论证，一种颇为大胆的想法逐渐在心中形成。我为自己的想法感到吃惊。一切似乎是不可能的。

但是，为什么又不可能呢？

我决定要写一部规模很大的书。

在我的想象中，未来的这部书如果不是此生我最满意的作品，也起码应该是规模最大的作品。

说来有点玄，这个断然的决定，起因却是缘于少年时期一个偶然的梦想。

其实，人和社会的许多重大变数，往往就缘于某种偶然而微小的因由。即使像第一次世界大战这样惊心动魄的历史大事变，起因却也是在南斯拉夫的一条街巷里一个人刺杀了另一个人。幻想容易，决断也容易，真正要把幻想和决断变为现实却是无比困难。这是要在自己生活的平地上堆积起理想的大山。我所面临的困难是多种多样的。首先，我缺乏或者说根本没有写长卷作品的经验。迄今为止，我最长的作品就是《人生》，也不过十三万字，充其量是部篇幅较大的中型作品，即使这样一部作品的写作，我也感到如同陷入茫茫沼泽地而长时间不能自拔。如果是一部真正的长篇作品，甚至是长卷作品，我很难想象自己能否胜任这本属巨人完成的工作。是的，我已经有一些所谓的“写作经验”，但体会最深的倒不是欢乐，而是巨大的艰难和痛苦，每一次走向写字台，就好像被绑赴刑场；每一部作品的完成都像害了一场大病。人是有惰性的动物，一旦过多地沉湎于温柔之乡，就会削弱重新投入风暴的勇气和力量。要从眼前《人生》所造成的暖融融的气氛中，再一次踏进冰天雪地去进行一次看不见前途的远征，耳边就不时响起退堂的鼓声。

走向高山难，退回平地易。反过来说，就眼下的情况，要在文学界混一生也可以。新老同行中就能找到效仿的榜样。常有的现象是，某些人因某篇作品所谓“打响”了，就坐享其成，甚至吃一辈子。而某些人一辈子没写什么也照样在文学界或进而到政界去吃得有滋有味。可以不时乱七八糟写点东西，证明自己还是作家，即使越写越乏味，起码告诉人们我还活着。到了晚年，只要身体允许，大小文学或非文学活动都积极参加，再给青年作者的文章写点序或题个字，也就聊以自慰了。

4

但是，对于一个作家，真正的不幸和痛苦也许莫过于此。我们常常看到的一种悲剧是，高官厚禄养尊处优以及追名逐利埋葬了多少富于创造力的生命。当然，有的人天性如此或对人生没有反省的能力或根本不具有这种悟性，那就另当别论了。

动摇是允许的，重要的是最后能不能战胜自己。

退回去吗？不能！前进固然艰难，且代价惨重，而退回去舒服，却要吞咽人生的一剂致命的毒药。

还是那句属于自己的话：有时要对自己残酷一点。应该认识到，如果不能重新投入严峻的牛马般的劳动，无论作为作家还是作为一个人，你真正的生命也就将终结。

最后一条企图逃避的路被堵死了。

我想起了沙漠。我要到那里去走一遭。

我对沙漠——确切地说，对故乡毛乌素那里的大沙漠——有一种特殊的感情或者说特殊的缘分。那是一块进行人生禅悟的净土。每当面临命运的重大抉择，尤其是面临生活和精神的严重危机时，我都会不由自主地走向毛乌素大沙漠。

无边的苍茫，天边的寂寥，如同踏上另外一个星球。嘈杂和纷乱的世俗生活消失了。冥冥之中，似闻天籁之声。此间，你会真正用大宇宙的角度来观照生命，观照人类的历史和现实。在这个孤寂而无声的世界里，你期望生活的场景会无比开阔。你体会生命的意义也更会深刻。你感到人是这样渺小，又感到人的不可思议的巨大。你可能在这里迷路，但你也会廓清许多人生的迷津。在这单纯的天地间，思维常常像洪水一样泛滥。而最终又可能在这泛滥的思潮中流变出某种生活或事业的蓝图，甚至能明了这蓝图实施中的难点易点以及它们的总体进程。这时候，你该自动走出沙漠的圣殿而回到纷扰的人间。你将会变成另外一个人，无所顾忌地去开拓生活的新疆界。

现在，再一次身临其境，我的心情仍然像过去一样激动。赤脚行走在空寂逶迤的沙漠之中，或者四肢大展仰卧于沙丘之上眼望高深莫测的天穹，对这神圣的大自然充满虔诚的感恩之情。尽管我多少次来过这里接受精神的沐浴，但此行意义非同往常。虽然一切想法都在心中确定无疑，可是这个“朝拜”仍然是神圣而必须进行的。

在这里，我才清楚地认识到我将要进行的其实是一次命运的“赌博”（也许这个词不恰当），而赌注则是自己的青春抑或生命。

尽管我不会让世俗观念最后操纵我的意志，但如果说我在其间没做任何世俗的考虑，那就是谎言。无疑，这部作品将耗时多年。这期间，我得在所谓的“文坛”上完全消失。我没有才能在这样一部作品的创作过程中，还能像某些作家那样不断能制造出许多幕间小品以招引观念的注意，我恐怕连写一封信的兴趣都不再会有。如果将来作品有某种程度的收获，这还多少对抛洒的青春热血有个慰藉。如果整个地失败，那将意味着青春乃至生命的失败。这是一个人一生中最好的一段年华，它的流失应该换取最丰硕的果实——可是怎么可能保证这一点呢！

5

你别无选择——这就是命运的题旨所在。正如一个农民春种夏耘。到头一场灾害颗粒无收，他也不会为此而将劳动永远束之高阁，他第二年仍然会心平气静去春种夏耘而不管秋天的收成如何。

那么，就让人们忘掉你吧，让人们说你已经才思枯竭。

你要像消失在沙漠里一样从文学界消失，重返人民大众的生活，成为他们间最普通的一员。要忘掉你写过《人生》，忘掉你得过奖，忘掉荣誉，忘掉鲜花和红地毯。从今往后你仍然一无所有，就像七岁时赤手空拳离开父母离开故乡去寻找生存的道路。

沙漠之行斩断了我的过去，引导我重新走向明天。当我告别沙漠的时候，精神获得了大解脱、大宁静，如同修行的教徒绝断红尘告别温暖的家园，开始餐风饮露一步一磕向心目中的圣地走去。

沙漠中最后的“誓师”保障了今后六个年头无论多么艰难困苦，我都能矢志不移地坚持工作下去。

只有初恋般的热情和宗教般的意志，人才有可能成就某种事业。

准备工作平静而紧张地展开。狂热的工作和纷繁的思考立刻变为日常生活。

作品的框架已经确定：三部，六卷，一百万字。作品的时间跨度从一九七五年初到一九八五年初，为求全景式反映中国近十年间城乡社会生活的巨大历史性变迁。人物可能要近百人左右。

工程是庞大的。

首先的问题是，用什么方式构造这座建筑物?

如果这个问题不解决，或者说解决得不好，一切就可能白白地葬送，甚至永远也别想再走出自己所布下的“迷魂阵”。

这个问题之所以最先就提出，是因为中国的文学形势此时已经发生了十分巨大的变化，各种文学的新思潮席卷了全国。当时此类作品倒没有多少，但文学评论界几乎一窝蜂地用广告的方法扬起漫天黄尘从而笼罩了整个文学界。

说实话，对我国当代文学批评至今我仍然感到失望。我们常常看到，只要一个风潮到来，一大群批评家都拥挤着争先恐后顺风而跑。听不到抗争和辩论的声音。看不见反叛者。而当另一种风潮到来的时候，便会看见这群人作直角式的大转弯，折过头又向相反的方向涌去了。这可悲的现象引导和诱惑了创作的朝秦暮楚。同时，中国文学界经久不衰且时有发展的山头主义又加剧了问题的严重性。直言不讳地说，这种或左或右的文学风潮所产生的某些“著名理论”或“著名作品”其实名不副实，很难令人信服。

在中国这种一贯的文学环境中，独立的文学品格自然要经受重大考验。在非甲必乙的格局中，你偏是丙或丁，你的情况就可想而知了。

6

在这种情况下，你之所以还能够坚持，是因为你的写作干脆不面对文学界，不面对批评界，而直接面对读者。只要读者不遗弃你，就证明你能够存在。其实，这才是问题的关键。读者永远是真正的上帝。

那么，在当前各种文学思潮文学流派日新月异风起云涌的背景下，是否还能用类似《人生》式的已被宣布为过时的创作手法完成这部作品呢？而想想看，这部作品将费时多年，那时说不定我国文学形式已进入“火箭时代”，你却还用一辆二十世纪以前的旧车运行，那大概是十分滑稽的。

但理智却清醒地提出警告：不能轻易地被一种文学风潮席卷而去。

实际上，我并不排斥现代派作品。我十分留心阅读和思考现实主义以外的各种流派。其间许多大师的作品我十分崇敬。我的精神常如火如荼地沉浸于从陀思妥耶夫斯基和卡夫卡开始直至欧美及伟大的拉丁美洲当代文学之中，他们都极其深刻地影响了我。当然，我承认，眼下，也许列夫·托尔斯泰、巴尔扎克、司汤达、曹雪芹等现实主义大师对我的影响要更深一些。

我要表明的是，我当时并非不可以用不同于《人生》式的现实主义手法结构这部作品，而是我对这些问题和许多人有完全不同的看法。

就我个人的感觉，当时我国出现的为数并不是很多的新潮流作品，大都处于直接借鉴甚至刻意模仿西方现代派作品的水平，显然谈不到成熟，更谈不到标新立异。当然，对于中国当代文学来说，这些作品的出现本身意义十分重大，这是毋庸置疑的。我不同意那些感情用事的人对这类作品的不负责任的攻击。从中国和世界文学史的角度观察，文学形式的变革和人类生活自身的变革一样，是经常的，不可避免的。即使某些实验的失败，也无可非议。

问题在于文艺理论界批评界过分夸大了当时中国此类作品的实际成绩，进而走向极端，开始贬低甚至排斥其他文学表现样式。从宏观的思想角度检讨这种病态现象，得出的结论只能是和不久前“四人帮”的文艺殊途同归，必然会

造成一种新的萧瑟。从读者已渐渐开始淡漠甚至远离这些高深理论和玄奥作品的态度，就应该引起我们郑重思考。

在我看来，任何一种新文学流派和样式的产生，根本不可能脱离特定的人文历史和社会环境。为什么一路新文学现象只在某一历史阶段的某个民族或语种发生，比如当代文学中的“魔幻现实主义”为什么产生于拉美而不是欧亚就能说明问题。一种新文学现象的发生绝非想当然的产物。真正的文学新现象就是一种创造。当然可以在借鉴的基础上创造，但不是照猫画虎式的临摹和改头换面的搬弄，否则，就很可能是“南橘北移”。因此，对我国刚刚兴起的新文学思潮，理论批评首先有责任分清什么是创造，什么是模仿甚至是变相照抄，然后才可能估价其真正的成绩。当我们以为是一颗原子弹问世的时候，其实许多年前早就存在于世了，甚至几百年前中国的古人已经做得比我们还好；那么为此而发出的惊叹就太虚张声势了。

7

一九八七年访问联邦德国的时候，我曾和一些国外的作家讨论到有关这方面的问题，并且取得了共识。我的观点是，只有在我们民族伟大历史文化的土壤上产生出真正具有我们自己特性的新文学成果，并让全世界感到耳目一新的时候，我们的现代表现形式的作品也许才会趋向成熟。正如拉丁美洲当代大师们所做的那样。他们当年也受欧美作家的影响（比如福克纳对马尔克斯的影响），但他们并没有一直跟踪而行，反过来重新立足于本土的历史文化，在此基础上产生了真正属于自己民族的创造性文学成果，从而才又赢得了欧美文学的尊敬。如果一味地模仿别人，崇尚别人，轻视甚至藐视自己民族伟大深厚的历史文化，这种生吞活剥的“引进”注定没有前途。我们需要借鉴一切优秀的域外文学以更好地发展我们民族的新文学，但不必把“洋东西”变成吓唬我们自己的武器。事实上，我们已经看到，当代西方许多新的文化思潮，都不同程度地受到中国传统文化的启发和影响，甚至已经渗透到他们社会生活的许多方面。而我们何以要数典忘祖轻薄自己呢？

至于当时所谓的“现实主义过时论”，更值得商榷。也许现实主义可能有一天会“过时”，但在现有的历史范畴和以后相当长的时代里，现实主义仍然会有蓬勃的生命力。生活和艺术已证明并将继续证明这一点，而不在于某种存在偏见的理论妄下断语。即使有一天现实主义真的“过时”，更伟大的“主义”君临我们的头顶，现实主义作为一定历史范畴的文学现象，它的辉煌也是永远的。

现在的问题是，如果认真考察一下，现实主义在我国当代文学中是不是已经发展到类似十九世纪俄国和法国现实主义文学那样伟大的程度，以致我们必须重新寻找新的前进途径？实际上，现实主义文学在反映我国当代社会生活乃至我们不间断的五千年文明史方面，都还没有令人十分信服的表现。虽然现实主义一直号称是我们当代文学的主流，但和新近兴起的现代主义一样处于发展阶段，根本没有成熟到可以不再需要的地步。

现实主义在文学中的表现，绝不仅仅是一个创作方法问题，而主要应该是一种精神。从这样的高度纵观我们的当代文学，就不难看出，许多用所谓现实主义方法创作的作品，实际上和文学要求的现实主义精神大相径庭。几十年的作品我们不必一一指出，仅就“大跃进”前后乃至“文革”十年中的作品就足以说明问题。许多标榜“现实主义”的文学，实际上对现实生活作了根本性的歪曲。这种虚假的“现实主义”其实应该归属“荒诞派”文学，怎么可以说这就是现实主义文学呢？而这种假冒现实主义一直侵害着我们的文学，其根系至今仍未绝断。

“文革”以后，具备现实主义品格的作品逐渐出现了一些，但根本谈不到总体意义上的成熟，更没有多少容量巨大的作品。尤其是初期一些轰动社会的作品，虽然力图真实地反映出社会生活的面貌，可是仍然存在简单化的倾向。比如，照旧把人分成好人坏人两类——只是将过去“四人帮”作品里的好人坏人作了倒置。是的，好人坏人总算接近生活中的实际“标准”，但和真正现实主义要求对人和人与人关系的深刻揭示相去甚远。

此外，考察一种文学现象是否“过时”，目光应该投向读者大众。一般情况下，读者仍然接受和欢迎的东西，就说明它有理由继续存在。当然，我国的读者层次比较复杂。这就更有必要以多种文学形式满足社会的需要，何况大多数读者群更容易接受这种文学样式。“现代派”作品的读者群小，这在当前的中国是事实；这种文学样式应该存在和发展，这也毋庸置疑；只是我们不能因此而不负责任地弃大多数读者于不顾，只满足少数人。更重要的是，出色的现实主义作品甚至可以满足各个层面的读者，而新潮作品至少在目前的中国还做不到这一点。

至于一定要在现实主义创作方法和现代派创作方法之间分出优劣高下，实际是一种批评的荒唐。从根本上说，任何手法都可能写出高水平的作品，也可能写出低下的作品。问题不在于用什么方法创作，而在于作家如何克服思想和

艺术的平庸。一个成熟的作家永远不会“鲁叟谈五经，白发死章句”，他们用任何手法都可能写出杰出的篇章。当我反复阅读哥伦比亚当代伟大作家加西亚·马尔克斯用魔幻现实主义手法创作的著名的《百年孤独》的时候，紧接着便又读到了他用纯粹古典式传统现实主义手法写成的新作《霍乱时期的爱情》。这是对我们最好的启发。

以上所有的一切都回答了我在结构《平凡的世界》最初所遇到的难题——即用什么方式来构建这部作品。

8

我决定要用现实主义手法结构这部规模庞大的作品。当然，我要在前面大师们的伟大实践和我自己已有的那点微不足道的经验的基础上，力图有现代意义的表现——现实主义照样有广阔的革新前景。

我已经认识到，对于这样一部费时数年，甚至可能耗尽我一生主要精力的作品，绝不能盲目而任性。如果这是一个小篇幅的作品，我不妨试着赶赶时髦，失败了往废纸篓里一扔了事。而这样一部以青春和生命作抵押的作品，是不能用“实验”的态度投入的，它必须在自己认为是较可靠的、能够把握的条件下进行。老实说，我不敢奢望这部作品的成功，但我也“失败不起”。

这就是我之所以决定用现实主义方法结构这部作品的基本心理动机的另一个方面。

我同时意识到，这种冥顽而不识时务的态度，只能在中国当前的文学运动中陷入孤立境地。但我对此有充分的精神准备。孤立有时候不会让人变得软弱，甚至可以使人的精神更强大，更振奋。

毫无疑问，这又是一次挑战，是个人向群体挑战。而这种挑战的意识实际上一直贯穿于我的整个创作活动中，中篇小说《惊心动魄的一幕》是这样，《在困难的日子里》也是这样。尤其是《人生》，完全是在一种十分清醒的状态下的挑战。

在大学里时，我除在欧洲文学史、俄国文学史和中国文学史的指导下较系统地阅读中外各个历史时期的名著外，就是钻进阅览室，将新中国成立以来的几乎全部重要文学杂志，从创刊号一直翻阅到“文革”开始后的终刊号。阅读完这些杂志，实际上也就等于检阅了一九四九年以后中国文学的基本面貌、主要成就及其代表性作品。我印象很强烈的是，这些作品中的人很少例外地被分成好坏两种。而将这种印象交叉地和我同时阅读的中外名著作一比较，我便对我国当代文学这一现象感到非常的不满足，当然也就对自己当时的那些儿童涂鸦式的作品不满足了。“四人帮”时代结束后，尽管中国文学摆脱了禁锢，许多作品勇敢地揭示社会问题并在读者群众中引起巨大反响，但仍然没有对这一重要问题作根本性的检讨。因此，我想对整个这一文学现象作一次挑战性尝试，于是便有写《人生》这一作品的动机。我要给文学界、批评界，给习惯于看好人与坏人或大团圆故事的读者提供一个新的形象，一个急忙分不清是“好人坏人”的人，对于高加林这一形象后来在文学界和社会上所引起的广泛争论，我写作时就想到了——这也正是我要达到的目的。

既然我一直不畏惧迎风而立，那么，我又将面对的孤立或者说将要进行的挑战，就应当视为正常，而不必患得患失，忧心忡忡。应该认识到，任何独立的创造性工作就是一种挑战，不仅对今人，也对古人，那么，在这一豪迈的进程中，就应该敢于建立起一种“无榜样”的意识——这和妄自尊大毫不相干。

“无榜样意识”正是建立在有许多榜样的前提下。也许每一代作家的使命就是超越前人（不管最后能否达到），但首先起码应该知道前人已经创造了多么伟大的成果。任何狂妄的文人，只要他站在图书馆的书架面前，置身于书的海洋之中，就知道自己有多么渺小和可笑。

对于作家来说，读书如同蚕吃桑叶，是一种自身的需要。蚕活到老吃到老，直至能口吐丝线织出茧来；作家也要活到老学到老，以使自己也能将吃下的桑叶变成茧。

在《平凡的世界》进入具体的准备工作后，首先是一个大量读书的过程。有些书是重读，有些书是新读。有的细读，有的粗读。大部分是长篇小说，尤其是尽量阅读、研究、分析古今中外的长卷作品。其间我曾列了一个近百部的长篇小说阅读计划，后来完成了十之八九。同时也读其他杂书，理论、政治、哲学、经济、历史和宗教著作等等。另外，还找一些专门著作，农业、商业、工业、科技以及大量搜罗许多知识性小册子，诸如养鱼、养蜂、施肥、税务、财务、气象、历法、造林、土壤改造、风俗、民俗、UFO（不明飞行物）等等。那时间，房子里到处都搁着书和资料，桌上、床头、茶几、窗台，甚至厕所，以便在任何时候任何地方随手都可以拿到读物。读书如果不是一种消遣，那是相当熬人的，就像长时间不间断地游泳，使人精疲力竭，有一种随时溺没的感觉。

书读得越多，你就越感到眼前是数不清的崇山峻岭。在这些人类已建立起的宏伟精神大厦面前，你只能“侧身西望长咨嗟”！

在“咨嗟”之余，我开始试着把这些千姿百态的宏大建筑拆卸开来，努力从不同的角度体察大师们是如何巧费匠心把它们建造起来的。而且，不管是否有能力，我也敢勇气十足地对其中的某些著作“横挑鼻子竖挑眼”，去鉴赏它们的时候，也用我的审美眼光提出批判，包括对那些十分崇敬的作家。

9

在这个时候，我基本上是“两耳不闻窗外事，一心只读圣贤书”。我甚至有意“中止”了对眼前中国文学形势的关注，只知道出现了洪水一样的新名词、新概念，一片红火热闹景象。

“文坛”开始对我淡漠了，我也对这个“坛”淡漠了。我只对自己要做的事充满宗教般的热情。“相看两不厌，只有敬亭山”。只能如此。这也很好。

在我所有阅读的长篇长卷小说中，外国作品占了绝大部分。

从现代小说意义来观察中国的古典长篇小说，在成就最高的《水浒传》《三国演义》《金瓶梅》和《红楼梦》四部书中，《红楼梦》当然是峰巅，它可以和世界长篇小说史上任何大师的作品比美。在现当代中国的长篇小说中，除过巴金的《激流三部曲》，我比较重视柳青的《创业史》。他是我的同乡，而且在世时曾经直接教导过我。《创业史》虽有某些方面的局限性，但无疑在我国当代文学中具有独特的位置。这次，我在中国的长卷作品中重点研读《红楼梦》和《创业史》。这是我第三次阅读《红楼梦》，第七次阅读《创业史》。

无论是汗流浃背的夏天，还是瑟瑟发抖的寒冬，白天黑夜泡在书中，精神状态完全变成一个准备高考的高中生，或者成了一个纯粹的“书呆子”。

10

为写《平凡的世界》而进行的这次专门的读书活动进行到差不多甚至使人受不了的情况下，就立刻按计划转入另一项“基础工程”——准备作品的背景材料。

根据初步设计，这部书的内容将涉及一九七五年到一九八五年十年间中国城乡广泛的社会生活。

这十年是中国社会的大转型期，其间充满了密集的重大历史性事件；而这些事件又环环相扣，互为因果，这部企图用某种程序的编年史方式结构的作品不可能回避它们。当然，我不会用政治家的眼光审视这些历史事件。我的基本想法是，要用历史和艺术的眼光观察在这种社会大背景（或者说条件）下人们的生存与生活状态。作品中将要表露的对某些特定历史背景下政治性事件的态度；看似作者的态度，其实基本应该是哪个历史条件下人物的态度；作者应该站在历史的高度上，真正体现巴尔扎克所说的“书记官”的职能。但是，作家对生活的态度绝对不可能“中立”，他必须作出哲学判断（即使不准确），并要充满激情地、真诚地向读者表明自己的人生观和人性。正如伟大的列夫·托尔斯泰所说：“在任何艺术作品中，作者对于生活所持的态度以及在作品中反映作者生活态度的种种描写，对于读者来说是至为重要、极有价值、最有说服力的……艺术作品的完整性不在于构思的统一，不在于对人物的雕琢，以及其他等等，而在于作者本人的明确和坚定的生活态度，这种态度渗透整个作品。有时，作家甚至基本可以对形式不做加工润色，如果他的生活态度在作品中得到明确、鲜明、一贯的反映，那么作品的目的就达到了。”（契尔特科夫笔录，一八九四年）。

现在，首要的任务是应该完全掌握这十年间中国（甚至还有世界——因为中国并不是孤立的存在，它是世界的一员）究竟发生过什么。不仅是宏观的了解，还应该有微观的了解。因为庞大的中国各地大有差异，当时的同一政策可能有各种做法和表现。这十年间发生的事大体上我们都经历过，也一般地了解，但要进入作品的描绘就远远不够了。生活可以故事化，但历史不能编造，不能有半点似是而非的东西。只有彻底弄清了社会历史背景，才有可能在艺术中准确描绘这些背景下人们的生活形态和精神形态。

较为可靠的方式是查阅这十年间的报纸——逐日逐月逐年地查。报纸不仅记载于国内外第一天发生的重大事件，而且还有当时人们生活的一般性反映。

于是，我找来了这十年间的《人民日报》、《光明日报》、一种省报、一种地区报和《参考消息》的全部合订本。

房间里顿时堆起了一座又一座“山”。

我没明没黑开始了这件枯燥而必需的工作，一页一页翻看，并随手在笔记本上记下某年某月某日的大事和一些认为“有用”的东西。工作量太巨大，中间几乎成了一种奴隶般的机械性劳动。眼角糊着眼屎，手指头被纸张磨得露出了毛细血管，搁在纸上，如同搁在刀刃上，只好改用手的后掌（那里肉厚一些）继续翻阅。

用了几个月时间，才把这件恼人的工作做完。以后证明，这件事十分重要，它给我的写作带来了极大的方便——任何时候，我都能很快查找到某日某月世

界、中国、一个省、一个地区（地区又直接反映了当时基层各方面的情况）发生了什么。

11

在查阅报纸的同时，我还想得到许多当时的文件和其他至关重要的材料（最初的结构中曾设计将一两个国家中枢领导人作为作品的重要人物）。我当然无法查阅国家一级甚至省一级的档案材料，只能在地区和县一级利用熟人关系抄录了一些有限的东西，在极大的遗憾中稍许得到一点补充，但迫使我基本上放弃了作为人物来描写国家中枢领导人的打算。

一年多的时间不知不觉过去了，但是，似乎离进入具体写作还很遥远。

所有的文学活动和其他方面的社会活动都基本上不再参与，生活处于封闭状态。

全国各地文学杂志的笔会时有邀请，一律婉言谢绝。对于一些笔会活动，即使没有这部书的制约，我也并不热心。我基本上和外地的作家没有深交。一些半生不熟的人凑到一块，还得应酬，这是我所不擅长的。我很佩服文艺界那些“见面熟”的人，似乎一见面就是老朋友。我做不到这一点。在别人抢着表演的场所，我宁愿做一个沉默的观众。

到此时，我感动室内的工作暂时可以告一段落，应该进入另一个更大规模的“基础工程”——到实际生活中去，即所谓“深入生活”。

关于深入生活的问题，与“政治和艺术的关系”一样，一直是我国文艺界长期争论不休的问题。这一点使我很难理解。

我不知道这是一个多么艰深的理论问题值得百谈不厌。生活对于作家艺术家来说，就如同人和食物的关系一样。至于每个作家如何占有生活，这倒大可不必整齐一律。每个作家都有自己感受生活的方式；而且随着社会生活的变化，同一作家体验生活的方式也会改变。比如，柳青如果活着，他要表现八十年代初中国农村开始的“生产责任制”，他完全蹲在皇甫村一个地方就远远不够了，因为其他地方的生产责任制就可能和皇甫村所进行的不尽相同，甚至差异很大。

是的，从一九七五年到一九八五年中国大转型期的社会生活发生了巨大的变化。各种社会形态、生活形态、思想形态千姿百态且又交叉渗透，形成比以往任何一个时期都更为复杂的局面。而要全景式反映当代生活，“蹲”在一个地方就不可能达到目的，必须纵横交织地去全面体察生活。

我提着一个装满书籍资料的大箱子开始在生活中奔波。

一切方面的生活都感兴趣。乡村城镇、工矿企业、学校机关、集贸市场；国营、集体、个体；上至省委书记，下至普通老百姓；只要能触及的，就竭力去触及。有些生活是过去熟悉的，但为了更确切体察，再一次深入进去——我将此总结为“重新到位”。有些生活是过去不熟悉的，就加倍努力，争取短时间内熟悉。对于生活中现成的故事倒不十分感兴趣，因为故事我自己可以编——作家主要的才能之一就是编故事。

而对一切常识性的、技术性的东西则不敢有丝毫马虎，一枝一叶都要考察清楚，脑子没有把握记住的，就详细笔记下来。

比如详细记录作品涉及的特定地域环境中的所有农作物和野生植物；从播种出土到结籽收获的全过程；当什么植物开花的时候，另外的植物又处于什么状态；这种作物播种的时候，另一种植物已经长成什么样子；全境内所有家养和野生的飞禽走兽；民风民情民俗；婚嫁丧事；等等。在占有具体生活方面，我是十分贪婪的。我知道占有的生活越充分，表现生活就越自信，自由度也就会越大。作为一幕大剧的导演，不仅要在舞台上调度众多的演员，而且要看清全局中每一个末端小节，甚至背景上的一棵草一朵小花也应力求完美准确地统一在整体之中。

春夏秋冬，时序变换，积累在增加，手中的一个箱子变成了两个箱子。

奔波到精疲力竭时，回到某个招待所或宾馆休整几天，恢复了体力，再出去奔波。走出这辆车，又上另一辆车；这一天在农村的饲养室，另一天在渡口的茅草棚；这一夜无铺盖和衣躺着睡，另一夜缎被毛毯还有热水澡。无论条件艰苦还是舒适，反正都一样，因为愉快和烦恼全在于实际工作收获大小。

时光在流逝，奔波在继续，像一个孤独的流浪汉在鄂尔多斯地台无边的荒原上漂泊。

在这无穷的奔波中，我也欣喜地看见，未来作品中某些人物的轮廓已经渐渐出现在生活广阔的地平线上了。

这部作品的结构先是从人物开始的，从一个人到一个家庭到一个群体。然后是人与人，家庭与家庭，群体与群体的纵横交叉，以最终织成一张人物的大网。在读者的视野中，人物运动的河流将主要有三条，即分别以孙少安孙少平为中心的两条“近景”上的主流和以田福军为中心的一条“远景”上的主流。这三条河流都有各自的河床，但不时分别混合在一起流动。而孙少平的这条河流在三条河流中将处于最中心的位置——当然，在开始的时候，读者未见得能感觉到这一点。

12

人物头绪显然十分纷乱。

但是，我知道，只要主要的人物能够在生活和情节的流转中一直处于强有力的运动状态，就会带动其他的群体一起运动，只要一个群体强有力运动，另外两个群体就不会停滞不前。这应该是三个互相咬接在一起的齿轮，只要驱动其中的一个，另外的齿轮就会跟着转动。

对于作者来说，所有的一切又都是一个完整的整体。整个生活就是河床，作品将向四面八方漫流——尽管它的源头只是黄土高原一个叫双水村的小山庄。

从我国当代现实主义长篇小说的结构看，大都采用封闭式的结构，因此作品对社会生活的概括和描述都受到相当大的约束。某些点不敢连接为线，而一些线又不敢作广大的延伸。其实，现实主义作品的结构，尤其是大规模的作品，完全可能作开放式结构而未必就“散架”。问题在于结构的中心点或主线应具有强大的“磁场”效应。从某种意义上，现实主义长篇小说就是结构的艺术，它要求作家的魄力、想象力和洞察力；要求作家既敢恣意汪洋又能绵针密线，以使作品最终借助一砖一瓦而造成磅礴之势。

真正有功力的长篇小说不依赖情节取胜。惊心动魄的情节未必能写成惊心动魄的小说。作家最大的才智应是能够在日常细碎的生活中演绎出让人心灵震颤的巨大内容。而这种才智不仅要建立在对生活极其稔熟的基础上，还应建立在对这些生活深刻洞察和透彻理解的基础上。我一再说过，故事可以编，但生活不可以编；编选的故事再生动也很难动人，而生活的真情实感哪怕未成曲调也会使人心醉神迷。

这样说，并不是不重视情节。生活本身就是由各种“情节”组成的。长篇小说情节的择取应该是十分挑剔的。只有具备下面的条件才可以考虑，即：是否能起到像攀墙藤一样提起一根带起一片的作用。一个重大的情节（事件）就应该给作者造成一种契机，使其能够在其间对生活作广阔的描绘和深入的揭示，最后使读者对情节（故事）本身的兴趣远远没有对揭示的生活内容更具吸引力，这时候，情节（故事）才是真正重要的了。如果最后读者仅仅记住一个故事情节而没有更多的收获，那作品就会流于我们通常所说的肤浅。

阅读研究了许多篇长卷小说，基本搞清了作品所涉及的十年的背景材料，汇集和补充了各个方面的生活素材。自然就完全陷入了构思的泥淖之中。在此之前，有些人物，有些篇章早已开始在涌动，不过，那是十分散乱的。尔后，这就是一个在各种层面上不断组合、排列、交叉的过程；一个不断否定、不断刷新、不断演变的过程。

所有的一切都还远远地不能构合成一个较为完整的整体。

需要一些出神入化的灵感。

苦思冥想。为无能而痛不欲生。

瞧，许多呼之欲出的人物在急迫地等待你安排场次以便登台表演。

所有要进入作品河流的人物，哪怕是一个极次要的人物，你也不能轻视忽略，而要全神贯注，挟带着包括枯枝败叶在内的总容量流向终点。

终点！我构思的习惯常常是先以终点开始而不管起点，每个人物，尤其是主要人物，他（她）们的终点都分别在什么地方呢？如果确定不了终点，就很难寻找他（她）们的起点，而在全书的整个运行过程中，你也将很难把握他（她）们内在的流向。当然，预先设计的终点最后不会全部实现，人物运动的总轨迹会不断校正自己的最终归宿；也有一些人物的终点不可能在书的结尾部分，在某些段落中就应该终结其存在。

毫无疑问，终点绝不仅仅是情节和人物意义上的，更重要的是它也是全书的题旨所在，在这个“终点”上，人物、情节、题旨是统一在一起的。为什么要在这里结束，绝不仅仅是因为故事到这里正好讲完了。即使最“漫不经心”的意识流小说家，在戛然而止的地方也是煞费心机的。

找到了“终点”以后，那么，无论从逆时针方向还是从顺时针方向，就都有可能对各个纵横交错的渠渠道道进行梳理；因为这时候，你已经大约知道这张大网上的所有曲里拐弯的线索分别最终会挽结在什么地方。这时候，你甚至还可以放心地尽情地把这些线索抖弄得更“乱”一些，以致将读者引入“八卦”之阵，使其读不到最后就无法判断人物和事物的命运。

如果有这样的大布局，再有可能处处设置沟壑渠道，那么，读者就很难大跨度地跳跃到书的全书结局部分。绝不能有广大的平坦让读者长驱直入。必须让他们不得不在每一个曲里拐弯处停下来细心阅览方可通过。

这些沟壑渠道曲里拐弯处就可能是作品断章断卷的地方。整体的衔接难，但要把整体断成许多“碎块”也许更难——因为这种所谓的“断开”正是为了更好地衔接。这是艺术结构机制中的辩证法。

1988 年

我的大院，我昔日的梦

——

韩小蕙

在我从小到大的几十年里，家一直住在北京东单附近。

稍微熟悉北京地理环境的人都知道，东单距天安门仅一箭之遥，过去有牌楼一座，是进入皇城的标志，因此得名东单牌楼。解放前，东单一带居住的多为有钱和有身份的人，房舍地貌因而得以俨然些。若从高空俯瞰下望，紫禁城那一大片黄瓦红墙的宫殿外围，便是横平竖直街道上的四合院群落，这些四合院，一般都是硬山式建筑，青砖灰瓦，大斜坡屋顶的房檐下盘着一座爬满青青叶的葡萄架。高级一点儿的，还有一扇红漆绿楣的大木门，门里是迎面一座石影壁，门外蹲着两只把门的小石狮，这小石狮子似狮而又非狮，头部、四腿、爪子、尾巴全部嵌进石中，造型之洗练，令人想起古代的石雕。

然而我住的那座院子，却是一个迥然的例外。

这是一座深宅大院，深到占据了两条胡同之中的全部空间，大到差不多有天安门广场那般大。院内没有大雄宝殿一类的大屋顶庙宇，也没有飞梁画栋的中国式楼阁亭台，更看不见假山、影壁、小桥流水的东方风光。而是一个典型的欧洲小世界：绿草如茵，中间高耸着巨型花坛。树影婆娑之间，是一条条翠柏簇拥着的石板路，通往若隐若现的一座座三层小洋楼。小楼全部为哥特式建筑，平台尖顶，米黄色大落地门窗，楼内诸陈设如壁炉、吊灯、百叶窗等全部来自欧美，外墙上爬满了茂盛的爬墙虎……

在东单地区一片宁静的四合院群落中，突然出现了这么一座西方园林，不由令人想起黄山的“飞来峰”，那是大自然的造化，这一个却是人工玉成。都如此说，大院是美国人1917年始造，属协和医院建筑群落的一部分，连各个小楼的编号也是与整个协和楼群排在一起的。也有人说，这是用清政府丧权辱国的

"庚子赔款"建造起来的；不过查史书记载则不是，那上面的文字写着，用的是洛克菲勒财团的慈善投资。还有庶民说，解放以前，这个院叫"两旗杆大院"，说是门口常年飘着中国和美国两杆国旗，里面住的都是洋人和中国的高级大医生。这一说未免带了点"洋奴"的嫌疑，我因此想考证是否确凿？按说年代并不久远，本应不难考，可是因了老人们的缄默，我也就至今没有弄清究竟。

不过住高级大医生一说是不错的。解放前，能够跻身大院并住进小洋楼内的华人，全部为协和医院的专家教授。比如协和医院第一任有实权的华人院长李宗恩教授，就住在第41号楼，他本人是中国著名热带病学医学家、医学教育家。还有我国著名的妇产科专家林巧稚大夫，住在第28号楼，一直住了半个世纪直到她去世。有故事，说是解放前，凡有病人找到林府上，即使是衣衫褴褛的穷人，林大夫也一律不让门卫挡驾，而是免费诊治，有时还施以钱财，致使京城遍传林巧稚美名。

大概是因了这些因素，老北京的平民百姓，过去从这院门口走过时，都是怀了敬畏之心的。久而久之，老百姓们的嘴上便约定俗成了对它的称谓——"协和大院"。

这称谓一直沿袭到现今。

上世纪50年代前期，美国洋大夫们撤走之后，李、林二位仍住在他们的小楼里。其他空出来的小洋楼，马上即被当时回国参加新中国社会主义建设的"海归"医学专家们入住了。那时的等级依然是森严的，正教授即一二三级教授者，可以住一座一座的带有木顶凉台的独楼，这样的独楼共有8座。副教授即四五六级教授者，则住在连成一体的有凉台而无木顶的联排楼，虽然叫联排楼，其实也是各个独自成一统的小楼，有单独进出的楼门，只不过是外在建筑结构连在一起罢了。

我有幸住进这样一座大院中，托福于我父亲。那时我父亲是中国人民解放军中的一个军官，他所在的部队是北平解放后接管协和医院的部队。1957年，这批军队干部全部脱下军装，留在了协和医院和中国医学科学院系统。

当时的这批干部们也逐渐变得拖家带口，住房成了问题。但这支纪律严明的部队于教授们的洋楼秋毫无犯，只在大院后边的运动场上辟出一片地，盖了一座四层的宿舍楼和三排平房。这些砖木结构的新建筑，自然远远比不上泰国优种稻米灌浆、菲律宾上等木板铺地的小洋楼们高级和舒适，但军队干部们从军政委到小排长，没有一个人抢占教授小楼，这种状况差不多一直保持至"文化大革命"。

我家搬去较晚，在1960年，因父亲的工作需要而被要求搬进大院的，当时只剩下三排平房中的两间。我家门前也盘了一个葡萄架，旁边还有一株年年挂满果实的老枣树。父亲那时在医科院做组织人事工作，经常出入各个小楼的教授家，我有时也跟着，便得以窥见小洋楼内的高级陈设。其实这些小楼对父亲来说并不陌生，解放前夕，父亲和他的共产党员同学们，就曾接受地下党的指派，以进步学生身份进入一座座小楼内，做教授们的争取工作。有一回，他当年的一位同学来家，还感慨地说起某次到 ×× 教授家去，教授不但热情接待了，还从冰箱里拿出草莓冰淇淋请他们品尝的情景。我父亲却从未说起过那段辉煌的历史，他始终对教授们彬彬有礼，因而很得那些大医生们的好感。

他的迁居大院的部队战友们也都始终对教授们彬彬有礼。虽然他们之中有的人文化水平不高，且多来自农村，但军官们都用严明的纪律约束着自己和家属，尽量遵从着这座学者大院的文明传统。我还清楚地记得，一次从幼儿园归来，我和几个小朋友站在林巧稚大夫家门前的花圃看花，有一个小女孩忍不住想去掐一朵极美丽的蔷薇，恰巧被林大夫看到了，一生酷爱鲜花的林大夫生气地制止了她，我代那个小女孩认了错。那一年，我也就6岁，以后的岁月里，我再也没有伤害过大院的一花一叶。

我上小学那一年，我们家突然成为全院最瞩目的家庭。那是1961年，我哥哥以优异成绩考取了在北京排第一的名校男四中，这在大院众多的孩子中是绝无仅有的，这很使我父亲光彩了好一阵子。后来我的学习成绩也很好，大院里有10个男孩女孩与我同班，我的成绩总是稳稳地排在前一二名之位，令那些教授的孩子们自叹弗如。我的小心眼里便也存了一个愿望，希望到我考中学时，能考入在北京排第一的女校师大女附中，可惜后来遭遇“文革”浩劫，骤然停学“放羊”两年，后来等领袖号召“复课闹革命”时候，被强行以“就近分配”原则塞进胡同里的中学，使我从小存在心里的美丽愿望成了泡影。

不过坦白地说，我那时可真不用功，只知道疯玩。

大院的花草树木最令我着迷。每年春天，阳历3月中旬开始，我们一群孩子便天天跑到大院门口去盼望杏花。那里有一棵一抱粗的老杏树，不知是地气还是天光缘故，年年都是它最早抖擞起密密匝匝的花骨朵，在寒风中便绽出淡粉色的小花。每年每年，当我们一连企盼数日，终于发现老杏树的花枝上出现一朵、两朵小花时，便一个个惊喜得大叫大跳，在大院里飞奔开，告诉每一个碰见的大人和小孩：

“老杏树开花啦，春天啰！”

记得每个大人，不管是教授们还是干部们，全都冲我们点头微笑，仿佛我们就是那杏花，就是那春天。等如今我已长大成人，重新揣度从前那些大人们的心态时，益发体味出成人的那种对不曾留意的春天猛然莅临的欣喜。

那棵老杏树，一定是协和大院众花树的精神领袖。从它的花朵绽开之日起，大院里便一年鲜花不断了。第二棵开花的是黄家驷教授楼前的那棵“中年”杏树，而第三棵则必定是29号楼旁边的那棵“青年”杏树。等这三棵杏树开罢了，就迎来雪白的梨花了。大院里只有一棵梨树，每年结不结梨印象不深了，但那随风飘曳的冰清玉洁的梨花，却永远地镌刻在我的记忆里。

谢了梨花，大院的花事就纷繁起来了：大门口的迎春花迎客始罢，甬道两旁就走来一棵棵白丁香、紫丁香。不几日，山桃花也伴着嫩叶开了出来。还有我最喜欢的灌木榆叶梅，一团一团的粉红色像人工造出的大花球，远远地就让人看醉了。这时候，草地上的绿草，也早已染绿了那一方方土地。柳条依依，白色的柳絮迷蒙了天地空中。最给人以喜悦的是生命力极强的杨树叶，等它们唱歌似的一齐摆动着新绿时，不要说从它们之下穿行，你就是看着它们竟长，也痴痴地觉得自己正在长大似的——那时候，我是多么盼望自己快快长大！

而大院里的大人们，不论是教授们还是干部们，一个赛着一个地“贪婪”，对周围这么多奇花异草仍嫌不够，还一起动起手来栽花弄草。于是，看罢了绿树，再回头来看鲜花，便更加眼花缭乱了——粉白相间的海棠花，红的黄的紫色的月季，重瓣的芍药，甜香的槐花，火红的石榴花，五颜六色的蝴蝶花，小太阳似的蒲公英，红灯笼似的倒挂金钟，名贵的花之王君子兰，还有奇异的令箭荷花和仙人掌花，晚间一现的昙花和千年才开的铁树花，浓香的晚香玉和夜来香，娇嫩的含笑和美人蕉，挺拔的大丽花和菊花，以及红云似的一品红，婀娜多娇的仙客来……还有许许多多我叫不上名字来的各色花卉，直开得将春延长到夏，将秋延长至冬……

前面说过，我们大院离天安门不远，这便占尽了地利之优。我们这群孩子们，一年之中最欢乐的两个夜晚就是“五一节”和“国庆节”。一俟那轰鸣的礼花腾空，偌大院子里就被花朵的雷霆灼照得红腾绿舞，亮如白昼。如果风向对头，还会有一顶顶白色的降落伞从天空飘下，把我们撩拨得哇哇大叫……

呵，如今想起这一切，真是旧梦依稀，止不住的女儿情呀！

而这一切，至“文革”罹祸，一夜之间便被破坏殆尽了。

那个血雨腥风的1966年夏天，先是花草树木被砍、被烧，又是抄家的书籍旧物被砸、被焚，冲天大火一连烧了数日，有妖魔在火中撕扭。后来，便是医

院里的造反派携家带口搬进来“占领牛鬼蛇神大院”，理由是：“你们这些走资派（指干部们）和反动权威（指专家们），住着这么好的房子，是对广大工农兵的蔑视和欺侮！”于是，教授们被勒令腾出一间又一间住房，由洗衣工、清洁工、门房、厨师、花匠……组成的无产阶级住房大军，住进了一座座哥特小洋楼。

唯一幸免的，是28号楼。当时按照周恩来总理指示，北京市公安局派人保护了林巧稚大夫一家，使大院得以完整保留下了唯一的一座教授楼。

十年不短，大院当然发生了一系列大小事变。因其重提引人心酸不已，干脆跳过不提。只有两件事不可忽略过去：

第一件，是工人阶级进住不久，院里召开居民批判大会。为的是新搬进来的一个厨师，走路有伸着脖子看天的毛病，院子里的男孩子淘气，给起了“望天儿”的绰号，还跟在他背后学他走路。嗬，这可是犯了滔天大罪！一位当时被造反派结合的、红得发紫的小干部慷慨激昂地发言，激动得声音都走了板：“这／是／阶／级／斗／争／新／动／向！这／是／走／资／派／和／反／动／权／威／们／在／发／泄／对／工／人／阶／级／进／住／大／院／的／不／满！……”

第二件，是1972年某日清晨发生在大院的一幕：那正值美国尼克松总统来华访问期间。那一天，晨练的人们刚刚归至家中，大院里走进4位金发碧眼的外国人，只见他们随处走着，拍照着，最后停在44号小楼前。这座小楼自从6年前一位清洁工住进后，在半个木顶凉台上垒了一间有门有窗的小平房，还留了一个烟囱通道，使哥特式风格融入了典型的中国建筑因素。4位洋人大概被这种神奇的“洋为中用”能力惊呆了，半晌，才如梦醒来似的举起了照相机……后来，从当时的最高权力机关“革命委员会”传来消息，这4个洋人是跟着尼克松来访的美国人，其中有一位当年曾在这大院里住过，大概是寻故地来了。“革委会”认为那位工人严重地丢了中国的脸，措词严厉地限令他于××日内将小平房拆除，恢复哥特式原貌。而那位工人全家拼死拼活地“捍卫”不拆，又让“革委会”丢了一次脸，那小平房也就一直保留了下来，屹立至今。

如今，每当我看到那“中西合璧”的44号小楼时，心里都涌出一丝惆怅。物非人非，今日的协和大院里，已住进200多家，除了教授、干部们之外，还有工人们以及他们的家属儿女，几乎百业俱全。最有意思的是那家有着两辆外国小轿车的个体户，昔日是大院里最贫穷的一家，全家6口人就靠当家的挣40来块工资吃饭，如今，已成为大院里食最精细、衣最美艳的首富。

真是世事沧桑啊！我的大院，也是一面历史的镜子哟！

所幸的是，改革十年，大院又发生了相当大的变化——草坪又重新植上了，柏树又重新栽上了，花坛又重新砌上了。还于一片绿意鲜花之中，新添了两座历史上也不曾有过的白色的藤萝架。一株盆粗的银杏树和五株两人搂抱不过来的老槐树，也被挂上“古树 ××× 号”的标记，被铁栅栏保护起来。大院又重新恢复了四时鲜花不断的面貌，在今日高楼林立、喧闹拥挤的北京城中，这一座欧洲花园式的院落，更显示出幽深的宝贵，便于一早一晚，吸引来大批的附近居民，清晨来打太极拳和跳迪斯科操的老年人居多，傍晚是牵了孩子来散步的中青年夫妇们，与红花绿树交相辉映在一起，又构成了一幅幅颇动人心弦的画卷……

那三棵报春的杏树，竟还都幸存着，虽然其中的两棵各被劈去一半枝杈，但半残的树都还在顽韧地开花、长叶、结果。只是这一切亦是物非人非了，我早已不再是二十多年前那个梳辫子的小姑娘——那在寒风中天天企盼开花、然后惊喜地向大院人报春的小姑娘，该是我的女儿了！这满院神奇的花草树木，也该是属于她们的了。

只有这悠远的旧梦，依然属于我……

原载《文艺报》1988 年 9 月 3 日

王瑶先生杂忆

赵　园

一九八九年岁末，随师母护送王瑶先生的骨灰回京后，理群兄来约写纪念先生的文字，我只觉得内心枯河般的，是洪水过后的一片沙碛。然而时间总能疗救创痛的。“回忆”亦如京城三月漫天黄尘中的新绿，渐渐又在心头滋生。关于先生，终于可以写稍多一点的文字了，虽然仍不能尽意。

先生于我，并非始终慈蔼。平原兄的纪念文章中提到，先生对子女和弟子“从不讲客套”，“不止一个弟子被当面训哭”。我就曾经是被先生的威严震慑过的他的学生。一九七八年重返北大，先生的那一班研究生中，被他一再厉声训斥过的，我或许竟是唯一的一个。待到有可能去体会那严厉中包含的“溺爱”，已是我再次离开了北大之后。而在当时，却只是满心的委屈，还真为此痛哭过几回。直到毕业前，先生似乎都不能信任我组织“论文”的能力。有次在校园里遇到他，关于论文题目一时应答不好，竟被他斥责道：连题目都弄不好，还怎么作论文！那里正是北大后来颇有名的“三角地”，人来人往的所在。当时我必定神色仓惶，恨不能觅个地缝钻进去的吧。在护送先生骨灰回京的列车上，我才由闲谈中得知，先生当初是表示过决不招收女研究生的。我突然想到，那时的先生听别人说起我的委屈和眼泪，是否也为他终于收下了这个女弟子而后悔过？

作为导师，先生自然有他的一套治学标准，有时在我看来近于刻板。比如他对论文规格的强调，我就并不佩服，以为太学院气了。因而即使在毕业之后，看到黄裳先生挖苦“论文”的文字，仍然忍不住兴冲冲地摘了来，嵌在自己论文集的后记里。然而我应当承认，先生的“那一套”，对于训练我的思维与文章组织，是大有益处的。毕业后继续这个方向上的自我训练，其成绩就是那本

《艰难的选择》。这应是一本“献给”先生的书，虽然书上并没有这字样，甚至没有循惯例，请先生写一篇序。

我并不打算忏悔我对于先生的冒犯——那是有过的，在几经“革命”、破坏，古风荡然无存之后。我这里要说的是，即使时至今日，我也仍然不能心悦诚服于他震怒时的训斥。在我看来，这震怒有时实在不过出于名人、师长的病态自尊。先生在这方面也未能免俗。而他过分严格的师弟子界限，时而现出的家长态度，也不免于“旧式”。“五四”一代以至“五四”后的知识分子，有时社会意识极新而伦理实践极旧，这现象一直令我好奇。因而在先生面前聆教时即不免会有几分不恭地想：我永远不要有这种老人式的威严。然而于今看来，如先生这样至死不昏瞶，保持着思维活力和对于生活的敏感，又何尝容易做到！

正是在北大就读的最后一段时间及离开北大之后，我与我的同学们看到了这严于师生界限，有时不免于“旧式”的老人，怎样真诚地发展着又校正着自己的某些学术以及人事上的见解、看法。“活力”，即在这真正学者式的态度上。而严于师生分际的先生，对于后辈、弟子的成绩，决不吝于称许。毕业之后，我曾惭愧地听到他当众的夸赞，更听到他极口称赞我的同伴，几近不留余地。他一再地说钱理群讲课比包括他自己在内的几位老先生效果好，用了强烈的惊叹口吻；说到陈平原的旧学基础与治学前景时，也是一副毫不掩饰的得意神情。我从那近于天真的情态中读出的，是十足学者的坦诚。正是这可贵的学者风度、学人胸襟，对于现代文学界几代研究者和谐相处、共存互补格局的造成，为力甚巨。我相信，十余年间成长起来的“新人”，对此是怀着尤为深切的感激之情的。

我已记不大清楚是由什么时候起，在他面前渐渐松弛以至放肆起来的。对着不知深浅放言无忌的自己的学生，先生常常含着烟斗一脸的惊讶，偶尔喘着气评论几句，也有时喘过之后只磕去了烟灰而不置一词。然而先生自己也像是渐渐忘却了师生分界，会很随便地谈及人事，甚至品藻人物，语含讥讽。他有他的偏见、成见，我不能苟同；行事上也会有孤行己意的固执。但我想，这也才是活人的爱恶吧。我还留心到即使在彼此放松、交谈渐入佳境后，先生也极少讥评同代学者，这又是他的一种谨慎，或曰“世故”。先生并不属于“通体透明”的一类——我不知道是否真的有过以及目下是否还会有这类人物。先生是有盔甲的。那俨乎其然的神气，有时即略近于盔甲。在一个阅历过如此人生、有过这样的经历的人，这正是再自然不过的事。但先生最令人印象深刻的，毕

竟又是他“丢盔卸甲”的那时刻。坦白地说，我乐于听先生品评人物，即因为当这时最能见先生本人的性情。而先生，即使有常人不可免的偏见，却更有常人所不能及的知人之明。记得某次他对我说，有时一个人处在某种位置上，就免不了非议，并不一定非做了什么。我于是明白，对于先生，有些事，已无须乎解释了。还听说先生最后参加苏州会议期间，私下里谈到一位主持学术刊物编务的同行，说，他“完成了他的人格”，在场者都叹为知言。据我所知，先生与那位同行，私交是极浅的。

常常就是这样，先生信意谈说着，其间也会有那样的时刻，话头突然顿住，于是我看到了眼神茫茫然的先生。我看不进那眼神深处，其间亘着的岁月与经验毕竟是不可能轻易跨越的。然而那只如电影放映中的断片。从我们走进客厅到起身离去，先生通常由语气迟滞到神采飞扬，最是兴致盎然时，却又到了非告辞不可的时候。我和丈夫拎起提包，面对他站着，他却依然陷在大沙发里，兴奋地说个不休。我看着他，想，先生其实是寂寞的。他需要热闹，尽兴地交谈，痛快淋漓地发挥他沉思世事的结论，他忍受不了冷落和凄清。天哪，“文化大革命”中的那些日子，这位老人是怎样熬过来的！

“文革”中先生处境极狼狈时，我曾一度和他在一起。那已是“清队”时期，教员被分在学生班上，甚至住进过学生宿舍。他即在我所在的文二（三）班，北大中文系有名的“痞子班”——“痞子”二字，是当年被我们洋洋得意地挂在口头的。我目睹过对先生的羞辱，听到过他“悔罪”的发言，还记得班上一两个刻薄的同学模仿他的乡音说“恶毒攻击”一类字眼的口气。我曾见到过他在“革命小将”的围观哄笑中被勒令跳“忠字舞”的场面；也能记起他和我们一道在京郊平谷县山区远离村庄的田地里干活时，因尿频而受窘，被“小将”们嘲笑的情景；他与另一位老先生拖着大筐在翻耕过的泥土中蹒跚的样子，还依稀如在眼前。为了这段历史，我在“文革”后报考他的研究生时，着实惴惴不安了一阵子。我虽然未曾有幸跻身“小将”之列，但与先生，毕竟处境不同，也确实不曾记得当年对他有过任何亲切的表示。重回北大后与他的相处中，偶尔听他提及与我同班的某某，说：“我记得他，他是领着喊口号的。”语调轻松自然，甚至有谈到共同的熟人时的亲热。我终于明白了，他已将我所以为不堪的有些往事淡忘了。在累累伤痕中，那不过是一种轻微的擦伤而已。他承担的，是知识分子在那个疯狂年代的普遍命运——先生大约也是以此譬解的。

却也有屡经惩创而终不能改易的。谈起先生，人们常不免说到他的“世事洞明，人情练达”，他的社会的、人生的智慧，他的深知世情，以至深于世故，我却发现，某些处世原则，先生其实是能说而并不怎么能行的，比如他的“方圆”之论——外圆内方、智方行圆之类，我总不禁怀疑这是否适用于对他本人的描述。这或者只是他的一种期待罢了，譬如《颜氏家训》的诫子弟勿放佚，譬如嵇康的教子弟谨愿。听先生说到他在某次会议上因发言不讨好而不获报道，听他谈论某位骨鲠之士，听他谈他所敬重的李何林先生，他的友人吴组缃先生，都令人知道他所激赏的一种人格。性情究竟是自然生成，不容易拗折的。

但我也的确多次听到他告诫我以“世故”。这与“知行”一类问题不相干，也无关乎真诚与否。或许应当说，这也出于真诚的愿望，愿他所关爱的人们更好地生存。我因而相信他的本意决非在改造我的性情。临终前的半年里，几次当老泪纵横之时，他仍谆谆叮嘱我慎言，“不要义形于色”。我默默承接着那泪光闪闪的凝视，领受了一份长者对于后辈的深情。

中国式的书生，往往自得于其“迂”。先生的魅力，在我看来，恰在他的决不迂阔。其学术思想以及人生理解的一派通脱，或正属于平原兄所谓“魏晋风度”的？先生以身居燕园的学者，对于常人的处境、困境，琐屑的生计问题，都有极细心周到的体察，决不以不着边际的说教对人。他没有丝毫正人君子者流的道学气。他的不止一位弟子，在诸如工作安排、职称、住房一类具体实际事务上，得到过他的帮助。这种不避俗务，也应是一种行事上的大雅近俗的吧。

有一个时期，他也曾为我的职称费过神，令我不安的是，似乎比我本人更焦急。每遇机会，即提之不已。我曾在筵宴的场合，看到所里的头头面对先生追问时的尴尬神情。我也曾试图阻止他，倒不是为了清高，而是为了避嫌。一次听说他将要去找某领导交涉，即抢先打电话给他，恳请他不要再为我费心。先生在电话那头像是呆了一下，然后说：“好吧。”过了些日子，他讲起他如何向某方反映情况，特意加了注脚道：“当时大家都在说，我只是随大流说了一句。”我一时说不出话，心中却暗笑他神色中那点孩子似的天真与狡黠。

我个人对于知识分子的研究兴趣，即部分地来自我有幸亲聆謦欬的首都学界人物，尤其北大老一代学人中硕果仅存的几位先生，王瑶先生，吴组缃先生，林庚先生等。我曾急切地期待有人抢救这一批“素材”，相信文学正错失重大的机会——这样的知识分子范型，历史将再也不会重复制作出来。我尤其倾倒于这些老学者的个人魅力。那彼此区分得清清楚楚的个性竟能保存得如此完好，虽经磨历劫而仍如画般鲜明，真是奇迹！而比他们年轻些的，却常常像是轮廓模糊，面目不清，近于规格化——至少在公众场合。这自然也出于教育、训练。其间的差异及条件，谁说不也耐人寻味，值得作深长之思呢！

一九八八年北大为了校庆编《精神的魅力》一书来约稿时，我曾写到过我所认识的北大与北大人。但我也曾想过，那些以一生消磨于校园中的，比如先生，是否也分有了“校园文化”的广与狭的？先生是道地的“校园人物”，而校园，即使如北大这样的校园，也通常开放而又封闭：某种“自足”，自成一统。偶尔将先生与别种背景的学者比较，我尤其感觉到他显明的校园风格。我一时还不能分析这风格。是先生本人助我走出我视同故乡的北大的。之后每当回望这片精神乡土，对于一度的滞留与终于走出，是怅惘而又怀着感激的。

当北大在一九八八年庆祝建校九十周年时，我见到了最兴致勃勃的先生。那一夜，他被一群门生弟子簇拥着，裹在环湖移行的人流里，走了一圈，兴犹未尽，又走了一圈。之后，他提议去办公楼看录像，及至走到，那里的放映已结束，楼窗黑洞洞的。返回时，水泥小路边，灯火黯淡，树影幢幢，疲乏中有凉意悄然弥漫了我的心。此后，忆起那一晚，于人流、焰火外，总能瞥见灯火微茫的校园小径，像是藏有极尽繁华后的荒凉似的。

去年十一月先生南下前，我与丈夫去看望他，他正蜷卧在单人沙发上，是极委顿衰惫的老态。丈夫过后曾非常不安，写了长信去，恳请他善自珍摄，我也打电话给南下与先生一道开会的友人，嘱以留心照料先生的起居。一个月后，在上海，我站在华东医院的病房里，看到临终前的先生。这来势急骤的震撼几乎将我的脑际击成一片空白，因而回京后，交给理群兄的，是写于尚未痛定时的几百字的小文。姑且录在下面：

无　题

先生最后所写的，或许就是那个“死”字，是用手指写在我的手心上的——我凑巧在他身边。那是十二月十三日上午，他生命中的最后一个上午。

我不敢确信他想表达的，是对死神临近的感知，还是请求速死。如果是后者，那么能摧毁一个如此顽强的老人的，又是怎样不堪承受的折磨！目睹了这残酷的一幕，我一再想弄清楚，先生的意识活动是在何时终止的。没有任何据以证明的迹象。先生几乎将他清明的理性维持到了最后一刻，而这理性即成为最后的痛苦之源。

我宁愿他昏睡。

不妨坦白地承认，先生最吸引我的，并非他的学术著作，而是他的人格，他的智慧及其表达方式。这智慧多半不是在课堂或学术讲坛上，而是在纵意而谈中随时喷涌的。与他亲近过的，不能忘怀那客厅，那茶几上的茶杯和烟灰缸，那斜倚在沙发上白发如雪的智者，他无穷的机智，他惊人的敏锐，他的谐谑，他的似喘似咳的笑。可惜这大量的智慧即如此地弥散在空气里。我不由得想到《庄子》中轮扁关于写在书上的，“古人之糟魄已夫”那番话。当着只能以笔代舌，歪歪斜斜地写下最简单的字句，当着只能以指代笔，在别人手心上画出一两个字，那份闭锁在脑中依然活跃（或许因了表达的阻障而百倍活跃）的智慧，其痛苦的挣扎，该是怎样惊心动魄！

我因而宁愿那智慧先行离他而去。

我并不庆幸目睹了最后一幕。我怕那残酷会遮蔽了本应于我永恒亲切的先生的面容。我不想承受这记忆的沉重，这沉重却如“命运”般压迫着我。超绝生死，究竟是哲人的境界，而我不过是个庸人。这一时翻阅旧书，也颇为其中达观的话打动过，比如“大块载我以形，劳我以生，佚我以老，息我以死”之类，却又想到，得在老年享用那份“佚”的，并不只赖有“达观”。然而无论如何，先生总算“息”了下来，虽然是如此不安的一种“息”。

写这文字并非我所愿，我仍然勉力写了。我说不出“告慰灵魂”之类的话。我知道生人所做种种，自慰而已。我即以这篇文字自慰。

在写本文这篇稍长的文字时，我清楚地知道，因了先生的死，我个人生命史上的一页也已翻过了。我愿用文字筑起一座小小的坟，其中与关于先生的记忆在一起的，有我自己的一部分生命。有一天，这坟头会生出青青的新草的吧。

1990 年

我与地坛

——

史铁生

一

我在好几篇小说中都提到过一座废弃的古园，实际就是地坛。许多年前旅游业还没有开展，园子荒芜冷落得如同一片野地，很少被人记起。

地坛离我家很近。或者说我家离地坛很近。总之，只好认为这是缘分。地坛在我出生前四百多年就坐落在那儿了，而自从我的祖母年轻时带着我父亲来到北京，就一直住在离它不远的地方——五十多年间搬过几次家，可搬来搬去总是在它周围，而且是越搬离它越近了。我常觉得这中间有着宿命的味道：仿佛这古园就是为了等我，而历尽沧桑在那儿等待了四百多年。

它等待我出生，然后又等待我活到最狂妄的年龄上忽地残废了双腿。四百多年里，它一面剥蚀了古殿檐头浮夸的琉璃，淡褪了门壁上炫耀的朱红，坍圮了一段段高墙又散落了玉砌雕栏，祭坛四周的老柏树愈见苍幽，到处的野草荒藤也都茂盛得自在坦荡。这时候想必我是该来了。十五年前的一个下午，我摇着轮椅进入园中，它为一个失魂落魄的人把一切都准备好了。那时，太阳循着亘古不变的路途正越来越大，也越红。在满园弥漫的沉静光芒中，一个人更容易看到时间，并看见自己的身影。

自从那个下午我无意中进了这园子，就再没长久地离开过它。我一下子就理解了它的意图。正如我在一篇小说中所说的："在人口密聚的城市里，有这样一个宁静的去处，像是上帝的苦心安排。"

两条腿残废后的最初几年，我找不到工作，找不到去路，忽然间几乎什么都找不到了，我就摇了轮椅总是到它那儿去，仅为着那儿是可以逃避一个世界的另一个世界。我在那篇小说中写道："没处可去我便一天到晚耗在这园子里。跟上班下班一样，别人去上班我就摇了轮椅到这儿来。园子无人看管，上下班时间有些抄近路的人们从园中穿过，园子里活跃一阵，过后便沉寂下来。""园墙在金晃晃的空气中斜切下一溜阴凉，我把轮椅开进去，把椅背放倒，坐着或是躺着，看书或者想事，撅一杈树枝左右拍打，驱赶那些和我一样不明白为什么要来这世上的小昆虫。""蜂儿如一朵小雾稳稳地停在半空；蚂蚁摇头晃脑捋着触须，猛然间想透了什么，转身疾行而去；瓢虫爬得不耐烦了，累了祈祷一回便支开翅膀，忽悠一下升空了；树干上留着一只蝉蜕，寂寞如一间空屋；露水在草叶上滚动、聚集，压弯了草叶轰然坠地摔开万道金光。""满园子都是草木竞相生长弄出的响动，窸窸窣窣窸窸窣窣片刻不息。"这都是真实的记录，园子荒芜但并不衰败。

除去几座殿堂我无法进去，除去那座祭坛我不能上去而只能从各个角度张望它，地坛的每一棵树下我都去过，差不多它的每一米草地上都有过我的车轮印。无论是什么季节，什么天气，什么时间，我都在这园子里待过。有时候待一会儿就回家，有时候就待到满地上都亮起月光。记不清都是在它的哪些角落里了。我一连几小时专心致志地想关于死的事，也以同样的耐心和方式想过我为什么要出生。这样想了好几年，最后事情终于弄明白了：一个人，出生了，这就不再是一个可以辩论的问题，而只是上帝交给他的一个事实；上帝在交给我们这件事实的时候，已经顺便保证了它的结果，所以死是一件不必急于求成的事，死是一个必然会降临的节日。这样想过之后我安心多了，眼前的一切不再那么可怕。比如你起早熬夜准备考试的时候，忽然想起有一个长长的假期在前面等待你，你会不会觉得轻松一点？并且庆幸并且感激这样的安排？

剩下的就是怎样活的问题了，这却不是在某一个瞬间就能完全想透的、不是一次性能够解决的事，怕是活多久就要想它多久了，就像是伴你终生的魔鬼或恋人。所以，十五年了，我还是总得到那古园里去，去它的老树下或荒草边或颓墙旁，去默坐，去呆想，去推开耳边的嘈杂理一理纷乱的思绪，去窥看自己的心魂。十五年中，这古园的形体被不能理解它的人肆意雕琢，幸好有些东西是任谁也不能改变它的。譬如祭坛石门中的落日，寂静的光辉平铺的一刻，地上的每一个坎坷都被映照得灿烂；譬如在园中最为落寞的时间，一群雨燕便出来高歌，把天地都叫喊得苍凉；譬如冬天雪地上孩子的脚印，总让人猜想他们是谁，曾在哪儿做过些什么，然后又都到哪儿去了；譬如那些苍黑的古柏，你忧郁的时候它们镇静地站在那儿，你欣喜的时候它们依然镇静地站在那

儿，它们没日没夜地站在那儿从你没有出生一直站到这个世界上又没了你的时候；譬如暴雨骤临园中，激起一阵阵灼烈而清纯的草木和泥土的气味，让人想起无数个夏天的事件；譬如秋风忽至，再有一场早霜，落叶或飘摇歌舞或坦然安卧，满园中播散着熨帖而微苦的味道。味道是最说不清楚的。味道不能写只能闻，要你身临其境去闻才能明了。味道甚至是难于记忆的，只有你又闻到它，你才能记起它的全部情感和意蕴。所以我常常要到那园子里去。

二

我才想到，当年我总是独自跑到地坛去，曾经给母亲出了一个怎样的难题。

她不是那种光会疼爱儿子而不懂得理解儿子的母亲。她知道我心里的苦闷，知道不该阻止我出去走走，知道我要是老待在家里结果会更糟，但她又担心我一个人在那荒僻的园子里整天都想些什么。我那时脾气坏到极点，经常是发了疯一样地离开家，从那园子里回来又中了魔似的什么话都不说。母亲知道有些事不宜问，便犹犹豫豫地想问而终于不敢问，因为她自己心里也没有答案。她料想我不会愿意她跟我一同去，所以她从未这样要求过，她知道得给我一点独处的时间，得有这样一段过程。她只是不知道这过程得要多久，和这过程的尽头究竟是什么。每次我要动身时，她便无言地帮我准备，帮助我上了轮椅车，看着我摇车拐出小院；这以后她会怎样，当年我不曾想过。

有一回我摇车出了小院，想起一件什么事又返身回来，看见母亲仍站在原地，还是送我走时的姿势，望着我拐出小院去的那处墙角，对我的回来竟一时没有反应。待她再次送我出门的时候，她说："出去活动活动，去地坛看看书，我说这挺好。"许多年以后我才渐渐听出，母亲这话实际上是自我安慰，是暗自的祷告，是给我的提示，是恳求与嘱咐。只是在她猝然去世之后，我才有余暇设想，当我不在家里的那些漫长的时间，她是怎样心神不定坐卧难宁，兼着痛苦与惊恐与一个母亲最低限度的祈求。我可以断定，以她的聪慧和坚忍，在那些空落的白天后的黑夜，在那不眠的黑夜后的白天，她思来想去最后准是对自己说："反正我不能不让他出去，未来的日子是他自己的，如果他真的要在那园子里出了什么事，这苦难也只好我来承担。"在那段日子里——那是好几年长的一段日子，我想我一定使母亲作过了最坏的准备了，但她从来没有对我说过："你为我想想。"事实上我也真的没为她想过。那时她的儿子，还太年轻，还来不及为母亲想，他被命运击昏了头，一心以为自己是世上最不幸的一个，不知道儿子的不幸在母亲那儿总是要加倍的。她有一个长到二十岁上忽然截瘫了的儿子，这是她唯一的儿子；她情愿截瘫的是自己而不是儿子，可这事无法代替；她想，只要儿子能活下去哪怕自己去死呢也行，可她又确信一个人不能仅仅是活着，儿子得有一条路走向自己的幸福；而这条路呢，没有谁能保证她的儿子终于能找到。——这样一个母亲，注定是活得最苦的母亲。

有一次与一个作家朋友聊天，我问他学写作的最初动机是什么？他想了一会说："为我母亲。为了让她骄傲。"我心里一惊，良久无言。回想自己最初写小说的动机，虽不似这位朋友的那般单纯，但如他一样的愿望我也有，且一经细想，发现这愿望也在全部动机中占了很大比重。这位朋友说："我的动机太低俗了吧？"我光是摇头，心想低俗并不见得低俗，只怕是这愿望过于天真了。他又说："我那时真就是想出名，出了名让别人羡慕我母亲。"我想，他比我坦率。我想，他又比我幸福，因为他的母亲还活着。而且我想，他的母亲也比我的母亲运气好，他的母亲没有一个双腿残废的儿子，否则事情就不这么简单。

在我的头一篇小说发表的时候，在我的小说第一次获奖的那些日子里，我真是多么希望我的母亲还活着。我便又不能在家里待了，又整天整天独自跑到地坛去，心里是没头没尾的沉郁和哀怨，走遍整个园子却怎么也想不通：母亲为什么就不能再多活两年？为什么在她儿子就快要碰撞开一条路的时候，她却忽然熬不住了？莫非她来此世上只是为了替儿子担忧，却不该分享我的一点点快乐？她匆匆离我去时才只有四十九呀！有那么一会儿，我甚至对世界对上帝充满了仇恨和厌恶。后来我在一篇题为《合欢树》的文章中写道："我坐在小公园安静的树林里，闭上眼睛，想，上帝为什么早早地召母亲回去呢？很久很久，迷迷糊糊的我听见了回答：'她心里太苦了，上帝看她受不住了，就召她回去。'我似乎得了一点安慰，睁开眼睛，看见风正从树林里穿过。"小公园，指的也是地坛。

只是到了这时候，纷纭的往事才在我眼前幻现得清晰，母亲的苦难与伟大才在我心中渗透得深彻。上帝的考虑，也许是对的。

摇着轮椅在园中慢慢走，又是雾罩的清晨，又是骄阳高悬的白昼，我只想着一件事：母亲已经不在了。在老柏树旁停下，在草地上在颓墙边停下，又是处处虫鸣的午后，又是鸟儿归巢的傍晚，我心里只默念着一句话：可是母亲已经不在了。把椅背放倒，躺下，似睡非睡挨到日没，坐起来，心神恍惚，呆呆地直坐到古祭坛上落满黑暗然后再渐渐浮起月光，心里才有点明白，母亲不能再来这园中找我了。

曾有过好多回，我在这园子里待得太久了，母亲就来找我。她来找我又不想让我发觉，只要见我还好好地在这园子里，她就悄悄转身回去，我看见过几次她的背影。我也看见过几回她四处张望的情景，她视力不好，端着眼镜像在寻找海上的一条船，她没看见我时我已经看见她了，待我看见她也看见我了我就不去看她，过一会儿我再抬头看她就又看见她缓缓离去的背影。我单是无法知道有多少回她没有找到我。有一回我坐在矮树丛中，树丛很密，我看见她没有找到我；她一个人在园子里走，走过我的身旁，走过我经常待的一些地方，步履茫然又急迫。我不知道她已经找了多久还要找多久，我不知道为什么我决意不喊她——但这绝不是小时候的捉迷藏，这也许是出于长大了的男孩子的倔强或羞涩？但这倔只留给我痛悔，丝毫也没有骄傲。我真想告诫所有长大了的男孩子，千万不要跟母亲来这套倔强，羞涩就更不必，我已经懂了可我已经来不及了。

儿子想使母亲骄傲，这心情毕竟是太真实了，以致使“想出名”这一声名狼藉的念头也多少改变了一点形象。这是个复杂的问题，且不去管它了罢。随着小说获奖的激动逐日暗淡，我开始相信，至少有一点我是想错了：我用纸笔在报刊上碰撞开的一条路，并不就是母亲盼望我找到的那条路。年年月月我都到这园子里来，年年月月我都要想，母亲盼望我找到的那条路到底是什么。母亲生前没给我留下过什么隽永的哲言，或要我恪守的教诲，只是在她去世之后，她艰难的命运，坚忍的意志和毫不张扬的爱，随光阴流转，在我的印象中愈加鲜明深刻。

有一年，十月的风又翻动起安详的落叶，我在园中读书，听见两个散步的老人说：“没想到这园子有这么大。”我放下书，想，这么大一座园子，要在其中找到她的儿子，母亲走过了多少焦灼的路。多年来我头一次意识到，这园中不单是处处都有过我的车辙，有过我的车辙的地方也都有过母亲的脚印。

三

如果以一天中的时间来对应四季，当然春天是早晨，夏天是中午，秋天是黄昏，冬天是夜晚。如果以乐器来对应四季，我想春天应该是小号，夏天是定音鼓，秋天是大提琴，冬天是圆号和长笛。要是以这园子里的声响来对应四季呢？那么，春天是祭坛上空飘浮着的鸽子的哨音，夏天是冗长的蝉歌和杨树叶子哗啦啦地对蝉歌的取笑，秋天是古殿檐头的风铃响，冬天是啄木鸟随意而空旷的啄木声。以园中的景物对应四季，春天是一径时而苍白时而黑润的小路，时而明朗时而阴晦的天上摇荡着串串杨花；夏天是一条条耀眼而灼人的石凳，或阴凉而爬满了青苔的石阶，阶下有果皮，阶上有半张被坐皱的报纸；秋天是一座青铜的大钟，在园子的西北角上曾丢弃着一座很大的铜钟，铜钟与这园子一般年纪，浑身挂满绿锈，文字已不清晰；冬天，是林中空地上几只羽毛蓬松的老麻雀。以心绪对应四季呢？春天是卧病的季节，否则人们不易发觉春天的残忍与渴望；夏天，情人们应该在这个季节里失恋，不然就似乎对不起爱情；秋天是从外面买一棵盆花回家的时候，把花搁在阔别了的家中，并且打开窗户把阳光也放进屋里，慢慢回忆慢慢整理一些发过霉的东西；冬天伴着火炉和书，一遍遍坚定不死的决心，写一些并不发出的信。还可以用艺术形式对应四季，这样春天就是一幅画，夏天是一部长篇小说，秋天是一首短歌或诗，冬天是一群雕塑。以梦呢？以梦对应四季呢？春天是树尖上的呼喊，夏天是呼喊中的细雨，秋天是细雨中的土地，冬天是干净的土地上的一只孤零的烟斗。

因为这园子，我常感恩于自己的命运。

我甚至就能清楚地看见，一旦有一天我不得不长久地离开它，我会怎样想念它，我会怎样想念它并且梦见它，我会怎样因为不敢想念它而梦也梦不到它。

四

让我想想，十五年中坚持到这园子来的人都是谁呢？好像只剩了我和一对老人。

十五年前，这对老人还只能算是中年夫妇，我则货真价实还是个青年。他们总是在薄暮时分来园中散步，我不大弄得清他们是从哪边的园门进来，一般来说他们是逆时针绕这园子走。男人个子很高，肩宽腿长，走起路来目不斜视，胯以上直至脖颈挺直不动；他的妻子攀了他一条胳膊走，也不能使他的上身稍有松懈。女人个子却矮，也不算漂亮，我无端地相信她必出身于家道中衰的名门富族；她攀在丈夫胳膊上像个娇弱的孩子，她向四周观望似总含着恐惧，她轻声与丈夫谈话，见有人走近就立刻怯怯地收住话头。我有时因为他们而想起冉阿让与柯赛特，但这想法并不巩固，他们一望即知是老夫老妻。两个人的穿着都算得上考究，但由于时代的演进，他们的服饰又可以称为古朴了。他们和我一样，到这园子里来几乎是风雨无阻，不过他们比我守时。我什么时间都可能来，他们则一定是在暮色初临的时候。刮风时他们穿了米色风衣，下雨时他

们打了黑色的雨伞，夏天他们的衬衫是白色的裤子是黑色的或米色的，冬天他们的呢子大衣又都是黑色的，想必他们只喜欢这三种颜色。他们逆时针绕这园子一周，然后离去。他们走过我身旁时只有男人的脚步响，女人像是贴在高大的丈夫身上跟着漂移。我相信他们一定对我有印象，但是我们没有说过话，我们互相都没有想要接近的表示。十五年中，他们或许注意到一个小伙子进入了中年，我则看着一对令人羡慕的中年情侣不觉中成了两个老人。

曾有过一个热爱唱歌的小伙子，他也是每天都到这园中来，来唱歌，唱了好多年，后来不见了。他的年纪与我相仿，他多半是早晨来，唱半小时或整整唱一个上午，估计在另外的时间里他还得上班。我们经常在祭坛东侧的小路上相遇，我知道他是到东南角的高墙下去唱歌，他一定猜想我去东北角的树林里做什么。我找到我的地方，抽几口烟，便听见他谨慎地整理歌喉了。他反反复复唱那么几首歌。“文化革命”没过去的时候，他唱“蓝蓝的天上白云飘，白云下面马儿跑……”我老也记不住这歌的名字。“文革”后，他唱《货郎与小姐》中那首最为流传的咏叹调。“卖布——卖布嘞，卖布——卖布嘞！”我记得这开头的一句他唱得很有声势，在早晨清澈的空气中，货郎跑遍园中的每一个角落去恭维小姐。“我交了好运气，我交了好运气，我为幸福唱歌曲……”然后他就一遍一遍地唱，不让货郎的激情稍减。依我听来，他的技术不算精到，在关键的地方常出差错，但他的嗓子是相当不坏的，而且唱一个上午也听不出一点疲惫。太阳也不疲惫，把大树的影子缩小成一团，把疏忽大意的蚯蚓晒干在小路上，将近中午，我们又在祭坛东侧相遇，他看一看我，我看一看他，他往北去，我往南去。日子久了，我感到我们都有结识的愿望，但似乎都不知如何开口，于是互相注视一下终又都移开目光擦身而过；这样的次数一多，便更不知如何开口了。终于有一天——一个丝毫没有特点的日子，我们互相点了一下头。他说：“你好。”我说：“你好。”他说：“回去啦？”我说：“是，你呢？”他说：“我也该回去了。”我们都放慢脚步（其实我是放慢车速），想再多说几句，但仍然是不知从何说起，这样我们就都走过了对方，又都扭转身子面向对方。他说：“那就再见吧。”我说：“好，再见。”便互相笑笑各走各的路了。但是我们没有再见，那以后，园中再没了他的歌声，我才想到，那天他或许是有意与我道别的，也许他考上了哪家专业的文工团或歌舞团了吧？真希望他如他歌里所唱的那样，交了好运气。

还有一些人，我还能想起一些常到这园子里来的人。有一个老头，算得一个真正的饮者；他在腰间挂一个扁瓷瓶，瓶里当然装满了酒，常来这园中消磨午后的时光。他在园中四处游逛，如果你不注意你会以为园中有好几个这样的老头，等你看过了他卓尔不群的饮酒情状，你就会相信这是个独一无二的老头。他的衣着过分随便，走路的姿态也不慎重，走上五六十米路便选定一处地方，一只脚踏在石凳上或土埂上或树墩上，解下腰间的酒瓶，解酒瓶的当儿眯起眼睛把一百八十度视角内的景物细细看一遭，然后以迅雷不及掩耳之势倒一大口酒入肚，把酒瓶摇一摇再挂向腰间，平心静气地想一会儿什么，便走下一个五六十米去。还有一个捕鸟的汉子，那岁月园中人少，鸟却多，他在西北角的树丛中拉一张网，鸟撞在上面，羽毛戗在网眼里便不能自拔。他单等一种过去很多而现在非常罕见的鸟，其他的鸟撞在网上他就把它们摘下来放掉，他说已经有好多年没等到那种罕见的鸟，他说他再等一年看看到底还有没有那种鸟，结果他又等了好多年。早晨和傍晚，在这园子里可以看见一个中年女工程师；早晨她从北向南穿过这园子去上班，傍晚她从南向北穿过这园子回家。事实上我并不了解她的职业或者学历，但我以为她必是学理工的知识分子，别样的人很难有她那般的素朴并优雅。当她在园子穿行的时刻，四周的树林也仿佛更加幽静，清淡的日光中竟似有悠远的琴声，比如说是那曲《献给艾丽丝》才好。我没有见过她的丈夫，没有见过那个幸运的男人是什么样子，我想象过却想象不出，后来忽然懂了想象不出才好，那个男人最好不要出现。她走出北门回家去。我竟有点担心，担心她会落入厨房，不过，也许她在厨房里劳作的情景更有另外的美吧，当然不能再是《献给艾丽丝》，是个什么曲子呢？还有一个人，是我的朋友，他是个最有天赋的长跑家，但他被埋没了。他因为在“文革”中出言不慎而坐了几年牢，出来后好不容易找了个拉板车的工作，样样待遇都不能与别人平等，苦闷极了便练习长跑。那时他总来这园子里跑，我用手表为他计时。他每跑一圈向我招下手，我就记下一个时间。每次他要环绕这园子跑二十圈，大约两万米。他盼望以他的长跑成绩来获得政治上真正的解放，他以为记者的镜头和文字可以帮他做到这一点。第一年他在春节环城赛上跑了第十五名，他看见前十名的照片都挂在了长安街的新闻橱窗里，于是有了信心。第二年他跑了第四名，可是新闻橱窗里只挂了前三名的照片，他没灰心。第三年他跑了第七名、橱窗里挂前六名的照片，他有点怨自己。第四年他跑了第三名，橱窗里却只挂了第一名的照片。第五年他跑了第一名——他几乎绝望了，橱窗里只有一幅环城赛群众场面的照片。那些年我们俩常一起在这园子里待到天黑，开怀痛骂，骂完沉默着回家，分手时再互相叮嘱：先别去死，再试着活一活看。他已经不跑了，年岁太大了，跑不了那么快了。最后一次参加环城赛，

他以三十八岁之龄又得了第一名并破了纪录，有一位专业队的教练对他说："我要是十年前发现你就好了。"他苦笑一下什么也没说，只在傍晚又来这园中找到我，把这事平静地向我叙说一遍。不见他已有好几年了，他和妻子和儿子住在很远的地方。

这些人都不到园子里来了，园子里差不多完全换了一批新人。十五年前的旧人，就剩我和那对老夫老妻了。有那么一段时间，这老夫老妻中的一个也忽然不来，薄暮时分唯男人独自来散步，步态也明显迟缓了许多，我悬心了很久，怕是那女人出了什么事。幸好过了一个冬天那女人又来了，两个人仍是逆时针绕着园子走，一长一短两个身影恰似钟表的两支指针；女人的头发白了许多，但依旧攀着丈夫的胳膊走得像个孩子。"攀"这个字用得不恰当了，或许可以用"搀"吧，不知有没有兼具这两个意思的字。

五

我也没有忘记一个孩子——一个漂亮而不幸的小姑娘。十五年前的那个下午，我第一次到这园子里来就看见了她，那时她大约三岁，蹲在斋宫西边的小路上捡树上掉落的"小灯笼"。那儿有几棵大栾树，春天开一簇簇细小而稠密的黄花，花落了便结出无数如同三片叶子合抱的小灯笼，小灯笼先是绿色，继而转白，再变黄，成熟了掉落得满地都是。小灯笼精巧得令人爱惜，成年人也不免捡了一个还要捡一个。小姑娘咿咿呀呀地跟自己说着话，一边捡小灯笼；她的嗓音很好，不是她那个年龄所常有的那般尖细，而是很圆润甚或是厚重，也许是因为那个下午园子里太安静了。我奇怪这么小的孩子怎么一个人跑来这园子里？我问她住在哪儿？她随便指一下，就喊她的哥哥，沿墙根一带的茂草之中便站起一个七八岁的男孩，朝我望望，看我不像坏人便对他的妹妹说："我在这儿呢！"又伏下身去，他在捉什么虫子。他捉到螳螂、蚂蚱、知了和蜻蜓，来取悦他的妹妹。有那么两三年，我经常在那几棵大栾树下见到他们，兄妹俩总是在一起玩，玩得和睦融洽，都渐渐长大了些。之后有很多年没见到他们。我想他们都在学校里吧，小姑娘也到了上学的年龄，必是告别了孩提时光，没有很多机会来这儿玩了。这事很正常，没理由太搁在心上，若不是有一年我又在园中见到他们，肯定就会慢慢把他们忘记。

那是个礼拜日的上午。那是个晴朗而令人心碎的上午，时隔多年，我竟发现那个漂亮的小姑娘原来是个弱智的孩子。我摇着车到那几棵大栾树下去，恰又是遍地落满了小灯笼的季节；当时我正为一篇小说的结尾所苦，既不知为什么要给它那样一个结尾，又不知何以忽然不想让它有那样一个结尾，于是从家里跑出来，想依靠着园中的镇静，看看是否应该把那篇小说放弃。我刚刚把车停下，就见前面不远处有几个人在戏耍一个少女，做出怪样子来吓她，又喊又笑地追逐她拦截她，少女在几棵大树间惊惶地东跑西躲，却不松手揪卷在怀里的裙裾，两条腿袒露着也似毫无察觉。我看出少女的智力是有些缺陷，却还没看出她是谁。我正要驱车上前为少女解围，就见远处飞快地骑车来了个小伙子，于是那几个戏耍少女的家伙望风而逃。小伙子把自行车支在少女近旁，怒目望着那几个四散逃窜的家伙，一声不吭喘着粗气。脸色如暴雨前的天空一样一会儿比一会儿苍白。这时我认出了他们，小伙子和少女就是当年那对小兄妹。我几乎是在心里惊叫了一声，或者是哀号。世上的事常常使上帝的居心变得可疑。小伙子向他的妹妹走去。少女松开了手，裙裾随之垂落了下来，很多很多她捡的小灯笼便撒落了一地，铺散在她脚下。她仍然算得漂亮，但双眸迟滞没有光彩。她呆呆地望着那群跑散的家伙，望着极目之处的空寂，凭她的智力绝不可能把这个世界想明白吧？大树下，破碎的阳光星星点点，风把遍地的小灯笼吹得滚动，仿佛喑哑地响着无数小铃铛。哥哥把妹妹扶上自行车后座，带着她无言地回家去了。

无言是对的。要是上帝把漂亮和弱智这两样东西都给了这个小姑娘，就只有无言和回家去是对的。

谁又能把这世界想个明白呢？世上的很多事是不堪说的。你可以抱怨上帝何以要降诸多苦难给这人间，你也可以为消灭种种苦难而奋斗，并为此享有崇高与骄傲，但只要你再多想一步你就会坠入深深的迷茫了：假如世界上没有了苦难，世界还能够存在么？要是没有愚钝，机智还有什么光荣呢？要是没了丑陋，漂亮又怎么维系自己的幸运？要是没有了恶劣和卑下，善良与高尚又将如何界定自己又如何成为美德呢？要是没有了残疾，健全会否因其司空见惯而变得腻烦和乏味呢？我常梦想着在人间彻底消灭残疾，但可以相信，那时将由患病者代替残疾人去承担同样的苦难。如果能够把疾病也全数消灭，那么这份苦难又将由（比如说）相貌丑陋的人去承担了。就算我们连丑陋，连愚昧和卑鄙和一切我们所不喜欢的事物和行为，也都可以统统消灭掉，所有的人都一味健康、漂亮、聪慧、高尚，结果会怎样呢？怕是人间的剧目就全要收场了，一个失去差别的世界将是一潭死水，是一块没有感觉没有肥力的沙漠。

看来差别永远是要有的。看来就只好接受苦难——人类的全部剧目需要它，

存在的本身需要它。看来上帝又一次对了。

于是就有一个最令人绝望的结论等在这里：由谁去充任那些苦难的角色？又有谁去体现这世间的幸福，骄傲和快乐？只好听凭偶然，是没有道理好讲的。

就命运而言，休论公道。

那么，一切不幸命运的救赎之路在哪里呢？设若智慧的悟性可以引领我们去找到救赎之路，难道所有的人都能够获得这样的智慧和悟性吗？

我常以为是丑女造就了美人。我常以为是愚氓举出了智者。我常以为是懦夫衬照了英雄。我常以为是众生度化了佛祖。

六

设若有一位园神，他一定早已注意到了，这么多年我在这园里坐着，有时候是轻松快乐的，有时候是沉郁苦闷的，有时候优哉游哉，有时候恓惶落寞，有时候平静而且自信，有时候又软弱，又迷茫。其实总共只有三个问题交替着来骚扰我，来陪伴我。第一个是要不要去死？第二个是为什么活？第三个，我干吗要写作？

让我看看，它们迄今都是怎样编织在一起的吧。

你说，你看穿了死是一件无需乎着急去做的事，是一件无论怎样耽搁也不会错过的事，便决定活下去试试？是的，至少这是很关键的因素。为什么要活下去试试呢？好像仅仅是因为不甘心，机会难得，不试白不试，腿反正是完了，一切仿佛都要完了，但死神很守信用，试一试不会额外再有什么损失。说不定倒有额外的好处呢，是不是？我说过，这一来我轻松多了，自由多了。为什么要写作呢？作家是两个被人看重的字，这谁都知道。为了让那个躲在园子深处坐轮椅的人，有朝一日在别人眼里也稍微有点光彩，在众人眼里也能有个位置，哪怕那时再去死呢也就多少说得过去了，开始的时候就是这样想，这不用保密，这些已经不用保密了。

我带着本子和笔，到园中找一个最不为人打扰的角落，偷偷地写。那个爱唱歌的小伙子在不远的地方一直唱。要是有人走过来，我就把本子合上，把笔叼在嘴里。我怕写不成反落得尴尬。我很要面子。可是你写成了，而且发表了。人家说我写得还不坏，他们甚至说：真没想到你写得这么好。我心说你们没想到的事还多着呢。我确实有整整一宿高兴得没合眼。我很想让那个唱歌的小伙子知道，因为他的歌也毕竟是唱得不错。我告诉我的长跑家朋友的时候，那个中年女工程师正优雅地在园中穿行；长跑家很激动，他说好吧，我玩命跑，你玩命写。这一来你中了魔了，整天都在想哪一件事可以写，哪一个人可以让你写成小说。是中了魔了，我走到哪儿想到哪儿，在人山人海里只寻找小说，要是有一种小说试剂就好了，见人就滴两滴看他是不是一篇小说，要是有一种小说显影液就好了，把它泼满全世界看看都是哪儿有小说，中了魔了，那时我完全是为了写作活着。结果你又发表了几篇，并且出了一点小名，可这时你越来越感到恐慌。我忽然觉得自己活得像个人质，刚刚有点像个人了却又过了头，像个人质，被一个什么阴谋抓了来当人质，不定哪天被处决，不定哪天就完蛋。你担心要不了多久你就会文思枯竭，那样你就又完了。凭什么我总能写出小说来呢？凭什么那些适合作小说的生活素材就总能送到一个截瘫者跟前来呢？人家满世界跑都有枯竭的危险，而我坐在这园子里凭什么可以一篇接一篇地写呢？你又想到死了。我想见好就收吧。当一名人质实在是太累了太紧张了，太朝不保夕了。我为写作而活下来，要是写作到底不是我应该干的事，我想我再活下去是不是太冒傻气了？你这么想着你却还在绞尽脑汁地想写。我好歹又拧出点水来，从一条快要晒干的毛巾上。恐慌日甚一日，随时可能完蛋的感觉比完蛋本身可怕多了，所谓不怕贼偷就怕贼惦记，我想人不如死了好，不如不出生的好，不如压根儿没有这个世界的好。可你并没有去死。我又想到那是一件不必着急的事。可是不必着急的事并不证明是一件必要拖延的事呀？你总是决定活下来，这说明什么？是的，我还是想活。人为什么活着？因为人想活着，说到底是这么回事，人真正的名字叫作：欲望。可我不怕死，有时候我真的不怕死。有时候，——说对了。不怕死和想去死是两回事，有时候不怕死的人是有的，一生下来就不怕死的人是没有的。我有时候倒是怕活。可是怕活不等于不想活呀？可我为什么还想活呢？因为你还想得到点什么，你觉得你还是可以得到点什么的，比如说爱情，比如说，价值之类，人真正的名字叫欲望。这不对吗？我不该得到点什么吗？没说不该。可我为什么活得恐慌，就像个人质？后来你明白了，你明白你错了，活着不是为了写作，而写作是为了活着。你明白了这一点是在一个挺滑稽的时刻。那天你又说你不如死了好，你的一个朋友劝你：你不能死，你还得写呢，还有好多好作品等着你去写呢。这时候你忽然明白了，你说：只是因为我活着，我才不得不写作。或者说只是因为你还想活下去，你才不得不写作。是的，这样说过之后我竟然不那么恐慌了。就像你看穿了死之后所得的那份轻松？一个人质报复一场阴谋的最有效的办法是把自己杀死。我看出我得先把我杀死在市场上，那样我就不用参加抢购题材的风潮了。

你还写吗？还写。你真的不得不写吗？人都忍不住要为生存找一些牢靠的理由。你不担心你会枯竭了？我不知道，不过我想，活着的问题在死前是完不了的。

这下好了，您不再恐慌了，不再是个人质了，您自由了。算了吧你，我怎么可能自由呢？别忘了人真正的名字是：欲望。所以您得知道，消灭恐慌的最有效的办法就是消灭欲望。可是我还知道，消灭人性的最有效的办法也是消灭欲望。那么，是消灭欲望同时也消灭恐慌呢？还是保留欲望同时也保留人生？

我在这园子里坐着，我听见园神告诉我，每一个有激情的演员都难免是一个人质。每一个懂得欣赏的观众都巧妙地粉碎了一场阴谋。每一个乏味的演员都是因为他老以为这戏剧与自己无关。每一个倒霉的观众都是因为他总是坐得离舞台太近了。

我在这园子里坐着，园神成年累月地对我说：孩子，这不是别的，这是你的罪孽和福祉。

七

要是有些事我没说，地坛，你别以为是我忘了，我什么也没忘，但是有些事只适合收藏。不能说，也不能想，却又不能忘。它们不能变成语言，它们无法变成语言，一旦变成语言就不再是它们了。它们是一片朦胧的温馨与寂寥，是一片成熟的希望与绝望，它们的领地只有两处：心与坟墓。比如说邮票，有些是用于寄信的，有些仅仅是为了收藏。

如今我摇着车在这园子里慢慢走，常常有一种感觉，觉得我一个人跑出来已经玩得太久了。有一天我整理我的旧相册，一张十几年前我在这园子里照的照片——那个年轻人坐在轮椅上，背后是一棵老柏树，再远处就是那座古祭坛。我便到园子里去找那棵树。我按着照片上的背景找，很快就找到了它，按着照片上它枝干的形状找，肯定那就是它。但是它已经死了，而且在它身上缠绕着一条碗口粗的藤萝。有一天我在这园子碰见一个老太太，她说："哟，你还在这儿哪？"她问我："你母亲还好吗？""您是谁？""你不记得我，我可记得你。有一回你母亲来这儿找你，她问我您看没看见一个摇轮椅的孩子？……"我忽然觉得，我一个人跑到这世界上来真是玩得太久了。有一天夜晚，我独自坐在祭坛边的路灯下看书，忽然从那漆黑的祭坛里传出一阵阵唢呐声；四周都是参天古树，方形祭坛占地几百平方米空旷坦荡独对苍天，我看不见那个吹唢呐的人，唯唢呐声在星光寥寥的夜空里低吟高唱，时而悲怆时而欢快，时而缠绵时而苍凉，或许这几个词都不足以形容它，我清清醒醒地听出它响在过去，一直在响，回旋飘转亘古不散。

必有一天，我会听见喊我回去。

那时您可以想象一个孩子，他玩累了可他还没玩够呢。心里好些新奇的念头甚至等不及到明天。也可以想象是一个老人，无可置疑地走向他的安息地，走得任劳任怨。还可以想象一对热恋中的情人，互相一次次说“我一刻也不想离开你”，又互相一次次说“时间已经不早了”，时间不早了可我一刻也不想离开你，一刻也不想离开你可时间毕竟是不早了。

我说不好我想不想回去。我说不好是想还是不想，还是无所谓。我说不好我是像那个孩子，还是像那个老人，还是像一个热恋中的情人。很可能是这样：我同时是他们三个。我来的时候是个孩子，他有那么多孩子气的念头所以才哭着喊着闹着要来，他一来一见到这个世界便立刻成了不要命的情人，而对一个情人来说，不管多么漫长的时光也是稍纵即逝，那时他便明白，每一步每一步，其实一步步都是走在回去的路上。当牵牛花初开的时节，葬礼的号角就已吹响。

但是太阳，他每时每刻都是夕阳也都是旭日。当他熄灭着走下山去收尽苍凉残照之际，正是他在另一面燃烧着爬上山巅布散烈烈朝晖之时。那一天，我也将沉静着走下山去，扶着我的拐杖。有一天，在某一处山洼里，势必会跑上来一个欢蹦的孩子，抱着他的玩具。

当然，那不是我。

但是，那不是我吗？

宇宙以其不息的欲望将一个歌舞炼为永恒。这欲望有怎样一个人间的姓名，大可忽略不计。

原载《上海文学》1991 年第 1 期

新疆的歌

——

王　蒙

黑黑的眼睛

在遥远的伊犁，几乎每一个本地人都会唱《黑黑的眼睛》这首歌，几乎每一次喝酒的时候都要唱这一首歌。

喝酒和唱歌这二者，从声带医学的观点来看是互相排斥的，从情绪抒发的角度来看却是一致的。

第一次听到这首歌是一九六五年冬天，在大湟渠渠首——叫作龙口工程“会战”的“战场”。我与农民们一起住在地窝子里。那里临时开设了几个食堂。寒冬腊月，食堂的厚重无比的棉帘子外面挂满了冰雪，也许不是雪而是霜，食堂里的水汽从帘子边缘逸出来，便凝结成霜。掀开这沉重得惊人的门帘，简陋的食堂里热气弥漫、灯光昏暗、烟气弥漫、肉香弥漫。更重要的是歌声弥漫，歌声激荡得令人吃惊，歌声令人心热如焚，冬天的迹象被歌声扫荡光了。

在关内的时候，我们也听过一些新疆歌曲。但是伊犁民歌自有不同之处，它似乎更散漫，更缠绕，更辽阔，没有开头也没有结尾，抒不完的感情连结如环，让你一听就陷落在那里，痴醉在那里。

从此我爱上了伊犁民歌。在伊宁市家中，常常能有机会深夜听到《黑黑的眼睛》的歌声。是醉汉吗？是夜归的旅人？是星夜赶路的马车夫？他们都唱得那么深情。在寂寥而寒冷的深夜，他们用歌声传达着对那个永远的长着“黑黑的眼睛”的美丽姑娘的爱情，传达着他们的浪漫的梦。生活是沉重的，有时候是荒芜的，然而他们的歌是热烈的，是愈加动情的。

后来我有几次与农民弟兄们一起喝酒唱歌的经验。我们当中有一位歌手，他是大队民兵连长，叫哈里·艾迈德。他一唱，我们就跟，随着每一句的尾音，吐出了无限块垒。我傻傻地跟着唱，跟着唱，却总觉得跟不上那火热的深沉与辽阔的寂寞。

也有时候我不跟着唱，只是听着，看着哈里和别的人们的那种披心沥胆地唱歌的样子，就觉得更加感动。

一九七三年我离开了伊犁，一九七九年我离开了新疆。

一九八一年中秋节前后我重访伊犁，诗人铁依甫江与我同行。为了将《蝴蝶》改编成电影的事，长春电影制片厂的一位导演不远万里跑到伊犁去找我。一天晚上，我们一同出席伊宁市红星公社在西公园附近的一次露天聚会。饮酒之际，请来了民间的盲艺人司马义尔，他弹着都塔尔，唱起了歌，当然，首先唱的仍然是《黑黑的眼睛》。

他的声音非常温柔。他的歌声不是那么强烈，却更富有一种渗透的、穿透的力量。那是一首万分依恋的歌，那是一种永远思念却又永远得不到回答的爱情，那是一种遥远的、阻隔万千的呼唤，既凄然、又温暖。能够这样刻骨铭心地爱，刻骨铭心地思恋的人有福了，能唱这样的歌，也就不白活一世了！看不见光明的歌手啊，你的歌声里充满了对光亮的向往和想象！在伊犁辽阔的草原上踽踽独行的骑手啊，也许你唱这首歌的时候期待着人群的温暖？歌声是开放的，如大风，如雄鹰，如马嘶，如季节河里奔腾而下的洪水。歌声又是压抑的，千曲百回，千难万险，似乎有无数痛苦的经验为歌声的泛滥立下了屏障，立下了闸门，立下了堤坝。

一声“黑眼睛”，双泪落君前！他一唱我的眼泪就流出来了！

伟大的维吾尔诗人纳瓦依说过：“忧郁是歌曲的灵魂。”这又牵扯到一个民族的性格问题来了。你为什么那么忧郁？由于干旱的戈壁沙漠吗？你的绿洲滋润着心田。由于道路遥远音信难传吗？你的好马和你的耐性使你们的交往并不困难。由于得不到心上人的呼应、得不到知音吗？你的歌、你的舞、你的饮酒又是那样的酣畅淋漓。而你的幽默更是超凡入圣。

快乐的阿凡提的乡亲们，却又有唱不完的“黑眼睛”的苦恋。

我没有解开这个谜。虽然我标榜自己对新疆，对维吾尔人的生活、语言、文字颇有了解。我至今学不会这个歌。虽然我喜欢唱歌、粗通乐谱、会唱许多歌、自信学歌的能力不差。那么熟悉，那么想学，却仍然不会唱。也怪了。

就让我唱不好，唱不出这首《黑黑的眼睛》吧。唱不好，但是我知道她，我爱她，我向往她。小小的一声我就能从万千音响中辨识出她。她就是我的伊

犁，她就是我的谜一样的忧郁。至少是因为告别了伊犁，至少是因为它是唯一的我又喜爱又熟悉又至今唱不成调的歌儿。

阿娜尔姑丽

以喀什噶尔为中心的南部新疆的歌儿与以伊犁为中心的北疆的歌儿有很大的不同。如果说北疆民歌的代表是《黑黑的眼睛》的话，那么，南疆民歌的典型则是《阿娜尔姑丽》。“阿娜尔姑丽”的意思是石榴花，而这又是一个在南部新疆常见的姑娘的名字。这个名字很美。电影《阿娜尔汗》的主题歌就是根据民歌《阿娜尔姑丽》整理、配词而成。歌一开始便唱道：

我的热瓦甫琴声多么响亮，
莫非装上了金子做成的琴弦？

而民歌的起始两句，据我所知的一个版本是这样的：

夜晚到来我睡不着觉呀，
快赶开巢里的乌鸦，啊，我的人！

最后一个词是bala，是孩子的意思，这里叫一声孩子，类似英语中的baby，是一种昵称，故译作“我的人”。

以《阿娜尔姑丽》为代表的南疆民歌似乎更具有节奏感，人们唱这些歌的时候似乎正迈着沉重有力的步子，似乎正在漫漫沙石戈壁驿道上长途跋涉。四周杳无人迹，远山上雪光晶莹，干枯的柴草在风中颤抖，行路者的歌声坚毅而又温情，我好像看到了歌者的被南疆的太阳烧烤成了紫酱色的脸庞。

也许他们是骑着骆驼唱这些歌的吧？在“沙漠之舟”上，他们体验着大地的辽阔、荒芜、寂静与神秘；他们也体验着自己内心的火焰的跳动、炽热、熬煎和辉耀。他们已经漫游了许多日日夜夜。他们已经寻求了许多岁岁年年。他们已经创造了许多城市乡村。他们热烈地盼望着更多的人间的情爱。

我永远不会忘记我第一次受到这样的歌声冲击的情景。那是在叶尔羌河东岸、塔克拉玛干沙漠西缘的麦盖提县，一九六四年，我住在县委招待所，准备去洋达克乡[①]。招待所正在盖房子，每天早晨八时以后，来自农村的临时建筑工开始上班。有两个年轻的女人，她们不紧不慢地用抬把子抬砖，一边装卸，一边走路，一边大声唱歌。她们唱的是《阿娜尔姑丽》，她们的唱歌就像呐喊一样的自然、朴素、开阔、痛快，她们的唱歌就像呼唤一样响亮、多情、急切、期待着回应，她们的唱歌又像是一种挑战、放肆的发泄，自唱自调，如入无人之境。她们戴着紫红色的小帽，穿着红色的裙子，红色的裙子下面还有绿色的灯笼裤。这歌声响彻一个上午，中午稍稍歇息，又一直唱下去，唱到太阳快要落山。她们的精力，她们的热情，她们的喉咙里，似乎都有着无尽的蕴藏。

即使是生活在城市中、生活在忙乱中、生活在纷扰与风霜雨雪中也罢，想起这样的歌，能不为那股热流而心潮激荡么?

1991 年

① 编者注：现在通常译为央塔克乡。

三松堂断忆

宗　璞

转眼间父亲离开我们已经快一年了。

去年这时，也是玉簪花开得满院雪白，我还计划在向阳的草地上铺出一小块砖地，以便把轮椅推上去，让父亲在浓重的树荫中得一小片阳光。因为父亲身体渐弱，忙于延医取药，竟没有来得及建设。九月底，父亲进了医院，我在整天奔忙之余，还不时望一望那片草地，总不能想象老人再不能回来，回来享受我为他安排的一切。

哲学界人士和亲友们都认为父亲的一生总算圆满，学术成就和他从事的教育事业使他中年便享盛名，晚年又见到了时代的变化，生活上有女儿侍奉，诸事不用操心，能在哲学的清纯世界中自得其乐。而且，他的重要著作《中国哲学史新编》，八十岁才开始写，许多人担心他写不完，他居然写完了。他是拼着性命支撑着，他一定要写完这部书。

在父亲的最后几年里，经常住医院，一九八九年下半年起更为频繁。一次是十一月十一日午夜，父亲突然发作心绞痛，外子蔡仲德和两个年轻人一起，好不容易将他抬上救护车。他躺在担架上，我坐在旁边，数着脉搏。夜很静，车子一路尖叫着驶向医院。好在他的医疗待遇很好，每次住院都很顺利。一切安排妥当后，他的精神好了许多，我俯身为他掖好被角，正要离开时，他疲倦地用力说："小女，你太累了！""小女"这乳名几十年不曾有人叫了。"我不累。"我说，勉强忍住了眼泪。说不累是假的，然而比起担心和不安，劳累又算得了什么呢。

过了几天，父亲又一次不负我们的劳累担心，平安回家了。我们笑说："又是一次惊险镜头。"十二月初，他在家中度过九十四寿辰。也是他最后的寿辰。

这一天，民盟中央的几位负责人丁石孙等先生前来看望，老人很高兴，谈起一些文艺杂感，还说，若能汇集成书，可题名为“余生札记”。

这余生太短促了。中国文化书院为他筹办了庆祝九五寿辰的“冯友兰哲学思想国际研讨会”，他没有来得及参加，但他知道了大家的关心。

一九九〇年初，父亲因眼前有幻象，又住医院。他常常喜欢自己背诵诗词，每住医院，总要反复吟哦《古诗十九首》。有记不清的字，便要我们查对。“青青陵上柏，磊磊涧中石。人生天地间，忽如远行客。”“浩浩阴阳移，年命如朝露。人生忽如寄，寿无金石固。”他在诗词的意境中似乎觉得十分安宁。一次医生来检查后，他忽然对我说：“庄子说过，生为附赘悬疣，死为决疣溃痈。孔子说过，朝闻道，夕死可矣。张横渠又说，生吾顺事，没吾宁也。我现在是事情没有做完，所以还要治病。等书写完了，再生病就不必治了。”我只能说：“那不行，哪有生病不治的呢！”父亲微笑不语。我走出病房，便落下泪来。坐在车上，更是泪如泉涌。一种没有人能分担的孤单沉重地压迫着我。我知道，分别是不可避免的。

我们希望他快点写完《新编》，可又怕他写完。在住医院的间隙中，他终于完成了这部书。亲友们都提醒他还有本《余生札记》呢。其实老人那时不只有文艺杂感，又还有新的思想，他的生命是和思想和哲学连在一起的。只是来不及了。他没有力气再支撑了。

人们常问父亲有什么遗言。他在最后几天有时念及远在异国的儿子钟辽和唯一的孙儿冯岱。他用力气说出的最后的关于哲学的话是：“中国哲学将来一定会大放光彩！”他是这样爱中国、这样爱哲学。当时有李泽厚和陈来在侧。我觉得这句话应该用大字写出来。

然后，终于到了十一月二十六日那凄冷的夜晚，父亲那永远在思索的头脑进入了永恒的休息。

作为父亲的女儿，而且是数十年都在他身边的女儿，在他晚年又身兼几大职务，秘书、管家兼门房、医生、护士带跑堂，照说对他应该有深入的了解，但是我无哲学头脑，只能从生活中窥其精神于万一。根据父亲的说法，哲学是对人类精神的反思，他自己就总是在思索，在考虑问题。因为过于专注，难免有些呆气。他晚年耳目失其聪明，自己形容自己是“呆若木鸡”。其实这些呆气早已有之。抗战初期，几位清华教授从长沙往昆明，途经镇南关，父亲手臂触城墙而骨折。金岳霖先生一次对我幽默地提起此事，他说：“当时司机通知大家，不要把手放在窗外，要过城门了。别人都很快照办，只有你父亲听了这话，便

考虑为什么不能放在窗外，放在窗外和不放在窗外的区别是什么，其普遍意义和特殊意义是什么，还没考虑完，已经骨折了。”这是形容父亲爱思索。他那时正是因为在思索，根本就没有听见司机的话。

他的生命就是不断地思索，不论遇到什么挫折，遭受多少批判，他仍顽强地思考，不放弃思考。不能创造体系，就自我批判，自我批判也是一种思考。而且在思考中总会冒出些新的想法来。他自我改造的愿望是真诚的，没有经历过二十世纪中叶的变迁和六七十年代的各种政治运动的人，是很难理解这种自我改造的愿望的。首先，一声“中国人民站起来了”促使了多少有智慧的人迈上走向超越的历程。其次，知识分子前冠以资产阶级，位置固定了，任务便是改造，又怎知自是之为是，自非之为非？第三，各种知识分子的处境也不尽相同，有居庙堂而一切看得较为明白，有处林下而只能凭报纸和传达，也只能信报纸和传达。其感受是不相同的。

幸亏有了新时期，人们知道还是自己的头脑最可信。父亲明确采取了不依傍他人，“修辞立其诚”的态度。我以为，这个“诚”字并不能与“伪”相对。需要提出“诚”，需要提倡说真话，这是我们这个时代的大悲哀。

我想历史会对每一个人作出公允的、不带任何偏见的评价。历史不会忘记有些微贡献的每一个，而评价每一个人时，也不要忘记历史。

父亲一生对物质生活的要求很低，他的头脑都让哲学占据了，没有空隙再来考虑诸般琐事。而且他总是为别人着想，尽量减少麻烦。一个人到九十五岁，没有一点怪癖，实在是奇迹。父亲曾说，他一生得力于三个女子：一位是他的母亲、我的祖母吴清芝太夫人，一位是我的母亲任载坤先生，还有一个便是我。一九八二年，我随父亲访美，在机场上父亲作了一道打油诗：“早岁读书赖慈母，中年事业有贤妻。晚来又得女儿孝，扶我云天万里飞。”确实得有人料理俗务，才能有纯粹的精神世界。近几年，每逢我的生日，父亲总要为我撰寿联。一九九〇年夏，他写最后一联，联云：“鲁殿灵光，赖家有守护神，岂独文采传三世；文坛秀气，知手持生花笔，莫让新编代双城。”父亲对女儿总是看得过高。“双城”指的是我的长篇小说，第一卷《南渡记》出版后，因为没有时间，没有精力，便停顿了。我必须以《新编》为先，这是应该的，也是值得的。当然，我持家的能力很差，料理饮食尤其不能和母亲相比，有的朋友都惊讶我家饭食的粗糙。而父亲从没有挑剔，从没有不悦，总是兴致勃勃地进餐，无论做了什么，好吃不好吃，似乎都滋味无穷。这一方面因为他得天独厚，一直胃口好，常自嘲“还有当饭桶的资格”；另一方面，我完全能够体会，他是以为能做出饭来已经很不容易，再挑剔好坏，岂不让管饭的人为难。

父亲自奉俭，但不乏生活情趣。他并不永远是道貌岸然，也有豪情奔放，潇洒闲逸的时候，不过机会较少罢了。一九二六年父亲三十一岁时，曾和杨振声、邓以蛰两先生，还有一位翻译李白诗的日本学者一起豪饮，四个人一晚喝去十二斤花雕。六十年代初，我因病常住家中，每于傍晚随父母到颐和园包坐大船，一元钱一小时，正好览尽落日的绮辉。一位当时的大学生若干年后告诉我说，那时他常常看见我们的船在彩霞中飘动，觉得真如神仙中人。我觉得父亲是有些仙气的，这仙气在于他一切看得很开。在他的心目中，人是与天地等同的。“人与天地参”，我不止一次听他讲解这句话。《三字经》说得浅显，“三才者，天地人”。既与天地同，还屑于去钻营什么！那些年，一些稍有办法的人都能把子女调回北京，而他，却只能让他最钟爱的幼子钟越长期留在医疗落后的黄土高原。一九八二年，钟越终于为祖国的航空事业流尽了汗和血，献出了他的青春和生命。

父亲的呆气里有儒家的伟大精神，“天行健，君子以自强不息”，自强不息到“知其不可而为之”的地步；父亲的仙气里又有道家的豁达洒脱。秉此二气，他穿越了在苦难中奋斗的中国的二十世纪。他的一生便是二十世纪中国文化的一个篇章。

据河南家乡的亲友说，一九四五年初祖母去世，父亲与叔父一同回老家奔丧，县长来拜望，告辞时父亲不送，而对一些身为老百姓的旧亲友，则一直送到大门，乡里传为美谈。从这里我想起和读者的关系。父亲很重视读者的来信，许多年常常回信。星期日上午的活动常常是写信。和山西一位农民读者车恒茂老人就保持了长期的通信，每索书必应之。后来我曾代他回复一些读者来信，尤其是对年轻人，我认为最该关心，也许几句话便能帮助发掘了不起的才能。但后来我们实在没有能力做了，只好听之任之。把人家的千言信万言书束之高阁，起初还感觉不安，时间一久，则连不安也没有了。

时间会抚慰一切，但是去年初冬深夜的景象总是历历如在目前。我想它是会伴随我进入坟墓的了。当晚，我们为父亲穿换衣服时，他的身体还那样柔软，就像平时那样配合，他好像随时会睁开眼睛说一声“中国哲学将来一定会大放光彩”。我等了片刻，似乎听到一声叹息。

不得不离开病房了。我们围跪在床前，忍不住痛哭失声！仲扶着我，可我觉得这样沉重的孤单！在这茫茫世界中，再无人需我侍奉，再无人叫我的乳名了。这么多年，每天清晨最先听到的，是从父亲卧房传来的咳嗽，每晚睡前必

到他床前说几句话。我怎样能从多年的习惯中走得出来！

然而日子居然过去快一年了。只好对自己说，至少有一件事稍可安慰。父亲去时不知道我已抱病。他没有特别的牵挂，去得安心。

文章将尽，玉簪花也谢尽了。邻院中还有通红的串红和美人蕉，记得我曾说串红像是鞭炮，似乎马上会劈劈啪啪响起来。而生活里又有多少事值得它响呢！

原载《读书》1991年第12期

幽径悲剧

季羡林

出家门，向右转，只有二三十步，就走进一条曲径。有二三十年之久，我天天走过这一条路，到办公室去。因为天天见面，也就成了司空见惯，对它有点漠然了。

然而，这一条幽径却是大大有名的。记得在五十年代，我在故宫的一个城楼上，参观过一个有关《红楼梦》的展览。我看到由几幅山水画组成的组画，画的就是这一条路。足证这一条路是同这一部伟大的作品有某一些联系的。至于是什么联系，我已经记忆不清。留在我记忆中的只是一点印象：这一条平平常常的路是有来头的，不能等闲视之。

这一条路在燕园中是极为幽静的地方。学生们称之为“后湖”，他们是很少到这里来的。我上面说它平平常常，这话有点语病，它其实是颇为不平常的。一面傍湖，一面靠山，蜿蜒曲折，实有曲径通幽之趣。山上苍松翠柏，杂树成林。无论春夏秋冬，总有翠色在目。不知名的小花，从春天开起，过一阵换一个颜色，一直开到秋末。到了夏天，山上一团浓绿，人们仿佛是在一片绿雾中穿行。林中小鸟，枝头鸣蝉，仿佛互相应答。秋天，枫叶变红，与苍松翠柏，相映成趣，凄清中又饱含浓烈。几乎让人不辨四时了。

小径另一面是荷塘，引人注目主要是在夏天。此时绿叶接天，红荷映目。仿佛从地下深处爆发出一股无比强烈的生命力，向上，向上，向上，欲与天公试比高，真能使懦者立怯者强，给人以无穷的感染力。

不管是在山上，还是在湖中，一到冬天，当然都有白雪覆盖。在湖中，昔日潋滟的绿波为坚冰所取代。但是在山上，虽然落叶树都把叶子落掉，可是松柏反而更加精神抖擞，绿色更加浓烈，意思是想把其他树木之所失，自己一手

弥补过来，非要显示出绿色的威力不行。再加上还有翠竹助威，人们置身其间，绝不会感到冬天的萧索了。

这一条神奇的幽径，情况大抵如此。

在所有的这些神奇的东西中，给我印象最深，让我最留恋难忘的是一株古藤萝。藤萝是一种受人喜爱的植物。清代笔记中有不少关于北京藤萝的记述。在古庙中，在名园中，往往都有几棵寿达数百年的藤萝，许多神话故事也往往涉及藤萝。北大现住的燕园，是清代名园，有几棵古老的藤萝，自是意中事。我们最初从城里搬来的时候，还能看到几棵据说是明代传下来的藤萝。每到春天，紫色的花朵开得满棚满架，引得游人和蜜蜂猬集其间，成为春天一景。

但是，根据我个人的评价，在众多的藤萝中，最有特色的还是幽径的这一棵。它既无棚，也无架，而是让自己的枝条攀附在邻近的几棵大树的干和枝上，盘曲而上，大有直上青云之概。因此，从下面看，除了一段苍黑古劲像苍龙般的粗干外，根本看不出是一株藤萝。每到春天，我走在树下，眼前无藤萝，心中也无藤萝。然而一股幽香蓦地闯入鼻官，嗡嗡的蜜蜂声也袭入耳内，抬头一看，在一团团的绿叶中——根本分不清哪是藤萝叶，哪是其他树的叶子——隐约看到一朵朵紫红色的花，颇有万绿丛中一点红的意味。直到此时，我才清晰地意识到这一棵古藤的存在，顾而乐之了。

经过了史无前例的十年浩劫，不但人遭劫，花木也不能幸免。藤萝们和其他一些古丁香树等等，被异化为“修正主义”，遭到了无情的诛伐。六院前的和红二三楼之间的那两棵著名的古藤，被坚决、彻底、干净、全部地消灭掉。是否也被踏上一千只脚，没有调查研究，不敢瞎说；永世不得翻身，则是铁一般的事实了。

茫茫燕园中，只剩下了幽径的这一棵藤萝了。它成了燕园中藤萝界的鲁殿灵光。每到春天，我在悲愤、惆怅之余，唯一的一点安慰就是幽径中这一棵古藤。每次走在它下面，闻到淡淡的幽香，听到嗡嗡的蜂声，顿觉这个世界还是值得留恋的，人生还不全是荆棘丛。其中情味，只有我一个人知道，不足为外人道也。

然而，我快乐得太早了。人生毕竟还是一个荆棘丛，绝不是到处都盛开着玫瑰花。今年春天，我走过长着这棵古藤的地方，我的眼前一闪，吓了一大跳：古藤那一段原来凌空的虬干，忽然成了吊死鬼，下面被人砍断，只留上段悬在空中，在风中摇曳。再抬头向上看，藤萝初绽出来的一些淡紫的成串的花朵，还在绿叶丛中微笑。它们还没有来得及知道，自己赖以生存的树干已经被砍断了，脱离了地面，再没有水分供它们生存了。它们仿佛成了失掉了母亲的孤儿，不久就会微笑不下去，连痛哭也没有地方了。

我是一个没有出息的人。我的感情太多，总是供过于求，经常为一些小动物、小花草惹起万斛闲愁。真正的伟人们是绝不会这样的。反过来说，如果他们像我这样的话，也绝不能成为伟人。我还有点自知之明，我注定是一个渺小的人，也甘于如此，我甘于为一些小猫小狗小花小草流泪叹气。这一棵古藤的灭亡在我心灵中引起的痛苦，别人是无法理解的。

从此以后，我最爱的这一条幽径，我真有点怕走了。我不敢再看那一段悬在空中的古藤枯干，它真像吊死鬼一般，让我毛骨悚然。非走不行的时候，我就紧闭双眼，疾趋而过。心里数着数：一，二，三，四，一直数到十，我估摸已经走到了小桥的桥头上，吊死鬼不会看到了，我才睁开眼走向前去。此时，我简直是悲哀至极，哪里还有什么闲情逸致来欣赏幽径的情趣呢?

但是，这也不行。眼睛虽闭，但耳朵是关不住的。我隐隐约约听到古藤的哭泣声，细如蚊蝇，却依稀可辨。它在控诉无端被人杀害。它在这里已经待了二三百年，同它所依附的大树一向和睦相处。它虽阅尽人间沧桑，却从无害人之意。每到春天，就以自己的花朵为人间增添美丽。焉知一旦毁于愚氓之手。它感到万分委屈，又投诉无门。它的灵魂死守在这里。每到月白风清之夜，它会走出来“显圣”的。在大白天，只能偷偷地哭泣。山头的群树、池中的荷花是对它深表同情的，然而又受到自然的约束，寸步难行，只能无言相对。在茫茫人世中，人们争名于朝，争利于市，哪里有闲心来关怀一棵古藤的生死呢?于是，它只有哭泣，哭泣……

世界上像我这样没有出息的人，大概是不多的。古藤的哭泣声恐怕只有我一个能听到。在浩茫无际的大千世界上，在林林总总的植物中，燕园的这一棵古藤，实在渺小得不能再渺小了。你倘若问一个燕园中人，绝不会有任何人注意到这一棵古藤的存在的，绝不会有任何人关心它的死亡的，绝不会有任何人为之伤心的。偏偏出了我这样一个人，偏偏让我住到这个地方，偏偏让我天天走这一条幽径，偏偏又发生了这样一个小小的悲剧；所有这一些偶然性都集中在一起，压到了我的身上。我自己的性格制造成的这一个十字架，只有我自己来背了。奈何，奈何!

但是，我愿意把这个十字架背下去，永远永远地背下去。

1992 年

关于死的反思

萧　乾

死对我并不陌生。还在三四岁上，我就见过两次死人：一回是我三叔，另一回是我那位卖烤白薯的舅舅。印象中，三叔是坐在一张凳子上咽的气。他的头好像剃得精光，歪倚在婶婶胸前。婶婶一边摆弄他的头，一边颤声地责问："你就这么狠心把我们娘儿几个丢下啦！"接着，那脑袋就耷拉下来了。后来，每逢走过剃头挑子，见到有人坐在那里剃头，我就总想起三叔。舅舅死得可没那么痛快。记得他是双脚先肿的。舅母泪汪汪地对我妈说："男怕穿靴，女怕戴帽。我看他是没救了。"果然，没几天他就蹬了腿儿。

真正感到死亡的沉痛，是当我失去自己妈妈的那个黄昏。那天恰好是我生平第一次挣钱——地毯房发工资。正如我在《落日》中所描绘的，那天一大早上工时，我就有了不祥的预感。妈一宿浑身烧得滚烫，目光呆滞，已经不大能言声儿了。白天干活我老发愣。发工资时，洋老板刚好把我那份给忘了。我好费了一番周折才拿到那一块五毛钱。我一口气就跑到北新桥头，胡乱给她买了一蒲包干鲜果品。赶回去时，她已经双眼紧闭，神志迷糊，在那里捯气儿哪。我硬往她嘴里灌了点荔枝汁子。她是含着我挣来的一牙苹果断的气。

登时我就像从万丈悬崖跌下。入殓时，有人把我抱到一只小凳子上，我喊了她最后一声"妈"——亲友们还一再叮嘱我可不能把泪滴在她身上。在墓地上，又是我往坑里抓的第一把土。离开墓地，我频频回首：她就已经成为一个尖尖的土堆了。从那以后，我就开始孤身在茫茫人海中漂浮。

我的青年时期大部分是在战争中度过的。死人还是见了不少。"八一三"事变时，上海大世界和先施公司后身掉了两次炸弹，我都恰好在旁边。我命硬，没给炸着。可我亲眼看到一辆辆大卡车把血淋淋的尸体拉走。伦敦的大爆炸就更不用说了。

死究竟是咋回事？咱们这个民族讲求实际，不喜欢在没有边际的事上去费脑筋。“未知生焉知死！”十分干脆。英国早期诗人约翰·邓恩曾说：“人之一生是从一种死亡过渡到另一种死亡。”这倒有点像庄子的“生也死之途，死也生之始”，都把生死看作连环套。

文学作品中，死亡往往是同恐怖联系在一起的。它不是深渊，就是幽谷。但丁的《神曲》与弥尔顿的《失乐园》中的地狱同样吓人。英国作家中，还是哲人培根来得健康，他认为死亡并不比碰伤个指头更为痛苦，而且人类许多感情都足以压倒或战胜死亡。“仇隙压倒死亡，爱情蔑视死亡，荣誉感使人献身，巨大的哀痛使人扑向死亡。”他蔑视那些还没死就老在心里嘀咕死亡的人，认为那是软弱怯懦，并引用朱维诺的话说，死亡是大自然赐给人类的恩惠之一，它同生命一样，都是自然的产物。“人生最美的挽歌莫过于当你在一种有价值的事业中度过了一生。”这与司马迁的泰山与鸿毛倒有些异曲同工之妙。

死亡，甚至死的念头，一向离我很远。第一次想到死是在1930年的夏天。其实，那也只在脑际闪了一下。那是当《梦之谷》中的“盈”失踪之后，我孤身一人坐了六天六夜的海船，经上海、塘沽回到北京的那次。那六天我不停地在甲板上徘徊，海浪朝我不断龇着白牙。作为统舱客，夜晚我就睡在甲板上，我确实冒出过纵身跳下去的念头，挽住我的可并不是什么崇高的理想。我只是想，妈妈自己出去当佣工把我拉扯这么大，我轻生可对不起她。我又是个独子，这就仿佛非同一般。其实，归根结底，还是我对生命有着执着的爱，那远远超出死亡对我的诱惑。

只有在1966年的仲夏，死才第一次对我显得比生更为美丽，因为那样我就可以逃脱无缘无故的侮辱与折磨。坐在牛棚里，有一阵子我成天都在琢磨着各种死法。我还总想死个周全、妥善，不能拖泥带水。首先就是不能牵累家人。为此，我打了多少遍腹稿，才写出那几百字无懈可击的遗嘱。我还要确保死就死个干脆，绝不可没死成反而落个残废。我甚至还想死个舒服。所以最初我想投河自尽：两口水咽下去，就人事不省了。那天下午我骑车到自己熟稔的青年湖去，可那里满是戴红箍的。我也曾想从五层楼往下跳，并且还勘察过——下面倒是洋灰地，但我仍然不放心。所以那晚我终于采取了双重保险的死法：先吞下一整瓶安眠药，再去触电。我怕家人因救我而触电，所以还特意搬出孩子们写作业的小黑板，用粉笔写上“有电”两个大字，我害怕临时对自己下不去手，就先灌下半瓶二锅头才吞安眠药的。没等我扎到水缸里去触电，就倒下失

掉了知觉。

我真有一副结实的胃！也谢谢隆福医院那位大夫。12个小时以后，我又坐在出版社食堂里啃起馒头了。对于又重返人世，我感到庆幸，尽管周围的恐怖没有什么改变。我太热爱生活了，那次自尽是最大的失误。我远远地朝着饭厅另一端也在监视之下、可望而不可即的洁若发誓：我再也不寻死了。

从1966年至今，又快30年了，我越活越欢实，尤其当我记起自己这条命——这段辰光，真正是白白捡来的。当年，隆福医院大夫满可以不收我这个“阶级敌人”，勒令那辆平板三轮把我拉走了事。那时，这样做还最合乎立场鲜明的标准。即便勉强收下，也尽可以马马虎虎，敷衍了事。没有人会为一个“阶级敌人”给自己找麻烦。然而那位正直的大夫却收下了我。当然，他（她）只好在我的病历上写下了“右派畏罪自杀”几个字（我是后来看到的）。这是必要的自卫措施。但是他（她）认真地为我洗了胃，洗得干干净净。

人在一场假死之后，对于生与死有了崭新的认识。从此，它使我正确地面对人生了。死，这个终必到来的前景，使我看透了许多，懂得生活中什么是可珍贵的，什么是粪土；什么是持久，什么是过眼浮云。我再也不是雾里看花了，死亡使生命对我更成为透明的了。

死亡对我还成为一个巨大的鞭策力量，所以1979年重新获得艺术生命之后，我才对自己发誓要“跑好人生这最后一圈”。“最后”二字就意味着我对待死亡的坦荡胸怀。我清醒地知道剩下的时间不会很长了。我并不把死看作深渊或幽谷。它只不过是运动场上所有跑将必然到达的终点，也即是天下没有不散的筵席。所以在医院里散步每走过太平间，我一点也不胆怯。两次动全身麻醉的大手术，我都是微笑着被推入手术室的。心里想，这回也许是终点，也许还不是。及至开完刀，人又活过来之后，我就继续我的跑程。

我的姿势不一定总是好的，有时还难免会偏离了跑线。然而我就像一匹不停蹄的马，使出吃奶的劲头来跑。三十年代上海有过跑狗场，场上，一个电动的兔子在前头飞驰，狗就在后边追。死亡之于我，就如跑道上的电兔子和追在后边的那只狗。

有人会纳闷我何以在写完《未带地图的旅人》之后，还有兴致又写了文学回忆录。1957年大小报纸对我连篇累牍的揭批以及那位顶头上司后来写的《萧乾是个什么人》，对我起了激励作用。我就是要认认真真地交代一下自己。

这十二年，我同洁若真是马不停蹄地爬格子。就连在死亡边缘徘徊的那八个月，肾部插着根橡皮管子，我也没歇手，还是把《培尔·金特》赶译了出来。

当时我确实是在跟死亡拼搏，无论如何不愿丢下一部未完成的译稿。是死神促使我奋力把它完成。

我已经好几年没进百货公司了，却热衷于函购药物及医疗器械。我想尽可能延年益寿。每逢出访或去开会，能直直地躺在宾馆大洋瓷澡盆里痛痛快快洗个热水澡，固然是一种有益于健康的享受，我却不愿意为此而搬家，改变目前的平民生活。

我酷爱音乐，但只愿守着陪我多年的双卡半导体，无意添置一套音响设备。奇怪，人一老，对什么用过多年的旧东西都产生了执着的感情。

既然儿女都不急于结婚，我膝下至今没有第三代。但我身边有一簇喊我“萧爷爷”的年轻人。他们不时来看我，我从他们天真无邪的言谈笑声中，照样也得到温馨的快乐。

死亡的必然性还使我心胸豁达，懂得分辨生活中各种事物的性质和分量。因而对身外之物越看越淡。我经常对自己也对家人说：“什么也带不了走！”物质上不论占有多少，荣誉的梯阶不论爬得多高，最终也不过化为一撮骨灰。倒是每听到一支古老而优美的曲子就想：哪怕一生只创作出一宗悦耳、悦目和悦心的什么，能经得起时间的磨损，也不枉此生。在自己的生活位置上尽了力，默默无闻地做了有益于同类的事撒手归去，也会心安理得。

在跑最后一圈时，死亡这个必将使我与家人永别的前景，还促进了家庭中的和睦。由于习惯或对事物想法的差异，紧密生活在一起的家人有时难免会产生一瞬间的不和谐。遇到这种时刻和场合，最有力的提醒就是：“咱们还能再相处几年啦！”任何扣子都能在这一前景下，迎刃而解，谁也不愿说日后会懊悔的话，或做那样的事。

怕死，以为人可以永远不死或者死后还能带走什么，都是彻头彻尾的唯心主义。死亡神通广大，它能促使人奋勇前进，又能看透事物本质。我想来想去，唯一解释是：死亡的前景最能使人成为唯物主义者，因而也就无所畏惧了。“人只有一辈子好活。”认识了死，才能活得更清醒，劲头更足，更有目标。

愿与天下老人共勉之。

1995 年

一个王朝的背影

——

余秋雨

一

我们这些人，对清代总有一种复杂的情感阻隔。记得很小的时候，历史老师讲到“扬州十日”“嘉定三屠”时眼含泪花，这是清代的开始；而讲到“火烧圆明园”“戊戌变法”时又有泪花了，这是清代的尾声。年迈的老师一哭，孩子们也跟着哭，清代历史，是小学中唯一用眼泪浸润的课程。从小种下的怨恨，很难化解得开。

老人的眼泪和孩子们的眼泪拌和在一起，使这种历史情绪有了一种最世俗的力量。我小学的同学全是汉族，没有满族，因此很容易在课堂里获得一种共同语言，好像汉族理所当然是中国的主宰，你满族为什么要来抢夺呢？抢夺去了能够弄好倒也罢了，偏偏越弄越糟，最后几乎让外国人给瓜分了。于是，在闪闪泪光中，我们懂得了什么是汉奸，什么是卖国贼，什么是民族大义，什么是气节。我们似乎也知道了中国之所以落后于世界列强，关键就在于清代，而辛亥革命的启蒙者们重新点燃汉人对清人的仇恨，提出“驱除鞑虏，恢复中华”的口号，又是多么有必要，多么让人解气。清朝终于被推翻了，但至今在很多中国人心里，它仍然是一种冤孽般的存在。

年长以后，我开始对这种情绪产生警惕。因为无数事实证明，在我们中国，许多情绪化的社会评判规范，虽然堂而皇之地传之久远，却包含着极大的不公正。我们缺少人类普遍意义上的价值启蒙，因此这些情绪化的社会评判规范大多是从封建正统观念逐渐引申出来的，带有很多盲目性。先是姓氏正统论，刘汉、李唐、赵宋、朱明……在同一姓氏的传代系列中所出现的继承人，哪怕是昏君、懦夫、色鬼、守财奴、精神失常者，都是合法而合理的，而外姓人氏若有觊觎，即便有一千条一万条道理，也站不住脚，真伪、正邪、忠奸全由此划分。由姓氏正统论扩而大之，就是民族正统论。这种观念要比姓氏正统论复杂得多，你看辛亥革命的闯将们与封建主义的姓氏正统论势不两立，却也需要大声宣扬民族正统论，便是例证。民族正统论涉及几乎一切中国人都耳熟能详的许多著名人物和著名事件，是一个在今后仍然要不断争论的麻烦问题。在这儿请允许我稍稍回避一下，我需要肯定的仅仅是这样一点：满族是中国的满族，清朝的历史是中国历史的一部分；统观全部中国古代史，清朝的皇帝在总体上还算比较好的，而其中的康熙皇帝甚至可说是中国历史上最好的皇帝之一，他与唐太宗李世民一样使我这个现代汉族中国人感到骄傲。

既然说到了唐太宗，我们又不能不指出，据现代历史学家考证，他更可能是鲜卑族而不是汉族之后。

如果说先后在巨大的社会灾难中迅速开创了“贞观之治”和“康雍乾盛世”的两位中国历史上最杰出帝王都不是汉族，如果我们还愿意想一想那位至今还在被全世界历史学家惊叹的建立了赫赫战功的元太祖成吉思汗，那么我们的中华历史观一定会比小学里的历史课开阔得多。

汉族当然非常伟大，汉族当然没有理由要受到外族的屠杀和欺凌，当自己的民族遭受危难时当然要挺身而出进行无畏的抗争，为了个人的私利不惜出卖民族利益的无耻之徒当然要受到永久的唾弃，这些都是没有异议的。问题是，不能由此而把汉族等同于中华，把中华历史的正义、光亮、希望，全都押在汉族一边。与其他民族一样，汉族也有大量的污浊、昏聩和丑恶，它的统治者常常一再地把整个中国历史推入死胡同。在这种情况下，历史有可能作出超越汉族正统论的选择，而这种选择又未必是倒退。

《桃花扇》中那位秦淮名妓李香君，身份低贱而品格高洁，在清兵浩荡南下、大明江山风雨飘摇时节保持着多大的民族气节！但是，她万万没有想到，就在她和她的恋人侯朝宗为抗清扶明不惜赴汤蹈火、奔命呼号的时候，恰恰正是苟延残喘而仍然荒淫无度的南明小朝廷，作践了他们。那个在当时当地看来既是明朝也是汉族的最后代表的弘光政权，根本不要她和她的姐妹们的忠君泪、报国心，而只要她们作为一个女人最可怜的色相。李香君真想与恋人一起为大明捐躯流血，但叫她恶心的是，竟然是大明的官僚来强逼她成婚，而使她血溅纸扇，染成“桃花”。“桃花扇底送南朝”，这样的朝廷就让它去了吧，长叹一声，气节、操守、抗争、奔走，全都成了荒诞和自嘲。《桃花扇》的作者孔尚任

是孔老夫子的后裔，连他，也对历史转捩时期那种盲目的正统观念产生了深深的怀疑。他把这种怀疑，转化成了笔底的灭寂和苍凉。

对李香君和侯朝宗来说，明末的一切，看够了，清代会怎么样呢，不想看了。文学作品总要结束，但历史还在往前走，事实上，清代还是很可看看的。

为此，我要写写承德的避暑山庄。清代的史料成捆成扎，把这些留给历史学家吧，我们，只要轻手轻脚地绕到这个消夏的别墅里去偷看几眼也就够了。这种偷看其实也是偷看自己，偷看自己心底从小埋下的历史情绪和民族情绪，有多少可以留存，有多少需要校正。

二

承德的避暑山庄是清代皇家园林，又称热河行宫、承德离宫，虽然闻名史册，但久为禁苑，又地处塞外，历来光顾的人不多，直到这几年才被旅游者搅得有点热闹。我原先并不知道能在那里获得一点什么，只是今年夏天中央电视台在承组织了一次国内优秀电视编剧和导演的聚会，要我给他们讲点课，就被他们接去了。住所正在避暑山庄背后，刚到那天的薄暮时分，我独个儿走出住所大门，对着眼前黑黝黝的山岭发呆。查过地图，这山岭便是避暑山庄北部的最后屏障，就像一张罗圈椅的椅背。在这张罗圈椅上，休息过一个疲惫的王朝。奇怪的是，整个中华版图都已归属了这个王朝，为什么还要把这张休息的罗圈椅放到长城之外呢？清代的帝王们在这张椅子上面南而坐的时候在想一些什么呢？月亮升起来了，眼前的山壁显得更加巍然怆然。北京的故宫把几个不同的朝代混杂在一起，谁的形象也看不真切，而在这里，远远地，静静地，纯纯地，悄悄地，躲开了中原王气，藏下了一个不羼杂的清代。它实在对我产生了一种巨大的诱惑，于是匆匆讲完几次课，便一头埋到了山庄里边。

山庄很大，本来觉得北京的颐和园已经大得令人咋舌，它竟比颐和园还大整整一倍，据说装下八九个北海公园是没有问题的。我想不出国内还有哪个古典园林能望其项背。

山庄外面还有一圈被称之为“外八庙”的寺庙群，这暂不去说它，光说山庄里面，除了前半部有层层迭迭的宫殿外，主要是开阔的湖区、平原区和山区。尤其是山区，几乎占了整个山庄的八成左右，这让游惯了别的园林的人很不习惯。园林是用来休闲的，何况是皇家园林大多追求方便平适，有的也会堆几座小山装点一下，哪有像这儿的，硬是圈进莽莽苍苍一大片真正的山岭来消遣？

这个格局，包含着一种需要我们抬头仰望、低头思索的审美观念和人生观念。

山庄里有很多楹联和石碑，上面的文字大多由皇帝们亲自撰写，他们当然想不到多少年后会有我们这些陌生人闯入他们的私家园林，来读这些文字，这些文字是写给他们后辈继承人看的。朝廷给别人看的东西很多，有大量刻印广颁的官样文章，而写在这里的文字，尽管有时也咬文嚼字，但总的来说是说给儿孙们听的体己话，比较真实可信。我踏着青苔和蔓草，辨识和解读着一切能找到的文字，连藏在山间树林中的石碑都不放过，读完一篇，便舒松开筋骨四周看看。一路走去，终于可以有把握地说，山庄的营造完全出自一代政治家在精神上的强健。

首先是康熙，山庄正宫午门上悬挂着的“避暑山庄”四个字就是他写的，这四个汉字写得很好，撇捺间透露出一个胜利者的从容和安详，可以想见他首次踏进山庄时的步履也是这样的。他一定会这样，因为他是走了一条艰难而又成功的长途才走进山庄的，到这里来喘口气，应该。

他一生的艰难都是自找的。他的父辈本来已经给他打下了一个很完整的华夏江山，他八岁即位，十四岁亲政，年轻轻一个孩子，坐享其成就是了，能在如此辽阔的疆土、如此兴盛的运势前做些什么呢？他稚气未脱的眼睛，竟然疑惑地盯上了两个庞然大物，一个是朝廷中最有权势的辅政大臣鳌拜，一个自恃当初做汉奸领清兵入关有功、拥兵自重于南方的吴三桂。平心而论，对于这样与自己的祖辈、父辈都有密切关系的重要政治势力，即便是德高望重的一代雄主也未免下得了决心去动手，但康熙却向他们、也向自己挑战了，十六岁上干脆利落地除了鳌拜集团，二十岁开始向吴三桂开战，花八年时间的征战取得彻底胜利。他等于把到手的江山重新打理了一遍，使自己从一个继承者变成了创业者。他成熟了，眼前几乎已经找不到什么对手，但他还是经常骑着马，在中国北方山林草泽间徘徊，这是他祖辈崛起的所在，他在寻找着自己的生命和事业的依托点。

他每次都要经过长城，长城多年失修，已经破败。对着这堵受到历代帝王切切关心的城墙，他想了很多。他的祖辈是破长城进来的，没有吴三桂也绝对进得了，那么长城究竟有什么用呢？堂堂一个朝廷，难道就靠这些砖块去保卫？但是如果没有长城，我们的防线又在哪里呢？他思考的结果，可以从1691年他的一份上谕中看出个大概。那年五月，古北口总兵官蔡元向朝廷提出，他所管辖的那一带长城“倾塌甚多，请行修筑”，康熙竟然完全不同意，他的上谕是：

> 秦筑长城以来，汉、唐、宋亦常修理，其时岂无边患？明末我太祖统大兵长驱直入，诸路瓦解，皆莫能当。可见守国之道，惟在修德安民。民心悦则邦本得，而边境自固，所谓“众志成城”者是也。如古北、喜峰口一带，朕皆巡阅，概多损坏，今欲修之，兴工劳役，岂能无害百姓？且长城延袤数千里，养兵几何方能分守？

说得实在是很有道理。我对埋在我们民族心底的“长城情结”一直不敢恭维，读了康熙这段话，简直是找到了一个远年知音。由于康熙这样说，清代成了中国古代基本上不修长城的一个朝代，对此我也觉得不无痛快。当然，我们今天从保护文物的意义上修理长城完全是另外一回事了，只要不把长城永远作为中华文明的最高象征就好。

康熙希望能筑起一座无形的长城。“修德安民”云云说得过于堂皇而蹈空，实际上他有硬的一手和软的一手。硬的一手是在长城外设立“木兰围场”，每年秋天，由皇帝亲自率领王公大臣、各级官兵一万余人去进行大规模的“围猎”，实际上是一种声势浩大的军事演习，这既可以使王公大臣们保持住勇猛、强悍的人生风范，又可顺便对北方边境起一个威慑作用。“木兰围场”既然设在长城之外的边远地带，离北京就很有一点距离，如此众多的朝廷要员前去秋猎，当然要建造一些大大小小的行宫，而热河行宫，就是其中最大的一座；软的一手是与北方边疆的各少数民族建立起一种常来常往的友好关系，他们的首领不必长途进京也有与清廷彼此交谊的机会和场所，而且还为他们准备下各自的宗教场所，这也就需要有热河行宫和它周围的寺庙群了。总之，软硬两手最后都汇集到这一座行宫、这一个山庄里来了，说是避暑，说是休息，意义却又远远不止于此。把复杂的政治目的和军事意义转化为一片幽静闲适的园林，一圈香火缭绕的寺庙，这不能不说是康熙的大本事。然而，眼前又是道道地地的园林和寺庙，道道地地的休息和祈祷；军事和政治，消解得那样烟水葱茏、慈眉善目，如果不是那些石碑提醒，我们甚至连可以疑惑的痕迹都找不到。

避暑山庄是康熙的“长城”，与蜿蜒千里的秦始皇长城相比，哪个更高明些呢？

康熙几乎每年立秋之后都要到“木兰围场”参加一次为期二十天的秋猎，一生参加了四十八次。每次围猎，情景都极为壮观。先由康熙选定逐年轮换的狩猎区域（逐年轮换是为了生态保护），然后就搭建一百七十多座大帐篷为“内城”，二百五十多座大帐篷为“外城”，城外再设警卫。第二天拂晓，八旗官兵在皇帝的统一督导下集结围拢，在上万官兵齐声呐喊下，康熙首先一马当先，引弓射猎，每有所中便引来一片欢呼，然后扈从大臣和各级将士也紧随康熙射猎。康熙身强力壮，骑术高明，围猎时智勇双全，弓箭上的功夫更让王公大臣由衷惊服，因而他本人的猎获就很多。晚上，营地上篝火处处，肉香飘荡，人笑马嘶，而康熙还必须回帐篷里批阅每天疾驰送来的奏章文书。康熙一生身先士卒打过许多著名的仗，但在晚年，他最得意的还是自己打猎的成绩，因为这纯粹是他个人生命力的验证。1719年康熙自“木兰围场”行猎后返回避暑山庄时曾兴致勃勃地告谕御前侍卫：

> 朕自幼至今已用鸟枪弓矢获虎一百五十三只，熊十二只，豹二十五只，猞二十只，麋鹿十四只，狼九十六只，野猪一百三十三只，哨获之鹿已数百，其余围场内随便射获诸兽不胜记矣。朕于一日内射兔三百一十八只，若庸常人毕世亦不能及此一日之数也。

这笔流水账，他说得很得意，我们读得也很高兴。身体的强健和精神的强健往往是连在一起的，须知中国历史上多的是有气无力病恹恹的皇帝，他们即便再“内秀”，也何以面对如此庞大的国家。

由于强健，他有足够的精力处理挺复杂的西藏事务和蒙古事务，解决治理黄河、淮河和疏通漕运等大问题，而且大多很有成效，功泽后世。由于强健，他还愿意勤奋地学习，结果不仅武功一流，“内秀”也十分了得，成为中国历代皇帝中特别有学问、也特别重视学问的一位，这一点一直很使我震动，而且我可以肯定，当时也把一大群冷眼旁观的汉族知识分子震动了。

谁能想得到呢，这位清朝帝王竟然比明代历朝皇帝更热爱和精通汉族传统文化！大凡经、史、子、集、诗、书、音律，他都下过一番功夫，其中对朱熹哲学钻研最深。他亲自批点《资治通鉴纲目大全》，与一批著名的理学家进行水平不低的学术探讨，并命他们编纂了《朱子大全》《理性精义》等著作。他下令访求遗散在民间的善本珍籍加以整理，并且大规模地组织人力编辑出版了卷帙浩繁的《古今图书集成》《康熙字典》《佩文韵府》《大清会典》，文化气魄铺地盖天。直到今天，我们研究中国古代文化还离不开这些极其重要的工具书。他派人通过对全国土地的实际测量，编成了全国地图《皇舆全览图》。在他倡导的文化气氛下，涌现了一大批在整个中国文化史上都可以称得上第一流大师的人

文科学家，在这一点上，几乎很少有朝代能与康熙朝相比肩。

以上讲的还只是我们所说的“国学”，可能更让现代读者惊异的是他的“西学”。因为即使到了现代，在我们印象中，国学和西学虽然可以沟通但在同一个人身上深潜两边的毕竟不多，尤其对一些官员来说更是如此。然而早在三百年前，康熙皇帝竟然在北京故宫和承德避暑山庄认真研究了欧几里得几何学，经常演算习题，又学习了法国数学家巴蒂的《实用和理论几何学》，并比较它与欧几里得几何学的差别。他的老师是当时来中国的一批西方传教士，但后来他的演算比传教士还快，他亲自审校译成汉文和满文的西方数学著作，而且一有机会就向大臣们讲授西方数学。以数学为基础，康熙又进而学习了西方的天文、历法、物理、医学、化学，与中国原有的这方面知识比较，取长补短。在自然科学问题上，中国官僚和外国传教士经常发生矛盾，康熙不袒护中国官僚，也不主观臆断，而是靠自己发奋学习，真正弄通西方学说，几乎每次都作出了公正的裁断。他任命一名外国人担任钦天监监副，并命令礼部挑选一批学生去钦天监学习自然科学，学好了就选拔为博士官。西方的自然科学著作《验气图说》《仪象志》《赤道南北星图》《穷理学》《坤舆图说》等等被一一翻译过来，有的已经译成汉文的西方自然科学著作如《几何原理》前六卷他又命人译成满文。

这一切，居然与他所醉心的“国学”互不排斥，居然与他一天射猎三百一十八只野兔互不排斥，居然与他一连串重大的政治行为、军事行为、经济行为互不排斥！

我并不认为康熙给中国带来了根本性的希望，他的政权也做过不少坏事，如臭名昭著的“文字狱”之类；我想说的只是，在中国历代帝王中，这位少数民族出身的帝王具有超乎寻常的生命力，他的人格比较健全。有时，个人的生命力和人格，会给历史留下重重的印记。与他相比，明代的许多皇帝都活得太不像样了，鲁迅说他们是“无赖儿郎”，确有点像。尤其让人生气的是明代万历皇帝（神宗）朱翊钧，在位四十八年，亲政三十八年，竟有二十五年时间躲在深宫之内不见外人的面，完全不理国事，连内阁首辅也见不到他，不知在干什么。没见他玩过什么，似乎也没有好色的嫌疑，历史学家们只能推断他躺在烟榻上抽了二十多年的鸦片烟！他聚敛的金银如山似海，但当清军起事，朝廷束手无策时问他要钱，他也死不肯拿出来，最后拿出一个无济于事的小零头，竟然都是因窖藏太久变黑发霉、腐蚀得不能见天日的银子！这完全是一个失去任何人格支撑的心理变态者，但他又集权于一身，明朝怎能不垮？他死后还有儿子朱常洛（光宗）、孙子朱由校（熹宗）和朱由检（思宗）先后继位，但明朝已在他的手里败定了，他的儿孙们非常可怜。康熙与他正相反，把生命从深宫里释放出来，在旷野、猎场和各个知识领域挥洒，避暑山庄就是他这种生命方式的一个重要吐纳口站，因此也是当时中国历史的一所“吉宅”。

三

康熙与晚明帝王的对比，避暑山庄与万历深宫的对比，当时的汉族知识分子当然也感受到了，心情比较复杂。

开始大多数汉族知识分子都坚持抗清复明，甚至在赳赳武夫们纷纷掉头转向之后，一群柔弱的文人还宁死不屈。文人中也有一些著名的变节者，但他们往往也承受着深刻的心理矛盾和精神痛苦。我想这便是文化的力量。一切军事争逐都是浮面的，而事情到了要摇撼某个文化生态系统的时候才会真正变得严重起来。一个民族，一个国家，一个人种，其最终意义不是军事的、地域的、政治的，而是文化的。当时江南地区好几次重大的抗清事件，都起之于“削发”之争，即汉人历来束发而清人强令削发，甚至到了“留头不留发，留发不留头”的地步。头发的样式看来事小却关及文化生态，结果，是否“毁我衣冠”的问题成了“夷夏抗争”的最高爆发点。

这中间，最能把事情与整个文化系统联系起来的是文化人，最懂得文明和野蛮的差别，并把“鞑虏”与野蛮连在一起的也是文化人。老百姓的头发终于被削掉了，而不少文人还在拚死坚持。著名大学者刘宗周住在杭州，自清兵进杭州后便绝食，二十天后死亡；他的门生，另一位著名大学者黄宗羲投身于武装抗清行列，失败后回余姚家乡事母著述；又一位著名大学者顾炎武比黄宗羲更进一步，武装抗清失败后还走遍全国许多地方图谋复明，最后终老陕西……这些一代宗师如此强硬，他们的门生和崇拜者们当然也多有追随。

但是，事情到康熙那儿却发生了一些微妙的变化。文人们依然像朱耷笔下的秃鹫，以“天地为之一寒”的冷眼看着朝廷，而朝廷却奇怪地流泻出一种压抑不住的对汉文化的热忱。开始大家以为是一种笼络人心的策略，但从康熙身上看好像不完全是。他在讨伐吴三桂的战争还没有结束的时候，就迫不及待地下令各级官员以“崇儒重道”为目的，向朝廷推荐“学问兼优、文词卓越”的士子，由他亲自主考录用，称作“博学鸿词科”。这次被保荐、征召的共一百四十三人，后来录取了五十人。

其中有傅山、李颙等人被推荐了却宁死不应考。傅山被人推荐后又被强抬进北京，他见到“大清门”三字便滚倒在地，两泪直流，如此行动康熙不仅不怪罪反而免他考试，任命他为“中书舍人”。他回乡后不准别人以“中书舍人”称他，但这个时候说他对康熙本人还有多大仇恨，大概谈不上了。

李颙也是如此，受到推荐后称病拒考，被人抬到省城后竟以绝食相抗，别人只得作罢。这事发生在康熙十七年，康熙本人二十六岁，没想到二十五年后，五十余岁的康熙西巡时还记得这位强硬的学人，召见他，他没有应召，但心里毕竟已经很过意不去了，派儿子李慎言作代表应召，并送自己的两部著作《四书反身录》和《二曲集》给康熙。这件事带有一定的象征性，表示最有抵触的汉族知识分子也开始与康熙和解了。

与李颙相比，黄宗羲是大人物了，康熙更是礼仪有加，多次请黄宗羲出山未能如愿，便命令当地巡抚到黄宗羲家里，把黄宗羲写的书认真抄来，送入宫内以供自己拜读。这一来，黄宗羲也不能不有所感动，与李颙一样，自己出面终究不便，由儿子代理，黄宗羲让自己的儿子黄百家进入皇家修史局，帮助完成康熙交下的修《明史》的任务。你看，即便是原先与清廷不共戴天黄宗羲、李颙他们，也觉得儿子一辈可以在康熙手下好生过日子了。这不是变节，也不是妥协，而是一种文化生态意义上的开始认同。既然康熙对汉文化认同的那么诚恳，汉族文人为什么就完全不能与他认同呢？政治军事，不过是文化的外表罢了。

黄宗羲不是让儿子参加康熙下令编写的《明史》吗？编《明史》这事给汉族知识界震动不小。康熙任命了大历史学家徐元文、万斯同、张玉书、王鸿绪等负责此事，要他们根据《明实录》如实编定，说“他书或以文章见长，独修史宜直书实事”，他还多次要大家仔细研究明代晚期破败的教训，引以为戒。汉族知识文化界要反清复明，而清廷君主竟然亲自领导着汉族的历史学家在冷静研究明代了，这种研究又高于反清复明者的思考水平，那么，对峙也就不能不渐渐化解了。《明史》后来成为整个二十四史中写得较好的一部，这是直到今天还要承认的事实。

当然，也还余留着几个坚持不肯认同的文人。例如康熙时代浙江有个学者叫吕留良的，在著书和讲学中还一再强调孔子思想的精义是“尊王攘夷”，这个提法，在他死后被湖南一个叫曾静的落第书生看到了，很是激动，赶到浙江找到吕留良的儿子和学生几人，策划反清。这时康熙也早已过世，已是雍正年间，这群文人手下无一兵一卒，能干成什么事呢？他们打听到川陕总督岳钟琪是岳飞的后代，想来肯定能继承岳飞遗志来抗击外夷，就派人带给他一封策反的信，眼巴巴地请他起事。这事说起来已经有点近乎笑话，岳飞抗金到那时已隔着整整一个元朝、整整一个明朝，清朝也已过了八九十年，算到岳钟琪身上都是多少代的事情啦，还想着让他凭着一个“岳”字拍案而起，中国书生的昏愚和天真就在这里。岳钟琪是清朝大官，做梦也没想到过要反清，接信后虚假地应付了一下，却理所当然地报告了雍正皇帝。

雍正下令逮捕了这个谋反集团，又亲自阅读了书信、著作，觉得其中有好些观念需要自己写文章来与汉族知识分子辩论，而且认为有过康熙一代，朝廷已有足够的事实和勇气证明清代统治者并不差，为什么还要对抗清廷？于是这位皇帝亲自编了一部《大义觉迷录》颁发各地，而且特免肇事者曾静等人的死罪，让他们专到江浙一带去宣讲。

雍正的《大义觉迷录》写得颇为诚恳。他的大意是：不错，我们是夷人，我们是“外国”人，但这是籍贯而已，天命要我们来抚育中原生民，被抚育者为什么还要把华、夷分开来看？你们所尊重的舜是东夷之人，文王是西夷之人，这难道有损于他们的圣德吗？吕留良这样著书立说的人，连前朝康熙皇帝的文治武功、赫赫盛德都加以隐匿和诬蔑，实在是不顾民生国运只泄私愤了。外族入主中原，可能反而勇于为善，如果著书立说的人只认为生在中原的君主不必修德行仁也可享有名分，而外族君主即便励精图治也得不到褒扬，外族君主为善之心也会因之而懈怠，受苦的不还是中原的百姓吗？

雍正的这番话，带着明显的委屈情绪，而且是给父亲康熙打抱不平，也真有一些动人的地方。但他的整体思维能力显然比不上康熙，口口声声说自己是“外国”人、“夷人”，尽管他所说的“外国”只是指外族，而且也仅指中原地区之外的几个少数民族，与我们今天所说的外国不同，但无论如何在一些前提性的概念上把事情搞复杂了，反而不利。他的儿子乾隆看出了这个毛病，即位后把《大义觉迷录》全部收回，列为禁书，杀了被雍正赦免了的曾静等人，开始大兴文字狱。康熙、雍正年间也有丑恶的文字狱，但来得特别厉害的是乾隆，他不许汉族知识分子把清廷看成是“夷人”，连一般文字中也不让出现“虏”“胡”之类字样，不小心写出来了很可能被砍头。他想用暴力抹去这种对立，然后一心一意做个好皇帝。除了华夷之分的敏感点外，其他地方他倒是比较宽容，有度量，听得进忠臣贤士们的尖锐意见和建议，因此在他执政的前期，做了很多好事，国运可称昌盛。这样一来，即便存有异念的少数汉族知识分子也不敢有什么想头，到后来也真没有什么想头了。

其实本来这样的人已不可多觅，雍正和乾隆都把文章做过了头。真正第一流的大学者，在乾隆时代已不想作反清复明的事了。乾隆，靠着人才济济的智力优势，靠着康熙、雍正给他奠定的丰厚基业，也靠着他本人的韬略雄才，做起了中国历史上福气最好的大皇帝。承德避暑山庄，他来得最多，总共逗留的时间很长，因此他的踪迹更是随处可见。乾隆也经常参加“木兰秋狝”，亲自射获的猎物也极为可观，但他的主要心思却放在边疆征战上，避暑山庄和周围的外八庙内，记载这种征战成果的碑文极多。这种征战与汉族的利益没有冲突，反而弘扬了中国的国威，连汉族知识界也引以为荣，甚至可以把乾隆看成是华夏圣君了，但我细看碑文之后却产生一个强烈的感觉：有的仗迫不得已，打打也可以，但多数边境战争的必要性深可怀疑。需要打得这么大吗？需要反复那么多次吗？需要这样强横地来对待邻居们吗？需要杀得如此残酷吗？

好大喜功的乾隆把他的所谓“十全武功”镌刻在避暑山庄里乐滋滋地自我品尝，这使山庄回荡出一些燥热而又不祥的气氛。在满、汉文化对峙基本上结束之后，这里洋溢着的中华帝国的自得情绪。江南塞北的风景名胜在这里聚会，上天的唯一骄子在这里安驻，再下令编一部综览全部典籍的《四库全书》在这里存放，几乎什么也不缺了。乾隆不断地写诗，说避暑山庄里的意境已远远超过唐宋诗词里的描绘，而他则一直等着到时间卸任成为“林下人”，在此间度过余生。在山庄内松云峡的同一座石碑上，乾隆一生竟先后刻下了六首御诗表述这种自得情怀。

是的，乾隆一朝确实不算窝囊，但须知这已是十八世纪（乾隆正好死于十八世纪最后一年），十九世纪已经迎面而来，世界发生了多大的变化！乾隆打了那么多仗，耗资该有多少？他重用的大贪官和珅，又把国力糟蹋到了何等地步？事实上，清朝乃至中国的整体历史悲剧，就在乾隆这个貌似全盛期的皇帝身上，在山水宜人的避暑山庄内，已经酿就。但此时的避暑山庄，还完全沉湎在中华帝国的梦幻中，而全国的文化良知，也都在这个梦幻边沿或陶醉，或喑哑。

1793年9月14日，一个英国使团来到避暑山庄，乾隆以盛宴欢迎，还在山庄的万树园内以大型歌舞和焰火晚会招待，避暑山庄一片热闹。英方的目的是希望乾隆同意他们派使臣常驻北京，在北京设立洋行，希望中国开放天津、宁波、舟山为贸易口岸，在广州附近拨一些地方让英商居住，又希望英国货物在广州至澳门的内河流通时能获免税和减税的优惠。本来，这是可以谈判的事，但对居住在避暑山庄、一生喜欢用武力炫耀华夏威仪的乾隆来说却不存在任何谈判的可能。他给英国国王写了信，信的标题是《赐英吉利国王敕书》，信内对一切要求全部拒绝，说“天朝尺土俱归版籍，疆址森然，即使岛屿沙洲，亦必划界分疆各有专属”，“从无外人等在北京城开设货行之事”，“此与天朝体制不合，断不可行”！也许至今有人认为这几句话充满了爱国主义的凛然大义，与以后清廷签订的卖国条约不可同日而语，对此我实在不敢苟同。

本来康熙早在1684年就已开放海禁，在广东、福建、浙江、江苏分设四个海关欢迎外商来贸易，过了七十多年乾隆反而关闭其他海关只许外商在广州贸易，外商在广州也有许多可笑的限制，例如不准学说中国话、买中国书，不许坐轿，更不许把妇女带来，等等。我们闭目就能想象朝廷对外国人的这些限制是出于何种心理规定出来的。康熙向传教士学西方自然科学，关系不错，而乾隆却把天主教给禁了。自高自大，无视外部世界，满脑天朝意识，这与以后的受辱挨打有着必然的逻辑联系。乾隆在避暑山庄训斥外国帝王的朗声言词，就连历史老人也会听得不太顺耳。这座园林，已掺杂进某种凶兆。

四

我在山庄松云峡细读乾隆写了六首诗的那座石碑时，在碑的西侧又读到他儿子嘉庆的一首。嘉庆即位后经过这里，读了父亲那些得意洋洋的诗后不禁长叹一声：父亲的诗真是深奥，而我这个做儿子的却实在觉得肩上的担子太重了！（“瞻题蕴精奥，守位重仔肩”）嘉庆为人比较懦弱宽厚，在父亲留下的这副担子前不知如何是好，他一生都在面对内忧外患，最后不明不白地死在避暑山庄。

道光皇帝继嘉庆之位时已四十来岁，没有什么才能，只知艰苦朴素，穿的裤子还打过补丁。这对一国元首来说可不是什么佳话。朝中大臣竟相摹仿，穿了破旧衣服上朝，一眼看去，这个朝廷已经没有多少气数了。父亲死在避暑山庄，畏怯的道光也就不愿意去那里了，让它空关了几十年，他有时想想也该像祖宗一样去打一次猎，打听能不能不经过避暑山庄就可以到“木兰围场”，回答说没有别的道路，他也就不去打猎了。像他这么个可怜巴巴的皇帝，似乎本来就与山庄和打猎没有缘分的，鸦片战争已经爆发，他忧愁的目光只能一直注视着南方。

避暑山庄一直关到1860年9月，突然接到命令，咸丰皇帝要来，赶快打扫。咸丰这次来时带的银两特别多，原来是来逃难的，英法联军正威胁着北

京。咸丰这一来就不走了，东走走西看看，庆幸祖辈留下这么个好地方让他躲避。他在这里又批准了好几份丧权辱国的条约，但签约后还是不走，直到1861年8月22日死在这儿，差不多住了近一年。

咸丰一死，避暑山庄热闹了好些天，各种政治势力围着遗体进行着明明暗暗的较量。一场被历史学家称之为“辛酉政变”的行动方案在山庄的几间屋子里制定，然后，咸丰的棺木向北京启运了，刚继位的小皇帝也出发了，浩浩荡荡。避暑山庄的大门又一次紧紧地关住了，而就在这支浩浩荡荡的队伍中间，很快站出来一个二十七岁的青年女子，她将统治中国数十年。

她就是慈禧，离开了山庄后再也没有回来。不久又下了一道命令，说热河避暑山庄已经几十年不用，殿亭各宫多已倾圮，只是咸丰皇帝去时稍稍修治了一下，现在咸丰已逝，众人已走，“所有热河一切工程，着即停止”。

这个命令，与康熙不修长城的谕旨前后辉映。康熙的“长城”也终于倾坍了，荒草凄迷，暮鸦回翔，旧墙斑剥，霉苔处处，而大门却紧紧地关着。关住了那些宫殿房舍倒也罢了，还关住了那么些苍郁的山，那么些晶亮的水。在康熙看来，这儿就是他心目中的清代，但清代把它丢弃了，于是自己也就成了一个丧魂落魄的朝代。

慈禧在北京修了一个颐和园，与避暑山庄对抗，塞外朔北的园林不会再有对抗的能力和兴趣，它似乎已属于另外一个时代。康熙连同他的园林一起失败了，败在一个没有读过什么书、没有建立过什么功业的女人手里。热河的雄风早已吹散，清朝从此阴气重重、劣迹斑斑。

当新的一个世纪来到的时候，一大群汉族知识分子向这个政权发出了毁灭性声讨，民族仇恨重新在心底燃起，三百年前抗清志士的事迹重新被发掘和播扬。避暑山庄，在这个时候是一个邪恶的象征，老老实实躲在远处，尽量不要叫人发现。

五

清朝的灭亡后，社会震荡，世事忙乱，人们也没有心思去品咂一下这次历史变更的苦涩厚味，匆匆忙忙赶路去了。直到1927年6月1日，大学者王国维先生在颐和园投水而死，才让全国的有心人肃然深思。

王国维先生的死因众说纷纭，我们且不管它，只知道这位汉族文化大师拖着清代的一条辫子，自尽在清代的皇家园林里，遗嘱为“五十之年，只欠一死；

经此世变，义无再辱”。他不会不知道明末清初为汉族人是束发还是留辫之争曾发生过惊人的血案，他不会不知道刘宗周、黄宗羲、顾炎武这些大学者的慷慨行迹，他更不会不知道按照世界历史的进程，社会巨变乃属必然，但是他还是死了。我赞成陈寅恪先生的说法，王国维先生并不死于政治斗争、人事纠葛，或仅仅为清廷尽忠，而是死于一种文化：

> 凡一种文化值衰落之时，为此文化所化之人，必感苦痛，其表现此文化之程量愈宏，则其所受之苦痛亦愈甚；迨既达极深之度，殆非出于自杀无以求一己之心安而义尽也。(《王观堂先生挽词并序》)

王国维先生实在又无法把自己为之而死的文化与清廷分割开来。在他的书架里，《古今图书集成》、《康熙字典》、《四库全书》、《红楼梦》、《桃花扇》、《长生殿》、乾嘉学派、纳兰性德等等都把两者连在一起了，于是对他来说衣冠举止，生态心态，也莫不两相混同。我们记得，在康熙手下，汉族高层知识分子经过剧烈的心理挣扎已开始与朝廷产生某种文化认同，没有想到的是，当康熙的政治事业和军事事业已经破败之后，文化认同竟还未消散。为此，宏才多学的王国维先生要以生命来祭奠它。他没有从心理挣扎中找到希望，死得可惜又死得必然。知识分子总是不同寻常，他们总要在政治军事的折腾之后表现出长久的文化韧性，文化变成了生命，只有靠生命来拥抱文化了，别无他途；明末以后是这样，清末以后也是这样。但清末又是整个中国封建制度的末尾，因此王国维先生祭奠的该是整个中国传统文化。清代只是他的落脚点。

王国维先生到颐和园这也还是第一次，是从一个同事处借了五元钱才去的，颐和园门票六角，死后口袋中尚余四元四角，他去不了承德，也推不开山庄紧闭的大门。

今天，我们面对着避暑山庄的清澈湖水，却不能不想起王国维先生的面容和身影。我轻轻地叹息一声，一个风云数百年的朝代，总是以一群强者英武的雄姿开头，而打下最后一个句点的，却常常是一些文质彬彬的凄怨灵魂。

1994 年

驯心

王充闾

一

清初，曾流传过这样一首“打油诗”：

圣朝特旨试贤良，一队夷齐下首阳。
家里安排新雀领，腹中打点旧文章。
当年深悔惭周粟，此日翻思吃国粮。
非是一朝忽改节，西山蕨薇已精光。

诗中讽刺、挖苦的是，康熙皇帝在大兴文字狱的同时，首次开设博学鸿词科，以吸引那些自负才高，标榜孤忠，或不屑参加科考，隐居山林，又确实有些声望的文人、逸士，前来参加面试，以谋取升斗之禄。当时，确有许多年高德劭的硕学鸿儒，包括有些称病在家、一旁观望的所谓“前朝遗老”，都曾报名应试，最后，康熙皇帝从一百五十多人中遴选出五十人，授予高官厚禄。有幸得中者自是感激涕零，那些落第的人也不再好意思继续以“孤忠”自命了。

读后，心有所感，我便仿效它的旨趣与格调，也随之诌了一首：

圣朝设考选奴才，衮衮诸公入彀来。
号舍真堪寒士进，侯门岂为广文开？
经纶满腹成何用？蹭蹬终生究可哀。
地下若逢吴敬梓，儒林外史出新裁。

所谓“圣朝”，当然指的是清朝。这是康、雍、乾祖孙三代所极力标榜的。

“圣代无隐者，英灵尽来归。”英灵或曰英才，原是无须要待设考才来“入彀”的。野无遗贤，方能显示出治平之世的强大感召力与吸引力。如果英才遍野，要靠设考加以选拔，那么，皇上的“盛德”“圣明”还怎么体现呢？当然，奴才属于例外。

其实，清朝的主子向来是不承认“天王圣明”之外还会有什么“英才”的。在那些雄鸷、精明的最高封建统治者眼里，作为适应型角色的汉族官员，原本都是一些奴才胚子、一些只供驱使的有声玩具，是无所谓“英”，无所谓“杰”的。他们一向厌恶那些以“贤良方正”自居的臣子，尤其是看不上那些动辄忧心忡忡、感时伤世的腐儒、骚客。因为设若臣下可以为圣为贤，或者人人都那么“忧患”起来，那岂不映衬出君王都是晋惠帝那样的白痴、宋徽宗那样荒淫无道，说明其时正遭逢乱世吗？乾隆皇帝就否定过“天下兴亡，匹夫有责”的说法，他的意思显然是，如果责任都放在村野匹夫身上，那他这个皇帝岂不形同虚设！所以，“圣朝设考”，物色奴才，当无疑义。

不过，说是“圣朝设考选奴才”，也有一个不易绕过去的障碍。在清朝，投考的举子绝大多数都是汉人。而汉人在清朝是不称为“奴才”的。清朝规定，给皇帝上奏章，如果是满臣，应该自称为“奴才”；如果是汉臣，则要自称为“臣”，若是稍一不慎，或者故意谦卑自抑，以“奴才”自称，就算是“冒称”，那是要问罪的。不是有个汉人官员马人龙，偏要自我贬损，在奏章中以“奴才”自称，结果遭到乾隆皇帝一通臭骂吗？套用鲁迅先生把历史上的时代分作“想做奴隶而不得的时代”和“暂时做稳了奴隶的时代”的说法，我们也可以说，对于汉人士子来说，清朝就是“想做奴才而不得的时代”。

当然，就广义上讲，满人也好，汉人也好，在清朝主子眼中，一例都是专供驱使的奴仆——明清时期，奴仆就常常被称作“奴才”。他们不要说人格，连起码的人身自由也谈不到。至于那个所谓的“臣”，本来也有奴隶、奴仆之义；而且，这个“臣”的地位也并非就高过“奴才”，实际上，恰恰相反。我们不妨听听鲁迅先生有关“臣”字的解释：

> 这并非因为是“炎黄之胄”，特地优待，锡以嘉名的，其实是所以别于满人的“奴才”，其地位还下于“奴才”数等。奴隶只能奉行，不许言议：评论固然不可，妄自颂扬也不可，这就是“思不出其位”。

一乱说，便是“越俎代谋”，当然“罪有应得”。倘自以为是“忠而获咎”，那不过是自己的糊涂。

手头恰好就有个实例：清代名臣纪昀是乾隆帝的宠臣，曾经受命主编《四库全书》，可说是旷代殊荣。但他终究不脱文人习气，不善于收敛锋芒，有时还忘乎所以，结果有一次冲了乾隆爷的“肺管子”，乾隆登时勃然大怒，骂道：“朕以汝文学尚优，故使领四库书，实不过以倡优蓄之，汝何敢妄谈国事？”倡优，不过是奴才的代称。

至于那类名副其实的奴才，就更是等而下之了。有一本书上讲，一天，雍正帝在宫廷里看戏，看得高兴了就破例要对扮演主角的小太监赏赐一番，把他叫到身边来夸赞几句，并要赏赐御膳。也是这个小奴才受宠若惊，竟然得意忘形，不知深浅，忽然向皇帝问了一句：“现在的常州刺史是谁呀？”估计可能是他所扮演的角色也是什么“常州刺史”一类人物，所以才连类而及，顺便这么问了一句。这一下乱子可就出来了。登时，雍正帝勃然大怒，破口大骂道：“你是个什么东西？一个优伶贱辈，怎么竟敢动问国家的名器！”

这可把小太监吓傻了，心里纳闷儿：啊？我怎么动了国家的名器？什么是“名器”呀？名器，犹如人们常说的大器，泛指朝廷的命官、国家的栋梁。在皇帝的眼里，你们这些奴才胚子，只能干奴才的勾当，怎么可以“越俎代庖”，过问这类政治大事？如果哪个人竟然忘记了固有的身份，所言非当，遭来不测之灾，那是咎由自取，势所必然。果然，当下雍正帝便传旨：着即杖毙。结果，这个小太监当场就死在乱棒之下。

二

“太宗皇帝真长策，赚得英雄尽白头。”一个“赚”字，把封建统治者通过推行科举制，牢笼士子，网罗人才，诱使其终世沉迷，难于自拔，刻画得淋漓尽致。“以饵取鱼，鱼可杀；以禄取人，人可竭。”科举制度就是以爵禄为诱饵，把读书、应试、做官三者紧密联结起来，使之成为封建士子进入官场的阶梯，捞取功名利禄的唯一门径。

若说唐太宗当日的设想，确实也是想要选拔英才。因为他若想创不世之功，谋惊天伟业，如果不能罗致大批英才，则只能是一番空想。“济时端赖出群材”，这是千古不易的真理。而且，作为一种拔擢人才的制度，科举制从唐代开始，把过去的拘于门第改变为自由竞争，不再需要长官察举、中央九品中正评定，大开仕进之门，无分寒门、阀阅，凡读书士子都有参加官府考试，从而被选拔做官的机会，这总是一种历史的进步。

只是，科举选士制度，无异于层层递减的多级宝塔，无数人攀登，最终能够爬到顶尖的却寥寥无几。许多人青灯黄卷，蹭蹬终生，熬得头白齿豁，老眼昏花，也未能博得一第。临到僵卧床头，奄奄一息，还放不下那份拳拳之念、眷眷之心。而那些有幸得中的读书种子，一当登上庙堂之高，便会以全副身心效忠王室，之死靡它。这真是一笔大有赚头的买卖。因此，当太宗皇帝李世民看到黑压压的人头攒动，乖乖地涌进号舍应试的时候，不禁喜形于色，毫不掩饰地说："天下英雄尽入我彀中矣。""彀"者，圈套也。封建统治者可以从中收"一石三鸟"之效，因此说它是"长策"：一是网罗了人才，能够凭借这些读书士子治国安邦；二是有望获得"圣代无隐者"的盛名；三是把那些在外面有可能犯上作乱的不稳定分子吸引到朝廷周围，化蒺藜为手杖。

对于以少数民族入主中原的清朝征服者来说，这个问题尤其尖锐。他们清醒地认识到，坐天下和取天下不同，八旗兵、绿营兵的铁骑终究踏平不了民族矛盾和思想方面的歧异。解决人心的向背，归根结底，要靠文明的伟力，要靠广泛吸收知识分子。他们自知在这方面存在着致命弱点：作为征服者，人口少，智力资源匮乏，文化落后；而被征服者是个大民族，拥有庞大的人才资源、悠久的文化传统和高度发达的文化实力。因此，从一开始就把主要精力放在两件事上：不遗余力地处置"夷夏之大防"——采取行之有效的民族政策；千方百计使广大汉族知识分子俯首就范，心悦诚服地为新主子效力。

但是，这里也明显地存在着一个难于处置的矛盾，或者说是哲学上的悖论：一方面是治理天下需要大批具有远见卓识、大有作为的英才；而另一方面，又必须严加防范那些才识过人的知识分子的"异动"，否则，江山就会不稳，社稷就会摇动。最佳的方案就是把那些"英才"统统炮制成百依百顺、俯首帖耳的"奴才"。

在牢笼士子、网罗人才方面，清朝统治者是后来居上，棋高一着的。他们从过往的历史经验和现实的特殊环境中悟解到，仅仅吸引读书士子科考应试，以收买手段控制其人生道路，使其终身陷入爵禄圈套之中还不够；还必须深入到精神层面，驯化其心灵，扼杀其个性，斫戕其智能，以求彻底消解其反抗民族压迫的意志，死心塌地地做效忠于大清帝国的有声玩偶。有鉴于此，所以，著名学者钱穆先生下个定语："若说（科举）考试制度是一种愚民政策，清代是

当之无愧的。”

清初的重要谋士、汉员大臣范文程曾向主子奉献过一句掏心窝子的话：“治天下在得民心，士为秀民，士心得，则民心得矣。”从“驯心”的角度看，他正是一个理想的制成品，这番话可视为“夫子自道”，现身说法。回过头来，这个“理想的制成品”，又按照主子的意图，在针对其他“秀民”的“驯心”工程中，为虎作伥。

松山战役中，明朝大将洪承畴兵败被俘，起初，骂詈连声，唯求速死。皇太极派遣范文程前去劝降。洪本进士出身，虽久在兵戎，读书不废。范大学士便围绕着出处进退之类话题，同他出经入史，谈古论今。经过一番艰苦的心灵软化，洪承畴的情绪渐渐缓和下来，谈话间，忽见梁上积尘飘落在袍袖上，便随手拂拭两下。机敏的范文程注意到这一细节，马上报告皇太极说：“皇上请放心，洪承畴不会死的。连身上的衣服都那样爱惜，何况身躯呢！”果然，很快他就降服了。

借助这类“理想的制成品”的筹谋策划，满族统治者从内外两界加强了思想文化方面的钳制。他们通过用八股文取士，把应试者的思想纳入符合封建统治规范的轨道，完全局限在四书五经和朱熹集注的范围之内；把知识、思想、信仰范畴的喧哗与骚动控制在固有的格式、现成的语义之中。应试者只能鹦鹉学舌般的编纂经书，不能联系社会实际，更不准发挥自己的见解，渐渐地成为不再有任何新知灼见和非分想望的“思想植物人”。所以有“秦坑儒不过四百，而八股坑人极于天下后世”之说。

与控制内心相配合，还要严酷整治外部社会环境。本来，晚明时期一度出现过相当自由的思想空间，书院制度盛极一时，聚社结党，授徒讲学，刊刻文集，十分活跃，思想信仰与日常生活交融互渗，世俗情欲同心灵本体彼此沟通。而清朝立国之后，便把这一切都视为潜在的威胁，全部加以封禁。

在这里，清初统治者扮演着君主兼教主的双重角色，把皇权对于“真理”的垄断，治统对于道统的兼并结合起来；同时强化文字狱之类的高压、恐怖手段，全面实现了对于异端思想的严密控制，从而彻底取缔了知识阶层所依托的逃避体制控制和思想压榨的相对独立的精神空间，导致了读书士子靠诠释学理以取得社会指导权力的彻底消解。应该说，这一着是非常高明，也是十分毒辣的。

三

说到清王朝对付士子的“驯心”手段，令人记起农村的“熬鹰”场景。

村中有绰号“二混”者，平素不务正业，种地地荒，经商蚀本，唯一的拿手好戏是抓鹰、驯鹰，长年靠着这把身手混碗饭吃。深秋一到，地面铺上了厚重的霜华，树叶也全都脱落了，这时候，他便背起一张架子网，到坦平的山坳间，拣一块树木稀少的林间空地，把架子网支起来，围成四面带窟窿眼的绳墙，正中间插上一根矮木桩，上边拴上一只毛色鲜亮的大公鸡。当苍鹰在半空掠过时，远远地就能看见它的猎物，经过往复盘旋、侦察，最后下定狠心，扑腾着翅膀自空而下，向公鸡扑去，却又难以叼走。结果，翅膀挂到了网眼上，滑子一动，整个网就“刷拉”一声全部罩了下来，把苍鹰实实地扣住。

苍鹰的脾性非常暴躁，任你怎样拴缚，也要乱闯乱撞，弄得头破血出，还常常一两天绝食、拒饮。待到苍鹰饿得没有多少力气了，“二混混”便开始施展他的驯化功夫。先喂它香喷喷的“热食”，主要是活鸡活兔，任它吃饱喝足，满足其贪馋无度的欲望，使它觉得比在自由状态下吃得更好。这样一连喂上几天，鹰的体重显著增长，此后就开始折腾它了。

第一步，像填鸭那样，掰开老鹰的嘴，往里面生塞硬填。但填鸭用的是玉米面、高粱面，而填鹰用的是线麻或苘麻做成的小手指头般大小的“麻花”，填进去不能消化，结果是越填越瘦。每次填三四个，两个钟头后再扯出来，上边沾满了带血痕的黄色油脂。一连填上几次，再喂它一点用水浸过的兔肉等解饿而不产生脂肪的食物。然后，再往里硬填“麻花”，再一个个扯出，直到见不到丝毫油脂为止。这时候的苍鹰已经瘦得皮包着骨头。

然后开始第二步——“熬神”。连续几个昼夜，不让老鹰闭眼睡觉，两个人换班守着，发现它闭眼了就立刻弄醒。就这样，饥不得食，困不能睡，再猛鸷的雄鹰最后也都“精神崩溃”了，变得驯顺无比，服服帖帖地听人摆布，而且，飞出去之后，能够听从主人调遣，及时返回。这是“驯心”取得成功的主要标志。

驯鹰第三步，叫“抓生”。找来一只活兔或者活鸡，把它的一条腿折断（勉强能跑，但跑不快），放在老鹰面前，让它去捕捉，抓住了就任它饱餐一顿，以示鼓励。然后，再把它拴在架上，狠狠地饿上几天，只给一些水浸过的兔肉，暂可充饥却得不到餍足。这样，它就会时刻想念着前日捕食鸡、兔后的美餐享受，盼望着早日出击，以博一饱。到这种程度，“熬鹰”的任务算是全部完成，只等着上市向玩鹰带犬的富绅或者猎户出售了。

看来，人也真是够残酷、可怕的。在一只苍鹰身上，竟然使出这么多狠毒的心计，而要驯服一条猛虎呢，还不知要施展何等毒辣手段，使出什么样的浑

身解数，更不要说对付“万物之灵”的人，对付“人中之英”——知识分子了。其实，只要仔细地剖析一番清朝统治者对付封建士子（换句话说，就是炮制奴才）的不二法门，就会发现，其手段与驯虎、熬鹰极其相似。招法千变万化，但万法归一，都是在“驯心”二字上做文章，都是“大棒加胡萝卜”，屠杀、高压与利诱、笼络相结合。

清朝皇帝对于广大知识分子（主要是汉族士人），有一套高明的策略，最基本的手段就是设饵垂钩，通过开科取士，使广大读书士子堕入功名利禄的圈套。规定先要取得秀才资格，然后，再参加三年一次的乡试（又叫秋闱），考中了的成为举人。这是科举考试中一个十分重要的环节。许多人就是卡在这个关口上，蹭蹬终生，不得出人头地。取得举人资格后，再进京赶考，参加三年一次的会试（亦称春闱）。九天时间，共考三场，命中率达不到十分之一。通过会试，有望取得进士的称号。这样，才有做官资格。一个人从考中秀才到考取进士，没有几十年工夫是过不来的。因此，百岁老人、九十几岁才考中举人、进士的，并非特例。乾隆时代，有个老书生谢启祚，屡试不第，直到九十九岁才侥幸中举。他写了一首自嘲诗，以老处女自喻，抒写考中举人之后百感交集的心情：

行年九十九，出嫁弗胜羞。
照镜花生面，光梳雪满头。
自知真处女，人号老风流。
寄语青春女，休夸早好逑！

由于官职得来艰难，这些封建官吏便视之如命，唯恐失去。结果，许多人只好“十分精神，三分办事，七分奉上”，唯恐稍有疏怠，前功尽弃。正如清代著名思想家龚自珍所尖锐指出的：虽有耆寿之德，老成之典型，亦足以为新进之楷模，但往往因阅历已深，顾虑重重，畏葸惧事，以致尸位素餐，玩忽职守，整天懒懒散散混日子，更不肯自动请求去官，直到老死为止。而那些埋没下层，无缘得进的英才奇士，却不能直接取而代之，照例要循官阶、按资格，一步一步地往上蹭。这就是当时有用之才奇缺的根本原因。

对于读书士子，清代统治者施行的另外还有几种策略：

——不时发出严厉制裁的信号，大兴文字狱，毫不留情地惩治、打击那些心存异念的桀骜不驯者；

——寓监视、牢笼于纂述，组织大批学者纂修《四库全书》，编撰《明史》，把他们集中到皇帝眼皮底下，免得一些人化外逍遥，聚徒结社，摇唇鼓舌，散布消极影响；

——整合思想，提倡程朱理学，推行八股制艺，扼杀读书人的个性，禁锢性灵，加重道德约束力。

有件小事，颇堪耐人寻味。一天，顺治帝向弘文院大学士陈名夏发问：中国历代帝王以谁为最好？陈名夏按照通常的评价标准，答说是唐太宗。顺治帝一个劲儿地摇头，说，不对，明太祖才是最好的。这使陈名夏大感意外，但稍加思索也就懂得了，朱元璋通过严刑峻法包括可怕的文字狱，建立了牢固的大明一统政治，实现了对于读书士子有效的思想钳制。这是清朝统治者所拳拳服膺的。

其实，朱元璋也是"药方长贩古时丹"，真正拥有这项专利权的，是战国时期思想家韩非。此人智算超群，以专门为帝王提供对付"游士"的权术见长。他有一句十分警策的话，为历代统治者所心仪：驯服那种凶鸷的乌鸦，要把它翅膀的下翎折断，这样，它就必须依恃人的饲养而得食，自然就驯顺了。他还率先提出严惩隐逸之士，认为古时的许由、务光、伯夷、叔齐之流，都是一些不听命令、不供驱使的"不令之民"，很难对付，赏之、誉之，不为所动，处罚、诋毁，也不感到畏惧。这四种通行手段在他们面前全都失效。怎么办？干脆杀掉！后世不少君主都曾接受过韩非的衣钵，明太祖与清初帝王乃其尤者。

清代开始于顺治一朝的文字狱，延续到康熙、雍正、乾隆三朝，步步升级，愈演愈烈。只要发现思想、言论上有越轨的，不管有意无意，或重或轻，立即处以重罪，立斩、绞杀、寸磔，甚至祸延九族，已死的还要开棺戮尸。乾隆帝在位期间，共兴文字狱七十余起。许多读书士子因为片言只字，遭致身死族灭。一时，阴风飒飒，杀气森森，朝野上下到处充满了血腥味。"避席畏闻文字狱"，确是最典型的概括。

了解这些事实，是十分紧要的。鲁迅先生就曾说过，倘有有心人将有关史料加以收集成书，则不但可以使我们看见统治者那策略的博大恶辣，手段的惊心动魄，还可以因此明白，我们曾经"怎样受异族主子的驯扰，以及遗留至今的奴性的由来"。

四

为了看清那些儒生是如何跳进清朝主子设下的"坑陷天下聪明才力之士"

的陷阱，并进而适应那种牢笼式的文化环境，一步步地失去自我，养成奴性，不妨接触一下清代小说《儒林外史》中的一些人物：

老童生周进已经六十多岁了，一辈子苦读诗书，最后考到胡子花白，却连个秀才也不曾做得。为了找个活路，只好充当私塾先生。这天，正逢举人王惠来到学堂避雨，那副威风凛凛、目空一切的派头，吓得周老头大气都不敢出，只是一个劲地打躬作揖，自称“晚生”，逢迎凑趣。待到举人老爷用过丰盛的晚餐，大快朵颐之后，他才默默地用一碟老菜叶、一壶热水下了晚饭。次日起床，还得昏头昏脑地扫那满地的鸡骨头、鱼刺、瓜子壳。

这个日夜想望着爬上科举高梯而不得的可怜虫，终于有一天来到了省城，走进贡院门口，看到了做梦都想进去的考生答卷的号舍。一时百感交集，满怀凄楚，长叹一声，便一头撞在号板上，直僵僵不省人事。被人灌醒了以后，又连续猛撞号板，满地打滚，直哭得口里吐出鲜血来。倒是几个商人动了恻隐之心，答应出钱替他捐一个监生资格，以便可以同秀才一起临场赴试。他一听，竟然不顾廉耻地爬到地上磕了几个响头，说：“若得如此，便是重生父母，我周进变驴变马也要报效！”

还有一个范进，从二十岁考到五十四岁才侥幸取得资格，又跑到省城去考举人，回转来，家里已是两三天没有揭锅了。正当他抱着一只母鸡在街上叫卖时，一个邻居飞奔而来，告诉他“已经高中了”。起初他还不敢相信，待至回到家中见报帖已经升挂起来，一时悲喜交加，空虚脆弱的神经再也经受不住这突如其来的狂潮起落，竟至达到精神崩溃的地步：

> 自己把两手拍了一下，笑了一声道：“噫！好了！我中了！”说着，往后一跤跌倒，牙关咬紧，不省人事。老太太慌了，慌将几口开水灌了过来。他爬将起来，又拍着手大笑道：“噫！好！我中了！”笑着，不由分说就往门外飞跑，把报录人和邻居都吓了一跳。走出大门不多路，一脚踹在塘里，挣起来，头发都跌散了，两手黄泥，淋淋漓漓一身的水，众人拉他不住，拍手笑着，一直走到集上去了。众人大眼望小眼，一齐道：“原来新贵人欢喜疯了。”

吴敬梓笔下的两个儒生佯狂失据、洋相百出的丑态，在实际生活中也是屡见不鲜的。清代顺德县有个名叫梁九图的秀才，乡试之后，觉得自己的卷子答得十分出色，心中有些洋洋自得。发榜的前一天，他把梯子架在贡院的墙上，准备到时候登高看榜。

旧例：乡试填榜习惯从第六名填起，填完后座主退下休息，最后再回过头来补填前五名。梁九图看到座主已经退下，以为是全部填写完了，便赶忙登梯去看，却没有发现自己的名字，再看一遍，还是没有，不禁意冷心灰，嗒然若丧。又加上长时间跨梯登高，有些头昏眼晕。这时，突然听到下面有人唱名："第一名，梁九图！"心中转悲作喜，竟然手舞足蹈起来，完全忘记了自己是架在半空中，结果掉在了墙下。家人赶忙过去搀扶，已经摔成了残废。

蒲松龄在《聊斋志异·王子安》中，写了类似情景。东昌名士王子安"困于场屋"，入闱后，"期望甚切，近放榜时，痛饮大醉"，眼前浮现出考中举人、进士以及殿试翰林的种种幻象，遭到了妻子、儿女的嘲笑。聊斋先生生动形象地揭露了封建士子在名缰利索羁绊下，灵魂所遭受的腐蚀和扭曲，控诉了科举制度对于人性的摧残。最后还通过"异史氏曰"，更加淋漓尽致地刻画出这种科场的悲剧：

> 秀才入闱，有七似焉：初入时，白足提篮，似丐。唱名时，官呵隶骂，似囚。其归号舍也，孔孔伸头，房房露脚，似秋末之冷蜂。其出场也，神情惝恍，天地异色，似出笼之病鸟。迨望报也，草木皆惊，梦想亦幻。时作一得志想，则顷刻而楼阁俱成；作一失意想，则瞬息而骸骨已朽。此际行坐难安，则似被絷之猱。忽然而飞骑传人，报条无我，此时神情猝变，嗒然若死，则似饵毒之蝇，弄之亦不觉也。初失志，心灰意败，大骂司衡无目，笔墨无灵，势必举案头物而尽炬之，炬之不已，而碎踏之；踏之不已，而投之浊流。从此披发入山，面向石壁，再有以且夫尝谓之文进我者，定当操戈逐之。无何，日渐远，气渐平，技又渐痒；遂似破卵之鸠，只得衔木营巢，从新另抱矣。

如此情况，当局者痛哭欲死，而自旁观者视之，其可笑孰甚焉。

吴、蒲两位文学大师笔下的这些可怜的举子，之所以会造成这种可悲的处境，说来和圈中的驯虎、架上的笼鹰有些相似。司马迁说过："猛虎在深山，百兽震恐；及在槛井之中，摇尾而求食，积威约之渐也。""约"字为文中之眼。正由于它们的威严受到制约，日渐积累，才造成这种心态的变化。无论是志行高骞的封建士子，还是咆哮长林的山中大王、搏击苍空的鹰隼，在长时期的圈养过程中，自由被剥夺了，天性被戕残了，心态被扭曲了，一句话，经历艰苦

的“驯心”磨炼，最后，都习惯于这种虽生犹死的屈辱生涯，服服帖帖地跟着主子的指挥棒转。

所不同的是，猛虎入槛、苍鹰上鞲，都是自身无奈，迫不得已，是由多舛的命运把它们抛入悲惨境地的；而周进、范进、王子安者流，则是为了显亲扬名、立德立功而自投罗网，心甘情愿地觅饵吞钩。因而，其可鄙、可怜、可悲，自是更进一层。当然，在“哀其不幸，怒其不争”的同时，我们也应该来个刨根问底：这悲惨的结局究竟是怎么造成的？“孰实为之？孰令致之？”

五

知识者理应是思想者。专业知识、技能之外，还应具备社会批判精神和心灵的自由度。而我国封建社会中的士人，更多的却是奉行儒学传统的修齐治平、立功名世，因而，他们多是专制制度下炮制出来的精神侏儒。

在两千多年漫长的封建社会中，士是一个特殊的阶层。作为民族的灵魂与神经，道义的承担者，文化的传承者，他们肩负着阐释世界、指导人生、推动社会进步的庄严使命。可是，封建社会却没有先天地为他们提供应有的地位和实际政治权力。若要获取一定的权势来推行自己的主张，就必须解褐入仕，并取得君王的信任和倚重；而这种获得，必须以丧失思想独立性、消除心灵自由度为其惨重的代价。即是说，他们参与社会国家管理的过程，实际上就是驯服于封建统治权力的过程，最后，必然形成普泛的依附性，而完全失去自我，“民族的灵魂与神经”更无从谈起。这是一个“二律背反”式的难于破解的悖论。

如果有谁觉得，这样只能用划一的思维模式来思考问题，以钦定的话语方式“代圣贤立言”，未免太扭曲了自己，丧失了独立人格，想让脑袋长在自己的头上，甚至再“清高”一下，像李太白那样，摆一摆谱儿：“长安市上酒家眠，天子呼来不上船。”那就必然也像那个狂放的诗仙那样，砸了饭碗，而且，可能比诗仙的下场更惨——丢掉“吃饭的家伙”。

唐代诗人柳宗元有句云：“欲采蘋花不自由。”已故著名学者陈寅恪，作为自由知识分子的代表，反其意而用之，改作“不采蘋花即自由”，显示他的另一种人生选择，另一种生存状态。然而，谈何容易，即便自愿“不采蘋花”，自由恐怕也是难于得到的。

较之其他任何朝代，清代的政治、思想专制，要严酷得多，惨烈得多。有清一代二百余年，盛世自不必说，即使朝政糜烂的晚期，也没有发生过一起满汉官员叛乱的事件，所谓“只有叛民，而无叛官”。即此，足以看出清朝统治者“治术”的高明。这样的专制社会越持久，专制体制越完备，专制君主越“圣明”，那些降志辱身的封建士子的人格，就越是萎缩，越是龉龊。难怪有人说，专制制度是孕育奴才的最佳土壤。明乎此，就可以理解：在封建社会中，何以无数智能之士，一经跻身仕宦，便都“磨损胸中万古刀”，泯灭个性，模糊是非，甚至奴性十足了。

而且，奴才的代价很低，只要甘心付出不值多少钱的尊严，肯于交出自由思考的权利，便可以飞黄腾达，获得一切。奴才的门槛儿也不高，任何人都可以迈过去。没有头脑、没有才干不要紧，重要的是“听话”。要善于迎合，学会服从，能够揣摩主子意旨，“终日不违如愚”。对于任何独裁者、专制者，这都是最舒服、最惬意的。他们可以从百依百顺的下属身上，获得一种胜利感、安全感、荣誉感。

史载，康熙皇帝素以骑术专精自诩，一次出郊巡游，坐骑受到惊吓，突然尥起了蹶子，奔突腾跃不止，到底将他掀了下来，使他在众人面前丢了面子，心里觉得特别窝囊。随从大臣高士奇见此情状，立刻偷偷地跑到污水坑旁，滚上一身臭泥，然后，踉踉跄跄，走到康熙面前。皇帝被这副狼狈相逗笑了。高士奇随即跪奏道：“臣拙于骑技，刚一跨上马鞍就掉了下来，正巧跌落在臭泥坑里。适才听说皇上的马受惊了，臣未及更衣，便赶忙过来请安。”一副奴才丑态，令人作呕。可是，康熙皇帝听了，却龙颜大悦，哈哈大笑说：“你们这些南方人（高为浙江人）啊，竟然懦怯到这种地步，连匹烈马也摆布不了！你看，我这匹马该有多么厉害呀，尥了半天蹶子，也没能把我怎么样。”从此，便对高士奇宠信有加，经常同他一起研习书画，竟至形影不离。

原来，奴才如同主子肚里的蛔虫，主子心里有什么想法，即使是十分隐秘的，他们也都能琢磨得一清二楚；关键时刻，能够不失时机、恰到好处、天衣无缝地先意承旨，谄媚逢迎。史料上记载，高士奇为了讨好康熙皇帝，争得信任，特别注意笼络那些宫廷内侍，经常向他们详细询问：皇帝近日在读哪些书？都关注一些什么事情？然后就回去预先做好准备，以备答问。对于这种“遥体圣衷”、媚上取宠的卑劣行径，他不以为耻，反而引为荣耀，洋洋自得，就是说，优越感已经压倒了耻辱感，表现出典型的“奴才心态”。

当然，也还有一些坚贞之士是不肯俯首就范的。黄宗羲、顾炎武等大学者把人格独立看得至高无上，重于功名利禄，甚至重于生命，立志终身不仕，潜心著述，粹然成为一代宗师。黄宗羲在《明夷待访录》中猛烈鞭挞封建君主专

制，断言“为天下之大害者，君而已矣”。明确指出，专制王朝的法律是帝王一家之法，非天下之法；法乃天下之公器，应该以天下之法取代一家之法。这比法国启蒙思想家孟德斯鸠在《法意》中论述近代资产阶级民主与法制，大约提前一个世纪。

康熙年间，陕西有个李二曲，抱定“宁愿孤立无助，不可苟同流俗；宁愿饥寒是甘，不可向人求怜”的志概，称病在家，不去应试博学鸿词，官吏一再催逼，他便以拔刀自裁相威胁，只好作罢。后来，干脆把自己反锁屋中，“凿壁以通饮食”，不与任何人见面，朝廷也拿他没有办法。山西的傅青主不肯赴京应试，官员们让役夫抬着他的卧床前往，到了京师，拒不进城，硬被塞进轿子抬着入朝，他仍是不肯出来叩见皇上，被人强行拉出，一跤跌倒，权作伏地谢恩，最后只好放回。接下来，还有蒲松龄、郑板桥、曹雪芹等文坛巨擘，有的根本就不买这个账，不咬这个钩；有的进到圈子里来，晃了一圈，打个照面，又“溜之乎也”。

但遗憾的是，在茫茫史影中，这种灿若星辰的坚贞之士，终属凤毛麟角。而更多的则是庸才、驽才，甚至是寡廉鲜耻的奴才。这是社会制度与艰难时势使然，不必苛责于前人的。

2003 年

大地上的事情（节选）

苇　岸

一

我观察过蚂蚁营巢的三种方式。小型蚁筑巢，将湿润的土粒吐在巢口，垒成酒盅状、灶台状、坟冢状、城堡状或松疏的蜂房状，高耸在地面；中型蚁的巢口，土粒散得均匀美观，围成喇叭口或泉心的形状，仿佛大地开放的一只黑色花朵；大型蚁筑巢像北方人的举止，随便、粗略、不拘细节，它们将颗粒远远地衔到什么地方，任意一丢，就像大步奔走撒种的农夫。

二

下雪时，我总想到夏天，因成熟而褪色的榆荚被风从树梢吹散。雪纷纷扬扬，给人间带来某种和谐感，这和谐感正来自于纷纭之中。雪也许是更大的一棵树上的果实，被一场世界之外的大风刮落。它们漂泊到大地各处，它们携带的纯洁，不久即繁衍成春天动人的花朵。

三

写《自然与人生》的日本作家德富芦花，观察过落日。他记录太阳由衔山到全然沉入地表，需要三分钟。我观察过一次日出，日出比日落缓慢。观看落日，大有守侍圣哲临终之感；观看日出，则像等待伟大英雄辉煌的诞生。仿佛有什么阻力，太阳艰难地向上跃动，伸缩着挺进。太阳从露出一丝红线，到伸

缩着跳上地表，用了约五分钟。

世界上的事物在速度上，衰落胜于崛起。

四

这是一具熊蜂的尸体，它是自然死亡，还是因疾病或敌害而死，不得而知。它偃卧在那里，翅零乱地散开，肢蜷曲在一起。它的尸身僵硬，很轻，最小的风能将它推动。我见过胡蜂巢、土蜂巢、蜜蜂巢和别的蜂巢，但从没有见过熊蜂巢。熊蜂是穴居者，它们将巢筑在房屋的立柱、檩木、横梁、椽子或枯死的树干上。熊蜂从不集群活动，它们个个都是英雄，单枪匹马到处闯荡。熊蜂是昆虫世界当然的王，它们身着的黑黄斑纹，是大地上最怵目的图案，高贵而恐怖。老人们告诉过孩子，它们能蜇死牛马。

五

麻雀在地面的时间比在树上的时间多。它们只是在吃足食物后，才飞到树上。它们将短硬的喙像北方农妇在缸沿砺刀那样，在枝上反复擦拭，麻雀蹲在枝上啼鸣，如孩子骑在父亲的肩上高声喊叫，这声音蕴含着依赖、信任、幸福和安全感。麻雀在树上就和孩子们在地上一样，它们的蹦跳就是孩子们的奔跑。而树木伸展的愿望，是给鸟儿送来一个个广场。

六

穿越田野的时候，我看到一只鹞子。它静静地盘旋，长久浮在空中。它好像看到了什么，径直俯冲下来，但还未触及地面又迅疾飞起。我想象它看到一只野兔，因人类的扩张在平原上已近绝迹的野兔，梭罗在《瓦尔登湖》中预言过的野兔："要是没有兔子和鹧鸪，一个田野还成什么田野呢？它们是最简单的土生土长的动物，与大自然同色彩、同性质，和树叶、和土地是最亲密的联盟。看到兔子和鹧鸪跑掉的时候，你不觉得它们是禽兽，它们是大自然的一部分，仿佛飒飒的木叶一样。不管发生怎么样的革命，兔子和鹧鸪一定可以永存，像土生土长的人一样。不能维持一只兔子的生活的田野一定是贫瘠无比的。"

看到一只在田野上空徒劳盘旋的鹞子，我想起田野往昔的繁荣。

七

在我的住所前面，有一块空地，它的形状像一只盘子，被四周的楼群围起。它盛过田园般安详的雪，盛过赤道般热烈的雨，但它盛不住孩子们的欢乐。孩子们把欢乐撒在里面，仿佛一颗颗珍珠滚到我的窗前。我注视着男孩和女孩在一起做游戏，这游戏是每个从他们身边匆匆走过的大人都做过的。大人告别了童年，就将游戏像玩具一样丢在了一边。但游戏在孩子们手里，依然一代代传递。

八

在一所小学教室的墙壁上，贴着孩子们写自己家庭的作文。一个孩子写道：他的爸爸是工厂干部，妈妈是中学教师，他们很爱自己的孩子，星期天常常带他去山边玩，他有许多玩具，有自己的小人书库，他感到很幸福。但是妈妈对他管教很严，命令他放学必须直接回家，回家第一件事是用肥皂洗手。为此他感到非常不幸，恨自己的妈妈。

每一匹新驹都不会喜欢给它套上羁绊的人。

九

黎明，我常常被麻雀的叫声唤醒。日子久了，我发现它们总在日出前二十分钟开始啼叫。冬天日出较晚，它们叫得也晚；夏天日出早，它们叫得也早。麻雀在日出前和日出后的叫声不同，日出前它们发出“鸟、鸟、鸟”的声音，日出后便改成“喳、喳、喳”的声音。我不知它们的叫法和太阳有什么关系。

十

在山冈的小径上，我看到一只蚂蚁在拖蜣螂的尸体。蜣螂可能被人踩过，尸体已经变形，渗出的体液粘着两粒石子，使它更加沉重，蚂蚁紧紧咬住蜣螂，它用力扭动身躯，想把蜣螂拖走。蜣螂微微摇晃，但丝毫没有向前移动。我看了很久，直到我离开时，这个可敬的勇士仍在不懈地努力。没有其他蚁来帮它，它似乎也没有回巢去请援军的想法。

十一

麦子是土地上最优美、最典雅、最令人动情的庄稼。麦田整整齐齐摆在辽阔的大地上，仿佛一块块耀眼的黄金。麦田是五月最宝贵的财富，大地蓄积的精华。风吹麦田，麦田摇荡，麦浪把幸福送到外面的村庄。到了六月，农民抢在雷雨之前，把麦田搬走。

十二

在我窗外阳台的横栏上，落了两只麻雀，那里是一个阳光的海湾，温暖、平静、安全。这是两只老雀，世界知道它们为它哺育了多少雏鸟。两只麻雀蹲在辉煌的阳光里，一副丰衣足食的样子。它们眯着眼睛，脑袋转来转去，毫无顾忌。它们时而啼叫几声，声音朴实而亲切。它们的体态肥硕，羽毛蓬松，头缩进厚厚的脖颈里，就像冬天穿着羊皮袄的马车夫。

十三

下过雪许多天了，地表的阴面还残留着积雪。大地斑斑点点，仿佛一头在牧场垂首吃草的花斑母牛。

积雪收缩，并非因为气温升高了，而是大地的体温在吸收它们。

十四

冬天，一次在原野上，我发现了一个奇异的现象，它纠正了我原有的关于火的观念。我没有见到这个人，他点起火走了。火像一头牲口，已将枯草吞噬很大一片。北风吹着，风头很硬，火紧贴在地面上，火首却逆风而行，这让我吃惊。为了再次证实，我把火种引到另一片草上，火依旧溯风烧向北方。

十五

我时常忆起一个情景，它发生在午后时分。如大兵压境，滚滚而来的黑云，很快占据了整面天空。随后，闪电迸绽，雷霆轰鸣，分币大的雨点砸在地上，烟雾四起。骤雨像是一个丧失理性的对人间复仇的巨人。就在这万物偃息的时刻，我看到一只衔虫的麻雀从远处飞回，雷雨没能拦住它，它的窝在雨幕后面的屋檐下。在它从空中降落飞进檐间的一瞬，它的姿势和蜂鸟在花丛前一样美丽。

十六

五月，在尚未插秧的稻田里，闪动着许多小鸟。我叫不出它们的名字，它们神态机灵，体型比麻雀娇小。它们走动的样子，非常庄重。麻雀行走用双足蹦跳，它们行走像公鸡那样迈步。它们飞得很低，从不落到树上。它们是田亩的精灵。它们停在田里，如果不走动，便认不出它们。

十七

秋收后，田野如新婚的房间，已被农民拾掇得干干净净。一切要发生的，一切已经到来的，它都将容纳。在人类的身旁，落叶正悲壮地诀别它们的母亲。我忽然想，树木养育了它们，仿佛只是为了此时大地上呈现的勇士形象。

十八

在冬天空旷的原野上，我听到过啄木鸟敲击树干的声音。它的速度很快，仿佛弓的颤响，我无法数清它的频率。冬天鸟少，鸟的叫声也被藏起。听到这声音，我感到很幸福。我忽然觉得，这声音不是来自啄木鸟，也不是来自光秃的树木，它来自一种尚未命名的鸟，这只鸟，是这声音创造的。

十九

一九八八年一月十六日，我看到了日出。我所以记下这次日出，因为有生以来我从没有见过这样大的太阳。好像发生了什么奇迹，它使我惊得目瞪口呆，久久激动不已。哥伦比亚作家加西亚·马尔克斯在《百年孤独》中这样描述马贡多连续下了四年之久的雨后日出：“一轮憨厚、鲜红、像破砖碎末般粗糙的红

日照亮了世界，这阳光几乎像流水一样清新。”我所注视的这次日出，我不想用更多的话来形容它，红日的硕大，让我首先想到乡村院落的磨盘。如果你看到了这次日出，你会相信。

二十

已经一个月了，那窝蜂依然伏在那里，气温渐渐降低，它们似乎已预感到什么，紧紧挤在一起，等待最后一刻的降临。只有太阳升高，阳光变暖的时候，它们才偶尔飞起。它们的巢早已失去，它们为什么不在失去巢的那一天飞走呢？每天我看见它们，心情都很沉重。在它们身上，我看到了某种大于生命的东西。那个一把火烧掉蜂巢的人，你为什么要捣毁一个无辜的家呢？显然你只是想借此显示些什么，因为你是男人。

二十一

太阳的道路是弯曲的。我注意几次了。在立夏前后，朝阳能够照到北房的后墙，夕阳也能够照到北房的后墙。其他时间，北房拖着变深的影子。

二十二

立春一到，便有冬天消逝、春天降临的迹象。整整过了一冬的北风，已经从天涯返回。看着旷野，我有一种庄稼满地的幻觉。踩在松动的土地上，我感到肢体在伸张，血液在涌动。我想大声喊叫或疾速奔跑，想拿起锄头拼命劳动一场。爱默生认为，每一个人都应当与这世界上的劳作保持着基本关系。劳动是上帝的教育，它使我们自己与泥土和大自然发生基本的联系。

但是，在这个世界上，有一部分人，一生从未踏上土地。

二十三

捕鸟人天不亮就动身，鸟群天亮开始飞翔。捕鸟人来到一片果园，他支起三张大网，呈三角状。一棵果树被围在里面。捕鸟人将带来的鸟笼，挂在这棵树上，然后隐在一旁。捕鸟人称笼鸟为“游子”，它们的作用是呼喊。游子在笼里不懈地转动，每当鸟群从空中飞过，它们便急切地扑翅呼应。它们凄怆的悲鸣，使飞翔的鸟群回转。一些鸟撞到网上，一些鸟落在网外的树上，稍后依然扑向鸟笼。鸟像树叶一般，坠满网片。

丰子恺先生把诱引羊群走向屠场的老羊，称作“羊奸”。我不称这些圈子为“鸟奸”，人类制造的任何词语，都仅在它自己身上适用。

二十四

平常，我们有“北上”和“南下”的说法。向北行走，背离光明，称作向上，向南行走，接光明，称作向下。不知这种上下之分依据是什么而定（纬度或地势？）。在大地上放行时，我们的确有这种内心感觉。像世间称做官为上，还民为下一样。

二十五

麻雀和喜鹊，是北方常见的留鸟。它们的存在使北方的冬天格外生动。民间有“家雀跟着夜猫子飞”的说法，它的直接意思，指小鸟盲目追随大鸟的现象。我留意过麻雀尾随喜鹊的情形，并由此发现了鸟类的两种飞翔方式，它们具有代表性。喜鹊飞翔姿态镇定、从容，两翼像树木摇动的叶子，体现在各种基础上的自信。麻雀敏感、慌忙，它们的飞法类似蛙泳，身体总是朝前一耸一耸的，并随时可能转向。

这便是小鸟和大鸟的区别。

二十六

一次，我穿越田野，一群农妇，蹲在田里薅苗。在我凝神等待远处布谷鸟再次啼叫时，我听到了两个农妇的简短对话：

农妇甲：“几点了？”

农妇乙：“该走了，十二点多了。”

农妇甲：“十二点了，孩子都放学了，还没做饭呢。”

无意听到的两句很普通的对话，竟震撼了我。认识词易，比如“母爱”或“使命”，但要完全懂它们的意义难。原因在于我们不常遇到隐在这些词后面的，

能充分体现这些词涵义的事物本身；在于我们正日渐远离原初意义上的“生活”。我想起曾在美术馆看过的美国女画家爱迪娜·米博尔画展，前言有画家这样段话，我极赞同：“美的最主要表现之一是，肩负着重任的人们的高尚与责任感。我发现这一特点特别地表现在世界各地生活在田园乡村的人们中间。”

二十七

栗树大都生在山里。秋天，山民爬上山坡，收获栗实。他们先将树下杂草刈除干净。然后环树独出刨出一道道沟垄。为防敲下的栗实四处滚动。栗实包在毛森森的壳里，像蜷缩一团的幼小刺猬。栗实成熟时，它们黄绿色壳斗便绽开缝隙，露出乌亮的栗核。如果没有人采集，栗树会和所有的植物一样，将自己漂亮的孩子自行还给大地。

二十八

进入冬天，便怀念雪。一个冬天，迎来几场大雪，本是平平常常的事情，如今已成为一种奢求（谁剥夺了我们这个天定的权利？）。冬天没有雪，就像土地上没有庄稼，森林里没有鸟儿。雪意外地下起来时，人间一片喜悦。雪赋予大地神性；雪驱散了那些平日隐匿于人们体内，禁锢与吞噬着人们灵性的东西。我看到大人带着孩子在旷地上堆雪人，在我看不到的地方，一定同样进行着许多欢乐的与雪有关的事情。

可以没有风，没有雨，但不可以没有雪。在人类美好愿望中发生的事情，都是围绕雪进行的。

二十九

一只山路上的蚂蚁，衔着一具比它大数倍的蚜虫尸体，正欢快地朝家走去。它似乎未费太多的力气，从不放下猎物休息。在我粗暴地半路打劫时，它并不惊慌逃走。它四下寻着它的猎物，两只触角不懈地探测。它放过了土块，放过了石子和瓦砾，当它触及那只蚜虫时，便再次衔起。仿佛什么事情也未发生，它继续去完成自己庄重的使命。

三十

我把麻雀看作鸟类中的“平民”，它们是鸟在世上的第一体现者。它们的淳朴和生气，散布在整个大地。它们是人类卑微的邻居。在无视和伤害的历史里，繁衍不息。它们以无畏的献身精神，主动亲近莫测的我们。没有哪一种鸟，肯与我们建立如此密切的关系。在我对鸟类作了多次比较后，我发现还是最喜爱它们。我刻意为它们写过这样的文字：

> 它们很守诺言，每次都醒在太阳前面。它们起得很早，在半道上等候太阳，然后一块儿上路。它们仿佛是太阳的孩子，每天在太阳身边玩耍。它们习惯于睡觉前聚在一起，把各自在外面见到的新鲜事情讲给大家听。由于不知什么叫秩序，它们给外人的印象像是在争吵一样。它们的肤色使我想到土地的颜色，它们的家族一定同这土地一样古老。它们是留鸟，从出生起便不远离自己的村庄。(《麻雀》)

1995 年

剩下的事情

——

刘亮程

一、剩下的事情

他们都回去了，我一个人留在野地上，看守麦垛。得有一个月时间，他们才能忙完村里的活儿，腾出手回来打麦子。野地离村子有大半天的路，也就是说，一个人不能在一天内往返一次野地。这是大概两天的路程，你硬要一天走完，说不定你走到什么地方，天突然黑了，剩下的路可就不好走了。谁都不想走到最后，剩下一截子黑路。是不是。

紧张的麦收结束了。同样的劳动，又在其他什么地方开始，这我能想得出。我知道村庄周围有几块地。他们给我留下够吃一个月的面和米，留下不够炒两顿菜的小半瓶清油。给我安排活儿的人，临走时又追加了一句：别老闲着望天，看有没有剩下的活儿，主动干干。

第二天，我在麦茬地走了一圈，发现好多活儿没有干完，麦子没割完，麦捆没有拉完。可是麦收结束了，人都回去了。

在麦地南边，扔着一大捆麦子。显然是拉麦捆的人故意漏装的。地西头则整齐地长着半垄麦子。即使割完的麦垄，也在最后剩下那么一两镰，不好看地长在那里。似乎人干到最后已没有一丝耐心和力气。

我能想到这个剩下半垄麦子的人，肯定是最后一个离开地头。在那个下午的斜阳里，没割倒的半垄麦子，一直望着扔下它们的那个人，走到麦地另一头，走进或蹲或站的一堆人里，再也认不出来。

麦地太大。从一头几乎望不到另一头。割麦的人一人把一垄，不抬头地往前赶，一直割到天色渐晚，割到四周没有了镰声，抬起头，发现其他人早割完回去了，剩下他孤零零的一垄。他有点急了，弯下腰猛割几镰，又茫然地停住。地里没一个人。干没干完都没人管了。没人知道他没干完，也没人知道他干完了。验收这件事的人回去了。他一下泄了气，瘫坐在麦茬上，愣了一会儿神：球，不干了。

我或许能查出这个活儿没干完的人。

我已经知道他是谁。

但我不能把他喊回来，把剩下的麦子割完。这件事已经结束，更紧迫的劳动在别处开始。剩下的事情不再重要。

以后几天，我干着许多人干剩下的事情，一个人在空荡荡的麦地里转来转去。我想许多轰轰烈烈的大事之后，都会有一个收尾的人，他远远地跟在人们后头，干着他们自以为干完的事情。许多事情都一样，开始干的人很多，到了最后，便成了某一个人的。

二、远离村人

我每天的事：早晨起来望一眼麦垛。总共五大垛，一溜排开。整个白天可以不管它们。到了下午，天黑之前，再朝四野里望一望，看有无可疑的东西朝这边移动。

这片大野隐藏着许多东西。一个人，五垛麦子，也是其中的隐匿者，谁也不愿让谁发现。即使是树，也都蹲着长，躯干一曲再曲，枝桠匐着地伸展。我从没在荒野上看见一棵像杨树一样高扬着头，招摇而长的植物。有一种东西压着万物的头，也压抑着我。

有几个下午我注意到西边的荒野中有一个黑影在不断地变大。我看不清那是什么东西，它孤孤地蹲在那里，让我几个晚上没睡好觉。若有个东西在你身旁越变越小最后消失了，你或许一点不会在意。有个东西在你身边突然大起来，变得巨大无比，你便会感到惊慌和恐惧。

早晨天刚亮我便爬起来，看见那个黑影又长大了一些。再看麦垛，似乎一夜间矮了许多。我有点担心，扛着锨小心翼翼地走过去，穿过麦地走了一阵，才看清楚，是一棵树。一棵枯死的老胡杨树突然长出许多枝条和叶子。我围着树转了一圈。许多叶子是昨晚上才长出来的，我能感觉到它的枝枝叶叶还在长，而且会长得更加蓬蓬勃勃。我想这棵老树的某一条根，一定扎到了土地深处的一个旺水层。

能让一棵树长得粗壮兴旺的地方，也一定会让一个人活得像模像样。往回走时，我暗暗记住了这个地方。那时，我刚刚开始模糊地意识到，我已经放任自己像植物一样去随意生长。我的胳膊太细，腿也不粗，胆子也不大，需要长的东西很多。多少年来我似乎忘记了生长。

随着剩下的事情一点一点地干完，莫名的空虚感开始笼罩草棚。活儿干完了，镰刀和铁锨扔到一边。孤单成了一件事情。寂寞和恐惧成了一件大事情。

我第一次感到自己是一个，而它们——成群地、连片地、成堆地对着我。我的群落在几十里外的黄沙梁村里。此时此刻，我的村民帮不了我，朋友和亲人帮不了我。

我的寂寞和恐惧是从村里带来的。

每个人最后都是独自面对剩下的寂寞和恐惧，无论在人群中还是在荒野上。那是他一个人的。

就像一粒虫、一棵草，在它浩荡的群落中孤单地面对自己的那份欢乐和痛苦。其他的虫草不知道。

一棵树枯死了，提前进入了比生更漫长的无花无叶的枯木期。其他的树还活着，枝繁叶茂。阳光照在绿叶上，也照在一棵枯树上。我们看不见一棵枯树在阳光中生长着什么。它埋在地深处的根在向什么地方延伸。死亡以后的事情，我们不知道。

一个人死了，我们把它搁过去——埋掉。

我们在坟墓旁边往下活。活着活着，就会觉得不对劲：这条路是谁留下的。那件事谁做过了。这句话谁说过。那个女人谁爱过。

我在村人中生活了几十年，什么事都经过了，再待下去，也不会有啥新鲜事。剩下的几十年，我想在花草中度过，在虫鸟水土中度过。我不知道这样行不行，或许村里人会把我喊回去，让我娶个女人生养孩子。让我翻地，种下一年的麦子。他们不会让我闲下来，他们必做的事情，也必然是我的事情。他们不会知道，在我心中，这些事情早就结束了。

如果我还有什么剩下要做的事情，那就是一棵草的事情，一粒虫的事情，一片云的事情。

我在野地上还有十几天时间，也可能更长。我正好远离村人，做点自己的事情。

三、风把人刮歪

刮了一夜大风。我在半夜被风喊醒。风在草棚和麦垛上发出恐怖的怪叫，像女人不舒畅的哭喊。这些突兀地出现在荒野中的草棚麦垛，绊住了风的腿，扯住了风的衣裳，缠住了风的头发，让它追不上前面的风。她撕扯，哭喊。喊得满天地都是风声。

我把头伸出草棚，黑暗中隐约有几件东西在地上滚动，滚得极快，一晃就不见了。是风把麦捆刮走了。我不清楚刮走了多少，也只能看着它刮走。我比一捆麦子大不了多少，一出去可能就找不见自己了。风朝着村子那边刮。如果风不在中途拐弯，一捆一捆的麦子会在风中跑回村子。明早村人醒来，看见一捆捆麦子躲在墙根，像回来的家畜一样。

每年都有几场大风经过村庄。风把人刮歪，又把歪长的树刮直。风从不同方向来，人和草木，往哪边斜不由自主。能做到的只是在每一场风后，把自己扶直。一棵树在各种各样的风中变得扭曲，古里古怪。你几乎可以看出它沧桑躯干上的哪个弯是南风吹的，哪个拐是北风刮的。但它最终高大粗壮地立在土地上，无论南风北风都无力动摇它。

我们村边就有几棵这样的大树，村里也有几个这样的人。我太年轻，根扎得不深，躯干也不结实，担心自己会被一场大风刮跑，像一棵草一片树叶，随风千里，飘落到一个陌生地方。也不管你喜不喜欢，愿不愿意，风把你一扔就不见了。你没地方去找风的麻烦，刮风的时候满世界都是风，风一停就只剩下空气。天空若无其事，大地也像什么都没发生。只有你的命运被改变了，莫名其妙地落在另一个地方。你只好等另一场相反的风把自己刮回去。可能一等多年，再没有一场能刮起你的大风。你在等待飞翔的时间里不情愿地长大，变得沉重无比。

去年，我在一场东风中，看见很久以前从我们家榆树上刮走的一片树叶，又从远处刮回来。它在空中翻了几个跟头，摇摇晃晃地落到窗台上。那场风刚好在我们村里停住，像是猛然刹住了车。许多东西从天上往下掉，有纸片——写字的和没写字的纸片、布条、头发和毛，更多的是树叶。我在纷纷下落的东西中认出了我们家榆树上的一片树叶。我赶忙抓住它，平放在手中。这片叶的边缘已有几处损伤，原先背阴的一面被晒得有些发白——它在什么地方经受了什么样的阳光。另一面粘着些褐黄的黏土。我不知道它被刮了多远又被另一场风刮回来，一路上经过了多少地方，这些地方都是我从没去过的。它飘回来了，

这是极少数的一片叶子。

风是空气在跑。一场风一过，一个地方原有的空气便跑光了，有些气味再闻不到，有些东西再看不到——昨天弥漫村巷的谁家炒菜的肉香。昨晚被一个人独享的女人的体香。下午晾在树上忘收的一块布。早上放在窗台上写着几句话的一张纸。风把一个村庄酝酿许久的、被一村人吸进呼出弄出特殊味道的一窝子空气，整个地搬运到百里千里外的另一个地方。

每一场风后，都会有几朵我们不认识的云，停留在村庄上头，模样怪怪的，颜色生生的，弄不清啥意思。短期内如果没风，这几朵云就会一动不动赖在头顶，不管我们喜不喜欢。我们看顺眼的云，在风中跑得一朵都找不见。

风一过，人忙起来，很少有空看天。偶尔看几眼，也能看顺眼，把它认成我们村的云，天热了盼它遮遮阳，地旱了盼它下点雨。地果真就旱了，一两个月没水，庄稼一片片蔫了。头顶的几朵云，在村人苦苦的期盼中果真有了些雨意，颜色由雪白变铅灰再变墨黑。眼看要降雨了，突然一阵北风，这些饱含雨水的云跌跌撞撞，飞速地离开村庄，在荒无人烟的南梁上，哗啦啦下了一夜雨。

我们望着头顶腾空的晴朗天空，骂着那些养不乖的野云。第二天全村人开会，做了一个严厉的决定：以后不管南来北往的云，一律不让它在我们村庄上头停，让云远远滚蛋。我们不再指望天上的水，我们要挖一条穿越戈壁的长渠。

那一年村长是胡木，我太年轻，整日缩着头，等待机会来临。

我在一场南风中闻见浓浓的鱼腥味。遥想某个海边渔村，一张大网罩着海，所有的鱼被网上岸，堆满沙滩。海风吹走鱼腥，鱼被留下来。

另一场风中我闻见一群女人成熟的气息，想到一个又一个的鲜美女子，在离我很远处长大成熟，然后老去。我闲吊的家什朝着她们，举起放下，鞭长莫及。

各种各样的风经过了村庄。屋顶上的土，吹光几次，住在房子里的人也记不清楚。无论南墙北墙东墙西墙都被风吹旧，也都似乎为一户户的村人挡住了南来北往的风。有些人不见了，更多的人留下来。什么留住了他们。

什么留住了我。

什么留住了风中的麦垛。

如果所有粮食在风中跑光，所有的村人，会不会在风停之后远走他乡，留一座空荡荡的村庄。

早晨我看见被风刮跑的麦捆，在半里外，被几棵铃铛刺拦住。

这些一墩一墩，长在地边上的铃铛刺，多少次挡住我们的路，挂烂手和衣服，也曾多少次被我们的镢头连根挖除，堆在一起一火烧掉。可是第二年它们又出现在那里。

我们不清楚铃铛刺长在大地上有啥用处。它浑身的小小尖刺，让企图吃它的嘴，折它的手和践它的蹄远离之后，就闲闲地端扎着，刺天空，刺云，刺空气和风。现在它抱住了我们的麦捆，没让它在风中跑远。我第一次对铃铛刺深怀感激。

也许我们周围的许多东西，都是我们生活的一部分，生命的一部分，关键时刻挽留住我们。一株草，一棵树，一片云，一只小虫……它替匆忙的我们在土中扎根，在空中驻足，在风中浅唱……

任何一株草的死亡都是人的死亡。

任何一棵树的夭折都是人的夭折。

任何一粒虫的鸣叫也是人的鸣叫。

四、铁锨是个好东西

我出门时一般都扛着铁锨。铁锨是这个世界伸给我的一只孤手，我必须牢牢握住它。

铁锨是个好东西。

我在野外走累了，想躺一阵，几锨就会铲出一块平坦的床来。顺手挖两锨土，就垒一个不错的枕头。我睡着的时候，铁锨直插在荒野上，不同于任何一棵树一杆枯木。有人找我，远远会看见一把锨。有野驴野牛飞奔过来，也会早早绕过铁锨，免得踩着我。遇到难翻的梁，虽不能挖个洞钻过去，碰到挡路的灌木，却可以一锨铲掉。这棵灌木也许永不会弄懂挨这一锨的缘故——它长错了地方，挡了我的路。我的铁锨毫不客气地断了它一年的生路。我却从不去想是我走错了路，来到野棘丛生的荒地。不过，第二年这棵灌木又会从老地方重长出一棵来，还会长到这么高，长出这么多枝杈，把我铲开的路密密封死。如果几年后我从原路回来，还会被这一棵挡住。树木不像人，在一个地方吃了亏下次会躲开。树仅有一条向上的生路。我东走西走，可能越走越远，再回不到这一步。

在荒野上我遇到许多动物，有的头顶尖角，有的嘴龇利牙，有的浑身带刺，有的飞扬猛蹄，我肩扛铁锨，互不相犯。

我还碰到过一匹狼。几乎是迎面遇到的。我们在相距约二十米远处同时停

住。狼和我都感到突然——两匹低头赶路的敌对动物猛一抬眼，发现彼此已经照面，绕过去已不可能。狼上上下下打量着我。我从头到尾注意着狼。这匹狼看上去就像一个穷叫花子，毛发如秋草黄而杂乱，像是刚从刺丛中钻出来，脊背上还少了一块毛。肚子也瘪瘪的，活像一个没支稳当的骨头架子。

看来它活得不咋样。

这样一想倒有了一点优越感。再看狼的眼睛，也似乎可怜兮兮的，像在乞求：你让我吃了吧。你就让我吃了吧。我已经几天没有吃东西了。

狼要是吃麦子，我会扔给它几捆子。要是吃饭，我会为它做一顿。问题是，狼非要吃肉。吃我腿上的肉，吃我胸上的肉，吃我胳膊上的肉，吃我脸上的肉。在狼天性的孤独中我看到它选择唯一食物的孤独。

我没看出这是匹公狼还是母狼。我没敢把头低下朝它的后裆里看，我怕它咬断我的脖子。

在狼眼中我又是啥样子呢。狼那样认真地打量着我，从头到脚，足足有半小时，最后狼悻悻地转身走了。我似乎从狼的眼神中看见了一丝失望——一个生命对另一个生命的失望。我不清楚这丝失望的全部含意。我一直看着狼翻过一座沙梁后消失。我松了一口气，放下肩上的铁锨，才发现握锨的手已出汗。

这匹狼大概从没见过扛锨的人，对我肩上多出来的这一截东西眼生，不敢贸然下口。狼放弃了我。狼是明智的。不然我的锨刃将染上狼血，这是我不愿看到的。

我没有狼的孤独。我的孤独不在荒野上，而在人群中。人们干出的事情放在这里。即使最无助时我也不觉孤独和恐惧。假若有一群猛兽飞奔而来，它会首先惊慑于荒野中的这片麦地，以及耸在地头的高大麦垛，尔后对站在麦垛旁手持铁锨的我不敢轻视。一群野兽踏上人耕过的土地，踩在人种出的作物上，也会像人步入猛兽出没的野林一样惊恐。

人们干出的事情放在土地上。

人们把许多大事情都干完了。剩下些小事情。人能干的事情也就这么多了。

而那匹剩下的孤狼是不是人的事情。人迟早还会面对这匹狼，或者消灭或者让它活下去。

我还有多少要干的事情。哪一件不是别人干剩下的——我自己的事情。如果我把所有的活儿干完，我会把铁锨插在空地上远去。

曾经干过多少事情，刃磨短磨钝的一把铁锨，插在地上。

是谁最后要面对的事情。

五、野兔的路

上午我沿一条野兔的路向西走了近半小时，我想去看看野兔是咋生活的。野兔的路窄窄的，勉强能容下我的一只脚。要是迎面走来一只野兔，我只有让到一旁，让它先过去。可是一只野兔也没有。看得出，野兔在这条路上走了许多年，小路陷进地面有一拳深。路上撒满了黑豆般大小的粪蛋。野兔喜欢把粪蛋撒在自己的路上，可能边走边撒，边跑边撒，它不会为排粪蛋这样的小事停下来，像人一样专门找个隐蔽处蹲半天。野兔的事可能不比人的少。它们一生下就跑，为一口草跑，为一条命跑，用四只小蹄跑。结果呢，谁知道跑掉了多少。

一只奔波中的野兔，看见自己上午撒的粪蛋还在路上新鲜地冒着热气是不是很有意思。

不吃窝边草的野兔，为一口草奔跑一夜回来，看见窝边青草被别的野兔或野羊吃得精光又是什么感触。

兔的路小心地绕过一些微小东西，一棵草、一截断木、一个土块就能让它弯曲。有时兔的路从挨得很近的两棵刺草间穿过，我只好绕过去。其实我无法看见野兔的生活，它们躲到这么远，就是害怕让人看见。一旦让人看见或许就没命了。或许我的到来已经惊跑了野兔。反正，一只野兔没碰到，却走到一片密麻麻的铃铛刺旁，打量了半天，根本无法过去。我蹲下身，看见野兔的路伸进刺丛，在那些刺条的根部绕来绕去不见了。

往回走时，看见自己的一行大脚印深嵌在窄窄的兔子的小路上，突然觉得好笑。我不去走自己的大道，跑到这条小动物的路上闲逛啥，把人家的路踩坏。野兔要来来回回走多少年，才能把我的一只深脚印踩平。或许野兔一生气，不要这条路了。气再生得大点，不要这片草地了，翻过沙梁远远地迁居到另一片草地。你说我这么大的人了，干了件啥事。

过了几天，我专程来看了看这条路，发现上面又有了新鲜的小爪印，看来野兔没放弃它。只是我的深脚印给野兔增添了一路坎坷，好久都觉得不好意思。

六、等牛把这事干完

麦子快割完的那天下午，地头上赶来一群牛，有三十来头。先割完麦子的

人，已陆陆续续从麦地那头往回走。我和老马走出草棚。老马一手提刀，一手拿着根麻绳。我背着手跟在老马后头。我是打下手的。

我们等这群牛等了一个上午。

早晨给我们安排活儿的人说，牛群快赶过来了，你们磨好刀等着。宰那头鼻梁上有道白印子的小黑公牛。肉嫩，煮得快。

结果牛群没来，我们闲了一上午。

那头要宰的黑公牛正在爬高，压在它身下的是头年轻的花白母牛。我们走过去时，公牛刚刚爬上去，花白母牛半推半就地挣扎了几下，好像不好意思，把头转了过去，却正好把亮汪汪的水门对着我们。公牛细长细长的家什一举一举，校正了好几次，终于找准地方。

“快死了还干这事。”老马拿着绳要去套牛，被我拦住了。

“慌啥。抽根烟再动手也不迟。”我说。

我和老马在草地上坐下，开始卷烟抽。我们边抽烟边看着牛干事情。

我们一直等到牛把这件事干完。

我们无法等到牛把所有的事干完。刀已磨快，水也烧开，等候吃肉的，坐在草棚外。宰牛是分给我们的事情，不能再拖延。

整个过程我几乎没帮上忙。老马是个老屠夫，宰得十分顺利。他先用绳把牛的一只前蹄和一只后蹄交叉拴在一起，用力一拉，牛便倒了。像一堵墙一样倒了。

接着牛的四蹄被牢牢绑在一起。老马用手轻摸着牛的脖子，找下刀的地方。那轻柔劲就像摸一个女人。老马摸牛脖子的时候，牛便舒服地闭上眼睛。刀很麻利地捅了进去。牛没吭一声。也没挣扎一下。

冒着热气的牛肉一块块卸下来，被人扛到草棚那边。肠肚、牛蹄和牛头扔在草地上，这是不要的东西。

卸牛后腿的时候，老马递给我一根软绵绵的东西。

“拿着，这个有用，煮上吃了劲大得很。”

我一看，是牛的那东西，扔给了老马。

“不要？”老马扭头看着我。

“你拿回去吃吧。”我说，“你老了，需要这个。”

“我吃过几十个了，我现在比牛的还硬哩。”老马说着用刀尖一挑，那东西便和肠肚扔在了一起。我们需要的只是牛肉，牛的清纯目光、牛哞、牛的奔跑和走动、兴奋和激情，还有，刚才还在享受生活的一根牛鞭，都只有当杂碎扔掉了。

七、对一朵花微笑

我一回头，身后的草全开花了。一大片。好像谁说了一个笑话，把一滩草惹笑了。

我正躺在土坡上想事情。是否我想的事情——一个人头脑中的奇怪想法让草觉得好笑，在微风中笑得前仰后合。有的哈哈大笑，有的半掩芳唇，忍俊不禁。靠近我身边的两朵，一朵面朝我，张开薄薄的粉红花瓣，似有吟吟笑声入耳。另一朵则扭头掩面，仍不能遮住笑颜。我禁不住也笑了起来。先是微笑，继而哈哈大笑。

这是我第一次在荒野中，一个人笑出声来。

还有一次，我在麦地南边的一片绿草中睡了一觉。我太喜欢这片绿草了，墨绿墨绿，和周围的枯黄野地形成鲜明对比。

我想大概是一个月前，浇灌麦地的人没看好水，或许他把水放进麦田后睡觉去了。水漫过田埂，顺这条干沟漫流而下。枯萎多年的荒草终于等来一次生机。那种绿，是积攒了多少年的，一如我目光中的饥渴。我虽不能像一头牛一样扑过去，猛吃一顿。但我可以在绿草中睡一觉。和我喜爱的东西一起睡一觉，做一个梦，也是满足。

一个在枯黄田野上劳忙半世的人，终于等来草木青青的一年。一小片。草木会不会等到我出人头地的一天。

这些简单地长几片叶，伸几条枝，开几瓣小花的草木，从没长高长大，没有茂盛过的草木，每年每年，从我少有笑容的脸和无精打采的行走中，看到的是否全是不景气。

我活得太严肃，呆板的脸似乎对生存已经麻木，忘了对一朵花微笑，为一片新叶欢欣和激动。这不容易开一次的花朵，难得长出的一片叶子，在荒野中，我的微笑可能是对一个卑小生命的欢迎和鼓励。就像青青芳草让我看到一生中那些还未到来的美好前景。

以后我觉得，我成了荒野中的一个。真正进入一片荒野其实不容易，荒野旷敞着，这个巨大的门让你在努力进入时不经意已经走出来，成为外面人。它的细部永远对你紧闭着。

走进一株草、一滴水、一粒小虫的路可能更远。弄懂一棵草，并不仅限于把草喂到嘴里嚼几下，尝尝味道。挖一个坑，把自己栽进去，浇点水，直愣愣

站上半天，感觉到的可能只是腿酸脚麻和腰疼，并不能断定草木长在土里也是这般情景。人没有草木那样深的根，无法知道土深处的事情。人埋在自己的事情里，埋得暗无天日。人把一件件事情干完，干好，人就渐渐出来了。

我从草木身上得到的只是一些人的道理，并不是草木的道理。我自以为弄懂了它们，其实我弄懂了自己。我不懂它们。

八、三只虫

一只八条腿的小虫，在我的手指上往前爬，爬得慢极了，走走停停，八只小爪踩上去痒痒的。停下的时候，就把针尖大的小头抬起往前望。然后再走。我看得可笑。它望见前面没路了吗，竟然还走。再走一小会儿，就是指甲盖，指甲盖很光滑，到了尽头，它若悬崖勒不住马，肯定一头栽下去。我正为这粒小虫的短视和盲目好笑，它已过了我的指甲盖，到了指尖，头一低，没掉下去，竟从指头底部慢慢悠悠向手心爬去了。

这下该我为自己的眼光羞愧了，我竟没看见指头底下还有路。走向手心的路。

人的自以为是使人只能走到人这一步。

虫子能走到哪里，我除了知道小虫一辈子都走不了几百米，走不出这片草滩以外，我确实不知道虫走到了哪里。

一次我看见一只蜣螂滚着一颗比它大好几倍的粪蛋，滚到一个半坡上。蜣螂头抵着地，用两只后腿使劲往上滚，费了很大劲才滚动了一点点。而且，只要蜣螂稍一松劲，粪蛋有可能原路滚下去。我看得着急，真想伸手帮它一把，却不知蜣螂要把它弄到哪。朝四周看了一圈也没弄清哪是蜣螂的家，是左边那棵草底下，还是右边那几块土坷垃中间。假如弄明白的话，我一伸手就会把这个对蜣螂来说沉重无比的粪蛋轻松拿起来，放到它的家里。我不清楚蜣螂在滚这个粪蛋前，是否先看好了路，我看了半天，也没看出朝这个方向滚去有啥好去处，上了这个小坡是一片平地，再过去是一个更大的坡，坡上都是草，除非从空中运，或者蜣螂先铲草开一条路，否则粪蛋根本无法过去。

或许我的想法天真，蜣螂根本不想把粪蛋滚到哪去。它只是做一个游戏，用后腿把粪蛋滚到坡顶上，然后它转过身，绕到另一边，用两只前爪猛一推，粪蛋骨碌碌滚了下去，它要看看能滚多远，以此来断定是后腿劲大还是前腿劲大。谁知道呢。反正我没搞清楚，还是少管闲事。我已经有过教训。

那次是一只蚂蚁，背着一条至少比它大二十倍的干虫，被一个土块挡住。蚂蚁先是自己爬上土块，用嘴咬住干虫往上拉，试了几下不行，又下来钻到干虫下面用头顶，竟然顶起来，摇摇晃晃，眼看顶上去了，却掉了下来，正好把蚂蚁碰了个仰面朝天。蚂蚁一轱辘爬起来，想都没想，又换了种姿势，像那只蜣螂那样头顶着地，用后腿往上举。结果还是一样。但它一刻不停，动作越来越快，也越来越没效果。

我猜想这只蚂蚁一定是急于把干虫搬回洞去。洞里有多少孤老寡小在等着这条虫呢。我要能帮帮它多好。或者，要是再有一只蚂蚁帮忙，不就好办多了吗。正好附近有一只闲转的蚂蚁，我把它抓住，放在那个土块上，我想让它站在上面往上拉，下面的蚂蚁正拼命往上顶呢，一拉一顶，不就上去了吗。

可是这只蚂蚁不愿帮忙，我一放下，它便跳下土块跑了。我又把它抓回来，这次是放在那只忙碌的蚂蚁的旁边，我想是我强迫它帮忙，它生气了。先让两只蚂蚁见见面，商量商量，那只或许会求这只帮忙，这只先说忙，没时间。那只说，不白帮，过后给你一条虫腿。这只说不行，给两条。一条半。那只还价。

我又想错了。那只忙碌的蚂蚁好像感到身后有动静，一回头看见这只，二话没说，扑上去就打。这只被打翻在地，爬起来仓皇而逃。也没看清咋打的，好像两只牵在一起，先是用口咬，接着那只腾出一只前爪，抡开向这只脸上扇去，这只便倒地了。

那只连口气都不喘，回过身又开始搬干虫。我真看急了，一伸手，连干虫带蚂蚁一起扔到土块那边。我想蚂蚁肯定会感激这个天降的帮忙。没想到它生气了，一口咬住干虫，拼命使着劲，硬要把它搬回到土块那边去。

我又搞错了。也许蚂蚁只是想试试自己能不能把一条干虫搬过土块，我却认为它要搬回家去。真是的，一条干虫，我会搬它回家吗。

也许都不是。我这颗大脑袋，压根不知道蚂蚁那只小脑袋里的事情。

九、老鼠应该有一个好收成

我用一个下午，观察老鼠洞穴。我坐在一蓬白草下面，离鼠洞约二十米远。这是老鼠允许我接近的最近距离。再逼近半步老鼠便会仓皇逃进洞穴，让我什么都看不见。

老鼠洞筑在地头一个土包上，有七八个洞口。不知老鼠凭什么选择了这个较高的地势。也许是在洞穴被水淹多少次后，知道了把洞筑在高处。但这个高

它是怎样确定的。靠老鼠的寸光之目，是怎样对一片大地域的地势作高低判断的。它选择一个土包，爬上去望望，自以为身居高处，却不知这个小土包是在一个大坑里。这种可笑短视行为连人都无法避免，况且老鼠。

但老鼠的这个洞的确筑在高处。以我的眼光，方圆几十里内，这也是最好的地势。再大的水灾也不会威胁到它。

这个蜂窝状的鼠洞里住着大约上百只老鼠，每个洞口都有老鼠进进出出，有往外运麦壳和杂渣的，有往里搬麦穗和麦粒的。那繁忙的景象让人觉得它们才是真正的收获者。

有几次我扛着锨过去，忍不住想挖开老鼠的洞看看，它到底贮藏了多少麦子。但我还是没有下手。

老鼠洞分上中下三层，老鼠把麦穗从田野里运回来，先贮存在最上层的洞穴。中层是加工作坊。老鼠把麦穗上的麦粒一粒粒剥下来，麦壳和渣质运出洞外，干净饱满的麦粒从一个垂直洞口滚落到最下层的底仓。

每一项工作都有严格的分工，不知这种分工和内部管理是怎样完成的。在一群匆忙的老鼠中，哪一个是它们的王，我不认识。我观察了一下午，也没有发现一只背着手迈着方步闲转的官鼠。

我曾在麦地中看见一只当搬运工具的小老鼠，它仰面朝天躺在地上，四肢紧抱着两支麦穗，另一只大老鼠用嘴咬住它的尾巴，当车一样拉着它走。我走近时，拉的那只扔下它跑了，这只不知道发生了啥事，抱着麦穗躺在地上发愣。我踢了它一脚，才反应过来，一轱辘爬起来，扔下麦穗便跑。我看见它的脊背上磨得红稀稀的，没有了毛。跑起来一歪一斜，很疼的样子。

以前我在地头见过好几只脊背上没毛的死老鼠，我还以为是它们相互撕打致死的，现在明白了。

在麦地中，经常能碰到几只匆忙奔走的老鼠，它让我停住脚步，想想自己这只忙碌的大老鼠，一天到晚又忙出了啥意思。我终生都不会，走进老鼠深深的洞穴，像个客人，打量它堆满底仓的干净麦粒。

老鼠应该有这样的好收成。这也是老鼠的土地。

我们未开垦时，这片长满苦豆和艾蒿的荒地上到处是鼠洞，老鼠靠草籽和草秆为生，过着富足安逸的日子。我们烧掉蒿草和灌木，毁掉老鼠洞，把地翻一翻，种上麦子。我们以为老鼠全被埋进地里了。当我们来割麦子的时候，发现地头筑满了老鼠洞，它们已先我们开始了紧张忙碌的麦收。这些没草籽可食的老鼠，只有靠麦粒为生。被我们称为细粮的坚硬麦粒，不知合不合老鼠的口味。老鼠吃着它胃舒不舒服。

这些匆忙的抢收者，让人感到丰收和喜悦不仅仅是人的。也是万物的。

我们喜庆的日子，如果一只老鼠在哭泣，一只鸟在伤心流泪，我们的欢乐将是多么的孤独和尴尬。

在我们周围，另一种动物，也在为这片麦子的丰收而欢庆，我们听不见它们的笑声，但能感觉到。

它们和村人一样期待了一个春天和一个漫长夏季。它们的期望没有落空。我们也没落空。它们用那只每次只能拿一支麦穗，捧两颗麦粒的小爪子，从我们的大丰收中，拿走一点儿，就能过很好的日子。而我们，几乎每年都差那么一点儿，就能幸福美满地——吃饱肚子。

十、孤独的声音

有一种鸟，对人怀有很深的敌意。我不知道这种鸟叫什么。它们常站在牛背上捉虫子吃，在羊身上跳来跳去，一见人便远远飞开。

还爱欺负人，在人头上拉鸟屎。

它们成群盘飞在人头顶，发出悦耳的叫声。人陶醉其中，冷不防，一泡鸟屎落在头上。人莫名其妙，抬头看天上，没等看清，又一泡鸟屎落在嘴上或鼻梁上。人生气了，捡一个土块往天上扔，鸟便一只不见了。

还有一种鸟喜欢亲近人，对人说鸟语。

那天我扛着锨站在埂子上，一只鸟飞过来，落在我的锨把上，我扭头看着它，是只挺大的灰鸟。我一伸手就能抓住它。但我没伸手。灰鸟站稳后便对着我的耳朵说起鸟语，声音很急切，一句接一句，像在讲一件事，一种道理。我认真地听着，一动不动。灰鸟不停地叫了半个小时，最后声音沙哑地飞走了。

以后几天我又在别处看见这只鸟，依旧单单的一只。有时落在土块上，有时站在一个枯树枝上，不住地叫。还是给我说过的那些鸟语。只是声音更沙哑了。

离开野地后，我再没见过和那只灰鸟一样的鸟。这种鸟可能就剩下那一只了，它没有了同类，希望找一个能听懂它话语的生命。它曾经找到了我，在我耳边说了那么多动听的鸟语。可我，只是个种地的农民，没在天上飞过，没在高高的树枝上站过。我怎会听懂鸟说的事情呢。

不知那只鸟最后找到知音了没有。听过它孤独鸟语的一个人，却从此默默无声。多少年后，这种孤独的声音出现在他的声音中。

十一、最大的事情

我在野地只待一个月（在村里也就住几十年），一个月后，村里来一些人，把麦子打掉，麦草扔在地边。我们一走，不管活儿干没干完，都不是我们的事情了。

老鼠会在仓满洞盈之后，重选一个地方打新洞。也许就选在草棚旁边，或者草垛下面。草棚这儿地势高，干爽，适合人筑屋鼠打洞。麦草垛下面隐蔽、安全，麦秆中少不了有一些剩余的麦穗麦粒，足够几代老鼠吃。

鸟会把巢筑在草棚上，在伸出来的那截木头上，涂满白色鸟粪。

野鸡会从门缝钻进来，在我们睡觉的草铺上，生几枚蛋，留一地零乱羽毛。

这些都是给下一年来到的人们留下的麻烦事情。下一年，一切会重新开始。剩下的事将被搁在一边。

如果下一年我们不来。下下一年还不来。

如果我们永远地走了，从野地上的草棚，从村庄，从远远近近的城市。如果人的事情结束了，或者人还有万般未竟的事业但人没有了。再也没有了。

那么，我们干完的事，将是留在这个世界上的——最大的事情。

别说一座钢铁空城、一个砖瓦村落。仅仅是我们弃在大地上的一间平常的土房子，就够它们多少年收拾。

草大概用五年时间，长满被人铲平踩瓷实的院子。草根蛰伏在土里，它没有死掉，一直在土中窥听地面上的动静。一年又一年，人的脚步在院子里走来走去，时缓时快，时轻时沉。终于有一天，再听不见了。草根试探性地拱破地面，发一个芽，生两片叶，迎风探望一季，确信再没锨来铲它，脚来踩它，草便一棵一棵从土里钻出来。这片曾经是它们的土地已面目全非，且怪模怪样地耸着一间土房子。

草开始从墙缝往外长，往房顶上长。

而房顶的大木梁中，几只蛀虫正悄悄干着一件大事情。它们打算用八十七年，把这棵木梁蛀空。然后房顶塌下来。

与此同时，风四十年吹旧一扇门上的红油漆。雨八十年冲掉墙上的一块泥皮。

厚实的墙基里，一群蝼蚁正一小粒一小粒往外搬土。它们把巢筑在墙基里，大蝼蚁在墙里死去，小蝼蚁又在墙里出生。这个过程没有谁能全部经历，它太漫长，大概要一千八百年，墙根就彻底毁了。曾经从土里站起来，高出大地的这些土，终归又倒塌到泥土里。

但要完全抹平这片土房子的痕迹，几乎是不可能。

不管多大的风，刮平一道田埂也得一百年工夫。人用旧扔掉的一只瓷碗，在土中埋三千年仍纹丝不变。而一根扎入土地的钢筋，带给土地的将是永久的刺痛。几乎没有什么东西能够消磨掉它。

除了时间。

时间本身也不是无限的。

所谓永恒，就是消磨一件事物的时间完了，这件事物还在。

时间再没有时间。

1995 年

一路绿色

楚 汜

在日常生活中，赤橙黄绿青蓝紫，再加上黑白，这些颜色中，我最爱的是绿色。我爱绿色，并非由于听了绿色是生命之色宣传的缘故，也不是因为现在人们管无污染食品叫“绿色食品”，更不是看到洋人那里有多少“绿色和平组织”正在可敬地为理想而献身。我爱绿色从儿童时代便开始了，直到老年。我就是觉得它好看，眼前有了它心里舒服，愿意生活其间，与它为伴。

大约在我出生不久，在辽东半岛沿海小城家中的院子里，老祖父开出了两块花圃，用尖角朝上的半截灰砖，镶成一圈花边，里面种满各样花草。房门两侧窗下还摆了一大排盆栽柳桃、石榴。这花圃与盆栽的花草虽都不是什么名贵品种，但冬去春来却使整个小院生意盎然。入夏，花香四溢，蜂蝶群舞，它更成为我终日流连的地方。母亲在几十年前曾跟我描述过，说我两三岁的时候，有两次看老祖父不在眼前，便蹲到花圃旁用小铁铲使劲扒西番莲（我们那时叫地瓜花）根部的土，想看看那土里到底埋的什么东西，怎么就会长出那么红的花，那么绿的叶？可是都未成功。好像每次总有人给老祖父通风报信似的，我刚扒了几下土，留着花白短须的老祖父便匆忙赶到，吆喝开了：“死了！再挖花就谢了，叶就黄了！”母亲说，她也不知道当时老祖父的眼睛怎么那样尖。而这时，我往往吓得赶快住手，逃离现场，远远站到一边望着，好像从我刚才刨过的土里突然冒出一条大虫子，要把花儿咬死。从此再不敢、也不愿去扒土，刨根问梢了。其后，故乡小城被日本强占了，我成了小小的亡国奴。而此前跑到关内读书的父亲、叔叔和姑姑，也就再无音讯。祖父终日不大说话，母亲陷入惶惑苦痛之中。但我却因这两块小小花圃，这满眼绿色的小院，依然有一点童年的欢乐。

记得我上小学的学校房子破旧，操场很小，低矮的土墙内外只有稀疏的几株小柳树，此外整个校园便不见一点绿色。但那时日本人的控制力量还未深入到小城的小学。我们学校除校名从“二五”被勒令改为“同德”（另一小学改为“同心”），意即要同日本统治者“同心同德”；每天朝会唱伪满“国歌”：“天地内有了新满洲……”此外，学校里尚无更大动作。日本文化特务尚未到来，师生关系、教学秩序大体如旧。春天，柳絮满城飞扬的时候，老师便常带领大家去“围子”外（城郊）“踏青”，而这时便不再唱什么“新满洲遍是新天地”，老师边走边教学生们的是：“长亭外，古道边，芳草碧连天……”到了郊外，放眼望去，天阔地宽，虽有堆堆荒冢，却仍是一片春色。青青的草，蓝蓝的天，潺潺流水，杂树丛生，柳条摇曳，群鸟争鸣。在小溪旁，在茵茵草地上，黄色花朵的蒲公英散在其间。像羔羊一般的小学生群，撒开便叫不住，收不拢，常常要嬉戏到日西斜，尚不思归。一晃间，一个“花甲子”过去了，童年生活中许多细节都已模糊，但当年从小城那一排灰黄色平顶泥土房子走出来，见到天地间片片新绿的喜悦之情，却是怎么也忘不了的。

到了小青年时期，我参加了人民解放军的野战部队，在南满辽河两岸的山区和平原活动三年，又进关，下江南。这期间行军作战多半是转山沟，走荒野，宿农村，绿色就更是常相伴，不分离。而且我自己也通身变成了绿色。在春夏秋三季，长长的行军行列，远远望去与大自然呈现的绿色基调已浑然一体了。我没有体验过抗日战争时期华北大平原上游击健儿们青纱帐里逞英豪的情景，却感受过随军穿行密不透风的大片高粱、玉米地，出其不意攻入蒋军占据的村庄的惊喜。在辽东山区战斗中，匍匐山头上，身下隔潮湿气常常靠的是一层厚厚松叶，而有时用以遮风挡雨的又是团团杂树荆条。行军路上，骄阳似火，边走边把几片沾水的阔叶贴到脸上，短暂的丝丝凉意，使自己对这素昧平生的小小叶片，顿生友好之情；而路旁浓荫蔽日的老树下，又是唯一可以暂歇的去处，使你实在不愿听到那一声无情召唤：“出发！”敌人的飞机突然从远山顶端钻出，横着膀子，耀武扬威，斜飞过来；山野里，可以隐身之处便是山冈上、小道旁的树丛了。1946 年 10 月辽东新开岭战役后，我们纵队两个便衣侦察员曾告诉我，大战前，他们夜间深入敌后，潜伏于赛马集附近的大路旁一条干水沟里，正是依靠两丛矮树，一堆蒿草，躲过了敌人大队人马，捕捉到一名独行的敌下级军官，得到最新情报。在南满运动歼敌的那几年，每当行军走得筋疲力尽，腹内空鸣，遥望轻烟迷蒙的远处出现团团绿树黑影，便知道那里必然隐有一座有人的村庄，说不定便是宿营地了，精神会立即为之一振。那时，大树成了希望之

星，绿色则是希望之色。四年多的解放战争，从辽东到南海岸边，我可以说一路都与绿色为伴，始终是生活在绿色之中。

绿色，使我回忆起纯真、欢乐、生机勃勃的童年；绿色，使我回忆起辉煌壮丽的伟大革命年代和灿烂美好的青春年华；绿色也曾使我于困难中看到希望。啊，我又想起来了，绿色，早年在我心目中也曾同富庶联系在一起。1948年夏天，我们部队从辽东出发，经由沈阳南部，穿过中长路（沈大线），挺进辽西。那时映入眼帘的强烈贫富之差，也正是反映在土黄与青绿两种色调上，令人刻骨铭心。中长路两侧的辽宁腹地，绿色包围中的大村庄一个接着一个。人烟稠密，房舍整齐，烧锅林立。而一深入辽河泛滥成灾的辽西，却是满目凄凉，光秃秃的远山，孤零零的老树，不毛的田野，枯井破房。丘陵土冈是黄的，大地是黄的，饮用的塘水是浑黄的，蓬头垢面的人也是土黄的……那时我方才走进成人行列，刚刚开始革命人生，对大社会知之甚少，我从直感中得出的结论便是：绿色就是富庶，而贫穷、困苦则与绿色无缘。

即将进入不惑之年，我正与“文化大革命”的疯劲相遇。那是骂得狗血喷头，打得天昏地暗的年代。到处是“红海洋”，北京城里似乎已看不到别的颜色。人们除了直着脖子高唱那有点发紫变黑的红色外，谁也无心无胆去观察大千世界，朗朗乾坤，还有什么别的颜色存在，然而一次机遇却也使我因祸得福，就是由于林彪的“一号命令”，把我所在单位的10个人押送河南一个原劳改农场的猪圈监督劳动，我也在其中。在那里，虽然住土坯小屋，睡谷草地铺，转猪圈，下麦田，与在机关宿舍反差很大。但有一条是当时乌烟瘴气的北京城绝对无法比拟的，那就是蓝天白云，小河流水，广袤田野，一眼望不到边的绿色。在这里，我们即便不是恢复了自己的主人地位，至少睡梦中不必心惊肉跳，不必担心哪路“豪杰”突然又呼啸而至，污言秽语，拳脚相加。在那个年代，晴空下，绿苗间，与猪为伍，比在京城一片“打倒”声中与人结伴，似乎心中要更踏实些。绿色，对于我这时又是与自由、半自由联系在一起的了。这也许是换一个时代的人怎样也体验不到的吧。

不觉到了老年，我更珍惜眼前一片绿。我的居室内无花却有绿，这固然与我不擅养花有关，但确也有自己的偏爱。花死了，我不再买，绿叶植物，绝对不能少。榕树、山影、吊兰、龟背竹，等等，我总是尽量让它们繁殖，不怕重样单调，也不怕人说档次不高。我们住的大院正中是一个树多花少，枝叶繁茂的不大也不小的“公园”，那里是从岗位上退下来的老头儿老太太们每天早晨健身“话疗”的所在。三三两两徜徉其间，妄谈天下兴衰，议论人间冷暖，评说世态炎凉，倾泻胸中郁闷，褒贬儿女短长，以至相互转告书摊上有哪一本新书可读，街头又新出现什么骗人花招，需要当心，等等。设想，我们的大院倘没有这块青竹绿树环绕的小园子，人们该是什么感觉，还会有多少人天天不请自来？倘没有了这天天不可缺少的“话疗”，这该是老年生活中多大的空缺！干休所每年春秋两季都组织到远近郊区旅游，我是都尽力参加，尤其是去离城较远的地方。尽管那些被宣传得天花乱坠的所谓“新景点”多么名不符实，我依然甘愿去上当。我的方针是只要看天然的青山绿水，而不是一心想发财者装神弄鬼，花里胡哨的去处，我便去无妨。即使什么景点也没有，坐着大汽车出城转悠一趟便回来，我也去。看麦苗长多高了，看玉米棒子长多大了，看风吹柳条摆动，看绿茸茸山坡上羊群片片；听小溪流水淙淙，听风吹杨叶沙沙作响，也听南来北往如潮车马匆匆赶路的喧闹嘈杂声……这可以感受到生命的脉搏在跳动，大自然与社会在滚滚向前，而自己似乎也正与之交融一起，同歌共舞，刹那间忘了老之已至。

绿色伴我走过了大半生，我尽情享受了它带给我的欢悦与力量，过去却未深想过何以会如此。其实也用不着去细思默想了，生活本身已经把一切都回答了，人虽说是“一切社会关系的总和”，但毕竟也是大自然之子。绿色，既然是充满生机与活力的大自然基本色调，生活于其中的人们，热爱生活，渴望幸福，企盼生生不息，连绵不断，兴旺发达，怎能不热爱这绿色呢！

1997 年

皋兰夜语（节选）

——

雷　达

久居兰州的人都知道，深夜出门，不用抬头，即能感到，或身后，或眼前，定有一庞然大物在夜色中谛视着你，那就是皋兰山了；也不必引颈四顾，定能听到一种哈气似的嗬嗬声在空气中鼓荡，那就是黄河的涛声了。

记得1986年前后，有位兰州的故交到了北京，闲谈中顺便说起："皋兰山上建公园了。"兴许他的语调太平淡，兴许当时的我未及细想，反正我没当回事。我估计，那无非是在皋兰山腰的某处修了个凉亭罢了。我的想象力再丰富，也是断乎达不到山巅的——在我少年的记忆里，皋兰山仰不可攀，直薄云汉，如壁立的屏障守护着兰州，兰州则是偎在它脚下的羊群。实难想象，在这陡峭的几乎寸草不生的皋兰山之巅，能建个什么公园。

终于，在一秋日傍晚，我回到了阔别二十多年的兰州。下火车后猛一抬头，竟惊讶得说不出话来：皋兰山还是那副熟悉的静卧了千万年的姿势，老熟人似的对我歉然一笑，但仰观山顶，却全然陌生了，著名的"一棵树"没了踪影，只见原先最高处烽火台的位置上，隐约飞起层层亭台楼阁，与秋夜的星斗混成一团，细辨则有角翼然，在雾霭里明灭，如神话里的蓬莱仙境一般，好像一阵风来，那缥缈的楼阁随时有升入霄汉的可能。这就是友人所言"兰山公园"了吧，果然奇幻至极。由于地面是万家灯火的闹市，山顶是星光灼灼的亭台，而中间部分的大荒山完全融入了沉默的夜色，所谓山顶公园便有了天上宫阙、琼楼玉宇似的飘游感。我盯视片刻，觉得眼睛发酸，真不知是天宫在轻摇，还是夜气在浮动。

我也算是到过一些地方，见过一些世面的人了，就说夜景吧，曾登上国际饭店看上海（听说现在该去登东方明珠电视塔了），也曾登上枇杷山看重庆，还在飞机上看过夜的法兰克福和罗马，但我敢说，它们尽可以其富丽或壮丽炫人，却都不如夜的皋兰山那么富于梦幻之感。我早就觉得，兰州含有某种说不清的神秘和幽邃，暗藏着许多西部的历史文化秘密，凡只到过西安没到过兰州的人，绝对不能算到了大西北；只有到了兰州，而且流连黄河滩，驻足皋兰山者，才有可能摸索到进入大西北堂奥的门径。

我从来都固执地认为，王之涣的《凉州词》，只能作于兰州，而且描写的也只能是襟山带河的兰州。“凉州词”乃古乐府惯用的诗题，并非只能写凉州或只有亲临凉州者才能用它，这就犹如唐人写“出塞”“入塞”的诗很不少，并非每个人都非要出一回塞一样。可是，单就这首诗的意境观之，恐怕诗人不亲自来到一个高山、长河、古城三者奇绝地扭结在一起的地方，是断难杜撰得出来的。

我想象，王之涣是在一个早春的正午，一个假阴天，来到兰州雷坛一带的河谷的，他极目西眺，觉得黄河上接白云，仿佛是从云端挂下来的，就有了“黄河远上白云间”的句子出唇；再侧目一看，发现身边的孤城兰州紧贴着崔嵬的皋兰山，四围群山如簇，使山愈大而城愈小，便生出了“一片孤城万仞山”之慨；当时天气乍暖还寒，兰州一带的杨柳还没有吐芽，王之涣打了一个寒噤，猛听得有羌笛声若断若续飘来，心里想，兰州尚且如此，那凉州以西的古战场，还不知道会怎样的苦寒呢，遂叹息道，“羌笛何须怨杨柳，春风不度玉门关”啊。我这样解，唐诗专家可能要引经据典地起来反驳，但据我所知，只有兰州才具备诗中所写的特殊地貌，往西去，甘、凉、肃、瓜四州不是这样，沿黄河上下逡巡，济南、郑州、西宁、银川等地，也都不是这样。后又发现岑参咏兰州的诗：“古戍依重险，高楼见五凉。山根盘驿道，河水浸城墙。”益发坚定了我的看法。

兰州这地方确乎有种非凡气象，黄河穿城而过，环城则是山的波涛，好似一座天然的古堡，外面的东西不易进来，里面的东西也难出去，铁桶也似的封闭。要是在西安，你会感到关中大平原的坦荡与敞开，身在兰州，你就没法不体验一种与世隔绝的疏离感、禁锢感，连走路的步子都会放慢。从地图上看，兰州才是中国真正的中心。老人们常说，环绕兰州盆地的群山是一条逶迤的巨龙，皋兰山是龙头，九州台是龙尾，确实越看越像。小时候，我就经常好奇地久久凝视着它，盼望着又惧怕着它会抖动头颅。及长，渐渐知道了龙的传说，就想，这里是否才是中华民族真正的发祥地？惜乎只是猜想，并无如“黄陵”之类的有史可征。但凭着直觉，我相信这是一块神秘的土地，以前必发生过或不见史籍却惊天泣地的事，以后也必会弄出震撼神州大地的响动。

考证起来，兰州的历史甚为悠久，秦置陇右郡，汉置金城郡，隋置兰州，皆为兵家必争之险要，到了今天，它更是西北重镇，交通枢纽：陇海、兰新、兰青、兰包诸线，均奔凑兰州而来，交会之后又各奔西东。川陕及沿海的货物要进入青海、新疆、西藏，或青海、新疆、西藏的产物要运到内地，大都须经兰州这个“瓶颈”。兰州的得名，一说来自于夹峙着它的一山一河，即皋兰山（兰）和黄河之滨（洲）；一说古时的兰州四季如春，盛产兰花，故有此名。对后一说，我有些怀疑。古兰州府或古金城郡，其实是一个小文化圈的别称，它还应包括河州、湟州、临洮、循化、榆中、皋兰等一大片青海与甘肃接壤的地面。新石器时代著名的马家窑文化和稍后的齐家文化，老窝都在这里，前者因临洮的马家窑而得名，后者因广河县的齐家坪而得名，你想找最地道的三足鬲和鱼纹盆，恐非此地莫属。曾使举世惊愕，众学者争执不休的“舞蹈纹彩陶盆”，即出土在这个文化带。此盆也确实奇特得很，盆沿上的舞者，咱们的老祖宗们，头上之饰物似为发辫，披于脑后，而下体之物，就很像男性生殖器，舞者裸体而踏跳，奔放恣肆，性器官非常之突出，这就不能不使学人们大费猜详，一定要破译它的意义了。列祖列宗，你们何以豪放如此？它的笔势、动感、构图、线条均出奇的成熟，却出自五千年前的先民之手，怎不令人惊异。

所以，兰州是封闭的、沉滞的，但又是雄浑的、放肆的。不信，你往黄河老铁桥上一站，南望皋兰山，北望白塔山，下望黄河那并不张扬却又深不可测的浑浊漩流，会感到一种山与河暗中较劲的张力，或如蒙克绘画中才有的紧张感，据说现在的黄河冬天也不结冰了，于是不存在解冻问题，但在我小时候，看春天的“开河”，那刺激不亚于惊雷奔电。若一个人独立河边，或会被它骇人的气势吓得战栗。看啊，一块块硕大的排冰，像一个个满怀仇怨、冲锋陷阵的生灵，互相追逐着、撞击着，那高扬着手臂的冰块杀过来了，那低头冲刺的冰块迎上去了，时而惊天动地地轰鸣，时而粉身碎骨地呻吟，有的冰块狂暴得简直要扑到岸边来捉你，于是冰水都溅湿了你的棉鞋。四野岑寂，整条大河犹如低吼着的、厮杀不断的、尸横遍野的战场。夜幕降临，益发骇人心目。这不由让人想起《吊古战场文》里河水萦带，群山纠纷，声析江河，势崩雷电一类的句子。遥想发生在著名的兰州河谷里的无数部落之间、宗教之间、民族之间、政治集团之间、阶级之间的征战和杀伐……

翌日，天一放亮，我便急于寻觅登皋兰山的途径，想弄明白夜气中仙山琼阁的来由。我虽在兰州长大，却从未登上过皋兰山，在过去，那几近妄想，这回该偿还宿愿了。此时，王作人先生来了。王是我当年在兰州大学的同窗密友，现为该校教授，新闻系主任，他约我同去拜访另一同学杨临春女士。杨的寓所恰在皋兰山脚下，窗明几净，我们就坐看通往山顶的缆车缓缓上下，以及游客们的嬉笑状。杨说，千万不要白天坐缆车游山，那太没想象力了，一定要夜里上去，你才能看到一个真正的神秘的兰州。

饭后，三个老同学散步在通往五泉山（皋兰山脚下的一处名胜）的路上，互相打量一番，感慨油然而生。作人是当年班上的英俊小生兼饱学之士，如今业已头顶微谢，一脸沧桑，他那曾经俊逸的脸庞，平添了不少岁月的沟壑。临春是著名的“校花”。当年我在班上年龄最小，虽不明内情，倒也听说，她的追求者就有“十八罗汉”之多。那可能是夸张，肯定有冤枉的，比如仅写了一张小纸条者之类。现今的她，已是五十出头的人，正遇上私人生活的坎坎坷坷，脸色颇显憔悴，明亮的眸子流露着呆滞，只有秋风中依然苗条的背影，还能想见昔日的丰韵。按老话说，她的出身不好，解放后家境败落，举家作为移民被遣到河西走廊某县，在兰州上高中时，寒暑假没钱回家，她就住在学校里，三九天还穿着一双球鞋。她后来的境况时好时坏，似乎一直摆不脱出身的阴影。她是在外面闯荡多年后回到兰州的，我们开玩笑地说，这叫归正果。看着她的背影，心头忽然升起一种苍凉感：我们这代人的青春真像小鸟一样不回来了么？

他俩都说我不见老，我唯有苦笑，我说，这可能因为咱们西北人皮肤“厚黑”，少不显少，老不显老吧。临春忽然向我提了个严肃问题，她说，当年咱们班分配到北京的十几个人，为什么除了一二个，不出几年全都纷纷回来了，有的是老婆拖后腿，有的是生活不习惯，一个个直到回到老家的热炕上方觉安妥，你说，这仅仅是甘肃人家乡观念太重，畏惧交往，习性保守的缘故吗？我想了想说，这问题太复杂了，几句话何能说清，直到今天，在北京的甘肃人仍颇为寥落，牛肉拉面的打遍全国并不证明实质上有多大改变。比如，中直系统的全国作协会员近千人，而多年来其中的甘肃人竟只我一个，陕西人则要多得多，你说怪不怪？也许，这些都与眼前的这座大山有关吧。

我小时候就觉得，兰州这座城市有种诡异而神秘的气息，当地俗谚云：“兰州地方邪，说龟就是鳖。”比如，过日子禁忌特别多，一言一动，甚至吃什么不吃什么，都能引起大人们的一番指责或恫吓，而大人们自己，也似乎个个寡言罕语，说出话来神龙见首不见尾，叫你摸不着头脑。他们之所以如此，是出于害怕，因为在他们的经验里，希望的事总是落空，担忧的事总要发生。后来渐渐明白，兰州地面，哪方人氏都有，汉藏蒙回无不麇集，而且教派繁多，关系

复杂。范长江在《中国的西北角》中有一段话说："汉代以后，汉族对于西北各民族之征伐或抗拒，多以兰州为极西之支撑点，即到现在，兰州仍然成为汉族在西北与回蒙藏各族交往之中心，自政治方面言之，中国现在政治力量西部之极限，仍以兰州为止。北过黄河，西过洮河以后，军政权力，尽在回族手中。"范公这番话虽说在1936年，对揭开兰州历史上的文化密码，却具有高度价值。

然而兰州人也并不缺乏幽默感。有一首年代久远的谣曲，俏皮而无奈地表达了劳动者对苦难的反讽，是我迄今为止看到的最绝妙的中国式的黑色幽默，倘用沙哑的嗓子哼哼起来，定叫人鼻酸而笑：

走了个阿干县哪，买了个破砂锅，
试着去吃饭哪，倒把那嘴划破，
哎世上的穷人多呀，哪一个就像我。

买了个破皮袄啊，虱子虮子多，
穿在了我身上啊，雀儿它来作窝，
哎世上的穷人多呀，哪一个就像我。

娶了个大老婆啊，脸上的窝窝多，
买了一升面啊，倒搽去了一半多，
哎世上的穷人多呀，哪一个就像我。

盖了个破房房呵，窟窿眼眼多，
鸽子来踩蛋啊，倒把那梁踏折，
哎世上的穷人多呀，哪一个就像我……

我觉得，兰州城的性格，就像它那典型的大陆性气候一样，晨与昏，夜与昼，骄阳与大雪，旋风与暴雨，反差十分强烈；又像皋兰山与黄河的对峙一样，干旱与滋润，安静与狂躁，父亲与母亲，对比极其分明。这里既有最坚韧、最具叛逆性、最撼天动地的精神，也有最保守、最愚昧、最狡诈、最麻木、最凶残的表现。

大概就因为这一切，我十分看重皋兰山顶上建公园这件事，觉得它似乎是一个象征：象征着兰州要超越，要登攀，要与山外的世界对话，要升高立足点，打破万年的闭锁，汇入大时代的冲动。传说霍去病西征到兰州，正赶上黄河冰封，战士喝不上水，真是“欲渡黄河冰塞川，将登皋兰雪满山”啊，他一怒之下跨上红鬃烈马，要冲到皋兰山外去，却没能上去，只在山根下用马蹄踩出了五眼清泉，遂有了名胜五泉山。这自然是传说而已，似乎在证明，皋兰山不是那么好超越的。

到兰州第三天的深夜十二点左右，机缘来了。我们看完秦腔出来，司机小马忽然说，你不是想上皋兰山吗，走！我以为小马在开玩笑，半夜三更的，找死啊。然而，说话间车已蹿出了闹市，箭镞一般沿伏龙坪逶迤直上了。此时，不见有下山的车，夜在前方展现出一个庞大黑影，黑影的顶端有点点灯火在夜气里浮游，极为渺远。我们的汽车便向着这黑絮般的夜和星星似的灯奋不顾身地扑去，我想它远看一定像一粒萤火虫罢。虽然疾驰的车子左面不断闪出闹市灯海，我哪里顾得上细看，只是屏住气，死死攥住扶手，直到攥出满手的汗。我决不是一个胆小鬼，走过很多夜路，但我要说，像这样紧偎着绝壁，下窥着夜市，一边是命如悬丝，一边是赏心悦目，将死亡与闲适奇妙糅合的地方，在任何一个都市也难觅到。

十五公里提心吊胆的险路总算跑完，这辆无畏的汽车也终于在山顶的平坝上歇了脚，车里的几个人全都汗津津的，气咻咻的，好似狂奔的不是车而是人，大家相视而笑，笑意中藏着历险后的庆幸和宽慰。“看哪”，谁向山下遥指，紧张立刻转化为兴奋，发出一片惊呼。就在我们眼底，呈现出一片狭长的、璀璨的、深邃的灯光之海，宛若颠倒了的银河。灯光有白的、黄的、蓝的、橙的、红的，各个闪动着慧眼，于是，它们涌动着、呼吸着，如同有生命的潮汐。兰州并未睡着，愈是暗夜，它愈是光彩射目。黄河呢，这白昼奔腾不息的长龙莫非躲起来了？不，在两岸长串灯光的夹峙下，明显地有一条“黑河”，那就是她。我推想，在她的深渊，一定奔涌着黑色的、凶险的波涛吧。这时我才留意到，天上的星宿离我们极近，大有“扪参历井仰胁息”之感，再转身向南望去，好不吓人，但见夜暗里蹲伏着无数弓起脊梁的巨兽。同行的甘肃作家王家达告诉我，那是比皋兰山更高的马寒山（马衔山）峰群，要在黄昏时辰看，别是一种阔大气象。

夜深沉，寒气袭人，我却驻足山顶不愿离去。我在想，对兰州来说，皋兰山无疑是它的见证。四十六年前，马家军企图凭借天险负隅顽抗，终究不敌，兰州遂告解放。现在，古龙要彻底翻身了，古城要跨进现代化的门槛了，人们干脆在皋兰山顶建起公园，这太有挑战性和想象力了。一条龙紧锁兰州的历史

结束了，人们已掐住了龙头，真正的驯化自然的时代开始了。我猛然觉得，此刻我登上的何止是山的峰顶，实乃一种精神境界的峰峦。回头一瞥，心头一惊，更高的马寒山在黑暗中默默注视着兰州呢！

1996 年

妈妈在山岗上

陈建功

四年前，妈妈过世三周年那天，我到八宝山骨灰堂取回了妈妈的骨灰——按照当时的规定，三年期满，骨灰堂不再负保管的责任。

远在广州的父亲来信说，还是入土为安吧！

可是，哪里去买这一方土？

四年前那时候还不像现在，现在倒新辟了好几处安葬骨灰的墓地。那时，只有一个别无选择的，形同乱葬岗子的普通百姓的墓地。我去那里看过，普通百姓身后的居处和他们生前的住处一样拥挤。我辈本是蓬蒿人，把妈妈安葬在这里，并不委屈。然而，想到性喜清静的妈妈将挤在这喧嚣的、横七竖八的坟场上，又于心何忍？

对官居“司局级”方可升堂入室的“革命公墓”，我是不敢奢望的。假若妈妈是个处长，说不定我也会像无数处长的儿子一样，要求追封个“局级”，以便死者荫及子孙。而我的妈妈不过是一个普通的中学教员。非分之想或许有过——为妈妈买骨灰盒的时候，不知深浅的我，要买一个最好的。我当即被告知：那必须出示“高干证明”。从那以后，我不敢再僭越。现在，妈妈躺在八十元一个的骨灰盒里。躺在八十元一个的骨灰盒里的妈妈，得找一个合乎名分的墓地。

最后，我把妈妈的骨灰，埋在我挖过煤的那座大山的山岗上。

那几天，我转悠遍了大半个北京城，终于买到了一个刚好容下骨灰盒的长方形玻璃缸。我又找到一家玻璃店，为这自制的“水晶棺”配上了一个盖。一位朋友开来了一辆“拉达”，把我送到距北京一百多里以外的那座山脚下。

那些曾经一块儿挖过煤的朋友，现在有的已经是矿长了，有的还是工人。

不管是当了官的，还是没当官的，谁也没有忘记我的热情好客的妈妈对他们的情分。我们一起动手，把骨灰盒埋下，堆起了一座坟头，又一人搭了一膀子，把那巨大的汉白玉石碑由山脚下一步一步抬上山来。

石碑俯瞰着那条由北京蜿蜒西来的铁路。

我十八岁那年，列车就是顺着这条铁路，把我送到这里当了一名采掘工人的。当年的我，身单力薄，体重不及百斤。我扛着一个裹在蓝塑料布里的巨大的行李卷儿，沿着高达三百六十级的台阶，一步一步爬上山来。此后的十年间，我在这里抡锤打眼，开山凿洞，和窑哥们儿相濡以沫，相嘘以暖，也尝到了政治迫害的风霜。十年以后，二十八岁，当春风重新吹拂中国大地的时候，我揣着北京大学的录取通知书，又是顺着这条铁路，迤逦东去，寻回我少年时代便萦绕于心的文学之梦。

我没想到，妈妈的坟居然就正对着这条令人百感交集的铁路线。尽管是巧合，却不能不使人怦然心动。如果说，这是因为我想到了人生际遇的沉浮兴衰，想到了妈妈可以在这山岗上为她的儿子感到自豪和欣慰，那么，我也未免过于肤浅了。妈妈毕竟是妈妈，她当然自豪过，得意过，为儿子发表的第一篇小说，为儿子出版的第一本书，为儿子获得的第一篇评论……然而，妈妈绝不是千千万万望子成龙的妈妈中的一个。我接触过不少望子成龙的妈妈们，她们所能给予自己子女的，只是一种出人头地的焦虑。除了这焦虑，子女们一无所得。我的妈妈绝不想让儿女们为自己争回点什么，哪怕是一个面子。她从来也没跟我念叨过“争光”“争气”之类的话。她甚至告诉过我她并不望子成龙，她只希望自己的子女自立自强，自爱自重，度过充实的一生。我当工人的时候，妈妈对我说：“你是不是还应该坚持每周一书？同是工人，我相信，有人活得很贫乏，有人活得很充实。别怨天，别怨地，也别怨生活对你是不是公正。你只能自问是不是虚掷了青春？”我当作家以后，妈妈对我说：“得意的时候，你别太拿这得意当回事，省得你倒霉的时候想不开。其实，只要自己心里有主意，倒霉了，也可以活得很好，知道吗？”……坦率地说，和许许多多儿子们一样，妈妈的话并不句句中听，自然也就不能声声入耳，特别是当儿子有点“出息”了以后。可是，当你在人生旅途上又走了一段以后，你忽然发现，妈妈这平实的劝诫中蕴藏的是一种宠辱不惊的人生信念，自我完善的人格追求，焉知这不正是妈妈为儿子留下的最宝贵的遗产？

我当然不会忘记妈妈是怎样领我去叩文学之门的。我十岁的时候，她开始督促我写日记。我十二岁的时候，她让我读《西游记》。同样是十二岁那年，她教我“反叛”老师：“老师让你怎么写，你就怎么写吗？为什么不能写得和老师不一样？”我至今清楚地记得自己的第一次“反叛”：用一首诗去完成了一篇作文。结果我得了二分。“如果我是你们老师，我就表扬你。你不是偷懒。按老师的思路一点儿不差地写，那才是偷懒呢？”——其实妈妈也是个老师。多少年后我才明白，敢让学生“反叛”老师的老师，才是最好的老师。妈妈的苦心在我考高中时得到了回报，那试卷的作文题是《我为什么要考高中》。我开始要小聪明，玩邪的，对于今天的中学生来说，大概也真的不过是小聪明而已。可对于当时循规蹈矩的初中生来讲，确乎有点胆大包天了。富于戏剧性的是，妈妈恰恰是那次中考的阅卷老师之一。阅卷归来，眉飞色舞地夸奖有那么一位考生如何聪明，用书信体写成了这篇作文，成为全考区公认的一份富于独创性的试卷，为此被加了分。讲完了“别人”，开始数落自己的儿子如何如何不开窍。我等她唠叨够了，才不无得意地告诉妈妈：那位因封卷遮盖而使她不知姓名的答卷者，便是我。

为这个得意的杨朔散文式的结尾，我的下巴颏足足扬了一个夏天。

不过，对于我来说，最为铭心刻骨的，还是文学以外的事情。

我的学生时代，家境并不宽裕。父亲虽然在大学教书，却也不过是个讲师。父母除了抚养姐姐、妹妹和我以外，还要赡养奶奶、外祖。我记得小时候，父亲给年龄尚小的妹妹买来苹果增加营养，我和姐姐只能等在一旁，吃削下来的苹果皮。我的裤子穿短了，总是由妈妈给接上一截。当接上两三截的时候，妈妈就笑着对我说：“看，你这模样简直像个少数民族了！”比起那些地处边远、温饱难继的人们，这当然也算不得什么，可是我读书的学校，是一个高干子女集中的地方。那些地位优越、衣食无愁的同学们，每逢假日，坐着“华沙”“胜利”翩然来去。新学年返校，这个谈北戴河度假，那个谈中南海作客，我辈寒士子嗣，自尊心岂有不被伤害之理？我永远忘不了班上一个高傲的女同学，穿着一件蓝灯芯绒面的羔羊皮大衣，雍容华贵，使我不敢直视。每当看见那件皮大衣的时候，我就要想起自己的妈妈穿的那件旧皮袄。那是妈妈从南方调来北京和爸爸团圆时，为了抵御北方的寒风，在旧货店买的。那是一件由无数块一寸见方的碎皮子拼成的皮袄，每年冬天，我都看见妈妈小心翼翼地在那些碎皮子间穿针走线。我常常伤心地想，我妈妈穿的衣服，都不如这些女同学们啊！这感受，被写进了我的日记，它是不可能不被妈妈看见的，因为她每周都要对我的日记作一次评点。

“你怎么这么自卑？你想一想，自己什么都不如人家吗？”妈妈问。

我想了想，我说当然不是，我的书读得比他们多，作文也写得比他们好。

妈妈说，她也想过，除了让姐弟俩吃苹果皮、穿补丁衣服使她有点难过以外，她也不是一个事事都不如人的妈妈。比如，她可以告诉我们该读些什么书、怎样写好作文。

我哭了。妈妈也哭了。

我告诉妈妈，我错了，我不跟他们比这些。

“那你觉得怎么想才是对？”

“比读书，比学习。”我说。

妈妈笑了，说：“这当然不坏。不过，慢慢你就明白了，读书、学习也不是怄气的事，干吗老想着‘比’？你得学会把读书、学习、思考、创造都变成生活的一部分。我这话你大概理解不了，以后再说吧！”

我当时的确是似懂非懂，只有当我十八岁以后，一个人借着矿区宿舍一盏自制的床头灯，偷偷读《红楼梦》《战争与和平》，又偷偷开始写一点什么的时候，才渐渐领会了妈妈这段话的深意。那是“黄钟毁弃，瓦釜雷鸣”的时代，而我，不仅从事着最艰苦的职业，而且政治上也屡经坎坷。连我自己都颇觉奇妙，十年光阴何以如白驹过隙，忽然而已。尽管迷茫，却不空虚；尽管苦闷，却不消沉。我把一颗心完全沉浸在写作和读书里。书，大部分是妈妈利用分管图书馆之便，偷偷借给我的。坦率地说，也有一部分是我溜进矿上列为“四旧”的书库，偷出来的。“读书人，偷书还叫偷吗？”孔乙己的这句话，常常被我引以自嘲。

当你找到了属于自己的生活方式，你会觉得活得那样忙碌而充实。你不再怨天尤人，也不再度日如年。你渐渐地理解了，你的妈妈不可能留给你万贯家财，她甚至也不大关心你是否能吃上文学这碗饭——我猜想其中不乏余悸和苦衷。你的妈妈最关心的，是她的儿女是否能选择到一种有意义的活法儿。这活法儿使他们即便身处卑微，也不会失去自立于同类的尊严感，不会失去享受充实的人生的自信。

妈妈病故的时候，年仅五十五岁。

我已经忘记是哪一位作者在哪一篇文章里讲过自己过生日的惯例了：那一天他绝不张灯结彩，也绝不大快朵颐。他把生日那天作为“母难日”，他说因为自己的出生给母亲带来了太大的痛苦。

每一个人都可以选择最适宜的方式来表达这种孝心。不过，这“母难日”三个字，总使我难免动容。因为我不仅是在出生那天给母亲带来痛苦的儿子，而且是给母亲带来了终生灾难的儿子。因我的出生，使妈妈患了风湿性心脏病，而母亲如此过早地亡故，恰恰是由于心脏病的发作。

我没有更多的话好说。

好好活着。充实，自信，宠辱不惊。像妈妈期望的那样。

妈妈还在山岗上。山岗是普通的。妈妈也是普通的。

每年清明，我都去看望山岗上的妈妈。

妈妈去世后，我们三个子女各自拿了一件遗物作纪念，我拿的，是那件用无数块碎皮子拼成的皮袄。

1997 年

一百年的青春

谢冕

北大这地方真有点特别，它似是一块磁铁，谁到了这里，谁就被吸住，再也不想离开。其原因并不在校园的美丽。北大现在的校园是很美，但在旧时，那校园说不上美。在战时，在昆明，那校园竟是陋巷蓬屋，是相当的残破了。但在北大人的心目中，它依然很美，依然是一块磁石，吸住你，想着它，恋着它，不愿离开。即使你走向天涯海角，北大依然牵着你的灵魂，占领着你的心。

徐志摩向我们倾诉过他轻轻地来又轻轻地走了的康桥，冰心优美地描写过她所钟情的威尔斯利慰冰湖畔透明澄澈的风光。尽管中国许多远游的学子赞美过哈佛、倾心过早稻田那些巍峨的学术殿堂的美轮美奂，但事实上世界上任何一所校园，也未必能在他们心中替代北大的位置。

北大有它永恒的魅力。这魅力来自历史、来自历史漫长行进中形成的传统精神。一切犹如人，人有诸形诸态，但人的气质往往仅属于个人。中国有许许多多的大学，但北大的精神也仅仅属于北大。当然，北大的地位很特殊，都说它是中国的“第一大学”，由于它作为国家创办的综合性大学，是第一所。溯自古时，它继承了汉太学和晋国子监的传统，算起来也有近两千年的历史了。作为不间断的校史，而且作为戊戌变法的新学的雏形，自1898年算起的一百年来，北大一方面承继中国悠久的文化学术源流，同时又在20世纪世界现代化的潮流中，建立起新的学术精神和学术品格。

京师大学堂的建立，其最具本质的特征，即在于以新学取代腐朽的科举，以中西贯通、文理互融的新型大学取代以仕途为目标的旧学。北大的前身京师大学堂在王朝覆灭前夜的出现，是一个明显的信号。它作为一支烛照封建暗夜的火炬，划时代地宣告了中国文化的世纪转型。

当然，作为一个新的教育体制的形成和生长，它的由旧而新的过程，充满了蜕变的苦痛。京师大学堂在它演变为北京大学的进程中，同样充满了不离开中国国情的错综复杂，同样充满了痛苦与抗争。北大诚然美好，但也并非绝无杂质的纯粹，“老北大”或“穷北大”的谑称，大体也能说明北大的朝气与青春的另一面。时至今日，北大依然有它的积习与痼弊，把它想象为无可挑剔的完好，并不符合这所“太学”的实际，也不符合它的性格。

诞生于1898年的北京大学，是与中国的苦难与追求相联系的。1898是充满痛苦和灾难的年代，有很多的焦虑和困窘，有很多的流放、囚禁和牺牲。建立京师大学堂是有感于中国的贫弱与无边的悲痛。当日中国如狂澜中的一叶危舟。改变科举、建立学堂，旨在培养拯救国运的新型人才。因而，这所大学的诞生，是无边暗黑的沉云中，求生存的一线光亮。

北大诞生于无边的忧患中。那一场激情的梦幻破灭之时，许多志士仁人为此付出了代价。流产的改革使新政的一切构想都变成了空文，唯独这所大学却奇迹般地被保留了下来。这个站立在废墟上的幸存者，它既是苦难和阴谋的见证，又承担了那些死者的遗愿。所以，北大从它诞生之日起，就承袭了中国苦难与忧患的遗产。当然，上一个世纪末的理想和追求的火种，也在它的身上得到了绵延。

这是一个宿命。千年的梦想，百年的抗争，1840年开始的半个多世纪的苦难，死者无声的托付，生者的吁求，都遥遥地羁系在这片风雨迷蒙中升浮而起的圣地之上。史载，戊戌那年突然降临的灾难，使京师大学堂未能如期开学，直至1902年方才正式上课。开学之后发生的第一件大事，却是非关学业的，1903年俄国没有按照条约从营口撤兵，当年4月30日，京师大学堂仕学馆和师范馆师生二百余人“鸣钟上堂”，集会抗议，他们的爱国行动推动了全国抗俄运动的发展。这是北大建立之后的第一次爱国行动。北大师生作为现代知识者的精英意识，第一次得到显扬。这是让人耳目一新的举动，黑暗沉沉的中华大地上，燃起了20世纪第一线觉醒的曙光。

这所大学，它诞生在灾难深重的年代，它承袭了这大地上的全部忧患，生发而为抗争和奋斗、追求和梦想。在“广育人才，讲求时务”的召唤中，走来的一代又一代学人，万家的忧乐、社会的盛衰，充盈着这批最新觉醒的中国精英的心灵之中。当周围处于蒙昧和混沌状态时，这里的呼唤和怒吼是黑暗中国上空的惊雷！

北大是五四运动的摇篮和发祥地，民主广场的钟声，从沙滩红楼传向古老中国沉睡的大地。从抗议丧权辱国开始，北大人把思考转向深沉，把批判和抗议转向新思想、新文化的建设。蔡元培主政北大时，提出“囊括大典，网罗众家，思想自由，兼容并包”的方针。这十六字真正体现了北大的魂，是一种能够包容一切的大气度和大胸襟。蔡元培校长为改革当日北大的陋习，即确定学生以学业为目的的方针。为达到兼收并蓄的目标，他邀请各派学术巨擘来校任教，使古今、东西、文理互融互通成为北大学术一大景观。由于嗣后各届校长秉承蔡先生确立的方针，使北大在它校史的每一阶段都如一面旗帜，飘扬在中国教育阵地上。

北大人以精英使命自勖，他们从未曾忘却他们的社会承诺，但北大也从未降低过自己确立的学术标准。这种要求，早在一百年前酝酿建校之时即已确定，清政府《筹议京师大学堂章程》说：“京师大学堂为各省之表率，万国所瞻仰，规模当极宏远，条理当极详密，不可因劣就简，有失首善体制”。仅有第一等的才智还不够，还要有第一等的胸襟，第一等的怀抱。因为心系于天下，眼界自然开阔，神气自有不同。这是北大学生的常态，也造成北大学生常被人诟病的傲气。

这里是科学民主的故乡。北大人一直高举蔡元培校长倡导的学术民主、思想自由的旗帜，在艰难的年代，在困苦的岁月，为科学、为真理、为正义、为维护人性尊严，北大人从来没有放弃过独立的思考、勇敢的抗争。

一百年的青春，一百年的激情，一百年的奋斗，留下了一百年难泯的记忆。最难忘，年年岁首，大膳厅灯火辉煌，马寅初校长在新年钟声中，带着微醺致辞。他的潇洒不羁，在思想禁锢的年代，是一缕带着暖意的和风。马寅初终于以诤言获罪，他的《新人口论》遭到围攻。马寅初勇迎风暴，他的《重申我的请求》是一道惊世骇俗的雷电：“我虽年近八十，明知寡不敌众，自当单枪匹马，出来应战，直至战死为止，决不向专以力压服不以理说服的那种批判者投降。”坚定的人格，坚贞的气节，凛然不屈的坚持，在马寅初沉重的金石之声的背后，人们不难发现那种年轻了一百年的北大精神。从京师大学堂到北京大学，从严复到胡适、陈独秀，从蔡元培到马寅初，这是一道永不枯竭的春天的长流水。这水已流了整整一百年，它将永远流下去，它是北大永远的骄傲。

原载《光明日报》1998年3月19日

上海与北京

王安忆

上海和北京的区别首先在于小和大。北京的马路、楼房、天空和风沙，体积都是上海的数倍。刮风的日子里，风在北京的天空浩浩荡荡地行军，它们看上去就像是没有似的，不动声色的。然而透明的空气却变成颗粒状的，有些沙沙的，还有，天地间充满着一股呜声，无所不在的。上海的风则要琐细得多，它们在狭窄的街道与弄堂索索地穿行，在巴掌大的空地上盘旋，将纸屑和落叶吹得溜溜转，行道树的枝叶也在乱摇。当它们从两幢楼之间挤身而过时，便使劲地冲击一下，带了点撩拨的意思。

北京的天坛和地坛就是让人领略辽阔的，它让人领略大的含义。它传达“大”的意境是以大见大的手法，坦荡和直接，它就是圈下泱泱然一片空旷，是坦言相告而不是暗示提醒。它的“大”还以正和直来表现，省略小零小碎，所谓大道不动干戈。它是让人面对着大而自识其小，面对着无涯自识其有限。它培养着人们的崇拜与敬仰的感情，也培养人们的自谦自卑，然后将人吞没，合二而一。上海的豫园却是供人欣赏精微、欣赏小的妙处，针眼里有洞天。山重水复，作着障眼法，乱石堆砌，以作高楼入云，迷径交错，好似山高路远。它乱着人的眼睛，迷着人的心。它是炫耀机巧和聪敏的。它是给个谜让人猜，也试试人的机巧和聪敏的，它是叫人又惊又喜，还有点得意的。它是世俗而非权威的，与人是平等相待，不企图去征服谁的。它和人是打成一片，且又你是你，我是我，并不含糊的。

即便是上海的寺庙也是人间烟火，而北京的民宅俚巷都有着庄严肃穆之感。北京的四合院是有等级的，是家长制的。它偏正分明，主次有别。它正襟危坐，慎言笃行。它也是叫人肃然起敬的。它是那种正宗传人的样子，理所当然，不由分说。

当你走在两面高墙之下的巷道，会有压力之感，那巷道也是有权力的。上海的民居是平易近人的，老城厢尽是那种近乎明清市井小说中的板壁小楼。带花园的新式里弄房子，且是一枝红杏出墙来的。那些雕花栏杆的阳台，则是供上演西装旗袍剧的。豪富们的洋房，是眉飞色舞，极尽张扬的，富字挂在脸上，显得天真浮浅而非老于世故，既要拒人于门外，又想招人进来参观，有点沉不住气。

走在皇城根下的北京人有着深邃睿智的表情，他们的背影有一种从容追忆的神色。护城河则往事如烟地静淌。北京埋藏着许多辉煌的场景，还有惊心动魄的场景，如今已经沉寂在北京人心里。北京人的心是藏着许多事的。他们说出话来都有些源远流长似的，他们清脆的口音和如珠妙语已经过数朝数代的锤炼，他们的俏皮话也显得那么文雅，骂人也骂得文明：瞧您这德行！他们个个都有些诗人的气质，出口成章的，他们还都有些历史学家的气质，语言的背后有着许多典故。他们对人对事有一股潇洒劲，洞察世态的样子。

上海人则要粗鲁得多，他们在几十年的殖民期里速成学来一些绅士和淑女的规矩，把些皮毛当学问。他们心中没多少往事的，只有20年的繁华旧梦，这梦是做也做不完的，如今也还沉醉其中。他们都不太惯于回忆这一类沉思的活动，却挺能梦想，他们做起梦来有点海阔天空的，他们像孩子似的被自己的美梦乐开了怀，他们行动的结果好坏各一份，他们的梦想则一半成真一半成假。他们是现实的，讲究效果的，以成败论英雄的。他们的言语是直接的，赤裸裸的，没有铺垫和伏笔的。他们把“利”字挂在口上，大言不惭的。他们的骂人话都是以贫为耻，比如“瘪三”，“乡下人”，“叫花子吃死蟹——只只鲜”，没什么历史观，也不讲精神价值的。北京和上海相比更富于艺术感，后者则更具实用精神。

北京是感性的，倘若要去一个地方，不是凭地址路名，而是要以环境特征指示的：过了街口，朝北走，再过一个巷口，巷口有棵树，等等。这富有人情味，有点诗情画意，使你觉得，这街，这巷，与你都有些渊源关系似的。北京的出租车司机，是凭亲闻历见认路的，他们也特别感性，他们感受和记忆的能力特别强，可说是过目不忘。但是，如果要他们带你去一个新地方，麻烦可就来了，他们拉着你一路一问地找过去，还要走些岔道。

上海的出租车司机则有着概括推理的能力，他们凭着一纸路名，便可送你到要去的地方。他们认路的方法很简单，先问横马路，再弄清直马路，两路相交成一个坐标。这是数学化的头脑，挺管用。

北京是文学化的城市，天安门广场是城市的主题，围绕它展开城市的情节，宫殿、城楼、庙宇、湖泊，是情节的波澜，那些深街窄巷则是细枝末节。但这文学也是帝王将相的文学，它义正辞严，大道直向，富丽堂皇。上海这城市却是数学化的，以坐标和数字编码组成，无论是多么矮小破陋的房屋都有编码，是严丝密缝的。上海是一个千位数，街道是百位数，弄堂是十位数，房屋是个位数，倘若是那种有着支弄的弄堂，便要加上小数点了。于是在这城市生活，就变得有些抽象化了，不是贴肤的那种，而是依着理念的一种，就好像标在地图上的一个存在。

北京是智慧的，上海却是凭公式计算的。因此北京是深奥难懂，要有灵感和学问的；上海则简单易解，可以以理类推。北京是美，上海是管用。如今，北京的幽雅却也是拆散了重来，高贵的京剧零散成一把两把胡琴，在花园的旮旯里吱吱呀呀地拉，清脆的北京话里夹杂进没有来历的流行语，好像要来同上海合流。高架桥，超高楼，大商场，是拿来主义的，虽是有些贴不上，却是摩登，也还是个美。上海则是俗的，是埋头做生计的，螺蛳壳里做道场的，这生计越做越精致，竟也做出一份幽雅，这幽雅是精工车床上车出来的，可以复制的，是商品化的。如今这商品源源打向北京，像要一举攻城之战似的。

1998 年

雨后

周晓枫

从平凡的时刻出发，从洁净的地点开始。雨，这个美妙的象形字，它是唯一在同时成为一幅儿童简笔画的汉字：四个孪生的水滴兄弟，正路过窗口，乘着风倾斜的滑梯。雨的样子多么简单，我们的种种迷惑和猜想正基于此——因为包含着巨大的可能性，所有的未知数均大于已知。在“无”中才能放进“有”，雨就是这样，盛下一桩浩大的无望爱情，或是数次摧折万物的风暴。流浪的波西米亚人从水晶球中占卜命运，一个孩子，从雨里得知的更多。我仰头，第一滴雨恰巧落下，像神奇的药液，瞳孔从未这样清亮。

先于每年春天到来的，是一场雨。经过冬季漫长的肆虐，大地伤痕累累。一切都是光裸的，贫苦的，世界被剥削得彻底破产。只有秃桠的柿树上，挂着几个去年的残破果实，难挨寒冷中，麻雀曾把它们一一啄开，作为最后的救命赈济。空旷，体现出某种近于哀悼的气氛。从备受拷打的昏迷中苏醒，需要一盆迎头泼下的水。雨就此到来。我们放心了，雨是自行车的悦耳铃声，穿绿制服的树，很快就会把春天直接邮递到我们手里。雨下起来，优美的天地乐器，它竖琴的弦连续演奏，把我带进童话般无尘的想象。雨是春天的小号，夏日的珠琏。雨是竖纹的网，低垂的帘。雨是细齿的一把水晶梳。

来自高空，来自目力不可抵达的玄想之城，从未有一种事物等同雨，让我如此想象天堂的存在。雨是神播种的秧苗。雨是一棵生满针叶的玻璃植物。或许，它盛大的树冠隐匿在天庭，雨滴，只是一颗颗椭圆的籽粒，摇落下来，要在土壤间植入秘密的和平。雨是最小的仙女，舞裙浅灰，踮起芭蕾足尖——靛蓝色的夜晚，她们的絮语和歌声在枕边，好心的仙女因何忧伤？绵密的雨，好似银针，谁踩着一架巨大的缝纫机在大地上刺绣？更大的雨来了，做值日的天使在冲洗楼上的台阶。当天上的河流注满，水就瀑布一样溢出，让我们认清天地之间的巍峨落差。雨是上帝垂下的钓线，就像从水层下面诱引鲜活的鱼，他从黑暗的土壤深处钓出花朵。联系起天与地，雨仿佛是一种信物，这些来自天上的字母，我们无从解读。但我深信，神用雨水降下谕旨，字字剔透晶莹，灌溉万物，渗透至它们的根部，过后又无迹可循，然而，雨后每个晴朗的日子，都要默默执行这一含而不露的律令。

有一次，很小的一个石块从五楼阳台上碰落，轻易敲开一个叔叔坚硬的头骨，在医务室里，我看到汹涌的血不止流淌，身材魁梧的叔叔呻吟起来，他害怕了。我不禁迷惑，怎样的力量控制，使每一滴雨从那么那么高的地方下坠依旧温柔？穿过辉煌的彩绘玻璃，澄蜜色的阳光照耀生来有罪的婴孩，他核桃般幼小的心中已承载下世袭的恶念——神父正为婴儿施洗，以纯洁之水。教堂中，默立着信徒们，作为受洗人，圣水也曾滴洒在他们的额头。那么雨，是否是一场来自天父的盛大洗礼？世间一切，沐浴在无限恩泽与宽恕之中。

水是灵魂物质，占有生命的最大比例——雨是对生命的慷慨补充。雨落在青灰的瓦砾。在迟归小鸟的毛羽间。在公园空着的长椅。在抽芽不久的麦苗上。在失恋一样忧伤的湖面。在行路人撑开的伞篷。在大动物的脊背。在草丛间隐蔽的小小的昆虫尸体上。在农家敞口的水缸。在孤儿有点儿乱的头发里。所有的，尊贵和卑贱的，呼吸着的和陷入冷寂的，歌唱的和饮泣的，走近和远离——那重逢和告别的，都在雨里得到平等对待。雨，冲走漂泊者的眼泪，孩子的玩具，情人的遗书，罪犯留下的脚印。什么在雨里此消彼长生生灭灭？滴水穿石，千万雨滴，岁岁年年，日日月月，洞穿看似坚不可摧的东西。

我贪恋刚刚落雨时地面挥发出的土腥味儿，这种好闻的气味被随后而来的水湿气淹没。我伸出手，雨就落在手中，它们很快聚成一小摊，然后顺着掌边流下去——什么也不能阻挡，它们命定要向着最低的地方，向着深渊。我朝上望去，每一滴雨都抱有一种坠楼者的果决，以及了断时刻的奇异轻松。就像不能连续凝视太阳，眼睛很快疲倦了，不同的是，这次让我疲倦的是天不变的灰调子。不论热情还是冷漠，只要是长久的、单调的，都让人不愿忍受。移开视线，眼前一刹那暗了下来，再次清晰起来的时候，我认识到一场雨对世界的改观——雨水本身透明无色，但它使被浇淋的事物颜色加深。屋顶覆着的鱼鳞一样的瓦片更黑，葡萄架上弯曲的藤丝更绿，晾衣绳上忘记被主人收走的衬衫更蓝。纯洁可以成为更改世界的力量，只不过在时间上是短暂的。一盆水只需要一捧土就成了泥浆，而大地，却一年四季吸纳雨水，并以此作为生生不息的源

泉。可以就此推理出一个冷峻的结论：肮脏可以贯彻到底，纯洁被迫要在中途停下。

雨停了。我们迫不及待地跑出来，趟着混浊的积水，相互追逐，这是被大人们厌恶和禁止的，也正因此，这种嬉戏才保持经久不息的魅力。水被鞋子和手撩起来，哗哗地响。一个孩子穿着不相称的笨重的黑橡胶雨靴，奔跑过程中跌倒在水里，就是那双用于阻隔雨水的靴子，使他浑身湿透了。两个小姑娘蹲在楼边，专心致志地在一块湿地上玩儿分田地的游戏，顾不得裙角已被泥水弄脏，一把刻刀轮流使用，权充她们瓜分天下的武器——如果替换主人公身份与年龄，将她们手中的玲珑工具放大，就会发掘这个比拟暗含惊人的逼真之处。刀刃所到之处，标明占领者的疆界。过多的划分和争夺让那块象征的田地过早地烂掉了，再也支撑不了一把小刀的刃尖，于是，小女孩换了个地儿，继续她们的竞争。

平日藏匿的弱小生灵暴露出行迹。很多蚯蚓被孩子不经意的鞋子踩扁。它们习惯隐身地表之下，用柔软的身体疏松土壤，因此成为受园丁欢迎的益虫——对于植物来说，根部的土质不坚固，反而更益于生长，这相悖于一个人对基础和秩序的依赖。我蹲下来观察一只蚯蚓，它无力地瘫软在那里，可以对抗泥块和石子的力量对空气却无能为力。样子丑陋，盲眼，没有四肢，它是残疾的，缺乏逃脱本领——不知什么原因，它们在雨后纷纷钻出，毫无保护地裸露在潮湿地面，这是个危险行动，无异于集体自杀。一个小孩要试一试玩具铁铲的锋利，他将蚯蚓一一拦腰斩断。蚯蚓扭动着，似乎在承受剧痛。然而，这场看似的悲剧并未终结，它有个出人意料的喜剧尾声——被切开的两部分，会发展为两条各自完整的蚯蚓。再生本领令人迷惑，在失去的位置复述那失去的——蚯蚓的回忆、想象和愿望如此之强烈，以至于它真的获得新生。人们惧于死的终点，灵药和宗教都不能让他们平息，而上帝，从未因祈祷之声而赦免他们永生，现在我们看到他令人惊讶的偏宠和戏弄：上帝把非凡的复活能力赋予这世上最卑不足道的蚯蚓。并且，这不是简单意义的重生，蚯蚓失去一条性命，换回两条。也许这是蚯蚓无畏死亡的原因，它们乐于与刀口相逢。在雨后的好日子里，死，让它们享有干净的无性生殖。想起小时候妈妈考过我的问题："一张方桌砍去一个角，还剩几个角？"我回答错了，答案并不是三个，而是五个。这不是四减一的数学问题，它包括奇妙的逻辑与转移：短促亏损，将以双倍的盈余补偿。蚯蚓携带复活的神迹，一语不发，潜行土层之中。

雨天，对另一种地下昆虫来说也是解放的通知，它的命运即将展开截然不同的篇章。知了猴用两只有力钳脚钩住土壁向上攀援，它马上就要见识阳光雨露，就要像它的父辈，拥有鸟一样的飞翔自由——在此之前，它已在沉寂、黑暗与孤独中度过多年。自由，是生命遭受奴役的理由。洞穴深邃幽暗，向上的道路细窄而漫长。洞口极小，比蚂蚁的洞口大不了多少，以停在上面针尖大的丁点阳光作为渺远希望，它忍耐长久的苦难。苦乐之间，保持一个悬殊比例，幸福处于塔尖的位置，那样高，那样远，又那样小。知了猴离地面越来越近，有时候，它会遇到意外的迎接——男孩正掘开表土，手指探进洞里。撤退往往已来不及，受害者终于明白了苦难尽头的东西，那是更大的苦难：油炸知了猴是男孩父亲最喜欢的下酒菜。有的知了猴被掏出后，孩子把它放在纱窗上。背脊裂开一条线，它要蜕壳了，事实证明，过去的厚重艰辛，最后仅等同为一层脆弱单薄的废弃皮壳。刚蜕出的蝉与几分钟之前样子迥异，嫩绿的，像个初春饱满的树芽。逐渐，它打开翅膀，轻盈透明的翅膀，相对笨拙身体，完全是件奢侈品——其实所有理想，都带有奢侈的性质。这只蝉沿着纱窗向上爬，但它永远也不会找到梦想中的栖枝了。它停住了，发音板振动起来，呼应窗外嘹亮的蝉鸣。那些幸运儿吮吸着树汁，而这一只，将很快死于绝望与干渴。几片叶影投递过来罩住这只蝉，像另一双隐蔽的阴凉的翅膀，要无声地带它飞走。我在空荡荡的树下，听着蝉近乎呐喊或哭诉的歌唱。

在一丛植物中，我发现一张蛛网完好无损，镶嵌着碎钻般的水滴，那些来自天上的小小暗器没有打断其中任何一根细丝，它谜一样悬在空中，被风轻轻吹动。丝网的主人今天一定会狩猎成功，因为它日常的谋杀行为中又加入了美的辅助。

草木得到雨水丰沛的灌溉。花朵格外美艳——秉承神的眼泪，用它们碎裂几片的托盘。我同时注意到，在羽鳞状叶片的层层遮护下，柏枝呈现出炭似的焦黑颜色，仿佛刚才不是经过水的洗涤，而是身历火的冶炼。水火之间难道本来不就存在奇异的置换吗？比如长时间握住一块冰，感到的却是烧灼般的痛楚，所以要想让一个被冻僵的人获得温暖，人们避免靠近火堆，而是用冰冷雪水搓遍他的全身，他会在冰雪的簇拥下恢复知觉。水火对立，又在对立中进行着诡秘的融合。谁能称出一朵火焰的重量，谁又能测定一场雨的幅员？

一条彩虹横跨天际。雨水，洗净这座悬浮的拱桥，红橙黄绿青靛紫，它带有显而易见的幻境色彩，它的美让人不知所措。桥和台阶往往朴素，要以朴素衬照它们所指向的辉煌圣殿——我猜想，彩虹已华美至此，它通往的天国，那种灿烂与壮丽也许会让我们当场瞎掉。空气清新的雨后，孩子为彩虹欢呼。我

们忍不住要向它跑去，而彩虹，不久就要把光芒收拢。也许我们稍加注意，就会觉察美的欺哄性质。彩虹永远出现在太阳的对面，当你向它靠近，最后发现那里只有空白的天际；而当你低头，你会明白追寻的结果就是背离阳光，地上只有自己浅淡而变形的影子。

不是所有的雨都恩泽给世界温柔和安慰。雨也可以成为一种天地暴力。乌云，像运输的灰漆水车，慢慢开动，寻找合适的卸装地点——让干旱的地方更干旱，让潮湿的地方更潮湿，它要制造出更广大的沙漠，更汹涌的洪水。天空迅速暗下来，变成低低的黑色，好像谁从大瓶子里倾倒出成吨的灰墨水。天边滚过隐隐雷声，好像一个巨人在走动。街上行人也加快了步伐，他们的脸上流露出紧张不安的表情。一场暴雨即将来临。

暴风雨每每令我恐慌。亲昵生欺侮，而敬畏规定了权位和等级。平静和完整被打破，雨，使这个世界瞬间布满划痕——只有钻石能在玻璃上切割，只有雨水能在空气中刻写。雨越下越大。愤怒的雨，像直立起来的奔流河水充塞一切空间，它带有显而易见的惩罚倾向。雷击之声剧烈敲击着耳膜，我缩在屋角，甚至不敢接近窗子，玻璃也被震得微微颤抖。闪电的剑柄从天而降。尤其在夜晚，频繁而短促的闪电，让我的眼前一会儿亮如白昼，一会儿又漆黑一团——整个世界就像一只坏了的日光灯管。在这摧枯拉朽的暴雨中，处身旷野的人无所荫护，他出于惧怕要去寻找能够遮挡在他头顶的东西，而这儿，什么也没有，除了树。他如此惊恐，以至于忘记常识的警告，他向那棵树跑去，似乎它的高大树冠可以提供某种保护，或者替他受过。其实，来自树木的安慰如同诱饵，是为了使他心甘情愿落入陷阱。树把闪电传导过来，而他不能承担这样大的电量，于是，他闭上眼睛，停下心跳，把自己作为一件献给雨神的祭品。这个人完全解除了对天谴的恐惧，并且只在一瞬之间。他的身上一滴血也没有，流过他身体的雨依然清洁。他头顶的树会在天晴后发出新芽，而命运不同，他不会苏醒，并且，他故乡的小儿子被雨淋湿，将在一场高烧中感染肺炎。暴雨就像细韧的鞭绳抽打，我可以感受到那种疼痛，并由此得知远方的灾难。

一天傍晚，雷雨交加。父亲在厨房准备收拾邻家送来的鱼，我坐在小板凳上，搅动脸盆里的水，试图让那些缺氧的鱼得到一点缓解。这无济于事，我的帮助反而会延长鱼的痛苦。鱼皮光滑，像女人的肌肤，我不小心碰了一下，马上反射似的缩回手。在银闪闪的鳞片上，我发现一条清晰的侧线，好像手术缝合的痕迹那样。这条宿命的鱼似乎早有预感，它安静地躺在案板上，吐出最后几口气，等待刀刃，等待折叠着的身体被重新裁开。支流丰富的河川如同一棵分出枝桠的大树——生活在其中，鱼是水结出的果实。窗外风雨大作，听起来像为失去一个孩子而悲恸，但它无法施加拯救。这时，我忽然想起邻居叔叔送鱼过来，还顺便给了我一条很小的鱼，只有一寸来长，放在空罐头瓶里。对着阳光照一照，它像是一片银柳叶漂在浅水里。下午出去玩儿，我把它藏在一个保密的地点，可快下雨的时候，雷声吓得我匆匆跑回家，把小鱼忘在院子里了。我慌忙趴在窗台上，可是外面什么也看不清，只听见瓢泼大雨的击打之声。我心事重重地等待雨停。这个晚上，我没有睡好，伴着不息不止整夜的大雨，我做了许多奇奇怪怪的梦。

第二天我醒得特别早，清晨偷偷溜出家门，院子里没有一个人。我小心翼翼，走过湿滑泥泞的路面。拔开叶丛的掩护，拿出我的秘宝——可是我愣住了：罐头儿瓶里荡漾着半瓶不甚清湛的水，里面空空的，小鱼不见了！我不相信地摇晃着瓶子。没有人会发现我的藏宝处，雨水也没有漫过瓶口，难道小鱼会溶解在水里？或者，昨夜有一根特别的长长的雨线隐藏着，接走了它？忍冬青蜡质的卵形叶片，反出温和的白光，那上面水滴悬着，很久很久，没有落下，若是欲言又止的话语。雨只相互追随的苍蝇嗡嗡作响，听起来如同我脑子里轻微的轰鸣。那个年纪，我正处于摆脱对梦、神仙和会说话的苹果树的信任阶段，而一条体现魔法的鱼，让我在怀疑中安静下来。想起魔术，表演者走到观众群中，无中生有地钓上一尾红鲤。有一回钓竿竟然就伸在眼前，甩动的鱼尾几乎拍打在我惊讶的脸上。注定是一个谎言，却令人执迷不悔，我乐于听信。然而，后来在首都体育馆的一次演出让我大失所望。据说那是个有名的民间艺人，穿着深蓝色的长袍，几分钟时间，他变出大小十余个鱼缸，里面的金鱼色彩斑斓、活泼游动——但这并不让人钦佩，刚才上场的时候，谁都看出他显得过分臃肿，长袍的下端被奇怪地撑开，他整个人好像一座矮墩的塔。携带的道具如此之重，他步履维艰，以至于甚至需要别人搀扶上台。这样的表演几近笑柄，魔术关键在于建立神秘感，而他旨在泄露，他的谜底已先于谜面公开。白发艺人身手灵活地退场，他的袍子宽宽荡荡。工作人员匆忙搬开众多鱼缸，现在无法把它们再变回长袍里了。轻易识破了机关，观众们幸灾乐祸，又索然无味。而我的小鱼，能像银亮的剃刀般划开水体的小鱼，它消失了，没有留下任何线索，那背后的魔术师没有暴露一根他万能的手指。太阳穿过树木翡翠的叶簇，投下椭圆光斑，鳞片似的闪闪烁烁，灰黑而狭长的路面，宛如一条卧侧的鱼。沿着鱼脊，是一条回家的路。

战争，划分出征服与被俘，最后奉上的是带血剑柄；灾祸，区别了强者与

弱者，首先蒙难的是无辜儿童。大雨过后，经常能发现浑身淋透的幼鸟挣扎在泥浆里。为什么神赐的明净雨水，到我们这里却成泥泞？什么在中途改变？抑或，雨也不过是天上的尘埃而已？一只麻雀雏毛羽稀疏，嘴角还未退去鲜艳的黄色，风雨，使它过早结束摇篮时代。它被路过的一个男孩收养，我看到他眼里燃烧着奇异的亮光，在他半攥的拳里，麻雀小小的头颅更深地缩进颈部。癞蛤蟆缓慢地从隐居的角落爬出来，在它看来，一场雨，就是天降一个浅浅的幸福池塘——可惜，这种判断存在致命的美化成分。男孩纷纷用砖头击打，在石头重压下，我看到一条终于停止抽搐、渐渐收回的黄疸色后腿，它为了投奔理想而奔赴死亡。对于大量渴水的动物，雨，布置下海市蜃楼的欺骗场景。

一切都有相对称的展现背景，湿雾之于江面的汽轮，积雪之于深僻的村落，风之于外表沉默内心狂野的树冠，而雨，使草根复活，铁生锈，穷人的椽檩松动——它将抵达得更多更远，屋檐，山谷，夜晚，纸张，情人的脸，墓碑上斑驳的字迹……

2000年

信仰坐在我们中间多少时候了

——

何向阳

有意思的是，人们印象中的林徽因娴淑、文弱而瘦削，除掉确乎存在的多病因素，或者，熟识她故事和诗歌的人还会生出善感、敏锐或执情，对于她的概括还包括才女一类的陈词，会牵连到太太学堂年代的英式文学气派，那种氛围里的自由，和交谈时的话多好争论，所谓谈锋机健——这可是距人们印象中的闺淑有些远。传说中的美丽公主总是被人注意着她女性的一面——更多时候是身边周遭的男性观看赋予的，加以渲染扩展，为欣赏磨平着；不是说没有，有，但不是全部。然而，谁又能画出个全部，对待完美，总是纯一便足够，又有谁再追问其中的刚强与韧度？其背后的理由？

至少，这是一个从不放弃走的女人。一个走着的人。如那首诗不经意自述的：

我也看人流着流着过去来回
黑影中冲着波浪翻星点
我数桥上栏杆龙样头尾
像坐一条寂寞船，自己拉纤

《十月独行》的她并不是一个壁上观者，窗子以外的世界虽然相距遥远，却是有勇气把笔一搁地站起来说："这叫作什么生活！"生的一切活动、滋味与颜色，百里的平原土地、起伏山峦，那么叫嚷着要被认识，于是她真是穿上了袜鞋要走一走的，山明水秀、古刹寺院、宋辽原物，探古寻胜么，才不那么简单悠闲，路上的徽因是与那些对她的印象或改写大不相同的。田亩一片，年年收

成，还有洗衣裳缝被服的张家吕家百姓，迎着面，她们见识过她的真正气象，不同于在太太沙龙里的另一种，这个女人，温文、雍容，其里却刚烈要强，她是决不当观者的，自然也摒弃了几千年中国女性的被观特性，角色不是她要的，她要做的是一个人。有个性，有思想，并且对生命认真。旅途就是这么开始的：

我卷起一个包袱走，
过一个山坡子松，
又走过一个小庙门，
在早晨最早的一阵风中。
我心里没有埋怨，人或是神；
天底下的烦恼，连我的
拢总，
像已交给谁去……
前面天空。
山中水那样清，
山前桥那么白净，——
我不知道造物者认不认得
自己图画；
乡下人的笠帽，草鞋，
乡下人的性情。

山东乡间的步行只是多年行路的一个缩影。“旅途中”此后成为林徽因生活中的功课，不仅是自愿投身的山西、河北、山东、浙江等地遍布中国的古文物建筑徒步考察，还有日军侵华战乱年代不得已的西南流亡，颠簸的尘土与愁苦一起写在脸上，还有疾病在这粗布上打着补丁，饥饿、困顿、病痛、家务是必得放弃些和平心境里长生的理想的，包括那些能够在灯下纸上细细描画的晚上。

我不敢问生命现在人该当如何
喘气！经验已如旧鞋底的穿破，
这纷歧道路上，石子和泥土模糊，
还是赤脚方便，去认取新的辛苦。

就是在这时，仍然有《彼此》的文字记录。和那一声探问式的提醒——“信仰坐在我们中间多少时候了？”这是她未敢忘的。是她总不放弃的。在每一寸土每一滴血已是可接触可把持的十分真实的事物，而不仅一句话一个概念而已的年代，在“离散而相失……去故乡而就远”、“心婵媛而伤怀兮，眇不知其所跖”的陌生城乡奔走的年代，生活其实很重需要韧性支持的年代，相聚仍然会有朋友的一笑，会有友人递书中言说无论如何在这时候他为这古老国家带着血活着或流血死去都觉荣耀。于是那样的句子写出来，“信仰坐在我们中间多少时候了？！”是啊，你我可曾觉察到，“信仰所给予我们的力量不也正是那坚忍韧性的倔强？我们都相信，我们只要都为它忠贞地活着或死去，我们的大国家自会永远地向前迈进，由一个时代到又一个时代”。一切都是这么彼此，相同。还有什么话说。连那共同酸甜的笑纹都要有力地横过历史的。这种力量是必要迸发的，如那要在雨里等着看虹的人所拥有的一份对美对生命的“完全诗意的信仰”，不是么？不也一直在这样行走？和蔼、优容却也另样刚强。这是男人们不大能看到的大美，这种优雅高贵与质朴天真不正如你从不取媚于谁的坦然表情。

但我不信热血不仍在沸腾；
思想不仍铺在街上多少层；
甘心让来往车马狠命的轧压，
待从地面开花，另来一种完整。

这是怎样气魄。可惜并不是很多人能够读懂，或者欣赏，或者心疼。但是不管要走的，还是在走。不止脚步。也不因不被懂多做解释迟疑停留。又算得了什么，大地之上，

心此刻同沙漠一样平，
思想像孤独的一个阿拉伯人；
然而谁又曾想，
白袍，腰刀，长长的头巾，
浪似的云天，沙漠上风！

才是徽因。才是那个辗转于乡间为更好保留中国建筑文化传统所作的艰辛发现考察的人，如果不是具有这样气质，又怎能与事业同道生活伴侣梁思成一

起为《中国建筑史》的撰写风尘仆仆，不要忘了，她肺、肾俱损，可是在照片上我看见她趴在河北正定开元寺钟楼梁架上，站在山西五台山佛光寺一座“经幢”侧的木架上；沈阳北陵、山西大同云冈、陕西耀县药王山药王庙、山东滋阳兴隆寺、河南洛阳龙门、北京香山，15省份200县2000座古建筑，她踏访大部；有一幅图片两人一同倚坐在北京天坛祈年殿屋顶上，1936年的林自豪地相信自己是中国历史上第一个敢于踏上皇帝祭天宫殿屋顶的女性。工作艰苦而充满兴味，徽因与热爱的事业热爱的人一起总是生机勃勃地，感染着身边的人，难怪同事莫宗江会对这样的野外调查发出赞叹，“看上去弱不禁风的女子，但是爬梁上柱，凡是男子能上去的地方，她就准能上得去”。

上面再添了足迹；
早晨，
早又到了黄昏，
这赓续
绵长的路……
不能问谁
想望的终点，——
没有终点
这前面。

这一种韧性，犹如护卫。作着前提。所以有《论中国建筑之几个特征》，有《平郊建筑杂录》《晋汾古建筑预查纪略》，有《中国建筑史》的宋金辽部分，有爱意在里面的《我们的首都》，这是路堆出来的。另一条路却是不可见的，那由美文、诗歌、小说、剧本、译文与书信记录的成长心路，再没有看过比《悼志摩》更好的怀人文字了，在对诗人人格的解释里其实不正说着自己类近的品质——纯净、认真、虔诚、善良、人性与不折不挠非坚持到底不可的理想主义；也再难看到《旅途中》这样文辞干净的诗了，“我卷起一个包袱走，过一个山坡子松”，真是要把一场人生都放在里面了。这两条路，如经纬来去，交互织着，“生命早描定它的式样”么？薄弱的身体加之无止的颠簸奔走劳顿与她争夺着时间，死亡啊，她已见了太多，友人的，亲人的，最后是自己的，医生也要大大惊讶了，她与疾病争夺了10年，正是这生命的最后争来的10年，使她为新中国做了一个知识分子该做的一切。生命已到秋天，红叶的火总要燃着的，哪怕流血般耗尽生命，也要去做，谁又能挡住一个情愿。

谁能问这美丽的后面
是什么？赌博时，眼闪亮，
从不悔那猛上孤注的力量；
都说任何苦痛去换任何一分，
一毫，一个纤微的理想！
所以脚步此刻仍在迈进，
不能自己，不能停！

这时候的走，真有拿了整个生命赌上去的意思了。历史此后这样总结这个女子最后的工作，生命记载了它最后的三次拼搏：第一次是参与设计中华人民共和国国徽，她是梁思成、莫宗江、朱畅中、汪国瑜、高庄等同志组成的清华国徽设计小组中唯一的女性，绘图、试做、讨论、修改都在病中完成，定稿图案下的说明辞中林徽因写下了“国徽的内容为国旗、天安门、齿轮和麦稻穗，象征中国人民自‘五四’运动、新民主主义革命斗争和工人阶级领导的以工农联盟为基础的人民民主专政的新中国的诞生”一行字，1950 年 6 月 23 日全国政协一届二次大会召开并在毛主席提议下全体起立鼓掌通过梁、林主持设计的国徽图案时，她已经病弱得几乎不能从座椅上站起来；第二次是抢救景泰蓝，这个代表中国艺术极高成就的国宝工艺就是在她的带领下，发现、发掘、设计、制作才在新中国不致失传而发展壮大的，她带学生，跑工厂作坊，谁能相信这时的她已是肺布满空洞、肾切除一侧、结核菌已到肠而一天只吃二两饭、只睡四五个小时觉的人呢；第三次拼搏是参与人民英雄纪念碑的设计工作，主要承担纪念碑须弥座装饰浮雕设计，这也是她生命最后的英雄乐章。长期积劳，病情恶化，同仁医院 1955 年 4 月 1 日，这位勇敢地与死亡奋战到最后一刻从它那里多争到 10 年时间的女士走完了她 51 年的生命历程。如今八宝山革命公墓她的墓碑上朴素地镶嵌着她生命里最后的作品，石刻的牡丹、荷花、菊花图案同样象征着这个为信仰拼尽一生的知识分子女性的高贵、纯洁与坚韧。她也是一位英雄，是千万个为理想献身长眠于他们曾爱过走过的大地上的一个。“献出我最热的一滴眼泪，/我的信仰，至诚，和爱的力量，/永远膜拜，/膜拜在你美的面前！”写诗的人这样说了，也这样做了。走过的路，会困苦，有怅惘，可是走着的人不是凄怨的，她身体虽有病痛，可是她的精神磊落而健康。这才是最重要的。行者，你是在与信仰走在一起呢！

知道我的日子仅是匆促的
几天，如果明年你同红叶
再红成火焰，我却不见，
……
记下我曾为这山中红叶，
今天流血地存一堆信念！

信仰坐在我们中间多少时候了，一生一世，短不过百年，半百却是那要凝固你的时间，然而这样的灵魂怎么会死？行走不辍的人，谁又能阻住你的步子？

当我去了，还有没说完的话，
好像客人去后杯里留下的茶；
说的时候，同喝的机会，都已错过，
主客黯然，可不必再去惋惜它。
如果有点感伤，你把脸掉向窗外，
落日将尽时，西天上，总还留有晚霞。

总是这般辉煌的颜色，终于胜着灰暗疾病一畴。又会是一场出发么？在草丛中读碑碣，在砖堆中间偶然还会碰到菩萨的一双手一个微笑？正像你坚信友人的作品自己的追寻会否长存，是看它们会否活在一些从不认识的、散在各时各处的孤单的人的心里；一扫功利与寂寞，也才能做到把个人信仰理想握紧抓牢；所以有

算做一次过客在宇宙里，
认识这玲珑的生从容的死，
这飘忽的途程也就是个——
也就是个美丽美丽的梦。

所以在亲人的哀悼里会无愧说出也是自己的生命信条：

可能的情爱，家庭，儿女，及那所有
生的权利，喜悦；及生的纠纷！
你们给的真多，都为了谁？你相信
今后中国多少人的幸福要在
你的前头，比自己要紧；那不朽
中国的历史，还需要在世上永久。

谁说不是给后来者的一份特别遗嘱？
就是为了这个，这最后一句话，已经很久还要永久的，中国的历史——

你相信，你也做了，最后一切你交出。

1999 年

走进一座圣殿

周国平

一

那个用头脑思考的人是智者，那个用心灵思考的人是诗人，那个用行动思考的人是圣徒。倘若一个人同时用头脑、心灵、行动思考，他很可能是一位先知。

在我的心目中，圣埃克苏佩里就是这样一位先知式的作家。

圣埃克苏佩里一生只做了两件事——飞行和写作。飞行是他的行动，也是他进行思考的方式。在那个世界航空业起步不久的年代，他一次次飞行在数千米的高空，体味着危险和死亡，宇宙的美丽和大地的牵挂，生命的渺小和人的伟大。高空中的思考具有奇特的张力，既是性命攸关的投入，又是空灵的超脱。他把他的思考写进了他的作品，但生前发表的数量不多。他好像有点儿吝啬，要把最饱满的果实留给自己，留给身后出版的一本书，照他的说法，他的其他著作与它相比只是习作而已。然而他未能完成这本书，在他最后一次驾机神秘地消失在海洋上空以后，人们在他留下的一只皮包里发现了这本书的草稿，书名叫《要塞》。

经由马振骋先生从全本中摘取和翻译，这本书的轮廓第一次呈现在了我们面前。我是怀着虔敬之心读完它的。圣埃克苏佩里写这本书的时候，他心中已经有了真理，这真理是他用一生的行动和思考换来的，他的生命已经转变成这真理。一个人用一生一世的时间见证和践行了某个基本真理，当他在无人处向一切人说出它时，他的口气就会像基督。他说出的话有着异乎寻常的重量，不管我们是否理解它或喜欢它，都不能不感觉到这重量。这正是箴言与隽语的区别，前者使我们感到沉重，逼迫我们停留和面对，而在读到后者时，我们往往带着轻松的心情会心一笑，然后继续前行。

圣埃克苏佩里自己说："上帝是你的语言的意义。你的语言若有意义，向你显示上帝。"我完全相信，在写这本书时，他看到了上帝。在读这本书时，他的上帝又会向每一个虔诚的读者显示，因为也正如他所说："一个人在寻找上帝，就是在为人人寻找上帝。"圣埃克苏佩里喜欢用石头和神殿作譬："石头是材料，神殿才是意义。"我们能够感到，这本书中的语词真有石头一样沉甸甸的分量，而他用这些石头建筑的神殿确实闪放着意义的光辉。现在让我们走进这一座神殿，去认识一下他的上帝亦即他见证的基本真理。

二

沙漠中有一个柏柏尔部落，已经去世的酋长曾经给予王子许多英明的教诲，全书就借托这位王子之口宣说人生的真理。当然，那宣说者其实是圣埃克苏佩里自己，但是，站在现代的文明人面前，他一定感到自己就是那支游牧部落的最后的后裔，在宣说一种古老的即将失传的真理。

全部真理围绕着一个中心问题：生命的意义是什么？因为，人必须区别重要和紧急，生存是紧急的事，但领悟神意是更重要的事。因为，人应该得到幸福，但更重要的是这得到了幸福的是什么样的人。

沙漠和要塞是书中的两个主要意象。沙漠是无边的荒凉，游牧部落在沙漠上建筑要塞，在要塞的围墙之内展开了自己的生活。在宇宙的沙漠中，我们人类不正是这样一个游牧部落？为了生活，我们必须建筑要塞。没有要塞，就没有生活，只有沙漠。不要去追究要塞之外那无尽的黑暗。"我禁止有人提问题，深知不存在可能解渴的回答。那个提问题的人，只是在寻找深渊。"明白这一真理的人不再刨根问底，把心也放在围墙之内，爱那嫩芽萌生的清香，母羊剪毛时的气息，怀孕或喂奶的女人，传种的牲畜，周而复始的季节，把这一切看作自己的真理。

换一个比喻来说，生活像汪洋大海里的一只船，人是船上的居民，把船当成了自己的家。人以为有家居住是天经地义的，再也看不见海，或者虽然看见，仅把海看作船的装饰。对人来说，盲目凶险的大海仿佛只是用于航船的。这不对吗？当然对，否则人如何能生活下去。

那个远离家乡的旅人，占据他心头的不是眼前的景物，而是他看不见的远

方的妻子儿女。那个在黑夜里乱跑的女人，“我在她身边放上炉子、水壶、金黄铜盘，就像一道道边境线”，于是她安静下来了。那个犯了罪的少妇，她被脱光衣服，拴在沙漠中的一根木桩上，在烈日下奄奄待毙。她举起双臂在呼叫什么？不，她不是在诉说痛苦和害怕，“那些是厩棚里普通牲畜得的病。她发现的是真理”。在无疆的黑夜里，她呼唤的是家里的夜灯，安身的房间，关上的门。“她暴露在无垠中无物可以依傍，哀求大家还给她那些生活的支柱；那团要梳理的羊毛，那只要洗涤的盆儿，这一个，而不是别个，要哄着入睡的孩子。她向着家的永恒呼叫，全村都掠过同样的晚间祈祷。”

我们在大地上扎根，靠的是日常生活中的牵挂、责任和爱。在平时，这一切使我们忘记死亡。在死亡来临时，对这一切的眷恋又把我们的注意力从死亡移开，从而使我们超越死亡的恐惧。

人跟要塞很相像，必须限制自己，才能找到生活的意义。“人打破围墙要自由自在，他也就只剩下了一堆暴露在星光下的断垣残壁。这时开始无处存身的忧患。”“没有立足点的自由不是自由。”那些没有立足点的人，他们哪儿都不在，竟因此自以为是自由的。在今天，这样的人岂不仍然太多了？没有自己的信念，他们称这为思想自由。没有自己的立场，他们称这为行动自由。没有自己的女人，他们称这为爱情自由。可是，真正的自由始终是以选择和限制为前提的，爱上这朵花，也就是拒绝别的花。一个人即使爱一切存在，仍必须为他的爱找到确定的目标，然后他的博爱之心才可能得到满足。

三

生命的意义在最平凡的日常生活之中，但这不等于说，凡是过着这种生活的人都找到了生命的意义。圣埃克苏佩里用譬喻向我们讲述这个道理。定居在绿洲中的那些人习惯了安居乐业的日子，他们的感觉已经麻痹，不知道这就是幸福。他们的女人蹲在溪流里圆而白的小石子上洗衣服，以为是在完成一桩家家如此的苦活。王子命令他的部落去攻打绿洲，把女人们娶为己有。他告诉部下，必须千辛万苦在沙漠中追风逐日，才会懂得看着自己的女人在河边洗衣其实是在庆祝一个节日。

我相信这是圣埃克苏佩里最切身的感触。人不该向要塞外无边的沙漠追究意义，但是，“受威胁是事物品质的一个条件”，要领悟要塞内生活的意义，人就必须经历过沙漠。

日常生活到处大同小异，区别在于人的灵魂。人拥有了财产，并不等于就拥有了家园。家园不是这些绵羊、田野、房屋、山岭，而是把这一切联结起来的那个东西。那个东西除了是在寻找和感受着意义的人的灵魂，还能是什么呢？“对人唯一重要的是事物的意义。”不过，意义不在事物之中，而在人与事物的关系之中，这种关系把单个的事物组织成了一个对人有意义的整体。意义把人融入一个神奇的网络，使他比他自己更宽阔。于是，麦田、房屋、羊群不再仅仅是可以折算成金钱的东西，在它们之中凝结着人的岁月、希望和信心。

“精神只住在一个祖国，那就是万物的意义。”这是一个无形的祖国，肉眼只能看见万物，领会意义必须靠心灵。上帝隐身不见，为的是让人睁开心灵的眼睛，睁开心灵眼睛的人会看见他无处不在。

那个心中已不存在帝国的人说：“我从前的热忱是愚蠢的。”他说的是真话，因为现在他没有了热忱，于是只看到零星的羊、房屋和山岭。心中的形象死去了，意义也随之消散。不过人在这时候并不觉得难受，与平庸妥协往往是在不知不觉中完成的。心爱的人离你而去，你一定会痛苦。爱的激情离你而去，你却丝毫不感到痛苦，因为你的死去的心已经没有了感觉痛苦的能力。

有一个人因为爱泉水的歌声，就把泉水灌进瓦罐，藏在柜子里。我们常常和这个人一样傻。我们把女人关在屋子里，便以为占有了她的美。我们把事物据为已有，便以为占有了它的意义。可是，意义是不可占有的，一旦你试图占有，它就不在了。那个凯旋的战士守着他的战利品，一个正裸身熟睡的女俘，面对她的美丽只能徒唤奈何。他捕获了这个女人，却无法把她的美捕捉到手中。无论我们和一个女人多么亲近，她的美始终在我们之外。不是在占有中，而是在男人的欣赏和倾倒中，女人的美便有了意义。我想起了海涅，他终生没有娶到一个美女，但他把许多女人的美变成了他的诗，因而也变成了他和人类的财富。

四

所以，意义本不是事物中现成的东西，而是人的投入。要获得意义，也就不能靠对事物的占有，而要靠爱和创造。农民从麦子中取走滋养他们身体的营养，他们向麦子奉献的东西才丰富了他们的心灵。

“那个走向井边的人，口渴了，自己拉动吱吱咯咯的铁链，把沉重的桶提到井栏上，这样听到水的歌声以及一切尖利的乐曲。他口渴了，使他的行走、他

的双臂、他的眼睛也都充满了意义，口渴的人朝井走去，就像一首诗。”而那些从杯子里喝现成的水的人却听不到水的歌声。坐滑竿——今天是坐缆车——上山的人，再美丽的山对于他也只是一个概念，并不具备实质。“当我说到山，意思是指让你被荆棘刺伤过，从悬崖跌下过，搬动石头流过汗，采过上面的花，最后在山顶迎着狂风呼吸过的山。”如果不用上自己的身心，一切都没有意义。贪图舒适的人，实际上是在放弃意义。

你心疼你的女人，让她摆脱日常家务，请保姆代劳一切，结果家对她就渐渐失去了意义。“要使女人成为一首赞歌，就要给她创造黎明时需要重建的家。”为了使家成为家，需要投入时间。现在人们舍不得把时间花在家中琐事上，早出晚归，在外面奋斗和享受，家就成了一个旅舍。

爱是耐心，是等待意义在时间中慢慢生成。母爱是从一天天的喂奶中来的。感叹孩子长得快的都是外人，父母很少会这样感觉。你每天观察院子里的那棵树，它就渐渐在你的心中扎根。有一个人猎到一头小沙狐，便精心喂养它，可是后来它逃回了沙漠。那人为此伤心，别人劝他再捉一头，他回答：“捕捉不难，难的是爱，太需要耐心了。”

是啊，人们说爱，总是提出种种条件，埋怨遇不到符合这些条件的值得爱的对象。也许有一天遇到了，但爱仍未出现。那一个城市非常美，我在那里旅游时曾心旷神怡，但离开后并没有梦魂牵绕。那一个女人非常美，我邂逅她时几乎一见钟情，但错过了并没有日思夜想。人们举着条件去找爱，但爱并不存在于各种条件的哪怕最完美的组合之中。爱不是对象，爱是关系，是你在对象身上付出的时间和心血。你培育的园林没有皇家花园美，但你爱的是你的园林而不是皇家花园。你相濡以沫的女人没有女明星美，但你爱的是你的女人而不是女明星。也许你愿意用你的园林换皇家花园，用你的女人换女明星，但那时候支配你的不是爱，而是欲望。

爱的投入必须全心全意，如同自愿履行一项不可推卸的职责。“职责是连接事物的神圣纽结，除非在你看来是绝对的需要，而不是游戏，你才能建成你的帝国、神庙或家园。”就像掷骰子，如果不牵涉你的财产，你就不会动心。你玩的不是那几颗小小的骰子，而是你的羊群和金银财宝。在玩沙堆的孩子眼里，沙堆也不是沙堆，而是要塞、山岭或船只。只有你愿意为之而死的东西，你才能够借之而生。

五

当你把爱投入到一个对象上面，你就是在创造。创造是“用生命去交换比生命更长久的东西”。这样诞生了画家、雕塑家、手工艺人等等，他们工作一生是为了创造自己用不上的财富。没有人在乎自己用得上用不上，生命的意义反倒是寄托在那用不上的财富上。那个瞎眼、独腿、口齿不清的老人，一说到他用生命交换的东西，就立刻思路清晰。突然发生了地震，人们害怕的不是死亡，而是自己的作品的毁灭，那也许是一只亲手制造的银壶，一条亲手编结的毛毯，或一篇亲口传唱的史诗。生命的终结诚然可哀，但最令人绝望的是那本应比生命更长久的东西竟然也同归于尽。

文化与工作是不可分的。那种只会把别人的创造放在自己货架上的人是未开化人，哪怕这些东西精美绝伦，他们又是鉴赏的行家。文化不是一件谁的身上都能披的斗篷。对于一切创造者来说，文化只是完成自己的工作，以及工作中的艰辛和欢乐。每个人生活中最重要的部分是自己所热爱的那项工作，他借此而进入世界，在世上立足。有了这项他能够全身心投入的工作，他的生活就有了一个核心，他的全部生活围绕这个核心组织成了一个整体。没有这个核心的人，他的生活是碎片，譬如说，会分裂成两个都令人不快的部分，一部分是折磨人的劳作，另一部分是无所用心的休闲。

顺便说一说所谓“休闲文化”。一个醉心于自己的工作的人，他不会向休闲要求文化。对他来说，休闲仅是工作之后的休整。“休闲文化”大约只对两种人有意义，一种是辛苦劳作但从中体会不到快乐的人，另一种是没有工作要做的人，他们都需要用某种特别的或时髦的休闲方式来证明自己也有文化。我不反对一个人兴趣的多样性，但前提是有自己热爱的主要工作，唯有如此，当他进入别的领域时，才可能添入自己的一份意趣，而不只是凑热闹。

创造会有成败，这不重要，重要的是保持创造的热忱。有了这样的热忱，无论成败都是在为创造做贡献。还是让圣埃克苏佩里自己来说，他说得太精彩：“创造，也可以指舞蹈中跳错的那一步，石头上凿坏的那一凿子。动作的成功与否不是主要的。这种努力在你看来是徒劳无益，这是由于你的鼻子凑得太近的缘故，你不妨往后退一步。站在远处看这个城区的活动，看到的是意气风发的劳动热忱，你再也不会注意有缺陷的动作。”一个人有创造的热忱，他未必就能成为大艺术家。一大群人有创造的热忱，其中一定会产生大艺术家。大家都爱跳舞，即使跳得不好的人也跳，美的舞蹈便应运而生。说到底，产生不产生大

艺术家也不重要，在这片生机勃勃的土地上，生活本身就是意义。

人在创造的时候是既不在乎报酬，也不考虑结果的。陶工专心致志地伏身在他的手艺上，在这个时刻，他既不是为商人，也不是为自己工作，而是“为这只陶罐以及柄子的弯度工作”。艺术家废寝忘食只是为了一个意象，一个还说不出来的形式。他当然感到了幸福，但幸福是额外的奖励，而不是预定的目的。美也如此，你几曾听到过一个雕塑家说他要在石头上凿出美?

从沙漠征战归来的人，勋章不能报偿他，亏待也不会使他失落。“当一个人升华、存在、圆满死去，还谈什么获得与占有？”一切从工作中感受到生命意义的人都是如此，内在的富有找不到、也不需要世俗的对应物。像托尔斯泰、卡夫卡这样的人，没有得诺贝尔奖于他们何损，得了又能增加什么？只有那些内心中没有欢乐源泉的人，才会斤斤计较外在的得失，孜孜追求教授的职称、部长的头衔和各种可笑的奖状。他们这样做很可理解，因为倘若没有这些，他们便一无所有。

六

如果我把圣埃克苏佩里的思想概括成一句话，譬如说“生命的意义在于爱和创造，在于奉献”，我就等于什么也没有说，只是在重复一句陈词滥调。是否用自己独特的语言说出一个真理，这不只是表达的问题，而是决定了说出的是不是真理。世上也许有共同的真理，但它不在公共会堂的标语上和人云亦云的口号中，只存在于一个个具体的人用心灵感受到的特殊的真理之中。那些不拥有自己的特殊真理的人，无论他们怎样重复所谓共同的真理，说出的始终是空洞的言辞而不是真理。圣埃克苏佩里说:“我瞧不起意志受论据支配的人。词语应该表达你的意思，而不是左右你的意志。”真理不是现成的出发点，而是千辛万苦要接近的目标。凡是把真理当作起点的人，他们的意志正是受了词语的支配。

这本书中还有许多珍宝，但我不可能一一指给你们看。我在这座圣殿里走了一圈，把我的所见所思告诉了你们。现在，请你们自己走进去，你们也许会有不同的所见所思。然而，我相信，有一种感觉会是相同的。“把石块砌在一起，创造的是静默。”当你们站在这座用语言之石垒建的殿堂里时，你们一定也会听见那迫人不得不深思的静默。

2003年

NEW CHINA
EXCELLENT LITERARY
WORKS LIBRARY

1949–2019

新中国70年
优秀文学作品文库

散文卷
PROSES

梁鸿鹰 / 主编

2

下卷

中国言实出版社

原下的日子

陈忠实

一

新世纪到来的第一个农历春节过后，我买了二十多袋无烟煤和吃食，回到乡村祖居的老屋。我站在门口对着送我回来的妻女挥手告别，看着汽车转过沟口那座塌檐倾壁残颓不堪的关帝庙，折回身走进大门进入刚刚清扫过隔年落叶的小院，心里竟然有点酸酸的感觉。已经摸上六十岁的人了，何苦又回到这个空寂了近十年的老窝里来！

从窗框伸出的铁皮烟筒悠悠地冒出一缕缕淡灰的煤烟，火炉正在烘除屋子里整个一个冬天积攒的寒气。我从前院穿过前屋过堂走到小院，南窗前的丁香和东西围墙根下的三株枣树苗子，枝头尚不见任何动静，倒是三五丛月季的枝梢上暴出小小的紫红的芽苞，显然是春天的讯息。然而整个小院里太过沉寂太过阴冷的气氛，还是让我很难转换出回归乡土的欢愉来。

我站在院子里，抽我的雪茄。东邻的屋院差不多成了一个荒园，兄弟两个都选了新宅基建了新房搬出许多年了。西邻曾经是这个村子有名的八家院，拥挤如同鸡笼，先后也都搬迁到村子里新辟的宅基地上安居了。我的这个屋院，曾经是父亲和两位堂弟三分天下的“三国”，最鼎盛的年月，有祖孙三代十五六口人进进出出在七八个或宽或窄的门洞里。在我尚属朦胧混沌的生命区段里，看着村人把装着奶奶和被叫作厦屋爷的黑色棺材，先后抬出这个屋院，再在街门外用粗大的抬杠捆绑起来，在儿孙们此起彼伏的哭号声浪里抬出村子，抬上原坡，沉入刚刚挖好的墓坑。我后来也沿袭这种大致相同的仪程，亲手操办我的父亲和母亲从屋院到墓地这个最后驿站的归结过程。许多年来，无论有怎样

紧要的事项，我都没有缺席由堂弟们操办的两位叔父一位婶娘最终走出屋院走出村子走进原坡某个角落里的墓坑的过程。现在，我的兄弟姊妹和堂弟堂妹及我的儿女，相继走出这个屋院，或在天之一方，或在村子的另一个角落，以各自的方式过着自己的日子。眼下的景象是，这个给我留下拥挤也留下热闹印象的祖居的小院，只有我一个人站在院子里。原坡上漫下来寒冷的风。从未有过的空旷。从未有过的空落。从未有过的空洞。

我的脚下是祖宗们反复踩踏过的土地。我现在又站在这方小小的留着许多代人脚印的小院里。我不会问自己也不会向谁解释为了什么又为了什么重新回来，因为这已经是行为之前的决计了。丰富的汉语言文字里有一个词儿叫龌龊。我在一段时日里充分地体味到这个词儿的不尽的内蕴。

我听见架在火炉上的水壶发出噗噗噗的响声。我沏下一杯上好的陕南绿茶。我坐在曾经坐过近二十年的那把藤条已经变灰的藤椅上，抿一口清香的茶水，瞅着火炉炉膛里炽红的炭块，耳际似乎萦绕着见过面乃至根本未见过面的老祖宗们的声音：嗨！你早该回来了。

第二天微明，我搞不清是被鸟叫声惊醒的，还是醒来后听到了一种鸟的叫声。我的第一反应是斑鸠。这肯定是鸟类庞大的族群里最单调最平实的叫声，却也是我生命磁带上最敏感的叫声。我慌忙披衣坐起，隔着窗玻璃望去，后屋屋脊上有两只灰褐色的斑鸠。在清晨凛冽的寒风里，一只斑鸠围着另一只斑鸠团团转悠，一点头，一翘尾，发出连续的咕咕咕……咕咕咕的叫声。哦！催发生命运动的春的旋律，在严寒依然裹盖着的斑鸠的躁动中传达出来了。

我竟然泪眼模糊。

二

傍晚时分，我走上灞河长堤。堤上是经过雨雪浸淫沤泡变成黑色的枯蒿枯草。沉落到西原坡顶的蛋黄似的太阳绵软无力。对岸成片的白杨树林，在蒙蒙灰雾里依然不失其肃然和庄重。河水清澈到令人忍不住又不忍心用手撩拨。一只雪白的鹭鸶，从下游悠悠然飘落在我眼前的浅水边。我无意间发现，斜对岸的那片沙地上，有个男子挑着两只装满石头的铁丝笼走出一个偌大的沙坑，把笼里的石头倒在石头垛子上，又挑起空笼走回那个低陷的沙坑。那儿用三脚架撑着一张钢丝箩筛。他把刨下的沙石一锨一锨抛向箩筛，发出连续不断千篇一律的声响，石头和沙子就在箩筛两边分流了。

我久久地站在河堤上，看着那个男子走出沙坑又返回沙坑。这儿距离西安不足三十公里。都市里的霓虹此刻该当缤纷。各种休闲娱乐的场合开始进入兴奋期。暮霭渐渐四合的沙滩上，那个男子还在沙坑与石头垛子之间来回往返。这个男子以这样的姿态存在于世界的这个角落。

我突发联想，印成一格一框的稿纸如同那张箩筛。他在他的箩筛上筛出的是一粒一粒石子。我在我的“箩筛”上筛出的是一个一个方块汉字。现行的稿酬标准无论高了低了贵了贱了，肯定是那位农民男子的石子无法比对的。我自觉尚未无聊到滥生矫情，不过是较为透彻地意识到构成社会总体坐标的这一极，这一极与另外一极的粗细强弱的差异。这是新世纪的第一个早春。这是我回到原下祖屋的第二天傍晚。这是我的家乡那条曾为无数诗家墨客提供柳枝，却总也寄托不尽情思离愁的灞河河滩。此刻，三十公里外的西安城里的霓虹灯，与灞河两岸或大或小村庄里隐现的窗户亮光；豪华或普通轿车壅塞的街道，与田间小道上悠悠移动的架子车；出入大饭店小酒吧的俊男倩女打蜡的头发涂红（或紫）的嘴唇，与拽着牛羊缰绳背着柴火的乡村男女；全自动或半自动化的生产流水线，与那个在沙坑在箩筛前挑战贫穷的男子。构成当代社会的大坐标。我知道我不会再回到挖沙筛石这一极中去，却在这个坐标中找到了心理平衡的支点，也无法从这一极上移开眼睛。

三

村庄背靠的鹿原北坡。遍布原坡的大大小小的沟梁奇形怪状。在一条阴沟里该是最后一坨尚未化释的残雪下，有三两株露头的绿色，淡淡的绿，嫩嫩的黄，那是茵陈，长高了就是蒿草，或卑称臭蒿子。嫩黄淡绿的茵陈，不在乎那坨既残又脏经年未化的雪，宣示了春天的气象。

桃花开了，原坡上和河川里，这儿那儿浮起一片一片粉红的似乎流动的云。杏花接着开了，那儿这儿又变幻出似走似住的粉白的云。泡桐花开了，无论大村小庄都被骤然暴出的紫红的花帐笼罩起来了。洋槐花开的时候，首先闻到的是一种令人总也忍不住深呼吸的香味，然后惊异庄前屋后和坡坎上已经敷了一层白雪似的脂粉。小麦扬花时节，原坡和河川铺天盖地的青葱葱的麦子，把来自土地最诱人的香味，释放到整个乡村的田野和村庄，灌进庄稼院的围墙和窗户。椿树的花儿在庞大的树冠和浓密的枝叶里，只能看到绣成一团一串的粉黄，毫不起眼，几乎没有任何观赏价值，然而香味却令人久久难以忘怀。中国槐大

约是乡村树族中最晚开花的一家，时令已进入伏天，燥热难耐的热浪里，闻一缕中国槐花的香气，顿然会使焦躁的心绪沉静下来。从农历二月二龙抬头迎春花开伊始，直到大雪漫地，村庄、原坡和河川里的花儿便接连开放，各种奇异的香味便一波迭过一波。且不说那些红的黄的白的紫的各色野草和野花，以及秋来整个原坡都覆盖着的金黄灿亮的野菊。

五月是最好的时月，这当然是指景致。整个河川和原坡都被麦子的深绿装扮起来，几乎看不到巴掌大一块裸露的土地。一夜之间，那令人沉迷的绿野变成满眼金黄，如同一只魔掌在翻手之瞬间创造出来神奇。一年里最红火最繁忙的麦收开始了，把从去年秋末以来的缓慢悠闲的乡村节奏骤然改变了。红苕是秋收的最后一料庄稼，通常是待头一场浓霜降至，苕叶变黑之后才开挖。湿漉漉的新鲜泥土的垄畦里，排列着一行行刚刚出土的红艳艳的红苕，常常使我的心发生悸动。被文人们称为弱柳的叶子，居然在这河川里最后卸下盛妆，居然是最耐得霜冷的树。柳叶由绿变青，由青渐变浅黄，直到几番浓霜击打，通身变成灿灿金黄，张扬在河堤上河湾里，或一片或一株，令人钦佩生命的顽强和生命的尊严。小雪从灰蒙蒙的天空飘下来时，我在乡间感觉不到严冬的来临，却体味到一缕圣洁的温柔，本能地仰起脸来，让雪片在脸颊上在鼻梁上在眼窝里飘落、融化，周围是雾霭迷茫的素净的田野。直到某一日大雪降至，原坡和河川都变成一抹银白的时候，我抑制不住某种神秘的诱惑，在黎明的浅淡光色里走出门去，在连一只兽蹄鸟爪的痕迹也难觅踪的雪野里，踏出一行脚印，听脚下的好雪发出铮铮的脆响。

我常常在上述这些情景里，由衷地咏叹，我原下的乡村。

四

漫长的夏天。

夜幕迟迟降下来。我在小院里支开躺椅，一杯茶或一瓶啤酒，自然不可或缺一支烟。夜里依然有不泯的天光，也许是繁密的星星散发的。白鹿原刀裁一样的平顶的轮廓，恰如一张简洁到只有深墨和淡墨的木刻画。我索性关掉屋子里所有的电灯，感受天光和地脉的亲和，偶尔可以看到一缕鬼火飘飘忽忽掠过。

有细月或圆月的夜晚，那景象就迷人了。我坐在躺椅上，看圆圆的月亮浮到东原头上，然后渐渐升高，平静地一步一步向我面前移来，幻如一个轻摇莲步的仙女，再一步一步向原坡的西部挪步，直到消失在西边的屋脊背后。

某个晚上，瞅着月色下迷迷蒙蒙的原坡，我却替两千年前的刘邦操起闲心来。他从鸿门宴上脱身以后，是抄哪条捷径便道逃回我眼前这个原上的营垒的？“沛公军灞上。”灞上即指灞陵原。汉文帝就葬在白鹿原北坡坡畔，距我的村子不过十六七里路。文帝陵史称灞陵，分明是依着灞水而命名。这个地处长安东郊自周代就以白鹿得名的原，渐渐被“灞陵原”“灞陵”“灞上”取代了。刘邦驻军在这个原上，遥遥相对灞水北岸骊山脚下的鸿门，我的祖居的小村庄恰在当间。也许从那个千钧一发命悬一线的宴会逃跑出来，在风高月黑的那个恐怖之夜，刘邦慌不择路翻过骊山涉过灞河，从我的村头某家的猪圈旁爬上原坡直到原顶，才嘘出一口气来。无论这逃跑如何狼狈，并不影响他后来打造汉家天下。

大唐诗人王昌龄，原为西安城里人，出道前隐居白鹿原上滋阳村，亦称芷阳村。下原到灞河钓鱼，提镰在菜畦里割韭菜，与来访的文朋诗友饮酒赋诗，多以此原和原下的灞水为叙事抒情的背景。我曾查阅资料企图求证滋阳村村址，毫无踪影。

我在读到一本《历代诗人咏灞桥》的诗集时，大为惊讶，除了人皆共知的“年年柳色，灞陵伤别”所指的灞桥，灞河这条水，白鹿（或灞陵）这道原，竟有数以百计的诗圣诗王诗魁都留了绝唱和独唱。

宠辱忧欢不到情，
任他朝市自营营。
独寻秋景城东去，
白鹿原头信马行。

这是白居易的一首七绝，是诸多以此原和原下的灞水为题的诗作中的一首。是最坦率的一首，也是最通俗易记的一首。一目了然可知白诗人在长安官场被蝇营狗苟的龌龊惹烦了，闹得腻了，倒胃口了，想呕吐了。却终于说不出口呕不出喉，或许是不屑于说或吐，干脆骑马到白鹿原头逛去。

还有什么龌龊能淹没脏污这个以白鹿命名的原呢？断定不会有。

我在这原下的祖屋生活了两年。自己烧水沏茶。把夫人在城里擀好切碎的面条煮熟。夏日一把躺椅冬天一抱火炉。傍晚到灞河沙滩或原坡草地去散步。一觉睡到自来醒。当然，每有一个短篇小说或一篇散文写成，那种愉悦，相信

比白居易纵马原上的心境差不了多少。正是原下这两年的日子，是近八年以来写作字数最多的年份，且不说优劣。

我愈加固执一点，在原下进入写作，便进入我生命运动的最佳气场。

2003年

出生入死

林斤澜

一

新世纪中秋节前，有一个民间聚会，祝贺一位文化前辈百岁华诞。主持会议的也是一位寿星，年逾九秩。他起立致辞，旁边有人劝请坐而论道。他随口答称：“站着说，表示我还站得住。”反应敏捷，措辞双关，满座开颜。

生命力和生活力是两个力，这两个又爱摽在一起，通常叫作活力。活加力，是美加好，曾经沧海的几代同行，同堂一笑。

前不久，这位“站得住”前辈以“望九”之年，写文章论“养生”，盛赞陶渊明的四句诗：“纵浪大化中，不喜亦不惧。当尽便须尽，无复独多虑。”

前辈平日不练什么功，好像散步亦不当回事。早起就伏案工作；放下这个专题，拿起那门学问。以为整日价不叫脑筋闲着，才是养生之道。

这条道其实也可说是“多虑”，也就是有人作为座右铭的“多思”。不过唯独不思虑生死。这不思虑（也可以）叫作“彻底”。比如说“彻底的唯物主义者”“彻底的悲观论者”。跟在“彻底”后面的往往是四个字：无所畏惧。

二

一位从年轻就坐了轮椅的中年作家，近年又“上班一样”定期去做“透析”。他安静写道，死神就在门廊里耐心坐着，不定什么时候站起来，拍拍肩膀招呼道：嘿，该走了。他可能会有些犹豫，但总还是顺从走了。

在另一篇文章里，他回忆卓别林的电影《城市之光》：女人要自杀，卓别

林给救了，女人反问：你为什么救我？你有什么权利不让我死？卓别林回答道：急什么？咱们早晚不都得死？轮椅作家以为这个回答极妙，不悟透生死的人想不出来这样的话，这里面不仅有非凡的智慧，且有着深沉的爱心。这爱，使坐轮椅的不再想自杀，看见了生命的“魅力”和“意义”。

看过《城市之光》的人不少，对卓别林的回答这么动心的只怕不多吧。这么反复思索而升华，是不是坐轮椅的缘故呢？

这里的哲理，和陶夫子的“纵浪大化中，不喜亦不惧”仿不仿佛？和“当尽便须尽，无复独多虑”像不像呢？

也像也不像。

从容，像。爱心，像。不事做作更像。

不过，陶夫子那里闪动着冷静的光彩，轮椅作家透着感情的火花。“门廊里坐着耐心的死神……”这想象是感情的火花又饱含理性的光彩了。

三

南方大城市郊区，母子两人相依为命。老母九十二岁，儿子也六十七了。怎么没有儿媳，也没有第三代，报上来不及交代。

老母忽然中风，抢救回来，偏瘫，失语，大小便失禁，两人都没有工作，也没有劳保。儿子会做电工，年老解雇，生活陷入困境，必须每天出去找零活。老母卧床不能翻身，病痛不能言说，屎尿不能清洗。邻里有时听见号叫。儿子晚上归家一边伺候，一边深感九十多岁的人，何苦这样生不如死，为喘一口气受一爿山的罪。

他在医院里听人说过“安乐死”，可惜我国还不合法。他是电工，知道老母这身体，稍稍电击就安乐了。就用根铁丝贴在老母臂弯，一合闸，肩头一冒烟，完事。

过后他想投河，未投，到派出所自首。定为“故意杀人”，却只判了徒刑五年。

母子原来不知道“安乐死”和“人道”说法。在医院听见说时，老母已经神志不清，不会表示，邻里眼见生不如死，却又以为儿子是孝子。

儿子本想跟着死去，好在黄泉路上伺候尽孝。为什么没死倒投了案，究竟黄泉渺茫，法制现实吧？究竟自杀不人道，他杀可以安乐？这些报上不详，只交代才判五年，远非死刑。

四

又一位文化名家，近百岁，住医院也多年了。

本家晚辈得到探视的许可，只见肉身插上医疗管子。还有别的管子插到胃里或什么器官，还有吊瓶什么的。老人睁睁眼睛看看来人，似认得，似高兴，随着似咳。护士说有一口痰，稍黏，用吸器吸不出来。从切口滴水下去，稀释，老人白脸先憋红后紫，闭目喘息。待痰出，睁睁眼，倦极睡去或者叫作昏迷。

探视的晚辈觉得痛苦。大致是觉出老人的痛苦，自己也痛苦了。

老人医疗条件极好，不一般。周围的人或孝敬或敬业，也不一般。据说力争百岁，那么老人还要坚持千来个日日夜夜。古人以百为期，百岁称“期颐”，颐是颐养天年。好像没有别的义务。

有八十多岁的作家病危，要求拔掉插管，得到亲人的同情与同意，几分钟后，辞世，安息。

也有方七十冒头的，失语、失禁，挣扎着伸手拔管，人们把手拴到床上。

又有叫一口痰憋死的，那是普通病房的事了，又是一种“待遇”。

五

生死是个大题目。高处不胜哲理。要学问，要思辨，要升华，要悟性。

卑之也可以只是世俗的一件事。凡人都知道不可避免。医生爱说不能逆转。谁不会处理也不要紧，“船到桥洞自会直”，照陶渊明说的“当尽便须尽，无复独多虑”就是了。

但，自杀另当别论。

因为这事儿反常，稀罕，“有病”。

偏偏备不住有这样的年月和年代、时刻和时代，让芸芸众生特别是莘莘学子，塞进罐子车闷在反常、稀罕、“有病”里。

有一种“病”叫恐怖，有人细分为白色恐怖、红色恐怖，或黑色什么色，不过只要是恐怖，都看不见、摸不着、空气那样的物质，塞满空间和满塞时间。普通人汗毛直竖，毛孔飙开僵住。死神不在门廊耐心坐着，来回面前晃悠，两袖散发的气味，一只是吓死，一只是憋死。

这时候，只有至亲至爱夫妻子女才过人话，怕对方自杀，“相濡以沫”？

“千万别犯傻。”

“不钻牛角尖。”

“咱不短见识。”

“一切都会好起来的，干吗胡思乱想？”

“往后的日子多着呢，哪能没出息？”

甚至“激将”：“不光顾自己，别自私。”

大都回避“自杀”两个字，这两个字不脏不丑，正常时候满可上书上桌面，没有回避的必要。只有到了恐怖和空气同在，这两个字猛然惊心动魄吐不出口。

在普通人中间，在平常亲人口中，用来代替的词儿是：“短见识”“犯傻”“牛角尖”“没出息”“胡思乱想”，甚至是“自私”“光顾自己”。

有没有以“留取丹心照汗青”“士可杀不可辱”来互相鼓励走上自杀之路的？普通平常人里，要有也极少，没见形成前仆后继的动静。

自杀身亡以后，若在运动中，还要开会批判，也叫作“消毒”。也贴标语，也叫口号。大致是“自绝人民”“抗拒改造”“背叛革命”“死有余辜”……大家也跟着喊，也举手。心里也许是悲痛，或悲愤，也许漠不关心，也许惋惜不懂事。真正弥漫心头的，还是恐怖。有没有反倒激怒，起而效法？未曾得见。

一位四川的前辈作家，历尽劫难，晚年在一个座谈会上说，中国很少自杀，比起外国例如日本，要少得多。前辈把中国人的气质叫作：坚韧不拔。

前边说的轮椅作家，深感卓别林的透彻，那自杀女人埋怨他多事，他说，早晚走这条路，着什么急。一般观众可能只觉得幽默。有位评论家说，幽默不难，幽默包含着苦涩难得。

轮椅作家另一篇文章的标题标道：《人生就是困境周旋》。无疑是警句，不过也叫人不免心有点苦涩味道。

苦涩和死谏当然不相干。自杀当时，有携带或呼叫或默写伟大著作一事。明知这场灾难，出自这位伟人，这一事就带上死谏味道了。

死谏由来悠久，屡屡上史立传。不过现在不是三座大山都推倒了吗，从这一事里，出来苦涩还是出邪门了。

死诛和死殉有关联，殉国殉道殉节……在影视上看见的大多壮烈，在书本上可看见苦涩，《儒林外史》中王玉辉的三女儿绝食殉夫，老夫人哭得死去活来，王玉辉说：“你这老人家真正是个呆子”，“这是青史上留名的事”，“只怕我将来不能像她这一个好题目死哩”！仰天大笑道：“死得好！死得好！”

府学的训导听了“大惊，不胜惨然”，有句话没有说出来：这个老头子才真正是个书呆子。

人生若梦。这一声感慨，恐怕流行最广，也最悠久，还常讲常新。也许就因为能够常新，才最广最久。

有个比喻少见，人生好比马蹄铁，磨灭方休。

宗教家把人间比作炼狱，比作苦海，随着轮回说。哲人的“纵浪大化，不喜不惧”，是顺应自然。伟人以为与天斗、与地斗、与人斗，其乐无穷。紧跟身后来的却是以和为贵，寻求爱心，双赢，互补。

外国有说人生就是等待，从等待生到等待死。

“人生就是困境周旋。”这是新近的说法，还比喻下棋，如若一边倒一水顺，岂不索然寡味？又不言斗也不言和，却筛选出“周旋”两字，这是精妙所在了。

宗教家说生命在一呼一吸之间。也精妙，看似落实，实是虚无。

鲁迅先生有几句话多被引用：“无论是古是今，是人是鬼，是‘三坟’‘五典’，百宋千元，天球河图，金人玉佛，祖传丸散，秘制膏丹，全都踏倒他。”

先生开山的小说，就是在几千年史书的字里行间，只看见“吃人”两字。真是踏倒一切。

只怕先生只有在生死这事上，沿用陶渊明用过、李白用过的人世如“逆旅”的意思。拿“过客”两字作题目，写出名篇。篇中老翁劝过客：“还不如休息一会儿的好罢，像我似的。”

客：但是，那前面的声音叫我走。

翁：我知道。

客：你知道？你知道那声音吗？

翁：是的。他似乎曾经也叫过我。

客：那也就是现在叫我的声音吗？

翁：那我可不知道。他也就是，叫过几声，我不理他，他也就不叫了，我也就记不清楚了。

客：唉唉，不理他……（沉思，忽然吃惊，倾听着）不行！我还是走的好。我息不下。可恨我的脚早经走破了。（准备走路）

这个前面的声音，细读不是死神的呼唤。因为死神谁也不能“不理他”，他也不会“也就不叫了”。

这是二十世纪初的时代声音，先驱者觉醒的声音。

两千年来，陶渊明们年老体衰回归“本宅”时候，没有这个声音。千百年来，李白们风华正茂秉烛夜游时候，也没有这个声音，“逆旅”依旧，“过客”

依旧，先生唯独的依旧里，只多了个“前面的声音叫我走”。

那么，“前面是怎么一个所在？”老翁回答：“前面，是坟。”这个回答也依旧，千百年传统的旧。

陶渊明见过自己的墓门，坟墓前的树，萧萧的岁月。鲁迅先生在《墓碣文》中，也梦见自己的坟墓：“那墓碣似是沙石所制，剥落很多，又有苔藓丛生，仅存有限的文句——”

“……于浩歌狂热之际中寒，于天上看见深渊。于一切眼中看见无所有；于无所希望中得救……”

“于无所希望中得救。”容易联想起先生另一首诗中名句：“于无声处听惊雷。”

不过通读全诗，“于无声处听惊雷”，听的是社会的爆发。

通读《野草》全书，《墓碣文》全文，“过客”有“前面的声音叫我走”，“我的脚早经走破了”，“我息不下”。前面又怎样？“前面，是坟。”

不但依旧是坟，《墓碣文》最后几句形容自己的尸体道：

“……死尸已在坟中坐起，口唇不动，然而说——

‘待我成尘时，你将见我的微笑。’”

最初感觉可怕，细想又抽象。既已“成尘”，何来“微笑”？既已“无所希望”，何来“得救”？

有“理性的悲观”一说，大致着重理念，排除感伤。又有“彻底的悲观论”，可能比拟“彻底的唯物主义者”吧，那么，后边往往跟着一句“无所畏惧”。

陶渊明的“不喜亦不惧”，是顺应自然的话。这里的“无所畏惧”，可能是把“过客”的“前面”推向抽象。抽象也不好理解，那么是无限是永恒的意思又如何？也不清楚。那么这就是说不清楚的出生入死了。

原载《随笔》2003年第1期

筑万松浦记

张　炜

我一直想找一个很好的地方，在那里做一点极有意义的事情。是什么事情还不知道，但我想它要能足以引起自己的长久兴趣。当然，它对许多人来说都应该是极有意义的。它的整个过程还应该是朴素的、积极的。它要具有相当长的生命力，并且在未来让人高兴。它还需要由许多人以各种方式去参与，而不是被许多的人去索取一空。它从一开始就将拒绝那些只想到索取的人。

小岛对面

在龙口市的北部，渤海湾里有两个小岛：桑岛和依岛。桑岛上有八百多户，有松树和槐树林，有灯塔和礁石。这是个很美的岛，关于它的传说很多。其中有一个传说与它的命名有关，说的是秦代的智慧人物徐市（福）被秦始皇遣去东瀛寻找长生不老药，行前曾在岛上种植桑树，养蚕织造。徐市后来带走了很多人，包括史书上记载的三千童男童女、五谷百工，当然也少不了各类智慧人物。他这一去发现了日本列岛，高高兴兴过起了独立王国的日子，再也不回来了。这就是所谓的“止王不归”。整个的事件记录在中国的信史《史记》中，可见已不是传说了。

桑岛之名的由来倒是个传说。不过如今岛上已没有大片桑树，也没有纺织业，只有其他林木和发达的渔业。从南岸去岛上有十几分钟的水路，这是指现代客轮的速度。我在中学时坐了木制机动船去过一次海岛，大约花了二十分钟。那一次我在岛上待了一个多星期，住在同学家里，尽享岛上新奇。进岛前站在南岸看一片海雾中的葱绿，如同仙境；进了岛，则不停地往南边的大陆遥望了，

望到的是一片无边的林木，林木前镶了一道金边，那就是海滩了。

当年桑岛上的房子都是一种黑色岛石垒起的，屋顶覆以海草。岛的四周永远有鸥鸟环绕，正像岛的四周永远有噗噗的水浪和细细的沙岸一样。它的西北方，仅仅二三华里远的地方就是那个依岛了。如果把我们脚踏这个岛比作地球，那么依岛就是月亮，不过它不会绕桑岛运行罢了。我们当年极想去依岛上看看，可是没有船。因为小小的依岛上面没有人烟，而且与桑岛之间隔开了一道湍急的暗流，据说除非有第一流的驾船技术才能渡过。渔民介绍说，依岛上过去只有一幢小小的茅屋，那是为躲避风浪的渔人准备的。一旦来了大风不能及时赶回，捕鱼的人可以就近靠岸，并在小屋中歇息下来，里面总是有常备的水米。如今岛上空空荡荡，一派灌木白沙，风景秀丽。一大群野猫成了这里的实际主人，据见过的人说它们靠吃水浪涨上来的小鱼小虾之类，个个长得干净强壮。

今天，这两个岛对于城市人来说已是旅游观光的最好去处。但要在岛上长期生活下去，要做一点想做的事情，似乎还缺少点什么。我去了岛上，像过去那样向对岸的陆地遥望，再次惊讶地盯视那片无边的葱绿。我的心头涌起了一阵感动。正对着这个小鸟的是绵长的沙滩，茂密的树林。

那里与人口繁密的小城相距二十分钟的车程。

港栾河

有许多天，我一直在小岛对面的那片海滩上徘徊。这是一片真正迷人的沙岸，洁白到了无一丝粗砺和污迹；碧蓝的海水，退潮时露出五十多米的浅滩。这里没有鲨鱼出没，是天然的优良海水浴场。更为可贵的是它背靠了一大片松林，大得足可以藏禽隐兽，一眼望不到边，只听到鸟声不断，与近海翩飞的海鸥遥相呼应。与海岸交成直角的是一条古河道，叫港栾河。河的上游源自南部山区，很早以前与曲折密集的山下水网相连，接受丰富的山落水，水流量终年很大，这由古河道的宽大壮观可以看出。河的入海口有古港遗址，而今的小旅游码头就建在遗址右侧。

像许多古河道一样，如今的港栾河也在时间里萎缩了，充其量只能算是一条中小河流。但好在它还有辉煌的历史可以留恋。它的下游建有不止一个村庄，可以说它们都拥有得天独厚的地理条件。河中有鱼蟹，它有别于海鱼海蟹。入海口有回游产卵的鱼类，所以每到了四月春阳照耀时，浅海里到处都是捕捞鲈鱼苗的男男女女，他们将把一个春季的收获卖给淡水养殖场。河道里有茂密的蒲苇，河堤上有高大的槐柳。由于古河道淤积土深厚肥沃，所以河两岸的树木比其他处茁壮得多，夏秋里看去真是冠盖相连，如雾如峦。槐柳与成片的松树相依衬，形成了另一种风韵。槐柳的碧嫩与松树的墨绿相间，层次错落；冬天和秋末松树浓绿依旧，槐柳则剩下了裸枝。槐的苍枝和柳的红条在绿色中闪烁，该是画家们的向往之地。

走在河岸上，就会把海浪的噗噗声遗忘，耳廓与视野全是淙淙水流。青蛙和鲫鱼在水中窥视，它们以漂亮的翻跃引人注目。有咕咕声响在密集的荻草中，不是水鸟就是穴中动物。这条河的珍贵在于它在许多时候为林中的鸟兽提供足够的淡水，如今堤岸下到处可见一溜溜小兽蹄印，可以分辨的有兔子、刺猬和獾之类。也仅仅是十几年前，河两岸还有狐狸出没。

人们的传统居住理想，就是尽可能在河边筑屋，做所谓的“河畔人家”。而眼前的情与境何等诱人：海岸林中河边，三位一体。更为难能可贵的是，这里离那个去海岛的小码头仅有一华里之遥，安静便利，却没有喧闹。除此之外这里还有历史掌故，有传奇，有静下来即可听到的古河的哗哗之声。

万亩松林

最为诱人的还是这片无边的松林。准确讲它有两万六千亩，主要是黑松。据说这种松不易见到一万亩以上的面积，所以说眼下的规模实在可叹。它的形成是漫长的，除了原生树木，再就是依靠了人工种植。大约四十年前有一场浩大的造林活动，出动了万人营造沿海防风林，是这样的日积月累才产生了如此伟大的造就。苍茫海滩上的原生树种有小量黑松，其余就是一些灌木；乔木类有白杨、槐树、榆树、小叶杨、橡树和柳树。当人工松林于四十年后蔚然壮观之时，原有的大树就显得苍老豪迈了。它们间杂在一片林海中，是树木的尊长，是自然的智星。

有了不同的树种，有了偌大的面积，也就有了丰富的大自然的内容。我们今天的人对于大自然的蕴含越来越陌生了，简直是十分隔膜。关于一些动物的故事，我们仅仅是从书中，特别是从动画片上获得。我们还不习惯于发生在眼前的、身边的动物故事。我们知道动物的故事通常主要是发生在大面积的林子中，它们比起家里和动物园中的动物，会是完全不同的。

我走进这片松林，愈走愈深，竟有两次迷失了方向。从河的左岸向西向南，会走向它不测的纵深。林深处一片呜呜响起，这就是无时不在的松涛了。只要

稍有一点风，就有这低沉浑厚的声音；但是如果有大风吹起，林中又是最好的避风之地。

随着往前，林中空地上出现了小动物的劫痕：散羽和断蹄，凌乱的兽毛。这里有隐下的猛禽，也有食肉四蹄动物。抬头寻觅，最常见的是红足隼和雀鹰。我们马上想到的是厮杀，是弱肉强食。在无声的嘶号中，在一时安静得出奇的林莽间，一低头就是零散的羽毛；再就是黄色的小花，是小蓟与荠菜，还有草丛树下探出的蘑菇圆顶。在林中行走随手采下蘑菇是一件快事，那是毫不费力的收获。这里最多的当然是松蘑，还有杨树蘑和柳树蘑，都是最受人们青睐的美味。如果在春天，林中的松脂气味正浓得化不开；更有槐花的清香、满林满地杂花野草的熏蒸，人走在里面真像一场特别的沐浴。我与朋友在林中仅仅走了半个小时，鞋子就被花粉全部染成了黄绿色。那时各种不知名的飞禽成群掠过，云雀在高空欢唱，野鸡在深处鸣叫。我们惊扰最多的是野兔，它们有许多次被我们同时惊跑了三两只。鸟窝遍藏在深草中、树丫上，有时一不小心就会惊起正在孵蛋的鸟儿。

无论是雨天雪天，进入这片林海常常都会有一种享受。林雨淅淅好，大雨怒吼也好——它别有一种气势，让你在稍稍惊异中领略许多。你会看到各种动物在雨中的姿态，树与草在洗涤中的欢快。脚下是刚刚润湿的沙土，是一簇簇顶着满身珍珠的绿叶。当然最好还是淅淅小雨，那时会有一种绵绵不绝的低语伴随着你的行走和深思。不过大雨滂沱是骤然而至的，这时我们就再也不会忘记闪电的颜色，记住在万木丛中急速穿行的风雨之声。在冬天，当踏着雪后的林地，会惊讶这里奇特的安静和干净。只要走动，脚下就响起无法形容的雪的声音；此时围拢在四周的全是清冽的脂香。林子在冬天变得幽深和优雅，树隙的天空闪烁新的瓦蓝。积雪在这里会存留一个冬天，或者再加上一个初春。雪后只需多半天，地上就是叠起的一个个小兽蹄印了，是它们留下的一些巧妙的图案。走在林中雪地辨认兽蹄是一种乐趣，有经验的林中老人能一口气认出二十多种。

走在林中，难免想象做一个林中人的幸福。可是这种打算太奢侈了。这种奢侈不可以留给自己，而应该留给更多的人。

人缘

一个情境在心中渐渐完成，这就是在栾河边、万亩松林的空地上盖一处书院。是“书院”而不是别的什么，是因为这两个字所包含的“内美”。

中国古代有著名的三大书院，如今除了岳麓，其余学术不兴。书院是高级形态的私学，起于宋，盛于唐，是中国大学的源头。现代书院该是怎样的姿容，倒也颇费猜想。静下思之，她起码应该是收敛了的热烈，是喧闹一侧的安谧和肃穆。热闹易，安稳难。在记忆里我们从来都是热闹的，不同的时期有不同的热闹。可是一些深邃的思想和悠远的情怀，自古以来都成就在有所回避之地。它的确需要退开一些，退回到一个角落里。

于是就想到找一处角落、一个地方。龙口地处半岛上的一个小小犄角，深入渤海，像是茫茫中的倾听或等待，更像是沉思。更好在它还是那个秦代大传奇的主角——徐市（福）的原籍，是他传奇人生的启航之地。港栾河入海口处的古港也曾被认为是他远涉日本的船队泊地，当然更多的人认为是离它不远的黄河营古港：东去三华里，二者遥相呼应。一个更迷人的故事就发生在脚下：战国末期，强秦凌弱，只有最东方的齐国接收了海内最著名的流亡学士，创立了名噪天下的稷下学派。“百花齐放，百家争鸣”就源于稷下。随着暴秦东进，焚书坑儒和齐的最后灭亡，这批伟大的思想家就不得不继续向东跋涉，来到地处边陲的半岛犄角徐乡县。这里由是成为新的“百花齐放之城”。而今天的港栾河入海口离徐乡县古城遗址仅有十华里，正是他当年的出海口。

可以想见，秦代一统海内最初几年，徐乡城称得上天下的文心。

十余年来龙口人越来越多地迷于“徐市研究”，而且声动南北，呼应京津，大约几十位教授发起成立了“徐市（福）国际文化交流协会”。不说它的学术，只说这种追忆和缅怀所蕴含的一种地方自豪感，也许还有他们未及领会的另一些东西的珍贵。思想需要一种连绵性，传统也可以在追溯中慢慢建立。这个艰苦的过程已经开始并且不能停止，于是就给了我许多启发。多少年来，当地有多少热衷于文事、具有文化眼光的境界高远之士，在此不再一一列举。那将是令人感动的一长串名字。没有他们的热烈倡议和实实在在的支持，书院择址海滨河畔的意念就不会生成，更不可能坚定。

在那些令人难忘的日子里，不止一位朋友与我一起实地勘察，迈步丈量穿林过河。往往是多半天过去，面无倦容手持野花而归，谈吐间全是书院遐想。朋友即便身负重任，日理万机，也未曾把一件浪漫的设想置于脑后；那种于俗务操劳中顽强存留的超拔的精神，实在令人钦佩和铭记。好像从来如此，一种信念和决意必须在人缘里生成，没有帮衬就不可能成功。

后来又有远城友人、海外文士抵达这个犄角。我们仿佛一起倾听了当年的

琅琅书声和稷下辩论，激动不已。至此，对我来说，书院还未破土心中先自有了梁木。它是众手举力搭建的。

读书处

十余年来我一直寻找和迷恋这样一个读书处：沉着安静、风清树绿；一片自然生机，会助长人的思维，增加心灵的蕴含；这里没有纠缠的纷争，没有轰轰市声，也没有热心于全球化的现代先生。在这里可以赏图阅画，可以清诵古典，也可以打开崭新的书简。可惜这在以前仅仅是耽于幻想，而在我徘徊林中河畔之时，这样的机会总算实现了。只要带上书，携一个水瓶来到林间空地，坐上干艾草或一段朽木，背倚大树即可有一日好读。来时天气晴好，心情自然。若风雨袭来时则可奔海边渔铺，太阳热烈时会有枝丫遮护。远近是鸟鸣兽语，海浪噗噗；仰向高空，或可见一只盘旋的苍鹰。

我相信有一些好书必需自然的润释，不然字迹就会模糊不清。记得以前苦读中尚不能明了之处，一旦坐上林中空地则一概清明，进而着迷。特别是中国的典籍，那简直是由花草林木汇成的芬芳精华，除非远离现代装饰的房间而不能弥散。我与三两好友入林读书，一天下来不觉得疲累，也不感到漫长，而是于陶醉中享用了宝贵的时间，有一种最大的休憩和充实的快乐。

我不知道古代的稷下先生们踏上这里是怎样的情景，此地又做了什么用场。但我相信这里绝不会是林荒。因为它离一个繁荣的古港只有短短一华里，想必会有不薄的文明。时越两千余年，它的斯文不灭，仅仅是沉淀到土层而已，化为一片繁茂的绿色生长出来。我甚至想象那些稷下先生就站在此地辩理说难，手掌翻飞，一个个美目修眉，仙风道骨。总之沧桑巨变，隔海听音，丛林守护的大半是永恒的精神。

林中阅读的间隙少不了神飞天外，幻想起浪漫的远古。我想象那些远涉大洋的探访，琢磨《史记》上记载的那段惊心动魄的大迁徙，心中怦然。这段史实比哥伦布发现新大陆还要遥远和惊险。不知有多少次了，我与朋友在这里流连，时有讨论。有一次当我们安静下来，甚至发现了一只专注倾听的大鸟，它隐在枝叶间一动不动。这或许是两千年前的一个灵魂，是他们飞越时空的化身。我记得朋友先是一怔，接着响起喃喃诗声，连接了草木的一片悉索。

在这样的时刻我们不能不又一次意识到，这种情与境在全球化的喧嚣中已近梦幻，它真的是太奢侈了。这种奢侈实在不可以独有。一种分享和转告的念头滋长起来，并在心底发出催促。我们知道，应该脚踏实地做点什么了。那种长期以来的理想和期盼正与此时的心境暗合如一，让人把一个深长的激动悄悄隐藏下来。

多么静谧的林子，海浪都不忍打扰它了。

开筑了

修筑一座现代书院的心愿渐渐化为一张蓝图。书院不是研究所，也不是一般的学校。“书院”这两个字所包孕的精神和内容，或许只可意会。它在今天将是什么形象和气质，真得一个独自守持的人才能把握。当然，它不能奢华也不得张扬，只应安卧一角倾听天籁，与周边天色融为一体。静下时不由得问一句：自宋代风行的书院体制缘何由兴到衰，它宝贵的流脉直到今天不绝，其缘由又在哪里?

我知道，在一个角逐急遽同时又是极尽虚荣的时光，筹集巨资团结商贾筑起皇皇楼堂已不是难事。难的是始终敛住精神，收住心性。今天做事未必秘而不宣，却难得坦然自为。一切不仅是为了结自己的梦想，而且是接续那个千年的梦想。一条栾河波浪不宽，如何载得起这么多沉重，可见须得一点一点经营，一墣一墣堆积。首先学会拒绝，然后才有接纳。砖石事小，人脉为大，有一些质朴的精神，有一点求实的作为，这样才能有一个起码的开端。

我让善绘者一遍遍描叙轮廓，让专家们细心制定结构，又经历三番改动五次争论，终于有了个主意。我甚至想象，它该是顺河而下的船夫登岸歇息处，是造访林莽的远足借宿地，是深处的幽藏和远方的消息，是沉寂无言者的一方居所。朴素是不必说了，但要坚固得像个堡垒。古代书院并不高大，今天的书院也不应太隆。它要隐在林中空地上，伏下来静听河水和海声；每天到了午夜，它会有一个深长的呼吸与林海河流相通。不言而喻，它的身边还应有古树老藤，就是说它联系着原野上的一草一木。我对施工的人说：在这儿人是第一宝贵，树是第二宝贵。

开筑了，最初的日子颇为顺利，但地基深挖下去就遇到了古河淤泥，这就需要清泥填沙，需要打进粗长的水泥桩。还有尽力躲避空地林木的问题，因为一不小心就会碰折一棵树木。事至半截有野夫纠集一起，有零零散散的阻拦，这些当不出预料。有人出面化解鼎力相助，更是感激在心。总之同志们未敢懈怠，只盼早日成就起来才好。整个过程都有赖地方，他们守土有责，爱惜文物，

拳拳之心令人铭记。七月大雨，冬月霜冻，施工者辛苦劳作，操持者多有勉励。

一砖一瓦都取舍再三，权衡难定。最后采用了京西山地层石做了瓦顶，南国粗砖做了围墙。一时见仁见智，褒贬纷纷。

筑起了

不管怎么说石瓦砖墙在绿树下闪闪烁烁，再加上地场开阔，真是令人目光一亮。它绝不似拟古之物，又不像摩登馆所，只与林河海野两相厮守。砖石事毕，剩下的事就是把周边整饬一番，把内里稍加装修。这一切当然还是力求朴素，以功能为先，要让人既安居又心定，于是尽可能放弃眩目扰神的饰物。现代的时髦累赘务必去掉，一味仿古的不伦不类也当力戒。总而言之有适当之形式，有合理之心情，能居能为，可迎可送，如此这般也就可以了。它绝不该是声名远播的辉煌庙堂之类，也不会有高僧在这里日夜诵经。这只是当今的人和事，是现代的一处藏书访学和研修之地。

古书院素有三大要务：一是讲学，二是积书，三是接待游学。今天三大要务需一一承续，但又不可强为，不可一味拘泥；一切或可量力而行，所谓的随缘成事；既有所发挥，又能够坚守根本。现代书院既未有先例，也就多了许多尝试的功夫。这一点我和朋友认识统一，只想从头做起。凡事不求广大，不追虚名，不恋热闹，不借威焰。有三四同道即可，有远方讯息则安。爱书籍爱思想爱自然，勤奋劳动，不打扰乡邻不增添俗腻，始终如一地做下去就好。

我和朋友一起制定了个公约：书院选址在此，就要爱惜此地自然，绝不能损伤一点动物林草；所有在书院做事营生者，都要做个体力劳动与脑力劳动相结合者，不得终日室内攻读或消闲懒散，而要每天于野外做工，所有劳务凡能自己动手绝不找别人帮助；最好每人学一份手艺，农事、木工、园林、装裱、陶艺，所学必得应用，并在应用中日见精密；无论做学问做日常功夫，都不必受时尚驱使；要心安勿躁，勤勉认真，崇尚真理。

书院建于此，不仅因为自然之诱惑，还借助人事之祥和。所以要人人自珍。书院大门上左书“和蔼”，右书“安静”；进入大厅右折进入接待室，则可见内悬匾额：“这里人人皆诗人”——由最初的平静温煦入门，待登堂入室，再感受一种热烈和浪漫。书院的最终、她的本质，仍还是一种执着求索的情怀。能够保护和持守这一情怀的，当然首先还是一种自主自为的精神环境，一种与喧嚣稍有隔离的自然环境。这也许是现代生活中最为宝贵的。

终于说到她的命名了：万松浦书院。其中的“万松”不难理解，因为地处两万亩松林；“浦”，是河的入海口。

中国历史上有许多书院。其中成名并流传的有三大书院，至今仍然运行的仅余一二。书院废弃的原因各种各样，比如人们马上会想到的兵火战乱之类。但细究起来还是人们面对野蛮，特别是面对庸常时渐渐失去了坚持力。因为直接被大火烧掉或失于兵匪的，毕竟还是少数。而在绝望的岁月中慢慢坍塌冷落拆毁的，恐怕要占十之八九。

万松浦书院立起易，千百年后仍立则大不易。

原载《天涯》2003 年第 3 期

爱着你的苦难

塞 壬

他在流鼻血，但他看着我，他那苍白、虚弱的外表下有一种清澈如水的东西。我了解他的骨头，他的肠子，还有他的脏器。它们一样地清澈如水。我甚至看见了他河水一样的命运，薄薄地。现在他，我的弟弟，他在我面前抽泣，一个肉身隐退得干净的魂灵在抽泣。

我打了他一耳光。他流鼻血了。我再一次遭遇到另一个自己，我的虚弱，还有跟他一样单薄、河水一样的命运。跟任何一次一样，我会跑过去抱着他哭。他的血滴落在我的脸上。我哭着嚷：你这个没用的东西呀！

面对这样的弟弟，我会无端地悲悯，悲悯我们活着，要受那么多的苦。我总是想起我跟他一起放的那头小牛，听话、懂事，睁着大眼睛，满是泪水。

他是贴着我长大的。那该是一个什么样的姐姐呢？健康、野性、有力气。笑声能吓跑阁楼顶的鸽子。他每晚贴着她睡，蜷伏在她的左侧，无声无息像只猫。她了解他身上的一切，皮肉、骨头，毛发、脏器，包括他那蜷着的生殖器。这些她都触手可及。她唱歌的时候，他用他的大眼睛看着她，无神的，那时，他被她带走。

这样的烦人精、跟屁虫是让我无可奈何的。除了他，谁也没办法让我流泪。去学校读书，他会尾随跟你出来。有一回，我走得好远了，眼看天就要下大雨，跑到学校也得二十分钟。我小跑起来，忽然就听见后面有人哭着喊我。他跟来了。

你回去！快回去！天下雨了。我对他招手。

他瘪着嘴哭，向我一路奔跑过来，他那么瘦弱，在喘气。我了解这瘪嘴的哭法。雨很快就落下来，我站在那里等他，他跑来了，就扑到我跟前，抱着我的腰，仰着脸看着我。我一言不发地把他背在背上，冒着大雨，往学校疯跑，一路泪流满面。

打他，他承受一切，也不怨你。

我们是不能对视的，不，我不能注视他。那些个有月亮的夜晚，月光安静地泻在庭院的扁豆架上，泻在天台的水井沿上。（不，这不是在抒情！）他坐在石磨上吃我给他煎的鸡蛋，他的脸勾得很低，几乎贴着碗。我就站在他背后，他穿着白衬衣，身子是弓着的，他那孱弱的样子，嵌在苍白的月光下，嵌在我心里，生疼生疼的。他吃着我给他煎的鸡蛋。

我所感知的，是月光照彻着他的苦难。这样的苦难也是我的，普遍的，默默地不为人知。我又想起他帮一个瓜农捡瓜的样子。那是一个卖西瓜的老人来到村子，一帮顽劣的野孩子抢了老人的瓜，踢翻了他的担子，瓜破了，滚了，哄抢后就作鸟兽散。我的弟弟留下了，他默默地躬身给那老人捡瓜，拾好他的担子。他那样子，虚弱、苍白，跟月光下坐在石磨上吃鸡蛋时一模一样。

我无法解释这种认同，这是两件毫无关联的事，但却给我同样的感受。我再一次看见了——

高中毕业后说是要去学开车。我在武汉闻讯后赶回来制止。他就用他那双大眼睛注视着我，没有滴落的泪水噙在眼眶打转。他开口跟我说话，他的声音混着胸腔的轰鸣。我的少年长大了，我不能支配他。

多年后，我南下广州，在熙熙攘攘的人群中，我能准确地闻到某一类人，他们瘦弱、苍白，平民的表情中透着一种清澈如水的东西。他们有时看着你，让你觉得你永远无法伤害到他们。他们就像是一个巨大的容器，他们承受一切。他们勾着头吃着快餐，背着大黑包跑着业务，干着皮肉不轻松的差。我想起尼采，他抱着一头生病的老马放声大哭：我的受苦受难的兄弟呀！我不知道，在安静的夜晚，是否有人会细致地抚摸他们平躺的肉身和魂灵。

他把女朋友带到我面前。这是个眉眼很顺的女孩子。她贴着他，一言不发。他看着她，眼里是一种我极其陌生的东西，我想那叫作爱情。我的少年长大了，他知道爱一个女人了，他知道做爱吗？我真不明白。他再也不用贴着我睡了，现在她贴着他。她能像我一样了解他的一切吗？他的骨头、他的肠子，还有他的脏器。看着他的背影，她会不会像我一样泪流满面？他会跟她结婚，就像所有的人那样，还会生出孩子。为什么我忍不住悲伤？一旦深入他生命的细部，哪怕是件平常的事，我都要伤心、难过。我再一次抚摸到了那苦难。

我开始想着他的成长，林林总总，我想到他的将来，完全可以预料的，像

规律一样可怕。我再一次想起他的背影，看见他河水一样的命运。我注视着他，上帝注视着我。我不知它是否会流泪。

母亲打电话过来向我哭诉，你弟弟开车很辛苦，一个星期前给人拖了批货去安徽，前天去跟人家要运费，那人不给就算了，还叫人打了他，他被打倒在地上，那些人用脚踢他的肚子——他今天还要出车，我叫他休息，他不肯——

我想起多年前打他的情景，他承受一切，默默无语。我哭着抱住他：你这个没用的东西！第二天，他什么都忘了，就像什么事都没发生一样。

办公室的门突然开了，闯进来一个瘦弱、苍白的年轻人。他喘着气，睁着大眼睛看着我：黄总监，我——

他跟我说，他是一家印刷厂的业务员，一个半月前接了我公司的一笔单，到现在还没收到钱，财务的小姐说，那笔钱没有拨下来，叫他等着，他等了一个多月了。每次他来，财务室的几个小姐理都不理，只顾在那儿说笑，今天忍不住了，才闯到我的办公室。

怒火一下子涌向了太阳穴，但我忍住了，我不能在这个年轻人面前失态。这笔钱我早拨下去了。听听我的财务小姐的解释吧：谁叫他那么木，收这种钱哪有那么容易？规矩都不懂，你说，给我们办公室的几个小姐买点小礼物会穷死他吗？我听不下去了，不顾一切地喝住了她，真想，真想扇她一耳光，他妈的！

这是规矩。我的弟弟，他是不是也没弄懂什么规矩？

母亲说，你弟弟第二天就要出车。

我看见，那样的一些人，我能闻到他们的气味。他们走着，或者站立，他们三三两两，在城市、在村庄、在各个角落。他们瘦弱、苍白，用一双大眼睛看人，清澈如水，他们看不见苦难，他们没有恨。他们退避着它，默默无语。我突然觉得这就是力量，日复一日，年复一年，这样的力量没有消弭，它只是永久地持续。我们讲的所谓的道理或者意义就在其中。真正懂的人其实什么都不知道，什么都不会去想。我看见我也身在其中，被带动飞快地旋转起来，我与他们相同，却又不同。我看见了他们身上的苦难，并因此深深地爱他们。注视着他们，我会泪流满面。

原载《天涯》2005年第1期

滚烫的石头

——

彭　程

你走在山路上，干涸焦渴的黄土地望不到边，你的眼睛都给炙伤了。你去河边汲水，几只小鸭子围着你的水桶嬉耍，抻抻脖颈，扑棱翅膀。你坐在炕沿上剪窗花，不时去剪一下油灯的灯芯，灯光跳跃起来，屋子里霎时间便亮堂了许多。你睡下了，满腹心事，久久难眠，里屋爹爹响亮地打鼾，窑洞外，呼啸的风撕扯着树枝，牛在反刍，邻居家的狗偶尔吠两声，把夜色衬得空旷。

那么说你是歌里的妹妹了。但哥哥却不在画面里，而是在你的念想里，当你做每一件活计时。他仿佛是一个隐身人，陪伴在你的身旁。在歌里，他要么在耕地，要么在放羊，要么在砍柴，你用一双眼睛偷偷地瞅他，又喜又羞。但他更可能是在外乡，在走西口的路上，分别和距离，点燃起你的思念。

一把手扯住哥哥的马，拉住哥哥的手，
说下个日子让你走。
手指定老天赌上咒，哥哥赌上咒，
谁要昧良心谁断后。

夜深人静，一天到了终点。你的牵挂也达到了极端，如同夜色一样浓稠。躺在黑黢黢的土炕上，想着这幕送别的场景，你的眼泪就流出来了。

这时，在遥远的某个地方，哥哥也在想着你。青春的热血在他强壮的躯体里汹涌冲撞，如同看不见的火苗，烧炙得他翻来覆去，床板吱吱作响。他是男儿，没有那么多的哀愁幽怨。他只想抱紧你，箍得你透不过气来，把一腔就要爆裂的激情，淋漓恣肆地倾注到你身上。他不管不顾地唱了，脸红心跳。

我走那天没亲你的嘴，
左盘右算真后悔。
想你想得我瘦啦，
裤带上的眼眼不够啦。
二不溜溜山水淘河塄，
难活不过人想人。
想亲亲想得呛不住，
泪蛋蛋刮倒一苗小柳树。

爱情无所不在。唱歌的妹妹不仅仅是一个，于是哥哥也有了无数的化身。此处的歌声刚刚停歇，那边的却又响起来了。

他也许是孤独的牧人，在鄂尔多斯草原的深处。肥美的牧草地像绿毛毡一样，一直伸展到地平线，天和地的轮廓浑圆，仿佛放大了的蒙古包。羊群安静地吃草，像一粒粒散落四处的白色卵石。高天远地，不动声色，把他的性情也濡染得沉默隐忍，尽管灵魂深处的思念翻江倒海，说出来却似乎水波不兴——

想起往日的相好，
喝上酸奶也不香；
想起心上的情人，
嚼着奶皮也不香。

他当然也可能是河州的少年，骁勇的回族少年，正挥镰站在青稞田里。累了半日，该歇口气了，他直起腰，撩起汗褟儿擦汗，脚下被收割的青稞摊了一地，远处湍急的河水打着旋涡。他想起了牡丹花一样的尕妹，这贴肉的汗褟儿是她给缝的呢。他想起他们俩的恩爱，也想起可恶的财主在打她的主意，要搅散俩人的好姻缘。不服，愤懑，让少年的心中陡然生发一股冲动。他掷掉镰刀，扯开喉咙，要对着天地发誓——

千万年黄河的水不干，
万万年不塌的青天；
千刀万剐的我情愿，

舍我的尕妹是万难。

响亮的歌声冲上天际，仿佛被力大无比的臂膀抛出去的一条绳索，一波三折，盘旋飞舞，拽住几片过路的流云。

这些当然都是民歌。只有民歌才会这样唱，才会以这样的方式唱。

热烈，决绝，直露，酣畅。歌声钻进你的耳朵，叩击你的灵魂，像一块块被炭火煨热的石头，烫你，砸你，让你的灵魂颤抖战栗。连那些最为平静内敛的，也有着暗藏着的热度，像一眼深山里的地热温泉。热情是它们的本质。热情早已经在歌唱者的灵魂里积蓄、涨满，急切地等待喷泻。当一个人清清嗓子，就要歌唱时，让人想到挽弓待发前的那一瞬间：弓弦绷紧如同满月，臂膀上肌肉隆起，微微颤抖，筋络的痉挛清晰可辨，要将全部力量灌注到箭矢上，让它挟一阵风，呼啸着，射向远处。

一支歌也是这样飞出喉咙的，驱动的力量来自心灵。

真实，是民歌的魂魄，是坚硬的核。号子，山曲，爬山调，长调牧歌……民歌的世界，如同歌唱者的生活一样辽阔繁复，无穷无尽。曲调或舒缓或急促，或高亢或低回，相互之间的巨大差异，如同他们分别置身其中的不同地域。但共同之处，是它们都牢牢守护着真实。是这点而不是别的什么，成为一切真正的民歌所具备的区别性特征。这种真实可感可触，仿佛肌肉下面的骨头，黑暗旷野中里的一堆篝火，湍急河流中的一块巨礁。挂念漂泊他乡的哥哥，那个彻夜不眠的妹妹的幽怨真实；咀嚼生命的艰辛，那个颠簸在马背上的牧人的苍凉真实；那个被爱情浸泡，也遭权势欺凌的少年，他的幸福、激愤和誓言，真实。

真实，也便成了必需。歌唱便不是可有可无，而是一定要做的事情，不唱就要憋坏自己，就要阻碍生命。歌唱，就如同春天到来时，屋檐上的冰溜一定要融化。尽管被瓦片砖头层层叠压着，野草仍然要顽强地发出芽来。漫山遍野的野花，笃定了要尽情开放。

一首宁夏《花儿》，说足了这种源自生命根部的歌唱的必然性：

花儿本是心上的话，
不唱时由不得自家；
刀刀拿来头割下，
不死了就这个唱法。

这样的歌声响起时，必定会有某一个背景同时展开、浮现，若近若远。仿佛墨汁滴落在宣纸上，洇出一片水晕。

民歌是土地里长出的花朵，因此歌词、曲调以及围绕它们的一切，都和土地有关，散发出鲜腥的泥土气息。歌声飘荡在磨坊里，在打谷场上，在吊脚楼里，在摆渡的船上，在脚夫的队列中。歌声幻化出一幅幅画面，在你的眼前。由近及远，你看到了贴着窗花的窑洞，屋檐下悬挂的大穗玉米和辣椒串，然后是村头孤零零的几棵老树，被风雨切割成千沟万壑的塬上，再远是天下黄河九十九道弯，是黄河后面的平川，平川尽头云雾笼罩的高山。

那个哥哥或者妹妹，那个伢子或者女娃，那个老汉或者婆姨，他们是在劳作时唱的，是在劳作后的休息时唱的，脚踏在大地上，脸对着山峦或江河。声调的长短、高低、急促或舒缓，要同他们身边的土地田野的面貌相和谐，要随着它们的走向、起伏而变化，要应和它们的内在韵律，那样它们才能够成全他们的歌声，才能够起到最好的聚拢、烘托、放大的效果。这是一个神秘的过程，是无数的歌者经由漫长的岁月才与大自然达成的默契，不是语言能够轻易说清的。但只要你深深沉浸在民歌中，你总会在某个时辰，感知到这一点。

他们的歌唱有着明确的指向，听者是远方的亲人，是冥冥中的神灵。他们首先要打动风和云彩，月光和星光，路旁静默的老树，村边流淌的河水，只有那样，歌声才可能被传送到远处。他们知道怎样做到这点。

这样的歌声响起时，周围便会氤氲起原野的奔放、生动、蓬勃的气息。曲调的摇曳里，隐约有树木植物的姿态，有时是静止的，有时则仿佛风中的偃伏。而不同唱词之间，似乎是用风声，用水流声，用鸟雀虫子的唧呜啼啭，来连接、过渡和填补的。侧耳细听，你能够听到树枝上鸟儿扑腾翅膀的声音，毛驴喷了个响鼻，小河里泼喇喇跳起了一尾鱼。从曲调的悠长曲折或者急促跳荡，你能够感受到歌声回荡其中的那一片土地的性状，是山地还是平原，是丰腴湿润还是贫瘠干涸。天和地，岁月和山河，风和水，动物和植物，都参与进来，化身为其中的一串音符，一阕旋律，一段丰富的和声。这样的歌声是天籁之声，是大自然的另一种形式的表达。

屏住呼吸，仔细地听听。你的听觉深入了歌声的深处和细部，你的灵魂被歌声中飘荡的大自然的魂魄覆盖、裹挟。你看见不同地域的大自然，是怎样在曲调中获得不同的表现，展开各自鲜明的面貌。在辽阔的大草原上，孤独的牧人踽踽独行，伴随他的只有胯下的马和无边无际的草原单调的绿色。成吉思汗的后裔，咀嚼着一缕忧伤的心绪。歌声舒缓悠长，沉郁浑厚，沿着每一片草叶渗入大地深处。在另外的时刻，你会陶醉于另一种声音，高亢，灿烂，嘹亮，像裂帛的声音，你看到雪线之上的阳光，把薄薄的云层镀亮，空气透明得散发寒意。你知道，那是高原上的藏人在歌唱。

我应该及时地收缩自己的视野，否则面对民歌的汪洋，我会被淹没。此时是一个月圆之夜，在大都市以亿兆计数的光源的映衬干扰之下，天空的月亮黯淡无光，几乎不被留意，弃儿一样孤独。

然而在民歌中，明月当空照耀，水波一样汪洋荡漾。那些听了后会将心融化的调子，许多都是被月光浸泡出来的。月亮圆时，桂花树的形状清晰可辨，嫦娥娟秀孤独的身影楚楚动人，唤醒最柔软的情绪。

哎！月亮出来亮汪汪，亮汪汪，
想起我的阿哥在深山，
哥像月亮天上走，天上走，
哥啊！哥啊！哥啊！
山下小河淌水清悠悠。

月亮照着南方的丘陵，为清浅澄澈的河水镀上一层银光。河的两边，丛生的灌木葳蕤繁茂，金黄的油菜花连绵一片。妹妹的心要融化了。清亮的声音，像是一道把月光淬火后做成的鞭子，有着银子一样的质地，轻柔地抽打在身上。歌声属于南方，属于梦境，属于一种原始、蛮荒、淳朴的生存。

月亮也照着北方，寸草不生的沟沟壑壑上，被敷了淡淡的白霜。河水混浊滞重，黑色的波浪仿佛沉重的喘息。一望无际的荒凉静寂中，蓦地唱响了一首河湟花儿——

地奶奶铺给的金沙滩，
软绵绵，
月娘娘照给的灯盏；
好大的天地没人管，
由我俩玩，
活神仙巧摘了牡丹。

两情相悦，荒原也便是天堂。没有人才好呢，爱的嬉戏更可以放肆恣意。青春生命的欢愉，性爱的快乐，是各地民歌中最为普遍的主题。也许因为情爱是对生命的最强有力的肯定，是最根本的生命体验，蕴含了许多人生的命题和要义。按照那些质朴的民歌手们的说法，是“山曲不酸没听头”。

但并不是说民歌都是单纯的、易于概括的，它的领地远为广袤。同样吟唱月光，那首著名的塔塔尔民歌《在银色的月光下》，就抵达了辽阔和幽深。

在那金色沙滩上，洒着银色的月光，
寻找往事踪影，往事踪影迷茫。
寻找往事踪影，往事踪影迷茫。
往事踪影迷茫，犹如幻梦一样，
你在何处躲藏，背弃我的姑娘。
我骑在马上，箭一样地飞翔，
飞呀飞呀我的马，朝着她去的方向。

许多年中，它一直令我迷醉，为之悬想不尽，低回不已。岁月流逝，它的内涵却日益丰厚。失落的爱情并不足以囊括它的全部。消逝了的青春，破灭了的憧憬，梦境与现实的对抗，人性中对永恒的企求和世事的纷纭多变之间的对比……都栖身于那一种意象之中，温馨而忧伤，月光一样迷离浑茫。

这样，我们就接近了一种真理：民歌吟唱的是生活的全部，它的半径也正是脚步所能抵达的距离。就像月光把一切事物都笼罩于自身中一样，有关生命和生活的一切，也都在那些真挚朴实的歌词和曲调中，被一遍遍地吟唱了——爱和死亡，岁月和山河，劳动的艰辛和收获的欢愉，短暂的幸福与无边的磨难。

山曲儿本是顺口流，
多会儿想唱多会儿有。
山曲儿本是出口才，
看见甚也能唱出来。

这些，对我们来讲已经十分陌生和遥远，仿佛一座巨大的山体横亘其间。

无法想象我们会在天空下、田野里歌唱。我们参与歌唱的唯一的场合，是大街小巷上的歌厅，我们关于歌唱的知识、见解和道德感也来自于歌厅，它们或者豪华排场，或者幽暗暧昧，散发可疑的气息。处所的不同，当然会影响到歌唱的品质，就像作物和水土的关系一样。贫瘠的盐碱地上怎么可能生长出高大茁壮的乔木？那些充斥着千篇一律的道具的场所，径直将人引入一种表演的情境中。

在这里，歌唱变成了可以预约和安排的事情，仿佛是工业流水线上的程序。人们翻动印制精美的厚厚的点歌本，挑选要唱的歌，而这种选择，基本上是依据当前的媒体排行榜。于是，你沿着那条笔直的长廊走下去，往往许多房间里唱的都是同样的那几首歌，区别只是在于有的模仿得颇像，有的则是荒腔野调。悲伤的唱过了，再换上一支轻快的，然后是一支滑稽的……感情可以勾兑，心境不妨排练，仿佛调制一杯鸡尾酒。

既然不关涉内心的冲动，有关灵魂的因素都被省略删除掉了，此处的歌唱，便只是一件纯粹属于生理学范畴的事情，像打嗝排泄一样。技术具有无比的重要性。模仿得让人感到像某个歌星便是成功，拿话筒的姿态、站立走动的样子都很重要，因为每个人都清楚这里就是表演。周围坐满了人，给你打分，叫好或者起哄。尽管唱的人做出深情款款甚至痛不欲生，但谁都明白，那不过是一种日常的情感操练而已，当不得真的。

当然，那一两个时辰中，有时的确会涌现一些怅惘、感伤，一些微酸微甜的体验，一些在平时的匆忙中无暇顾及和深入琢磨的情感，诸如时光的磨蚀、生命的脆弱、擦身而过的爱情、不堪回首的往事。此刻，封闭的场所，光线的幽暗，暂时隔开了现实生活的坚硬和明晰，让内心深处某种沉睡已久的东西蠢蠢欲动，获得一些滋生的空间。这该是KTV、卡拉OK等娱乐方式星火燎原般迅速蔓延且持久不衰的理由。但它们顶多也只是一种情感的奢侈品，是餐后的甜点，不必寻死觅活也要得到，本质上是飘忽浮泛的，仿佛闪烁跳跃的光影中，那一张张看不分明的面孔。不能想象，歌厅中沉醉于某种虚拟的情爱体验中的人们，谁会真的这样发誓——

若要我把妹丢脱，
牛长上牙马长上角；
若要我把妹丢下，
青蛙长上龙尾巴。
黑头发缠成白头发，
缠着满口牙掉下；

拄上拐棍还不罢，

死了还要埋一搭！

于是，我们终于理解了，什么是造成这种巨大差异的根本原因——神性的有无。

每一首真正的民歌里，每一个真挚的歌唱者的心中，都有自己的神。神无形无迹，那是他的信仰，他的念想，他用生命呵护和看守的东西，海枯石烂，生死以之。从歌词到曲调，民歌是原生质的、单纯的，甚至粗糙，但这并不妨碍神灵藏身其中，既然马厩中盛放饲料的木槽接纳了初生的基督。那些简单朴实的歌子，尽管摇曳多姿，风格迥异，但都有一个坚硬明确的内核，都簇拥着一种值得珍视的价值：同情，悲悯，忠贞，热烈，献身……传递的都是神性谱系中的某一道光束。民歌中没有玩世不恭，没有与世推移，没有虚无的藏身之地。

那么，听得懂听不懂歌词，也都并不重要了。因为，神是超越语言的。在蒙古草原，在雪域藏地，歌者用他们自己民族的语言在唱。你一句也不懂，但你分明被打动了，你忧伤，你感动，你潸然泪下，你心中翻江倒海。语言的鸿沟，已经被歌者饱含激情的歌唱填平，歌声中的苦难和幸福，获得了真实生动的转译和表达。就像母爱，普天之下，共同的语言是亲吻和爱抚。

将近两百年前，一位德国作曲家，谱写了一首名为《乘着歌声的翅膀》的歌曲，试图用旋律描绘出遥远东方的神奇美丽。在其后漫长的岁月里，多少人曾沉浸在它美妙的乐声中，如醉如痴，仿佛置身于幻想中的东方世界。今天，地理、空间上的一切阻隔已经打破，借助超音速飞机，借助电脑网络，昔日梦想的疆域可以毫不费力地抵达，可以从容地端详它的每一个细部。这是一个彻底敞开的世界。

但有些东西却反而被遮蔽了，被遗忘了。因为它们不合乎商业利益，因为无法成为经济运作的浩瀚复杂的系统和构件上的一个环节。民歌就是这样的事物之一。当然，这里指的是真正意义上的民歌，而非假借民歌的名义，兜售种种滋味寡淡的廉价情感饮料。它们躲藏在某一个深山旮旯里，某一处偏远的湖边泽畔，只在某个感情激荡的特别时刻，电光石火一般地闪耀，然后又复归于长久的缄默，仿佛难以克服自己的害羞。但这其实正是一种自尊。这种处境，不管是主动还是被动获得的，也许更多是无奈，但经由这种方式，却能够保持自身的纯粹和彻底的精神性。

当某个或清澈或嘶哑的喉咙歌唱时，那一道道起伏颤动的声波，分明也仿佛是一双翅膀，承载了我们的灵魂，向着残存的神性殿堂飞翔，升腾。我们风雨飘摇的内心，从而有望和天长地久的事物、和亘古不变的品性产生联系。

如今，这样的渠道已经不多。

因此，就让我们仔细谛听吧。

原载《散文》2005 年第 9 期

会唱歌的沙漠

王昕朋

说到沙漠，人们常常把它与枯燥、枯黄、枯寂、灾害甚至灾难联系在一起。因而，很少有人相信沙漠能唱出美妙动人的歌。到了宁夏，听人说沙坡头一带的沙漠会唱歌，我的第一反应是惊讶，感到不可思议，当然也不相信。所以，在去沙坡头的路上，我反复在想象着沙漠的歌声从何而来：是大风从沙漠上掠过的声音？是沙尘飞扬的声音？抑或是从遥远的地方飘过来的声音？我知道，国内有一些旅游景区的很多传奇故事，是当地人创作出来的，为的是吸引游客。这些年，出现了几个地方同时争一个名人的出生地、帝王将相墨宝或足迹留处的“官司”，甚至玷辱一个地方的“穷山恶水、泼妇刁民”这种词句，也因出自乾隆皇帝之口（是否如此尚无考证），而被相邻的两个市争相使用，以示皇帝曾经过此地，进而表明自己的历史悠久。俗话说眼见为实，沙漠会不会唱歌，我不仅想亲眼看一看，更想亲耳听一听。

我们同行的一位宁夏的朋友，曾多次到过沙坡头，对沙坡头的历史和现状了如指掌。他告诉了我们一个关于沙坡头的传说。中国有四大鸣沙山。沙坡头是其中较为有名的。同其他几大鸣沙山一样，沙坡头的传说也古老而悲凉，并有着浓重的神话色彩。传说很久以前，靠近黄河的沙坡头是一个码头，丝绸之路的枢纽，四方商旅往来不息，逐渐形成一座终日喧哗、热闹而又兴旺的古城，名字叫作桂王城。由于它紧靠着茫茫大沙漠，经常受到风沙的侵袭，因此，南门城楼上挂着一口神奇的大钟，每当风沙降临会唱歌的沙漠的时候，那口大钟就会自鸣起来，提醒和呼唤城里的人们逃避。很多年间，有这口大钟的报警，城里的百姓躲过了一场又一场灾难。百姓都把那口大钟奉若神明，称其为“神钟”。有一天，大钟突然又惊天动地地自鸣起来，百姓一听神钟报警，连忙行

动，扶老携幼，仓皇出逃。但是，那一次的沙

尘暴来得太猛太快，很多人没来得及逃离就被遮天蔽日的风沙吞没。大风挟着沙尘一连刮了七天七夜，埋没了城市，吞没了繁华，也淹没了一段历史。那口大钟自鸣了七天七夜，被流沙掩埋在了沙坡底下，和桂王古城一样成了世代流传的传说。据说，被埋在沙丘下的人们悲痛难忍，不停地哭泣，眼泪汇成一股又一股清凉的细泉，沙坡下的泉水也因此就被人们称为“泪泉”。那口曾被奉若神明的神钟，也在沙坡下不停地自鸣……

听了这个传说，我们都默然。残酷无情的自然灾害，给人类带来的悲欢离合数不胜数。但是，古老而又悲凉的传说和“神钟自鸣”并不能解释清楚鸣沙的缘由。据说，专家学者们按照科学原理，对鸣沙现象进行过研究，至今有三种不同的解释：第一种解释是“静电发声”。由于沙坡头地势高，沙山的沙粒在人力或风力推动流泻时，含有石英晶体的沙粒就会互相摩擦而产生静电。当静电放电时，便会发出声响，每一处静电放电的响声汇集起来，就会形成轰轰隆隆的声响。第二种解释是“摩擦发声”。当天气炎热时，沙粒会变得特别干燥而且温度增高。对其稍有摩擦，即可发出爆裂声，众声汇合一起也会形成轰轰隆隆的声响。第三种解释是“共鸣放大”。沙山群峰之间形成了壑谷，是天然的共鸣箱，流沙下泻时发出的摩擦声或放电声引起共振，经过天然共鸣箱的共鸣，放大了音量，也能形成轰轰隆隆的声响，而且长久不息。到底哪一种说法才能解释沙山鸣沙之谜的真相，现在还无法考证。

“每一个来到沙坡头的人，都禁不住要亲身去体验一下神奇的‘金沙鸣钟’，也可以说自己制造的歌声。到了沙坡头，你们可以体会一下。”宁夏的朋友这样说。

沙坡头坐落在宁夏中卫市城西二十公里处。听了沙坡头这个名字，你就不难想象出它那雄浑壮丽的景观。在汉语词汇中，“头”字不是随随便便可以戴上的。既然叫沙坡头，一定有其背景。果然，一下车，我就被眼前的景象震撼了。在苍茫的贺兰山下，黄河绕了几道圈子，形成了一个巨大的“S”形状，仿佛一条气势磅礴的巨龙。北岸高达百米的陡峭高坡，被从腾格里沙漠吹过来的黄沙厚厚地覆盖，远远望去金光灿灿，如同铺了一层黄金。而沙坡由于高低不平，形成了一道道起伏的弧线，一个个独立的坡头，就像一排排翻腾的巨浪，或者说一座座挺拔的峰峦。如果用千峰竞秀来形容，恰如其分。这里的沙层有七八十米到一百米厚，在全球沙漠中也属于非常罕见，因而被国外沙漠专家、学者称为“世界沙漠之祖”。它一边连接一望无际、苍劲雄厚的腾格里沙漠，一

边濒临九曲十八弯、奔腾不绝的黄河，于是，形成了集山、水、沙为一体、独具一格的景观。大凡到宁夏的人，都会到沙坡头看一看，不仅是看它独具特色的景观，还感受它的奇妙和奇迹。

"滑沙"，是沙坡头的一大特色旅游项目，也就是宁夏那位朋友说的亲自体验"金沙鸣钟"。沙坡头拥有沙漠积累而成的陡坡，最高处达二三百米。人坐在滑板上，从坡上向下滑，速度飞快，如同从天而降，既十分有趣又惊险刺激，同时，也考验人的胆量、锻炼人的意志。这个时候，就能听到传说中的"金沙鸣钟"的声音。尤其是众多人一起滑沙的时候，那声音如洪钟巨鼓，沉闷浑厚，仿佛千军万马奔腾而来。人越多，声音越大；动作越整齐，沙鸣越久。据说，世界所有的沙漠，都没有这种条件，因此，在沙坡头"滑沙"，会有在其他沙漠无法感受到的奇妙。如果是在晚间"滑沙"，不仅能听到沙鸣之乐，还能欣赏人体与沙粒摩擦产生的缤纷火花。

我因为心里想着听沙漠唱歌，所以聚精会神地聆听着各种声音。然而，过了很长时间，也没听到传说中万马奔腾，或者说洪峰澎湃的声音，只有沙漠上飘荡而来的驼铃声、黄河上回荡的游客猎奇的呐喊声、众多游人"滑沙"时制造出的沙鸣声，以及从远处山坳中传来的民歌声。我感到不解。宁夏的朋友告诉我，那种铺天盖地、轰轰隆隆、气壮河山一样的声音已经很久没有了。这是因为沙坡头的治沙工作取得了很大的成果，流动不息地吞噬着土地的"沙魔"被治沙工作者套上了"缰绳"，过去导致鸣沙的特殊构造，已经因为人类的治沙努力而发生了变化。

沙坡头沙漠博物馆里陈列着的联合国和国际环境组织颁发的奖杯奖状，向我们打开了沙坡头治沙那艰苦卓绝的历史画面。新中国成立之初，国家投资修建横贯大西北的交通命脉——包兰铁路。这条铁路穿过中卫市会唱歌的沙漠境，必须六次穿越腾格里沙漠南部边缘地区的总长近五十六公里的沙漠。其中以沙坡头坡度最大，风沙最猛烈。为了保证这第一条沙漠铁路畅通无阻，避免路轨被沙埋住，从二十世纪五十年代起，治沙工作者、铁路干部职工、固沙林场工作人员、沙漠研究专家学者和中卫人民一道，历经千辛万苦、千难万险和千锤百炼，研究和探索出了"麦草方格固沙法"。同时，又成功地栽植了多种沙生植物，形成了大片相连的沙障，使铁路两边形成了两道绿色的屏障，有效地控制了沙害的侵扰，阻碍了沙漠继续向东南侵袭。经过几代人将近五十年的努力，这项工程终于取得了成功，在铁路两侧巨网般的草方格里长满了沙生植物，在铁路两侧营造起了防风固沙工程，保证了世界上第一条沙漠铁路——包兰铁路——几十年来畅通无阻，安然无恙。可以说，沙坡头这一片绿洲不仅有效地保护了阿拉善沙漠地区的土地，改善了这里的环境，创造出了独特的沙漠生态系统，为生活在这里的人们创造了经济效益，同时，它阻止了沙漠化的进程，有效地保护了黄河不被沙漠侵吞，更为重要的是，它为人类治沙提供了丰富的经验。走出沙漠博物馆，看着沙坡头成群结队、游兴浓烈的游客，奔流不息、一泻千里的黄河，生机盎然、巍然挺立的绿树，炊烟袅袅、绿树环绕的村庄……一种排山倒海、气势磅礴的歌声突然而至，让我的心灵感到震撼。我终于明白了，会唱歌的沙漠过去唱的，都是因为面对残酷的大自然而无能为力才产生的“悲歌”，如今的沙漠依然是会唱歌的沙漠，是在唱着新中国治沙英雄的赞歌，唱着人类进步的赞歌，唱着中华民族伟大复兴的赞歌。只有这样的歌声，才会永远在人们的心中回荡。

2006 年

被时间决定的讲述

——我读阿兰·罗伯－格里耶

张锐锋

一

我不记得具体在什么时间看到阿兰·罗伯－格里耶的著作《橡皮》，但是可以断定大约是在八十年代的某一天。因为我所购买的《橡皮》一书的版权页上标明了出版日期，我想可能在这本书出版不久，我就在新华书店的书架上看到了它，并决定将之买下。这一决定的意义在于，我从此喜欢上了阿兰·罗伯－格里耶，我认为，他是一位大师级的小说家，他改变了文学史上许多重要人物一直推崇的写作方法。实际上，真正的大师就是以推翻一切定论为己任。定论是别人的结论，大师必须有自己的结论。

《橡皮》的序幕之前有一段引文：时间，自己决定一切，不由你做主，它就已提供了问题的解决方案。这段来自索福克勒斯的话，已经说明了一篇小说之所以要讲述一个特定故事的理由。多少年来，我一直认为，小说应该讲述有意义的故事，应该围绕意义盘旋，一切情节和细节都在意义的四周活动，直到这些意义被我们发现，并且理解。但是，《橡皮》不是这样，它似乎已经脱离了我们预约的原则，它背叛了阅读者的期待，它走向了我们不能接受的另一个方向。也就是说，阿兰·罗伯－格里耶毫不理会现实主义的约束，他不愿意因循守旧，盲目地跟随在别人之后，塑造又一些文学人物，并将其摆放到已经供奉了无数著名典型人物的殿堂里。他觉得，这种数量意义上的增加，对于文学的发展于事无补。

这样，阿兰·罗伯－格里耶事实上已经放弃了塑造人物的努力，也就是说，在一个虚构的世界中，人物并不是那么重要，而事件本身的重要性可能超过人物。人在小说中不过是一些被偶然使用了的道具，他只是在事件线索所规定的范围内活动，他本身的条件并不比其他因素更为优越。因而，在这样的情况下，《橡皮》选择了一个谋杀案作为叙述的对象，没有什么故事比一个扑朔迷离的谋杀案更具有刺激性，也没有什么故事比一个谋杀案更易于忽视人物形象的意义了，迄今为止，还没有什么侦探小说中的主人公，让我们感到他的个性存在，即使是成功的、受人青睐的福尔摩斯，在我们的印象中不过是一个绝顶聪明的人物而已，除此之外，我们看不到他在小说中具有更多的深意。

当然，《橡皮》选择了一个谋杀案作为叙事对象，还有一个原因，那就是一个谋杀实施的过程中，充满了误差。它不仅为一个案件的线索提供了复杂性和理解的难度，还为讲述提供了更多悬念。不过，事实上，阿兰·罗伯-格里耶也不注重情节。情节在很多时候发挥作用，是因为其在事件中还有更深层的原因。讲述者看到了情节的表象性，因而，他将更多的精力放在了一个谋杀案的周围，而不是它的中间。他只是讲述了一个政治经济学教授遭到暗杀的那一天所发生的事情，而它的背后却隐藏着更深的意图。一个案件实际上只是为了将这一案件的背景揭示出来。

书名《橡皮》是一个极有象征意味的名字，它至少说明我们生活中的许多事实可能是经过了修改的，一些真实的痕迹被“橡皮”擦去了，事实的连续性被破坏，一条完整的链条出现了断裂，这对我们的基于逻辑的认识形成威胁。或者，一个事实的破损，就是一个思想的破损，因为我们缺失了思想得以保持连贯性的依据。用《橡皮》中的叙述就是：“……不久之后，时间就再也不能主宰一切了。这一天所发生的一些事情——虽然可能是微不足道的——在错误与疑惑的围绕下，过一会儿就将开始活动，逐步损坏完美的布局，暗中使这儿或那儿发生时间颠倒、位移景动、境界混乱、形象歪曲，最后一步步地全部收场：呈现的是初冬的一天，杂乱无章、不知所向，既难以理解又骇人听闻。”为什么会这样呢？因为一些东西，很可能是一些关键的内容，被“橡皮”无情地擦去了。

所以，一个侦探越是想弄清真相，就越是把事情办得更糟。结局是，应该死去的活了下来，本已经逃生的又一次陷入绝境，一场血腥的误杀成为时间答案的图解。阿兰·罗伯-格里耶在这里创造了一种新的讲述故事的方式，场景的不断重复，却以微小的细节作为时间的区分，正像赫拉克利特所说，人不可能两次涉足同一条河流。一条河流在时间中的改变，可能是微小的、不易被人察觉的，但是改变是绝对的。而且，这样的改变只有细心的人们才能够看到，

也就是说，只有细心的人们才能窥视到时间的秘密。如果说，《橡皮》是一部侦探小说，也未必是不恰当的，因为它是用一种独特的方式，对一个事件在时间中展翅盘旋的奥秘做了小心翼翼地侦破。

这里没有智力高超的福尔摩斯，没有料事如神的大侦探波罗，只有在一个个事件堆砌的迷宫中迷路的人们，事实的真相被它本身的力量推到了背后。以至于时间都搞乱了，连叙事者都难以逃脱被误置的事物的引导。但有一点是肯定的，那就是结果早已经出现了，答案早已经给出，迷路的人们却仍然走在岔路上。另一点就是，物质的外观永远真实，从来都显现得那样精制，可以说毫厘不爽。“他把铁栅门重新关上后，穿过沙砾铺地的圆形场地，走上四个台阶。他揿了一下电铃，立即听见远处响起了铃声。在上过清漆的橡木门中间，有一个长方形的窥视孔，上面镶着一扇小玻璃窗，一道花纹复杂的像装饰品一般的铁栅保护着这个窗子。这件装饰品有点像几枝交错在一起的花朵，由柔软的叶子衬托着……也可以说是几朵火焰……”这就是问题的关键，一切误差不是体现在物质的外观上，而是出现在人的判断中。物质总是以极其精确的方式存在着。

在这样的讲述中，巴尔扎克的方法被丢弃了，人被四周的物质包裹起来，人们必须透过物质才能看见别人和自己。在阿兰·罗伯－格里耶看来，“世界既不是有意义的，也不是荒谬的，它存在着，如此而已”。阿兰·罗伯－格里耶在从事写作之前，一直是一位农艺师，也许是大自然中植物的秘密行为，启发了他的创作灵感。他因病结束自己水果方面的研究，在从非洲返回法国的途中，在轮船上写下了《橡皮》。大海的重重波涛推动着他，每一个波浪似乎都是相似的，但是他的创作力量来自那不相似的事物中间。

二

阿兰·罗伯－格里耶是一位新小说作家，或者，是他创造了新小说。尽管法国的新小说派的名单上，可以找到一连串的名字，但是，阿兰·罗伯－格里耶永远排在最前列。没有哪一个作家可以取代他的位置，即使大名鼎鼎的、获得了诺贝尔奖的作家西蒙，也不可能做到这一点。因为，在新小说中，阿兰·罗伯－格里耶永远是最新的，他从来不喜欢旧的东西占据自己宝贵的橱窗。如果是一件古董，就应该送到博物馆阴暗的博物架上，并受到种种特殊措施的保护，而不应该一直毫无忌讳地待在明亮的玻璃后面。

他在五十年代所写的《关于某些过时的定义》一文中，对批评家经常使用的陈旧词汇进行了毫不留情的清理。他为文坛上的保守主义思想感到愤怒。他甚至感到这种保守主义倾向实际上是想把文学退回到腐烂了的所谓传统价值上。他说："……只要抬起头来，哪怕仅仅一次，看一眼树梢，就足以证实，一些新的枝条，绿色的，生机勃勃的，充满活力的，很久以来早已长大了。"他举出例证："《尤利西斯》和《城堡》已经超过三十年了。《喧哗与骚动》的法文本的出版也已经有二十年了。许多其他作品随之而来。"于是，"人物""故事""形式与内容"等等评价小说的词语，在其内涵上已经发生了改变，或者，搬出这些破烂的概念，已经不能说明小说的价值了。因为，"小说显得在动摇，失去了它往日里最好的支撑"。而且，"讲述实实在在地成了不可能"。

在阿兰·罗伯－格里耶的小说集《快照集》中，一切都在为一个小小的发现做准备。传统的人物失去了个性特点，甚至连最简单的形象描绘都弃之不用。因为，这不重要。传统的故事方式也宣告结束，一个完整的故事，一个让人感动的故事，一个赚取阅读者眼泪的故事，都不再出现。因为，这不重要。为什么不能让一个读者置身事外？为什么不让一个阅读者在阅读的过程中获得思考的机会？为什么必须要求一个阅读者不顾一切地被一个个情节推动，以至于手不释卷、不得不一口气读完？这都是问题，必须解决的问题。《快照集》用几乎最短的篇幅，给出了阿兰·罗伯－格里耶的解决办法。

比如说，在《方向错误》中，作者只是从大自然开始，到大自然结束。"雨水汇集在一个不太深的洼地中，大致呈现为直径约十来米的圆圈。周围，土地是黑色的，在树木又高又直的茎干之间，没有丝毫植物的痕迹。"这是阿兰·罗伯－格里耶一贯的讲述方式。人们开始注意事物的细微之处，阿兰·罗伯－格里耶已经为你提供了照相一样清晰的视野，并且，一个观察角度也放在那里。他接着告诉我们，"一个人物出现在了右方"。这个人物仅仅是一个人物，他可能是任何一个人。他甚至不代表他自己。因而，这个人的一切发现，具有了更为宽广的意义指向。"他漫步的目的就是这里。也许，在这一时刻，他发现自己迷了路"，然后，"他沿着走来时的原路走了"。

这就是全部故事了。是不是还有比这更为简单的故事？一个模糊的人物，一个模糊的面孔，一个环境。这就够了。结局是，"场景又变得空空荡荡。左边，太阳始终还在原来的高度上，光芒一直未变。对面，笔直而又平滑的树干倒映在没有一丝涟漪的水面上，垂直于落日的光线"。一个人来了，又走了，但是对于这里的一切，毫发未变，一切好像没有发生。而对于那个迷路者来说，也许已经在迷途中发现了自己。也许，他的一切发现都是虚无，因为"强烈的

逆光继续令他什么都看不清楚”。并且，他“始终一声不吭”。自然的所有存在，都是以一种神秘的暗示方式，待在那里的。对于迷途的发现，可能来自一个最小的细节，即，“在他的脚边，并没有橡树叶子”。这意味着，作品中的人物的真正目的地原是和橡树叶子有关的地方。

《舞台》一篇小说则同样充满了平淡而离奇的描述。它同样只说一个人物，同样不知道这个人物是谁，当然，也没有知道的必要。这个人只是在舞台上思索，案上放着书和纸张，接着是一阵敲击木牌的声音从舞台的另一端传来，使人物的姿势发生了变化。同样的场景，人物由于不同的事物出现，呈现出不同的反应，姿势改变的幅度是很小的，必须仔细观察才能发现其中的差异。最后，我们发现，那位舞台上的人物，并不是独立存在的，他在接受着一个来自另一个地方的指令。这是一场演出？或者，这是一场排练？我们已经失去了演出与排练之间的区别，我们只是知道，在舞台上，所有人物从来不是他自己，而是别人，或者是别人的玩偶，他不存在，但他又必须待在那里。还有一点，那就是，他必须重复别人告诉他的动作，重复说别人让他说的话，而且，他的每一次重复看起来都不相同，就在这不相同中，我们能够感到他依然是存在的。这是多么奇妙的悖论，但是，事实本身的确是这样。

阿兰·罗伯－格里耶是一位具有创造力的优秀作家，他从来没想过自己所写的和以前的作家们所写的一样，或者，在同一条线路上比以前的作家们走得更远。不管是多么让人崇拜的作家，不管以前创造了多少经典，阿兰·罗伯－格里耶不会被迷惑，也不会被吓住。他没有仰望的习惯。他总是说，“连最没有定见的观察家，都不能以自由的眼光看他身边的世界”。或者说：“在小说原作中，作为情节支撑物的物体和动作彻底地消失了，而让位于它们的唯一意义：无人占据的椅子不再是别的，而只是一种缺席或一种等待，放在肩膀上的手，只是同情的标志，窗户上的栅栏条只表示外出不可能……它们的意义是毋庸置疑的，但是，这意义已经不能独占我们的注意力，它只是额外的条件……能触动我们的，能留在我们记忆中的，能成为基本因素而不至于减弱为模糊的定义的，正是动作本身，是物体，是移动和轮廓，形象突然间一下子（无意中）恢复了它们的现实。”

三

在二十世纪五十年代至六十年代之间，法国文学忽然迎来了陌生的海浪。

它似乎在一夜之间就冲决了早已筑好的堤坝，让习惯了传统作品的人们毫无心理准备。阿兰·罗伯－格里耶、米歇尔·比托尔、克洛德·西蒙等一些并不耀眼的名字一下子放出了异彩。可能，这注定是一个创造的年代，没有什么比创造出一样新的东西更让人心醉神迷。法国的文学评论家匆忙地为他们命名，将之称为“新小说派”或“反传统小说派”。但是，阿兰·罗伯－格里耶很快就将这样的说法，列入了带有贬义性的传统批评的“一套语汇”。

他说：“一旦一个作家拒绝陈旧的模式，试图铸就他自己特有的写作，他就会立即看到被贴上了先锋的标签。”实际上，阿兰·罗伯－格里耶不喜欢“反传统”这样的词，因为他认为，今天一个人走在前面，明天就会有很多人接受并采纳前一个人的方法。也就是说，只有传统的向前延伸，没有反传统。即使是“反传统”，也最终成为传统的一部分。

但是，他还是认同了“新小说”的说法，并成为新小说的自觉的鼓吹者，也不遗余力地建构一系列关于新小说的理论。当然，这不是赞同一些理论家的说法，而是从中找到自己想要的东西。他是固执的，在一九六一年写就的《新小说，新人》一文中，他强调说：“我们的意愿是恰恰相反的。”那么，阿兰·罗伯－格里耶的小说创作事实上和别的“新小说”作家也大不相同。他对小说有着自己的理解，他也有着与别人不同的语言、不同的叙事方式以及不同的思想特征。

他的创作特点，在《未来小说的一条道路》中做了阐明。尤其是，他在创作中受到了侦探物证的启发，并将之运用到自己的创作方式中。一个侦破的过程从哪里开始？首先是搜集物证、寻找线索。“丢弃在犯罪现场的物体，凝固在一张照片上的动作，被证人听到的一句话——一开始似乎总在召唤着一种解释，似乎只依据它们的使命存在于一个超越了它们的事件中。”在这样的情况下，理论渐渐现形，它是被拼凑起来的，一个聪明的侦探正是在这样的证据之间寻找合乎逻辑的事物之间的联系。

事实是，阿兰·罗伯－格里耶正是依据这样的方法创作的，甚至，这样的方法已经成为他的很多小说遵循的一般公式。他还将侦探式的题材，纳入自己的创作视野，直接加以利用。《橡皮》是这样，另一部小说《反复》也是这样。即使在自己的一篇短篇小说《密室》中，也不忘运用侦探小说的材料，以便营造迷离惶惑的氛围。总之，阿兰·罗伯－格里耶不放过任何机会，来展示自己的侦探才能。可以说，他的每一次展示，都让我们感到眼花缭乱，都让我们感到新奇，当然，他也尽可能地每一次都给我们以新的东西，就像他从前研究的

果树，每一个果实的外形都不一样，但是个个都浆汁饱满、果肉丰腴。

很多时候，阿兰·罗伯－格里耶的侦探公式，都行之有效。不论哪一种题材，都可以套用这样的公式。在某种意义上说，这样的公式已经是一种写作思想的体现，就像牛顿或者爱因斯坦的某一个定律那样，具有普适性价值。无论是在他的长篇小说《橡皮》《嫉妒》《窥视者》《反复》中，还是在他的精短小说中，这种由零乱、不清晰、模糊，到对现场的整理，直到一样事物现出端倪，几乎无处不在。所以，在阿兰·罗伯－格里耶的小说中，处处洋溢着一个行踪不定、神秘莫测的侦探的魅力，或者，他的小说还要求我们每一个试图阅读它的人，都成为一个侦探。这既是很有趣，也是一个有点过分的要求。当然我们中间必定会有人说，好吧，我愿意转到这样的迷宫里，并从中出来，这是一种智力经受考验后的纯洁享受。那么，阿兰·罗伯－格里耶会心一笑：他就是用自己的作品，寻找这样的阅读者。

在《快照集》里，阿兰·罗伯－格里耶一直用一种警觉的目光，注视着物质的外形。这同样是一种侦探式的注视，不放过任何可疑的东西。《在地铁的走廊里》充分地反映了作者的意图。“一队人，一动不动，在铁灰色长扶梯的最底下，扶梯的阶梯，一级接着一级，露出在到达方向站台的水平面上，又在一种润滑得很好的机械声音中，带着一种有些沉甸甸但同时又一颠一颠的匀称，一级一级地消失……”在这里，一队人和一个阶梯，没有什么明显的区别。显然，人也变成了物的一部分，人与物，表现出在观察者眼中的平等感。是的，在一个案件中，物证和人证同样重要，它们都是其中线索的一部分，在一个逻辑系统中，它们占有同等的地位，有着同等的价值。

在《自动门后面》一节中，“人群被挡在一道关闭的双重门后面，不能进入车站月台……一张张脸都凝固着，表情既不是气恼，也不是不耐烦，也不是期望”。它描述了一种等待中的状态，一种中性的状态，你很难说“人群”的具体形象。人一旦以群体的形式出现，个体就丧失了其特征。“整个系统油漆成暗绿色，每一面门扇上都有一个红色的长方形，几乎和门扇一样宽，上面写着大大的白字。只有这些文字的第一行——‘自动门’，高于最后的那一排脑袋，它们把下面那一行文字档隔为一个个耳朵之间的分散字母。”自动门，实际上成为一个符号，一个阻隔的符号，这与它所表述的字面意义正好相反，这是一种很巧妙的隐喻，一种哲学隐喻：它指出了人类的一种状态、一种境况。在这样的状态、境况面前，一切等待者似乎已经习以为常、视而不见。

四

“我想到了，我想到了，一本书往往对一种意义抱有何等的奢望，但是，假如它在宏大宽度上无所作为，这又是何等异常美妙啊。”阿兰·罗伯－格里耶曾引用罗贝尔·潘热的这段话作为《一种自我创造的小说》的开头。他认为一个作品的理想状态应该是，“每一页里，这些故事都在矛盾中编织并分解，在疑问中，在冒险的跳跃中，人们不是常常逃过难关，而是落入困境”，“表面上看来无头无尾的书”，也许是“异常美妙”的作品了。在二十世纪五十年代，阿兰·罗伯－格里耶几乎沉醉于新小说的理论中，他不遗余力地不断发表自己对小说的新见解，“一切都该重做”，阿兰·罗伯－格里耶从不回避自己的基本看法。

曾经有一段时期，他对电影创作表现出极大兴趣。这也许是因为，自己的许多主张，更易于在电影的动态过程中得以体现。五十年代中期，阿兰·罗伯－格里耶在巴黎午夜出版社担任文学顾问，同时从事写作及电影创作。电影有着与小说不同的特点，它能够将画面不断转换并以一些形象巧妙地暗示事件的进展，本质上，它有着更为快速的叙事力，一件事情以几个回合的跳跃就可能通向终点。它可能比文字更简练，也更有概括力。

也许，在电影创作中，阿兰·罗伯－格里耶更加坚信自己的创作理论的正确性，或者说，理论是无所谓正确不正确的，它只是一个作家的信条，一个关于写作的诺言。

2006年

在卢梭铜像面前的思索

——

林　非

我站在日内瓦的罗纳河边，眺望着一团火红的朝阳，正悬挂在东方缓缓起伏的山峦上，它燃烧出的满天霞光，轻轻地洒落在多少楼宇的顶端，洒落在面前这条清澈的河水里。我披着阵阵耀眼的光芒，急急忙忙地往卢梭岛走去，得赶快找见他的那一尊铜像，仔仔细细地观看着，好将许久以来阅读他著作的过程中间，逐步得到解开的有些疑问，在他面前再认真地回忆和思索一番。

是将近六十年前的往事了，却还影影绰绰地在我的心里荡漾着。记得那一位很威严的国文老师，挺立在中学的课堂里，头头是道地串讲着《论语》里的章节，宣扬那“君使臣以礼，臣事君以忠”的伦理观念。班上的同学们都听得昏昏沉沉，惶惑不止，不是早已废除了帝王的统治，为什么还要毕恭毕敬地歌颂那古老得发霉的秩序呢?

好不容易下了课，赶紧走进图书馆的时候，我很偶然地找见了一本《民约论》，似懂非懂地浏览起来。卢梭在两百四十年前写成的这部论著里面，就诉说着“人是生而自由的，却无往不在枷锁之中”，还说是“如果没有平等，自由便不可能存在”，而如果“放弃自己的自由，就是放弃自己做人的资格，放弃人类的权利”。

我被这几行似乎是闪烁着亮光的文字深深吸引住了，在心里反复地诵读着，觉得如果整个的人类，都能够这样自由地过活，平等地相待，那将会充满多么巨大的亲和力。只要厌弃与憎恶那种臣服帝王的说教，不再愿意磕头跪拜，温驯地去充当奴才，那就一定会憧憬此种自由与平等的境界。而如果真是这样的话，整个熙熙攘攘的世间，肯定会无比地美丽起来。

卢梭的这些话语，真是道出了我一种朦胧的向往，还鼓励自己去消除满腹的疑惑和忧虑。于是这个多么辉煌的名字，就像从我头顶升起的太阳一般，永远在心里不住地闪耀。

我在后来毕生的读书生涯中间，就常常思考着卢梭的这些话语。如果在遵守公正的法律和服膺高尚的道德这种前提底下，人人都有权利去自由地安排各自的生活，自由地发表各自的意见，肯定就能够熏陶成充满自由精神的习惯和心态，从而迸发出一种巨大的创造能力来，欢乐和豪迈地推动着自己生存的环境，始终都朝向前方迈进，让它变得更合理、更健康、更和谐、更美好。

然而在人类历史上长期肆虐的君皇统治，却拟定了根深蒂固的等级特权的制度，借以牢固地控制和奴役千千万万的民众，正像鲁迅在《灯下漫笔》里所说的，“自己被人凌虐，但也可以凌虐别人”，像这样“一级级地制驭着，不能动弹，也不想动弹了”。在这种跟平等和自由迥然相异的社会氛围中间，当然就只好戴着沉重的精神枷锁，被囚禁在严酷、愚昧、落后和野蛮的秩序底下。

只有高扬着平等和自由的理想，才能够鼓舞、召唤和敦促人们，英勇地去冲破专制帝王统治民众的牢笼。呼号着自由与平等的卢梭，真值得后人永远地感激和尊敬。不过为什么如此地钦佩和推崇他，自称是他学生的罗伯斯庇尔，竟会在法国大革命的滚滚热潮中，推行起雅各宾专政的恐怖统治来？谁只要持有不同的意见，就很可能被视为这场革命的敌人，经过他所把持的国民公会表决通过之后，立即处以绞刑了事。为什么声称怀抱着平等和自由的理想，却又丝毫都不能够容忍与自己相左的意见，要这样残忍地大开杀戒，屠戮那些跟自己发生了意见分歧的盟友呢？我多么想迅速地赶到卢梭的铜像底下，再好好地想一想这个长期困扰过自己的问题。

我又匆匆地往前走了几步，就瞧见那一座横跨着罗纳河的长桥，瞧见在卢梭岛的顶端，几棵高耸的枫杨树底下，一座方正的石礅顶部，这静坐在椅子上的铜像，正英气勃勃地挥起右手，是不是向赶来看望他的人们致意？当我走到浓密的树荫底下，默默地站在他的面前时，才清楚地看出来了，原来他是握着一支细小的笔杆，还睁开明亮的眼睛，张望那捏在左边手掌里的纸张，正沉思冥想着要书写或者修改什么呢？

我又想起遥远的中学时代，多么神往地阅读着《民约论》的情景，然而我读得实在太潦草了，只不过是一目十行，飞快地翻过纸页，面对着有些深奥与艰涩的说理，竟懒得去进一步地梳理和把握，而对于有些容易激发自己兴趣的话语，就一唱三叹地背诵着，还生发出无穷无尽的感喟来，自己向往平等和自由的理想，不正是从这儿萌生的吗？

我还想起上个世纪的六十年代初期，也曾经反复地阅读着这本刚被更名为《社会契约论》的新译本，当时真是下定了决心，想要彻底地弄懂，究竟是罗伯斯庇尔违背了卢梭的主张，抑或是卢梭在什么地方错误地引导了罗伯斯庇尔？于是我花费了不小的功夫，在夜晚昏暗的灯光底下，一字一句地钻研起来，断断续续地琢磨这个始终困惑着自己的疑问。

直到在后来又经历了四十载艰辛的岁月，我也并没有放弃过对于这本典籍的思索，终于在逐渐深入字里行间的过程中，开始明白了他在自己论述中间产生的失误。

原来卢梭把领导公民和国家的“主权者”理想化了，认为“主权者既然是只能由各个人所构成”，因此“不可能具有与他们的利益相反的任何利益”，“不可能想要损害共同体的全部成员”，这样的话当然就并不需要对大家“提供任何的保证”，而完全可以将自己的一切主张付诸行动。这实在是构想得太天真和幼稚了，难道那些领导者在掌握了庞大的权力之后，一点儿也不会滋生出霸道与贪婪的念头来？况且是在消解了任何有效的保证措施之后，难道就不会开始走上假公济私和为所欲为的邪路？不会这样一步步地膨胀和堕落下去，成为说一不二和肆意压制别人的独裁者？

卢梭在自己的《社会契约论》里面，多次提到过孟德斯鸠的《论法的精神》，足见这位只比他年长二十余岁的启蒙主义大师，对于他具有多么深刻的影响。可是为什么在这部杰出的著作里，十分强调过的“要防止滥用权力，就必须以权力约束权力”这一真知灼见，竟没有很好地成为他论证和判断问题的出发点？

孟德斯鸠目光如炬地抓住了“滥用权力”的这个问题，是因为他深刻地理解人性的本质弱点和历史的运转规律，才会提出必须建立一种平行的“权力”，以便去“约束权力”，这样才能够保证民主体制的正常运行。比起在这个关键的问题上，显得很幼稚和迷茫的卢梭来，孟德斯鸠真是万分地清醒和睿智，他在这一方面所形成的系统的主张，为人类历史的健康发展，作出了多么巨大的贡献。他是永远值得我们纪念和感谢的人。

卢梭在阐述自己这个形成了失误的问题上面，比起早生于自己八十年的英国哲学家和法学家洛克来，也可以说是远远地离开了谨严与科学的原则。洛克却正好是跟他相反，十分审慎和确切地强调，政府只是掌握管理社会的公共权力，而每个公民则完全应该享受自由的权利，这在任何情况底下，都是绝对不能被转让和剥夺的。他在自己的《政府论》“下篇”里说道，“不能运用契约或者通过同意，把自己交由任何人去奴役，或者置身于别人绝对和任意的权力之下，任其夺去生命”，而应该“使统治者被限制在他们适当的范围之内”。卢梭如果能够做到像洛克那样，一开始就严格地区分开国家权力和公民权利的界线，应该是会杜绝自己这个致命性的错误的。

正是基于自己这种天真和轻率的见解，卢梭竟匆忙地将自己所规定的“主权者”的一言一行，都错误地标榜成为一种“公意”，断然地认为“任何人拒不服从公意的，全体就要迫使他服从公意”。他多么豪情满怀地宣扬着自由与平等的崇高理想，却因为犯了思维方法上的错误，混淆了公民权利和国家权力这两种不同事物的区别，才形成了对于“主权者”的行为，丝毫都不加以限制的错误观点，从而就影响了法国大革命期间，出现此种以公民的名义，残酷地迫害和屠戮公民的暴政。正是从这一点出发，深受他影响的罗伯斯庇尔，就不仅被自己垄断权力的欲望所蛊惑，出于此种心理的驱使，欣喜若狂和顺理成章地推行着恐怖的统治，而且最终还使得自己和几位最亲密的战友，也在接踵而来的热月政变中间，同样是被充满着恐怖与血腥气味地处死了。

这部轰轰烈烈的法国大革命的历史，是在一种壮烈与悲惨的气氛中间，苍凉和沉重地踯躅前行的。在法国大革命爆发的十一年之前，卢梭就已经去世，自然是无法看到它种种的场景，也无法作出任何触动自己灵魂的判断和反思了。要不然的话，以他如此坦诚和真挚的情怀，如此严厉与沉痛地揭示自己过失的勇气，肯定会在那一部震撼过多少人心灵的《忏悔录》里面，淋漓尽致地陈述自己这一观点的缺失和义正词严地谴责自己所造成的多么严重后果吧。

卢梭无法见到的法国大革命，却被柏克和贡斯当目睹了。比卢梭年轻十余岁的英国政治学家和美学家柏克，在他自己所撰写的《法国革命论》里面，针对当时那种很混乱的情景说道，“如果卢梭还活在人世，在他某个清醒的片刻，是会对自己学生们的实践的狂热感到震惊的”。这位曾经跟卢梭有过交往的作者，对于他作出的此种估计，应该说是符合他异常诚恳的性格的，然而柏克又在《致国民议会一位成员的信》中，很轻蔑地嘲笑“十分雄辩”的卢梭，“肯定有很严重的智力障碍”，这是否说得太过分了？

比卢梭年轻五十多岁的法国政治家和小说家贡斯当，则在他自己撰写的《古代人的自由与现代人的自由》里面，进一步阐述洛克《政府论》里的主张说，“人类生活的一部分内容，必然是属于个人和独立的，它有权置身于任何社会权能的控制之外。主权只是一个有限和相对的存在”，如果“你确信主权不受到限制，就等于是随意进行创造，并且向人类社会抛去一种过度庞大的权力，

不管它落在什么人手里，必定会构成一项罪恶”，接着就中肯地批评说，“卢梭忽视了这个真理，他在《社会契约论》中所犯的错误，经常被用来作为自由的颂词，然而这些颂词却是对所有类型的专制政治最可怕的支持”。贡斯当多么清晰明了地指出卢梭这种错误的实质，比起柏克在《法国革命论》中更侧重于情感的宣泄来，真是笼罩着一种说服力极强的理论色彩。

针对卢梭在理论上的这种失误，贡斯当强调指出，“由权力的本质所决定，只要可以不受惩罚地滥用，它就会受到更多的滥用”。他对于“权力的本质”，实在是了解得太透彻和深刻了，从而才会斩钉截铁地作出这种理论性的规定，“对于主权加以限制，这既是现实的，也是可能的”，“权力的分散与制衡，将使其得到更为严格的保障”。在这个十分具有逻辑力量的科学界说中间，可以多么明显地看出孟德斯鸠对于他的影响，正因为如此，就使得他更容易判明卢梭在阐述这个问题的时候，存在着多么严重的弊端了。

而比卢梭晚生一百六十年的英国哲学家罗素，在自己撰写的《西方哲学史》里面，也抨击他那种关于“公意”的说法，“使得领袖和他的民众能够具有一种神秘的等同”，是“黑格尔替普鲁士独裁制度辩护时尽可以加以利用的”，同样都是贬抑得相当的厉害，却又不能不说是击中了问题的实质和要害。

卢梭一心一意想要追求自由与平等的精神，却由于存在着若干错误的观点，因此对于后来爆发的法国大革命这一历史进程，就产生过完全出乎自己意料之外的消极影响。在这个杰出的历史人物身上，真是蕴含着多么沉痛的悲剧意味啊！

卢梭自然是不可能见到和知悉法国大革命的实况了，也不可能有机会去阅读柏克、贡斯当和罗素的那些著作，认真地辨别和思考他们的批评意见了。这些对于历史的沉思，只好由后来的人们承担起来，真是责任重大啊！

我肃穆地站在卢梭的铜像面前，倾听着从远处吹拂过来的微风，把自己头顶纷纷扬扬飘摇着的树叶，摩擦和弹奏出的瑟瑟的声响，使我感到了些许的寒意，于是赶紧寻觅着穿过树叶的阳光，瞅见它丝丝缕缕地抖落在青草丛中的影纹，闪闪烁烁地反射在卢梭那俊秀的脸庞上。我默默地张望着正陷入沉思中的卢梭，深深地信任他这颗永远追求善良、反思自己和向往净化的心灵。

原载《海燕》2006年第4期

一条河的两岸

——

宁　肯

一、分水岭

一滴水融入大海，很像一个人出门远行。

一只岩羊或山顶上的豹子可以独自面对世界，一个人面对世界也是可能的。每一次对河流、草原、陌生山峰的超越，实际上也是对内心空间的超越。许多雪水，湖泊，小的分水岭已是过眼烟云。在高处，在喜马拉雅大的分水岭上，远眺两个方向的流域，寒烟高挂，雪水分流。人不能两次踏进同一条河，但这里人可以一次踏进两条河。用不着费力地选择，河流的任何一个方向都可能成为我的方向。

我漫无目的，非常年轻，二十六岁，在河岸上步履匆匆。因为一只鸟的虚无的弧线，我停住脚步，直到它一头扎进河里，弧线消失。一只鸟可以吸引我，一块云也同样如此。落日时分，我看见河上升起铅云，从山后升起的。我看到铅云翻卷出漂亮四射的金光，我弯曲的剪影被投在金色河上。波光粼粼，晚霞夕照，我逆光而行。逆光中的河流使我想到人与河的关系是一种古老的关系，是生生不息、生者与生者的关系，不是逝者与逝者的关系。

孔子站在川上，想已是暮年。同样，我也不相信希腊人。

二、蓝色

想拥有一条河的两岸，就得经常渡河。一整天了，老人的牛皮船像是专为等我。他没有什么乘客，笑着把我迎上船。这是冬天的河流，蓝，清，湍急，

牛皮舟一到水上就横过来。老人撑舟，顺流而下，很准地在预定位置把我送上岸。我没任何事情，多次到过对岸，对岸总能吸引我。我不过就是走走，面对大山伫立，像没父亲的孩子，或压根就没父亲的概念。望着最初缓升的浅山和谷地，我想，那里一定藏着什么秘密，只是没有一次我能揭示这秘密。

蓝色河水冲击着白卵石，夏季这些卵石是河底的一部分，冬天它们构成岸。阳光似火，卵石光芒万丈，每一颗卵石都像一个太阳。成堆的太阳在河滩上，你就能想象河是多么的蓝。深蓝，冰冷的蓝，完全不为太阳所动。河之冰蓝令每颗卵石更加耀眼，连鸟的飞翔都让你感到晃眼，你真想遁入水中，在那深蓝的玻璃体中，永远不再出世，就像抱着一个蓝色女人。可我只能在太阳中行走，我生为太阳照耀，我是旅人。

我来到沙地上，沿低缓的浅山上升，仰望屏壁般的大山。山顶终年积雪。我于是想，山是凭空而来的吗？我是凭空出现的吗？是山走到了水边，还是水到了山前？山是大地的旅人，永远绵延。山很累，又要出发。事实上，水又何尝不是如此？

三、牧人走向大海

一次我在拉萨河曲水大桥渡过雅江。曲水有点特殊，拉萨河在此汇入雅鲁藏布江。河口扇面打开，滩涂盛大，气象恢宏，流域内无数马蹄形的沙洲像无数马蹄的梦。这里同时还是青藏高原三大山系交汇处，它们是冈底斯山脉、喜马拉雅山脉（分列于雅鲁藏布江两岸）以及北部赶来的念青唐古拉山余脉。这里江河相遇，群峰苍翠，湖泊逼近天际，因此，据说这里埋藏着解开神秘高原隆起之谜的金钥匙。岗巴拉山危入云端，是群山主峰，它被三大山系簇拥，向上抬升，举杯，那杯中酒是高山之湖——羊卓雍措。羊湖一鉴到底，与天相接，酒已经不能举得再高。

我旋山，进入雾海，又透出云层，到了岗巴拉山顶。我与山峰一同立于云层之上，一种遗世独立之感，使我看到西藏更加广阔的天空。羊湖碧蓝，像海，伴有潮汐，据说是当年高原对古海神奇的挽留。高原依然有海，牧人骑在马上，走向大海。黑牦牛白羊群在岸上星罗棋布，像永恒的棋局，而牧人如旷世隐逸的高手，终日行云流水。某一时刻，与牧人的目光相遇，你会突然感到被仿佛浩瀚的水面收去，感到一种提升，飘荡，体轻如燕，几乎可以健步如飞。

四、空船

我进入冬天的山谷，我在风中行走，我看到了荒草、牛粪墙、浑黄的村落、屋宇上飘扬的经幡。如果不是经幡，那些风马旗，浑黄的村落就无法分辨，正如无法辨认沙漠中的巨蜥。经幡在自然界表明了人的存在，同时也是神的存在。人在这儿是一种多么可怜的存在。我不可能再翻越另一道山，进入另一重谷，那需要很多时间。那里仍可能有村落，但不是我所能理解的村落。而且，老人还在等我。

老人本可以先回对岸，也许他还有别的乘客，但他固执地等。他挣五毛钱，来回一块，戴着旧毡帽，皱纹和笑容给我留下阳光如刀的印象。阳光在山脉刻下了什么，也在他脸上刻下了。五毛钱，空船回来，一个人横舟，是他的一生。这一次他不会空船，我们说好了。老人憨笑，如岩石的笑，使我心里布满裂纹，纹底充满阳光。

五、冬天

冬天，依然温暖，阳光强烈，但植物还是回到了土地。冬天漫长，天空简明，自然界安静。一场雪降临，两三天融化。河岸上残雪点点。残雪聚集着阳光，燃烧自己，也点燃了阳光。

我在远处或水上看到这些白色的火焰，但当我走近时，它们已变成水汽，一缕缕青烟，被天空吸尽。

六、布达拉宫：音乐悬崖

幻觉的布达拉宫波动在水上，更像一种幻觉。像管弦乐，或梦幻曲。某种意义，布达拉宫是水上建筑。从环形街望过去，水和音乐是这座白色城市的主题。城市每天从水中升起，就像太阳一样。在一种梦想的高度上，水面是倾斜的，因此无论从哪个角度看去，布达拉宫都最先从水面升起，渐渐露出它的尖顶，然后才是寺院众多红色的钟声。

排窗是布达拉宫最富迷幻的音乐部分，而白墙像雪，非常净，看上去无比辽阔，构成了像高原的背景色。这时整个看去，布达拉宫像一架管风琴被置放于世界屋脊的水中，风穿过红色和白色窗洞时发出高原向世界的奏鸣。布达拉

宫是世界建筑的悬崖，就其对天空的想象力而言，她绝无仅有。哥特建筑无法与其争锋，希腊神庙看上去像一些简单的布局。或许只有金字塔像钟声敲响时，仿佛可以想见布达拉宫的身影。

那时太阳也正在布达拉宫金顶奏鸣。

那时高原上升，万道金光从河上，从布达拉宫金顶直抵我睡眠的石头房子，与此同时微尘与圣音也同时抵达。那时天空透亮如蝉翼，并像蝉翼一样灵敏。而谁在蝉翼上颤动？谁在颤动中醒来？

七、我的生活

拉萨河流经郊外时展现出平沙、沼泽与田园的景致。学校依山傍水，毗邻白色的寺院。我在学校拥有一份教职，我的石头房子是岸上不多的建筑之一。学校后面的山坡上，我还拥有一小片冬天的树林。

我说拥有，是因为每天我穿过操场时，都要看到墙外那片山坡上的树林。想不看都不行。操场是倾斜的，是山坡向下的延伸。我喜欢那片冬天的树林，喜欢它闪光的落叶，道路，这使我的生活带有明快色彩和冬天的静谧。学校建筑与寺院建筑具有同样神圣的性质，经声与读书声相闻，一点儿也不相扰。

十一月的燃灯节，四月的沙噶达瓦节，我的学生布满转经路上。我也会去，他们叫我去。他们带着酥油、香草、酸奶，甜食，穿上漂亮的衣服，嘻嘻哈哈，有说有笑。我被她们簇拥，像外来的传教士，被另一种宗教场景和热情鼓舞。德清卓嘎拿着一条经文向我大声朗读，先用藏文念了一遍，然后翻译过来：人要学习才有希望，才能过上好日子。我真假难辨，她们大笑。她们是善意的。

春天让人生动，发笑。

八、春天

穿过早晨还在睡眠的山村，进入树林，我有一种强烈的感觉，我的体内也有一片树林。我感到体内叶脉的呼吸，飞鸟的欢叫，大地的催促。春天阳光猛烈，当融雪之水从山体跌落，构成哈达一样季节性瀑布，我对沉默了一冬的山脉有了一种生动的把握。我记录声音，倾听鸟鸣，描写雪水以及雪水漫过树林的寂静和光亮，表达这个季节的声音、光线和色彩。当我觉得还不可能的时候，树林一夜之间披上绿装。

自然界充满了节奏、悬念和突变，再没有比积蓄了一冬的春天更让人感到自然界和我们身体的速度了。

春天短暂，迷幻，花朵开放。我甚至见过山洞里的花朵，那些花阴湿，奇静，叶片很薄，红色花萼，阳光只有极短时间的照耀，甚至达不到花朵的位置，但它们开放。花期很长，一动不动，手碰一碰，就会有水从根部浸出，像泪水。非常细小的水源拖着流沙从洞口细细地流出，汇入谷中溪水。银沙培育了草坪。一种真正上好的草坪。任何地方都不会有的如此细密的草坪。草坪、溪水成为人们转经之后的乐园，人，自然，宗教，交织并融为一体。

九、大边巴

大边巴脸上有块疤，据说生下来就有。疤痕的图案十分奇特，很像耳朵错位后印在了颧骨上，并且扯动了她的下眼皮，顾盼时眼白闪烁。此外大边巴脸很长，是个比别人都高瘦的女孩儿，说笑时神气活现，一点儿也不觉得自己有什么不同。有一阵子大边巴好几天没来。她母亲死了。人们神秘、毫无恐惧、窃窃私语，把有关情况告诉了我。

我觉得难以置信。她们说大边巴母亲死后第二天给家里来了通知，说她要在第五天黄昏回家，走什么路线，从谁家门前经过，说得一清二楚。她要人们回避，别冲撞了她，否则她难以生还。规矩人们都懂，当然还要强调一下。那天街上十分安静，大边巴母亲如期而至，借助阴影，一帆风顺回到家中。她从绘有莲花和白象的柜子里取出一只手镯，擦拭干净，交给大边巴；与家人共进了晚餐，还说了会儿话，喝了新打的酥油茶，然后，披上一条哈达，笑着从原路返回。中间没出什么岔子，一切都在安静气氛中进行，不许大声说话，不能碰掉杯子、碗、筷子，邻居被告知收起夜晚饮酒的喧哗。

这不可能，我说。

格吉同我大声争辩，说她亲眼看见大边巴母亲回来的身影，黑衣，包着平时的绿头巾。德清和阿努也说看到了同样的情景。都说看到了，就是我没看到。大边巴又上学来了，看上去没什么变化，手上真的多了一只手镯。她们举着她的手腕让我看，大边巴不住点头，证实她们所说一点儿不假。有一刻，我认为我在大边巴眼里看到了那个黑衣的女人。我见过那女人，去过她家家访，我能想象出她一身黑衣的笑容。

十、一条河的两岸

我想得到大边巴母亲这件事的解释。但是很难解释，很多事物一解释就奇异地消失了。问题也许在于使用什么样的语言解释，不同的语言有不同的世界，世界存在于语言当中。事情发生了，或者没发生，两种语言无法争论，而我身陷两种语言之中。

什么是真实地发生？真实的边缘或界限在哪儿？比如我相信一张桌子存在，是因为它不仅可视还可触摸，在三度空间内我们证明它存在的手段可以很多，甚至可以多到无限，但我们是否从心灵的角度证实过桌子的存在？这可笑吗？我们从来也不使用这种看似可笑的方法，因为我们生活的空间是有限的。

高原民族的心灵空间是无限的，他们从不相信死亡这件事，生命对他们而言，是一条河的两岸，有舟楫相送，就像河边老人所做的，人们可以过来过去。生死没有明显的界线，中间只是一条河。他们相信并能看见（内视）灵魂的存在，她们说，人要穿衣，灵魂也有衣服，肉体就是灵魂的外衣；灵魂并不总在肉体中，就像晚上人要脱衣睡觉，灵魂也常要离体而去——梦就是灵魂对肉体的暂时游离。假如肉体不堪使用，像穿破的衣服一样，灵魂也会将它丢弃。如果肉体突然不堪使用，比如得了暴病，灵魂就会变成游魂，要四处游荡一段时间。

如果有什么事未了，还会借助原来的肉体返回家中，将事办妥，与家人告别。我常常被告诫，在旷野，山谷，废墟或无人居住的建筑物中，切不可大声喧哗，因为那里通常是游魂的栖息地。

游魂最怕惊吓，一旦被惊吓，就会变成水中的饿鬼，再无法上岸，那才是真正的死亡。这是一种解释，或者一种语言，他们世代生活在这种语言当中。除此之外，他们与我没有什么不同，他们像我们一样生活，开玩笑，饮酒，热爱生命，为前程打算，只是他们认为没有死亡。他们多了一维空间，而我们认为那是不存在的空间，或者一种心理空间。但手镯是怎么回事呢？我不知道。

十一、德拉

那件事过去了，一切如常，没有什么不同，手镯戴在大边巴手上，永远不会丢失。我教育他们，传授知识，也常被他们取笑。没有绝对的谁改变谁，只是一种双向的丰富。世界美好。

我在门前开有一小片菜地，自己种菜吃。当我的油菜刚有了点儿模样，一夜之间它少了近一半。德拉偷了我的菜，该死的德拉，她拿去招待她那些不知哪儿来的胡乱朋友。德拉主动告诉我是她偷的，要我不要瞎怀疑别人，不会有别人，她说。我们没什么交道，甚至依然是陌生的。我来到这所学校并没引起她的注意。她拿出钱。我说钱就算了，你怎么能对那些还未长成的菜苗儿下手呢？德拉说，老了还怎么吃？就是嫩着才吃呀。我说，德拉，你不是藏族，你就是汉族，什么都吃。德拉说，汉族就汉族，你不也是汉族吗，别没事老装我们藏族。德拉说不上是汉族还是藏族，她汉族名字叫沈军，藏族名字叫德吉拉姆，简称德拉。她的父亲是藏族，母亲是汉族，这在拉萨十分少见。她是英语教师，毕业于北京外国语学院。她认为我是个有点儿可笑的人，管我叫陶渊明，很不尊重陶渊明。她闯进的我的文字完全是出于我对她的气愤，我写到那片菜地不能不提到她。我的菜地被她毁了，还搭上一个古代的诗人。

十二、纪念币

我来到渡口，老人看出我有一段时间没来了。他的皱纹没什么变化，笑的时候还是那样深刻。上帝的刻刀已不可能再给他增减什么，他已经完成或接近完成，而我还差得远，太远了，我年轻外露，在德拉看来我还是个可笑的模仿诗人生活的人，想起她来我就切齿。下船时我给了老人一枚银圆大小的硬币，那是一枚纪念西藏自治区成立二十周年的纪念币，上面刻有布达拉宫的银色图案。老人握着硬币一直在岸上等我，我返回时他仍攥着硬币。老人张开手要把硬币还给我，我摆手，示意那是他应得的。老人可能真把它当银圆了，他觉得承受不起。我无法形容老人当时对我还是对上帝的那种神情，那是用皱纹和不畏阳光的眼睛表达出的并非简单感恩的复杂神情。我认为也应该为老人铸一枚纪念币，或者，在布达拉宫图案背面刻上老人的头像，作为一种古老人类的象征。

我要继续我的旅程。至于德拉，我将专文写到我们之间纠缠不清的故事。在那个文本中我会毫不掩饰对她厌恶或喜欢。

原载《绿叶》2006年第8期

七七级

南帆

一

报纸宣称，近些年冒出了许多文学神童，小小年纪就写得一手好诗，甚至直接写多卷本长篇小说。但是，我还没有听说哪一个文学神童打算写回忆录。回忆至少是年过半百的老家伙才能玩得动的游戏。这些哥儿们曾经彻夜不眠地谈事业，谈女人，谈如何周游世界的五湖四海；现在，他们腆起肚子，膝软牙松，裤兜里藏一瓶救心丹，空闲的时候就凑在一起聊养生。一把年纪的人已经写不出动人的情书，要写的话只能是回忆录。

“很久很久以前”，这是许多故事经典性的第一句。他们的故事得从哪里开始呢？许多人毫不犹豫地直奔三十年前——一九七七年。一九七七年是一大批人共有的幸运年份。这些人老少不一，天各一方，星星点点地散落于广袤的田野或者破旧的厂房。一九七七年的时候，尘封已久的大学校门吱呀一声打开了，他们就在这个时刻一起苏醒了过来。社会上的许多人还来不及回过神来，他们已经成为第一批历史的受惠者。这就是众所周知的“七七级”。刚刚跨过大学门槛的时候，这一批人穿着皱巴巴的中山装，或者梳着长长的辫子，几件行李草草地塞在木板箱子里，偶尔也会因为打破了热水瓶或者丢失了一两本杂志烦恼拌嘴。但是，不俗的书生意气是这一批人共有的特殊神情。据说一九七七年大学录取率不到百分之五，被挑上的多少都算个人物。我所就读的厦门大学，这一届学生不仅读书用功，而且擅长在辩论中使用政治大概念，演话剧、诗歌朗诵、大合唱或者各种球类运动都能露一手。三十年弹指之间，“七七级”之中的一部分人已经身居要津，目光远大。公众舆论之中，一九七七年考入大学的二十七万人逐渐成为一个神秘的方阵，“七七级”如同他们之间特殊的联络暗号。“七七级的吗？”“七七级的。”于是心领神会地点点头。江山代有才人出，一九七七年迄今，已经有三千多万的考生闯关夺隘涌入大学。尽管可以听到大大小小的天才们许多有趣的故事，但是，他们的光荣只能属于个人——后来的考生再也享受不到“七七级”这种特殊的集体荣誉。

尽管我是这个团队的一员，可是对于写作这一篇回忆仍然犹豫再三。我不太愿意利用这个集体荣誉怂恿自恋主义情绪。“七七级”之中的确藏龙卧虎：一些人进入大学之前已经熟读马克思的《路易·波拿巴的雾月十八》，围在乡村的火塘旁边议论民族国家的命运；一些人隐在北京的平房里或者在白洋淀的芦苇荡，写出一批风格神秘的诗句；还有一些人始终孜孜不倦地钻研数学或者外语，仿佛早就在那儿等待破冰的一刻。至于各地的小头目、小秀才、小名流，“七七级”之中比比皆是。一个家伙感叹地说，他在当地好歹也算一个跺跺脚地皮就会抖的人物，怎么搁到了“七七级”就无声无息了？“天生我材必有用”，读书的种子，精英气质，未来的栋梁，这些事后的褒扬渐渐汇聚成了“七七级”的固定评语。“七七级”如同一个掠过夜空的彗星，它的明亮尾巴一直拖到了三十年之后的今天。

可是，这似乎不太像我。虽然我已经出版了若干部著作，提出了几个略为得意的文学观点，不可否认的是，一九七七年的时候，我经历简单，资质平平。那个时候，我表情冷漠地游荡于乡村与城市之间，心灰意冷地对付“知识青年”的困窘生活。我的确暗地里下过决心，要像一只皮球那般顽强，无论被按到多深的水里都要竭力上浮。然而，这仅仅是一种倔强的生活信念，丝毫不存在对于社会乃至历史的真知灼见。我已经不止一次地坦白，我的期待只不过做一个不错的乡村木匠，在砰砰的斧凿声和清香的木板刨花之中娶妻生子，安家立业。一九七七年的时候，中学功课的残存碎片帮助我冲破了那几张考卷设置的栅栏，这或许是幸运的偶然。我们这些混入“七七级”队伍的庸常之辈已经占了不少便宜，就不要再借用“七七级”的名义为自己做什么文章了。不写也罢。

改变我这些想法的是一个来自外省的民工。因为修缮房子，我需要买一些建筑材料。我在社区门口的一堆沙子和几摞砖头旁边看见了这个晒得黝黑的家伙。他纠集另外几个民工，干一些欺行霸市的勾当。他的沙子和砖头卖得特别贵。如果社区居民到别处购买建筑材料，他就会想方设法刁难运输的车子，甚至把他们打跑。我用江湖气十足的口吻和他搭讪了一阵，暗示说我有一个当警察的弟弟。这多少吓住了他。压下了价格之后我点一支烟和他聊起来，他告诉

我前几年不过差了两三分没能考上大学，只好离开家乡满世界混生活。因为脑袋好使，周围几个老乡成了他的喽啰。我当时心里咯噔了一下——如果考不上大学，或许我也是这副模样？我历来不太善于将自己的形象估计得高大一些。因为意外的运气而成为百万富翁，因为某种神秘禀赋而过上特殊的日子，这种幻想在我的脑子里逗留的时间越来越短。没错，不进大学我也能活得头头是道，只不过我的全部才能恐怕得挥洒在尘土飞扬的街头。

我就是在此刻明白过来：我的确用不上“七七级”的崇高声望——我只配享用附加于这个历史事件的一个小小主题：大学彻底改变了我的个人命运。一张录取通知书神奇地将生活截成两段。湿滑的田埂，水田里叮在大腿上的蚂蟥，三伏天挥汗如雨地割稻子，压得人直不起腰的担子，楼梯边上的大坟茔，房子后面那一口冰凉彻骨的水井，跟着手电筒光圈曲折蜿蜒的银环蛇，夜风里零零落落的几声犬吠……这些灰头土脸、汗水淹透的日子被远远地阻拦在大学围墙之外，如同另一个时代拍摄的黑白老电影。一九七七年开始，我的日子仿佛用透明塑料薄膜仔细裹好藏进了保鲜柜，鲜嫩光滑。如今看来，入学与否的确是人生途中的分岔口。当年一起下乡的知识青年之中，大约三分之一的人先后考上各类学校，毕业之后安居乐业。剩余的知识青年在随后的日子里陆续返回城市，前几年多半又陆续下岗待业。

二

我依然记得，二〇〇二年的时候曾经应邀写过一篇小文《分量》，纪念大学毕业二十周年。《分量》之中保存了一些记忆、心情和若干的细节，干脆全文照录——

> 一九七七年的夏季，我是一个手执镰刀、衣衫褴褛的农民，伫立在田头。我的手心结了很厚的老茧，内心日甚一日地迟钝。恢复大学考试的传闻断断续续地飘来，我并没有意识到什么。“大学”这个字眼距离我的生活已经十分遥远，我从未觉得那一圈围墙里面还会和我有什么联系。我的理想是争取做一个不坏的木匠。
>
> 可是，消息日渐一日地明朗，周围都在蠢蠢欲动，考试终于成了一件事。当然，也就是一件可以试一试的事情而已，我不允许自己寄予过多的乐观想象。那时已经没有志气将爱因斯坦之类的科学家作为

后半生的偶像，学术如同天方夜谭，大学录取的真实意义是口粮问题一劳永逸地解决。我不敢轻易地相信命运的慷慨大方。我的父母亲曾经作为下放干部滞留乡村多年，我深知要将户口搬回城市会遇到多少额外的麻烦。这是中断了十年之后的大学考试，预测的录取率不会超过十分之一。这个数字倒是没有吓住我，这个数字比我可能返回城市当一个工人的概率高得多了。

温习功课的时间不长，也没有太大的压力。我自恃比别人多读了一两首唐诗宋词，中学曾经得到语文老师的表扬，于是决定报考中国语言文学系。有趣的是，功课温习奇怪地召回了我的数学兴趣。我徜徉在一批数学练习题之间，乐不思蜀，以至于不想理会我从未读过的历史与地理。幸亏妹妹及时提醒了我。她报考的是理工大学，但她认为我的数学水平早就不亚于她了。日后得知，我的数学几乎得了满分；数学方面的超额收入恰好补偿了历史与地理的亏欠。这也算失之东隅，收之桑榆了。

奇怪的是，现今我再也记不起我是在哪一个考场进行大学考试——估计是我插队所在附近的一所小学或者中学。记住的竟然是考试前后的一些零星片断：时常忧虑准考证丢失，惧怕政治审查受阻而面对表格愁眉苦脸，体检时就着水龙头喝一肚子凉水降低血压，因为嗅不出三个小瓶子里汽油、酱油和水的差别而大惊失色，如此等等。在我的心目中，这一切要比那几张考卷凶险得多。

忙乱过去之后，我就不愿再想这件事了。天气逐渐凉了下来，一年将尽，似乎没有人知道这次考试的结局是什么。一个百无聊赖的下午，我在另一个知识青年家中闲扯。他忽然提到，为什么这么久了竟然没有大学发榜的消息——莫非又有了什么变卦？这话惹出的焦虑让我有些坐不住，我起身回家——到家的时候恰好收到了大学录取通知书。薄薄的一张纸片：厦门大学中文系。悬在半空中的情绪突然松懈了，一时百感难言。这一刻开始，我才真实地掂量出这场考试的分量。

三

一排“七七级”的新生聚集在厦门大学门口，等待各系辅导员分别把自己的人领走。一个辅导员高声问道：“有数学系的吗？”“有！”两个男生应声而

出，周围嗡地一片低声议论。一本著名的文学刊物刚刚发表一篇长文《哥德巴赫猜想》，主人公陈景润即是从厦门大学数学系毕业。“有中文系的吗？”另一个辅导员高声发问。“有！”另外几个新生站了出来，周围又嗡地响起一阵低语——谁都知道，《哥德巴赫猜想》的华丽文辞出自著名作家徐迟之手。

一九七七年的夏季，我浑身湿淋淋地站在水田里听到了大学恢复考试的传闻。当时的环境之中，考上一所大学远比考上什么专业重要得多。我报考中文系，并不是因为讨厌数学系、物理系或者经济系。一片新大陆突如其来地浮现，惊喜之后就是手忙脚乱。气喘吁吁地游向彼岸的时候，我根本来不及甄别、分辨自己的内心兴趣。仰仗中学课堂和父亲闲聊时传授的文学常识决定后半辈子的专业，这不啻一场冒险的赌博。幸运的是，我押对了。

据我所知，许多大学里面的中文系“七七级”风头甚健。这里聚集了一批各地的才子，缠绵的情诗或者情节离奇的小说雪片般地抛出来。二十世纪七十年代末至八十年代初，历史造就了一个短暂的文学时代。激动人心的启蒙号角，交织在苦难之中的爱情，指点江山和纵论历史的气氛，这一切构成了文学的巨大温床。只要一首小诗就可以赢得校园之内众目睽睽的仰望，诗人的风度、说话手势、阅读的书目以及起居习惯立即享有了特殊的威望。多数人把中文系的课程想象为躺在床上跷起脚读小说，枯燥的文字训诂和繁杂的文学史资料没有多少人问津。不少人听说过拜伦的名言：一朝醒来发现自己已经成名，可是只有诗和小说才能如此惊世骇俗。那个时候，经济学、社会学、法学这些学科还在埋头积累，只有中文系的才子们趾高气扬，风流倜傥。不久前遇到一个经济系毕业的教授。他至今仍然愤愤不平：当年中文系的才子们掠走了他们周围的多少芳心，以至于他们暗地里开始策划一场雪耻的斗殴。

当时我决心专攻小说。即使到了今天，写小说仍然是我内心的一段斑斓的残梦。我相信所有的“七七级”大学生都曾听说过复旦大学的卢新华。据说他的小说《伤痕》先是张贴在教室走廊的墙上，随后被报纸转载。文学史记载了这个短篇小说赢得的巨大声望，但是，文学史没有记载这个短篇小说如何在“七七级”制造了一个小说写作的大潮。一个在东北就读大学的友人转述过一个壮观的景象：他们在一个巨大的阶梯教室晚自修，只有那些稚气未脱的小毛孩呆头呆脑地背诵教授们的笔记。教室的后两排一溜明灭的烟头，所有的人都在低头奋笔疾书——写小说。那个时候没有人想到这一天：社会对于经济学家、社会学家或者律师的崇敬远远超过了作家。

世事的变化是从哪一天开始的呢？总之，数学不吃香了。一个数学系主任负气地说，如果校方允许，数学系宁可加入文学院与中文系、历史系、哲学系为伍。混迹于诸多财大气粗的理工科，囊中羞涩的数学系时常成了受气包。其实，文学也不行了。众多名噪一时的刊物频频告急，出版社的仓库里积压的多半是文学读物。我们的偶像卢新华正在大洋彼岸美国的一家赌馆里发扑克牌。昔日叽叽喳喳地环绕在诗人周围的美女如同候鸟一般地迁徙，纷纷栖息到房地产业、汽车业或者演艺圈。的确，相对于几十亿资金的流向、各路大亨手中的巨额利润以及惊险的股票行情，诗人的浅吟低唱或者流行小说编造的恩怨情仇又算什么呢？可笑的是，我很迟才从华而不实的文学梦之中惊醒过来。九十年代中期的某一天，我在京城的一个饭局上遇到了一位经济学出身的“七七级”。酒过三巡，他开始吹嘘每年过手的钱财有多少个亿，认识多少要人，决定过多少重大项目。看着他那么大的口气和那么大的肚腩，我意识到了文学的渺小。许多当年的文学狂热分子早已撤离。撰写房地产广告词或者起草一份公文的余暇，他们时常后悔青春期的幼稚激情。我与一些昔日的文学同道一起喝茶闲聊，谈房价、谈温室效应、谈交通堵塞、谈张三与李四的绯闻——就是不谈文学。这年头还在那儿搬弄“古典主义”“现代主义”或者“意识流”这些术语，看起来就像在炫耀自己读了几本书。一些中文系毕业的故人或许会在寒暄之际客气地问一问文学动态，明智的方法是找一两句俏皮话搪塞。如果一本正经地开讲座，对方的茫然眼神一定会让演讲者羞愧地住口。

可是，我仍然说我幸运地押对了。写出一个精彩的句子足够快活一个上午，阅读一部杰作就是一次迷醉。如果一个人的职业就是放纵地享受这种快乐，这不叫幸运又叫什么？虽然文学已经从“经国之大业”的目录上撤销，可是文学始终盘踞在心里。我相信文学是一个人的内心修为。世俗的风沙纷纷扬扬，愈来愈多的人转向实惠主义，手执计算器不停地盘点收支状况。职务，工资，奖金，上司的眼色，菜市场上猪肉的价格，水电费刚刚收过怎么又来了——一张脸皱得像苦瓜，皮肤粗糙，心事重重，要么用尖刻的言辞八方讨伐，要么用讨好的笑容四面逢迎。对于他们来说，文学早就死去。他们忘记了，文学是市侩的天敌。只要内心埋藏了文学的种子，激昂慷慨之气或者浪漫情怀就会在某一刻突然觉醒。这时的凡夫俗子敢于横眉冷对，敢于拍案而起，他们懂得了侠肝义胆和缠绵悱恻，也懂得了如何对那些俗不可耐的喊喊喳喳轻蔑地嗤之以鼻。文学的地盘可能一天天地缩小，但是文学绝不会从这个世界上消失。一九七七年的时候我慌慌张张地撞入厦门大学，随手从书架摸下几本文学经典磕磕巴巴地读起来。三十年之后文学殿堂人去楼空，我却比任何时候都更加明白——这

儿是我一辈子的栖息之地。

四

我觉得想道理远比讲道理有趣。于是，离开大学之后我远远地躲开了教师的岗位而在一个专门研究机构工作至今。大约算知识分子吧。人们对于知识分子有哪些想象？戴厚厚的眼镜？咬着笔杆子盯着天空等待灵感？面容苍白，身材单薄，四体不勤，五谷不分？

我一直认为“七七级”出身的知识分子不会那么单纯。收到录取通知的前一天，他们或者肩上还搁着粪桶，或者跟在牛屁股背后扶着犁耙，或者正拉着板车走街串巷。他们之中的许多人外语口音不够纯正，没有拿到钢琴考级证书，四书五经、“子曰诗云”背不出三两句，三步四步的交际舞跳得很蹩脚，甚至从未听说过牛津大学或者麻省理工学院的大名。他们的特殊积累是世事人情，是乡愁，是读不到任何文字的巨大恐慌，是半夜三更的饥肠辘辘，甚至是混杂了绝望的蛮横和粗野。现在，这些知识分子打起了领带，穿着皮鞋橐橐地登上国际学术会议的讲台，或者在某一个万人瞩目的场合慷慨激昂地演讲。但是，我相信这些积累仍然潜伏在身体的某一处，可能在某一个时刻突然复活。只要坐上一趟每个小站都要停靠的慢车，置身于一大堆民工的方言、扁担、麻袋、汗臭和脚臭以及打牌的吆喝和争夺座位的拌嘴之间，以往的全部感觉一下子就回来了。这些生活始终压缩在他们的阅读和写作之中。

“七七级”这一批人于八十年代初期从大学返回社会。他们的性格多大地成就了当时的文化气氛？这是一个有趣的谜团。八十年代的时候，诗人如同口念咒语的巫师令人敬畏；一大堆人心甘情愿地被种种艰深的哲学著作憋得胸部发痛；另一些人二两白酒下肚就开始辩论神秘主义，各种稀奇古怪的故事常常把自己吓得脸色发青。那些只会引经据典的书斋式人物没有市场，文化沙龙的主角多半是上知天文、下谙地理的名流，他们或机智或叛逆的妙论与满脸的大络腮胡给人留下了同样深刻的记忆。那时的女孩儿对于出身豪门的白马王子视若无睹，另一些牛仔裤包着瘦弱小屁股的白面书生也上不了台面，她们心目中的偶像是海明威或者高仓健式的男子汉，如果脸上有一条长长的刀疤就更好。至于房契、存折、结婚证书或者学位证书，无非是一些庸俗的法律文件，重要的是曲折的人生履历——至少也得曾经下乡插队，打过几场架或者偷过农民的鸡鸭。八十年代有的是放肆的激情，没有一点狂狷的个性简直可耻。那时的做生意开拓市场也仿佛是神圣的启蒙运动，商人们锱铢必较的精明很久以后才得到真正的重视。“七七级”这一批人不会忘记历史的赐予，他们投入各种文化运动也就是想继续为历史做些什么。

进入九十年代，“七七级”这一批人多半已经人到中年。中年人也就是疯过了，狂过了，现在身体有些发福，要歇口气整理一下人生了。中年人开始务实，瞻前顾后，小市民性格、暮气或者狡诈算计同时悄悄地附上身来。九十年代的社会也稳重了许多。稳重的社会就是懂得了算账，不再把柴米油盐视为不登大雅的累赘俗务。这当然就是经济学大显身手的时候了。中文系擅长的浪漫气势渐渐式微，经济学的算盘噼里啪啦地响彻每一个角落。

稳重的社会惊人之论逐渐减少，人们开始强调“言必有据”。“言必有据”在大众传媒上制造了一个开场的短语：“专家认为”。专家不就是知识分子吗？于是，教授、博士隆重出场。大学里面早已经将各种学衔串成一根前后相随的长长链条，并且在不同的系列之间设定了兑换率，例如取得博士学位之后的多长时间可以当教授。各种学衔并非免费领取的午餐，每一种学衔必须得到规定业绩的支持。从发表论文的学术刊物等级、一个课题的研究历史到概念术语的来龙去脉、引文注释的数量和格式，每一个步骤都有章可循。这时，那些仅仅仰仗灵机一动就信口开河的才子们终于傻了眼。现今的教授、博士严谨、缜密、一丝不苟。他们经历了答辩委员会的严格审查，填过了无数的表格，脸上的表情已经训练得四平八稳。求证：这个问题几个解？甲、乙、丙、丁，A、B、C、D，他们的解答有条不紊，身后一摞子参考书形象地说明什么叫学术。我对于这一套指标体系毕恭毕敬，遇到某些“七七级”课堂上没有见识过的内容就老老实实地补课。尽管这是跻身专家队伍的必要修行，某些时候我还是会暗地里犯嘀咕：一大片中规中矩的面孔之间，那些横空出世、石破天惊之论是不是愈来愈罕见了？

当然，严谨或者中规中矩的教授、博士并非僵硬的机器人。某些时候，他们也会在表格或者引文注释的掩护下斗气，耍小心眼，占了便宜之后言辞之间就会流露出一些小得意。一次国际性的学术会议上，一个教授逮住了另一个教授的一处史料讹误。纠正无疑是必要的，可是他脸上盛气凌人的表情让我不太舒服。生也有涯，知也无涯，每个人都可能犯错误，利用对方的粗疏狠狠地踩痛他的脚板，这种胜利有些无聊。至于他们内部的“人脉”关系，常常以学术的名义形成某种互利互惠的联盟。我有幸聆听一位学术大佬指点迷津。从国际汉学界到京城的著名学府，某人是某人的嫡传，某个大师与另一个大师结过何

种恩怨，某个大学与某个大学之间如何互相挖墙脚，打口水战。一大堆内幕消息人物众多，情节生动，听起来与武侠小说之中的帮派关系或者官场上的明争暗斗如出一辙。还有一些教授、博士无所谓哪一个门派的提携而甘于单打独斗。他们口才好，人气旺，大众传媒一下子把他们变成了家喻户晓的爆炸性人物。与大众传媒的合作不仅可以像明星一般赢得追捧，而且可能像明星一般大把大把地挣钱。这些教授、博士无疑是给学术乃至文化添砖加瓦，只不过他们的方式与我当年的幼稚想象相距甚远。一九七七年的考试把我引入一个崭新的大学空间。我受宠若惊地站在图书馆和教学大楼之间东张西望，天真地认为这儿只有学术而谢绝权术或者别的什么术。当时我丝毫意识不到，这些地方有时也要讲辈分，拜码头，赔小心，打躬作揖，机缘凑巧也能淘得出万两黄金。

听到有些“七七级”已经退休，心中悚然一惊。凝神算了算，的确是三十年的时光。我的三十年，白了双鬓，添了皱纹，换得了一句“五十而知天命”。“知天命”也就是清楚自己能做些什么，不能做些什么。功名可以轻轻一笑，荣辱也可以轻轻一笑。身外之物一松手就可以丢弃。念念不忘“七七级”，不是炫耀某种资历，而是因为那一种集体性格。见识过一些风雨，不那么温顺，喜欢用亲身经验衡量书本的知识，这一批人始终不是只懂得引经据典的迂夫子。一九七七年我从水田里一头闯入大学，暗自庆幸自己可以闭门读书，两耳不闻窗外事。三十年之后终于明白，书本之外的知识才是“七七级”这一批人真正的额外财富。

原载《人民文学》2007年第10期

祖国伴我去飞翔

——

杨利伟

改革开放的三十年，中国发生了翻天覆地的变化，日新月异的祖国在各项事业上都取得了举世瞩目的巨大成就：三峡大坝合龙、青藏铁路通车、香港澳门回归、北京奥运会召开；中国的国民生产总值成倍增长，国民的生活水平日益提高。作为祖国强盛的象征，我所从事的航天事业在这三十年中，也飞速地发展起来了。在这欣欣向荣的时代，我以一名航天员的身份，亲眼见证了它的伟大，亲历了它的辉煌，分享了它的荣光。我庆幸自己生活在这个变革的时代，我幸运的是这个伟大的时代选择了我。此时此刻，我的思绪又将我拉回到那个激动人心的时刻，那段充满惊喜和骄傲的旅程。

中国人来到太空了

二〇〇三年十月十五日九时整，在震耳欲聋的轰鸣声中，火箭拔地而起，载着我飞向太空！火箭的速度越来越快，逃逸塔分离，助推器分离，一、二级火箭分离，整流罩分离。我认真观察着飞船仪器的工作情况，一切都进行得那么顺利。经历了五百九十秒升空过程，飞船准确进入预定轨道。这时，我突然感觉到我的身体似乎飘起来了，我意识到飞船已经脱离地球引力，我真的来到了太空。来到茫茫无际的太空，我看到了一幅神奇美妙的景色。舷窗外，阳光把飞船太阳能帆板照得格外明亮，那下边就是人类居住了一万多年的美丽地球。蔚蓝色的地球披着淡淡的云层，长长的海岸线在大陆和海洋间清晰可辨。飞船绕着地球高速飞行，九十分钟一圈，一会儿白天，一会儿黑夜。黑白交替之间，地球边缘仿佛镶了一道漂亮的金边，景色十分迷人。我拿起摄像机，赶紧把这

美丽的景观拍摄下来。在这个中华民族憧憬了千百年的时刻，我为祖国的科技发展水平和综合国力的不断强盛感到自豪，为中国人飞上美丽的太空感到骄傲，并郑重地在我的飞行手册上写下了“为了人类的和平与进步，中国人来到太空了”！当飞船飞行到第七圈时，我在太空展示了中国国旗和联合国旗，表达了中国人民和平利用太空，造福全人类的美好愿望。

飞船飞行进入第八圈，北京指挥中心通知我与家人进行天地通话。耳机里传来妻子的声音：“利伟，你怎么样？”“我们看到你了，我们都为你感到骄傲！咱爸、咱妈和孩子都来了，我们期待你归来！”我回答：“感觉非常好，放心吧。谢谢你们的支持和鼓励！”我八岁的儿子问我：“爸爸，你看到什么了？”我高兴地对儿子说：“我看到咱们美丽的家了！”我想，这个家，就是我们伟大的祖国；这个家，就是我们美丽的家乡；这个家，包含了生活在地球上的每一位华夏子孙！

绕地球飞行第十四圈时，飞船进入了返回阶段。这是整个飞行的最关键时刻，也是最危险阶段。在这个阶段，飞船要以每秒八公里的速度穿越“黑障区”，船体要经受几千度高温的考验，我要承受比发射升空时更让人难受的载荷冲击力。按照程序规定，我精心做好了各项准备。飞船一进入“黑障区”，窗外随即传来空气被压缩的强大呼啸声，飞船与大气层产生了巨大摩擦，发出轰轰的撞击声，一瞬间飞船变成了一团大火球，我仿佛是坐在一个熊熊燃烧的炼丹炉中。强烈的使命感叮嘱着我，必须沉着、冷静、准确、果断地处置情况，决不能出丝毫差错。几分钟后，与地面的通信恢复了，我知道四十多公里的“黑障区”已顺利穿过，再过几分钟，我就要着陆了。我仔细观察着各种仪表，牢牢握紧操作杆，准确判断着陆程序的执行情况。随着引导伞、减速伞和主伞相继打开，飞船速度逐渐慢下来。由于强大的惯性作用，飞船出现自身旋转和大幅度来回摆动，巨大的冲击力冲撞着我的全身。离地面越来越近，随着嘭的一声巨响，飞船返回舱防热大底抛掉了。就在飞船即将落地的一瞬间，我准确判断反冲发动机已经点火。我确定飞船落地，迅速切断伞绳。飞船成功着陆了！我终于从太空回到了地球，回到了我们可爱的祖国！

飞船安全着陆，我自主跨出舱门，挥手向迎接我的首长、战友和群众致意。战友们紧紧地把我围在中间，许多双手把我抬了起来，我和鲜花一起被抛向天空，人们欢呼着：我们胜利了，中国赢了！

飞船飞得多高，我们中国人的头就能抬得多高

首飞成功后，许多人问我："这次太空之旅，你一点不紧张、不害怕吗？"我告诉他们："送我上太空的是最好的火箭和飞船，飞船舱内环境非常好，飞行的感觉和地面训练近乎相同，广大科技人员对我们航天员的安全考虑得非常周到，有祖国和人民作坚强后盾，我的确不紧张，也没什么可怕的。"

实现这次完美旅行的英雄是那些默默无闻、在祖国载人航天战线无私奉献的全体同志，是那些艰苦奋斗了几十年的老专家、老领导和老一辈科技工作者们。没有伟大祖国的培养，没有全国亿万华夏儿女的大力支持，没有祖国千千万万航天人的艰苦努力，没有我们"英雄航天员大队"这个光荣的集体，就没有我的今天。荣誉属于我们伟大的党，属于我们伟大的祖国，属于我们英雄的人民！

二〇〇四年五月九日，我随中国载人航天工程代表团赴美国访问了联合国总部，会见了安南秘书长，将我国首次载人航天飞行中搭载的联合国大号旗帜移交联合国。安南秘书长高兴地说："五月十九日，对联合国是很重要的一天，中国虽然不是第一个发射载人飞船的国家，却是第一个在首次载人航天飞行中，搭载联合国旗的国家！"访问中，一位海外华侨对我们说："你们的飞船飞得多高，我们中国人的头就能抬得多高。"这一切，都让我为我们伟大的祖国而自豪！这一切，都让我为我们伟大的中华民族而骄傲！

我要为祖国去飞翔

飞翔是我一生的愿望，抱着这样的愿望，我从一名普通学生成长为鹰击长天的战斗机飞行员。为了实现中华民族千年飞天梦想，我幸运地成为中国第一批航天员。当我作为航天一兵刚刚跨进它的大门时，我的内心着实闪过一丝疑问，载人航天工程需要多方面的科技支撑，我们与美、俄航天大国毕竟有着近四十年的差距啊！我们靠什么迎头赶上？但来到中国航天员中心，我便一切释然了。来自于航天基础医学、实施医学、航天环境控制与生命保障工程、模拟仿真技术、航天工效学、电子工程、生物医学等涵盖十三个学科、七十多个专业方向的科研人员云集于此，创建了独具特色的航天医学工程的学科体系，从航天员的选拔训练到飞船的医学工效评价，从航天员的医监医保到大型地面仿真训练设施的研制，从需要经过几千道工序制作的具有高科技含量的航天服、

航天食品，到在太空中创造出与地面一般的大气环境，在国外需要五六个部门才能共同完成的任务，我们一个机构就承担了。原因是什么？是改革开放几十年带来的经济实力和科技实力，是知己知彼敢为人先的自强和自信。

中国的载人航天也曾有过不切现实的超前冒险，由于闭关锁国、经济实力薄弱、科学技术落后，曾导致“曙光一号”工程仓促下马。多少老航天人都经历过这场肝肠寸断的煎熬。

我们不能忘记一九七八年三月十八日，在全国科学大会上，中国改革开放和现代化建设的总设计师邓小平发出了“科学是生产力”的号召；我们无法忽略国家“八六三”高技术研究与发展计划的实施；我们永远铭记一九九二年九月二十一日经中央批准，我国载人航天工程正式启动。只有在这样伟大的时代，中国的载人航天事业才能走上一条强国兴邦、科学发展的兴盛之路。

天路无坦途。航天员的训练无疑是艰苦的，涉及空气动力学、电工电子学、天文学、高等数学、航天医学、自动控制、系统工程、计算机、航天技术、英文等基础理论训练和体质、心理、航天环境耐力及适应性训练、专业技术训练、飞行程序与任务模拟等八大类五十多门课程，对我们来说，几乎是达到智力和身体极限的考验和挑战，然而我们没有理由懈怠和畏惧。因为我眼睛里看到的，触摸到的，学习了解到的，都让懈怠和畏惧无处藏身。从一九九二年起的短短十年间，现代化航天城的崛起，高技术集成飞控中心的诞生，运载火箭的可靠性、安全性分别达到百分之九十七和百分之九十九点七，直接研制国际第三代独具中国特色的三舱一段的飞船，国际先进的“三垂一远”发射模式，与国际接轨的陆海基航天测控网，继美、俄后世界上第三个建立的航天员选拔训练基地……国家和我们航天科技人员已经做了那么多，我有什么理由去畏惧，有什么理由不发奋？我想，我要为我的祖国去飞翔，我必须为我的祖国去飞翔。

托举光荣和梦想的伟力

当我驾乘神舟五号飞船，开始二十一个小时二十三分钟的太空行程时，也开始了中国人的圆梦之旅。这一刻，距中国载人航天工程立项仅十一年零二十五天。当我在距离地面三百四十三公里的太空中，用中英文两种语言问候地球：“和平利用太空，造福全人类。”我的心里除了自豪就是自豪，我在为祖国和中华民族飞翔！

随着中国太空活动的增多，有近两千项航天技术已转向民用，有力带动了我国众多产业的发展，卫星通信、光纤通信、导航定位、气象预报、减灾防灾、远程教育、微电子、新材料、新能源，纷纷应用于国民生产和生活中。中国航天事业所产生的效益，已达每年一千二百万元。统计表明，我国近年来运用的一千多种新材料中，百分之八十是在空间技术牵引下研制完成的。

一串串的数字背后，是一个充满改革开放活力的中国创造的奇迹。中国载人航天事业的一次次飞跃，是国家经济实力、科技实力、国防实力和民族凝聚力不断增强的生动体现。

我越来越相信，改变落后面貌的有效途径就是坚定地走改革开放与发展的道路，坚定不移地大力发展科学技术，提高民族的自主创新能力和自我发展能力，这是一个国家一个民族战无不胜的法宝。一部中华民族的发展史，就是中华儿女的爱国奋斗史。我们与世界载人航天四十二年的差距，中国航天人靠吃苦、战斗、攻关、奉献的精神，仅用了十一年，就大步赶上来了。如今，我们伟大的祖国把自己的航天员送上了太空，送上了蓝天，成为第三个独立掌握载人航天技术的国家。这是多么了不起的成就，多么惊天动地的伟业！

当我带着中华民族千百年的梦想，乘坐“神舟五号”宇宙飞船在太空遨游的时候，我想到了我们的祖国之所以有今天，我杨利伟之所以有今天，得益于我们伟大祖国的奋起和复兴，得益于无数优秀中华儿女的前赴后继、笑傲苍天的奉献和牺牲。大家知道，在航天人的队伍中，许多高级知识分子初来戈壁滩时风华正茂，如今已两鬓斑白，有的祖孙三代扎根荒漠，“献了青春献子孙”；有的献身航天，身埋青山。作为恋人，他们愧对情侣，因为他们不能与情侣花前月下，共诉衷肠；作为丈夫，他们愧对妻子，因为他们不能给妻子更多的照顾和温存；作为父母，他们愧对子女，因为他们不能给子女更多的爱抚和教育；作为子女，他们愧对父母双亲，因为他们不能更好地尽到孝敬义务。他们只知事业，不计名利；只求贡献，不想索取；只为他人，不为自己。这就是中国航天人可贵的精神，永恒永存的一种精神。

科学不是一个人的事业，载人航天工程是全国人民共同的事业；载人航天事业取得的成就，是中国社会主义优越制度结出的硕果。在这项高度集成的系统工程中，全国有一百一十多个科研院所、三千多个协作配套单位和几十万工作人员承担了研制任务。如果没有全国一盘棋，上下一条心，统一指挥、统一调度，努力实现人力、物力、财力的最佳结合，没有大协作，这么庞大的工程根本无法运转。

梦想变成了光荣，光荣又在孕育着新的梦想。当“神舟六号”“神舟七号”

载人航天飞行取得圆满成功，我们已实现多人多天和航天员出舱，在太空行走，中国人的太空探索又站在了一个新起点上。

聆听着中华腾飞的脚步声，我们坚信：自强、自立的中国人还将在更高的领域、更广阔的空间，不断实现各项事业的更大发展，创造新的辉煌。

原载《神剑》2008年第6期

小小的篝火

潘旭澜

所有的衣服被盖中，我特别珍重的，只有一条黑白灰小方格相间的土布被里。它是母亲给的。

“文革”后期，“整人专业户”忙于各打各的算盘，无暇整治我，当然也不肯解放，就押送去干校，大约算是没戴帽的“牛鬼”。我在干校患了重病，有个工人宣传队员动了恻隐之心，说“就是犯人也可以保外就医嘛”！我才得以回福建治病。在妻子任教的中学住了几个月，病情逐渐好转。过年前夕，同妻子女儿一起翻山越岭，回老家去看望孤苦伶仃的母亲。

几年没见她，此时只有那眼睛和神态是我所熟悉的。上次见到时，行动还挺利索，现在已迟钝龙钟。她紧紧捏着我的双手，看了约莫一刻钟，嘴里一遍又一遍轻轻叨念：“可怜的儿，瘦成这样！”终于，憋不住流下两滴混浊的老泪，这才松开手，赶紧拿挂在襟前的破手帕揩去。七岁的女儿劝道：“祖母，别难过，爸爸病已好多了。”小孩儿说的一句话，竟比我和妻子好些劝慰要灵。母亲脸上掠过一些欣幸的神采，颇为吃力地蹲下来，抚摸女儿的头发，从头到脚端详了好一会儿，说：“阿黎仔真乖真懂事，长得好快，越来越像你爸爸了。”

夜里二三点，几次听见母亲在隔壁木板床上翻身的声音。她睡不着。第二天早上一起来就看见她已宰好了两只母鸡。我急得差点跳脚：“阿母，你怎么可以宰了母鸡呢？还一下子两只！”她一共养了三只母鸡，是三个“小金库”，下蛋换火柴油盐，应付额外摊派，用场多呢。“还留一只哪。”母亲说。

母亲当然十分希望我们多住几天。见一次面有多难哪！可她知道不宜多住，免得平地起风波。次日吃了早饭，她从壁角一个破水桶里，变戏法似的拿出用红绳子捆好的方格子布，上面还有一看就知道是她所剪的红“喜”字。对我和

淑荣说："你们结婚时，我连送两条好手帕也没能，心里总很不安。现在孙女都这么大了，补送你们俩这段我自己织的土布……"

母亲的诸儿女中，数我长得最瘦弱最难看，可她一向特别疼爱我。不知啥时，她有一只"米斗箍"金戒指，从不曾戴。记得多年前，有一次她悄悄拿给我看，说将来要送给我的对象。我那时在读高中，心想离找对象还早呢，告诉她不如去换点吃喝。几年后，有次我从上海回家，向她说起姐姐生孩子后日子艰难非常。她听了没说什么，摸索出那只"米斗箍"。啊——居然还留着，简直不可思议。她这才说，记心记肝，提心吊胆，总算保存下来，本是为有一天给我的对象，眼下顾不得了，"救命要紧"，让我送去给姐姐解急。决心虽下，但看得出十分心疼，她知道此后再也不会有了。我极力赞成，说现在办婚事已不需要什么金饰了，还请她千万别为我未来的事操心，莫再准备什么。

又过了几年。我回家头天，同她一起谈叙彼此近年境况之后，她高高兴兴拿出一条新蚊帐，说是准备给我结婚用的。我知道这是她一把米、一口饭省下来买的，不忍拂她的意，"嗯"了几声，没说什么，当晚将新蚊帐给我挂上，说只用一个暑假不要紧，到我结婚时，"不认真看，看起来还是新的。况且，迟早也是要给你用的"。

临走那天大早，我被一片火光惊醒。原来是新蚊帐被烧了一小半。连忙喊母亲，一起用破衣扑打，脸盆泼水，才灭了。她说，谅必是油灯头碰着帐梢，烧起来的。她在灶口用柴草烧饭菜，竟没有发觉。说时神情凄然歉然，好像很对不起我。其实，还有一点她没说，就是在临别多看我一眼，不然又得好几年才能见到。我这才告诉她，城市里都不用这种老式蚊帐了。没引起火灾算运气。她还是连连责怪自己粗心、眼花，泪水在眼眶里打滚。我灵机一动，说了一通"破财消灾"的宽慰话，她有几分相信，才逐渐平静下来。我以为她从此不会操这份心了。

"……一共二丈四。四幅拼起来，可做一条被里。借不到阔幅织布机，门面窄。虽说土布不如厂里出的好看，但是厚实，不易洗破。这是我一桩心愿。棉花是在门口菜园地挤种的。有空一点点纺起来。老了没力气，一次织几寸，手就不听使唤，怕不匀，不敢赶。从种棉到织成，前后三年多。看来，以后再也没有什么好给你们的了，就做我的'手尾'（留作纪念的遗物）罢。"淡淡的说明，欣慰之意掩盖不住深沉的感伤。

三年多，一千多个日日夜夜。年过七旬的母亲，是凭什么力量，把它纺织起来的呢？她在每一根纱里，每一寸布里，捻织了多少悬挂，多少思念，多少悲苦，多少祝愿？

我差点要打战，又像有股暖流通过。眼泪滴在心头，嘴唇变成千吨铁闸，木木地站着，呆呆地盯着母亲，默默地双手接着。好久好久，搞不清接过的究竟是什么。

次年，母亲就得到永远的解脱，离开了人世。病危之时，神志清楚，却没有多向诸儿女说什么。也许不知从何说起，也许不愿加重我们心灵的创伤，也许觉得一切语言都是多余的了。

十几年来，我一直爱用又唯恐损坏这捆用土布做成的被里。当它盖在身上，我就像一两岁时被母亲抱在怀里，有时还似乎听见她讲着金色的童话。但愿它温暖我曾经冻僵的心灵，激励我继续艰苦跋涉的勇气，一直到我走完人生旅程。

“谁言寸草心，报得三春晖！”我的母亲不是三春的阳光，也不曾想过要我报答，她只是寒夜荒漠的一堆小小篝火，燃烧完了剩下的灰烬。可是，它的火星将我的血液点燃起来。我便也成为后面旅人的篝火，无论这篝火多么渺小，多么容易烧尽。然而，我倒是渴望，篝火不再长久地作为艰苦旅人的需要，只为节假日野营，增添一点古老的情趣与欢乐。

2008 年

在我的书房怀想上海

——

赵丽宏

我在上海生活五十多年，见证了这个城市经历过的几个时代。苏东坡诗云，“不识庐山真面目，只缘身在此山中”，很有道理。要一个上海人介绍或者评说上海，有点困难，难免偏颇或者以偏概全。生活在这个大都市中，如一片落叶飘荡于森林，如一粒沙尘浮游于海滩，渺茫之中，有时不知自己身在何处。

有人说上海没有古老的历史，这是相对西安、北京和南京这样古老的城市。上海当然也有自己的历史，如果深入了解，可以感受它的曲折幽邃和波澜起伏。我常常以自己的书房为坐标，怀想曾经发生在上海的种种故事，时空交错，不同时代的人物纷至沓来，把我拽入很多现代人早已陌生的空间。

我住在上海最热闹的淮海路，一个世纪前，这里是上海的法租界，是国中之国，城中之城。中国人的尴尬和耻辱，和那段历史联系在一起。不过，在这里生活行动的，却大多是中国人，很多人物和事件在中国近代和现代的历史中光芒闪烁。

和我的住宅几乎只是一墙之隔，有一座绛红色楼房，一座融合欧洲古典和中国近代建筑风格的小楼，孙中山曾经在这座楼房里策划他的建国方略。离我的住宅不到两百米渔阳里，是一条窄窄的石库门弄堂，陈独秀曾经在一盏昏暗的白炽灯下编辑《新青年》。离我的住宅仅三个街区，中国共产党第一次代表大会在那里召开。从我家往西北方向走三四个街区，曾经是犹太人沙逊为自己建造的私家花园。沙逊来上海前是个岌岌无名的穷光蛋，在这个冒险家的乐园大展身手，成为一代巨贾。从我的书房往东北方向四五公里，曾经有一个犹太难民据点，“二战”期间，数万犹太人从德国纳粹的魔爪下逃脱，上海张开怀抱接纳了他们，使他们远离了死亡的阴影。从我书房往东几百米，有大韩民国临时政府旧址，那栋石库门小楼里，曾是流亡的韩国抗日爱国志士集聚之地。这是一个很有意思的现象，身处水火之中的上海，却慷慨接纳了来自四面八方的异乡游子。

淮海路离我的书房近在咫尺，站在走廊尽头的窗户向南望去，可以看到街边的梧桐树，可以隐约看见路上来往的行人和车辆。很自然地会想起这百年来曾在这条路上走过的各路文人，百年岁月凝缩在这条路上，仿佛能看见他们的身影从梧桐的浓荫中飘然而过。徐志摩曾陪着泰戈尔在这里散步，泰戈尔第二次来上海，就住在离这儿不远的徐志摩家中。易卜生曾坐车经过这条路，透过车窗，他看到的是一片闪烁的霓虹。罗素访问上海时，也在这条路上东张西望，被街上西方和东方交汇的风韵吸引。年轻的智利诗人聂鲁达和他的一个朋友也曾在这条路上闲逛，他们在归途中遇到了几个强盗，也遇到了更多善良热心的正人君子。数十年后他回忆那个夜晚的经历时，这样说："上海朝我们这两个来自远方的乡巴佬，张开了夜的大嘴。"

我也常常想象当年在附近曾有过的作家聚会，鲁迅、茅盾、郁达夫、沈从文、巴金、叶圣陶、郑振铎，在喧闹中寻得一个僻静之地，一起谈论他们对中国前途的憧憬。康有为有时也会来这条路上转一转，他和徐悲鸿、张大千的会见，就在不远处的某个空间。张爱玲一定是这条路上的常客，这里的时尚风景和七彩人物，曾流动到她的笔下，成为那个时代的飘逸文字。

有人说，上海是一个阴柔的城市，上海的美，是女性之美。我对这样的说法并无同感。和我居住的同一街区，有京剧大师梅兰芳住过的小楼。梅兰芳演的是京剧花旦，但在我的印象中，他却是个铁骨铮铮的男子汉。抗战八年，梅兰芳就隐居在那栋小楼中，蓄须明志，誓死不为侵略者唱一句。从我的书房往东北走三公里，在山阴路的一条弄堂里，有鲁迅先生的故居，鲁迅在这里度过了生命的最后九年，这九年中，他写出了多少有阳刚之美的犀利文字。从我的书房往东北方向不到两公里，是昔日的游乐场大世界，当年日本侵略军占领上海武装游行，经过大世界门口时，一个青年男子口中高喊"中国万岁"，从楼顶跳下来，以身殉国，日军震愕，队伍大乱。这位壮士，名叫杨剑萍，是大世界的霓虹灯修理工。如今的上海人，有谁还记得他？从大世界再往北，在苏州河对岸，那个曾经被八百壮士坚守的四行仓库还在。再往北，是当年淞沪抗战中国军队和日本侵略军血战的沙场。再往北，是面向东海的吴淞炮台，清朝名将陈化成率领将士在那里抗击入侵英军，誓死不降……

我的书房离黄浦江有点距离。黄浦江在陆家嘴拐了个弯，使上海市区的地

图上出现一个临江的直角，这样，从我的书房往东或者往南，都可以走到江畔。往东走，能走到外滩，沿着外滩一路看去，数不尽的沧桑和辉煌。外滩，如同历史留给人类的建筑纪念碑，展现了上个世纪的优雅和智慧，而江对岸，浦东陆家嘴新崛起的现代高楼和巨塔，正俯瞰着对岸曲折斑斓的历史。往南走到江畔，可以看到建设中的世博会工地，代表着昔日辉煌的造船厂和钢铁厂，将成为接纳天下的博览会，这里的江两岸，会出现令世界惊奇的全新景象。一个城市的变迁，缓缓陈列在一条大江的两岸，风云涌动，波澜起伏，犹如一个背景宽广的大舞台，呈示在世人的视野中。

上海的第一条地铁，就在离我书房不到六十米的地底下。有时，坐在电脑前合眼小憩时，似乎能听见地铁在地下呼啸而过的隐隐声响。在上海坐地铁，感觉也是奇妙的。列车在地下静静地奔驰，地面的拥挤和喧闹，仿佛被隔离在另外一个世界。如果对地铁途经的地面熟悉的话，联想就很有意思，你会想，现在，我头顶上是哪条百年老街，是哪栋大厦，是苏州河，或者是黄浦江……列车穿行在黑暗和光明之间，黑暗和光明不断地交替出现，这使人联想起这个城市曲折的历史：黑暗——光明——黑暗——光明……令人欣喜的是，前行的列车最终总会停靠在一个光明的出口处。

不久前，我陪一位来自海外的朋友登上浦东金茂大厦的楼顶，此地距地面四百余米，俯瞰上海，给我的感觉，只能用惊心动魄这样的词汇来形容。地面上的楼房，像一片浩渺无边的森林，在大地上没有节制地蔓延生长，逶迤起伏的地平线勾勒出人的智慧，也辐射着人的欲望……我想在这高楼丛林中找到我书房的所在地，然而无迹可寻。密密麻麻的高楼，像一群着装奇异的外星人，站在人类的地盘上比赛着他们的伟岸和阔气。而我熟悉的那些千姿百态的老房子，那些曲折而亲切的小街，那些升腾着人间烟火气息的石库门弄堂，那些和悠远往事相连的建筑，已经被高楼的海洋淹没……

历史当然不会随之被湮灭。在记忆里，在遐想中，在形形色色的文字里，历史如同一条活的江河，正静静地流动。走出书房，在每一条街巷，每一栋楼宇，每一块砖石中，我都能寻找到历史的足迹。以一片落叶感受森林之幽深，以一粒沙尘感知潮汐之汹涌，我看到的是新和旧的交融和交替。我生活的这个城市，就是在这样的交融和交替中成长着。

2009年

天安门见证

袁 鹰

阳春三月，天朗气清，日丽风和，莺飞草长，天安门广场上游人渐渐多起来。轻盈的风筝伴着孩子们的欢歌，绿树红花中点染着一片融融泄泄的春光。

凡是第一次进北京的人，无论是山区农村干部、草原牧民还是边防战士，无论是中小学教师、少先队员还是海外侨胞，他们的第一心愿，总是到天安门下，注视迎风飘扬的五星红旗。然后漫步广场，举头凝望巍峨宏伟的城楼，瞻仰高耸蓝天的人民英雄纪念碑，或是纵情欢笑，列队高歌，或是步履低回，沉思不语，都舍不得匆匆离去。

一九五〇年八月，我第一次从上海出差来首都，刚在住处放下简单的行囊，就急不可待来到天安门 。前一年十月一日收音机里转播首都举行开国大典万众欢腾的浪潮声，又在耳中响起，不由得一阵阵心跳。两年后，调来北京工作，工作地点离东长安街只有一箭之遥。近六十年来，记不清多少次在天安门前驻足，在广场上徜徉。在这里度过了多少晴空丽日，寒雨严霜；在这里留下了多少欢歌和笑语，泪水和哀思。

站在天安门下，我想到的并不是数百年前明清帝王由此出入的御辇和仪仗，那些早已化为尘土。在耳边震响的是九十年前五四运动的先驱者和青年志士们为国为民的呐喊声。我仿佛看到陈独秀、李大钊、鲁迅、胡适那一辈民族精英，高擎科学、民主大旗，在黯淡的国土上燃起现代文明的火炬。我仿佛看到北京的大学生们走上街头，“外争国权，内惩国贼”的怒吼，振聋发聩，呼唤沉睡千年的巨人觉醒，一路高呼口号，挥舞标语，迈步走过天安门前。我也仿佛跟随在他们后边，从天安门下一直向东，过东交民巷和东单牌楼，进入一片胡同，直到赵家楼卖国贼曹汝霖的旧宅。那座曾经被烈火焚烧的庭院内外，空气里似

乎依然留存当年爱国志士们的姿影和呼声，仿佛还在注视着下一代下两代后辈，殷殷垂询：我们多灾多难的祖国，在民主和科学的大道上迈进多远了？徘徊小巷，悲欣交集之余，不知道该如何回答，只是深深感到：我们面前的路还很长很长，有坦途也有礁石，有鲜花也有荆棘，还需要一代一代仁人志士坚强而执着地走下去。

五十年前，杨沫的名著《青春之歌》和据此改编的电影，博得千万人尤其是青年一代的喜爱，到现在还被人奉为反映“一二·九”运动的经典作品。那一时期，每到天安门，就会想起“一二·九”时代的热血青年。上世纪三十年代民族危亡的时刻，日本侵略者步步进逼，国民党政府步步退让，奉行“攘外必先安内”的政策，要全力消灭共产党和工农红军。北平的大中学生们不愿做亡国奴，不愿看到祖国沦亡，自发地团结起来，振臂高呼：“华北之大，已安放不下一张平静的书桌。”毅然举行抗日示威大游行，冲破反动军警大刀、水龙和枪托的阻挠和镇压，浩浩荡荡，勇往直前，震动古城，震动全国。这是五四运动以后规模最大、影响最广的大游行，振奋了亿万民心。“一二·九”运动和以后成立的民族解放先锋队表明，又一代青年自觉地担负起历史赋予他们的使命，在中国现代史上写下了辉煌的史页。

近些年，我每次走过天安门，必定要想起一九七六年丙辰清明前后那一段惊心动魄的日子。花圈似海，挽诗如林，凝聚了人民群众对周恩来总理的沉痛悼念和对“四人帮”一伙奸佞的切齿痛恨，也表达了对祸国殃民、践踏人权的那昏乱岁月的斥责和唾弃。那几天，我和报社同事也和我的爱人一次次去天安门广场，默读那一首首带着哀伤和怒火迸发出来的诗词，任凭泪水泻下双颊。“欲悲闻鬼叫，我哭豺狼笑。洒泪祭雄杰，扬眉剑出鞘。”“红心已结胜利果，碧血再开革命花，倘若魔怪喷毒火，自有擒妖打鬼人。”……瑟瑟寒风中，我们见到一个个青年对着人群朗诵、演讲，全不顾自己有被逮捕的危险。我看着这些勇敢的青年人，敬佩之余，想着他们之中也许有人在十年前戴着“红卫兵”袖章，在天安门广场如疯如狂的人群中不停地高声唱歌，高呼口号，等待一次让他们激动得彻夜不眠的接见。十年风雨，他们成长了，能够擦亮眼睛、辨别是非黑白了。在祖国又一次面临生死存亡的关头，他们沿着前辈走过的道路，挺身而出，面对危险，勇敢走上讨伐奸佞的战场。多么好的青年一代，不愧是“五四”和“一二·九”的继承人！“丙辰清明”的正义行动当时被宣布为“反革命事件”，许多人受到残酷的追查和迫害，一时从北京到外地，风声鹤唳，草木皆兵，到处笼罩着白色恐怖气氛。然而，仅仅过了半年，历史就作出结论。

十月中，在首都百万军民欢呼粉碎“四人帮”的大游行队伍中，我又一次随着人潮走过天安门。半年前的光景，历历在目，禁不住百感交集之余，也想到了“四五”事件的受害者，他们的鲜血没有白流，历史终究要恢复它的本来面目。任何符合人心的正义行动，不论遭到多少诬陷，发过多少文告，终究不过是镜花水月，不值一文钱。历史的辩证法就是如此，可以依靠强权歪曲它，污蔑它，却无法改变它一丝一毫。

八年后的国庆节，是中华人民共和国成立三十五周年，天安门前举行改革开放以来第一次隆重的阅兵式和盛大的游行。人民群众自发地表达了对改革开放路线由衷的欢呼。那天晚上，我们全家围坐在电视机前，心随着天安门前的欢潮一起跳动。突然，北京大学的游行队伍里举起一面横幅，四个大字：“小平您好！”使我们眼前顿时一亮，不禁都欢叫起来：“‘小平您好’，好啊！”好像突然升起一把火，将我们的心烧得暖洋洋的，不能平息。这样的标语，是历次游行中未有过的，普普通通四个字，却是那么准确、深刻而又亲切生动地表达了中国青年一代以及全中国人民历经十年风霜雨雪以后共同的愿望，对高瞻远瞩的改革开放总设计师邓小平同志和带领全国人民迈向康庄大道的中央领导人表达崇高敬意和衷心爱戴。我在天安门曾经见过无数标语横幅，听到过无数口号欢呼，唯有这句平实的大白话，将会让亿万人民牢牢记住。

十年前，中华人民共和国五十年华诞那天下午，我们全家人又到天安门广场。看到一队队系红领巾的少先队员跳跃欢腾，一群群身穿绚丽衣裙的少数民族姑娘载歌载舞，一辆辆装饰着绚丽鲜花的花车被人们簇拥，想起我自己从一个二十多岁的青年第一次站在金水桥上的兴奋心情，到如今两鬓如霜，再一次到天安门广场感受祖国黄钟大吕般的足音，思潮起伏，千言万语涌上心头，竟难以移步了。

遥望天安门，经历了六十年峥嵘岁月，巍然屹立在每个中华儿女心中，永远是一块崇高的圣地，一种爱国精神的象征。它凝聚着炎黄子孙的如火红心，激荡着中华民族的浩然正气，也永远见证着风雨苍黄的华夏青史。

原载《人民日报》2009年4月29日12版

春日探寻聚源中学

——

陈丹燕

二〇〇九年春天，我去了聚源镇。

聚源中学旧址，人去楼空。

透过教学楼一楼满是雨痕的玻璃窗，我看到在黑板左下角，语文课代表抄写的好词好句仍然清晰可辨：

神采奕奕：形容一个人很有精神，面容有光彩。例句：周总理神采奕奕地来到我们中间。

那是去年五月十二日聚源中学的教室。

渐渐地，我认出来一个操场。虽然那个操场上，现在已长满了深绿色的青苔、春草，还有鲜艳的野花，白色的，黄色的，水洼上漂浮着鲜绿色的细小浮萍，但我还是认出，这里就是十六岁的初三学生周仁贵苏醒过来的地方，当时这里曾停满了同学们的尸体，以至于水洼里的水都被染成了红色。

然后，我认出了吴志雄医生在日记里提到过的篮球架。他是二〇〇八年五月去四川志愿服务的外科医生，一九七八年出生的独生子。操场上有两组篮球架，现在仍竖立在高高的野草丛中。篮板上的白漆已经剥落，露出的木头，经风吹雨淋，已变得黯淡。“当年在篮下挥汗的少年如今在何方？”吴医生曾这样想。少年周仁贵当时正是他的床位病人，正挣扎在死亡线上。

然后，我认出初二学生李露提到的操场边美丽的大树。这个女生喜欢在树下玩。春天到了，大树上一派郁郁葱葱。树下有一副双杠架子，长满了黑色的锈。今年李露已十五岁，发育成了一个大姑娘。但她的右臂与右腿都被截去。

她也是吴医生的床位病人，病危时，他与七个来自全国各地的急救科医生曾在她床前守了一个整夜。

这是个满目茂盛绿色的，荒芜的操场。我总是想，它的植物这样茂盛，是因为土地里吸收了太多的营养，是靠孩子们的鲜血成长的。

清明刚过完，不知是谁，越过绿色围栏，扔入操场去的一束白菊花，在塑料纸的保护下仍旧盛开着。这么细心的哀悼者，我想是个母亲吧。

越过这个操场，能看到一片平整过的废墟，那里曾是一栋五层高的教学楼，五月十二日，垮塌，只剩下一段楼梯间。

星期六的下午，这里一片寂静。能听到李露喜欢的大树深处，有小鸟的叫声。当年从废墟到操场有一条生死线，挖出来的学生们，有救的，马上向左抬，救护车就在校门口等着。没救的，向右抬，停在操场上。现在，这条一年前的生死线上，长满了高高的野草和野花。白色的野花是单瓣的，六瓣，像碎裂的水珠，无声无息摇曳着。

都江堰的春天，漫山遍野盛开着这种野花。只是在这条废弃的生死线上，它使我突然想起去年聚集在这里，满含眼泪的家长们。母亲们抖个不停的身体，就像这些微风中的野花一样摇曳着。去年我曾很多次问自己，如果我的孩子被埋在里面，我怎么办。

没有结论。

只有一点点侥幸。

这是四月十一日的聚源中学旧址。

在旧日生死线的土路上，我遇见一个带着小姑娘的中年男子。

他很坦然地面对我脸上挂着的泪水，想来，他已经见多了。他指点我说，聚源中学活下来的孩子们，现在都在板房学校里上学。沿着河走，过桥，穿小路，就能找到他们。

沿着清澈湍急的河水，经过一座石桥，乡村的土路弯弯曲曲。两边开着零零星星的油菜花，聚源镇的油菜，长得比江南的高多了。

我看见三五成群的少年，背着书包，就从这样的土路上走过来。

整个都江堰的板房学校，都将在暑假拆除，五万七千多板房学校的学生，都可以搬进新校舍。为了准备搬家，全都江堰的学生这个月开始全都取消休息日，他们将在五月提前放假。所以，周六的时候，孩子们仍旧正常上课。

女孩子们叽叽喳喳议论着一个耍帅的男生，一半兴奋，一半讥讽，这是典型的青春期女孩子。她们的笑声有一点夸张，好像为了让别人听到；过了几分

钟，几个男孩子走过来了，我几乎能猜出来，她们议论的是谁，他真是一个出色的少年，端正的脸上微微笑着——他知道女孩子们议论的就是自己。他知道她们那样笑，也是为了他。所以他难掩得意之色。

青春时，人人做过这样的小游戏——生命如花盛放，令人又喜又怕，好不知所措啊。

经过他们身边时，能闻到在学校一天的少年身体散发出来的特殊气味——和我的孩子陈太阳小时候身上的气味一样，微臭的，是他们旺盛的汗腺散发出来的，清新的，是他们年轻的肌肤和呼吸。

这样的青春岁月，本来也是平常而不朽的。但衬托在惨烈地震之前，让人只觉得太美好，太宝贵，太值得护卫与珍惜。

我在都江堰，许多次听说余震发生时的故事。大地一摇晃，人们就以惊人的敏捷逃离房屋。人站得远远的，张张脸都是煞白的，个个都默不作声地看着嘎吱作响的房子。在这个处于地震带上的地方，噩梦会在一瞬间重现眼前。

有个美丽的女生，正叉开双腿，站在同学自行车后轮两边的夹衬上，她们在灰绿色的油菜田中间轻快地掠过，好像马戏里的小飞人一般。

是这些擦肩而过的少年，让我明白了劫后余生的复杂含义。

田野深处，出现了一个不大的板房校区，还是与聚源小学合并在一起的。教室开着门，透出灯光。每条走廊上都静悄悄的，初三各班都还在上课，准备中考。

偶尔能听到，有班级在集体朗读，在读英文单词。我仔细听，但由于这里离新校舍的工地太近，工地上的声音，让我听不清楚他们到底在读什么。

他们在读 elephant（大象）吗？那是陈太阳去年志愿服务时教过的单词，希望她的学生们都还记得。

弯弯延伸的土路扬着灰尘，两边都是一排排的白色板房，非常整齐。

我们分成四人一组，先去五个高二年级的班级上课。

班上没有坐满，大约三十几个学生。我们进去之前他们都在复习古文，我瞥见他们的语文书和我初中时候一样，密密麻麻好多注解，我想他们一定在准备烦人的期末考试。

见到我们进去，同学们热烈鼓掌。但是等到需要互动做英语游戏时，只有寥寥无几的人举手回答。

大多数同学就直直地看着我们，不笑，也没有反应。

我们不敢多逼问，只得自说自话厚着脸皮，自己在讲台上跳来跳去，扮演大象、恐龙和青蛙。

Elephant！想想，只要能换得他们的笑脸，自己做小丑也没有关系。年龄大一些的学生显然懂得多，感情也比小一些的孩子要复杂，所以，这次地震带给这些大孩子的阴影更大，一时半会儿无法抹去。

想让他们快乐起来，正常地生活下去，不是件容易的事。因为想让他们忘记过去，是不可能的，也是不对的。

——陈太阳很感慨。她是个非常热心志愿服务的独生女，一九八八年出生。她觉得自己有超人的力量。

工地的声音真的很大，敲击声，马达声，装卸声，水泥搅拌机里甩动石子的撞击声。正在修建的楼房，就是新的聚源中学。上海援建聚源中学新址的队伍承诺说，这个建筑按照抗八级地震的标准建造，希望它十足地坚固，将来能成为整个聚源镇的公共避难所。

新聚源中学的教室里将安装上海正在实施的中小学教室灯光亮化工程所用的灯管，这样的灯光不闪动，不刺眼，书写时无右手带来的阴影。

还将安装多媒体讲台。

升降式课桌椅，以适应发育时期的同学身体的高矮不均。

闭路电视终端。

部分教室配备多媒体投影仪和电脑操作系统。

专科教室有物理实验室、化学实验室、生物实验室、音乐教室、美术教室、外语语音室、计算机房、劳技室。

配备学校闭路电视系统。

配备中心机房。

配备校门安防系统。

配备全部现代化厨房设备。

据我知道，这还不是最终确定下来的所有清单。

聚源中学与上海配备得最好的学校相比，只会是更好的新学校。九月一日，它会与都江堰的二十三所新学校一起开放使用，五万八千一百四十五个在板房学校学习的学生，将在二十三所坚固的新学校里继续学业。

学校教学楼倒塌后，社会曾一致向这里的孩子们承诺，他们将获得比从前更好的学校，这个诺言虽然还被施工防护网密密地罩着，但终于是快要实现了。

我站在围栏外面，看着静悄悄的板房和它后面还未封顶的新楼房，那是我所见到过的，最让人安慰的工地。在路上遇见的那个男人，特别吩咐我去看看

新房子。“那才是一板一眼盖房子的样子。”他评价说。

我看见离栅栏最近的教室里贴着的半幅水彩画，一幅壁报的报头。看样子，这是预备班的教室，壁报还留着小学生的稚气。

水彩画里，鲜艳的太阳照耀着新教学大楼，彩色小人拉着手，被画成了蜘蛛侠玩具的样子。热烈的颜色，让我想起“神采奕奕”这个词来。

到过四川的人，才会知道艳阳的珍贵。这里多雨多雾多阴天，一旦出太阳，四川的狗都不认识，直对着太阳乱叫。这就是“蜀犬吠日”的来历；

新的教学大楼还没有顶，但是有很厚的墙，看上去更像一座童话插图中的城堡；

彩色的蜘蛛侠到处都能买到，那是一种用软橡胶做成的小人，不论你如何拉扯它们，揉搓它们，只要一放手，它们就会立即恢复原样；

知道这里发生过什么的人，才能理解它的每一笔，都很珍贵。

校门口也有一条土路，土路两边，也开着黄色和白色的野花。

几个早到的家长倚在车边，等待孩子放学。这已是寻常校门前的景象。

对幸存下来的孩子们和他们的父母，这个工地无时无刻不停息的噪音，大概竟是对他们留有梦魇的内心最有力的安慰——这栋为他们建造的坚固的房子正在冉冉长大，聚源中学的惨剧大概不会在他们身上重演了。其实，这也是对陈太阳最好的安慰。她知道让那里的孩子们忘记过去是不可能的，也是不对的。但是，我们仍能找到安慰和鼓励他们的方式：

有时，是一个在六月闷热的板房里，晃动身体扮演大象的女孩。

有时，是一个利用仅有的休息天去探访病人母校，并深为所动的年轻医生。

有时，是一栋精心建造和配置的，四川乡村最坚固的中学教学楼。

原载《散文选刊》2009年第6期

花土沟的花

肖复兴　肖复华

柴达木的地名起得都非常有意思，由于千百年来没有人烟，以前哪里有名字？勘探队员第一次到了那里，随口为它们起了名字，都很风趣，有诗意。花土沟，就是这样的一个地名。它在柴达木最西部，位于尕斯库勒湖畔，油砂山脚下。新中国第一批闯进柴达木的勘探队员，在向导乌孜别克族阿吉老人的带领下到达这里。望着这一片连芨芨草都没有的荒凉戈壁，不知谁诗兴大发，给它起了这样一个诱人的名字，便渐渐地叫了开来。可是，哪里见得到一朵鲜花呀？花土沟的花，只开在勘探队员和采油工人的梦里。

勘探队员之所以跑到了这里，是因为中国的第一代地质师周宗浚翻过昆仑山，曾经来过这里。马步芳部队的养路工，递给周宗浚一块石砾，告诉他这玩意能点着。他断定这里一定有石油，躺着无数这样石砾的山丘便被叫作了油沙山。从一九四七年，周宗浚把这个兴奋的发现，一直燃烧到了新中国成立。百废待兴的新中国准备好了一切，派出了第一批勘探队向这里进军。当时，中国只有甘肃玉门、陕西延长几个小油田，年产量十二万吨，远远不够正喷薄而出的新中国的需要，便寄希望于柴达木。一九五四年四月，花土沟的名字就这样标在了新中国的版图上。一年多后的秋天，在花土沟的油泉子终于打出了第一口油井，当时轰动了全国。那一年的国庆节，青海省政府派出省歌舞团在花土沟举行了盛大的庆祝活动，晚上还有化装舞会，火树银花不夜天。

紧接着，又有多个井相继出油，只是油量不大，开采价值不高。人们不死心，始终舍不得放下花土沟，一直艰难地在这里徘徊，继续找油。日复一日的日子，风沙卷着风沙，烈日顶着烈日，花土沟和共和国一起走到了上个世纪八十年代。一九八一年秋天，我们第一次来到花土沟，老地质师周宗浚不在了，

向导阿吉老人的墓就在花土沟的尕斯库勒湖边。虽经几代地质人和石油人的努力，眼前却依然见不到一朵花，荒凉的戈壁滩上，只有高高矗立的井架和挖在地底下简陋的地窨子，工人们就住在这里。

那一天，我们见到了一个叫曾惠玲的人，我们问她花土沟怎么没花呀？这位干了十二年采油工的四川女子，在花土沟建起了第一家幼儿园。她带领我们来到了她创办的幼儿园，堂皇的雕花铁门上有炫目的“儿童乐园”四个金红大字，推门而入，那里居然有树、有草、有花，还有一圈花坛，簇拥着喷泉正飞珠溅玉……这实在令我们惊讶，虽然只是普通的花草，对于别的地方，不是什么新鲜事，但对于几千年以来一直一毛不长的花土沟来说，这真的是一个奇迹。

曾惠玲告诉我们，那是国运转折的一九七八年，在茫茫的戈壁滩上建立一个幼儿园就已经够不容易的了，还想让幼儿园像城里一样也能够有鲜花盛开，她可以牵着孩子白藕般的小手，在花坛旁游戏，在喷水池边做操，在花丛绿荫下散步？这些，花土沟没有，而曾惠玲却想有。她一个人接起了一百多米的水管线，闸门、弯头、管子、挖沟机……她白手起家，但是，那该是多么的难呀，水始终引不过来，没有水，哪里来花？她一屁股坐在干裂的戈壁滩上哭了。哭够了，她爬起身来接着干。于是，一个弱女子感动了花土沟的所有人，大家一起动手，水哗哗地流进了幼儿园，花土沟的第一朵花，就这样开放了。花土沟没花的历史，终结在一个弱女子的手里。

就像曾惠玲不甘心花土沟没有花一样，石油人同样不甘心花土沟没有油。就在曾惠玲幼儿园里的鲜花越开越鲜艳的时候，青海油田的石油人重返花土沟，奋战整个八十年代，先后打了一百多口井，终于在一九九〇年的最后一天，向全国人民宣布，花土沟翻身了，有了一百万吨的年产量，可以向周宗浚，向阿吉老人，向我们的共和国报喜了。

又有近二十年过去了。一代人死去，一代人老去，一代人又青春勃发地奔向花土沟。世上就有这样的地方让人牵肠挂肚。前不久，阔别多年，再次来到花土沟的时候，不由得惊讶万分。不仅惊讶花土沟大踏步地要向千万吨油气田进军，更惊讶一座六千四百平方米的生态园矗立在我们面前，这样开阔的温室植物园，在北京都属罕见。厅内，小桥流水，鱼翔浅底，喷泉参天，三百多种花卉争相斗艳，南方的梧桐枝繁叶茂。花土沟，当年给它起这个名字的勘探队员的梦变为现实，几代人的努力让花土沟名副其实。

望着眼前的植物园，舒适滋润的湿度，舒心养神的充足氧气，一下就把“天上无飞鸟，地上不长草，风吹石头跑”高寒缺氧的戈壁大漠阻隔在大厅外。

满目葱茏，满心怡爽，我们竟情不自禁地在大厅内外转了好几圈。朋友向我们介绍着眼花缭乱的各种花草，记也记不住，分也分不清，只知道光带三字的就有三角梅、三叶梅、三叶草、三色堇……大厅旁还有舒适的阅览室，还有一个免费网吧。那是花土沟的采油工人休闲的好场所，收了工，下了井架，来到这里，清风和以读书声，上网伴有花香随，想想三十年前工人住地窨子的情景，真的恍如隔世。

我们忽然想起了小六十年前那个为花土沟起名字的勘探队员，想起三十年前的那个“儿童乐园”里的小小花坛，到如今百花盛开的偌大生态园，岁月在不动声色中一眨眼，便完成一次历史巨变。这样的巨变，结束了花土沟寸草不生的历史，用五彩缤纷的鲜花展开花土沟的新时代。

我们也想起曾惠玲，她早该退休，不知现在在哪里，应该约上她一起来花土沟看看，她一定会和我们一样为花土沟的今天叹为观止。

原载《散文选刊》2009 年第 10 期

汉代的五个历史细节

——
穆 涛

汉代的一国两治

汉代的一国两治，不是体制创新，而是封建遗存。

封建这个词，专指周代的分封诸侯建制国家。汉代改封建制为帝国制，但也部分保留了封建制。刘邦在建国后，分天下为六十二郡，郡相当于今天的省，在郡之外，还分封了十位异姓功臣王和十一位刘氏同姓王，这些诸侯王国，是当年的特别行政区，有独立的行政权和经济权，而且也有一定的军事权。但诸侯王国权力过重，给国家埋下了隐患的种子。

十位异姓功臣王是打江山时期分封的，国家的政权稍事稳定后，刘邦即以“非刘氏而王者，天下共击之”的名义，诛除了其中的七位，具体是，韩王信（都城初在山西太原，古称晋阳，后迁朔州，古称马邑），赵王张耳（都城在河北邢台，古称襄国），齐王韩信（都城在山东淄博，古称临淄），淮南王英布（都城初在安徽六安，古称六，后迁淮南寿县，古称寿春），梁王彭越（都城在山东菏泽，古称定陶），燕王先封臧荼，臧荼反叛被诛后，再封卢绾（都城在北京房山区，古称蓟城）。另外的三位异姓王，一位是长沙王吴芮（都城在湖南临湘），吴芮深得刘邦信任，他的后代得以享国，传位五世，至汉文帝时，因无后嗣除国。还有两位王地处南疆，南越王赵佗（都城在广州，古称番禺），传位至汉武帝时期，因谋反被除国。闽越王无诸（都城在福建冶山，古称冶城），传位至汉武帝时期除国。

刘邦诛灭异姓王的同时，册封了十一位同姓王，十一位同姓王中，有七位是刘邦的儿子。长子刘肥，封齐王。三子刘如意，封赵王。四子刘恒，封代王。

五子刘恢，封梁王。六子刘友，封淮阳王。七子刘长，封淮南王。八子刘建，封燕王。刘邦共有八个儿子，史称“两帝六王”，二子汉惠帝刘盈，四子汉文帝刘恒，刘恒即帝位之前，被封代王。

刘邦的胞兄刘喜，初封代王，镇守北方，匈奴入侵代国，刘喜弃国而逃，被贬为郃阳侯。刘喜儿子刘濞，受封吴王。刘邦的异母弟刘交，受封楚王。刘邦的族兄刘贾，一说为堂兄，受封荆王。

汉代隐患的爆发是在建国五十年之后，吴王刘濞坐拥扬州，盘踞富庶之地，构建了自己的独立王国，长达二十年不进京朝奉皇帝。在经济上，吴国垄断着半壁江山的盐业，并且依仗着境内的铜矿资源发行货币。汉景帝三年（公元前一五四年），刘濞联合楚王、赵王等七国刘氏诸侯王举兵反汉，纵然三个月之后即被平叛，但留下的教训是苦涩而沉重的，当年特别行政区的待遇太过特别，大汉的江山险些命丧在自家王爷手中。

刘邦册封刘濞为吴王时，是第一次见到这个侄子，很反感他的面相，“若状有反相”，《汉书》记载，刘邦当时拍打着刘濞的背部，说，“五十年后东南有一场祸乱，不会是你吧”。

刘邦发现文化的亮光之后

刘邦是率性而为的皇帝，不待见读书人，甚至见到儒生的穿戴都烦。起兵“闹革命”之初，有儒生上门投附，要么避而不见，“通儒服（叔孙通，汉初大儒），汉王憎之，乃变其服，服短衣，楚制（楚地老百姓服式）。汉王喜”。要么直接出手把冠帽摘下来当尿壶，“沛公不喜儒，诸客冠儒冠来者，沛公辄解其冠，溺其中”。《汉书》记载这些细节，用笔不忌皇帝讳，用心却大器深远，就是这么一位性格不羁的领袖，身边却吸引团结着多位重量级文化人物。汉定天下后，武将的命运多有不测，但文化人受到尊重，讲真话讲实话的，不仅不压制，还受到重用。“初，高祖不修文学，而性明达，好谋，能听……初顺民心作三章之约。天下既定，命萧何次律令，韩信申军法，张苍定章程，叔孙通定礼仪，陆贾造《新语》”。

陆贾是汉代“文化治国”的最初顶层设计者，因是近臣，顶撞刘邦也多，最典型的一次是，刘邦骂他，“老子是在马上得到的天下，和《诗经》《尚书》有狗屁关系！”（“乃公居马上得之，安事诗书！”）陆贾不慌不忙地说，“在马上得到的天下，还要在马上治理么？古代的贤君明主，均是文武并用。假如秦

始皇统一天下后，行仁义，法先圣，陛下是没有机会得到天下的”。刘邦听后，“有惭色”，说，“你把秦朝失天下以及古来治国成败之道全部写出来给我”。陆贾写一篇，刘邦认真读一篇，这就是陆贾所著《新语》（十二篇）的始末。据传《新语》这个书名，是刘邦所赐，对他而言，这些“老货”都是新鲜话。

叔孙通是大儒，学问在陆贾之上。原为秦朝博士，是秦二世的文化顾问。第一次见刘邦时因穿戴儒服遭到冷遇，但之后被刘邦封为奉常。奉常，后改为太常，位列九卿之首，主管国家意识形态，兼管教育、文化、礼仪工作。再之后，兼任太子太傅，做太子刘盈的师傅。汉初的朝廷礼仪、政策条例多由叔孙通牵头修订，并且带出了一个三十人的工作团队，均是他学有所成的弟子，这些人被刘邦任命为郎中，分派进入朝廷多个部门，成为汉代初年首批专职文化干部。叔孙通还有一个贡献，制定并实施“征书令”。秦始皇公元前二二一年统一全国，七年后，公元前二一三年下达“禁书令”，又七年后，公元前二〇六年亡国。焚书范围包括各诸侯国史书，《诗经》《尚书》以及诸子百家著作。汉代建国不久，即颁行“征书令”，在全国范围内抢救整理文化典籍。“汉初，改秦之败，大收篇籍，广开献书之路。”这项工作，被长期坚持下来，几乎终西汉一朝，至西汉末年，共修复整理书籍七个门类（辑、六艺、诸子、诗赋、兵书、术数、方技）三十八种，约计一万二千多册书籍，我们今天见到的先秦著作，百分之九十以上都是经由汉代整理出来的。

张苍是天文学家，“苍本好书，无所不观，无所不通，而尤善律历”，也通数学，增订、删补《九章算术》。张苍原为秦朝御史，“明习天下图书计籍，则主四方文书”，被刘邦重用，任为“计相”，主掌国家计簿（人事、赋税、户口），汉初的历法、音律均由张苍主持制订。张苍在汉文帝时任丞相十余年，进一步完善典章制度。张苍长寿，享年一百余岁。但晚年牙齿全无后，主食人乳，成为后世人的褒贬谈资。“苍之免相后，老，口中无齿，食乳，女子为乳母。妻妾以百数，尝孕者不复幸”。

刘邦实际在位七年，汉五年称帝，汉十二年去世，享年六十一岁。刘邦个人没有文化，不按规则做事，长于打破各种框框，但识人，“能听”，善于吸纳多方有识之见，发现文化的亮光之后，转“打破”为“建树”，章程和制度建立后，他带头遵守，不反复，不出尔反尔，为西汉一朝扎实的文化生态预留了宽阔的空间。

有多少种觉悟叫迷悟

菩提本无树，有什么呢？

佛学是进口的，是外来的精神。佛进入国门之前，儒学担当着国人修身齐家治天下的责任。尤其是汉代，一门独大。佛学进国门之初，是奢侈品，被皇家御用，有点反客为主的意思。宋代儒学再度中兴，把佛学从宫廷中排挤到民间。佛门是伟大的，生命力极强，就此落地生根，禅宗便是佛学中国化的产物。外来的精神想中国化，如果不被老百姓广为接受并喜爱，是不太可能的事情。从这个角度讲，马克思主义中国化还有一段踏实的路要走。

汉代治国养民的大义有“六指（旨）”：“天端，流物，得失，法诛，尊卑，谦义”。“天端”是顺自然，守天地大规律，德在天地，神明贤集，“木生火，火为夏，木为春，天之端”，“火由木生，为物皆本于春，《春秋》首书春，所以正天端也”。“流物”是世间百态以及变幻无极的万物。“援天端，布流物，而贯通其理，则事变散其辞也”。“天端”和“流物”是总则，世道变数的奥秘之理隐于其中。“志得失之所丛生，而后差贵贱之所始也”，影从形起，响随声来。记载“得失”产生的缘由，可察晓尊卑贵贱差别之义，用今天的话讲，叫考察社会各阶层心理指数。“论罪源深浅定法诛”，法律是保障社会公正的，要有恒温，不可因时而异，不可人为地从重从快。“载天下之贤方，表谦义之所在，则见复正焉耳”。推表贤良方正之士，彰显谦和礼义，人心则崇尚正道。“六指”是儒学大道理，汉代不是讲出来的，是做出来的。东汉末年的党锢之祸，是当年的“文化大革命”。一六六年和一六八年，政府两次镇压了几百位儒学大人物，读书人由此开始疏离政治，有了归隐田园心理，及至魏晋、唐之后，形成儒释道三足并存的中国文化局面。宋代的儒学，尽管再度被皇家器重，但已和汉代是两个天地了，汉儒在社会学范畴，宋儒升腾为理学，给自己留了退路，入了哲学的境地。

《曹源一滴水》是一本禅识录，有意思的是，里边有一辑是历代高僧大德专门回答“如何是道”的。恭录几则：

僧问：“如何是道？”师曰：“道远乎哉？”

僧问：“如何是道？”师曰：“何不问己？”曰：“自己云何是道？”师曰：“处处绿杨堪系马，家家有路通长安”。

僧问：“如何是道？”师曰：“妄想颠倒。”

僧问："如何是道？"师曰："顶上八尺五。"曰："此理如何？"师曰："方圆七八寸。"

僧问："如何是道？"师曰："只在目前。"曰："为什么不见？"师曰："瞎！"

僧问："如何是道？"师便咄！僧曰："学人未晓。"师曰："去！"

僧问："如何是道？"师曰："太阳溢目，万里不挂片云。"曰："如何得会？"师曰："清清之水，游鱼自迷。"

僧问："如何是道？"师举起拳。僧曰："学人不会。"师曰："拳头也不识！"

僧问："如何是道？"师曰："高高低低。"僧曰："如何是道中人？"师曰："脚瘦草鞋宽。"

僧问："如何是道？"师曰："拍手笑清风。"

僧问："如何是道？"师曰："头上脚下。"曰："如何是道中人？"师曰："一任东西。"

僧问："如何是道？"师曰："砖头瓦子。"曰："意旨如何？"师曰："苦。"

丝绸之路不仅是一条路

丝绸之路不仅是一条路，重要的是世界观。

中国在汉代之前，走的是自强与自安的国家路线，因自得而自在，和外国基本没有往来，也没有对世界的认识，只有"天下"这个概念。"天下"在西周时期是这么界定的，用"五服"做区划，以首都地区（京畿）为核心，向东南西北四外延伸，每五百里为一服，五百里之内称"甸服"，一千里内称"侯服"，一千五百里内称"宾服"，两千里内称"要服"，两千五百里内称"荒服"。方圆五千里，泱泱大国，是为天下。"先王之制，邦内甸服，邦外侯服，侯卫宾服，夷蛮要服，戎翟荒服"（《史记·周本纪》）。"中国"这个词最早出现在夏代，但含义与今天不同。夏代先民开始筑城而居，"禹都阳城"，住在城里的人称"中国人"或"中国民"，简称"国人"。《说文》的注解是，"夏者，中国之人也"。"中国"即"国中"的意思，用以区别无组织的游牧部落。西周的"五服"观念，针对"国人"是一种大的进步，有行政区划意识了。

中国的大历史，至少有一半是和北方民族的砥砺交融史，也是以汉代为分水岭。汉代之前的北方民族犬戎、匈奴等，南侵中原的目的比较单纯，就是掠夺女人、粮食、金银、财物。汉代之后，开始对政权有野心，因此后世的历史里，有南北朝，有南宋和北宋，元代是蒙古人建立的，清代是满族和蒙古族合营的。

中原与北方民族的最早“交恶”，始于西周第五位君主周穆王的北征犬戎。据史书记载，那次北伐战绩一般，“得四白狼、四白鹿以归”，但后果很严重，“自是荒服者不至”，从此以后，犬戎不来朝贡了。又过了两百年，西周被犬戎终结。周幽王治国无道，却是个恋爱男，偏宠褒姒，废申后，逐太子，大臣申侯恼怒之下引来犬戎大军，在骊山脚下杀死幽王，抢走褒姒，再把京城扫荡一空后班师北归。这一年是公元前七七一年。

秦朝建立后，匈奴在甘肃庆阳、陕西榆林一带屡屡犯边。公元前二一五年，秦始皇遣大将军蒙恬率军三十万御北，用了大约六年时间，收复了黄河以南的失地，把匈奴驱至黄河以北，并把秦、赵、燕三国的旧长城连通，修筑了一条西起甘肃临洮、东至辽东的万里边防线，即今天人们常挂在嘴边的“万里长城”。

汉代建国，正值匈奴强盛期，纵有“和亲”政策，匈奴每年仍然大肆入侵边境，杀官吏，掠民财。汉与匈奴的边境线长达数千里，西起陕甘宁，中间是山西、河北，东至北京、辽东，西汉中期之前的国家要务主要是戍边。汉文帝时的贾谊，写过一篇文章《解县（悬）》，指出汉与匈奴的关系呈“倒悬”之势，是大国屈辱。这种“倒悬”的态势从刘邦开始，经历了惠帝刘盈、吕后、文帝刘恒、景帝刘启，到汉武帝刘彻执政的中后期，国家综合实力大增，又开启了丝绸之路这种治国模式，才有所改善，但在军事上仍处于对峙期，汉军每打一次胜仗，匈奴均在他处疯狂报复。再经过昭帝刘弗陵，直到汉宣帝刘询时，汉军把匈奴赶到贝加尔湖一带，边疆的维稳警报才算彻底解除。

丝绸之路最初是军事路、外交路，汉武帝派使臣联合西域的大宛、乌孙、大月氏等国，成立了一个松散的合作联盟，旨在孤立和削弱匈奴势力。之后是民生路、商业路、世贸路，再之后发展成了当时世界上最繁忙的物流大通道。由长安到西域，到中亚，到西亚，再绵延至欧洲。物质交流的同时，中国文化、印度的佛文化、伊斯兰文化、基督文化也相互间交集共生。丝绸之路是汉朝探索出来的，让中国融入世界，并渐而有发言权和影响力的一条大国之道。

“和亲”与“倒悬”

软骨头，指的不是骨头，是怯懦的心。怯懦有天生的，也有迫于无奈的，

俗话叫示弱。

汉代的和亲政策是大国的屈辱之举，是用美女换和平，是礼仪之邦向野性的引弓之国示弱。这段辛酸和无奈的历史持续了大约一百五十年，具体的时间节点是，从公元前二〇〇年“平城之围”，到公元前五十一年（汉宣帝甘露三年）匈奴的呼韩邪单于首次以臣子身份入汉朝觐。这中间经历了七位皇帝和一位虽无帝名、却是实际的柄国者吕后，依次为高祖刘邦、惠帝刘盈、吕后、文帝刘恒、景帝刘启、武帝刘彻、昭帝刘弗陵、宣帝刘询。

匈奴一统北国称霸的时间约一百五十年，与和亲政策的时间范畴相对应，共经历十二位单于——冒顿单于、老上单于、军臣单于、伊稚斜单于、乌维单于、儿单于、句犁湖单于、且鞮侯单于、狐鹿姑单于、壶衍鞮单于、虚闾权渠单于、握衍朐鞮单于。之后匈奴内部出现大分裂，形成军阀割据时代，呼韩邪单于以臣子身份朝觐汉朝，是五单于并存时期。他到长安城来，是来寻求保护伞的。

关于和亲的细节，《汉书》中《匈奴传》《西域传》和诸帝王纪的记载不尽相同，主要是时间上有些出入。有确实记载的，自武帝至宣帝，对匈奴和亲八次，对西域乌孙国和亲三次。具体是，高祖刘邦一次，惠帝刘盈一次，文帝刘恒三次，景帝刘启两次，武帝刘彻即位后提议一次被匈奴拒绝，后与乌孙国和亲两次，宣帝刘询与匈奴和乌孙国各一次。

与匈奴八次和亲的细节如下：

汉高帝七年（公元前二〇〇年），“平城之围”后首次和亲，“乃使刘敬（原名娄敬，和亲政策顶级设计人，赐姓刘），奉宗室女翁主为单于阏氏，岁奉匈奴絮缯酒食物，约为兄弟和亲”。（《汉书·匈奴传》）

汉惠帝三年（公元前一九二年），“以宗室女为公主，嫁匈奴单于”。（《汉书·惠帝纪》）

汉文帝即位后，提议和亲。“至孝文即位，复修和亲。”汉文帝四年（公元前一七六年），冒顿单于致汉文帝国书，问及和亲事，“天所立匈奴大单于敬向皇帝无恙，前时皇帝言和亲事，称书意合欢”。“汉许之”。（《汉书·匈奴传》）

以上三次和亲，嫁冒顿单于。

汉文帝六年（公元前一七四年），“冒顿死，子稽粥立，号曰老上单于”。“老上稽粥单于初立，文帝复遣亲人女翁主为单于阏氏”。（《汉书·匈奴传》）

汉文帝后元二年（公元前一六二年），“六月，匈奴和亲”。（《汉书·文帝纪》）

以上两次和亲，嫁老上单于。

军臣单于即位后，拒绝与汉和亲，大肆侵扰掠边。“军臣单于立岁余，匈奴复绝和亲，大入上郡（陕西榆林一带）、云中各三万骑，所杀略甚重。”（《汉书·匈奴传》）

汉景帝二年（公元前一五五年），“秋，与匈奴和亲”。汉景帝五年（公元前一五二年），“遣公主嫁匈奴单于”。

以上两次和亲，嫁军臣单于。

武帝即位（公元前一四〇年）后，积极推行边境贸易，给匈奴最优惠待遇。“武帝即位，明和亲约束，厚遇关市，饶给之。匈奴自单于以下皆亲汉，往来长城下”。（《汉书·匈奴传》）

汉武帝元封六年（公元前一〇五年）、太初三年（公元前一〇二年），两次与西域乌孙国和亲。汉武帝中后期，汉朝国力强盛，又联手西域诸国，与匈奴关系发生结构性变化，但仍处于军事对峙期，互有胜负；汉军每在一地取胜后，匈奴则在他处疯狂报复。

汉昭帝时期无和亲，匈奴提出和亲，汉朝不响应。始元二年（公元前八十五年），“狐鹿姑单于欲求和亲，会病死”。“壶衍鞮单于既立，风谓（即捎话，非正式国书）汉使者，言欲和亲”。（《汉书·匈奴传》）

汉宣帝神爵二年（公元前六十年），“匈奴单于遣名王奉献，贺正月，始和亲”。（《汉书宣帝纪》）此时，汉与匈奴关系已有本质变化，匈奴派重要使臣入汉“奉献，贺正月”。

公元前五十一年（汉宣帝甘露三年），呼韩邪单于首次以臣子身份入汉朝觐，“汉宠以殊礼，位在诸侯王上”。公元前三十三年，呼韩邪单于第三次朝汉，“单于自言愿婿汉氏以自亲”，汉元帝赐王昭君嫁单于。这一年汉元帝改元，称竟宁元年。

贾谊是汉文帝时的博士，汉代的博士比今天的院士地位高，相当于皇帝的文化顾问。他给汉文帝的奏折中，称“和亲”政策是“倒悬”，是跛脚，是偏瘫，是国之大病。

“天下之势方倒悬，窃愿陛下省之也。凡天子者，天下之首也，何也？上也；蛮夷者，天下之足也，何也？下也。蛮夷征令，是主上之操也；天子共（供）贡，是臣下之礼也。足反居上，首顾居下，是倒悬之势，莫之能解，犹为国有人乎？非特倒悬而已也，又类躄（跛脚），且病痱（偏瘫）。夫躄者一面病，痱者一方痛。今西郡、北郡，虽有长爵不轻得复（很高爵位的人也不能免

除徭役。复，此处为徭役，指戍边），五尺以上不轻得息（不能安居乐业），苦甚矣！中地左戍，延行数千里，粮食馈饷至难也。斥候者（瞭望哨兵）望烽燧而不敢卧，将吏戍者或介胄而睡。而匈奴欺侮侵掠，未知息时，于焉望信威广德难。”［贾谊《新书·解县（悬）》］

天子、蛮夷、首、足、上、下，这种观念是不妥当的，没有与邻为善的平等相处意识。但贾谊对国情态势分析有大眼光：“蛮夷征令，是主上之操也。天子共（供）贡，是臣下之礼也。”听命于匈奴，大国丧失发言权。给匈奴奉贡，是臣子的行为，向他国俯首称臣，是屈辱。“中地左戍，延行数千里，粮食馈饷至难也。”由内地到边境戍边，长途跋涉千里，军费支出巨大。汉代中期时，全国人口约四千五百万，常规部队仅七八万人，而与匈奴的边境线长达数千里，西北从陕甘宁一线起，至山西、河北、北京，东至辽东，汉代不得已实施全民皆兵政策，国民二十三岁至五十六岁，每年每人均有三天兵役义务。

“匈奴欺侮侵略，未知息时于焉，望信威广德难。”在有和亲纳贡的政策下，匈奴每年仍要大肆侵边，不知何时能止，大国之威从何谈起。贾谊无奈地发出感慨：“倒悬之势，莫之能解，犹为国有人乎？”国家有难，无人能解，是国家没有栋梁人才。

我们中国自汉代起，才开始以世界的眼光，重构国家的格局，这是汉代的大器之处，是“汉唐气派”的元点所在。但是这个“大”是多么地来之不易，历经了太多的韬光养晦和自强不息。对大国崛起之前压抑地带的反思与内省，应是今天建立中国气派大时代的基础课。

2009 年

紫禁城：时间与空间的秘密

——

祝　勇

一、紫禁城的空间话语

紫禁城，一个巨大的空间的存在，它以巨大体量，表明对于天下的绝对占有。一个人，无论有着怎样的传奇履历，一旦进入紫禁城，就像一粒尘埃飘进沙漠，变得无足轻重，必须听从于宫殿在空间上的调遣——他的行走坐卧，必须遵守空间的法则。广袤的紫禁城与圆明园曲折的迷宫具有某种一致性，即它们用石头般坚硬的语言确定了权力对人的绝对占有。早在古典时代，权力就已经把身体当作自己的对象和目标。于是，它以各种方式，完成对身体的管束和征用。帝国的仪式，便是其中一种方式。而宫殿，则是安放仪式的器皿。没有宫殿，所有的礼仪都将丧失它的严肃性和有效性。福柯将它称为“一种支配人体的技术”，它的目标是“要建立一种关系，要通过这种机制本身来使人体在变得有用时也变得更顺从，或者因更顺从而变得更有用”。它创造了“既是建筑学上的，又具有实用功能的等级空间体系”。紫禁城通过对他人身体的征用与控制，建立了一种权力的模板，并在帝国的范围内，通过级别不同的建筑得以贯彻和执行。

公元一四〇六年，那个名叫朱棣的狂妄之徒，继承了他的父亲朱元璋对于庞大宫殿的嗜好，在命令太监郑和率船队出使西洋的第二年，放弃了凤阳和南京的宫殿，下令在北京另行营建新宫殿。后来被称作紫禁城的宫殿绝不是凭空而起的，它是在无数个宫殿的链接中完成的，是帝国想象不断传递和放大的结果。欲望是一切巨型建筑的催生剂，仅十四年后，一四二〇年，一座超乎想象的巨大宫殿，就伴随着对权力的炫耀，出现在中国北方的天际线下。

帕金森发现，存在着一个“办公大楼法则”，那些依托于壮丽、豪华的办公大楼的机构或组织，存活时间都十分有限，包括凡尔赛宫、布伦海姆宫、白金汉宫、英国殖民部办公大楼、国际联盟大厦等，其中有些组织，在它们纪念碑式的大厦落成之后没有多久，就无疾而终。相反，那些在简陋房屋里办公的组织，却更能得到时间的认可。其原因并不复杂，形象工程不仅带来沉重的财政压力，而且很容易转移一个组织的目标。他们企图通过纪念碑式的建筑物表达他们对永恒、不朽的期许，以抵抗流逝的时间，却适得其反，他们得到的，恰恰是时间的否决。在中国，最典型的例子来自秦代，秦始皇以营造长城、阿房宫、秦皇陵等超大型建筑的方式，耗尽了自身的生命能量。

无可否认，“修造建筑物有着情感上和心理上的目的，同样也有意识形态的和实用的原因”。“科学和技术一般独立于意识形态之外，而建筑则不然。它本身可以承载大量的特殊信息，既是一种实用的工具，又是一种有表现力的语言。”如前所述，紫禁城的意识形态，就是在矮化臣民身体的同时，把帝王推举到一个至高无上的地位上。在这一点上，世界上没有一座宫殿比紫禁城更称职。紫禁城的面积，是法国罗浮宫的四倍，俄罗斯圣彼得堡冬宫的九倍，英国白金汉宫的十倍，欧洲最大宫城——莫斯科克里姆林宫，面积也不足紫禁城的一半。可以说，无论是忽必烈的故宫还是明成祖朱棣的紫禁城，都在某种程度上具有世界意义，不仅中国朝廷的文武百官，自大明门经过漫长的千步廊，经天安门、端门、午门、太和门，进入太和门广场时，面对蓝天下那座有着飞翔动感的超级殿宇顶礼膜拜，连最早进入中国宫殿的西方人，当他们面对那些宏大的殿宇和漫长的朝拜之路时，他们的意志也会彻底崩溃，他们留下这样的记录：“他穿过一堵又一堵空墙，走过一重又一重殿门，发现其后不过是又一条平淡无奇的路，通向另一堵墙、另一重门。现实虚化成梦境，目标就是在这个线性迷宫的遥远尽头。他如此专注于这个目标、如此期待着高潮的到来，但这高潮似乎永远也不来临。”五百多年后，德国设计师施佩尔为希特勒设计的新总理府使用了相同的建筑语言——那座已经完成的、占地一百六十三万平方英尺的旧总理府已经不能满足希特勒的胃口，一座计划占地二千五百万平方英尺的新总理府应运而生，从新总理府正门抵达希特勒办公室门前的路程长达半公里，这条森然的长路会对所有的觐见者进行心理施压，使所有与德国元首平等对话的非分之想都土崩瓦解。

紫禁城的巨大，使我们至今难以从整体上把握紫禁城，它以支离破碎的形式，存在于各种各样的表述中。我们得到的，充其量是被表述的紫禁城，是作为碎片的紫禁城，而永远不可能是紫禁城本身。紫禁城拒绝，并嘲笑一切表述。所以对我们来说，紫禁城更像是一个空泛的概念，只有它的碎片是真实的，就像帝国里的臣民，在各自的位置上，感受到帝国给予他们的压力。

二、紫禁城的时间哲学

然而，紫禁城不仅表明了空间的哲学，也暗藏着时间的秘密。今天走进紫禁城的人对于紫禁城的阅读是历时性的——他必须从一个宫殿走到另一个宫殿；同时也是共时性的，因为每一座宫殿，都是时间叠加的结果，曾经的历史云烟、风云际会，都会同时展现在人们面前。从这个意义上说，整个紫禁城就是一个巨大的计时器，记录着日升月落、王朝灭兴，每一个皇帝，都会出现在上一个皇帝曾经出现过的位置上，所有发生过的事情，在宫殿里都可能重演，当人们走进一间宫室，面对一件器物，附着在上面的已逝时间就会不分先后地浮现。宫殿如同一个循环往复的时钟，历史围绕着它，周而复始地运转。

接踵而至的帝王年号、历法，像钟摆一样，执行着计时、报时的功能，为宫殿提供着时间的刻度，整个世界，必须依据宫殿的时间表核准自己的时间，决定各自的行动。皇帝御门听政，常在拂晓前进行，整个朝廷的办公时间，都必须根据帝王的生物钟制定；帝国的时间表——科举、征税、征兵等等，决定着日常百姓的命运；钟鼓楼上的晨钟暮鼓，更把帝王的权威渗透到市井生活中。宫殿通过时间将政治权威合法化，将帝国的一盘散沙纳入一个完整有序的网络中，它对帝国的控制，比空间更加有力和彻底。

然而，帝王在通过时间来贯彻自己的权力意志的同时，他自己也处于时间中，接受时间的安排。他可以控制自己在空间中的位置，却不能改变自己在时间中的位置；高大的宫殿凸显了他的伟岸，而无边的时间却反衬了他的渺小。这应当是帝王最大的软肋。如同一把双刃剑，时间在将他的权力最大化的同时，也成为他永恒事业的绊脚石。紫禁城的每一座宫殿、每一件器物，都向他提醒着时间的存在，因为那些宫殿和器物，都是在穿越漫长的时间之后抵达他们面前的，有着无比复杂的履历。它们既指涉“过去”，也指涉“现在”，它们构成了对时间秩序的视觉表达，它表明，所有的“现在”，都将沦为“过去”，一切皆在时间的流程之中，而宫殿，则同时存在于“过去时”和“现在时”两种时态中。皇帝自己，也只不过是这一巨型钟表上的一个零件而已。每一任皇帝，尽管都是宫殿里的过客，但他们无一例外地表现出对于时间的超强敏感和持续

渴望。这使他们变得无比焦虑。我想起王莽在公元三世纪建起的明堂——一座履行着计时器功能的奇特建筑，美术史家巫鸿先生把它称作“古代中国创造的最复杂的皇家礼仪建筑”，它把“时间、空间和政治权威所构成的三角关系变得更为复杂和有机”。据说明堂是由远古时期的圣贤发明的，但这一古老传统在很大程度上被周代以后的人们遗忘。《汉书》云：“是岁，莽奏起明堂……”于是，在这座我们已经无法目睹的宫殿的顶部，是一个被称作“通天屋”的观象台，底层围绕四周的，是代表着十二个月的十二间屋室，皇帝每年都要从东北角的第一间屋（阳气源起之处）开始，按顺时针方向，在每个房间轮流居住。不仅皇帝的空间位置，甚至他的一切活动，如政务、吃穿、乐（yuè）事、祭祀等，都与月令相对应，他在空间中的辗转和漂移，也同时在时间中完成。他试图以此化解帝国政治与时间的冲突，完成权力与时间的同构关系。但是他们的和解只是暂时的，如今，当皇帝接二连三地在明堂出现和消失之后，明堂自身，也在时间中隐遁了，直到朱棣时代，紫禁城中的中和殿，周代明堂九室的形式才得以仿制——据说它保存了自夏商以来即已有的四面合围成庭院的廊庙形制，成为引导我们回溯历史的一个路标。

作为大明王朝的死穴，在紫禁城的正北方，景山见证了大明王朝末代皇帝崇祯的死，朱棣的权力意志不能挽救他的后裔，景山也因此具有了墓地的性质——它不仅是崇祯的墓地，也是朱棣的墓地，是一切权力欲望的墓地。这一空间组合使紫禁城的隐喻性质变得更加明显——紫禁城是由帝王控制的超级时间机器，景山则陈列着帝王在时间中的尸骸。太和殿并非皇帝永恒的幸福之源，而只是他暂时的驿站，一个又一个的皇帝，在时间中从太和殿鱼贯而入，又排着队，奔往北面的超级坟墓。他们在时间中挣扎和躁动的心，只有在沉寂的墓地里，才能得到安宁和拯救。

三、紫禁城的生命履历

不仅帝王，连宫殿本身，也在时间的控制中。尽管帝王企图通过宫殿来施展他对永恒的期许，但时间告诉他，他的努力是荒谬的——世界上绝不会有一座永恒的宫殿，它如同任何事物一样，都必须接受时间的裁决。在《旧宫殿》中，我描述了紫禁城生长的过程，却忽略了它的死亡；而前文中提到的不同的宫殿在时间中的接力却使我想到，每座宫殿，都经历着生与死的过程。对于宫殿来说，存在与毁灭，绝不是一个问题，因为它每时每刻都存在着，也每时每刻都毁灭着。生与死对它来说并非时间上的接续过程，而是同时并存、相互渗透的。它们从两个相反的方向对宫殿的意义进行着诠释——所谓宫殿，只是一个权力的幻象，既是实的，又是空的，既带来自慰式的满足（如朱棣），又带来空虚与破灭感（如屈原）。

紫禁城既是一座金碧辉煌的宫殿，也是一座时间中的废墟。当帝制已成为往事，人民成群结队地涌入故宫，这座宫殿，就不再具有丝毫的私人性质，它也就被从历史的母体中剥离出来，变成历史的标本。于是，它绚丽的图景，都已经不在历史的情境当中，也无法与它所处的历史环境形成互动关系，它变成了一座失去了弹性与活力的建筑，人们可以（有限地）进入它，观赏它，却无法与它发生有机的联系，从这个意义上讲，故宫无论怎样完整，都改变不了它的废墟性质——它是用来凭吊、观看、探寻、研究的，这与肇建者的初衷背道而驰。尽管故宫的许多宫室都依原样陈列，但无须苛求管理者，一百万件（套）文物全部回到它的初始环境中，无论如何是做不到的；出于观看的方便，故宫的各种藏品——青铜、玉器、钟表、珍宝等，被分门别类地陈列和展示，迎接着售票口长长的队伍，而更多的藏品，则深藏于地库，像那些消逝的帝王一样，被置于永恒的黑暗中。（这更表明了故宫的死亡本质——所有的宝物，都是作为已逝帝王的随葬品存在的）这种“消解原境”（decontextualization）的研究方式完全是沿用西方主流的研究方式，据说这种研究方式导致了形式主义学派（formalistscholarship）研究的盛行，却同时遮蔽了我们探究历史真实的目光。需要补充说明的是，我丝毫没有赞美封建帝制的意思，而只是指明存在于故宫内部的一个深刻的悖论——在帝制的时空内，我们根本没有可能打量紫禁城，紫禁城是一个真正的黑箱，闲人免进；而当我们能够打开它的时候，它已经变成历史的遗骸，不再履行昔日的功能，无论怎样人满为患，它都是一座失去了主体的“空城”。

然而，对于这一死者的庞大躯壳，人们从来没有放弃过对它“重塑”的愿望。郑欣淼先生将紫禁城五百八十多年历史中反复进行的“重塑”运动概括为三个方面，即重建、改扩建和保养维修。著名的紫禁城三大殿（太和、中和、保和），在永乐、嘉靖、万历、康熙年间均不同程度地先后被焚毁过，又一次一次地浴火重生。帝国的意志仿佛蜥蜴的身体，有着顽强的重生再造功能，使那些由竖的廊柱与横的飞檐层层叠叠拼接起来的壮丽线条，不被岁月的手指轻易涂掉。与此同时，它的增建、移建和扩建工程以及对它的“三年一小修，五年一大修”，历史上从来就没有停止过，这使紫禁城几乎成为一个永久性

的建筑工地。它以此表达着对时间侵蚀的顽强抵抗。实际上，如前文所述，公元一四二〇年建起的那座紫禁城，也非凭空而生，而是一个再生之地，因为它是周代建筑原则（即“前朝后寝”“左祖右社”“五门三朝”）在明代大地上的投影，是对过往的“建筑记忆”的呈现，所以，一四二〇年的紫禁城，与一五二〇年、一六二〇年、一七二〇年、一八二〇年的紫禁城一样，同时兼任着新城与旧城的双重角色，我们在里面可以同时发现生长、衰老、死亡和复生的痕迹。

这使我每次走进故宫的时候都有一种恍惚感，类似于石涛在《秦淮忆旧》册页中表达出的那种既依恋又想摆脱的复杂心理，因为我同时见证了它强韧的生命力和衰朽的荒芜感，尤其在故宫大修的时候，我曾经在一些现场，比如建福宫，看到一些崭新的构件，出现在紫禁城斑驳的框架内，更何况这场规模宏大的木质运动中，“木”再度申明了它在古老阴阳五行体系中作为生命力象征的正统地位：“木是东方、春天和生命力的伟大象征。不仅如此，从汉代开始，几乎所有的儒学家和道学家都认为，龙就是木神，代表东方精神；龙来自水，代表木的生命起源；龙口吐出火焰，象征木能生火的物理本性。尽管龙没有建立独立的神学体系，但它的灵魂却以器物方式渗入日常生活，成为木质文明的隐秘核心。在某种意义上，龙与木是同一种事物的不同表述。”

另一方面，故宫又无疑是一座巨大的废墟，“故宫”的名字以及它深处的一些残垣断壁、衰草枯杨，都透露出它的废墟性质。春天的时候，慈宁花园遍地的野花已经没膝，在风中像海浪一样摇曳，乌鸦聒噪着，在苍老的梁脊上成群地起落。这样的图景，表明我们都是“后来者”“迟到者”，历史早已在我们到来之前发生，而现在，不再有“历史”，“现在”的时间，与“历史”是脱节的，尽管它们在空间上是重叠的，但它们在时间上是不连贯的。我们身处“现在”，无法目睹“从前”的宫殿；我们看到的，只是历史缺席之后的虚空。废墟的“墟”字中包含着两重含义：它的“土”字旁，表明了废墟的物质属性，而右面的“虚”字，不仅注明了它的发音，更表明了它的精神属性——它是虚空的，是历史在现实的水面上的一个投影，我们可以看见它折射出的光芒，却不能真正把它掌握在手里。所以，我们只能像《哀郢》中的屈原一样，缅怀历史中的宫殿，它永远不可能再是历史本身，而只是历史的视觉呈现，是我们感知历史的“现场”。

所以，在我的眼前出现的，至少有两个故宫——生机勃勃的故宫和垂死挣扎的故宫。生与死这两种对立的运动，在宫殿里同时发生，我们甚至可以听见它们较量的声音。这使得对故宫的叙述变得无比艰难——我们很难掌握叙述的时态，叙述的口径，也容易变得含混不清。

四、三希堂：帝国的博物馆

打开一幅古代书画，把“宣统御览之宝”印章匆匆忙忙盖在上面，这是十六岁的逊帝溥仪，在他百无聊赖的退休生活中唯一忙碌的工作。然后，这批清宫旧藏便以赏赐的名义，经由他的老师和弟弟溥杰，偷偷运到宫外。对这位末代皇帝来说，盗取皇宫财宝，已经成为一项刻不容缓的重要工作，所以，很长时间以来，紫禁城内始终存在着一条看不见的“战线”，一千二百件国宝级书画文物从此去向不明，其中，就包括三希堂中的《伯远帖》。

现在的三希堂已徒有虚名，它因之得名的三件国宝——王羲之的《快雪时晴帖》已在遥远的台北故宫“安家落户”，而王献之的《中秋帖》和王珣的《伯远帖》真迹，则在经历了一系列的颠沛流离后，回到了它们在北京故宫的家，躺在文物大库中享受着恒温恒湿的“五星级服务”。

然而，即使从三希堂的空壳中，我们也不难发现这是一间气质不凡的房屋，在金碧辉煌的宫殿内部，堪称特立独行。这首先体现在它的狭小——它只是一间只有八平方米的小房间，在紫禁城九千九百九十九间房屋中，几乎可以忽略不计，然而，它的丰富性，正是通过狭小来体现的，它狭长的室内进深，用楠木雕花隔扇分隔成南北两间小室，里边的一间利用窗台设摆乾隆御用文房用具；窗台下，设置一铺可坐可卧的高低炕，乾隆御座即设在高炕坐东面西的位置上；乾隆御书“三希堂”匾名，“怀抱观古今，深心托豪素”对联分别张贴在御坐的上方和两旁；低炕墙壁上五颜六色的瓷壁瓶和壁瓶下楠木《三希堂法帖》木匣，被对面墙上落地大玻璃镜尽收其中，小室立显豁然开朗。此外，还有小室隔扇横眉装裱的乾隆御笔《三希堂记》，墙壁张贴的宫廷画家金廷标的《王羲之学书图》、沈德潜作的《三希堂歌》以及董邦达的山水画等，文雅的布置，几乎使人忘记了宫殿的暴力属性——作为太和殿的延伸，三希堂以自己的方式，表明皇宫在本质上是掠夺者的大本营。

三希堂使宫殿的博物馆性质显露无遗。紫禁城，堪称世界上规模最大的博物馆，这不仅因为紫禁城建筑群体本身的文物属性（紫禁城是一个跨越朝代的建筑群），更因为它同时也是国家级（世界级）文物的储藏地。目前的故宫博物院是一座公立的博物院（一九二五年，故宫博物院成立时的名称即为“国立故

宫博物院”），而在帝王时代，它的私人性质却毋庸置疑。紫禁城里的珍宝，重申了皇帝对天下万物不可置疑的所有权。欲望是权力的催生剂，而权力，又为欲望的实现提供保障。乾隆十一年（公元一七四六年），皇帝把晋朝大书法家王羲之的《快雪时晴帖》、王献之的《中秋帖》和王珣的《伯远帖》三件稀世国宝收藏在三希堂（古文“希”同“稀”，“三希”即三件稀世珍宝），至乾隆十五年（公元一七五〇年）时，三希堂收藏了晋以后历代名家一百三十四人，墨迹三百四十件以及拓本四百九十五种。三希堂外，紫禁城内部的几乎所有角落，都是用国宝装饰的，那些稀世之宝，不仅在物质意义上与紫禁城彼此粘连，在精神意义上，它们也密不可分。可以说，那些珍宝，就是为紫禁城存在的，反之亦然。这并非仅仅是美学的需要，更是政治的需要。瑰丽的皇宫与它内部的珍宝，互相成为存在的理由。

于是，我们看到历史中一种单向的流动，即国家珍宝，由民间源源不断地流向宫廷。乾隆亲自发起和领导的书法征集运动，就是一个例证。而皇帝的万寿之日，如乾隆、慈禧太后的六十寿诞，又为这种文物征集活动提供了一个名正言顺的理由。与乾隆、慈禧太后等皇帝的收藏爱好相比，慈禧太后毫不逊色，除将整个宫殿变成她的收藏仓库以外，她个人还专门用三间大屋储存宝物，与三希堂相映成趣。这三间大屋由三面木架分隔成柜，每柜中置有檀木盒一排，统共三千箱，各自标有名称，至于藏于他处不须记载入册的宝物，就无法统计了。于是，在皇帝与臣民、宫殿与民间之间，形成了一种侵犯与被侵犯、施虐与受虐的关系。所谓天下，就是帝王的权力能够抵达的地方，而宫殿中的宝物，则以视觉形式呈现了帝王对天下的征用关系。有意思的是，许多人对于这种被侵犯与受虐的处境乐此不疲，原因是每一个受虐者，转过身来便是施虐者，对更加弱势的群体进行侵犯和施虐。通过宝物的流向，我们可以看见整个帝国编织成一张巨大的施虐的网，与权力的金字塔结构遥相呼应。输掉了珍宝，却赢回了权力，而权力又可以掠夺更多的珍宝，这一浅显的道理，成为帝国官场的通用法则，只有真正的民间底层社会，才真正居于被侵犯和受虐的地位上，永世不得翻身。据说慈禧寿诞之时，从中央到地方各级官员都在敬献的宝物上费尽心机，初入军机的铁良特意制作了十二面镂花雕饰精美的铁花屏风；直隶总督袁世凯送上的则是一双四周镶有特大珍珠的“珠鞋”，算上成本和宫门费（即用酬金打点太后的近侍太监们），总共七十万两黄金。皇帝的收藏爱好，他个人无须支付任何成本，只需笑纳就可以了，这是皇帝与民间收藏的本质不同，他需要支付的，是帝国的行政资本，也就是说，他需要以帝国的行政资源，对进献者予以回报。这使宫殿的收藏，具有了受贿的性质。当然，这是一种充满艺术性的贿赂，如同一位作家所说："它可以堂而皇之地活动在光天化日之下，而不必提心吊胆地出没于暗夜暮色之中。"

为了与中央保持一致，收藏热在大清王朝的行政系统中方兴未艾。一个典型的例子，就是庆亲王奕劻。北京地安门外定府大街的庆王府门口，来路各异的献宝者络绎不绝。有一位名叫陈璧的道员级闲官，贫困之中，以孤注一掷的决心，将亲戚所开金店中的稀世之宝东珠、鼻烟壶数件进献庆亲王，果然换来了邮传部尚书这一正部级职位。一九一一年十月十日武昌起义，蒙古镶蓝旗出身的锡良自告奋勇，率兵督陕，紧要关头，奕劻仍不忘记向他索贿，气得锡良大呼："生平不以一钱买官，况此时乎！"这还不算典型，最典型的是一九一一年底，各省独立之际，袁世凯力请清廷颁布《逊位诏书》，奕劻亦不忘抓住商机，向袁世凯索贿。国破之际，具有商业头脑的奕劻在天津租界内创办一家"人力胶皮车公司"，同时跻身中华民国最牛私人收藏家之列。

宫殿对于天下宝物的占有，既是实体的占有，同时也充满了象征性，因为皇帝的私家博物馆无论怎样规模宏大，它的占有量，毕竟不可能是无限的，犹如警幻仙姑在回答贾宝玉对《金陵十二钗正册》的质疑——"金陵极大，怎么只十二个女子？"时所表达的原则："择其紧要者录之"。因而，紫禁城里的书画珍宝，不可能成为天下宝物的全部，却是天下宝物的象征。它既是对权力的炫耀，也是对权力的揭露——它的赃物性质显而易见。宫殿里的皇帝，通过它们，实现着对天下万物的绝对占有。

而天下万物，一旦进入了紫禁城，就仿佛进入了一个巨大的黑洞，从"天下"失踪了，没有人能够与它们再度谋面，即使皇帝本人，也不可能对它们一一浏览。这使得那位苦心孤诣地为太后制作了铁花屏风的新任军机大臣铁良，不得不收买近侍太监，将他献的宝物摆放在内宫御道边上、皇太后的必经要道上，才可能被皇太后看到。据一九二五年出版的《清室善后委员会点查报告》记载，一九二五年国立故宫博物院成立时，共清点出一百一十七万余件宫廷遗留的文物，包括玉器、书画、陶瓷、珐琅、漆器、金银器、竹木牙角匏、金铜宗教造像、帝后妃嫔服饰、衣料和家具等，另有大量图书、典籍、文献、档案，经一九四九年以后征集，故宫博物院现有藏品一百五十多万件，其中百分之八十以上是清宫旧藏。数目如此巨大的国宝，不仅远远超出了一个人的实际需要，而且成为他的巨大负担，最后变成了一个无关紧要的数字——宝物的自身价值已经泯灭，被那个巨大的黑洞吞噬了。它们以存在的方式消失了，消失在

“天下”，也消失在皇帝的视野中。

与乾隆时代对国宝的巧取豪夺相反，紫禁城的大量国宝，在大清王朝的末世光景中，经末代皇帝溥仪之手流散到民间，除“三希”之一的《伯远帖》，还有《清明上河图》《韩熙载夜宴图》《五牛图》等珍贵书画，皇帝的私人博物馆已经沦为文物贩子的进货渠道。皇帝以这样的方式嘲弄了自己的权力，那些古老的纸页，则成为测量王朝盛衰的试纸。

五、养心殿：缓缓垂下的帘

养心殿是一座三合院，面南背北，南面是一道院墙，正中有门，就是养心门，正殿是养心殿，是皇帝生活和战斗的地方，东西各有配殿，三面房屋，围绕着一个庭院，庭院中有两棵树，一棵是槐树，另一棵也是槐树。从养心殿明间后檐穿过去，是后殿，即家属区，后妃可以在此临时居住，两侧各有耳房五间，曰：体顺堂、燕喜堂。

养心殿在后宫区域的西南部，最靠近三大殿的位置上。在形制上，与紫禁城保持着同构的关系，或者说，养心殿本身就是一个缩小的紫禁城，虽然它只是皇帝的寝宫，但是它仍然保持着“前殿后寝”的形制，工作生活两不误——在前殿，军机大臣们虔诚地聆听着最高指示；在后寝，则是环肥燕瘦，竞相争宠。从这里我们可以发现，紫禁城后宫几乎所有的建筑，都与大紫禁城保持着某种同构关系，是同一家族血统的成员，它们的遗传基因出奇地稳定，几乎没有例外，使我们那么容易地对它们的皇族身份进行辨别，帝国的建筑语法，通过它们的表情和姿态得以坚决地贯彻。仿佛一个有趣的变焦实验，随着焦距的变化，我们可以把紫禁城任意放大和缩小，把大紫禁城缩小，它就是后宫的某一个庭院，把庭院放大，就变成了大紫禁城。这使得紫禁城的建筑，既有特定性，即不可取代的皇家属性，又有普遍性——在宫殿内部，有一个普遍原则，任何一座宫殿庭院，都不是孤立的，而是通过皇家建筑特有的格局与装饰，与一个更广大的宫殿系统相连。

葵花朵朵向太阳。在宫殿中，只有皇帝，才是真正的太阳，才是一切建筑的真正核心。所以，无论在大紫禁城中，还是宫殿内部任何一个具体化的生活环境中，皇帝永远构成了建筑的核心部分（也就是说，在宫殿中，皇帝是最重要的一个构件，宫殿的价值，全部依赖于他，没有他，宫殿就不是真正的宫殿），其他建筑和其他人所处的位置，则紧密地团结在皇帝的周围。而在宫殿之外，在帝国广袤的版图上，皇帝的意志又与层层叠叠的行政系统相连，通过分级严格的官衙建筑得以视觉化地表达，渗透到帝国的每一个细胞中，使皇帝的意志像波浪一般，波及帝国最遥远的边疆。

这便是熔铸于建筑中的“礼”。《礼记》中说：“凡治人之道，莫急于礼。”建筑就是“治人之道”，而“治人之道”就是暴力。所以，宫殿的空间意识形态，从来都与暴力脱不开干系，如同我在《旧宫殿》中写的：宫墙如血，只有血的颜色，是对权力最恰当的注解。它既诠释了权力的来路，又标明了权力的价值。如果有人对宫墙所庇护的权威感到质疑，那么，请你用等量的血来交换。宫殿简单明了地注明了权力的暴力内涵。如果你不进入权力系统，宫殿只是你视线中的风景；如果你对皇权发出挑战，那被残阳照亮的血色宫阙便时刻质问你，你所准备的勇气和牺牲是否足够？

由此，我们可以见证帝国建筑语法的巨大的标准化力量和它统摄全局的控制力。反反复复的宫殿庭院，拐来拐去的夹道回廊，无数繁复的装饰与构件，在帝国建筑语法面前，变得条理清晰、井然有序。乱的可能是我们，是每一个进入这些迷宫的人，而对于迷宫自身来说，一切都是确定无疑的。一个人，从走进宫殿的第一刻起，就进入了一个先验性的主题、一种无法摆脱的宿命中。

由于紫禁城建筑中存在的不可置疑的同构关系，所以，任何一座建筑，都与历史保持着密切的勾连，它们的历史性是不分彼此的。养心殿，就是紫禁城庞大肌体中的一个细胞。作为帝国建筑的缩小版，我们几乎可以从中梳理出一部完整的帝国史——它建于明代嘉靖十六年（一五三七），大清王朝的开国皇帝顺治，就在这里断了气，他的死，即使在三百年后，仍然显得扑朔迷离。少年天子顺治死后，帝国迎来了康、雍、乾的盛世光辉，养心殿，也被托举为一个令人瞩目的平台，在经过一系列的改造、添建之后，成为一组集召见臣工、处理政务、皇帝读书和居住为一体的多功能建筑群。这里既是那些决定帝国命运的诏书的生产车间，也是无数宫闱秘闻的策源地。

对紫禁城的建筑语法进行口诛笔伐是重要的，但这也很容易使我们陷入一种偏执，而忽略了对它的历史成因的考量。许倬云论述这一体制的社会政治功能时，曾经客观地承认：“等级的制度化作为政治权威的结果出现。这种政治权威只是在一定程度上依赖于保证秩序的暴力。社会秩序必须成为定型化的和为人所接受的，以便维持政治统治。礼仪的规律化与身份的等级化反映了社会的稳定性，因为个体成员的权利与义务是众所周知和相对固定的。鉴于每个人都意识到自己和他人的位置，社会内部的冲突也就得到了最大限度的控制。”

紫禁城的建筑语法，一方面是开放的——在礼制的旗帜下，宫殿与宫殿之间、宫殿与各级衙门之间，形成了一整套的权力网络，互相依托；另一方面又是封闭的——一层又一层的宫墙，将统治者与他的世界彻底地分割开来，尤其是全球化的进程悄然开始以后，宫殿的孤岛性质一天比一天显露无遗，终有一天，会在汹涌的海水中沉没。

一八四〇年，养心殿里的道光皇帝，已经依稀听到了帝国的丧钟。那时，中国人已经发现自己处于西洋时钟、地图的控制下——“它们以科学的名义，理直气壮地将这个‘中央王国’重新分配为全球时空体系中陌生的一分子”。咸丰十一年（一八六一）十一月初一，一个名叫慈禧的二十五岁女人，坐在了养心殿东暖阁一架八扇黄屏风的后面，成为坐在皇帝背后的一个隐形皇帝，而皇帝，乃至整个帝国，都成了她手里的提线木偶。

从这一天起，在这座旧宫殿内，在将近半个世纪的时间里，她顽固地进行着双重抵抗——

一方面，她以女权主义的立场，抵抗紫禁城以皇帝（男权）为核心的建筑语法，因为紫禁城是一个典型的男性政治空间，而女性的命运在这里则被判定和存档。从她垂帘那一天起，太和殿就变成了摆设，除了皇帝大婚、三大节（春节、冬至、万寿）等少数庆典仪式，绝大多数都空空荡荡，大殿上的须弥式宝座，已蒙上灰尘，而作为后宫的养心殿，则成为帝国政治的焦点，被群臣下跪时的蓝缎官袍擦拭一新。这一空间组合具有极强的隐喻色彩，它表明了后宫的崛起以及帝国女性时代的到来。包括太和殿在内的三大殿（紫禁城的“前朝”部分）是阳性的，它属于男人，后宫则是阴性的，属于女人，而非男非女的太监，则跨越于前朝与后寝、阳与阴之间，是二界的连接物。作为女人，慈禧太后的生命轨迹，早已被后宫圈定，但她以垂帘听政的方式，实现了阴对阳、后宫对前朝的绝对控制，这是后宫的反叛，也是对帝国建筑语法的一次彻底颠覆。

另一方面，她以祖宗之法，抵抗五千年未有之大变局。所有妄图变法维新的人，都被她送上断头台。在养心殿里，光绪皇帝成为她的奴隶。同时，遥远的菜市口，又成为养心殿的延伸空间，飞舞的屠刀，诠释着她捍卫祖宗之法、拒绝改革的坚定决心。

而这一切，都是在养心殿里完成的。在这里，她既破坏祖宗之法，又捍卫祖宗之法，这构成了慈禧生命中的深刻悖论。在这种悖论中，整个帝国都在她的带领下向着万劫不复的境地狂奔。

六、坤宁宫：窥视的目光

作为紫禁城“后三宫”之一，坤宁宫位于紫禁城的中轴线上、交泰殿的北面，与“前三殿”的位置遥遥相对。坤宁宫在明代是皇后的寝宫，作为统摄六宫之所，它的长者风范，通过其建筑规模表露无遗。自康熙四年（一六六五）始，这里变成皇帝（太子）大婚举行合卺礼的场所，成为皇帝大婚的喜房。同治、光绪、溥仪，一个一个的皇帝，在这里完成了终身大事。

巨大的玻璃窗，阻挠我们的身体，却放纵我们的视线。趴在坤宁宫的窗上，像贼一样撅着屁股，一丝不苟地向屋内张望，这是窥视。（我曾经看过一幅照片，是从宫殿的内部向外拍摄的，画面上全部是趴在窗户上向内窥视的面孔。）对皇帝喜房的窥视，显然与民众对皇帝私生活的关注有关。比较而言，前三殿无论怎样雄伟，它在功能上只是皇帝的办公室，是无个性的、公事公办的、仪式化的，而后宫，尤其是皇帝的喜房，则是充斥着个人的气息，幽秘、暧昧、性感，甚至不可告人，与三大殿主导的宏大叙事比起来，后宫无疑更有亲和力，尤其对于热衷于家长里短的普通百姓来说，它更能唤醒想象和探秘的热情，它也因此释放经久不息的魅力。

坤宁宫的一切依原样陈列——房内墙壁饰以红漆，顶棚高悬双喜宫灯；洞房有东西二门，西门里和东门外的木影壁内外，都饰以金漆双喜大字，有出门见喜之意；洞房西北角设龙凤喜床，床铺前挂的帐子和床铺上放的被子，都是江南精工织绣，上面各绣神态各异的一百个顽童，称作“百子帐”和“百子被”，满目的红色，充满了女性闺房的柔媚气息，让人生出若干情色的想象；前檐大炕东西墙上蒋廷锡和顾铨的画、案上的白玉盘、珐琅炉瓶盒（底有乾隆年制坤宁宫第一份十字款）、紫檀木嵌玉如意（柄上乾隆隶书嵌金丝坤宁宫铭）、案下的潮州扇、玻璃四方容镜、雕漆痰盂、竹帚以及墙上挂的钥匙口袋等等，这些考究的器物，似乎都停留在原来的时间中，然而，与大多数后宫一样，坤宁宫是以空壳的形式出现在我们面前的。有一次，故宫李文儒副院长问过我一个有趣的问题：如果让你住在这些宫殿里，你会住吗？那些装饰豪华的宫殿，已经被从它们的历史环境中抽离出来，变成一堆空壳。我们所能看到的，最多只是“证据”，而永远不可能是“现场”。

现代人安装的那扇玻璃窗，像一个画框，留住了历史的风景，一切都历历在目，但一切都不复从前，我们可以知道那些是光绪和隆裕用过的器物，但永远不会知道光绪与隆裕的新婚之夜到底发生过什么，它们所呈现的，已不是历

史场景本身，而是历史的过滤物，是历史的“幻象”（illusion/illusory），即“再现中的似真”，类似我们制作纪录片时常用的手法——“真实再现”，“观者虽然明知自己只是在观赏一张绘画（或明知自己在做梦），但仍感到面对着的是真实的物体或空间”。即使里面所有的器物的确按照原来的方式组合和陈列（绝对复原是不可能的，因为生活中的器物是不断变动的，没有一个真正的“原”可以“复”），我们所看到的，也是现在对于从前的想象（幻象），坚硬的玻璃永远把我们隔在了历史的外面，我们无法进入，无法触摸，我们对宫闱秘事充满好奇，但永远得不到标准答案，就像隔着玻璃，我们永远不会知道鱼和水的关系。

面对眼前空旷的场景，我会想，里面生活过的人，都到哪里去了呢？我产生了一个有趣的想法：我们的宫廷史研究，要么执着于物的层面，比如器物史、服饰史、建筑史，要么纠缠于人与事件的历史，在文字中寻找历史的蛛丝马迹，这两个层面各自孤立存在，互不发生关系，鸡犬之声相闻，老死不相往来，我们很少把两方面结合起来，对人与物的互动关系进行考量，一些重大的问题，就从它们的缝隙间漏掉了。毕竟，所有的器物，都在人的手中传递和运行，所有的建筑，都是人的活动空间，他（它）们各自的历史，都不会是封闭的，他们一定发生过深刻的交互作用，而且这种交互作用，绝不是一次性的，而是循环相生，永无止境的，他（它）是在经过了这一系列循环相生、环环相扣的链条之后，抵达我们面前，变成我们所有目光中的景物的，而那环环相扣的链条又在哪里？尽管我们看到的只是幻象而远非真实，尽管我们永远只能想象“现场”而不可能回到“现场”，但那根链条终究可以为我们提供线索，使我们在时光中一步一步地作逆向的旅行，寻找记忆之外的真实，即使途中一定会发生偏移，但我们无疑比现在更加接近那些存在过的“现场”。或许，这就是“图像”的功能，它并不只是让我们看到，而是让我们循着它的线索，在虚空中搜索那些消逝的真实。

因此，我隔着玻璃看到的坤宁宫（以及其他一系列宫殿），不是现实主义的坤宁宫，而是象征主义的坤宁宫，它的内部，装载的不是历史本身（它的容量无法装载历史的驳杂内容），而是对历史的“隐喻”（metaphor），它实际上已不是一个物理空间，而是一个具有象征意义的精神空间。在历史中的主人公消失之后，这里的建筑、家具、器物，已经支离破碎，无法合拢成对历史的完整叙述，只有我们，依靠心里那一把考古的毛刷，耐心、顽强、心有不甘地，发现隐藏其中的秘密。

七、漱芳斋：故事里的事

世界上所有的戏剧，都没有旧宫殿发生的故事更富于戏剧性。层层叠叠的宫殿，仿佛一个硕大的戏台，天下的子民都是它的观众。宫墙试图保守宫殿的秘密，但一个人自走进宫殿那一天起，就把自己放在了众目睽睽之下，成为不折不扣的演员，他的浮沉荣辱，都取决于他的演技。然而在漱芳斋，这种情况发生了微妙的变化。漱芳斋，至今保留着宫殿内部最豪华的戏台。只有在这里，宫殿的主宰者们，才安于以观众的身份，打量戏台上演绎的那些帝王将相的旧日传说。

御花园如今成了人民公园，由于空间相对狭小，自宫殿和广场涌来的人流汇聚在这里，使昔日幽静的御花园变得拥挤嘈杂，草木的芳香已经无法稀释人群呼吸的浓度。然而，在这份拥挤嘈杂之中，很少有人注意到，在御花园西侧偏北的宫墙上，嵌有三间悬山卷棚顶抱厦，那是一扇门，在它的后面，隐藏着一个更加斑斓的世界。

畅音阁，它的宏伟就像它的安静一样令人震撼，在漱芳斋的庭院中心耸立。这里是宫殿内部最重要的娱乐场所，一座在乾隆营建太上皇宫殿时，在宁寿宫一区内建起的“国家大剧院”，所以，它的视觉与音响效果，在当时无与伦比。一个演员，只要站在这个戏台上，他的嗓音就会比在任何地方都要悦耳和嘹亮。这是只有在宫殿内部才能获得的神奇效果，他们会把一切归之于宫殿的威仪，他们或许并不知道，当初营建这座演戏楼的时候，就在用楠木铺成的台面下面，挖了四眼水井，以增加声音的共振，使音韵旋律在飘动中变得浑厚和富于磁性。所以，即使在演员自己听来，他们的声音也非常悦耳。如同太和殿的宝座把一个人推举为人间的王，畅音阁的戏台，也把一个京戏演员变成伶界之王，这一点在谭鑫培、杨小楼、梅兰芳等许多演员的身上得以验证。畅音阁于是成为一个传播声音的宝盒，连四周的殿堂和游廊，都紧密地围绕在它的周围，侧耳倾听。这些游廊全部以雕有楠木浮雕的望板装饰，琴棋书画、瓶炉鼎彝、奇石异卉等诸多雅致的事物被刻画在上面，为戏台上承载的所有旧日传奇提供了一个精致的容器。当我们在二十一世纪的阳光中，面对这座尚未开放的宫殿，我们会感到既震惊，又惋惜——震惊于它的奢华，惋惜于这份奢华长时间被深宫所囚禁而无法面世。

作为宫廷中最大的演戏楼，畅音阁是紫禁城中为数不多的三层建筑，上中下三层，都是表演者的戏台，有机关相连，演员们上天入地，翻手为云，覆手

为雨，在这里，他们可以是身穿蟒袍的王，是法力无边的神，可以让现实中的皇帝哭笑，但他们的特权只在戏台上有效，从戏台上下来，他们就立刻成为一个草芥，像任何一个子民一样听命于皇帝的意志。所以，他们的权力是虚拟的、暂时的，漱芳斋的庭院布局没有忽略这一点——与畅音阁相对的漱芳斋正殿，坐着世上最高贵的观众，即使娱乐的时候，他也要坐北朝南，为此他宁肯牺牲看戏的视觉效果，因为他眼中的画面，全部是逆光的。这是宫殿内部不能忽略的空间意识形态，它以此表明了台下与台上两种性质不同的帝王将相之间不可撼动的权力关系。

在观众看来，戏台如海市蜃楼，折射着时间深处的往事，使那些消失的血肉重新得以赋形，从这个意义上说，台上台下的差别不仅仅是空间上的，也是时间上的——二者存在于不同的时态中，前者是过去时，而后者是正在进行时；前者是过去的历史，而后者是正在发生的历史。后者拥有时间上的特权，可以凭借自己的意志改变台上角色的命运，但他们不能改变自己的结局。他们像戏中的角色一样命运难卜，但他们对此无能为力，而他们的故事，有朝一日将会以戏的形式出现，被更新的观众观看。戏台内部的器械机关，连动着时间的循环链条，使戏台获得了源源不断的故事来源。畅音阁仿佛一面看不见的反光镜，把过去投影于现在，又把现在投影于未来。

从演员的视角看，漱芳斋也是一个华丽的戏台。“漱芳”的意思，是花卉在经过洗濯之后更加明丽和绚烂，隐含着修养美好德行之意。这也注定了漱芳斋是紫禁城中一个别致的去处。此处室内器具之精美、宝物之丰盈，在宫殿中是罕见的，再华丽的舞台，也不会拥有如此奢侈的道具。每次走进漱芳斋的时候，我都会被前殿东次间占满整个墙面的多宝格吸引，它的上面原样摆放着的百余件玉瓷珍品，使我的目光变得无比贪婪。这里曾经是皇帝的书房，室内曾挂着一幅匾额，上面写着：“静憩轩”。但在浩瀚莫测的宫殿内部，皇帝是否能够拥有一个属于自己的“静憩”之地，不得而知。很少有人知道，漱芳斋多宝格左下方，隐藏着一道不容易察觉的暗门，它的背后，是一条黝黑的秘密暗道，一直通向室外的竹林。即使在放松身心的娱乐场所，中国皇帝仍然没有忘记凶险的存在。这条逃生的暗道，对宫殿这座硕大舞台的戏剧性质作出了恰如其分的定义。

原载《十月》2010年第4期

山中少年今何在

——关于贫富和欲望

——

铁　凝

不久前我看了北京人艺的一出话剧，名叫《窝头会馆》，编剧是中国非常优秀的作家刘恒。有人问起这出戏的主题，这让刘恒感到发窘，于是他说主题就是一个字：钱。如果“钱”显得直白，换个含蓄一点的说法是：困境。

正是“困境”这个词打动了我，让我想到第二届东亚文学论坛的主题之一：贫富和欲望。这几乎是一个当今人类社会无法回避的大问题，因为有人类就有贫富和欲望，有欲望就有困境。而人作为生物界的高级动物，所面临的困境更为复杂。“外在的困境是资源短缺，内在的困境是欲望不灭。”这也是刘恒的话。

面对一个大的命题，我常常感到自己叙述起来的力不从心。那么，不如就让我从小处开始，从我的一个短篇小说讲起。

上世纪八十年代初期，我写过一个名叫《意外》的短篇小说，这是迄今为止我最短的小说，一千个字，汉字排版一页半纸。有时候我也会像刘恒那样被朋友问道：你这个小说是写什么的？为了简便，我常用一句话表述，我说这大概是一个关于困境和美的故事。小说大意是这样的：二十多年前，中国北方深山里的小村子台儿沟，很少有人家挂照片，因为很少有人出去照相。镇上没有照相馆，去趟县城，跋山涉水来回五百里。谁家要是挂张照片，顿时满屋生辉，半个村子也会跟着热闹几天。小说主人公山杏的哥哥来信向家里要张“全家福”照片，信中特别提到，最想念妹妹山杏。他在南方一个小岛上当兵已经两年，走的时候山杏才八岁。接到哥哥的信，山杏就催爹妈去县城照相，从春天催到秋天。后来，摘完了核桃、柿子，山杏一家终于决定远征县城去照相。那

天晚上山杏一夜没睡好，看妈在灶前弯着腰烙饼，爹替她添柴烧火。他们用半夜的时间准备路上的干粮，如同过年一样。天不亮，他们就换上过年才穿的新罩衣，挎起沉甸甸的干粮篮子出了村。他们搭了五十里汽车，走了二百里山路，喝凉水、住小店，吃了多半篮子干饼，第三天才来到县城。他们找到了照相馆，照相师傅将他们领进摄影间。当满屋灯光哗地一下亮了起来，当高楼大厦、鲜花喷泉之类的他们从未见过的华丽布景把这一家三口人包围时，他们甚至来不及惊叹，照相已经开始。在照相师傅的指挥下，他们努力让自己坐端正，同时大睁着眼睛向前方看去。随着灯光哗地灭掉，这隆重的事件，几乎一瞬间就结束了。半个月后，山杏爹从村委会拿回一个照相馆寄来的信封。山杏抢着撕开封口，里面果然有张照片。但这张照片上没有大睁着眼睛的山杏一家，照片上只有一个人，一个正冲她们全家微笑的好看的卷发姑娘。第二天，山杏家的墙上挂出了这张照片，照片上的姑娘冲所有来参观的人微笑着。有人问起这是谁，爹妈吞吞吐吐不说话，山杏说，那是她未来的新嫂子。

二十多年前，我是一家文学杂志的小说编辑，有时候我会在小说《意外》那样的深山农村短暂地生活，或者说“采访”。在一个名叫瓦片的村子里，我在“山杏”的家里住过。那一带太行山风景俊美，交通不便。村子很穷，土地很少，河滩里到处是石头。因为不能耕种小麦，白面就特别珍贵，家里有人生重病时，男主人才会说一句：煮碗挂面吃吧。我却被当成贵客款待。山杏的母亲为我煮挂面，煎过年才舍得吃的封存在小瓦罐里的腊肉。当我临走把饭费留下来时，他们全家吃惊地涨红了脸，好像这是对他们的侮辱。在这个家庭，我见到了被常年的灶烟熏黑的土墙上挂着唯一一张城市年轻女性的照片，就是我写进小说里的那一张。有位德国作家说过，变美是痛苦所能达到的最高境界。那么山杏一家对这陌生照片的态度，就是把困境变成了美吧？还有善良。

二十年之后，小村庄瓦片已是河北省一个著名旅游风景区的一部分了，因为铁路和高速公路铺了过来，一列由北京发车的火车经过瓦片通向了更深的深山。火车和汽车终于让更多的外来人发现原来这里有珍禽异兽出没的原始森林，有气势磅礴的百里大峡谷，有清澈明丽的拒马河，从前那些无用的石头们在今天也变成了可以欣赏的风景，而风景就是财富的资源。我曾经为了自己一部电影的拍摄再次来到这山里，电影里需要深山农户的院落，我毫不犹豫地向导演推荐了山杏的家。我看见从前的瓦片村民大多开起家庭旅馆，“山杏们”有的考入度假村做了服务员、导游，有的则成为家庭旅馆的女店主。她们不再会为拍一张照片跑几百里地，旅游景点到处都有照相的生意。她们的眼光从容自信，她们的衣裳干净时尚，她们懂得了价值，也知道谈论信息。当我向她们打听一个更远的名叫“小道”的村子时，“山杏们”优越地说:“哼，小道呀，知道。他们富不了，他们没信息！”瓦片和周边的村子都富了，在这些富裕起来的村庄里，也就渐渐出现了相互比赛着快速发财的景象，毕竟钱要来得快，日子才有意思。就有了坑骗游客的事情，就有了出售伪劣商品的事情，就有了各种为钱而起的“嚼清”。

那一次导演对我的推荐很满意，山杏家几乎原封不动地成了电影里女主角的家。制片主任问我场地租金怎么算，我想起从前山杏一家的纯朴，有把握地说，你就随便给吧，他们不会计较。但事情并不似我的预料，当我回到我的城市后，曾很多次在家中接待瓦片的房东——山杏的爹。因为有了汽车、火车、电话，因为有了信息，遥远的山杏爹总是能够快速把我找到并申诉摄制组付他报酬的不合理。比方他说摄制组用墨汁把他的新房的白屋顶刷成了黑色；大灯把院里一棵石榴树烤成了半死；为了剧情需要他们还往河里摔过他的羊，摔了一次又一次，五只羊被摔得十天都站不起来……这都是钱啊，可他们都没给钱。我一次次放下手中的写作帮助愤怒的山杏爹向摄制组要钱，心中却时有恼火：要是没有火车呢？一切不是单纯得多吗？交通、通信和旅游业给瓦片带来了财富，同时也成为一种运载欲望的挑衅的力量。现代化的强大辐射面对封闭的山谷，是有着产生这种力量的资格的，虽然它的挑衅意味是间接的，不像它所携带的物质那么确凿和体面。并且我始终认为，它带给我们的积极的惊异永远大于其后产生的消极效果。

那么，现代化和市场经济在进化着乡村物质文明的同时，也扮演了催生欲望的角色。商业文明的到来和它“温柔的挑衅”使未经污染的深山农人的品质变得可疑；没有它们的入侵，贫苦的“山杏们”的思维逻辑将永远是宽厚待人。可我想说，这种看似文明的抵抗其实是含有不道德因素的，有一种与己无关的居高临下的悲悯。贫穷和闭塞的生活里可能诞生纯净的善意，可是贫穷和闭塞并不是文明的代名词。谁有权力不让“山杏们”利用大山的风景富裕起来呢？谁有权力不许一个乡村老汉跳上火车去找人“投诉”亏待了他的摄制组呢？其实当我在这儿比喻火车是催生欲望的角色时，蒸汽机火车已经从中国全面退役成为我们时代的一个背影；内燃机车、电气机车也不再新鲜。几年前，上海就已经出现标志着国际领先技术的磁悬浮列车。在这个人类集体钟情于速度的时代，那个仿佛不久前还被我们当成工业文明象征的蒸汽机车，转瞬之间就突然成了古董。蒸汽，这种既柔软又强大的物质，这个引发了第一次工业革命、启

动了近现代文明之旅的动力也就渐渐从领先的位置上消失了。当它的实用功能衰弱之后，它那暖意盎然的怀旧的审美特质才凸现出来。问题是，当今世界，早已先期享受了工业革命那实用功能所带来的诸多物质进步的人们，谁又有权力为了个人今天的审美愉悦，去对那些大山里的山民们说，我们可以富，但你们却不行呢？

我在这时想起一个深山里的少年。上世纪九十年代，一个初秋的下午，我在一个名叫小道（向"山杏们"打听过的小道）的村子里，顺着雨后泥泞的小道走进一户人家，看见在堆着破铁桶和山药干的窗台上靠着一块手绢大的石板，石板上歪歪扭扭地写着三行字：

太阳升起来了，
太阳落下去了，
我什么时候才能变好呢？

问过院子的女主人，她告诉我这是她九岁的儿子写的。我又问孩子是否在家，女主人说他割山韭菜去了。那天我很想看见这个九岁的深山少年，因为他那三行字迹歪扭的诗打动了我——我认为那是诗。那诗里有一个少年的困境，愿望，他的情怀和尊严，有太阳的起落和他的向好之心。那天我没有等到他回家，但我一直记着石板上那三句诗。今天那个少年早已长大，或许还在小道种地，或许已经读书、进城。假如在新世纪的今天，我把他的诗改动一个字，变成"太阳升起来了，太阳落下去了，我什么时候才能变富呢"，我还会认为这是诗吗？

与其承认这还是诗，不如承认这是合理的欲望。如同十六世纪葡萄牙诗人在欢迎他们的商船从海上归来时那直白的诗句："利润鼓舞着我们扬帆远航……"

"利润"这字眼嵌入在诗行中看上去的确令人尴尬，但文学的责任不在于简单奚落"变富"的欲望，因为变富并不意味着一定变坏，而"变好"并不意味着一定和贫穷紧紧相连。文学在其中留神的应该是"困境"。贫穷让人陷入困境，而财富可能让人解脱某些困境，但也有可能让人陷入更大的困境。最近我在一篇讨论当代中国乡村的价值变化的文章中读到，消费经济时代的突然降临让许多没有足够心理准备和文化准备的村民，无暇也无力去做其他可供想象的人生筹划。多挣钱以确立存在地位的欲望压倒了这些，他们被迫卷入人与人之间一场财富竞赛的长征：争盖高楼，喜事大办，丧事喜办，以丧失尊严来换取以为的“面子”。中国中央电视台曾经报道过南方一些农村，有人在办丧事时请戏班子跳脱衣舞，因为花得起钱而在邻里间“挣足了面子”。这让人瞠目，让人想到说的虽是村民但又何止村民？我的一位北京亲戚，当年住在四合院一间三平方米的小屋里，如今他在为自己选购汽车时，打开一款已属高档车的车门，竟皱着眉头不满地连声说，“后排座间太小，空间太小！”所有这些，更让人思考一个国家在富强的崛起时，文明在何处以何种面目支撑。文明是对人之所以为人的制度性守护，是对人性尊严所必需的自由平等的捍卫。这也正是其价值魅力所在。

生活在前进，高科技日新月异。人类的物质文明在过去二百多年里发生的变化远远超过了之前的五千年。但我们也应该看到，相对于人类有文明史的五千年，二百多年的时间还是太短了些。更何况，若从非洲南方古猿走出森林开始，人类生理和心理的进化至少已经历了五百万年。有人类学家称，几乎所有人都对蛇有与生俱来的恐惧，源于人类祖先早年在丛林中生活，无数代人与蛇共处，很多人失去生命，因此已把这种警觉融入人类的基因代代遗传。当二百多年的进步使人类仿佛已经成为这个星球唯一主宰的时候，我们是否真正知道欲望将把自己带往何方？我们是否真正明白自己造成的这所有变化的结果和含义？人类恐怕还要有更漫长的时间去领悟，以让灵魂跟上变化的脚步。今天，我们对世界的理解不断加深，我们的生活水准不断提高，我们的物质要求也一再地扩大，虽然我愿意赞美高科技带给人类所有的进步和财富，但我还是要说，以财富和物质积累为核心诉求的变革，不能仅仅成为一种去伦理、去道德、去乌托邦的世俗性技术改革。巨大的物质力量最终并不是我们生存的全部依据，它从来都该是更大精神力量的预示和陪衬。这两种力量会长久地纠缠在一起，互相依存难解难分。它们彼此对立又相互渗透，构成了我们内在的思想紧张。而文学要探究的领域，也应该包括这种紧张。

为什么我常会心疼和怀念瓦片村的山杏和她的一家？为什么处在信息时代的我们，还是那么爱看电影里慢跑的火车上发生的那些缠绵或者惊险？我不认为这仅仅是怀旧，我想说，当我们渴望精神发展的速度和心灵成长的速度能够跟上科学发明和财富积累的速度，有时候我们必须有放慢脚步回望从前的勇气，有屏住呼吸回望心灵的能力。就这个角度来说，文学最深层的意义和精神可能是保守的——即使以最先锋的形式呈现出来的文学。保守或许对科技创新有害，但在善与恶，怜悯与同情，爱与恨、尊严与幸福……这些概念中，并不存在进步与保守的问题。因为永恒的道德真理不会衰老，而保卫和守望人类精神的高

贵，保卫和守望我们共同生存的这个星球的清洁与和平理应是文学的本意。在人类的欲望不断被爆炸的信息挑起、人类的神经频频被信息蹂躏的物欲时代的喧嚣中，文学理应发出它可能显得别扭的、困难而保守的声音，或许它的“不合时宜”将是真正意义上的先锋！也因此，文学将总是与人类的困境同行。也因此，文学才有可能彰显出独属于自己的价值魅力。

太阳升起来了，
太阳落下去了，
我什么时候才能变好呢?

我还是记起了深山少年写在石板上这简单的句子，因为这里有诚实的内心困境，有稚嫩的尊严，更有对“我”的考问和期待。“我”是充满欲望和希望的少年，少年是人类世界的未来。

人什么时候、怎样才能变得更好呢?

原载《江南》2011年第3期

回望延安

王巨才

一

那是一个奋发的年代，一个朝气蓬勃的年代。一个党和人民、领袖和群众同甘共苦，相濡以沫，共同创造英雄史诗的年代。

多少次了，当我徜徉在延安革命纪念馆的陈列大厅，脑海里总会回旋起这些炽热的意绪，心底总会涌动强烈的、难以遏止的感动。

不只是因为气壮山河的战争风云，也不只是大智大勇的雄韬伟略。让我感动并引以遐思的，往往是那些并不奇崛的寻常故事。那些飘落在岁月风尘中的历史散叶和历经时间淘洗总不磨损的民间记忆。

二

说起延安，人们自然会想到那幅“自己动手，丰衣足食”的题词。那几个遒劲的大字，是一个时代的传神之笔，一个古老民族的精神图腾。

苍茫的陕北高原，沟壑纵横，地瘠民贫，由于国民党的经济封锁和自然灾荒，边区军民一度陷于几乎没有衣穿，没有油吃，没有纸，没有菜，战士没有鞋袜，工作人员冬天没有被盖的地步。毛泽东说：我们的困难真是大极了！解散呢，还是自己动手呢？这一严峻的问题提给全党。

朱德总司令则以愤慨的言辞痛切陈述抗日将士的处境：“有一枪仅余四发五发子弹者，有一伤仅敷一次两次药物者，于是作战时专凭肉搏，负伤则听凭自然。”与此相印证的，是他那首气壮山河的诗篇：伫马太行侧，十月雪飞白；战

士仍衣单，夜夜杀倭贼。

艰难困苦，玉汝于成。巨大的困难没有吓倒“特殊材料制成的人”，一场轰轰烈烈的大生产运动和随之实行的精兵简政，使革命再次转危为安，“创造了中国历史上从未有过的奇迹”（毛泽东）。艰苦的条件也没有阻止一批批热血青年冲破层层封锁，从四面八方奔赴延安。宝塔山下，延河岸边，集合了中华民族最优秀的儿女。延安的窑洞里，有人类最睿智、最深刻、最有远见的头脑。延安的山川间歌声不断，响彻乐观向上的旋律。

梁漱溟，这位新中国成立后曾同毛泽东发生过激烈争论的著名学者，一九三八年和一九四六年曾两次访问延安。头一次，与毛泽东有过八次亲切交谈。他在所写文章中对此次所见所闻记述颇详，欣悦之情溢于言辞：在极苦的物质环境中，那里的气氛确是活跃，精神确是发扬。政府、党部、机关、学校都是散在城外四郊，傍山掘洞穴以成。满街满谷，除乡下人以外，男男女女皆穿制服，稀见长袍与洋装。人都很忙！他对延安人际关系的平等、融洽倍加赞赏：一般看去，各项人等，生活水准都差不多，没有享受优厚的人，是一种好风气。人人喜欢研究，喜欢学习，不仅学生，或者说人人都像学生，这又是一种好风气。爱唱歌，爱开会，亦是他们的一种风气。天色微明，从被窝中坐起，便口中哼啊抑扬，此唱彼和，仿佛一切劳苦都由此而忘却！人与人之间情趣增加，精神上互为感召。

穷且益坚，不坠青云之志。清贫的物质生活并不导致精神的矮化；豪车华屋，灯红酒绿，也无法疗补内心的颓废与空虚。

三

自力更生，艰苦奋斗，原本就是中华民族的优良品格，它的发扬光大，则是老一辈无产阶级革命家极力倡导，率先垂范，精心培育的结果。

毛泽东那张站在黄土院子里，面容清癯，目光凝聚，身穿补丁裤，双手前伸，向席地而坐的学员演讲的照片，早已珍藏在中国共产党的光荣史册里，见者无不动容。但另一些故事也许并不为人们熟知。

一天下午，延安留守兵团的司令员萧劲光到毛泽东住处汇报工作，见他围着被子斜躺在床上办公，以为是病了，正要询问，毛抬起头来指指地下的火盆笑说，棉裤洗了，还没烤干，起不了床，起来就要光屁股了！萧劲光鼻子一酸，指示警卫员赶快到兵团去领一床被子和一套棉衣。毛泽东一听，连说不行不行，领来我也不要，现在大家都困难，我若要搞特殊，讲的话就等于放屁，没人听，他们会说你不是真革命，是蒋介石，是封建皇帝！过了会儿，又说，劲光啊，我不能搞特殊，你也不能搞，任何时候，任何人都不能搞。你要记住这句话：我们共产党人绝不能搞特殊！

绝不能搞特殊，毛泽东不仅以身作则，同时也严格要求自己的亲属。电视剧《毛岸英》的播出，已让这位年轻人热情似火、英姿勃发的光彩形象深入人心；舐犊情深，毛泽东失去爱子后痛哭失声的画面也使多少人潸然落泪。未被剧本采用的尚有另外的情节。毛岸英回到延安，先被安排住在陕甘宁晋绥联防司令部，部队考虑到他在苏联待的时间长，吃不惯小米、烩菜，便让他上了干部中灶，每顿两菜一汤，还有细粮。毛泽东知道后很快把岸英叫来，说：岸英啊，你妹妹李讷一直都在大灶吃饭，你这么大了，还要提醒吗？于是毛岸英谢绝了领导的好意，坚持与战士们一起在大灶用餐。

另有一次，美联社记者访问岸英，要他对抗战胜利后的形势谈谈看法。稿子写成，岸英拿过来请父亲审看，不料毛泽东还没看完，便一把撕掉，严厉批评说：你小小年纪，刚从国外回来，情况不了解，有什么资格对外国记者发表意见！声色俱厉，不容置辩，看似无情，却命意深长，堪为镜鉴。至于岸英后来去农村锻炼，去工厂工作，去前线作战，显然都与父亲的教育、培养分不开，现在已经成为广为传诵的佳话。

四

曹靖华先生写过一篇散文，标题叫《忆当年，穿着细事且莫等闲看！》，内容大抵是说旧时代在“衣帽取人”的上海等大城市里，穿时髦衣服的较之穿着土气的，往往要占许多便宜。而此时想到这个标题，则是因为我在纪念馆里得到的对这个标题的另外一种注解。

一九四〇年，六十六岁的爱国侨领陈嘉庚回国考察抗战。蒋介石对此十分重视，仅重庆的接待费用就安排了八万元，其中一次宴会花了八百大洋。前线将士浴血奋战，后方如此铺张，陈嘉庚对这种奢侈十分反感。后来他到延安，看到干部群众衣着简朴，情绪饱满，印象甚好。毛泽东在杨家岭宴请他，用的是从老乡家借来的小方桌，因太旧，上面铺了几张报纸。饭菜是用自种的西红柿、豆角等做的，另外上了一例鸡汤，整顿饭算下来不到两元。毛泽东说，我是没钱买鸡的，这只鸡，是邻居老大娘听说我有贵客要招待，特地送来的。两

相对照，清者自清，浊者自浊，陈嘉庚不禁叹道：“得天下者，共产党也！”回到南洋，他在第二届南洋华侨大会上还激情洋溢地欢呼：“中国的希望在延安！”

那次访问，让陈嘉庚“衷心无限兴奋，梦寐神驰，为我大中华民族庆幸”。为了表达对毛泽东等领导人的敬意和拥护，他给延安送了两辆小汽车。而这两辆小车的使用，说来也耐人深思，对我们看待和处理一个时期以来屡禁不止的公车私用、公款消费、讲排场、摆阔气等恶劣风气或许有所启示。

小车送到延安，中央办公厅“理所当然”地要分配给毛主席一辆，却遭到毛的拒绝，他提出的原则是，一要考虑军事工作的需要，二要照顾年纪大的同志。在他一再坚持下，两辆车分别分给了朱德和徐特立、董必武、林伯渠、吴玉章、谢觉哉“五老”使用。一次，毛泽东去枣园开会，回来时马突然受惊，把他从马背上摔下来，跌伤了手臂，朱总司令和“五老”知道后一定要把车子让给毛主席，他仍“坚不从命”。毛后来也有了一辆“专车”，是华侨捐赠的救护车，但也只是在接送客人时才偶一使用。

这也许就蕴含了那个年代全党全军坚强团结、战无不胜的确切信息，却是离开大陆后的“委员长”痛定思痛时未必能想到的。

五

当时去延安，正是这样一个充满团结友爱气氛的大家庭。同时，又是政治清明，法纪严明，“实行民主真行宪，只见公仆不见官”（朱德诗句）的民主圣地。

人们都知道作为诗人和政治家的毛泽东，有着常人一样的丰富感情，但在违法乱纪、侵害人民利益的行为面前，他同时也有一般人少有的“毒蛇在手，壮士断腕”的霹雳手段和决绝气概。

一九三七年十月，曾经参加长征的二十六岁的抗大第六队队长黄克功，因爱情纠葛枪杀了女学员刘茜。审讯时，黄亮出浑身伤疤，请求法庭免于一死，准其戴罪立功，战死疆场。毛泽东接到报告，给审判长雷经天复信：“黄克功过去斗争历史是光荣的，今天处以极刑，我及中央的同志都是为之惋惜的，但他犯了不容赦免的大罪……如为赦免，便无以教育党，无以教育红军，无以教育革命者，并无以教育做一个普通人……正因为他是一个多年的共产党员，是一个多年的红军，所以不能不这样办。共产党和红军，对于自己的党员与红军成员不能不执行比一般平民更严格的纪律。”

与这个事件相辅相成的，是毛泽东的“挨骂”。一九四一年六月，边区政府召开各县县长联席会，讨论公粮征收工作。会议进行中，天气骤变，一个炸雷击中礼堂梁柱，延川县代县长不幸触电身亡。消息传开，议论纷纷，有位老乡借机发泄对公粮负担过重的不满，指名道姓地责骂了毛泽东。边区保安部门闻讯，认为这是一起严重反革命事件，要严肃追查，公开处理。毛泽东从警卫员口中知道了这件事，立即进行制止。他对保卫部门的同志说，群众发牢骚，有意见，说明我们的政策和工作有毛病，不要一听群众有议论，尤其是尖锐点儿的议论就去追查，就要立案，进行打击压制。这种做法实际上是软弱的表现，我们共产党人无论如何不要造成同群众的对立面。对清涧群众负担过重的问题，要边区政府认真调查研究，该免的免，该减的减，不能不管老百姓的死活。

一九四五年七月，毛泽东在回答黄炎培那个关于历史周期律的著名提问时说，我们已找到新路，我们能跳出这周期律。这条新路，就是民主。只有让人民来监督政府，政府才不敢松懈。只有人人起来负责，才不会人亡政息。

世界学联代表团成员当年访问延安后曾这样由衷赞叹：“边区司法充满了平等和正义的精神！”

六十多年过去，这些激情的言说，仍如晨钟暮鼓，穿透时空，悠然回响。

六

关心群众生活，密切联系群众，全心全意为人民服务，和人民打成一片，这些屡屡见诸党的文献的论述，毛泽东是首倡者，他和他的战友又是模范的实践者。

到过杨家岭的参观者，都会见到那条由毛泽东和中央书记处的同志、中央机关干部战士与当地群众一起修建的“幸福渠”。这条全长五公里、灌地一千二百亩的水渠，几十年来波光粼粼，一直滋润着乡亲们的心田。

据当年枣园乡乡长杨成福回忆，中央机关驻在杨家岭和枣园时，每年都要给老乡们拜年。有一年春节，毛泽东、周恩来、任弼时同工作人员带着糖果、春联等年礼来到乡政府，一见面，毛主席亲切地问，杨乡长，你们辛苦一年了，年过得好吗？杨一边应答，一边忙着递烟，沏茶，高兴得不知如何是好。周恩来见状，说杨乡长你就别忙了，毛主席要给乡亲们拜年，你就引我们到各家走走吧！杨成福一想，全村几十户人家，山上山下，住得很分散，哪能让首长们到处去跑！就说，你们都忙，挨家挨户就不必了，我一定把主席和首长们的心

意转告给大家。毛主席一听，连连摆手，说拜年找人代理，杨乡长你这个主意可出得不好，还是我们去吧！一句话把众人逗笑了。但商量的结果，还是采纳了杨成福的意见：把每家的家长都请到乡政府，一来主席都见上了，二来也更热闹。乡亲们来了，主席和其他首长拉着老年人的手，热情地递烟，敬酒，给孩子们抓瓜子，散花生，并详细征询对中央机关的意见，了解村民的生活状况和来年的生产安排，促膝交谈，亲如一家。上世纪七八十年代，我多次陪同客人参观，听过杨成福的介绍，这些其乐融融、亲密无间的生动画面，几十年来一直活跃在脑海里，历久弥新。

毛泽东关心群众生产，也关注他们的精神生活。著名的延安文艺运动，开辟了文艺为人民服务的广阔道路。同毛泽东一样，每到春节，延安的文艺团体都要组织秧歌队，走上街头，拿出各自的拿手好戏，与群众共庆新年。一九四三年春节，正是毛泽东《在延安文艺座谈会上的讲话》发表的第二年，延安南门外人山人海，两万多军民聚集在广场上观看鲁艺等单位的演出，王大化、李波合演的《兄妹开荒》大受欢迎。颇有意思的是，在成千上万的观众中，有一位就是毛泽东。那天天气不大好，空中尘土飞扬。李波回忆说，她见毛主席在大风中坐在那里，身上也落了一层黄土，但他并不在意，身边有人给他一个口罩，马上被他用手扒拉开，只是兴味盎然地看着，不时张嘴哈哈大笑。这一年四月二十五日，《解放日报》发表社论，充分肯定那次演出是坚持为工农兵服务方向的成功实践。一九四四年春节，各单位组织的秧歌队就达到二十七家，上演节目一百五十多个，延安群众文化生活的丰富多彩，由此可见一斑。

群众利益无小事。这句话我最早是从张汉武同志嘴里听到的。这位党中央在延安时的延安市市长，"文革"时从省上下放回延安，为了研究解决黄龙山区严重的克山病问题，他不顾年老体弱，多次深入病区，翻山越岭，奔波不息。他这种急群众所急的作风，或许与他的一次特殊经历有关。一九四四年的一天，毛主席把张汉武找来，问，听说西川侯家沟的妇女大都生不下孩子，群众很着急，有各种议论，市上知道不知道？张汉武答，是有这么回事，但不知道什么原因。毛主席说，那么多人不生孩子，会不会是水的问题，可以派人去化验一下。张汉武知道，在生产落后的陕北，没有孩子将来就没有劳动力，主席为此操心，看似小事，实是大事。化验的结果，果然是村子里的水含有导致妇女不孕的物质，经过改水处理，问题得以解决。

在延安纪念馆陈列厅，我还看到毛泽东写的一张便笺，按时下的说法，是一张"条子"。讲解员介绍说，那一年，边区政府工作人员吴吉清的孩子得了重病，找了几位医生都束手无策，毛主席知道后，便写了这张“条子”给中央医院小儿科主任侯建存，请他“费心医治”。

一张“条子”，几多叩问，引人思索。

七

一九四八年三月二十三日，为了迎接中国革命在全国的胜利，毛泽东率领中央机关东渡黄河，前往华北。他登上黄河东岸，回望陕北高原，情不自禁地说道：“陕北是个好地方。”

人们明白，毛主席讲这句话的时候，想到的不只是作为中国革命新的立足点和出发点，正是在这个地方，成就了他本人和他领导的中国共产党翻天覆地、前无古人的辉煌业绩，同时他还会想到那些十三年来与他同甘共苦，心心相印，正直、善良、坚毅的人民，那些高唱《东方红》《绣金匾》，高唱“共产党毛主席天心顺，普天下的老百姓都随了红军”“哪怕人头挂高杆，一心要共产”的人民。

他会想起谢子长和刘志丹。正是这两位群众领袖、民族英雄从大革命时期就开辟的红色根据地，在危急关头迎接了自己的中央。

是的，他怎能忘记，这些可亲可敬的干部群众，为支援战争、争取全国胜利，曾承担了多大的牺牲！这个只有二百万人口、二十多万劳力的地方，一九四七年到一九四八年，就有两万多名青壮年参军，一万多名参加游击队。在生产受严重破坏的情况下，老百姓节衣缩食，为部队提供公粮五十六点八万石（每石三百斤），军鞋三十万双，到一九四九年的两年零五个月中，支前民工二百多万人次，担架六点七万副，牲口二百五十万头次，缴送的公草，仅一九四八年的粗略统计，就有三千二百二十三万斤。无怪乎彭德怀感慨：边区的劳动人民，是我看到的政治上最有觉悟，对革命最有认识的人民！

得人心者得天下。民为邦本，自古而然。

八

日月如梭，岁月不居。岁月深处，有一个民族迅速崛起的精神宝藏，有昭示未来、导引前行的智慧密码。

一九四九年九月二十九日，为祝贺新中国成立，延安各界给党中央和毛主

席发去贺函。毛泽东接到贺函，“十分愉快和感谢”，他在复电中称，延安和陕甘宁边区的人民对于全国人民是有伟大贡献的。他希望，“全国一切革命工作人员永远保持过去十余年间在延安和陕甘宁边区工作人员中所具有的艰苦奋斗的作风”。

一九八〇年，邓小平在中央工作会议上号召全党：一定要宣传、恢复和发扬延安精神，并且强调“要大声疾呼和以身作则地把这些精神推广到全体人民、全体青少年中间去，使之成为中华人民共和国精神文明的主要支柱”。

新世纪以来，江泽民、胡锦涛同志多次去延安看望老区人民，指出无论过去、现在、未来，延安精神都是我们战胜困难、取得胜利的法宝；任何时候，延安精神都不能丢！

毋忘延安，毋忘老区，毋忘那些卓励奋发的红色岁月。忘记，就意味着背叛！

话虽旧，真理不会老。

原载《散文选刊》2011年第9期

父亲的眼光

艾克拜尔·米吉提

我的父亲虽然哈萨克语、俄语、维吾尔语、柯尔克孜语、乌兹别克语、塔塔尔语样样精通，另外，作为旧时的医科毕业生，对拉丁文也有探究，因为所有的西药必须有拉丁文药名，当时他开处方都是用拉丁文。但是，十分遗憾，唯一让他搞不懂的是汉文。他认为汉文笔画复杂繁多，读音奇异，读出音来却又并不代表词义，还要搞明白是哪个字，其字义是什么，否则，光听口说，你永远也别想搞明白他在说什么。他常常这样抱怨，太复杂了，连他们自己都要问：你说的是哪个字？真是奇怪！周总理说了，汉字将来要走拉丁化方向，我到那会儿再学汉语也来得及。他就是这么说的，事实上也是这么想的。但是，当我长到入学年龄时，父亲开始了一场困难的抉择。他把我从爷爷奶奶那里接到城里，说要送我上学。他说得很清楚，他说，艾克达依（对我的昵称，是我的爷爷奶奶这样称呼我的，所以他自然这样称呼我）应当学一门大的语种。他说，哈萨克语你已经会讲了，用不着为此再上学。要上学，你就去学一种大的语言，只有掌握了大的语言才能和世界交流。我对他的这些说法，懵懵懂懂，压根就没听明白。其实我对离开爷爷奶奶进城这件事心里一百个不情愿。

起初，父亲想让我学俄语。他说，俄罗斯语言是伟大的，列宁的十月革命就发生在那里，二次大战是苏联人把胜利的旗帜插上了柏林国会大厦，他们的卫星上天了，了不起。就把我带到伊宁市斯大林学校报名，没想到他的愿望与现实碰壁了。这是一九六一年的秋天。人家说，你得是苏联公民或是苏联侨民，才能录取。我父亲摇了摇头，说，我们都不是，我们是中国公民。于是，带我回来。到家了，他和母亲嘀咕了些什么我也没听清楚，但结果我却是明白了。父亲执意要让我学大的语种，现在只有一个机会，就是去汉语学校报名。不过，

当时父亲的汉语极差，他怕说不清楚，要让母亲一起陪着我们去。说来母亲的汉语在今天看来也是有相当水平的。当然，她也没有正经八百地上过汉语学校。但是，她有一个特殊的经历，正是这一特殊经历，让她学会了汉语口语，并掌握了一些汉字。那就是一九五二年到一九五三年期间，她十七岁时作为新疆牧区代表团代表，到内地访问一年多，在北京还受到毛主席、朱德、刘少奇、周总理等老一辈领袖们的接见，还有幸和他们合过影。年轻的她在这一年多时间的访问期间，居然学会了汉语。当时，在汉语方面，我的母亲是父亲的绝对老师，在这一点上的确绰绰有余。当然，母亲作为后学医生，是我父亲的学生，这一点也毫无疑问，千真万确。

当天下午，我的父亲母亲便带着我来到了在我家住所卫生学校后面的第十五小学，这是当年伊宁市仅有的几所汉语学校之一。学校里很安静，以当时的条件来说，这也是一所校舍齐整、初具规模的学校。在招生登记处那里，负责招生的人说，他们还没怎么招过少数民族学生，建议我们去少数民族学校报名。鉴于我父亲坚决的态度，他们说，那这样吧，起码得有一点汉语基础才行，不然没法与老师和同学沟通。于是，他们同意对我进行简单的口试。两位校方的人把我们一家三人带进一间办公室，在那里对我进行口试。他们指着公鸡的图片问我，这是什么。我并没听懂他们在说什么，是母亲在一旁给我作了翻译。我用哈萨克语答道：Khoraz（公鸡）。心里不免有些厌烦，我对进城上学这件事本来就充满抵触，没想到考试居然是这等无聊，竟然拿着公鸡的图片让我指认。他们又提问了。母亲翻译过来说，他们让你用汉语从一数到十。这个我当然不会。我很无奈地望了望母亲。他们指着墙上的几幅照片问我。母亲翻译道，他们问你墙上那几位领袖照片是谁。我只认识其中的一位。毛主席。我说。其他的我一概认不出来。很久以后，父母亲说起那天的情景都要笑。其余几位是朱德、刘少奇、周恩来。当时，校方两位就摇头，说这孩子没有一点汉语基础，没法收下。我的父母几乎是央求校方了。母亲表示今天回去就教会孩子几句，明天过来接受考试肯定能通过。校方两位总算是点了点头。于是，我对汉语的学习正是从这一天开始的。

回到家里，母亲就按今天校方的提问教我从一数到十，然后教了一些图片名称，又让我认几位领袖像。第二天一大早父母带我去学校赶考。还是昨天那两位对我提问。他们让我从一数到十，我的脑子忽然一片空白。我努力想了想，才从一数到了五，公鸡说得清了，国旗会说了。奇怪的是，领袖像我还是只说出了毛主席，其他几位依然说不出来。我想可能是对人名记忆方式变了，第一次接触汉名汉姓，我就是记不住。校方两位从感觉上看，似乎对我比昨天要满意一些。我母亲一再表示每天回家她要亲自教我，父亲也当场向校方宣称他也会跟着我一起学汉语。校方总算收下我了。此后，我在班里过了三个月的"哑巴期"，只会用善意的眼神与同学们交流。直到三个月后，才能开口用汉语与同学们说话了（此时我才搞清，我是在一年级乙班）。我的父亲果然从我入学开始自学汉语。他说，看来汉语走拉丁化方向的事一时半会儿解决不了，再难也罢，还是得要学。果然他的汉语水平提高很快，在我上四年级的时候，他已经能对汉族学员班用汉语教授内科学了。而我一路走来，与汉语汉文结下了一生之缘。今天想起这件事，我依然为父亲深邃的目光感到自豪。

后来，在上五年级的时候，学校一位教数学的严老师来家里家访（班主任朱老师歇产假，他临时做我们的班主任），通知我的父母，六年级一毕业，就会将我送到北京中央民族学院附中上学，让家里人有所准备，勉励我要好好学习，不要辜负学校和组织的期望，同时要求我们一家暂且保密，不要透露出去。北京对于我来说，既熟悉又陌生，既近在眼前又十分遥远。应当说，从我母亲的叙述中，我曾熟悉了北京，小学的语文课文还有一课《北京的秋天》，要我们背诵，且要根据课文的生词造句。所以，对北京秋日的蓝天、飞翔的鸽群、悦耳的鸽哨留下了刻骨铭心的印象。北京从此便成为我心中的一个目的地，一个梦想，也成了一个由我约守的秘密。然而，"文化大革命"爆发了，一切都受到了冲击，学校停课闹革命，而此时我才刚刚升上六年级（乙班）。北京的梦想看来就要这样破灭了。很多中学生开始"大串联"到北京去，在天安门广场接受毛主席检阅，而我们因为是小学生，作为"红小兵"不准参加串联，只好蜗居在家里。其间，伊宁市发生了激烈的两派武斗，死了一些学生。父母亲怕我跟着卷进武斗，把我送到霍城县芦草沟公社乌拉斯台牧场爷爷奶奶那里放了一年羊。后来，当武斗平息下来，又把我接回城里，送到伊宁市墩麦里一位回族木匠那里，学了一年木匠手艺。

正在此时（一九六九年八月），传来我们将到八中上学的消息。有一天到十五小校园转转，从八中招生海报上看到了自己的名字。这也是一段奇特的历史，我们由小学六年级直接升入初三。而我，则放下手中的木工活儿，辞别刨花散发的淡淡的松香和新疆杨的苦涩清香，直接走入了八中的学堂。那是一所古旧校舍，我的父亲解放前就曾在这里初中毕业，那时叫作 Gimnazya，翻译过来，当是全日制中学之意。现在我也走进了这所校舍，或许这就是冥冥之中的命运使然？只不过是现在这所校舍被称之为伊宁市第八中学，即将成为我的母

校。我的心头还是泛起兴奋的微澜。

一切都是新鲜的。化学、物理、数学课程给我开启了一道认知世界的新的门槛——原来物质世界竟然有着如此奇妙的变幻，禁不住令我心花怒放，思绪飞扬。当时并不知道知识就是力量，但直观印象是知识居然这般新鲜感人——水居然可以叫作氢二氧一，天天离不开它的食盐居然可以叫作氯化钠……凡此种种，让我有如醍醐灌顶，茅塞顿开。对我此生世界观的形成，思路的活跃，起到了奠定基础的作用。但是，其中也有小小的例外，记得教化学的刘盛民老师是陕西人，他把“氯”用浓重乡音念成“陋”，便给我留下了先入为主的记忆，直到很久很久以后，我见到这个“氯”字，依然会本能地将它误读为“陋”音。

当然，学校里的一切又显得有些敷衍和仓促。我们的语文教材居然是八个样板戏剧本。我只记得一个形容词，那就是京剧《智取威虎山》背景描述中的“白雪皑皑”。还是刘盛民老师教我们的。他曾一度替语文老师代课。“老三篇”也成为我们的语文课文。总之，文科科目教学随意性极强，回想起来，似乎学到了什么，但迄今记忆不是太深。

不久，随着珍宝岛事件和铁列克奇事件的发生，为了落实“深挖洞，广积粮，不称霸”的“最高指示”，学校开始组织挖防空洞了。正常的教学秩序再次被打乱。时间有如白驹过隙，很快就到了告别校园，走向上山下乡之路。

于是，我告别了母校，告别了同学们，来到了伊宁县红星公社绿洲大队第三生产队，我人生新的起点将从这里开始。

而我对同学们的思念情谊，也是从这一天起陪伴到今天。

2011 年

去看一棵大树

——

贺捷生

回到张家界，无论时间多么仓促，无论要走多么远、多么难行的路，我都要去看那棵挺立在旷野中的大树，那棵在风雨中生长了千百年的古树。就像我每次回到故乡桑植，必去看五道水那棵千年攀缘的紫藤；每次到了贵州，必去印江县木黄看那棵双躯交缠的古柏。

这三棵站在湘黔大地上像传说，又像绝唱的树，是父亲当年艰难转战的见证者，又是父亲离开后忠实地等待他归来的守望者。

三棵树，一棵见证了少年父亲揭竿而起，以他的血肉之躯，在黑夜沉沉的湘西，把旧中国的天空捅了一个窟窿；一棵见证了青年父亲带领红二军团与萧克带领的红六军团，在左冲右突中胜利会师。当第三棵树出现时，著名的红二方面军就将在英年父亲的麾下光荣诞生。

我现在要去看的，是站立在张家界慈利县溪口村外的第三棵树。

慈利是我母亲蹇先任的故土，外婆家就与溪口相邻，我从小在这片原野长大。命运的巧合使我相信，一棵树也是有灵性的，哲人爱默生就说过："每棵树都值得用一生去探究。"

那是一棵古樟，在南方的村子里都能见到，普通又名贵，是树中的尊者和王。它们通常站在村庄后面的高冈上，与炊烟缭绕的村庄患难与共，苦命相守。千百年来，村里的人一代代老去，一代代诞生，唯有它们盘根错节，经年不衰，代表村庄和村里的先人极有耐心地活下去，直到活得根茎爆裂，孔穴丛生，巨大的树冠遮天蔽地，如同一团团蓬蓬松松的云停泊在村庄上空；直到活成村庄的传说，村庄的历史，村庄的神，让人一辈子念念不忘，深怀眷恋。

但我要去看的这棵大树，这棵古樟，却与其他村庄的古樟大不相同。它没

有生长在高冈上，而是顶天立地，孤独站在一片开阔的河滩上，年复一年地守护着身边的那片坪地，那条似乎亘古以来就环绕着这片坪地静静流淌的河流。远远望去，那几根粗大的如同赤裸的手臂伸向天空的树枝，像大地竖起的一片旗杆，又像河水高举的一簇波浪。

坪，叫王家坪；河，叫澧水。

哦，我又想起我亲爱的父亲了！那时我父亲在经历南昌起义的凤凰涅槃后，作为党的核心组织中的早期将领，他再一次白手起家，在湘西重新拉起一支虎啸龙吟的红军主力。我也想起我亲爱的母亲，那时她作为父亲队伍中的第一个女兵，经过残酷的战争洗礼，既成了这片黑暗土地上少有的播火者、战斗者，也成了我父亲相濡以沫的战友和伴侣。

父亲是一九三四年十一月初到达溪口的，指出这一点，是因为在这年的十月中下旬，父亲刚率领他在湘鄂西创建的红二军团和萧克率领的红六军团，在贵州印江的木黄胜利会师，组成了强大的红二、六军团。而由我未来的姨夫萧克率领的红六军团，是中央红军被迫从赣南撤离时，特地被派到湘赣边来寻找我父亲的。两军会师后，中央命令我父亲出任红二、六军团总指挥，率部返回湘鄂西，把几十万围困中央红军的国民党部队拖进湘鄂西的崇山峻岭，让在血战中越过湘江的中央红军得以向贵州遵义挺进。

红二、六军团进驻溪口，意味着这支顽强的部队不辱使命，在中央红军长征的危难时刻，只用几天时间便迅速插到了湘西的纵深。接着他们要做的，是利用大庸地区的特殊地形和深厚的群众基础，建立稳固的革命根据地，壮大红军力量，同虎狼般扑来的国民党大军展开生死搏斗，为革命的持续发展做贡献。

大庸作为湘西的一个县名，是近几年才消失，变成了今天以大自然奇绝的山水闻名于世的张家界。父亲心目中的大庸革命根据地，是以天子山为中心，逐渐辐射和覆盖桑植、慈利、永顺、鹤峰等县。他生于斯，长于斯，对这里的山山岭岭烂熟于胸。当红二、六军团开到他几十年后长眠的天子山下时，包括溪口在内的村村寨寨，无不向他敞开门扉，像搂抱自己的骨肉那样迎接他这支队伍。

明明知道参加革命九死一生，但生活在这片土地上的铁血男儿，这些湘军后代，不论是种田的，还是在澧水河上撑船的；不论是苗族、白族、土家族，还是其他什么民族，只要扛得起枪，抡得动大刀，都愿踩着父亲的脚印走，跟着他高举的那面在血雨腥风中飘扬的旗帜走。

当时作为红色政权中心的溪口，人家不算多，也竟有七百多名青壮年参加红军。那些日子的溪口，家家住着红军，夜夜燃烧着哔剥作响的火把。一队队红军和赤卫队员，在大路上和村庄里来来往往，川流不息。妇女们忙着为红军缝冬衣，做军鞋。每当夜幕降临，繁星满天，父亲总会带上萧克、王震、贺炳炎、卢冬生等一干将领和我母亲，来到大树下聊天。一壶茶，或一坛米酒，几个人坐在那儿谈天说地，纵论大势。

几天后，就在这棵大树下，父亲不费一枪一弹，便收编了李吉儒的一支上千人的群众武装。此事成为当地经久不息的美谈。

李吉儒草莽出身，性情豪爽，在天子山上占山为王。红二、六军团进驻溪口后，他自称师长，打着红军游击队的旗号，到处"吃大户"，抢粮食。当军团司令部准备收拾这支队伍时，父亲却嘿嘿一笑说，杀鸡何必用牛刀？传我的手令，让他十二月二十日带领队伍来大树下集合。

李吉儒知道父亲的脾气。那天，他早早把队伍带到了溪口，在大树下把枪架在地上，队列整好，听候红军发落。到这时，他才发现，溪口已是红天红地，云水翻腾，红军和老百姓水乳交融，亲密无间，到处洋溢着同仇敌忾的气氛。最让他服气的是，红军该上操的上操，该出勤的出勤，对他的到来不加任何防范。唯有父亲与几个军团将领气定神闲，正坐在大树下慢悠悠地喝茶。

李吉儒凭着两撇小胡子认出我父亲，小心翼翼地把手令递上来说，贺老总，失敬失敬，粗人李吉儒按照命令，把队伍带来了，请清点人数和枪支。父亲指着一把椅子说，是李师长啊，你还真给我贺龙面子啊。李吉儒马上说不敢不敢，是贺老总和红军给我面子。我过去祸害百姓，做过许多坏事，甘愿负荆请罪，认打，认罚。

父亲笑了，说李吉儒，你还算深明大义，下步有什么打算啊？李吉儒说，贺老总，我带领队伍从天子山下来，就不准备回去了，弟兄们都是苦出身，个个愿意参加红军。父亲严肃起来，对李吉儒道，天子山回不回另说，参加红军我也欢迎。不过话说在前面，红军有红军的规矩。在我们的队伍里，你既发不了财，也别想当多大的官，还要舍身舍命，这些做得到吗？李吉儒连连说，做得到，做得到。

树下，谈笑之间，李吉儒的上千人马全部投了红军，使红二、六军团迅速得以壮大。值得一提的是，自从跟了我父亲，这些苦大仇深的潇湘弟子，冲锋陷阵，忠勇无比，几乎没有一个活着回湘西。溪口的这棵大树，从此深受群众爱惜。红二、六军团离开湘西后，在天长日久的盼望中，他们逐渐把对父亲和红军的思念转移到这棵树上。在老百姓看来，这棵大树就是红军的化身，我父亲贺龙的化身。看见它，就像看见了我父亲和红军。

今年清明节回到张家界，上天子山为父亲扫过墓，我自然要继续往前走，继续回到我母亲的那片土地，去溪口看看那棵远近闻名的大树，看看以另一种形象站立在旷野中的父亲。

天下着淅淅沥沥的雨。因头天爬过天子山，我已累得腰酸背痛，四肢乏力，但我毅然踏上了去溪口的路途。从故乡桑植洪家关赶来看我的亲戚，在张家界工作和生活的贺家人，听说我要去看那棵树，也争着跟我去，两辆车，二十多个座位被塞得满满的。

好像有只眼睛在天上看着我们，盼着我们，车开出张家界，太阳便跳了出来。暖暖的阳光穿过袅袅升腾的晨雾，照着路两边刚刚被雨水洗过的树木，清新，亮堂，听得见万物生长的声音。车驶近怀抱溪口的王家坪，迎面扑来一片干干净净的白，轻轻盈盈的白，像刚下过一场大雪，天地间一尘不染。渐渐走进那片白，那片漂浮着奇异香味的白，才发现，那是铺天盖地开着的梨花。

那棵古樟就在这时从坦荡空阔的坪地上，从洁白的梨花中，脱颖而出，在眼前顿时高大起来，突兀和峥嵘起来。树顶上那几根枯枝，还像从前那么苍劲有力，那么孜孜不倦地托着瓦蓝的天空。那种雷打不动的气势，让人想到，即使黑云翻滚，即使头顶的天空在电闪雷鸣中轰隆隆倒塌，它也能伸手撑住，把坍塌的天重新举起来。而在大树主干的枝丫间死而复生，大团大团绽放的新绿，竟比前些年我看到的更蓬勃，更稠密，更欣欣向荣，仿佛汹涌的潮水势不可当地往上漫。

看见这么广阔的一片梨花，看见这些梨花簇拥着拔地而起的大树，我的心在颤抖，泪水禁不住夺眶而出。我想，正是清明时节，难道这片土地，这千树万树洁白如雪的梨花，也知道今天是个怀想的日子，追忆的日子？车走在半路我还懊悔，来看这棵古樟，来大树下遥望父亲，我竟没有带上一束花，一件寄托思念的信物，谁想这漫山遍野的梨花，在天地之间，早早地为我布置了一场盛大的祭奠。

走到大树下，我为当地群众对红军、对父亲的爱戴和敬仰深深地感动了。他们的表达方式，是那样的朴素，那样的隆重。因为面对这棵千年大树，他们没有像其他地方那样用高高的栅栏把它围起来，也没有在它周边添加任何建筑，只是在路口立了一小块碑，刻上“红军树”三个字，同时在碑的下方以寥寥数语叙述父亲降服李吉儒的经过；又在大树的周围垫上一圈从澧水河里捞上来的鹅卵石，供人们围着大树从各个角度仰望它的风采。那些鹅卵石就像刚洗过似的，不沾一星泥土。唯一郑重的，是在大树的东北和西南角各竖起一根避雷针，以免它遭受雷击。再往前走，我特别注意到，在大树十几米高的躯干上，也许在昨天，也许就在当天早晨，人们在层层叠叠旧红布的外围，又裹上了一圈又一圈崭新的红布。这些布红得那么庄重，那么热烈，就像喷涌的血，熊熊燃烧的霞光，让人看一眼就想流泪。

听说贺龙的女儿回来看这棵大树，附近村子里的人们纷纷围了过来，和我一起抬头仰望。也就几分钟时间，公路上，村路口，尤其在通往大树的小路上，都站满了人。大家神情肃穆，眼睛都和我一样，红红的，湿湿的。

父亲离开溪口，离开湘西，带领在这片土地上发展壮大的红二方面军长征后，从来没有回来过。几个当年还是孩子，如今已是风烛残年的老人，在年轻人的搀扶下，颤颤巍巍地走到我面前。他们痛惜地告诉我，当年参加红军，跟着我父亲打过仗的人，都离开了人世，方圆几十里仅剩下一个已瘫痪在床的老赤卫队员。老人们在去世前，都为没能再看到我父亲一眼感到惋惜。他们说，贺胡子是从这片土地上走出去的开国元帅，是湘西出的最大的官。他生前顾不上回来看我们，看这棵树，但去世后他的英灵会回来的，会附在这棵树上存活下去。

抚摸过那块碑，听老人们说过对红军和父亲的思念，几个贺家的后人搀着我围着大树转了三圈。我们缓缓地走，缓缓地走，眼睛始终望着它硕大的躯干。有时也昂起头来，凝望那片在父亲蒙受冤屈时曾死去而后又复生的青枝绿叶。想不到刚走完一圈，身后已跟上来无数的人。他们中有老人，有孩子；有当地人，也有外地人。每张脸都那么亲切，那么凝重。

大地无言，一阵阵风从广阔的坪地与河面上吹过来，把裹着大树的层层红布吹得啪啪作响。

是大树有什么话要对人们说吗?

我也想说，想对这棵大树，对父亲附在树上的英魂说：父亲，你还记得吗？当你站在这棵大树下的时候，我也快要来到这世界。你看，我和你们与这片深沉又肥沃的土地，这棵死而复生的树，彼此命运相连，已经难舍难分了。

我还想说，父亲，我也七十七岁了，成了一个比你还活得长久的老人。虽然身无大病，但腿脚却老得有些走不动了。就在为你扫墓的时候，我还对自己说，这恐怕是最后一次回来了。但是，当我回到母亲的这片土地，当我看到这棵老而弥坚的大树，我忽然改变了主意。我想，既然一棵树能死而复生，能把上千年的风雨继续扛下去，我作为你在这片土地上孕育的孩子，为什么不能顽强活下去呢?

原载《人民日报》2012年9月5日24版

苍天般的阿拉善

陈世旭

阿拉善，苍天般的阿拉善！苍天有多么多彩，阿拉善就有多么多彩。

阿拉善有金有银有水晶，阿拉善的煤是黑宝石；阿拉善的骆驼最多，白骆驼世界罕见；阿拉善的梭梭是沙漠人参，世上的种子没有谁比它发芽快；阿拉善的光、热、风贮满一年四季，永远用不完。一望无垠的大沙漠，是全世界唯一的沙漠地质公园。

阿拉善，苍天般的阿拉善！苍天有多么古老，阿拉善就有多么古老。

阿拉善，五彩斑斓之地，贺兰山下的广袤漠野。

我骑着追风的马匹，刹那就是千里。千年的云雾，千年的明月，千年的瀚海与绿洲。一座座烽燧与寺庙、一行行大路与树木，一声声琴弦和谣曲，在我身后退去。我越过时光和历史、书籍和建筑，去赴美丽阿拉善的约会。

阿拉善，苍天般的阿拉善！苍天有多么遥远，阿拉善就有多么遥远。

沙漠、戈壁、山峦、丘陵、湖盆、滩地，起起伏伏。贺兰、合黎、龙首、马鬃，山山连绵。雅布赖把阿拉善分为两半，黄河流过乌索图和巴彦木仁苏木。巴丹吉林峻峭的金字塔，是我国最高的沙山；腾格里和乌兰布和的沙丘链，新月一样流动。戈壁与山脉相间，湖泊和草滩分布。贺兰山削弱了来自西北的寒流，古老的居延海绿草如茵。

阿拉善，苍天般的阿拉善！苍天有多么多彩，阿拉善就有多么多彩。

阿拉善有金有银有水晶，阿拉善的煤是黑宝石；阿拉善的骆驼最多，白骆驼世界罕见；阿拉善的梭梭是沙漠人参，世上的种子没有谁比它发芽快；阿拉善的光、热、风贮满一年四季，永远用不完。一望无垠的大沙漠，是全世界唯一的沙漠地质公园。

阿拉善，苍天般的阿拉善！苍天有多么古老，阿拉善就有多么古老。

额济纳河畔一万年前就住着人类。古居延连接了东、西石器文化，历代北方民族在贺兰山、曼德拉山、龙首山留下岩画数以万计。

秦扫六合，阿拉善设郡；汉戍边屯田，居延、休屠置县；唐迁安北都护府，于额济纳旗境内。安史之乱，河西走廊中断，居延成为长安与西域的“草原丝绸北道”。清康熙正式设旗编佐，阿拉善再没有离开华夏的版图。

黄河岸边、兰山要塞，史前遗存、商周遗址、古郡重镇、长城关隘、屯田练场、汉元墓葬、黑城文书、岩画汉简、亲王府邸和黄教寺庙，铺就了阿拉善的灿烂画卷。

苏泊淖尔，古弱水的尾闾。天上神母动了恻隐，让祁连的积雪流成银色的额济纳。于是“弱水绝流沙南至南海”(《淮南子·地形篇》)，于是有了碧海云天、树木葱茏的居延泽，有了天鹅漫天飞舞的天池，有了土尔扈特人蓬勃生长的摇篮。

你好啊，甘洌、清明的居延海！从诞生之日，就带着圣者的智慧和从不屈服的灵魂。历经亿万斯年，太多的兴衰层层叠叠。

骑着青牛的老子是在这里没入流沙的吗？梦为蝴蝶的庄子是在这里幻化成仙的吗？青海湖神秘失踪的情圣是归宿在你深深的怀抱吗？

而流水记得微风。

记得朔风吹不开的冰封。“争禁十九年”的苏武，颤巍巍拄着汉廷的符节，节上的牦牛尾毛全部脱尽，终不肯稍稍低下高贵的头颅。长河落日，大漠孤烟。一头纷乱的华发，在疲惫的羊群里时隐时现。锐利目光越过无边的戈壁，褴褛的衣衫里，藏着不可屈辱的使命，举手若电，从翻滚的乌云里，抓住一节铿然。豪气在瞬间逼近，照亮了史册。

记得李陵的五千步卒遭遇十万敌骑，铁血迸溅，英雄饮恨，留下千古的悲歌。源头飞来的洁白天鹅，为谁作别？烟波荒忽，音信渺茫。弱水汤汤，三千缠绵；弱水汤汤，催人肝肠。流淌壮士的伤痛，扰乱了月的心绪。愿居延海每一滴水每一粒沙给他温暖；愿色彩、音韵、云雾以及树林一起，投入海的怀抱，涉过怀念的波涛，把酒和祝福向烈士奉献。

阿拉善，苍天般的阿拉善！苍天有多么执着，阿拉善就有多么执着。

一千七百七十一年才开始几天，被严寒冻僵的伏尔加河陡然惊起。那个凛冽的早晨，渥巴锡的号令震动了世界。冰雪燃起了熊熊烈焰，十七万土尔扈特人同时拔营，烧毁了木殿，诀别客居的异国草原。他们发誓除了佛，不畏惧任

何势力，不再臣服于任何帝国。

哪怕“早晨醒来的时候，几百个围在火堆旁的男人、女人和儿童已经全部冻僵而死去”；哪怕白刃格斗，成千上万战士横尸遍野；哪怕几乎丧失了所有的牲畜，“其幼孩有无一丝寸缕者”。（[英]德昆赛《鞑靼人的反叛》）

整个部落的暴动，劫持了日月的光辉。让帝国的守护神鹰，蒙受了永不磨灭的耻辱。一个悲情丛生的时刻，矫健的马群奔腾而去。跨越亚洲无垠的原野，百折不挠。盖世的坚韧与勇气，轰轰烈烈。即使流尽最后一滴血，倒下最后一个勇士，不能选择生死不离，不能放弃一线生机。血的河流流向祖先生活的远方，那片土地生长的是善良，那片土地繁荣的是祥和。群山翠绿，河流清澈，天空蔚蓝如新，是我们共同的母亲。记住我们是兄弟，没有人能把我们分开！

河边的秋草又开始泛黄。酒喝干了再斟满，任琴声忧伤。看着你远去，守着你飞来，我寻觅一首歌的意境。鸿雁已不见踪影，古歌停泊在记忆的岸边。超越时空的翅膀，依旧在云端盘旋。“一”字和“人”字，是列队的伟大艺术。死心塌地的土尔扈特人，把信念写在天上。在高瞻远瞩的空间，山重水复就像翼下的羽毛。倾听远方的呼唤，才知道什么是真正的吸引。

雾让山退隐，云像沧海横流，一杯酒饮尽猎猎风尘。背负了沉重的期望，执意去远方承受苦难。幸福纵被放逐，绝不会无家可归。一轮圆月普照永恒的时空，拖着大漠的飙风，挂着伏尔加河的波浪。秋天、秋水、秋月，哪一样不曾印上我们的热血！踏破千顷荒沙万里雪，东归的途程绵延不绝！风中的野火长明不灭，有多凶险的关隘，就有多无畏的行列。马蹄留下踏残的落花，歌手留下破碎的酒碗。动荡的灵魂谁也不能窒息，游牧的勇士永远属于远行。每一个夜晚都为着明天，只要能看到故乡就欣喜若狂。

风云未息，铁蹄犹响，壮美的河山孕育壮美的华章。横天的雁阵无可阻挡，执着的儿女谁能奴役。传奇的壮举早已成为古典，土尔扈特人的名字，依旧在风中呼唤。

我在苍茫中望断你的背影，色彩与意象在契合中链接。从此我的世界，永远有一片憧憬的天空，和你飞翔的幻影。

阿拉善，苍天般的阿拉善！苍天有多么长久，阿拉善就有多么长久。

历史的滚滚风沙，填不满文明的遗痕。一个古老民族的意志，将沧桑定格在摩崖。粗粝坚硬的线条，刻满铁色的石壁。比甲骨文更古老的文字，是远古人们凝视的眼睛。曼德拉山上的岩画，是石头上的史诗。穿越时空隧道，传递上古文明的密码。蓬勃生命的景致，从容浮现：日月星辰，飞禽走兽，交媾生殖，狩猎乘骑，放牧舞蹈，征战祭祀，图腾禁忌，幻想神灵、魔法符号，历经几千年的文本，展示着先人的纯真。质朴，奇崛，笨拙，毫无规则，却画尽了生死万象。不懂得金钱与权势，遵循的只是心灵的指示。神圣与世俗，强悍与柔弱，狂欢与苦难，在岩石上尽兴挥洒。人是永远的主角，赤裸裸的性征和性爱，分泌出朦胧的主宰意识。崇拜自然，崇拜神灵，崇拜生殖，神公式被幻化成血性的太阳，天人合一。

懵懂未开的混沌，蕴含着生命的旺盛与不竭。童稚般的原始表达，让黑色的玄武岩熠熠生辉。

一个简单的过程，一种无敌的形式。每年，每月，每天，无声息的戕戮及孕育，和岩石对视，完成一次涅槃。点石成金，走完平凡到非凡的过程。岩画使曼德拉山永远活着。屏息聆听，原始的石器或铁器的敲击仍在山中回应。先民面壁祈祷，顶礼膜拜。石头给予他们灵感，他们赋予石头生命。

海市蜃楼时起时灭，额济纳金红的胡杨宣示大漠的坚贞。烽火般燃烧的层林，演绎着不朽的情怀。为着与梦想和永恒相守，在高高低低血一样的婆娑中如火如荼。凄美苍古的容颜，在朝霞与落日中矗立千年。

无边的瀚海滚动着死亡的峰谷，只凭本能生根长叶。仰面阳光辽阔的瀑布，与蓝天与白云为伍。粗糙残酷的风和冰雪，可以让你赤裸龟裂，却无法阻止向天空的张扬。三千年的黄沙，伏在脚下；三千年的狂风，吹不死新芽。肌肤伤痕累累，年轮却清晰无瑕。虬曲嶙峋的枝杈，诉说着曾经枝繁叶茂的辉煌。

生就生个绚丽多彩，死也死个傲然挺拔，就是倒下，也是铁骨峥嵘。挺立宁折不弯的脊梁，高举生命不死的旗帜。

站在戈壁，听胡杨如倾如诉，思绪被血一样的颜色锁住。心灵默默对话，渐渐读懂大漠精灵的气度。拥抱你，我的胡杨！你的坚韧和挺拔，是思想的崇高和神圣。为着对贫瘠与寂寞的承诺，忍耐无尽剥蚀的摧残。无视自然的变迁，意念像磐石固守；无视岁月的轮回，扎根在世人的精神世界。接受漫天的赞礼吧，且看漫天落英缤纷飞舞。

悠悠的驼铃，响在丝绸古道。谁在西风落日中跋涉，寻找梦里的绿洲清泉？谁在干枯的红柳边，寻找吹羌笛的戍客？谁在驿站的废墟，寻找汉使的车仗？树林中闪过高僧的经筒，敖包边飘摇胡姬的舞衣。戍边的兵士埋骨黄沙，留下风干的遗骸。戍楼的石垛老了，空旷的箭眼和挂过号角的铁钉，抹上岁月的锈迹斑斑。

哪里是黄河万里涛？哪里是杨柳花开的中原？沉默的鼙鼓，记录了曾经的哀叹。

天高云淡。繁茂的骆驼草是一蓬蓬饥渴的祈盼，壁立的钻天杨摇曳着喜怒哀乐。夏季的野草疯长，掩埋了古时的路标，里程望不到终点。

有袅袅炊烟升起，远远飘在大漠深处。稠乎乎的乳汁，流淌着温度。少妇柔情的手，摇响深井的水声。最牵动旅人眼睛的，是毡房黄昏时的马灯。灯下会有篝火唱歌，灯下会有烧酒羊肉，灯下会有英雄系马，灯下会有壮士磨剑。心里藏着密密的小径，宛若岩壁爬满了青藤。沙尘中演绎着风花雪月，浪漫书写于草叶。

这是一次豪迈的旅行，谁会沉溺于如铁般的感伤。马上男人淡定的眼神，穿越人世的天际线。荒芜是古老的梦呓，倔强的脊背，背起岁月谆谆的嘱咐。

驼队行走的路，希望就是指南。哪里有驼队，哪里就有希望。无论风沙如何弥漫，都能把目的地找到。穿过沙漠，越过冰川，面对如血的天宇，即便站成一块化石，也要给后来者留下风景的华丽无瑕。

驼背上驮着青绿的枝条，千枝万枝要把春天插遍沙漠。荒野的气息充满内心，从不在任何一种花朵前流连。远古的祖先，曾在这里繁衍生息。铁器撞击岩石，钻木取火的声音直击大地的胸膛。毁灭与死亡，不能阻止拓荒的脚步。陡峭的悬崖，有日头浑圆的光辉。驼铃在风中讴歌，跟着理想一定能把春天追着。

驼队到来之前，百鸟已经站定，在戈壁披挂疾风，和种子一同守望。驼队全部的命运，都与沙漠有关。青春在烈日下暴晒，风华在沙漠里流失。额头秃了，成了沙漠的荒丘；皱纹密了，成了沙漠的弧线。

而阿拉善是如此年轻！

遍地有了河流，河边有了森林，森林里鸟兽和鸣；一条条道路纵横，一座座城市耸起，城市里灯红酒绿。

阿拉善，苍天般的阿拉善！贺兰山下的广袤漠野阿拉善，五彩斑斓之地阿拉善！

原载《深圳特区报》2012年10月18日

原来姹紫嫣红开遍（节选）

——

迟子建

我怀念三四十年前的年。

小年前后，我会和邻居的女孩子搭伴，进城买年画。好像女孩子天生就是为年画生的，该由我们置办。

小镇离城里十几里路，腊月天通常都在零下三四十度，我们穿得厚厚的，可走到中途，手脚还是被冻麻了。我们知道生冻疮的滋味不好受，于是就奔跑。跑得快，血脉流通得就快，身上就不那么冷了。我们跑在雪地的时候，麻雀也在灰白的天上跑，不知它们是否也去购置年画。天上的年画，该是西边天绚丽的晚霞吧！

进了城里的新华书店，我们要仔细打量那一幅幅悬挂的年画，记住它们的标号，按大人的意愿来买。母亲嘱咐我，画面中带老虎的不能买，尤其是下山虎；表现英雄人物的不能买，这样的年画不喜气。她喜欢画面中有鲤鱼元宝的，有麒麟凤凰的，有鸳鸯蝴蝶的，有寿桃花卉的。而父亲喜欢古典人物图画的，像《红楼梦》《水浒传》故事的年画。母亲在家说了算，所以我买的年画，以她的审美为主，父亲的为辅。这样的年画铺展开来，就是一个理想国。

买完年画，我们会去百货商店，给自己选择头绫子，发卡，袜子，假领子，再买上几包红蜡烛和两副扑克牌。那时我们小镇还没通电，蜡烛是家里的灯神。任务完成，我们奔向百货商店对面的人民饭店，一人买一根麻花，站着吃完，趁着天亮，赶紧回返。冬天天黑得早，下午三点多，太阳就落山了。

想在天黑前到家，就要紧着走。我们嘴里呼出的热气，与冷空气交融，睫毛、眉毛和刘海染上了霜雪，生生被寒风吹打成老太婆了！不过不要紧，等进了家门，烤过火，身上挂着的霜雪化了，我们的朝气又回来了！

人们为自己办年货，也为离世的亲人办年货。逝去的人，坟茔未必就在近前。所以小年一过，小镇的十字路口，会腾起团团火光。人们烧纸钱时，不忘了淋上酒，撒上香烟。年三十的饺子出锅后，盛出的头三个饺子，要供在亲人的灵位前，请他们品尝。

我小的时候，父亲和爷爷都在时，我们只在十字路口为葬在远方的奶奶烧纸。爷爷去世后，除了给奶奶买下烧纸，爷爷那里也得备一份了。等我长大成人，父亲过世了，母亲预备下的烧纸，就比往年厚了。

待到十年前我爱人因车祸离世，我回故乡过年，在给爷爷和父亲上过坟后，总不忘了单独买份烧纸，在除夕前夜，在我和爱人无数次携手走过的山脚下的十字路口，为回归故土的他，遥遥送上牵挂。火光卷走了纸钱，把我留在长夜里。

我快五十岁了，岁月让我有了丝丝缕缕的白发，但我依然会千里迢迢，每年赶回大兴安岭过年。我们早已从山镇迁到小城，灯笼、春联都是买现成的，再不用动手制作了。我们早就享用上了电，也不用备下蜡烛了。至于贴在墙上的年画，它已成为昨日风景，难再寻觅其灿烂的容颜了。

我们吃上了新鲜蔬菜，可这些来自暖棚的施用了化肥的蔬菜，总没有当年自家园田产出的储藏在地窖的蔬菜好吃。我们的生活变得越来越便利，越来越实际，可也越来越没有滋味，越来越缺乏品质！

我怀念三四十年前的年，怀念我拿着父亲写就的“肥猪满圈”的条幅，张贴到猪圈的围栏上时，想着猪已毙命，圈里空空荡荡，而发出的快意笑声。

怀念一家人坐在热炕头打扑克时，为了解腻，从地窖捧出水灵灵的青萝卜，切开当水果吃，而那个时刻，蟋蟀在灶房的水缸旁声声叫着。

怀念我亲手糊的灯笼，在除夕夜里，将我们家的小院映照得一片通红，连看门狗也被映得一身喜气；怀念腊月里母亲踏着缝纫机迷人的声响；怀念自家养的公鸡炖熟后散发的撩人的浓香；怀念那一杆杆红蜡烛，在新旧交替的时刻，像一个个红娘子，喜盈盈地站在我家的餐桌上，窗台上，水缸上，灶台上，把每一个黑暗的角落都照亮的情景！

可是这样的年，一去不复返了！在我对年货的回忆中，《牡丹亭》中那句最著名的唱词：“原来姹紫嫣红开遍，似这般都付与断井颓垣！”不止一次在我心中鸣响。

好在繁华落尽，我心存有余香，光影消逝，仍有一脉烛火在记忆中跳荡，让我依然能在每年的这个时刻，在极寒之地，幻想春天！

2013年

谁为失去故土的人安魂

——

吴佳骏

一

初秋的傍晚，晚霞似农妇身上穿的褪色的红薄衫，被风刮到了天边。几只鸟雀在田野上空滑翔，仿佛几个迷路的孩子，徘徊在漫长的回家路上。不远处的村落里，草房顶上冒出的炊烟，柔软而洁白，像一挂被风提拽着游走的丝线，在苍穹这块幽蓝的大幕布上，绣出各种漂亮的图案。那是天然的“民间工艺品”，带着泥土的气息和干柴的味道。

地里干活的人，都陆续回家去了。大地顿时变得空旷起来。只有我和奶奶，沿着杂草蔽膝的田间小路，慢慢地走着，观察着。我希望能赶在日落之前，陪她找到一块令其满意的“风水宝地”。作为她唯一的孙子，我有义务帮她完成这个心愿。

早在几年前，奶奶身子骨还硬朗的时候，她就开始在为自己的“归宿地”大费周章。她曾叫我父亲陪她去山坡上的向阳处选块地方，被父亲拒绝了。那时，父亲正年富力强，有太多的事情等着他去做。父亲认为奶奶身体健康，却成天担心身后的事，纯粹是无聊。可奶奶并不这么看，她说父亲根本不了解她，不了解她内心的想法和衰老的过程。她是大地上一棵孤独的树，一条干涸的河流，寒冷地带经年不化的雪，从金秋过渡到隆冬的庄稼。我每次从城市回到乡下，奶奶都要向我倾诉她的苦恼和委屈。看到骨瘦如柴和饱经沧桑的她，我无法做到内心平静如水。我知道，这个老人是我生命的源头，我不能伤害她。遵照她的意愿，我陪她在那些熟悉的阡陌间穿行，一如散步在记忆的旷野。我回多少次家，我们的脚印就会在土路上出现多少次。遗憾的是，奶奶的寻找每次

都是徒劳的。长久以来，她都没有找到一块让她放心的土地。

我每回陪奶奶寻找墓地，她都要跟我讲述那些正在消失的事物，满脸的忧伤和怜惜。讲到动情处，她常常眼含泪水。没有什么能比一个风烛残年的老人，面对千疮百孔的故乡时流下的泪珠，让我更生恻隐之心的事了。

近些年来，我目睹了故乡的沉沦。原本热热闹闹的一个村庄，如今到处是破败的房屋。荒草像入侵的敌军霸占了良田，少有人迹的石板路上铺满青苔。即使在白天，整个村子也是死一般沉寂。要不是几只黄狗偶尔在村中窜来窜去，你会怀疑这里是否还有人烟。

除狗之外，最常见的，唯有留守老人们那衰弱的面孔。他们像一张张飘零的枯叶，在黄昏暗淡的光线笼罩下，怀想曾经绿意盎然的季节。

天气晴好的日子，他们会蹲在村头池塘边晒太阳。伛偻的身影倒映在水中，仿佛记忆或梦境里的人物。时间漂白了他们的年轮，光阴把深藏在他们心底的秘密盗走了，却把寂寞留给了他们。这些老人憨厚、质朴，像沉默的土地，承受着时令馈赠的风霜和雨雪。只是他们的身体都靠得那么近，想借助彼此微弱的力量来支撑点什么。即使在阳光的照耀下，他们也感到寒冷。谈话或许是他们抵御寒冷的最好方式。他们谈春雷和冬雪，谈往事和未来，谈活着的人，也谈死去的人。末了，自然不忘谈在外打工的儿女——那一群群在城市里迁徙、流浪的候鸟。日月轮转，春秋更迭，他们有些年头没在一起团聚了。年轻的人在外忙着生，年老的人在家等着死。无数的父子和母子，就这样在各自的求生路上阴阳暌违，留下永久的遗憾和悔恨。

村里有个姓王的大爷，七十八岁了，老伴早逝，儿子长年在深圳打工，饮食起居全靠自己解决。每天天刚亮，他就扛把锄头上坡干活；直到夕阳西斜，才收工回家。回家后，热点冷饭吃了便躺在床上睡去。有好几次，我从他家路过，发现他吃的剩饭都已经馊了。遇到天下雨，他就一个人拄根木棍，戴个草帽，站在通往村外的那条山路上向远方眺望。没有人知道他在望什么。自从他的儿子离开家那天起，眺望就成了他的生活习惯。直到有一天，王大爷在山路上行走时旧病复发，从路旁的土坎滚下去，永别了人世。好心的乡人们干脆把他埋在了那条山路旁边。安葬他的那天，雨出奇地大，水流把他坟上新垒的泥土都冲垮了。帮忙培土的人怕雨水淋着老人，就把他平时戴过的那顶草帽放在了他的坟头，替他遮雨，也算是对这个以生命完成了守望的老人的尊重。

王大爷的死对我奶奶的打击是沉痛的。她说："我要到了那一天，希望不会死得像王老头那么不体面。"

奶奶说得对，死亡也需要尊严。

二

我奶奶今年八十岁，一个人住在山间破旧的瓦房里。历经岁月洗涤，屋檐早已坍塌。房顶挂满蛛网，墙壁上爬满霉斑。仿佛只要躺在床上的奶奶一声咳嗽，房子就会摇摇欲坠。自从我爷爷离世后，奶奶一直坚持独立生活。父母担心她的身体，曾强行让她搬来新建的房子一起过，她死活不愿意。父母拗不过她，也只好随其心愿。每个月，父母都将柴米油盐给她准备好。遇到吃肉，就铲一碗给她端去。二〇一一年冬天，一场罕见的狂风将奶奶的房顶掀掉半边。父母再次请求她搬出老屋，一起生活。可奶奶态度强硬，依然要求留在老屋。父亲与她争吵之后，不得不请人买来石棉瓦，重新将奶奶的屋顶修缮。奶奶说："我在这间屋里住了大半辈子，舍不得走。我老头是在这间屋子里走的，我也要把自己留在这间屋里。"

对奶奶而言，衰老本身或许并不可怕。真正可怕的，是那种伴随衰老而来的空虚和落寞。这间衰败的屋子，浓缩了她太多的人生记忆。她熟悉这间屋子里的气息，熟悉爷爷遗留在屋子里的歌哭和悲欢。这间屋子，是奶奶在这个世界上最重要的生存凭证之一。离开这间房，她的灵魂将无所皈依。一个老人活到最后，必须抓住一点什么，才能使其晚年生活不至于那么恐惧和苍白。

奶奶是要做一个乡村最后的守望者。

也不只是奶奶，在乡下，坚守土地的人历来存在，只是守望的方式不同罢了。

我们村里的赵婆婆，老伴两年前去世了。她唯一的儿子，三十多岁还没讨到老婆。眼看村中比自己岁数小的青年早已成家，他整天忧心如焚，责怪赵婆婆没能耐，不能给他一个相对宽裕的家庭。赵婆婆面对儿子的责骂，心如刀绞，眼泪都哭干了。她曾四处托媒人为儿子提亲，结果总是无功而返。儿子一气之下不辞而别，去了福建打工。一年过后，赵婆婆的儿子传回消息，说自己已经在外安家，讨了一个福建本地妹子做妻子，妻子已经怀孕，怕是不能回来看她了，望赵婆婆自己多保重。赵婆婆闻讯，悲喜交加。

但不管怎么说，多年来压在赵婆婆心上的大石头到底落了地。那段时间，她的脸上露出少有的平静和淡然。一次，赵婆婆来找我奶奶聊天，紧紧拉着奶奶的手说："老姐姐，这辈子，我总算可以闭眼了。"说完，混浊的泪水从她沟壑

纵横的脸颊上滑落。

二〇〇九年秋天刚完，初冬的天气已有一丝微寒。蒙蒙细雨落在暗绿的树叶上，发出轻微的声响。赵婆婆冒着细雨，在她的屋前房后转悠。目光始终盯着那几株高大、笔直的楠树。那几棵楠树，是她刚生儿子那会儿栽种的。几十年过去，自己老了，儿子大了，树也长高了。其中两棵树的浓荫里，各藏着一个鸟巢。那些鸟年年都来树上打情骂俏，传宗接代。它们认识赵婆婆，赵婆婆也认识它们。唯有树沉默不语，它们同时见证了人和动物的哀愁。

这些树，赵婆婆原本是要留给自己打制寿材的，可现在她的想法变了。在这个充满肃杀气息的冬季里，她将这几棵在风雨中日夜陪伴她的大树，以三千五百元钱的价格，全部卖给了镇上一家木料加工厂。

卖掉树后的第二天，赵婆婆把钱一分不剩地汇给了远在福建的儿子。

冬天将尽，眼看下一个春天已经梳妆完毕，正要蹁跹地来到人间的时候，村里人在一棵楠树兜旁，发现了赵婆婆的尸体。赵婆婆平躺在地上，走得很安详。她特意给自己换了身干净的衣裳，衣服上落着几片被风刮来的楠树叶子。

三

守望是要付出代价的。

每天清晨，村人们最重要的事情，是挑着桶去村头唯一一个地势低洼的水坑里取水。我奶奶自然也在取水队伍之列。父母让奶奶别去取水，由他们给她取回来，可奶奶执意要去。她说：“我就是要看看村里的水到底是怎么没的。”奶奶挑不起两桶水，就找来一个装过酒的大塑料壶，用麻绳搓了两根背带，一壶壶把水背回来。

自二〇〇六年大旱以来，重庆下属的大部分区县至今缺水。我们所处的村庄，海拔高，住户多在半山腰上，故缺水尤为严重。曾经水量充沛的稻田，几年都没开过镰了。田里龟裂的缝隙，像一些流干血液的伤口，撕扯着大地的皮肉。昔日金灿灿的稻谷不见了，夏夜聒噪的蛙声销声匿迹。靠天吃饭的农民们，无不望天兴叹。叹息过后，只好扛着锄头，去旱地里种点麦子和高粱等耐旱的农作物，维持活命的口粮。

村中原本有一口池塘，因干旱太久，根本蓄不满水。所蓄的少量水源，长期混浊不堪，水面浮满残渣，人是不能饮用的，只能满足牲畜使用。为尽量节约用水，村里人洗衣和洗澡，都用池塘里的脏水，致使村里大多数人都患有皮肤病。

能供人饮用的那个水坑，水量也极其有限。从地底浸出的山水本来就小，全村近二十户人家，都指望这个水坑。去得早的人，尚可取到清亮的水。跑到最后的人，就只能挑到两桶带着泥浆的黄水。因此，天还未亮，各家各户的人就打着手电筒去水坑舀水。那情形，好似一群做贼的人，在盗取自然界的宝藏。

二〇一〇年夏，我曾专程回乡，就当地村民的饮水问题写过一篇调查报告，将情况如实向当地政府部门反映。政府也曾派人前来实地调研过，但问题始终未得到妥善解决。后来，我又多次鼓动村干部向上边反映情况，仍无济于事。

我深深地为生活在底层的老百姓感到难过！

雨季是乡村的另一种灾难。

西南山区，多属丘陵地带，气候变化大。每年夏季，都会遭遇洪涝灾害。密集、汹涌的暴雨，像疯狂的子弹，铺天盖地射下来，冲击着干渴已久的地表。树木被风雨折断，甚至连根拔起。村中不断有土崖塌方，随处可见滑坡的山体和泥石流。那些巨石和泥层从山上垮下，捣毁农作物不说，怕的是砸毁房屋，造成人员伤亡。

奶奶住的那间老房子，背后即是一面山体。一到雨季，我们全家人的心都揪紧了。雨水常常在夜间下，让人来不及防范。噼噼啪啪的雨水，像无数头小野兽，直朝屋顶的瓦上撞击。奶奶本就残破的房子，仿佛开了天窗。冰凉的流水顺洞而下，不大一会儿，地面就湿透了，水能淹没脚踝。整座房子，犹如一艘浮在河面被风雨吹打得漏水的破船。屋外电闪雷鸣，好似战场上冲锋陷阵的敌人，已经攻破城池，正向着主营摇旗呐喊而来。每当这时，父母就会冲进屋来，把奶奶救出“营垒”，背去他们的石头房子避难。尽管，父母住的石头房屋，并不比奶奶住的老房子牢固多少。

我的奶奶毕竟是幸运的，在危难之际，她有个儿子在身边可以依靠。村里更多的老人，他们举目无亲，孤身一人，没有人在乎他们的死活。近几年来，我们村里先后有五名老人在雨季丧生。其中，两名被洪水卷走，两名被山体滑坡埋葬，一名被躲在家里避灾的毒蛇咬伤而中毒身亡。

我的村人们，就这样在旱灾和水灾的双重煎熬中顽强地活着。大地也在这种水与火的炼狱中，被蹂躏得疲惫不堪。

故土，已先于我的奶奶衰老了。

四

寒来暑往，秋尽春归。奶奶依旧拖着她那老迈的身躯，游走在故乡的山水间，寻找能让她的灵魂获得安宁的地方。每寻找一次，她的惶恐和焦虑就会加重。有时候，她还会去王大爷和赵婆婆的坟头转转。向先她而去的人，说说内心的苦闷和彷徨。也顺便问问他们：不知到那边有没有故乡。如果有，会不会跟这边的一样。

奶奶是希望她在活着时失去了一个故乡，死后能够找回一个天堂。这是一个丧失了故土的不幸之人的心愿。

谁来为这些不幸的人安魂？

原载《山花》2013年第1期

我们的存在感

王小妮

钉在课本上的图钉

一个女生捧着脸坐在我对面，她说：老师，我二十岁了，哎……

另一学生讲她刚进大学时候的事，开头第一句总是：在我年轻的时候……

我问：干吗这么说，好像这就老了。

她说：不知道为什么，就是感觉很老了。

二〇一二年，这海岛上空继续跑着好看的多变的云彩，偶尔有散碎的星没气力地闪几下，迎面涌来穿拖鞋喝奶茶说笑的学生们。扩招和并校，学生更多了，路上经常车碰车人挤人。看起来二〇一二年他们都还挺不错，一大早跑图书馆占座，黄昏里围着遍地污水的小食摊举着麻辣烫，考试前在蚂蚁洞遍布的草地上呼号背书，但是多问他们几句，常会得到两种答复，低年级的说：人都飘起来了，不知道自己每天该干什么。临近毕业的说：想想未来，好无力。

在有清晰的记忆以后，他们就被不可违抗的突击集训的强势教育给笼罩了整整十二年，他这个生命个体的经历中，最真切的存在就是在背书考试和排名次。我看到过这样一条微博：

@关公文化博览会：一天到晚写作业。举头望明月，低头写作业。洛阳亲友如相问，就说我在写作业。少壮不努力，老大写作业。垂死病中惊坐起，今天还没写作业。生当作人杰，死亦写作业。人生自古谁无死，来生继续写作业。众里寻他千百度，蓦然回首，那人正在写作业。

有学生告诉我说：上大学前，我最快乐的事就是考试发挥好了，最不快乐的事就是考试没发挥好，就是这么傻的过来了。

当这段“考试人生”结束，人已经十八岁。刚进大学的人，多会惯性地沿袭自己的前十二年，努力学习，保持好成绩。会有人醒悟，这不是他要的人生，像后面会写到的妍和彩霞。但是更多的学生始终迷茫着。

哪个年轻的生命都想主动地掌控自己，恣意自由，越这样想就越慌张着急，越使不上力气，越觉得茫然无力。

他们是存在的吗？看来是，每个都活灵灵的。但他们的心一点不踏实，踩不到地面的漂浮感，前十二年是一颗钉在课本上的图钉，现在成了扑不得的肥皂泡，这种人生转换太快太突然，等意识到已经快大四毕业了。

傍晚在路边碰到一个二〇〇九级的同学，她说想有空来找我聊天，没几天她来做客说：大一时候想过跟你说话，但是走过讲台心里就一片空白，不知道能说什么，就这样到大四了，要不是那天碰见，怕再没说话的机会了。下学期，大四学生在校的主要任务是论文答辩，前几天和论文辅导老师讨论论文题目，每次打电话前她都要纠结半天，不知道怎么开口，组织（话语）大半天才能鼓起勇气拨通电话。

很难确认和把握自己的时候，怎样用力向前都可能是扑空，这只能迫使他们赶紧找点什么可以耗去青春活力的。二〇一二年《舌尖上的中国》一播出，好多学生给我推荐，催我一定要看，有的短信会加上这样的结尾：好想吃啊，好想家啊。

对众多“吃货”的理解总是不够，也许吃是唯一能最快最直接带给他们存在感的方式。“吃货”及时地帮助他们补上“存在”这个空缺，也得以超越感官本能，上升到了某种精神寄托的层面。快快乐乐自得其乐的吃货们，以物质替代精神了。

除了吃货，这两年还总说传输正能量，不知道这个新造词汇的准确定义是什么，但它常被年轻人挂在嘴上。

如果正能量就是单方面地强调着正面的、向上的、积极的，而排斥掉相反的，它怕就带了可疑和伪善，虚拟幻象和自欺欺人。谁都知道，生活从来不是单向度。你不想知道，不等于它不存在。有学生看到新浪微博上“作业本”的一条微博后告诉我，他很不喜欢这么说话，不能传达正能量，微博是这样的：

你要去习惯这种毫无希望的生活，并允许自己碌碌无为。不必有什么崇高理想，也不必去改变什么世界，轻轻松松度过这一生，命运这东西你不用懂。这日子过一天便少一天，你该是什么样子就是什么样子，不必追求什么意义，那些格调和品位，最无所谓。

一个人全身都是正能量就抵御得了外界的侵扰吗？显然不能，显然，我们身上已经埋伏了太多的负能量。只喊“正面的”却无视“负面的”显然不真实。

连个年代标记都没有

二〇一二年，我被问到频率最高的问题是该怎么读大学，除了每天按课表奔走在各教学楼之外，还有别的选择吗？每天这样顶着大太阳，蹚着雨水，花着家长汇过来的不低的学费。

学生问：在我们这么大的时候，你在干什么？

我说：下乡插队了。

学生问：像大学生村官？

我说：不是，就是干农活，和农民一起干活。现在你们总说看不到未来，那时候很少有人想什么未来，过一天算一天。

学生疑惑：哦？城市和农村相差那么远吗？

我说：那时候农民永远是农民，城市乡村间不能自由流动。

学生更疑惑：哦？不是很理解……

还有下面这样的问题：

学生问：老师要出新书了吗？什么故事？

我说：知青。

学生说：好羡慕那个年代啊。

我问：为什么？

学生说：过去有很多的年代，“文革”年代，知青年代，改革开放年代，不像现在什么年代也不是。我们这些人不属于历史，也不属于未来，连个年代都没有。

坐在课上心是散的，回到宿舍也是懈怠，很多上进青年实在找不到可以用力的地方，凡考得上大学的能不是上进青年吗？何况不过几年，这个海岛学校

都二一一了。上进青年只好报名参加各种考试，变相地延长过去十二年的紧张“充实”，考各种证，从考公务员到考驾照。有个晚上，有学生发短信来说她第二天要去“说课”。开始我没弄明白，原来这是考教师证的一部分。我随口嘱咐她不要紧张，面对小孩子要放松亲善。她说没什么小孩子，听说是三个评委老师在下面，每个参加面试的有五分钟“说课”和五分钟答辩，没有黑板，是在宾馆里。随后，她告诉我：绝大部分的同学都是为了考证而考证的，其实很多人对职业都是观望的态度，会看哪个条件好收入高又稳定然后再做选择。她说这话是针对我关于待小孩子要如何如何的废话，我想她说得对，很现实。

暑假，有机会和在吉林大学读研的二〇〇六级学生卫然聊天，在露天的玻璃钢椅子上吹着风，我们说了大概五个小时。不知怎么说到了微博。我问卫然：微博上那么多人喜欢展示微博勋章，不理解，满满地挂成一片有什么意思呢？卫然说：也许那就是对他个人的一个肯定，他们一生都没有受到过任何的承认或者表彰，他很需要这个，却从来没人给过他，好像小时候想得奖状，都要挂在墙上，现在有个这个章，不用费劲就能得到，就想排列出来，满足一下自己。

卫然的解释真好。经常是他们告诉我很多。

有些学生自寻快乐，几个女生买了鱼竿准备在校园的湖边钓鱼。

有人逃课，溜去北京玩了一星期。

更多的家境不够富裕的学生，找各种兼职、家教、餐饮服务、发小广告、推销物品，把时间填充得满满的。能找到一份家教工作是很不错了，其他的都和没技术的农民工没太大区别。赚钱啊赚钱，起码帮帮家长，填补自己，不再有空闲去体会心里的空空荡荡。

一个并没署名的来信里说：

> 在忙碌的社会中，整天应对着忙不完的工作和复杂的人际关系，我本想单纯地活着，然而只能沉默，一直到现在这样没有感觉地活着，像是在应对生命，像是生命与我无关，感觉不到自己活着应有的激情，也许我就是那个在沉默中灭亡的人。看老师的文章有种平实的感动，触动人的灵魂，感觉自己好像还真正地活着，很久很久没有这种感觉了。

反正我们都不掌握答案

卜是安徽人。他自己说刚进大学时候算是个愤青，非黑即白截然分明的那种，现在大三了，他认为自己已经变得能包容别人，学会宽容了。他正跃跃欲试，争取在校内正举办系列讲座后期得到登台演讲的机会。据说主办方请学生们准备感想，写得好的可能有五分钟的演讲。卜已经在准备讲稿，夜深了他要离开宿舍，找间无人的安静教室去写草稿，虽然作为网络写手的他平时用电脑写作，但是，我专门问了他，演讲稿是手写的。同我说这话的时候稿子还在改写中，而他已经在筹划上台演讲那天，该请他的哪些朋友们到场：

“我这么大了，从来没有上台对那么多人说过话，太需要这个机会了。”

我问：台下多少人？

他很认真地想一下：大概二百人。

过了几天是周末，收到他的短信，当晚他如愿上台给一个演讲老师献了花，他认为这会离上台自由演讲五分钟的愿望更近了。已经过了二十岁的成年人只为登台五分钟说话，要这样争取和惴惴不安，如果从五岁起就常有类似机会，我们的年轻人不会在快大学毕业时，到台前来对自己的同学说句话，还要带着发言稿，还要双手和稿纸一起抖个不停。

卜给我分析了网络写手鬼吹灯和南派三叔的不同，他向往有一天也会有读者能每天跟踪他的故事，在他后面也有催促等待新故事的一群忠实的粉丝：“你写了，会有人等着看，那感觉真好！”

很多学生都像卜，很需要切实地做点事情，在这个过程中体会到自己这个小生命的真切的存在。

时隔半年，在《2011 上课记》“托付”一节第一段“厚重的本子”中写到的学生对我说，一年前，当她在教室里跟我说她的作业还没完成的时候，在我的眼神里看到了一丝怀疑，意思是知道你想偷懒，这反而刺激她一定把这次本来无关紧要的作业写得更认真，反而更不急于把它交上来。很显然，把自己二十年间的故事交给一个成年人，不确保安全，但她暗暗决定“赌一次”。把作业交给我的早晨，她是一直瞄着我，据她说我放本子装进书包的那一刻非常随意……直到当天收到我的邮件，她才在心里说“赌对了”。

我没马上理解：你想赌什么？

她说：赌这个老师，如果赌对了，在我心里你就不是老师，是个长辈。

隔了一会儿，我们都没说话。又空了一会儿，她说：那本子烧了，你放心。

除了你谁也没看过，包括父母。

她说得平淡，我心里很吃惊，应该有二万到三万字吧，一颗颗黑色的小字，多不容易写下来的，被她销毁了。后来我慢慢想，也许她只是要一个郑重地书写的方式，对纸张去倾诉，我只是临时做了一下她艰难成长的相对安全的见证者，她曾经茫然困惑无助的存在，通过写和被一个人读到已经完成了全过程，纸上的文字不重要了。

暑假前，在广州听一个人讲起一段旧事：“文革”期间，他还是刚刚懂一点事的小孩，他躲在家里不断地在纸上写“反标”，写那几个最最可怕的字，写了马上撕掉，撕了再写再撕，当时他全身都在发抖，脚下碎碎的一地纸屑，他很害怕，又莫名地渴望这种刺激。他是靠这种不可估量的风险来寻求自己的存在感吧，发抖的存在，惊恐的存在。这是对未知的存在的急切渴求？心理学家也许能解释吧。

任何一个时代都该急切地需求它的年轻一代在场，也有责任使这些最该有炙热之心的人群在自信自由的存在里，帮他们获得力量和参与感。而一个大学生想在自己就读的学校里得到当众讲话的机会，应该等同于一个二十岁的年轻人本该得到爱别人和被爱的机会，如果连这些都难得到，责怪他们脑残的，才更是脑残。在有一条知饿知冷的躯体外，一个人觉得他的存在和不存在没区别，没有比这个更不正常的了。

无力又无奈，还不只是熬出这四年就会“苦变甜”，未来不知道在哪儿。正该是跃跃欲试进入社会的前夕，虽然学校有高楼有讲堂有图书馆，他们的心却是边缘的自我疑惑甚至自我枯萎着的，他们被边缘化了，那些在大学四年里做“网络隐士”的，守着电脑厮杀，死掉一条生命，瞬间又能闪跳出另一条新生命。有人谴责学生“玩物丧志”，他们没机会获得“志”，脑残也是被脑残，吃货也是被吃货。有时会想到北方有一种虫，土话叫“潮湿虫”，专在阴湿狭闭的覆盖物下面生存，一旦覆盖物被翻动，它们被暴露，必定慌乱躲避钻窜，寻找哪怕很临时的无光的缝隙去安身。

别怪他们整天说迷茫，能意识到迷茫无着的，已经是主动的和自我挣扎的，是不屈从的。你不给他见到光，让他说明亮，不给他力量，让他在必要的时候挺身担当。他没有试过堂堂正正，生命多是在似有似无孱弱无力中浮荡。

我们面对的是同样的状态，深深地在这里，而找不到存在感。有个同学和我谈论过，她是回族人。我们说到痛苦，她问我痛苦是什么，我说了。然后她也说了。然后我们共同认为，无论什么时代，人都各有快乐和痛苦，换算成一个绝对值，是没本质区别的，只是细节有区别而已。

我看着他们，也审视自己，靠吃东西，靠考证，靠游戏，靠赚钱，靠写字，都是从那短促的瞬间里得到一点快乐，以填补更多的空荡荡，以此反证自己还存在着，是有知觉的，有努力的，有追求的，带了点什么正能量的。不过如此吧，反正我们都不掌握答案。

原载《南方周末》2013年1月10日

致鱼山

叶　梅

父亲终于回到了鱼山，带着他始终的眷念。那以后，我们便常常回到老家看望，鲁西平原上的麦苗青悠悠的，它们年年岁岁就这么随风而长、抽穗、饱满，还有玉米、高粱、黄豆、黑豆，还有苦地丁、马齿苋、蒲公英、节节草，它们与一代代鱼山人相守在大地上。

一

那年的冬天很冷，白雪覆盖的平原大地悠远舒展，我和妹妹在冰雪中辗转千里，向着山东东阿而行。在南方温润的山水里长大，第一次感到北风的凛冽，但我们心里却热乎乎的，因为是回东阿，回鱼山村去，从小就听父亲说，那是咱的老家。

我们的父亲平素严峻而不苟言笑，唯有提到他的家乡，脸上的表情才会立刻活泛起来，他会说到阿胶，说到鱼山村的黑枣树，黄河的大鲤鱼，父亲的描述是一幅幅让人向往的图画，成为我们儿时的骄傲。少年的伙伴会问，鱼山在哪里？

鱼山在东阿，东阿置邑，始见《春秋》，东依泰山，南临黄河。黄河绕着鱼山盘旋东流而去，当年的东阿王，一代风流才子曹植安睡于斯，他的诗情浸染着山脉土壤，使黄河在此缠绵，鸟儿盘旋呢喃，因此老家又有“喜鹊之乡”的美称。

相比天下无数名山大川，鱼山只能算一座小山，但山不在高，有仙则名，有多少风流尽在此山。一代英主汉武帝曾站在鱼山之上，慨然吟唱《瓠子歌》：

“瓠子决兮将奈何，浩浩洋洋兮虑殚为河。殚为河兮地不得宁，功无已时兮吾山平。吾山平兮钜野溢，鱼弗郁兮柏冬日……”

鱼山古来又叫吾山，汉元光三年，黄河在这一带决口，东南注钜野，入淮泗，令无数百姓流离失所，汉武帝先是发动十万人堵决未成。后又再次东巡亲临鱼山，沉白马玉璧于河，祭祀河流然后命文武百官及随从都去负薪背柴，塞河堵决。太史令司马迁随侍武帝，也亲身体验了负薪塞河的劳苦，文武百官和数万民工在武帝的亲临督责下奋勇争先，最终堵塞了为害多年的决口。司马迁将此记入了《河渠书》载入《史记》。

古往今来，父亲的鱼山有说不完的故事。但在很多年里，父亲仅回过两次家乡。他从一九四七年南下去到湖北，因为种种原因，直到一九五七年才回了一次鱼山，第二次更是在三十年之后。

父亲的乡愁刻在他的额头上，穿梭在他与鱼山的一封封家书里。每逢中秋、春节，他会独自一旁，狠狠地抽烟，直到自己在烟雾中呛得剧烈咳嗽起来。他虽一语不发，但我们都知道他是在思念故土，这多少次地激起我们对鱼山的向往，去往东阿，去往鱼山，成为我们儿时的梦。

二

一九八一年春节，我和妹妹提出要回老家，父亲仍然无法分身，但他对我们的提议兴奋又担心，从湖北恩施经武汉、泰安到东阿，再回鱼山，漫长的路程啊，父亲热切地帮我们设计了好几条路线。

一路辗转，除夕前的黄昏，我们坐着泰安的班车终于摇晃着进了东阿县城。

夜色似乎就在那一瞬间降临，看不清这座老家县城大的模样，一片银白的世界里，只隐约见一排排低矮的房屋，房顶上小小的烟囱升起缕缕白烟，一个个窗口射出黄色的灯光。我深深地吸了一口气，那不同于南方湿润、带着煤烟和柴火味道的空气陌生而又亲切。我想，那些灯光下就有我的亲人，他们与我不再是远隔千里，我们近在咫尺，或许我的一声呼唤，他们就会从那些温暖的窗门里探出头来，用父亲的口音询问：那是广兰吗？

房广兰是我的原名，是出生时，父亲依照鱼山村房氏的排行给取的名字。当晚住在县城车站对面一家旅社，睡梦中果然听得有人叫：广兰！广兰！惊醒过来冲到窗前，天刚蒙蒙亮，楼下的街面上哜哜嘈嘈的，车站已人来人往，一溜小摊炸油条卖煎饼，香味随风飘来。那时候没有手机、网络，只有长途电话

和电报，我们临行前给二叔、六叔和大哥广民拍了电报，只说了大概日子，他们一家家旅社寻过来，不断地呼唤。

“广兰，广兰！”一声声一声声，我说，“哎，哎，哎！”

一个男子手里捧着一堆油条，出现在楼梯口，一边张望一边呼唤，我一边答应一边迎上去，只见他酷似父亲的国字脸，端正的鼻梁，一双山东人细长的眼睛，戴着个塌了帽檐褪了颜色的蓝帽子，瘦瘦的，衣服在身上晃荡。大哥——！我们只从照片上见过他，父亲离开鱼山南下时，他才一岁多，他在鱼山长大，种地养家，娶妻生子，这一切，离我们很遥远，但我们血脉相连，又是这样的近，他是父亲的儿子，我们是父亲的女儿，我们都是鱼山那根古老的根系上结出的果。广民，我们的哥哥，我们相互打量，他欲笑却含着眼泪说，妹妹啊？我们说，大哥！

大哥伸出手，说，“妹妹啊，你们快吃果子，趁热”。我一眼看见他的手，冻裂的口子红红的冒着血丝，我一把想拉住大哥的手。大哥说，妹妹呀，咱家走。

三

从那以后，我们常家走。

渐渐地，我看清了东阿的模样。第一次来到鱼山时所见的冰雪覆盖，此后揭去了面纱，原来黄河如金，夕阳下粼粼闪光，千百年来，这条桀骜不驯的巨龙，它的血性它的刚烈它的澎湃滋养了万里荒原世代生灵，而多半时候，它沉着祥和，呈一种大智慧，大气象。

鱼山百年河堤之下，是房家老宅，大哥的家。我从老宅漫步爬上河堤，旷野寂静，但有风声河水声传递着千年物语，那造字的仓颉、盖世的项羽、风华绝伦的奇才曹子建全都最终归于东阿，是天地的吸引，还是风土的眷恋，历史的偶然？抑或只有这片土地的深厚才容得下如此的英雄豪杰，如此的千年雄风？

我问风，风拂过我发烧的脸庞，像是慨叹；我问河，甚至赤足蹚进河水里，它们细小地绕过我的脚踝，不加逗留，不加理论。事实上，齐鲁大地自古以来便是大雄大儒荟萃之地，它吸纳着黄河从青藏高原一路携带而来的百般滋养，那是连接天际的雪山之水，红土地黄土地青土地万种灵物之气，浩浩荡荡，仰之弥高，钻之弥坚，成就了无数仁人志士，留下了他们的精魂。沿黄的东阿，莫不如是啊！

经过了一场严肃的家庭会议，房家老宅正式确定由大哥继承。威望很高的二叔原本也住在老宅，我父亲未能回来侍候他们的父母，连给二位老人送终也都是二叔一手操持，但在家族商讨老宅的最后主人时，二叔、六叔，还有打小闯关东从吉林赶回来的四叔、五叔，都一致认为应该给长房，既然他大爷——我父亲，不能回来，那就交给长孙房广民。他们按照传统的做法写下了一张合约，当着中人的面，郑重地各自按下了鲜红的手印，界有多宽，房有几间，写得清楚明白。

老宅其实不大，北房三间，东西厢房各两间，还有一马棚，大哥养了一匹马，赤黄相间，孔武有力，大哥用它拉石头。后来我们才知道，大哥拉的石头采自鱼山，那些年，刚刚松开束缚的农民开始跃跃欲试发财致富，得弄点钱儿啊——大哥说。他的二小子沉默寡言，一身好气力，每天早起先是呱唧呱唧从院子的一口深井里打上水来，自己喝也给马饮，然后大铡刀咔嚓咔嚓铡出一堆新鲜草料，马吃过草便拉出一辆架子车，上了鱼山。石头卖给修房的庄户或是城里人，每立方挣两块钱的力资。

再后来，大哥和乡亲都意识到鱼山的石头一块也不能再动了。那山的东侧经过多年开采已成一面绝壁，再挖就要破了风水——事后若干年，他们一次次后悔，鱼山怎么能挖呢？大哥那时卖了他的马，眼神里久久不舍。他的两个儿子，一个在湖北，一个去了东阿县城，接他去，但他只是转一转便又回了鱼山。他仍然瘦长的个子，在麦地里逡巡，不时到父亲的坟前看一看，用铁锹加上几锹黄土，用力拍紧。麦田里的大哥，守候着安睡的父亲。

父亲终于回到了鱼山，带着他始终的眷念。一九九四年父亲驾鹤西去，大哥赶到南方，商量之后决定将父亲的魂魄接回东阿，让他安歇于黄河岸边、鱼山脚下。那以后，我们便常常回到老家看望，鲁西平原上的麦苗青悠悠的，它们年年岁岁就这么随风而长、抽穗、饱满，还有玉米、高粱、黄豆、黑豆，还有苦地丁、马齿苋、蒲公英、节节草，它们与一代代鱼山人相守在大地上。

四

我们在村里串门，阳光明媚的日子，二叔拿出一本鱼山房家的族谱让我们看。这才得知，房氏得姓于约公元前两千三百年前，所修家谱已有五版，最早见于光绪年间，“房氏，古夏津人。于戊午年（一二五八年）迁居于东阿县之鱼

山。”此后一九四六年修谱记载：“迄今四十余年，人丁繁衍，户口增益，理应重修。”监修、续修、缮写等人员中，竟有父亲房翼贵的名字：“监修：翼贵，字佐臣……”我惊讶地知道父亲除了姓名还有字，过去似乎只有那些文雅之士才会有名号，父亲出身于贫寒之家，且兄弟姐妹众多，他的“字”是自己取的还是他的父亲授予的呢？不得而知。

但可以想象的是，一九四六年抗战刚结束不久，打日本的长枪还扛在肩上即动手修志，这事在全村老少心目中一定非常重大，“国有史，地有志，家则有谱”，他们将国事家事天下事连在了一起。“国有史，则可以史为鉴。家有谱，且常续不辍，则可以使族人世系不紊，长次辈分有序，宗络承继相属分明，族间贤能者之功德，业绩昭彰不泯，不以世代久远而忘记。”此前，抗战最为艰苦的一九四二年至一九四三年，东阿一带连续三年天灾不断，“大旱，蝗虫成灾，麦枯，秋苗薄收，民变产度荒。外出逃荒者，冻饿而死甚多”。全县百姓一边为生存而奋斗，“县组织捕蝗指挥部和捕蝗队，按捕蝗斤数发奖”，一边还要对付日伪军的疯狂扫荡，同时还要保护土地，减租减息……接着还要修谱！他们要做的事可真多啊。

但幸亏有了这些谱和志，我们在莺歌燕舞的今天，才得以清晰地回望过去。一九四九年八月，残留的日伪据点被拔除，东阿全境收复。接下来，刘邓大军渡黄南进，县境乡民扒门板、捐木料，全县自一九四六年以来，投入支前民工十六万人次，担架三万架次及大批畜力车、手推车，东阿及鱼山的乡亲随军转战平汉路沿线、鲁西南、徐州等地，将国与家融进了一针一线、一步一个脚印。鱼山—东阿—山东，当年有多少乡亲推着小车，男女老少，寒天冻地，送走月亮，迎来太阳啊。

灾难之中的乡亲，战争之中的乡亲，忘我牺牲的乡亲，你们那时是怎样的情怀？

一次次叩问，我们只能遥遥地感知：善恶分明，源远流长，家国恋，生死情，全在东阿人的血脉里，全在鱼山人的记忆中。二叔说到族谱上的家训：“富而不骄，贵而不舒。能明驯德，以亲九族。”这让人想起孔夫子“君子泰而不骄，小人骄而不泰”——发源于齐鲁之地的儒家学说，果然渗透在鱼山的家园里。

五

鱼山有了曹子建，更添了许多的话题，爱说曹子建在鱼山读书、赋诗，度过他一生中最为旷达的时光；爱说他“戮力上国，流惠下民，建永世之业，流金石之功”的抱负，年近四十被封为东阿王之后，移山移水移衙门，向明帝上《乞田表》，获得准许垦田万亩，植桑养蚕，炼阿胶织阿缟，“东阿有井，大如轮，深六七丈，岁常煮胶，以贡天府者”。

还爱说曹子建创造的“鱼山梵呗”。

我父亲生活的年代波澜起伏，他没有多少闲空，也不是一个风雅的人，但他却有过一支竹箫，高挂在墙上，甚至有一条鲜黄的丝绦系在箫头，醒目地垂下来。偶尔地，父亲会取下那支箫，小心地吹着，好像一用劲儿，就会吹破了似的。我们都还很小，听不出他吹的是什么，只是好奇得很，但听他吹得满地凉月，一汪清水，便又觉得吹箫的这个人不像是父亲。

事隔多年之后，我才明白父亲的箫，或许是因为小时候听惯了“鱼山梵呗”的吹奏，情不自禁也想仿效之。他一双拿枪握锄的手，将一腔默默的心思传给了我们。

或者，他原本还想告诉我们，梵呗是一种带词的佛教音乐，赞叹诸佛菩萨的三宝功德，为清净、离欲、感恩、歌咏的表达。最初随佛教从印度传入中国时，少为人传唱。才高八斗的曹子建亲自撰文制音，大量采用了中原本土尤其是东阿一带的民间小调，音词结合，朗朗上口，竟使佛经在唱诵时声文并茂，得以迅速流传，唐朝年间便传至日本、韩国及东南亚，被人们命名为“鱼山声明”或“鱼山”。后人有《东阿王赞》曰：“七步诗八斗雄，和平妙音世界同，梵呗源真宗。”

古时的人们，便期待一曲曲妙音，能穿越时空，在不同族群之间搭起温馨的彩虹。我眺望于见证这一切的黄河，问自己，今天的我们该做些什么呢？近些年来，我一次次回到东阿，回到鱼山，触摸到这片土地的温度，它们传递着祖先留下的嘱托。东阿人，在勤奋前行，添加着新的美妙之声。

鱼山种种。

沧海桑田，星移斗转，鱼山与那些美妙的人以及文章、声音已融为一体。于是，鱼山不仅仅是一座相守于黄河的山，更是耸立在无数人心中的山。

生活在鱼山的世世代代，爱着鱼山，即使离家的人儿，也无论走得再远，隔了几代，自然会有血脉相连，时常会心向往之，“揽騑辔以抗策，怅盘桓而不能去”（曹植《洛神赋》）。对于我来说，也正是如此呵。

原载《光明日报》2013年11月29日14版

草原上的农民（节选）

冯秋子

草原上，前面十几年，搂地毛的农民有很多。

地毛和发菜，是同一件事。内蒙古当地人，管生长在内蒙古中北部特定区域的一种稀有植物叫地毛；别的省市区的人们，还有书面语，称它是发菜，源源不断运往南方的装地毛的塑料袋上也标注“发菜”的字样。

专业术语这样解释“地毛”或“发菜”：旱生蓝藻类低等植物。

地毛或发菜，营养价值高，味道鲜美，口感柔软、滑溜，是野生食用藻类植物。每一百克干发菜，内含蛋白质约二十克，约是鸡蛋的一点六倍，是牛肉的一点三倍，牛奶的七倍左右。它含有比较多的钙、磷等矿物元素及微量元素铁、锰、锌、铜、钴等，并含有多种氨基酸和丰富的碘、海胆酮、蓝藻素以及蓝藻叶黄素。中医认为，发菜性寒味甘，有利尿、化痰止咳、清热解毒、顺肠理肺和滋补健身的功效。常吃发菜，对于医治高血压、佝偻病、营养不良、慢性气管炎、内热结痰、甲状腺肿大和妇科病症多有助益。此外，发菜因与“发财”谐音，在南方的广东、港澳等地备受追捧，人们喜食发菜，以图日子适润、吉祥，生意兴旺、隆盛，发财致富、长盛不衰。而且又能在形象上、形式上低调、谦和与质朴，如发菜那样自然而然地生存不殆。这一物质生活和精神生活的强烈诉求，使发菜的需求量陡增，以至美国和一些西欧国家也对发菜产生了浓厚兴趣。发菜成了国际市场上的一匹黑色骏马，一路狂奔。内蒙古的汉族老乡路人皆说：一吨发菜实打实可以兑换“十五辆汽车”。

我按内蒙古当地人的说法，叫它地毛。

这个精贵东西，柔软而有刚性，铺展在内蒙古的荒野上，经风历雨，似乎很粗糙地生长着，实际是百般挑剔生长的地方。它多长在砂岩沉积物和风积物造就的红土裸地里，海拔一千至二千八百米高处，而且须是干旱、半干旱的一部分荒漠草原和荒漠地带，具有典型的大陆干旱性的气候条件。

地毛紧贴住潮湿的草滩和沙地生长，速度极其缓慢，天然产量非常低。在内蒙古草原，凡有地毛分布的区域，植被以旱生或真旱生多年生草本植物为主，草势低矮、稀疏，降水稀少，干燥度高，昼夜温差大，四季刀刻一般分明。内蒙古中北部地区，合乎地毛生长的基本条件，为适宜地毛求生之地。

地毛无根、无叶、无茎，呈黑色，幽光发亮，形如人发，丝网一般缠绕在其他植物的茎基或枯枝落叶等死地被植物的上面，是干旱、半干旱草原特有的一种混生苔草。

千百年来，地毛匍匐在北方的草地上，与北方的芸芸众生一起，聆听草地的声息，追随自然的召唤，动静自如、内资惬意，从容地顺应着上天，款留着行走于草地的灵敏的动物群落，与他们达成了休戚与共的默契。

地毛若是遭遇搬家，便是在土地被动物狂暴地践踏之后，或是在其他外力的作用下——比如风，它的身体发生断裂，脱离土地，被风搬运到别处，被动迁徙他乡，重新分布。地毛搬迁至何处，由风决定，风是地毛进行再分布，或者扩大分布范围的主要动力因素之一。如果没有天灾人祸的侵扰，草原上百草均衡生长，地毛能够随风而动，逐年扩大其分布的范围。

上世纪八十年代初开始，持续二三十年时间，规模庞大的集团军式的农民，开进草地搜刮地毛，成为另一种使地毛搬家的前所未有的强大动因。不同的是，风搬运地毛，是使地毛重新分布，自然进入“扩大再生产”的循环规律。被风带走的、断了骨节儿的地毛，一旦找到适宜的地方，便脚踏实地，坠落土地而后再生。人搬运地毛，是做彻底的分割，使地毛及与之相伴生的杂草、与土地割裂，阻断了地毛的生长可能，彻底消灭了，或者说剥夺了地毛这一草本植物的自然资源，并在同一时间，由此同一行为，对地毛赖以生存的土地造成根本性毁坏，直接导致北方草原的生态环境严重失衡、失序，并最终呈现无序的状态。

搂地毛，算不算一个自发的系统工程？有进入第一线搂的，有走村串户收购的，有固定地点加工、出售的，有不断上升的客户需求消费的……

采访搂地毛的农民的过程，我一直被他们处于底线的生存境况所困扰。贫穷与落后的现实，是那些参与或间接参与搂地毛的农民及他们的家庭深陷的沟壑，也使我的脚步沉重如铅，迈不出、绕不开这一残酷的壁垒。北方地区的农民，因贫穷、落后，日常生活、精神渴求和想望，受到自然条件和人文因素的

严重制约。基本的生存、发展问题，长期困顿不前，当某一天，不得不去寻找个人的出路，他们会作何选择？真实情况摆在人们的眼跟前。

我想，贫穷和落后是不是万恶之源？贫穷和落后是否使沙漠化的进程加深了、加剧了？

我们不妨在这一思路里作些盘桓。

二十一世纪初启的两年，我跟踪采访内蒙古乌兰察布盟（后改为市）商都县一个乡的农民，对他们大规模开进草地搂地毛的行动和事件作社会调查。亲眼所见，土地日益沙漠化的现实是怎样地严酷和惨烈，由此造成的草地退化的形势又是怎样日益紧迫，似乎再没有消极、迟缓和拖延的余地。这样的现实情景，对人们有限的生存空间造成了严重的威胁和挑战。处于这样的生存现实，好像无从谈及对美好生活的念想或者梦想，来不及构造一个人的精神生活，来不及发挥个人潜在的创造性，来不及舒缓而放松地做个甜美的、风和日丽的梦。因为在大规模沙漠化的趋势逼近下，人们节节后退。商都县农民郭四清的家乡，也有一大半土地沙化，没成家的年轻人已经走光，有家口的中年人纷纷举家迁移，能多远就多远，逃离开祖祖辈辈生长于斯、埋葬于斯的村庄。辽阔的内蒙古草原，常年经受风沙的侵袭，到处可见被掀出的脊梁骨。那些日见增多的沙丘，条条缕缕，割破了草原，形似一道道伤痕，在许许多多个昏黄的日子，不能自已地呜呜。

为了生活，为了有所收益，甚至获取暴利，人们选择了对地毛下手。

地毛是人的希望。地毛成为人们吃苦耐劳的理由。

风是为了什么而起呢？风由小而大，由大而无法无天，以至疯狂扫荡，打破常规、恣意妄为。

但是对地毛来说，风无论如何只是辅助性动因。真正的主因是人，人才是决定地毛生死存亡的根本性因素。人所处的决断的地位和形势，在人的生存条件、生存意欲和文明要求相互间不甚和谐时，他们的所作所为，常常表现出不加掩饰的、赤裸裸的欲望和急功近利的野蛮粗暴形态。人对地球的无序开发，便是明证。这股邪性力量侵扰、裹挟着草原，日益地把草原推向了没落和毁灭的边缘。其他的，比如风，会因人而改变习性，改变它们对地球的态度和姿势。这一点，不是那个叫郭四清的农民做或不做搂地毛的事情，就能够改变的。

我只是被郭四清打动，想看见这个人的真实世界。想看见二十世纪末二十一世纪初，风沙下的某个人生存的理由和方式。想知道进到草原的农民，跟草地的深重关系曾经有过什么样的格局，是怎样建立，又怎样呈现的。

我想从客观的、人的角度进去，见识和思量一些真实存在的东西，如果走出来的时候，还能保持客观的、人的形状，再好不过，我希望。

回内蒙古，我想找一个人，就是郭四清。

介绍我找郭四清的人，是跟我这么介绍郭四清的：

“我给你说不上个甚，也不能说个甚。你看看那个二不愣去哇，看他给不给你说。那是个人物。”

我问他，你说的“人物”，是什么意思？

他说，敢说敢做，没怕的，打起架来不要命，外号叫个“二不愣”。

在内蒙古汉族居住区域，很多男性被称作“二不愣”。这是一个广泛的，对不怕死、不惜命的男子的称谓，就像我们旗，喊叫有点莽撞的男子和女子为“愣道尔吉”一样，是没有恶意，但有浩浩荡荡之感的一种称号或者标识。所以“二不愣”特别多，如我们旗的“愣道尔吉”特别多一个道理。

二〇〇一年五月三日，我在乌兰察布盟所辖的商都县的一个村庄，问询到郭四清的家。郭四清的两间土坯房子，堵着窗帘，上着锁，久无人烟的冷僻样子。院里靠墙的地方，滋长了几根孤苦伶仃的灰灰菜。从叶片片到根茎，挂牵着零敲碎打的、灰白色的蜘蛛网络。

隔一堵院墙，就是郭四清的父母家。郭家老人居住一堂一屋两间低矮的泥土房。外间贴墙那里，堆聚了七七八八的杂物和农具，几口黑瓷大缸上架着木板，木板上摞着大大小小的纸箱，黑暗阴凉。里间屋住人，一盘大炕上铺了两块接不住缝儿的烂炕席。炕头那里坐着一位棱角分明的老汉，他相貌温和，正抽吸着烟袋锅。看起来比老汉苍老不下十岁的妇女，是郭四清的母亲，她正窝在灶坑那里，费力地呼嗒风箱，在烧一锅开水。

郭老汉说，二小子郭四清外出打工两年多了，人不在本村。

他反过手，从炕席底下抽出一张从田字格作业本上撕下来的纸。

是郭四清留给父母的下落地点？

郭老汉说，是郭四清的地点。

他说，字写得丑，你甭见笑。你看一下，知道个大概方向。

我跨上腿，坐在后炕沿上，跟郭家二老聊起家常。

郭老汉三小子的儿子，小家伙去了一趟郭四清那儿，老汉指拨他，这回逛了城市，长短得写个作文。小东西不给写作文，一回回推脱，老汉不饶过，“小的儿”写了这么一行字交给郭老汉顶作文。

郭老汉说：“找郭四清，你得去白音察干。”

郭四清的母亲硬让我喝一碗水再动身。她说，不喝水不能行。哪有不喝一碗水就动身这种道理。

抄下这个没有街道、门牌，只有“汽车站东刘二铁匠房后过马路再往东一拐左面大院里小南房”的联络地址，喝下一大瓷碗郭四清的母亲为我搅拌均匀的白糖水，我驱车赶往乌兰察布盟察哈尔右翼后旗的旗所在地白音察干。费了些周折，到太阳快要落下去时，找到了那个“小南房”。

郭四清不在家。

他妻子说，郭四清还在外头劳动。我提出，去郭四清劳动的现场看一看。她说我的车进不去那条沟。一定要去，她领我，走路去看郭四清劳动的“沟底”。她说，说不定走到半路能碰上。

果然出城廊不久，遇见郭四清了。

郭四清开动一辆农用小四轮，从距离白音察干七八里、洪水冲刷出的一条沟里，正往旗里行驶。车厢装满沙子，上面插着一把大铁锨。小股细沙不时地从铁皮车厢边缘的缝隙流泻到马路上。

这位男子穿戴简陋，像庄稼地里插的木头人，套衣裹裳，是长一截里儿、短一截面儿，搭挂起来看，没有一件衣裳的年头不长。他身上，隐隐地留存着过去的印记，不仅仅层层叠叠、零零落落的衣裳是过去年代的，人的神志，也有跟过去纠扯不清的既简单虚浮又复杂深远的东西。

风一吹，男子的衣裤掀向后边，跟他一心一意想往前方开拔自己、开拔那台小四个轮机器，反着方向。声音也是两种，农用小四轮的突突声和兜风的衣裤奋力的抖擞声，在空旷的道路上呼呼啦啦地呱嗒。而他高大的身躯和衣裳一样，也在风中颠簸，描画着另外一些形状和模样。

我注意到，郭四清是黄眼珠，高鼻梁，高眼眶骨，还有一对大耳朵。大约他的家族有北方哪个少数民族的遗血。在这里，不到一定的熟悉程度，不便问询这个问题。但我和他年龄相差无几，不似对老年人，不可以造次；加之我是内蒙古人，他不介意我怎样想。我想的是，他是汉族人。

郭四清说：我们就是汉人。

郭四清给一个建筑工地拉沙子。

我随郭四清的妻子，跳上他的小四轮，两条腿旋即被车斗子里的细沙裹住、埋死。

虽然已进深秋，包工头还没有给郭四清结算今年大半年的工钱。他托亲戚跟包工头斡旋，包工头最后同意预支他的柴油费，将来，这部分钱从工钱里扣除，至于工钱何时结算，包工头说“年底看啦”。我问郭四清，今年这半年多时间，使用柴油，一共花费了多少钱？他说半年多天气已经花销了两千多块。别的生活开销有多少？他说不吃个什么，就是水电和烧的煤炭这些费钱。亲戚他们帮了不少。面哩，从老家带出来，肉啦菜啦，亲戚给一些，一年再买个一回两回，就可以了（后来，郭四清跟他妻子劳花多次对我说起，郭四清的亲戚经常接济他们吃的用的，现在家里头使用的零七碎八的用具，也是从亲戚家拿过来的。孩子们在城里上学，是亲戚的二女子托人办理的。这辆小四轮，是亲戚家的孩子们七凑八凑“帮衬”买下来的，等他们将来有了钱再慢慢还上）。

小四轮在土路上颠达，老有要翻倒的惊险时刻出现。我不敢和郭四清多说话，怕有风他听不清，分散注意力，路面发生危险情况时看不着，真的把车翻倒。

与郭四清交谈几次以后，我发现，他的记忆力严重受损。一般情况下，问一句答一句，话少，用的词语也少。问他那次出去遇见什么事情，比如天灾人祸？他说“没有”。遇见没遇见大雪？他说：“有了。”前后矛盾。而且错着位的时候也比较多。于是我们常就一个问题反复交谈，有时候能捋清思路，有时候怎样努力也是枉然。但是很快，也许歇息了一晚以后，他又重新回到模糊状况。

不过，偶尔，郭四清也会沿着单一线条走进回忆。那时候，他显得和缓、安静，脸上分布着笑容。他慢慢地在自己的思路上行走，把一件事情讲述得比较清楚。接触时间长了，我把握到一点规律，每当讲到当初身心困顿、深陷麻烦的时候，他的意识就会混乱，两眼散失光亮，整个人看起来离心别意，神不守舍。那种情况下和他说话，他只用一两个词，算作一句话，然后坐成一个墩儿，干不刺咧地待着，谈话很难往下进行。

郭四清确实是个少言寡语的人。他讲，以往，他打的架比说的话多。自从一架打断人家鼻梁骨，赔了一只老母鸡，他送过去；赔了二百六十块钱，他父母一搭儿送到人家里，一回一回让人家父母亲数落，又听自己的父母亲数落了个够，他觉得“啥事情嘛，这是个，真没意思”，于是就不想再打架。不过打架已经打出了名，远近村子的人们，习惯上还是怕他说不对付就会上手。的确有过，他是用手和脚“说话”。那时，郭四清好说：不行？不行咱们打打看，高低上下，打个结果出来。他总能把别人打到对他表示服帖为止。

郭四清谈论起打架的话题，语调干净、利落，显出北方常见的横、狠的“淘气英雄”的本色。

他笑说，一搭儿去搂地毛的人，轻易不招惹他。一说，人家二不愣咋的、

咋的……没人敢欺负他。

那一天，对打架的话题叙谈了很久。

隔天再聊，是什么季节出发，去了什么地方，怎么样一个过程，他说："哎呀，想不起来了。"

我说，你再遇到着急上火的事，会不会动手打架？

他说，不。不愿意打架。现在脾气没了。

有几次，我和他妻子劳花聊天，劳花告诉我，头天晚上郭四清接受完我的采访，回去以后不睡，又和她讲了好多那些年月的事。劳花对我说了她能记住的一部分。但等我再和郭四清面对面交谈时，郭四清说："哎呀，没个甚哇，想不起来了。"仅仅隔了一天，他就想不起来了，又跟原先一样，问一句答一句，而且常常答非所问。为了采访能够继续下去，我改变了一点方式，先和郭四清的妻子劳花聊，再和郭四清聊。带着从劳花那儿听到的点点滴滴，摘要处理以后，请郭四清回忆，从他讲述的事情里面再作追究。采访虽然断断续续的，总算得以进行。我相信，他不是因为顾忌什么而有所保留，是确实记不住那些过往的事情了。

劳花告诉我，郭四清的头痛病、腰痛病就是那些年月落下了病根。他一年四季喊叫头疼、腰疼、腿关节痛。睡在热炕头，感觉稍微舒服一些，但不解决根本问题。随着年龄增长，疼痛越发严重起来。如果有一点着凉，情形就会变得更糟。郭四清的肠胃也损坏了，见到小孩拉屎，他肚里的东西就往上翻，没完没了呕吐。还有记性不好，也是那些年给生生地吓出来的。原来不是这样，那时候在村里，郭四清学习功课正经比他哥哥强。他哥哥郭子义是他们家唯一的高中毕业生。郭子义受的苦少，所以能上完高中；郭四清上到高一，就不去学校了，他去了草地。一趟又一趟进去草地，落下病根，好身体没有了，好记性没有了……

劳花说："真格是患得患失。唉，哪个多、哪个少？人穷没法办，穷人没办法。"

原载《十月》2014年第2期

草木深

江　子

一

我爱闻春天里草木间浓郁的生龙活虎的生殖气息。我喜欢深秋黄昏的光在山林深处一点点地消散的感觉。我以为世界上所有植物的花朵都是美的。我认同每一片山林都有不可轻慢的伦理和秩序——如果要我举出热爱植物的理由，我可以毫不费力地说上一百条。

我毫不讳言我对植物的亲近和崇拜。我不知道这是不是我出生于乡村的原因。我愿意承认我稍稍有些恋草木癖。在春天里，我喜欢到野外去，看到每一朵花开都会忍不住凑上前去闻它的香气。脚边青草、头顶新叶，我都会掐了或摘下一片，然后举着手指甲放在鼻子下贪婪地呼吸。我经常停落在一个异乡的菜地里，像真正的主人那样煞有介事地数着隐藏在南瓜藤里的南瓜数量，看见紫色发光的茄子会忍不住上前去摸一摸。在一棵老樟树面前我会情不自禁地张开臂膀抱一抱以量一下它的腰围。一棵秋天的树落下的红叶子会让我得到宝贝似的拾起——即使上面有虫眼和旧伤口，我也毫不介意。如果说我在人群中稍稍有些呆板沉闷，我敢保证，只要一进入山林，只要与植物在一起，我就像一个陷入恋爱中的少年那样，神魂颠倒，眉宇飞扬。

我有理由认为每一棵植物都有自己的个性，自己的美学和意志。你去哪里看到过两棵完全一模一样的树？就是两片完全一模一样的叶子也不可能。每一棵植物都在努力与别人区别开来。就拿南方常见的樟树来说，只要你在春天里有空到南方的大地上走一遭，你就会相信它们都品性不一个性迥异。它们有的拼命往上长，就是为了让自己看起来高挑一些。有的长成了一个球形，那是一

个跟用精密的仪器画出来毫无二致的球，没有一根树枝会旁逸斜出，你会认为如果没有执拗的性格不费尽心思不精于梳妆打扮压根就长不成这个模样。有的让自己长成了一朵似乎随时可以飞走的云。有的呢，就喜欢自己“披头散发”的样子。——它的所有树枝都吊儿郎当，风一吹就摇头摆尾，看到它你会忍不住怀疑它的脚下或许穿着一双同样松松垮垮的拖鞋。……不仅樟树，我敢保证，其他的任何树种任何植物也是如此。

我对许多旅途的记忆其实就是植物的记忆。新疆喀纳斯湖畔的白桦林让我迷醉。它们身材消瘦，腰杆挺拔，皮肤白皙，外形时尚，就像殿堂之上一支男子合唱队里穿戴整齐的英俊的歌者。在新疆，我还会给胡杨行注目礼。新疆到处可见的胡杨老迈，沉默，坚忍，仿佛寡言少语却目光坚定的老酋长。秋天的神农架就像情书一样美——满山色泽深浅不一的红叶，就像一个沉醉于爱情的男子信笺上费尽心思讨着爱人的欢心的言辞。那山中偶尔升起的岚气就是这封情书中欲言又止的部分。江西石城县世代种莲，莲花开放的时候，我受石城朋友邀请去看莲花。只见途经的路上，莲花像是从地上开到了天上！莲叶滔天，莲花浮动，那种铺天盖地的美，简直让人眩晕乃至窒息。我曾去过浙江金华市莲都区拜访过一棵据说有一千三百多年树龄的老樟树。我曾专门用一篇文章写到过它，现在依然忍不住要再次向它致意。它老得空了心。过于漫长的时间让它的躯干扭曲变形，好像时间是种蛮力，而它经过了不屈的、长久的挣扎。可是它的叶子依然繁茂，色如新漆，大如云朵。它的枝干上到处是人们用来祈福的红绸带，让我惊异于它已经成为这一方水土护佑生民的祖宗和神灵。我对江西西北部被称为庐山西海的柘林水库并没有特别的印象（江西水域太多啦），但我一直念念不忘水中一棵其实无人关注的树。我忘了它的种类。它挺立在一个只容得下一棵树、刚刚露出水面的小岛上，体格健朗，风姿绰约，并不因自己出身卑微形同孤儿而黯然神伤。它不就是《小王子》里住在一个只容下一个人的小小星球上的小王子吗？北京的秋天最让我倾心。那些平日伫立首都街头呆头呆脑无人注意的绿色植物，在秋天会变得性感、妖娆。色彩斑斓的叶子，树叶掩映下的各色果实，满墙如旗的爬山虎，使整座原本严肃的西装革履的北京城有了酒后般的性情，或者是一贯大大咧咧素面朝天的女子呈现了妆容。每到冬天，正值鄱阳湖处于枯水季节，干枯的湖床上盛开着指甲盖大小的、粉红色的蓼子花，铺天盖地，整个鄱阳湖美得让人心碎。让我印象颇好的还有那立于黄山山头作招手之姿的迎客松，庐山的三宝树……

二

如果删除草木的成分，我不知道我对故乡的情感是否会减弱一些。是的，草木是故乡最柔软的部分。一个被指认为故乡的村庄的识别系统往往是草木确立的——那叫槐树下的地方，是不是真有一棵树冠倾天庇护一方水土的大槐树？拿我的故乡——江西吉水县赣江边一个叫下陇洲的村庄来说，村子的地标是田野中间一棵百年树龄、长得郁郁苍苍的大樟树。每年首先报春信的是北来的村路上抬头即见开满山坡的梨花。被我的父老乡亲崇拜的，除了祠堂里的祖先、寺院里的菩萨、家中的司命和土地公公，就是临着村子的田地里那棵空了心的、相貌古朴阴郁的苦槠树（每到初一、十五都有人在树下敬香祭拜）。东面山坡上的那棵有几分盆景效果的松树孤悬于天地间，早有人认为与村子风水有关。据说有风水先生说，如果村庄是一条船，那这棵松树就是将船划出水域的桨……

草木构成了故乡的容颜、气质。山坡上的梨花、村中的桃花、冬天漫山遍野的油菜花，闪烁在山头的栀子花和映山红，菜园里的豌豆花、南瓜花、茄子花，路边的野菊花还有不知名的野花，它们按季节相继开放，让我赣江边古老寂静的故乡风流性感又生机勃勃。初夏的故乡仿佛翻滚着绿浪，那是水稻在宽广的田野里飘扬，到了秋天，整个村子四周宛如黄金铺就，殿堂一般富丽堂皇，那是水稻到了收割的季节，大地呈现出丰硕的体态，村庄因此变得壮硕丰美。

每一棵草木都是我们不说话的乡亲。它们不管时间短长，总是一丝不苟地保留着早期的方位和轮廓，便于我们对故乡进行指认。它们忠实地守护着我们对故乡的记忆。我有理由相信，顺着记忆中的那根南瓜藤，我就能立马回到往日的家乡；从那依然金黄的水稻深处，我就能找到童年遗失的那把镰刀和一根牛绳。

——每次回乡，我最喜欢和草木待在一起。我会走到田野中间的那棵郁郁苍苍的老樟树下，倾听风吹过时树叶哗哗的声音。它枝繁叶茂，体积惊人，这多像我死去不久的老祖母，是近百名子孙的血脉源头。我不知道这樟树根脉相连的世界里她过得是否好。我家的老宅已经颓圮，几年前我去看它，竟然发现从瓦砾间长出了一棵碗口粗的梧桐树。它是那么新鲜，树干娇嫩，树叶碧青，在断墙坍梁的衬托下显得更加生机勃勃。它与我同样生活在这老宅之中，我理所当然地把它视为我的家庭的一员，当作小我辈分的侄子，每次回家都要去看看它的胳膊是不是变粗了，身子骨是不是比往年结实了。我当然同时会去拜访

曾给我遮阴的据说与村子风水有关的东山的松树，一座小塘边矗立的一排漂亮的雪松，那棵被当作神灵崇拜的苦槠树，还有樟根爷家门口我曾用弹弓射过乌鸦的苦楝子树……

我还会借着走亲戚的机会去拜访我的村庄方圆的一些植物。我会在快到离我村庄五里路远的花园村的时候，离开大路拐到一片田野中间，为的是向老兄弟般长在一块的三棵老树致意。我会绕过小巷去打探一棵谁也不知道多少年龄的、几人抱不过来的柏树的消息。看到谁家的窗户后面有一棵树紧紧偎依，我真是羡慕他过着神仙一般的日子：每天都是树拍打着窗户叫醒他，然后立马给他送上一盘鸟鸣。如果看到丢弃的树枝我会捡起来当作篱杖拄在手中，并为自己看起来像个本乡本土的老汉而得意。我有几次想去拜访我曾在乡村小学教书时的一棵老松树，只是路远一直没有如愿。那时候我正在青春期。我茫然，孤单，就经常爬到离学校不远的山上的那棵老松树下打坐，读书。有时候我会为看不清未来忍不住哭泣，那棵松树总是用最和悦的松涛安慰着我。多少年不见，不知它可好。

三

如果中国古代诗文没有草木会是什么样子？如果没有“参差荇菜，左右流之”，“桃之夭夭，灼灼其华”，“南有乔木，不可休思”，“摽有梅，其实七兮”，《诗经》里的爱情就没有现在那么甘美。如果没有“杨柳依依”，“采薇采薇”，《诗经》里的离家与思乡就不会那么让人揪心。是记载的大量草木让《诗经》洋溢着浓郁的诗情，散发出永恒的诗之清香。屈原的《楚辞》中更是草木葳蕤。“扈江离与辟芷兮，纫秋兰以为佩”，“老冉冉其将至兮，恐修名之不立。朝饮木兰之坠露兮，夕餐秋菊之落英”（《离骚》），“擣木兰以矫蕙兮，糳申椒以为粮。播江离与滋菊兮，愿春日以为糗芳”（《九章》）。这部中国最早的浪漫主义诗歌，有理由怀疑诗人是在异香扑鼻的山林中写的。可以说，中国文学的浪漫主义传统，如果没有草木的加入，那浪漫主义不过是街头的杂耍，舞台上矫情的表演。浪漫主义的精神内核——理想主义和自由精神，就会失去坚实的依托。陶渊明的《桃花源记》这一篇影响深远的中国乌托邦寓言，如果少了“忽逢桃花林，夹岸数百步，中无杂树，芳草鲜美，落英缤纷”“有良田美池桑竹之属”这样对草木描绘的句子，没有桃花林的引导和桑竹的修饰，那所谓的桃花源不过就是古代自我封闭不值得向往的贫民窟。——是草木的装点让桃花源成为中国文化中人人向往的诗性彼岸。唐诗宋词中，如果花不开，草不长，林不茂，如果没有“积雨空林烟火迟，蒸藜炊黍饷东菑。漠漠水田飞白鹭，阴阴夏木啭黄鹂”，没有“无边落木萧萧下”“国破山河在，城春草木深”，没有“接天莲叶无穷碧，映日荷花别样红”，没有“候馆梅残，溪桥柳细。草薰风暖摇征辔”，那唐诗宋词就不会如此元气充沛。没有“黄四娘家花满蹊，千朵万朵压枝低”这样含蓄表达爱情的诗句，我们会以为杜甫从来只有一副忧国忧民的表情。没有“和羞走，倚门回首，却把青梅嗅”，我们对李清照的少女模样就无从把握。是草木构成了中国古代诗文的底色，让中国诗文获得了自然的滋养，诗歌中的情感，因此虽过千年依然鲜活如初。

草木与中国画更是源远流长。几乎所有的中国画都与草木有关。那画中的山水是以草木作肌理的——满纸峰峦叠嶂瀑流云飞中必有草木摇曳。梅兰竹菊是花鸟画中的四君子。鱼游水藻，蜂蝶恋花，蝉栖枝头，虎啸山林，所有的花鸟画必从草木中提炼精神。葡萄喻为多子，瓜果喻为丰收，莲花喻为高洁，桂树喻为富贵。中国画面上，草木葱茏，皆是对美好生活的祝福与期盼。

音乐是与草木联系紧密的艺术。笛和箫是竹子做的。二胡、琵琶、马头琴是木头做的。古琴也是木头做的。制作古琴的木材，据说除常用桐梓木外，还用松、杉、杨、柳、楸、椴、桑、柏等。取材时间也有讲究，如取于暮夜阴雨之际，琴声就会清亮美妙。有云：“（唐）雷威斫琴，不必皆桐，遇大风雪中，独往峨眉酣饮，着蓑笠，入深松中，听其声连延悠扬者伐之，斫为琴妙过于桐。”制琴者认为草木有灵。我特别疑惑，一棵长在深山老林的树与一棵长在村中人居深处的树做出来的琴，会有怎样的区别？是不是出自深山老林的琴声要清寂悠远，要更出世，而出自人居中的就会入世得多，充满俗世的欢愉？那音乐的源头，是否与草木有关？那草木摇曳的自然声响，算不算最美的乐声？

四

朋友从江阴来，赠我带荚脱水红豆标本，说是采于江阴顾山镇红豆村的一棵红豆树，树相传为南朝昭明太子萧统手植。我无缘拜会此树，网上搜来图片，自是相貌高古，气度非凡，一副前朝王公贵族模样。朋友送我的红豆，我当作宝贝珍藏——那可是经过一千六百多年历史的传递，并且带着古代文学的手温。萧统太子倾心于文学，曾召集文人学士以“事出于沉思，义归乎翰藻”的选文准则，编集成中国古代第一部文学选集《昭明文选》三十卷。这红豆礼物，自

然有着南朝文学的气质。陕西西安市临潼区骊山华清宫有一棵一千二百年的石榴树，至今依然年年开花结果，据说是杨贵妃亲手栽种。杨贵妃是石榴迷，相传最喜欢穿镶有石榴花的裙子。不知每年石榴开花，石榴结果，是否有着盛唐的风韵，杨贵妃的雍容娇媚？江苏省宿迁市宿城区有一棵槐树，从根部开始分两枝，东西横生，宛如一个倒写的“人”字。东枝自然生长，西枝遭雷击断裂后又长出新枝，枯荣相生，呈不屈不挠之势。槐树相传为项羽亲手所植，自然有项羽力拔山兮气盖世的猛士精神、叱咤风云的王者气概。山东曲阜大成门内东侧有一桧树并不繁茂，却有非同凡响的身世，原是孔子手植，只留树桩，清雍正十年，树桩生出新枝，经二百多年，长成现在的样子。几乎所有人都愿意认为，这是孔子思想两千年来灯火不灭，儒家文脉生生不息……

那些与历史结缘的草木，比起自然深处寻常百姓家的植物，表情要严峻一些，面相要苍郁一些。它们因为见证了历史，成了历史事件的当事人，自然就承载了历史的繁复与沉重。那些野蛮或文明、悲烈或柔美的历史，同时也参与了对草木形貌和气质的改写。那些古战场上依然生长的草木，外形看起来就显得剑拔弩张。而那些古书院里的老木，就都是一副满腹经纶勤于思索的样子。那些寺庙里的植物，可能因为听多了晨钟暮鼓和诵经的声音，就显得笃定、慈悲，饱含禅机。

与历史结缘的草木从时间的剿杀中成功突围，成为历史的幸存者和阐释者。它们的每一片叶子的叶脉，都通向历史深处，风过时它们发出的每一次喧响，都是历史的回声。如果斫为琴，死去的时间将开口说话。

浙江金华城东鼓楼里酒坊巷有一院子，五代十国时期是吴越开国帝王钱镠所住，唐宋时期为州衙所在地，元为宣慰司署，元朝的掘墓人朱元璋曾在此驻防。明时是巡按御史行台，到了清代又成了试士院。一八六一年（清咸丰十一年）五月，侍王李世贤率太平军攻克金华，看上了这块风水宝地，召集工匠加以修葺，并在原千户所旧址构屋数重，最后建成包含宫殿、住宅、园林、后勤四部分，总计占地面积达六万三千多平方米，可容十万士兵操练的巨型建筑（现存三千五百平方米）。李世贤自己的府邸，名为侍王府。这么沉重繁杂的历史，压得相传为钱镠所栽的一棵柏树直不起身来。

柏树位于侍王府耐寒轩前。它的躯干笔直，无一根别枝，并且色如象牙，看得出它很有性格，不失愤怒，有贵族血统，与它为吴越王钱镠所植的出身相称。可是它斜得厉害，一副不堪承受随时要躺下的样子，人们只好架起粗大水泥柱托住它。可即使这样，这棵柏树依然高出屋顶，似乎随时想连根拔起越过侍王府飞升而去。在它的顶部，树枝张牙舞爪歪七扭八，仿佛它们化作刀戟日日互搏，或者痉挛病患者痛苦扭动的手足，让人觉得万分不安。它的叶子并不茂密，仿佛高龄长者头上稀疏的头发。

这棵古柏见识了太多的王朝更替，听到了太多的官来吏往。今日是衙役们齐呼威武，明日是秀才们在此奋笔疾书，后天又成了十万将士在此举刀操练，这互相抵牾的史实不断修改着这棵树的容颜，最后就成了这不衫不履、酒醉欲仆的疯子模样。

如果这院子没有被侍王李世贤看中和改造，没有容十万兵马在此操练，没有太多的兵戎之气侵蚀，刀光剑影的映射，不与太平天国这段乖戾的历史发生关系，那这棵树会不会比现在端庄一些，枝叶更加舒展一些，身子骨更加挺拔一些？

五

一千七百多年前，一群怀才不遇的读书人，嵇康、阮籍、山涛、向秀、刘伶、王戎、阮咸等七个无政府主义者，因与朝廷政见不合，结伴走向了草木，常在当时的山阳县（今河南辉县、修武一带）竹林之下，喝酒、纵歌，肆意酣畅。对这样一个崇尚自由、追求个性的文艺团体，后人称之为“竹林七贤”。一千六百多年前，一个叫陶渊明的诗人辞去县令，从此走入了草木之中，与菊花为伍，伴豆苗生长，结果成了中国田园诗派鼻祖，著名的隐逸派诗人。两百多年前，一个叫亨利·戴维·梭罗的美国青年离开了人群走向了草木，移居到离他的家乡康科德城不远的瓦尔登湖畔的山林之中，自伐木材盖起了一个小木屋，并在其中生活了两年零两个月的时间，写出了《瓦尔登湖》这样具有重要影响的散文集。二〇〇二年，因经济案获刑的红塔集团原董事长褚时健从监狱保外就医后走向了草木，承包起荒山种上了橙子。至今他种植的“褚橙”，成为电商和网友们追捧的、内涵丰富的橙子。大约在二〇〇八年，著名的先锋作家洪峰在经历了“讨薪”“退出作协”等一系列事件之后走向了草木，定居在妻子蒋燕家乡云南省会泽县金钟镇马武村，承包山地，种植药材和庄稼，常看到不少与洪峰交谊友好的作家在微博晒洪峰寄给他们的苦荞面、蜂蜜、石榴等山珍美味……

从古至今，从中到外，不断地有人从庙堂、闹市、宅门口转身走向了草木。他们把草木当作身体的疗养院，多年的隐疾将在山水的抚慰中痊愈。他们把草

木当作了灵魂的避难所，那在现实中被强加给的灵魂的枷锁，会在草木中得到解除。他们把草木当作精神的修习地，在草木中，他们的精神疆域渐渐从窄门变成了牧场，从逼仄走向深远宽阔。诗人们在草木间吟诵，革命者在草木间啸聚。一个民族的文明在草木间蓄血，整个世界因为草木而变得刚柔并济。

无须隐瞒，我也是一个渴望走向草木的人。我向往着以山水为家，与松竹为邻，把一间小小的房子筑在山水之间。在房子不远的地方开辟小片的菜地和茶林，在山顶上放牧白云和月亮。

我向往在草木间生活，比如跟随一条山泉到它的尽头；研究一只蝴蝶的飞行线路；观察一片秋天的叶子从树枝上掉落的速度和姿态；削一根竹子，凿空为笛，斫一节木头，雕琢为琴；然后用这笛子和琴，模拟高山与流水的声音，找出草木间日出月落的节奏与情绪……我曾在微博里这么写道：如果给我一片山林，如果可能再加上一座能倒映往事的湖泊，我对这人世间的人情往来就不太有兴趣了。

不是因为我的灵魂有看不见的枷锁需要解除，不是我的身体内有因年岁渐长造成的隐疾需要草木疗救，不是因为我愤世嫉俗需要一片山林慰我精神让我平静。我渴望到草木中去只是源于对草木的本真热爱，就像儿子向往母亲、游子渴望故乡一样简单。另外，除了对草木的单纯热爱，我是不是还想通过这么一次深入草木的方式，来稀释中国古代文学中的植物对我的蛊惑，表达我对一直景慕的阮籍、嵇康、陶渊明、梭罗的由衷敬意？

如果我说我在这世上还有一点虚荣心的话，我乐意如果我的草木之旅得以成行，人们对我的最后印象，乃是此人在草木间走失，从此下落不明……

原载《散文》2014年第11期

唤声姐姐叫萧红

——

红　孩

国庆期间，正逢电影《黄金时代》热映。五日下午，我到家附近的爱琴海影城去观看，本以为这部电影上座率能有五成就不错了。结果，走进影院看到黑压压的头影才知道，几乎满场。我坐在那里就思忖，这部描写女作家萧红的电影去年才演过小宋佳版本的，今年的汤唯版本的怎么这么火，这其中的原因是因为萧红还是因为导演、编剧、演员的变化？

我没想到，这部电影的片长竟然达三个小时。以至于在两个半小时后，妻子给我发来短信：电影完了吗？跟哪个美女在一起看的？我答复：大片，三个小时，美女熬不住，走了。事实是，在放映的三个小时中，观众没一个走的，仿佛在看一场电影欣赏课。

回到家里，还沉浸在对萧红的印象里。妻子说，去年电影《萧红》你一连看三场，今年你准备看几场？我说，先看一场，如果有可能，再陪美女看一场。妻子乜了我一眼，说，美的你！

节日后上班，单位几个年轻的记者问我，红老师，看《黄金时代》没有？我说看了啊，你们也都看啦？她们说，去年您就向我们推荐去看电影《萧红》，今年要是不看，您准会说我们的。我说，也不能一概而论。我去年推荐看《萧红》，是想让你们了解那个时代，一个女作家的传奇而又多舛的人生。今年推荐，是想让你们看一下艺术的另一种表现形式，前者是内容，后者是形式。

"红老师，您告诉我们，您究竟喜欢萧红什么？"记者 A 问道。

"红老师，如果您生在那个时代，您是否会爱上萧红呢？"记者 B 问道。

"红老师，萧红跟鲁迅先生产生爱情没有？"记者 C 问道。

面对年轻记者的提问，我陷入了深深的思考与回忆当中。

我是一九八四年开始发表文学作品的。那时我在北京郊区农场的一所中学读高一。某一天，我遇到农场幼儿园一位喜欢文学的老师，她跟我提到她正在看贾平凹的《小月前本》《鸡窝洼人家》，她还说她喜欢看丁玲的《太阳照在桑干河上》和萧红的《呼兰河传》。那是我第一次听到萧红的名字。几天后，我到学校的图书室去借《呼兰河传》，结果老师找了半个多小时也没找到。无奈，我只好到农场的图书室去问。图书室的管理员见我是个学生，就说你不是职工，图书不外借。我说，那我能看看《呼兰河传》的样子吗？图书管理员见我一脸的天真，就说好吧。他转过身走到里间屋，只用两三分钟就把《呼兰河传》找到了。我双手接过《呼兰河传》，当时的心情用激动是不足以形容的。我翻了几页，然后几乎用乞求的语气说：叔叔，您能借我三天吗？第四天我保证还您！图书管理员说，我没这个权力啊，万一你弄丢了可怎么整？！你最好能找个大人替你借一下。我听后脑子有点懵，我母亲虽然是农场职工，可她要来机关得走四十分钟，这可把我难住了。这时，农场工会一位热爱文学的领导从图书室门口经过，因为都喜欢文学创作，我们见过几次面，于是我像找到救命稻草一样，冲他喊了一声。工会领导听到我的叫声，回头一看是我，就惊奇地问我来干什么。我把事情的原委告诉了他，他听后很痛快地对图书管理员说，就以我的名义借，书丢了我负责。

到现在我都很感激农场工会的那位领导，尽管他在与我后来的交往中有几件令人不愉快的事情。从《呼兰河传》书后的借书登记中，我知道我是农场里比较早阅读这本书的人。至于农场幼儿园里那个老师是如何看到的，我不得而知。当时只有十七岁的我，初读《呼兰河传》时，并没有读出其中的好。或许是因为在农村长大的缘故吧，对于书中的乡村描写，觉得很是一般。当时甚至想，如果小说可以这样写，我一个月就能写出一本《呼兰河传》来。然而，等我真的写一本叫作《青春的答卷》的长篇小说时，生活阅历尚浅的我写到七八万字时，怎么绞尽脑汁也憋不出故事来了。但不管怎么说，萧红和她的《呼兰河传》在我青春年少时催生了我的文学梦。

也就是在那一年的秋天，在庆祝新中国成立三十五周年，我所在的朝阳区文化馆举办了“金色的秋天”文学作品征文活动。我虽然没有投作品，可在农场一帮文友的带领下，我还是出席了颁奖会。那天，前去开会的人很多，那是中国当代文学最辉煌的时期，各地的文学活动都很热。我清楚地记得，那天为获奖者颁奖、讲话、签名的三位名家分别是萧军、袁鹰和韩少华。萧军那天穿一件劳动布工作服，像个炼钢工人，说话声若洪钟，按现在的说法，特有大腕儿的范儿。我坐在较为偏僻的地方，只能远远地翘着脖子听三位老师讲话。在萧军讲话时，有人小声议论说，萧军的第一个夫人是萧红，写《呼兰河传》的那个三十年代的女作家。我一听萧红和《呼兰河传》马上来了精神，很想对议论的人说我知道萧红，最近刚看过《呼兰河传》。可我没有那样做，我多么珍惜能够亲耳聆听到萧军的讲话啊！

如今已经三十年过去了，当初萧老究竟讲了些什么，我似乎已记得不太清晰。我清楚记得的是，在颁奖大会结束时，许多人纷纷挤到主席台，争先恐后地让萧老他们三人签名。我或许是出于自卑，或许是从小在农村长大还不大懂得签名的意义，我只是坐在那里静静地落落地看着热闹的人群。大约过去了十几分钟，人们渐渐散去，这时萧老猛地抬头朝我坐的方向看来，我的目光正好也向着萧老，也许是某种感应吧，萧老冲我招了一下手说，那个小伙子你过来一下，我给你签个名。我随即站起身来，拿着会上发的印有“金色的秋天”字样的红色硬皮笔记本紧张地走到萧老近前。萧老看着穿着蓝色制服、头发有些杂乱的我说：小伙子，从你身上我仿佛看到我年轻时的影子。说完，他将笔用力地写下了“萧军”二字。说实话，以当时我对萧老的了解，我还真明白他对我说出的那句话的意思。多年后，我把这话说给萧老的女儿萧耘和女婿王建中听，王建中对我说，你与萧老的缘分不浅哪，我还是第一次听萧老对一个年轻人这么赞美。

一九八八年，我在农场的一个乡政府做团委书记。那一年我考入北京经济学院，半脱产学习。经济学院北门斜对面分别是朝阳区文化馆和小庄新华书店。这两个地方，我是经常去的。在某天中午休息时，我在小庄新华书店意外地发现了女作家萧凤写的《萧红传》，我当即买了下来，回到教室便津津有味地看了起来。通过这本薄薄的传记，我大致知道了萧红年轻而又多灾多难的人生，我为萧红的爱情不幸而不平，也为她的英年早逝而悲伤，当然也为她遇到鲁迅先生而庆幸。当时只有二十一岁的我，对一个女人第一次有了男人的爱怜，我从心底里不知不觉地把萧红看成了我熟知的姐姐。

这一年年底，我在去农场开会的时候，听说农场幼儿园有个年轻的女教师由于工作上的事跟领导发生了冲突，结果一气之下吃了大把的安眠药。幸亏发现得及时，不然就死掉了。我听后感到很惊讶，幼儿园里有十几个年轻女教师，她们和我是同龄人，有两个还是我的同学。她们都毕业于幼儿师范学校，被分到农场幼儿园心里多少有些不甘心，很多同学都想通过参加自学考试取得大专学历离开幼儿园。会议结束后，我找到幼儿园的一个同学，想问问自杀女老师

的情况。开始她不肯说，在我的一再追问下，她才告诉我，那个女同学自杀的原因就是想考学向领导请假，领导不批，便一时想不开做了蠢事。我问同学那个女老师是她的同学吗？同学说是，而且是个回族老师，所以事情出来影响很大。我又问同学，女老师现在在家里还是在医院？同学说，在医院，她压力很大，谁也不愿意见。

我同学说的这个回族老师我认识，姓何，个子高高的，长得白白净净，戴一副眼镜，非常文静。和同学分手后，我没有回单位，在商场买了一些水果就直接去了农场医院。医院不大，只有几十张床位，找一个病人是很容易的事。鉴于情况特殊，医院给小何老师安排了一个单间。我敲了几下门，小何老师并没有回应。门是虚掩的，我便推门走了进去。我的到来，并没有让小何老师兴奋起来，她只是说了声“你好”，便沉默地把目光移向了窗外。见状，我对小何老师说：“我来并不是想安慰你，而是向你表达一种敬佩，为了考学，尽早离开农场，你连死都不怕，可我却做不到。”听我这么一讲，小何老师扭过身来，叹了一口气，说：“我其实挺傻的，干吗要这样呢？大多数人不都这样苟且地活着吗？”“也不都这样，每个人的环境不同，想法也就不同。比起那些在牛场、果园工作的女工，她们是多么羡慕幼儿教师这个职业呀！”“可我不想当幼儿教师，更不想长期在农场工作。我就想考学，到城里去！”小何老师的话说得十分坚定，大有宁死不屈的架势。我和小何老师是同龄人，她的想法我能不了解吗？我们这个地方属北京近郊，虽然叫农场，其实和农村差不多。尽管我们在农场上班，可大多数人还是农村户口。在城乡差别十分讲究的时代，什么样的户籍往往决定着一个人的命运。为了参加自学考试，在一年前我也曾经跟我的主管领导发生冲突，多亏关键时刻党委书记支持了我。否则，我是无法到北京经济学院上学的。

“到城里去，这没有错，可你得跟领导搞好关系啊！”我大声地说。

“我开始是跟园长好好说的，可她就是不同意。说同意你去了，别人怎么办？”

“园长说得也没有错啊。”

“问题是，不光不让我去，所有的人都不让去，难道把我们的青春都献给这个农场吗？我没有那个志向！”

“你们园长是武断了点，可以每年选择一两个人去嘛，脱产不行选择半脱产。”

“要是那样也就好办了。我问她为什么不同意，她说没什么为什么，领导班子就是这么定的。这样的话谁听了不生气！”

“于是，你就骂了园长混蛋，还摔了门——”

“我当时肺都气炸了，回办公室拿着书包就回家了。”

小何老师的话让我把事情的经过知道得很清楚。见她情绪略有好转，我说：“你这么一闹，领导肯定会让步的，他们会答应你考学的。”

“考不考学是下一步的事。我现在考虑的是要调到哪一个单位。”

看着小何老师的憔悴样子，我没有对她说，以你这样的脾气，哪个单位敢要你啊！但我又不得不劝她，在我苦于没有好办法时，我想到书包里的《萧红传》。于是，我对小何老师说，我最近刚看了这本《萧红传》，关于其中的内容我不想多说，我只是想对你说，你在做下一个选择时，一定要看完这本书再做决定。说好了，我只借你看三天。

三天后，我那在农场幼儿园工作的同学给我转来一封小何老师给我的信，内容很简单，大意是：感谢你那天去看我，你走后我就看了《萧红传》，我一边看一边哭，为萧红，也为自己。我现在决定辞职，在家专门复习，迎接高考。我向你保证，以后不管遇到什么样的问题，我都不会再选择自杀那种蠢事了。我要好好地生活，带着憧憬和追求地生活。最后，向你请求，你一定答应我，把这本《萧红传》送给我吧，我会永远地珍藏它。

看着小何老师的信，想着她开心的样子，我心里感到格外的释然。即使我心里为失去《萧红传》有点不舍。多年后，我与萧凤老师不期而遇，我把这个故事讲给她听，萧凤老师听后说，想不到一本小书能救人一条命，看来人一辈子能写出这样一本书就值了。可惜的是，这本书萧凤老师家里也没有样书了，不然，我让萧凤老师给我签名一本该多有纪念意义啊。

原载《中国文化报》2014 年 10 月 22 日

站在"辽宁"舰的甲板上

——

黄传会

我站在这片甲板上。

五级、六级、七级；

向南、向南、向南……

我终于站在这片用特殊钢材锻造成的甲板上。

八级、九级、十级；

墨绿、浅蓝、深蓝……

一个个巨浪朝着舰艏扑来，激起铺天盖地浪花。强劲的海风吹拂着舰岛主桅杆上那面镶有"波浪"的海军旗，吹拂着我的海洋迷彩服的衣襟，我的胸中像有十面大鼓在擂动。

有些日子是必须镌刻在心中的，海军官兵牢牢记住了两个日子："四月二十三日"——人民海军诞生日；"九月二十五日"——"辽宁"舰正式交付海军日。

海军离不开舰船，而舰船都有甲板，只不过甲板的大小不同而已。

六十五年前——一九四九年四月二十三日，华东军区海军在江苏泰州白马庙宣告成立。

第二天清晨，司令员兼政委张爱萍率领先头部队从江阴八圩港搭乘小渡轮，准备去接管江阴要塞。

迎着蒙蒙细雨，站在小渡轮狭窄的甲板上，张爱萍点了点人数，说："同志们，这是我们华东军区海军的先头部队，五名干部加八名战士，一共十三人——这可以称为全世界最小的一支海军了！"

片刻，张爱萍又激情满怀地补充道："十三个人，十三万兵马啊！"

一年后的一九五〇年三月，新上任的军委海军司令员萧劲光视察海防，抵达山东威海，他要登岛去察看，却无船可乘，不得已，只好租了一艘小渔船。

站在小渔船小得不能再小的甲板上，眺望着不远处的刘公岛，萧劲光神色凝重。这时候，渔民一边摇着橹，一边有些不解地说："你是个海军司令员，还要租我们的渔船！"

渔民的话深深地刺痛了萧劲光，他对身旁的随行人员说："大家都要记住今天这个日子，海军司令员可是租老百姓渔船视察刘公岛的！"

扬起风帆，人民海军就是从这两片最小的甲板启航的。

半个多世纪筚路蓝缕，半个多世纪迎风破浪，从无到有，由弱到强……

每个海军官兵心中都有一个梦——那便是中国海军的"航母梦"。

一九八〇年五月，海军的老司令员刘华清将军率团访问美国，美方安排的"压轴戏"是参观 CV-63"小鹰号"航空母舰。

这是中国高级军事将领首次登上美军的航母。在舰长的陪同下，刘华清参观了作战指挥中心、机库、飞行弹射装置、官兵生活舱等设施。将军深深懂得，正是航母的出现，把海战的模式从平面推向了立体，实现了真正的超视距战斗。今天，它已发展成为舰机结合、攻守兼备、机动灵活、坚固难损和高技术密集的多球形攻防系统。它不仅是一个强有力的战术武器单元，是海上作战系统的核心，也是一个能抛核弹的战略威胁力量。在世人眼里，它被视为综合国力的象征。

最后，将军来到了飞行甲板上，再一次久久地眺望着这座战争城堡。将军后来对身边的工作人员说："当时，我脑海中想的只有一个问题——什么时候，中国也有航母？"

"中国不发展航母，我死不瞑目！"

将军这一明志誓言，成为一个民族的誓言。

"哗——"

"哗——"

站在这片辽阔的甲板上，我的心潮与大海的波涛在一起翻滚。

与"辽宁"舰停靠的码头紧挨着的那片海域，曾经吞噬了"致远"舰，曾经淹没了北洋海军的全部龙旗，我不由得想起了一百二十年前的那场海战——

一八九四年七月二十五日，蓄谋已久的日本侵略者以偷袭清朝政府运兵舰队为发端，不宣而战，发动了一场大规模的侵华战争。从丰岛海战到鸭绿江溃败，从大连失守到旅顺屠杀，从大东沟决战到威海投降，北洋海军全军覆没，被迫签订《马关条约》，最后以割让台湾及其附属岛屿、赔偿两亿三千万两白银

而告终。这笔巨额赔款，相当于清朝政府三年的国库收入。

中日甲午海战，在中国人民近代的反侵略战争中，规模最大，失败最惨，后果最重。它是压在中国人头顶的一块石头，是中华儿女心中永远滴血的伤口。

马克思指出："如果一个国家真正感到了耻辱，那它就会像一只蜷伏下来的狮子，准备向前扑去……"

十七世纪以来的世界历史昭示我们，一个不能走向海洋的国家，是没有出路的；一个不能走向海洋的国家，是难以登上大国舞台的。民族复兴之路在海上，大国崛起之路在海上。发展航母成为中华民族迈向海洋世纪不可动摇的意志表达。

从二〇〇四年八月，中央正式批准航母工程立项上马；到二〇一一年八月，中国航母平台完成首次出海试航；到二〇一二年九月二十五日，辽宁舰正式交付海军，人民海军一个崭新的时代——航母时代解缆启航了。

"航母是中国水兵最大的舞台，为了心中的梦想，我申请当一名普通的航母舰员，在战风斗浪中历练成长！"一位女博士研究生给海军有关部门写信自荐。有人不解："二十二年勤奋苦学，难道就为了当一名水手？"她回答："我爱航母，我要终身嫁给航母事业！只要能上航母，打扫卫生我也愿意！"

她成为"辽宁"舰上第一位女博士军官。

第一代航母舰员，来自海军五大兵种和海军各级机关、各个院校，他们都是怀抱着远大的航母梦！

"辽宁"舰共有二十二层甲板、三百多个直梯、三千多个舱室，官兵们是从"认路"开始航母生活的。几百个三级系统、几万套全新装备、数十万册技术资料、数以亿计的备品备件，需要掌握使用，需要消化吃透，需要学会管理。还有，战舰与飞机如何融合，岸舰如何衔接，也亟待解决。"组建一支部队，创办一所学校，接好航母首舰，培育种子人才。"接舰部队官兵踏上了追梦实干之路。

航母飞行甲板，是"世界上最危险的四点五英亩"。舰载机在离舰的瞬间，一旦偏移跑道，它所产生的巨大尾喷，可将挨得最近的起飞助理吹进海里，而万一高达上千度的尾喷流扫到人体，后果更是不堪设想。因此，在甲板上放飞舰载机的飞行助理，是世界上最勇敢的人。舰上选拔飞行助理时有个规定：必须是本人自愿。当初，舰领导问一位飞行助理："你在考虑这项工作时，想过它的危险性吗？"他沉着地回答："我当然考虑过！自一九八六年以来，仅某大国就有二十八名飞行助理牺牲在岗位上。而且，我们的舰载机还处于试验阶段，风险比国外同行更大。我很清楚，选择这一专业，便意味着用自己的生命去探险，去为我们的航母事业开路。国家的需要，永远是我们航母舰员的第一需要！”

外电预测，即便中国的第一艘航母下水了，与之配套的舰载机仍然是个未知数。然而，仅仅过了两个月，我国自行研制的舰载机歼－15在“辽宁”舰横空出世。

十一月二十三日，我国航母舰载机首次着舰起飞惊天大戏的帷幕拉开了——被称为“刀尖上的舞蹈”即将开演。

选拔首批舰载机试飞员堪比航天员，有些条件甚至更加苛刻。年龄在三十五岁以下，飞行时间在上千小时以上，而且必须飞过“三代机”。为了这一天，他们进行了数以千计，甚至带着生命风险的演练：低空大速度、失速尾旋、模拟着舰试验……

上午九点零八分，轰鸣声越来越大，“空中飞鲨”矫健的身姿出现了。一转弯，二转弯，放下起落架，放下尾钩……五百米……三百米……一百米……

声如惊涛骇浪，势压万马奔腾。眨眼间，“空中飞鲨”的两个主轮在触到航母飞行甲板的同时，机腹下的尾钩牢牢地构住了第二道阻拦索，疾飞似箭的“空中飞鲨”，滑行数十米后，平稳地停了下来。

一着惊海天！

二〇一三年岁末，在导弹驱逐舰“沈阳”舰、“石家庄”舰和导弹护卫舰“烟台”舰、“潍坊”舰的伴随下，“辽宁”舰穿过台湾海峡，奔赴南海海域，这是“辽宁”舰本年度第五次出海进行科研试验和训练。“辽宁”舰交付海军一年多来，全体官兵攻坚克难，连续作战，先后完成了舰载机阻拦着舰和滑跃起飞、驻舰飞行、复杂气象条件下连续起降，以及近似实战条件下航母作战系统感知能力，指挥能力，综合通信、导航、气象保障能力，空域管理能力等一百余项试验和训练科目，作战系统、动力系统及舰艇适航性能等各项技术指标得到进一步试验，积累了宝贵经验，取得了一系列重要成果。

我站在这片用特殊钢材锻造成的甲板上。

迎着强烈的海风，

向南、向南、向南……

墨绿、浅蓝、深蓝……

原载《解放军报》2014年11月3日

百年梨树记

丹　增

滇西著名的大理至丽江的旅游线上，有一个叫长头的白族山村。这里，东西两座鱼背形的高山夹着一块坡势平缓的洼地，公路在山坳里纵贯南北，六百来户十来个自然村，星罗棋布地散落在苍茫高山之下，白墙蓝瓦的白族民居，半隐半露地掩映在翠柏绿竹之间，白云悠悠、空旷宁静，青烟袅袅、闲适祥和，田野随山势起伏，鸡犬之声相和，一派如诗似画的田园风光。

我的白族好友老李，少小离家到省城工作，现已退休，他的老家就在这里。多年来，每到中秋时节，他总是提着几斤个儿大、皮褐、汁多、肉嫩的芝麻梨来看我，每次都热情邀请我去看他家的老梨树。

老李是个官员，也是个文化人，业余喜欢舞文弄墨，摄影喝茶，好客重情，清正淡雅。闲谈之中，不止一次听他眉飞色舞地唠叨，他以自家老梨树为表现对象的摄影作品《百年老梨树》在省里荣获摄影大奖；云南省著名画家姚中华、著名诗人赵浩如等一批名家大师如何如何被自家的老梨树所打动，纷纷借物抒怀，赋诗作画，赞美咏叹。

这次，老李又兴冲冲地跑来，正式约我去看他家的老梨树。人生乐趣一半得之于活动，另一半得之于感受。于是我跟随他坐车四百多公里，风尘仆仆地去感受百年梨树的韵味。

说到梨树，中国的文人骚客，更多的是写梨花。白居易的“玉容寂寞泪阑干，梨花一枝春带雨”，“红袖织绫夸柿蒂，青旗沽酒趁梨花”，杜牧的“砌下梨花一堆雪，明年谁此凭栏杆”均是千古佳句，梨花的神韵、形态甚至香味，似乎都在吟诵中扑面而来。梨花在中国古代文人眼里，总是与雪相比配，梨花似雪，雪似梨花。诗仙李白有诗云“柳色黄金嫩，梨花白雪香”；唐代诗人岑参有

"忽如一夜春风来，千树万树梨花开"；清代文学家李渔更是画龙点睛："雪为天上之梨花，梨花乃人间之雪；雪之所少者香，而梨花兼擅其美。"历代文人礼赞梨花，是欣赏她奔放灿烂的诗情画意，赋予她纯洁、朴素、雅致、大方的人文情怀。不少远离家乡的游子，心中永远有一片梨花灿烂的家园，耳边永远有一支梨花飘荡的歌谣。难怪老李离家在省城生活了几十年，还是念念不忘家乡的老梨树。

阳春三月的长头村，云淡风轻，桃红柳绿。醺人的阳光如同美酒，投下温热的柔情唤醒一冬沉寂，生机盎然，舒适自在。远处，高高的山顶白雪皑皑，山腰植被莽莽苍苍；眼前，绿色的麦浪碧波荡漾，春意盎然。走在村里，路边胖嘟嘟的小猪三五成群地躺在地上晒太阳，懒洋洋地，人来了也爱理不理；三三两两的鸡群低头觅食，悠闲自得，如若无人。突然，一队小孩举着自制玩具，你追我赶，呜里哇啦地呼啸而过，吓得小猪群哼哼叽叽，东奔西突；鸡群到处躲闪，有的慌不择路，凌空飞过田边的围栏。一时灰尘四起，嘈杂欢闹充满山坳，久久不息。待鸡飞狗跳的喧嚣，随着淡淡的轻尘消失在村头，"叮当叮当"的牛铃声便在耳边清晰起来。

老李一行带着我沿山坡曲折的小路前行，路顺着一条小溪流蜿蜒向前，溪水泛起的浪花不停地拍打着岸边的石头，卷起漂浮的树叶，发出清脆悦耳的欢唱。不一会儿眼前出现了一片绿油油的麦地，远远地望见田地中央那一树花枝乱颤的老梨，像一团白雪凌空飘在绿绿的田野上，清逸洒脱；又像一个白头老翁拄杖伫立在大地上，饱经风霜，风姿不减。到了树下，只见主干硬朗，铁骨铮铮；枝条遒劲，金钩铁线。仰望过去，这一树的梨花又如一朵洁白的云掠过蓝天，一尘不染，清心亮丽。一阵春风过后，花瓣漫天飞扬，洋洋洒洒；花香清气扑鼻，神清体泰。

远方大山隆起强健的肌肉，地老天荒般苍凉；近处田野阡陌纵横，炊烟袅袅。老梨树，成了这山坳里一道独特的风景，孤傲、挺拔、迥异，侠骨柔肠，独树一帜。

据介绍，这棵老梨树已经有一百二十多年的树龄了，还是老李的祖父在清末时种下的。村里一位耄耋老人介绍，五十年代初的长头村，四周都是原始森林，盘根错节，遮天蔽日，白天进去都寂静幽暗，阴森吓人，还不时听到树枝折断的声音或野兽的吼叫，令人心惊胆战，村里人根本不敢单独进树林。他绘声绘色地说，那时后山有豹子野猪，前山有灰狼黑熊，那笨熊胆子大得有时会悠闲地走进村子，在房前屋后的空地上转悠，东张西望，大摇大摆，自然得宛

如走亲访友。

相传，李家祖父善于种植和管理各种果树，苹果、梨子、桃子、李子、木瓜、核桃样样都种，勤劳务实，由此成为这一带的殷实人家。这里冬无严寒，夏无酷暑，土壤肥沃、气候温润、阳光充足，在他的影响和带动下，村里的一些人家，也跟着种起了果树，很快整个村庄变成了大果园，“长头水果”在当地家喻户晓，声名远播。春天来了，整个山坳桃红李白，蜂蝶纷飞，幽香沁人；夏秋之季，果实满枝，先熟的酡颜醉脸，还青的并蒂青皮，莺歌燕舞，热闹非凡。

一九五八年，“大炼钢铁，赶超美英”的口号响彻祖国大地，全国上下砸铁锅、折钢勺，砍柴火、烧土窑，村村炼钢，家家炼铁。边陲深山里的长头村也沸腾起来，支起十几个炼铁炉，不分昼夜地烧炉炼铁。砍！砍！砍！先是砍山上的树，来填那些仿佛永远喂不饱的炼铁炉，渐渐地，山上的树砍光了，就开始砍村里的果树，转眼间，一个果园一个果园地灰飞烟灭了，最后轮到李家果园。当无情的斧头挥向这棵老梨树时，老李母亲忍无可忍，发疯一样冲了过去，死死地抱住梨树，呼天抢地，视死如归：“你们要砍，就先把我砍了吧！老天呐，我几个儿子还指望它交学费呢。”一声霹雳回荡在山坳里，深深地叩问着人们心头的良知，老梨树终得劫后余生。

那时生活艰辛，人民公社办起了食堂，开初一天三顿饭，每顿三个菜，后来变成一顿一个菜，再后来，一天只有两顿清汤寡水的土豆汤。经历过三年自然灾害的人们永远不会忘记挨饿的滋味，才真正理解“民以食为天”。大人吃野菜、嚼草根，孩子怎么办？李家还有嗷嗷待哺的弟弟，饭都吃不饱哪儿来的奶水？老李妈妈只好将梨嚼烂哺喂小孩。几个邻居家的小孩，村子里的小孩，都是靠李家老梨树的梨才活下来。

一九六六年十月开始，每一个中国人的头顶上压着一块磐石，一压就是十年，人们习惯叫十年浩劫。十年间，绝大多数领导干部叫“走资派”，几乎所有知识分子叫“臭老九”，曾经拥有一点家产的叫“地富反坏右”，抄不完的家，挨不完的批斗，写不完的检查，关不完的牛棚，砸不完的文物，烧不完的旧书，最革命的口号是“破四旧，立四新”，“砸烂一个旧世界，建立一个新世界”，人人喝了“迷魂汤”似的。长头村也毫不示弱，写有革命口号的横幅拉起来，老村长戴上高帽斗起来，南腔北调的样板戏唱起来，一场闹剧越演越烈。村里要搭建一个庄重的“忠字舞”台，但坝子里已没有一棵像样的树了，村“文革”小组便打起了这棵老梨树的主意，派一帮年轻人风风火火地赶来砍树。那时的农家连养只鸡都算资本主义的尾巴，这树当然是生产队的集体财产，跟李家已经没有任何关系。当那帮人来到树下时，李大妈还是她的老办法，把老梨树紧紧抱在怀里，寸步不离不让。这次，她还事先叫来了当初被这棵老梨树挽救了生命的几个孩子，并告诉他们，这是我们村的救命树，对我们有恩，没有它哪有你们这些孩子的命！她理直气壮地朝人群高喊："要砍树，先砍人。"那紧绷的脸，露出一副揍人又找不到对象的神态，两眼闪着愤怒的目光，一排整齐的上牙紧咬着下嘴唇，满脸涨得通红，两只抽动着的手臂紧紧地抱住梨树。这平时性情柔和得像天使，忍耐功夫不下老黄牛的弱女人，这时却像战场上的勇士一样勇敢、坚毅，将身家性命置之度外。面对这情境，这帮年轻人目瞪口呆，半晌说不出话来，谁也不敢下手，渐渐地心虚了，退缩了，陆续转身蹑手蹑脚地离去，老梨树再次躲过了刀斧之灾。

进入上世纪八十年代，改革开放的春风吹遍祖国的大江南北，"触皮肉"的折磨和"触灵魂"的侮辱不再发生，人们脱下面具，掏出良心，敢说真话了。长头村推行了土地联产承包责任制，家家有田地，户户有山林。李家分到了四亩多地，老梨树也重新划归到李家名下。

分地的那天，李大妈换了套洗得干干净净、叠得整整齐齐的白族女装，那矮小、结实的身体就像充足了电似的，精神百倍，光彩十足。她来到分到的地头，弯下腰去，从田里抓一把有些润湿的泥土，先是抓得紧紧的，再把它捏得细碎，送到鼻尖闻一闻，然后撒回田里，欣慰地站在肥得快要出油的四亩良田里，久久地一往情深地望着这棵老梨树。这时的老梨树，刚被春剪过，神气十足地挺立在田地中央，大枝小枝，间隔匀称，枝头上的花蕾和嫩芽，透出淡淡的新绿。主枝像条条有力的手臂拥抱着蓝天，枝丫交叉，错落有致，生机勃勃。

时光飞逝，长头村变了，越变越美，越变越好。南北荒坡上种满丛密、柔嫩的苗木，树梢长着均匀、鲜明的绿叶，在阳光下闪着夺目的光彩。那精心设计的田野，像棋盘似的，春天麦浪翻滚，深秋谷稻飘香，演绎着田园诗画般的岁岁年年。村里办起了文化室、图书馆，还建起了农民书画院。如今这里的农民可不再是蹲在墙角晒太阳，嘴里含着旱烟袋，指甲缝里夹着黑泥巴模样，收入来源并不全靠田间地头。那百年老梨树依然守望着这一片田野，挺拔的树干愈发硬朗坚强，浓密的枝条愈发生机蓬勃，好像一把巨大的伞，深情地庇护着脚下的庄稼和富裕起来的人们。

一天，当家的李家老六因嫌弃树荫遮盖影响作物生长，气势汹汹地举起笨重的斧头，砍向梨树。斧头落处，木屑纷飞，枯叶抖落，这一斧像晴天霹雳，

惊动了在病床上的李大妈，她踉踉跄跄地跑出来，上气不接下气，用身子直挺挺地隔开老六和梨树，两只眼睛喷射着怒火："老六，这可是我们长头人更是我们李家的祖传树，也是你的救命树呀，怎么能砍呢！"老六蓦地怔了一下，面对平时病恹恹的母亲如此强烈的愤慨，他倒抽了口冷气，惊魂失魄，呆若木鸡。略微清醒过来，"扑通"一声跪在母亲身前，哀求道："阿妈，树荫遮挡了阳光，影响庄稼生长，我才一时糊涂。对不起阿妈，我再也不砍了。请放心，哪怕不种庄稼，我也会保护好这老祖宗的。"

百年老梨树，历经"三砍"之劫，成了一个农家世纪风云变迁的见证，成了著名旅游线路上一道独特而亮丽的风景。风雨沧桑，天道昭昭。是以为记。

原载《民族文学》2014年第7期

一个人和一种命运的逝去

——怀念我的导师黎风先生

阎晶明

师兄李继凯已经多次催促我交稿，然而这样一篇怀念文章却始终无法下笔。往事果真如水盆里的鱼鳞，只要伸手一搅，就会翻腾上来，点点片片，唏嘘感慨。先生的音容笑貌，顿时浮现眼前。

一九八三年，我结束山西大学本科四年的学业，即赴陕西师范大学就读研究生。跟黎风先生的结识与交往也从那时开始。任何一个经历过上世纪八十年代初的青年，都有过与时代同步伐的梦想，那梦想真的不只是个人的，而是时代潮流催生出的激情与联想。对所有在大学中文系读书的学子来说，成为一名作家和诗人都是最高理想。我也做过这样的梦，而且在大学时代饥渴般读书，疯狂写作，在一个绝大多数青年都想成为作家的时代，全力朝前拥挤。然而，直到毕业也未曾将自己的任何一篇文章变成铅字。文学却因此变得更加神圣，那不是一个四处寻求引荐的时代，人人都希望自己的自然来稿能从编辑部的麻袋里被翻拣出来。应该是大学二年级的时候，收到《汾水》(今《山西文学》)编辑部的来信，编辑说我的一组诗歌已被采纳，有望在近期的杂志上刊出，并希望我能提供更多作品以备挑选。那样一封信对一个追梦的文学青年来说，带来的只有狂喜，尽管期末考试在即，我已不顾任何分数的可能，骑一辆借来的自行车满太原寻找山西省作家协会所在地——南华门东四条，在没有百度的时代，这并不是件容易的事情，细节已经全然忘记，但只记得我肯定是找到了编辑部，奉上了自己从笔记本上抄下来的更多诗歌。其后就是每天的等待与热望，感觉自己已经是一个颇有成就的诗人了。结果却是失望，种种原因所致，我的

诗最终没有得到发表，我仍然回到了一个接受退稿的学生身份当中。

学生的本位不是创作而是学习。受当年一位学者长辈的鼓励，我开始准备考研。一九八二年，大学生已是时代骄子，研究生则是个陌生的、高不可攀的名词。许国璋《英语》是必背的，从第一册到第四册，我开始了一个人的死记硬背；专业是随意选的，中国现代文学史，感觉是比古代文学和外国文学更容易准备的科目；学习完全是自学式的，一切都没有人指点，甚至没有人知道你有此打算。即至报考时，从一大册报考名录里，既是随机也是挑拣自己可能获得机会的学校，我报考了陕西师范大学鲁迅与中国现代文学史专业，导师：黎风。这是一个我并不了解的大学，也是一位并不知晓的导师，但对我这样一个与学术无根源、准备根本不充分的学生来说，也许还有一点可能的机会吧。名录似乎只有一行字，打头的地方还标了一个“△”，那意思据说是“无硕士学位授予权”，因为并未抱必胜信心，所以也没有在乎这个。

考研的经历就不说了。一九八三年初春的一天，我收到通知，陕西师范大学中文系的一位教授将来校对我进行面试，这在当时无疑是一个爆炸性的消息，高不可攀变成了可能的现实。来面试的是高海夫教授，唐诗专家。面试之后是等待通知，应该不是很久，我知道自己被录取了。喜悦是毫无疑问的，因为这意味着青春梦想还可以继续做下去。

秋雨绵绵的西安，完全不是西北城市的面目。我就这样入学了，也从此开始了与导师黎风的交往，每天与我同去导师家里的是师兄李继凯。导师的身体和生活现状可以用清瘦、清贫来形容，他的人生经历，也如一卷不愿打开的相册，在点滴认知过程中，留下了可叹、悲剧而又不失荒谬的记忆。黎风先生是江西吉水人，青年时代的他是一位热血沸腾的诗人。他和后来的著名诗人公刘是乡友，黎老师片段地讲述过，当年他和公刘如何一起扒火车北上求学，追逐一个诗人的梦想。那时的他一定是一个意气风发的青年吧，怀着梦想和希望去读书、去写诗、去参加革命。黎先生毕业于北京师范大学中文系，学生时代的他就是一位积极的、活跃的革命青年，他曾担任过北师大中文系党支部书记，是一个把革命和诗歌当作双重理想去追求的青年知识分子。这样的青年从“五四”开始就大量在中国涌现，他们从来都既是创作者也是剧中人，真可谓是你在桥上看风景，看风景的人在看你。每个人既是造梦者，同时也装饰了别人的梦。

作为一名青年诗人，黎风先生显然比我有更大的追逐勇气。他投稿泥土社，并和文学大家胡风有过书信往来。然而，梦魇也是从那时开始的。胡风反党集团是一个时代的重大事件，仍然在做诗人梦想的黎风先生就因为一篇投稿和几封通信而成了这个集团的一分子。应该是没有进一步证据的原因，黎先生受到的处分是无法继续在北师大学习、工作，被派遣到远在西北的西安，成为陕西师大的一名老师。我从没有主动问过他到西安以后的心情和景象，虽然不懂，但深知那是一个理想青年遭受的重大打击。天下之大，哪里不能让一个诗人生存，更何况是西安，一个诞生过无数伟大诗人的地方？但他的生活从此发生了巨变是肯定的。从同校的老师那里，我听说了一点他后来的身世。印象最深刻并产生最大想象的，是他孤寂的身影，多病的身躯。不知是身体本来的原因还是心情所致，他的咳喘让人揪心。据说，即使在夜半时分，周围的人仍然可以听到从他的住处发出的长久的、巨大的咳喘声。这一事实我没有求证过，但我想这样的景象应该不属于编造的范围。一个青年诗人从此成了一个胆怯、懦弱、多病的教师。那样的情形无法让人去想象。

关于黎先生和胡风集团的关系，事件的由来和平反的时间，我真的并未过多寻问也理不清其中的脉络。不过为了写这篇文章，我有幸读到陕西师大一位早年师友的文章，其中提到两点，一是由于黎风先生早年被划定的是胡风集团嫌疑分子，“文革”结束后，由于当年办案人已不在世，他的案子始终无法作结。甚至虽然胡风本人已经平反，黎风先生却不能。直到胡风平反两年后，黎风先生方才得以彻底平反并恢复党籍。二是黎风先生的夫人李老师当年是作为黎风先生的女朋友而非妻子一起来到西安，且她长期选择既不结婚也不离开黎风先生的态度。后在陕西师大中文系领导的要求下方才结婚成家。我在山西作协的挚友、今为厦门大学教授的谢泳，既出于他研究中国知识分子的学术兴趣，也因为与我同室多年的原因，对黎风先生的命运给予特殊关注。我甚至从他的著作里读到一则自己并不曾听闻的材料，方知先生早年的经历之片段。这则材料原文如下：

［北京分社二十八日讯］北京师范大学中文系在二十四日下午举行了胡风问题漫谈会，会上该系的两个助教黎风（一九五〇年在师大毕业，原系党员，一九五二年忠诚老实运动中因历史问题，交代不清，脱党）和祝宽（一九四八年在师大毕业，原是党员，面粉统购统销时因套购面粉，被开除党籍）谈出了一个情况。据他们说，泥土社的前身是师大中文系青年人组织的泥土文艺社的刊物。该刊在一九三七年四月十五日创刊，共出六期，第六期出刊日期是一九四八年七月二十

日。该刊从第四版起就开始变质，稿件大都由上海寄来，作品都是柏山、舒芜、阿垅等包办。祝宽、黎风都曾和胡风有信件来往。黎风的发言并说到他在抗美援朝时曾写过一首诗，他写信给胡风，胡风回北京后还曾写信要黎风去看他，但他因为自己的诗写得不好，主观战斗精神不够，所以没去看胡风。祝宽谈到他在中学时受胡风影响很深，他也曾接到胡风给他的两封信。但他们的发言谈得都很模糊。对此两人情况，校党委正在查究中。

我见到的黎风先生已是一位老者，但现在想来，当时还只是副教授的他，应该也不过年过半百未进花甲。他戴一副不能再普通的眼镜，视力很差，一只眼睛，不记得是左眼还是右眼，已经全无视力，眼珠略陷，让人不忍目睹。矮小的身躯行走已显不便，走起路来身体微侧，但说不清楚困难在哪里。他的居室是一套位于二层的普通楼房住宅，应该有将近一百平方米吧。屋里没有家庭的气息，大多都是他一个人出入，除了几个书架和一张书桌，就是一张简易的床。书架上的书摆放并不整齐，也不成体系，偶尔能见到几册旧版图书，可以证明他是从那个时代过来的人。书桌有点零乱，先生习惯用毛笔写字，笔多半是秃笔，墨盒也非书法家的砚台，而是一个小小的黑色的塑料方盒，里面垫着棉絮，浇着墨汁，有点像初学书法的中学生置办的工具。烧饼是我印象中先生最常用的食品，他出门常带一个尼龙兜子，里面除了一两册书，可能就是烧饼了。他身体看上去很弱，说话一多，每每就要喘甚至咳嗽。师母偶尔会在房间里见到，后来听说，她住在自己单位的宿舍里，陪伴和照顾着自己的母亲生活。师母显然是一个干练的妇女，利索，有文化，北方人，普通话很好，我们很少交流，因为她表情通常很严肃，也不多言语。她年轻时一定是朝着一位诗人走来，很快又共同承受生活的磨砺。多少年的苦衷，不用诉说，全写在了不变的表情上面。他们有一个儿子秋羊，同样也是偶尔见到一面。

黎先生研究的专业是中国现代文学史，重点是鲁迅。除了鲁迅，他研究最多的还有闻一多。在鲁迅研究界，先生算不得名家大家，作为他本人第一批，也是陕西师大第一批中国现代文学专业硕士研究生，我们的学业是很平常的那种，上无同门师兄，下无同门师弟，远不像别的专业的同学，阵容强大，颇成势力。那时的学校里，研究生本来就少，同年级全校文理科研究生加起来不过四十多人，英语、政治等大课都是在一起上，像个班级。跟导师的联系就是到家里交谈。交上读书笔记、学习卡片、短篇文章的作业，如此而已。那时，中国当代文学红火热闹，作家作品不断涌现，小说诗歌流传甚广，我的爱好不是听课，而是泡图书馆翻阅，读当代作家作品成了比学习现代文学还要热衷的主业。印象最深的，是自己动手从头至尾抄录了朦胧派诗人舒婷的新诗集《双桅船》。黎先生很快知道了我的不务正业，在与他的交谈中，他语重心长地教导，三年时间很快，毕业论文非常重要，加之必须到外校答辩论文，难度可想而知，如果把精力放到当代文学的关注上面，势必影响将来的学位论文答辩。但他并没有严厉批评，作为一位年轻时代曾经做过诗人梦想的他，一定知道一个文学青年无法抑制的梦想和爱好。

时间过得很快，我的论文以五四小说为研究对象，题目为《论五四小说的主情特征》，研究的目的，是证明五四是一个热血沸腾的时代，文学家们无论才情高低，思想观念、文学见解多么不同，但都是以强烈的感情色彩去抒写个人、表现时代、批判社会。这种主情特征，弥补了他们艺术准备上的不足，以真诚、真挚、率真而营造了一个特殊的文学时代，即使如鲁迅，其小说也多有格外的抒情色彩。我坚持认为自己的观点还是有可取之处的，至少对一个文学时代的氛围描述而言，是一个可取的角度。黎先生大体认同我的论文选择，但也经过了多次精心的修改和中肯的意见。那时没有电子版，论文用钢笔一遍遍誊写后，拿到附近村庄农民家的印刷作坊里打印成册。一旦成形，就不能再修改了。我们的答辩分两步，先是到西北大学进行毕业答辩，相对而言还是顺利的，但已经可以感觉到黎先生对是否过关的担忧。那种师生的感觉有如父子，每一次冲击都仿佛是一次共同冒险。

真正的考验是学位论文答辩。因为本校无权授予，所以必须由导师联系一个有授予权的大学，交上学生论文，等待同意通知。一九八五年，在整个西北、西南地区的众多高校里，中国现代文学硕士学位授予权的大学只有四川大学一所。后来成为鲁迅研究界大家、以一篇《鲁迅小说：中国思想革命的一面镜子》而轰动学界的王富仁，鲁迅杂文研究专家、毕业即到陕西师大任教的阎庆生，他们都是西北大学的第一批本专业研究生，导师是著名的鲁迅研究专家单演义，但他们的硕士学位也都是到四川大学取得的。黎先生起初想避开这个热点，毕竟与王富仁、阎庆生等相比，论文的成熟度，尤其是我的论文的随笔性质和长度，都是值得忧虑的。但几番斟酌后，我们还是申请了四川大学并很快得到同意的回复。一九八六年五月的成都之行是愉快的，与我们同去申请的还有外国文学专业的学友张志庆、段炼。年轻的学生并无多少学问的担忧，在川大的近十天时间留下的是轻松愉悦的纪念。

其实，论文答辩本身还是一个充满紧张感的过程。当时川大的现代文学专业学科带头人是华忱之教授，其他如诗评家尹在勤、郭沫若研究专家王锦厚，也都是颇有影响力的学者。坐在答辩现场的五位答辩教师，除了黎先生，其他人从未谋面，完全不认识。继凯兄的答辩相对顺利很多，这也是他用功良多的回报吧。我的论文却遇到一点麻烦，据说是王锦厚先生不大同意我将五四小说概括为主情，因为在他看来任何时期的文学都是表达情感的，这样概述一个时代的文学不尽准确。黎先生自然非常紧张，应该是论文答辩结束当天吧，他带我去拜访了王锦厚先生，当面再次向他说明论文的本意和所指。解释我已经全然忘记，只记得王锦厚先生的回应，他并非不同意论文通过，但是从学术的层面上，他仍然持有保留意见，希望以后做论文更严谨些，并不影响授予学位。有惊无险的经历让人松了一大口气。我也因此和王锦厚先生结下师生情谊，记得之后的某一年，他到太原参加书展，还专门设法联系到了我，并到我的小屋里一聚。回首当年，真是难得。而此行最纠结、其后最开心的应当是导师黎风先生，那种如同父亲担心孩子遭遇挫折，并把这遭遇的原因算到自己头上的感情，无法再去体会。

毕业后我回到山西，到山西省作家协会工作。现代文学的学问离得远了，做个文学评论杂志的编辑兼写一点当代小说的评论成了主业。然而也就是在我刚刚工作不久，师兄李继凯从陕西师大寄来两本《中国现代文学研究丛刊》，打开一看，在一九八六年的第三期杂志上，刊登了我平生发表的第一篇文章《略论五四小说中的母爱》。在那个时代，《中国现代文学研究丛刊》是一家同样高不可攀的杂志，全中国据称有四千多名研究和学习中国现代文学的人士，大家都把能在《中国现代文学研究丛刊》上发表文章视为最高目标，而我无非是把交给导师的作业之一随意投去，自己也根本没有想过会得到发表。但不管怎么说，对一个身处作家协会的人来说，这更多的是一种兴奋而无实用的考评作用。我却因此产生了继续写文章的信心和兴致。写作的对象仍然是当代文学评论。之后，和黎风先生的联系也只有通信。联系渐少，但我知道他很快成了教授，身体也一如常态。其间曾去西安出差时拜访过他。那是一个炎热的夏天吧，记得先生带我从他的家门出来，沿着一条小路前行，他请我吃了一顿午饭，在一家小饭馆一人一碗酸汤饺子。而那次简单的探望和更加简单的聚餐却成了我与先生的诀别。一九九七年，中国现代文学年会在太原举行，继凯兄来参会，其间得到先生不幸去世的消息，我们一起到邮局发了唁电，然后继凯就赶回去帮助处理丧事。惭愧的是我并没有同行，之后我从继凯处知道他回去以后处理后事的一些情形。先生的骨灰被送回到江西老家，从青年时期离开家乡，他在外奋斗数十年，又把妻儿留在西安，自己魂归故里了。这是一种归来的欣慰还是一种分离的遗憾？先生不用再回答这样的问题了。在我的心中，先生的逝去也带走了一个时代的特殊命运。

时代已经进入了二十一世纪。世事也发生了太多的变化。每念起“导师”这个词，眼前就会立刻浮现出我此生唯一的导师黎风先生。他非名家，不是权威，大半生的坎坷注定了他有一颗卑微的心。他生怕自己不能给予别人太多，从不知道自己应该获取多少。对于此生的遭遇，他也很少提及。而在我的心目中，黎风先生的一生，就是一个意气风发的青年，一个慷慨激昂的诗人，突然间变成了一个疾病缠身、生活清贫、默默无闻的教师。他从不在任何场合抛头露面，也极少跟人谈笑风生，他就是一个默默承受、咀嚼命运的知识分子。他没有享受过成就的荣誉，甚至连生活的温暖也未曾感受过多少，所有的理想都已停滞于青年时代。应该是十多年前吧，颇具影响的《新文学史料》似乎发表过一篇纪念和追溯先生的文章，他这样一位本来有机会却与文学史绝缘的梦想诗人和普通学者，也有人记得并记述，这是一件值得欣慰的事，可惜他本人已无从知晓这一切了。

今天的诗人，可能会因为只能写诗而百无聊赖；当今的学者，也可能因为学问得不到利益和荣誉的足够回报而不平。而我的导师黎风先生，却是一个独守在寂寞中并害怕这寂寞也被人打破和侵占的人，一个卑微的知识分子是很多作家笔下的人物，然而我读到的再多，仍然觉得不如我的导师黎风先生带给我的震撼、影响以及其中的人生教益更多。就此而言我又觉得自己是多么幸运，得以和一位人生充满曲折、内心充满复杂的人在一起度过了三年时光，并长期在他的教益下学习做人做事，他的心性有如一面镜子，始终反射出某种奇异的光泽，给人警醒，让人自省，并时时可以化做一股强劲的力量鼓舞和激励人前行。

原载《延河》2015 年第 3 期

迁徙的故乡

梅　洁

一

前些年在故乡湖北郧阳、丹江口、十堰等地采访时，已看到各级政府官员和父老乡亲们为送汉水进京而日夜奔忙着、焦灼着。他们最最焦灼的是移民！是啊，几十万移民要在两三年内迁徙完毕，谈何容易？

他们是一个个生命，是一家家人，不是羊更不是一根根木头啊！

常常看到一些故乡领导和移民干部紧锁着眉，向你说着话时脸望着天，不知是对你说话还是在喃喃自语。我想，他们是把沉重的心事托付给天啦！

常常听到汉江两岸的乡亲们说，要搬快搬吧，我们都等老了，房子都等得快塌了，媳妇都等没了……望着他们近乎乞求的眼神和风雨飘摇的土屋，我总是别过脸，望着远处的山，无以回应。

半个世纪了，这块土地上的人们从来没有安生过。今年调水呀，明年调水呀，一说就是十几年、几十年，一纸"停建令"下来，他们不能修路、不能建厂、不能盖房，他们在等待中贻误了发展，在等待中老去了生命！在等待中四十八万人已别离了故乡，沿江几千个村镇、古城都已沉没在了江底。

五十年了，故乡一直走在迁徙的路上……

二〇一〇年，老家终又开始二期移民了！消息从不同渠道传来，远在京城的我和老家人一样振奋。

背井离乡——一个原本有着深重悲怆意绪的事，对于故乡来说，竟是一种解脱般的快事！是熬白了头发要一洗沧桑的快感！是前途未卜、翻过山就能明白的期盼！是漫长的没有结果的一个结果啊！

实在等不起了，我的故乡！真的开始上路啦，我迁徙的故乡！

二

五月五日，我和几位中国作家在湖北郧西。

在悬鼓山，接到故乡县委柳书记发来的短信："梅老师，你在哪儿？家乡已开始移民了，你什么时候回来看看？家乡的樱桃熟了，我们接你回家吃樱桃吧！"

看完短信心中好一阵温暖。我就想，有什么比故乡与游子的心更默契呢？

五月十日，我回到了湖北郧阳。五月的家乡，满山的樱桃坠弯了枝头。父亲母亲的坟茔旁，塔柏、香樟、紫荆、春兰长得葳蕤苍翠。跪下为苦难的父亲母亲叩头，含泪祝福亲人们从此安息。

起身环望，沉眠地下几十年的灵魂，也都从这座山、那座山迁到了这里。人间、地下，都在为了一江清水送北京而庄严地别离、迁徙！

金菊一见面就告诉我："安阳已迁走两批移民了，这几天若不下雨，还会有一次千人大迁徙！县里领导分批带队，这次有我……"县委宣传部年轻的女部长还是那样爽朗，那样快言快语，一双大眼睛扑闪着，有平静，有庄重，有责任在肩、义不容辞的坚毅。

"移民不是泼出去的水，而是嫁出去的女，为了国家利益，移民牺牲了自己的利益。作为娘家人，我们有责任帮助他们，让他们迁出后尽快融入当地，安居乐业。郧阳永远是移民的家，欢迎你们常回家看看……"送别仪式上，县委柳书记讲着话就落下了眼泪。

这个嘴硬、脸苦、心肠软的人啊……

就要出发了，胡县长从车窗伸进一只手，拍着心肠软、眼窝浅的柳书记说："你可莫哭，现在移民感情脆弱得很，你一哭大家就都哭起来了！"柳书记双眼通红没作声，他在忍。

柳陂两万人已是第四次迁徙了！移民们脸难看、话难听、门难进。是呀，几十年、几代人在荒沙滩上创造了一片国家级无公害蔬菜基地，现在又要全部沉没了，柳陂的牺牲有多大？柳陂往后怎样再驾驭自己的命运？

移民局邓局长来了，长年在乡村移民中走呀走呀，他显得格外清瘦而黝黑。人们告诉我他的手机上存了一千多个移民的电话号码，他每天与移民通话的次数多达一百二十次。

……

三

县移民指挥部，设在移民局很旧的小院里。周副总指挥长的办公室门开着，人不在。

环视简朴的办公室我在想，这个相貌英气、说话幽默、做事果决、极富判断力的人，两年前我认识了他，如今，政法委书记兼起了移民指挥部常务副总指挥的职务，看来，特殊时刻，县里在紧急调兵遣将。

正想呢，他进来了，“哎呀梅老师，你可回来啦。你知道我们咋盼你呢！”坐下后，他又说：“真是忙昏了头，身体还不争气……”这时，我看到他左小臂上有隆起的一块肉包。他说他感冒不好，咳嗽不止，打了十八天针也不痊愈。医生做结核试验，说他肺部深处有结核菌感染。我担心地说，那你一定要注意休息啊。他说，关键时刻，怎么休息？

是啊，移民的关键时刻，成千上万的乡亲每天都在等待着启程的号令，千里迢迢的迁徙长路，数万个家庭的安家落户……每天都要作重要决策的指挥部，“休息”“保重”“注意身体”的养生之词，对于他们已是奢侈了。

他很快说起了“包保”工作队。

“包保”！？这是今天这个时代、调水源头人民创造的一个崭新的词汇，我开始竟没有听懂。他拿给我一张红纸，纸上密密麻麻印着“包保”的内容，他说，他们印了一万份，“包保”队员人手一份。我粗略地看了一眼那张纸，那是个严密且严厉的责任体系……

面对压倒一切的“移民”工程，县主要领导包移民乡镇，县直单位包移民村，党员干部包移民户。六十六个驻村工作专班、一千二百多名党员干部组成一百零九支工作小分队，迅速下到乡镇村庄和移民家里，落实责任。

我细读了“十包”责任制：包移民搬迁户的思想政治工作，包移民政策宣传，包移民身份和实物指标核查，包各类矛盾纠纷排查，包上访移民劝返稳定，包搬迁户协议签订，包督办移民搬迁户建房，包腾空并拆除旧房，包顺利搬迁，包善后处理相关工作，包一江清水上路！

我突感一阵沉重：在“包保”这个词汇后面，有着多少艰辛、汗水和生命律动！

周副总指挥还告诉我，为了做通移民思想工作，他们曾组织全县开展“我回家乡帮移民”活动。全县一千多名公务人员回到家乡化解了五千多移民的心事……

啊，全县出动了！一个多大的战役呀！

周副总指挥还说，全县已先后组织五千五百余名村组干部和移民代表到安置地进行对接考察，亲自参与并监督安置地房屋建设。同时，安置地也已有一千多人次来库区协调外迁前期准备工作。

一个千军万马齐上阵的“战场”啊！

等着吃水的北京人知道调水源头的人在这样生死鏖战吗？

四

天在下着小雨。中午，我来到安阳龙门堂移民村。

村长刘继武向我走来。当我和一双粗糙的、结实的中年男子的手相握的刹那，刘继武怆然的泪水夺眶而出。我的泪水也滚滚而出。这个坚强的男人，多少天、多少月、多少年他都在鼓励自己的村民：为了国家的工程，为了北方人能喝上汉江水，我们到别的地方重建家园吧，我们不哭。可他在我面前，却再也无法忍住。他粗糙地用一双大手胡乱地抹着脸上的泪水，然后指着村前广阔、肥沃的田地说：“今年地里没种一棵庄稼，去年都说搬呀搬呀，结果也没搬，地都撂荒了……”我顺着他手指的方向看去，往日的千亩稻田里长满了杂草，刘继武心疼这来之不易的土地。

安阳在半个世纪里因调水工程两次被水逼上山岭，这次要全部消失了！千年的汉水码头“小汉口”要全部消失了！一代哲人杨献珍的故乡要最后消失了！

“你去忙吧，搬家乱糟糟的。”我对刘继武说。

“好，那你忙。以后有机会到团风那边看看我们。”刘继武流着泪。

我不忍心再看这个流泪的男人，只好别过身去……

中午了，县里的“包保”单位开始给移民送饭。每家按人口计算：每人两碗方便面、两根火腿肠、一袋榨菜、一瓶矿泉水，移民们已经没有了锅碗，许多人家的房子已拆了。

看呐，坡上坡下，坎上坎下，大路小路上，都奔走着送饭的“包保”队员。他们挨家挨户地送，一盒盒、一根根、一包包地把饭送到移民手上。这也许是他们的“包保”内容之一吧。

送饭完毕，“包保”队员们或站在树下或蹲在地上吃方便面……

午后，天开始下雨，好在四十九辆货车已装载完毕，盖好了苫布，编号列队，卧龙般静静地停在公路边，只等出发的命令。下午四时，一声令下，货车徐徐驱动，离开安阳，向广阔的江汉平原驶去。

雨越下越大，我来到安阳青龙村。

青龙村数百人已冒雨集结在青龙小学。小学校的教室里、走廊里、屋檐下都蹲着、坐着、站着一群群来自各村组的移民。他们从十里八里地外自己的山坳赶来，赶到这能上车的地方，等着上车的命令。

天气很冷，移民们大多穿得很单薄，很多人光脚穿着草鞋。如果按上级规定的出发时间——明天凌晨四点——他们还要在这里等十几个小时。那只有一个月大的小移民刘心雨、只有两个月大的小移民陈从园怎么受得了？那个七十多岁、坐在轮椅上的偏瘫老人怎么受得了？她大小便失禁啊！那个等待生产的孕妇怎么受得了！那个癫痫病人怎么受得了……

许多移民几天前房子都被扒了，锅灶已拆了，他们已好几天没吃上热饭没喝上热水了！

我多么希望指挥长现在就下命令，让移民上车、出发！否则，这样的雨夜他们怎么熬得过去？

我知道我这样的想法多么荒唐！

移民们在风里雨里等待了多少天多少夜啊！二十二点零五分，常务副指挥长周副总指挥终于“违规”下令：移民车队提前启程！

所谓“违规”，是上级明文规定，不允许移民车队夜间出行，否则出了事后果难负。

然而，周副总指挥断然决定违规夜行。他是不忍心再看移民在风雨长夜里受罪呢，于是他下令了。但是他又怕因此连累头号首长柳书记。他认为自己在郧县算不了什么，可郧县目前绝不能没有柳书记。

他走到柳书记面前，低声说道，现在情况特殊，必须马上出发，否则要出大问题。从现在开始，我关机，你不要给我打电话、发短信。这里的一切我负责。如果今晚夜行出了事，我就跳崖，你上报我畏罪自杀就行了。说完毅然决然跳上指挥车，大臂一挥，让千人车队出发！

那一刻，郧阳的青山一定是静默的，它们在向一个为了人民安危而敢于担当的指挥官致敬！那一刻，天空落下的雨是悲壮的，它们在为一个如此大义的壮士挥泪！

那一刻，柳书记的心里肯定是翻江倒海的，为周指挥长的凛然而震撼，为战友的患难之交而感动。多好的干部！多好的战友！柳书记再次感到奋斗的意义。

他向指挥车上的周副总指挥缓缓举起手臂，泪水混合着雨水冲过他的近视镜流进嘴里。

五

雨淅淅沥沥地下着。

我和故乡的朋友兴明、萍清迅即来到沿江大道，我们想在那里送送移民，最后看看他们。

秋夜的雨，在昏黄的路灯下扯着斜斜的银线，雨点打在伞布上发出嘭嘭的声音。

夜，静寂了。江风吹过来，凉飕飕的。街上没有一个行人。我们三人站在雨里等待。等待乡亲们从这里走过。

二十三点十五分。一辆警车驶过。一辆指挥车驶过。一辆医务救护车驶过。啊，满载移民的大轿车驶过，一辆又一辆……二十五辆啊！

我使劲向车子招手，向父老乡亲们招手。

故乡的人们呀，你们就这样在这寂静的雨夜悄然地告别了故乡！

永远地告别呀！

我鼻尖发酸，泪水和着雨水，在脸上奔涌……

突然，手机铃响了，是金菊发来的短信："梅老师，辛苦您了！我代表二百二十户、九百四十六名移民向您致敬！我看到您深夜站立在风雨中的形象，我万分感动！保重，再会！"

啊，金菊在护送移民的汽车里看见了我！

又一声手机铃响，是周副总指挥发来的信息："梅洁大姐：我没能力、没条件为人民干大事，但无论干什么事我都要无愧于人民，个人安危实在是太小的事！这次您回来太仓促了，没能陪您。希望下次回家时，时间备足点好吗？"

读着周副总指挥的短信，我泪流满面……

抬头仰望雨夜的天空，我双手合十，为我迁徙的故乡祈祷平安。

六

每次回故乡，总要和家乡的朋友们站在堵河口，远眺静躺在汉水中央的韩

家洲，心中便每每升起一种莫名的惆怅和忧愁。

这座被汉水四面围拢的江中小岛，以其两千多年的历史，把古老和神秘一起编织成一帕面纱，雾霭袅袅地笼罩着这片千年的土地。然而，南水北调，将结束这里的一切，包括姓氏与生命的密码，包括千年的纤夫文化，包括古陶、箭镞，包括秦砖、汉瓦……

二〇〇九年端午节前夕，我随故乡的几位朋友一起登上了韩家洲。

那天，大雨如注，江面雾霭蒙蒙。在村支书的引领下，我们登上去韩家洲的船，船在汉水的江面上，犹如一片飘零的树叶，摇摇晃晃。渡船行驶到堵河对面的河滩，从船上跳下来，我们便踏上了韩家洲的土地。

也就是那一次登临，我们发现了韩家洲人世代传唱的《汉江号子》，当洲上几位古稀老人为我们唱出那悠长、深沉、高亢的音符乐律时，我们仿佛走进了一个千年的沧桑、千年的劳苦、千年不衰的生命的创造与传承。

也就是那天，我了解到韩家洲上的一百零九户家庭都姓韩，而且他们固执地认为他们是汉代韩信的直系后裔。虽然他们没有什么证据，但他们把家族在此地的居住史追溯到了汉代，不得不耐人寻味。他们还固执地认为，洲头那座庞大的、高出地面数米的圆土堆是韩母陵。

历史活在历史的典籍里，更活在世世代代生命的传承和记忆里。

同样是在那一天，我知道这千年小岛上世居的四百八十多人，要因中线调水全部迁出，韩氏家族将全部迁往湖北随县——二〇〇九年刚建立的、共和国最年轻的县市。

韩家洲在忧伤、愁苦。两千年的家园、两千年的文化、两千年的根脉啊！

离开韩家洲时，雨还在下。乘船过汉江，站在堵河口，回眸再望雨中的韩家洲，我突觉眼前那苍茫朦胧的古岛犹如一位白发千丈的母亲，静静屹立在江中，为她就要启程的儿女们祈祷平安、幸福。

二〇一〇年六月十六日，是韩家洲人在故乡度过的最后一个端午节，八月桂花飘香的时候，他们就要远迁了。我和家兄千里迢迢，特地赶往韩家洲，我们想在那里重温童年的欢乐——汉水边长大的孩子谁没有童年在江边看龙舟赛的记忆？

这时，只见清澈蓝绿的江面上锣鼓喧天、彩旗飘舞、龙船竞渡，沿袭了数千年的原生态龙舟赛在堵河与汉水交汇处、在六月的阳光与水光的交融里快乐举行。

此刻，呐喊声在水上振荡，生命的激情在江面飘拂。

蹲立在岸边、山头、树林、房顶、路边的成千上万的观众，头顶骄阳，欣赏着这场民间原始的赛事，分享着生命本真的快乐。

男人和小孩们已热得赤胸裸背，没牙的奶奶、婆婆们也眺望着江面笑得满面春风。

只有在此刻，所有的韩家洲人才忘却远迁的忧愁，把最后的欢乐沉浸于这片土地。

明年端午节还能划船吗?

站在汉江南岸的码头上，我久久遥望着对岸的韩家洲，遥望江上船上的汉子，回身再看身边韩氏人家的奶奶、婆婆们，一种莫名的忧伤和感激倏忽涌上心头……

到了随州，没有了这岛、这水、这龙舟，韩家洲人将怎样面对?没有了汉江号子，没有了传说和故事，没有了图腾般的盛会，韩家洲人精神里还会深藏怎样的记忆?

两个月后，韩家洲人开始搬迁。

时近中午，“包保”工作队员给移民们送去午餐，移民们迈着几近沉重的脚步踏上过江的船。他们手捧着饭菜，没有一个人开始吃，齐刷刷地抬头望着韩家洲，望着各自的土墙老屋，望着洲头上他们顶礼膜拜的韩母陵，望着岛上的一草一木……

少顷，二十多条装满移民物什的机船一齐开动马达，然后依次慢慢离岸，朝下游渡口开去。机船越行越快，马达轰鸣，破浪而去。江水掀起的波澜，轻轻拍打着韩家洲江岸的崖壁，仿佛是在安慰这片即将孤寂的岛屿。

随着一阵长长的汽笛声响起，二十余艘大型铁船满载着四百八十三名韩家洲移民，一字排开，浩浩荡荡地向汉江对岸驶去。

别了，我的故乡……

别了，千年的韩家洲!

韩家洲从此不再有人烟，江中小岛从此开始沉寂。唯有韩母陵在岛上永远高高地耸立，唯有那白发千丈的母亲在江水中作永远的守望。

两年前，韩氏家族已经开始着手编纂家谱，搬迁前，他们已经拿到了前六十代的家谱。将来无论走到哪里，从韩家洲走出去的韩氏后人，都能够按照辈分找到亲人。

永远的韩家洲啊……

七

陡坡村尽头，一位老人，安静地半倚在自家破旧的土房子门口，沟壑般的皱纹见证着远去了的沧桑岁月。

门口的院子里放着一张床，还有一些盆盆罐罐。摇摇欲坠的房子里，一口锅孤零零地架在灶台上，一张长满霉斑的方桌在光线不足的角落里显得凄凉无比。

“老爷爷，你家的东西全部上车了吗？”有人上前问道。

老人只是摇头，一脸泪水，不予回答。

再三追问下，老人终于开口说话了。

“走了就回不来啦，回不来啦……”两行泪珠从老人苍老的脸上滚下来，他只是反复念叨着这一句话。

村支书说，老人名叫张富山，今年七十五岁，是一位孤寡老人。他自小在这里出生、成长，从来没有离开过陡坡村。如今，为了南水北调国家大事，却要在古稀之年背井离乡，对故土难以割舍的痛苦折磨着这位老人。

饶祖铺村九十二岁高龄的董同秀也要迁徙了。

董同秀十二岁进入饶祖铺，在八十一年的生涯中，她与这块土地生死相依。背井离乡的那一刻，老人眼眶里噙满了泪水，一直抚摸着她的红木棺材不肯离去。

家人劝她，棺材就不要搬走了，因为安置地天门市早就实行了火化，把寿木搬过去根本用不上，还不如卖成钱贴补生活。

可老人坚持要把她的棺材一同搬走。她唠叨着说，身子骨老了，这一去就永远回不了饶祖铺了，棺木都是用饶祖铺的木料做的，死了睡在老家的棺材里，才算真正的叶落归根，才算回到了饶祖铺老家……

最后，老人亲眼看着自己的棺材被抬上了搬迁运输车，这才抹一把眼泪，让儿子背着登上了远行的汽车……

古时有将军“抬棺决战”，留下多少“壮士一去不复返”的悲壮故事；今有我故乡的移民“抬棺远行”，蕴含着无尽的感伤、苍凉和悲情。

八十四岁的张奶奶特意让儿子砍了一根竹子，用竹篾编成三间正屋和一间猪圈屋的框架。然后用白纸糊成房屋的样式。搬迁前一天的黄昏，白发苍苍的张母把一家五口人带到祖坟前，放上供品，点燃香烛，趴在坟头哀哀地痛哭，老头子啊，你晓不晓得，你的儿孙都要搬迁到很远很远的地方啊！清明节、寒衣节，再也不能来给你上香磕头了，我也不能来看望你了……

张奶奶哭得肝肠寸断。

儿子赶紧上前扶住母亲，儿媳和两个孙子哭着点燃了“纸糊的房子”，一家人齐刷刷跪下，望着寒风中吱吱燃烧着的火苗，泪如决堤的江水……

“纸房子”很快烧完了，变成了一堆灰烬。突然，一阵风吹来，灰烬旋转着腾空而去……

坟前的人，望着渐飞渐远的灰烬，再一次泪落如雨。

儿子站起来，把全家人的钥匙一一收在手中，然后在坟墓上掏出一个泥洞把钥匙全部放了进去，小心翼翼地掩上泥土。

爹啊，我们要走了，土地也淹了，房子也拆了，剩下几把钥匙给爹留下做个纪念，这是爹爹辛辛苦苦创下的家业，还给爹了……

儿子一边埋着钥匙，一边揩着流不尽的眼泪。

爹爹，我们走了！

爷爷，我们走了！

老头子啊，你在那边等我啊……

儿子一捋袖子，擦干眼泪，站起身搀扶起母亲，带着一家五口走向停在村口的搬迁车队……

八

长岭沟村的江而兵在搬迁前两天就把房子拆了，把房瓦和木料送给了不外迁的亲戚，自己先住在亲戚家里。可他家的狗来福却怎么也不肯随他们到亲戚家，就只肯待在已经被拆得乱七八糟的老家院子里。而且从那天起它就开始绝食，谁喂东西它都不吃。狗是很有灵性的，也许它已经知道主人搬迁不能带它走，它曾经忠诚守护的家也不再有它温暖的窝儿了，它是太伤心太伤心了，所以吃不下东西了！

“人走房拆”，这是搬迁的规定。在搬迁的那一天，所有搬迁移民的房子全要被拆完。拆房的队伍来推房时，来福在旁边狂叫不止，几次跃上去扑咬拆房队员和拆房的机械。有经验的拆房队员早有防备，十几个队员拿了备好的打狗棒准备把它打死。这时，来福忽然安静下来，卧在地上，眼中含泪，喉咙里发出低沉的呜咽声。一位队员心软了，拦下其他队员们的打狗棒说，算了，这狗怪可怜的，把它撵走算了。

拆房队员们轻轻地轰撵它，来福似乎知道它的抵抗是无谓的，便拖着尾巴慢慢地跑到房后的山包上去了。队员们在拆房时听到来福时不时地发出一声轻吠，那声音让人听着感觉无奈而伤心。

房子很快被拆掉了，来福又回到那片废墟上，时而来回地转悠着，时而轻轻地嗅着废墟里的东西，时而坐在那里发出轻轻的呜咽。附近没搬走的邻居看来福可怜，给它送来些吃的，可它一口也不吃；想把它唤到家里，可它一步也不离开那片废墟，夜晚到了，来福还守着那片废墟。它坐在那里，望着夜空，隔一会儿发出一阵凄凉的叫声。

几天之后，当人们再看到来福时，它已经死在那片废墟上了。

以前的家即使被拆了，这里也仍是它的家。废墟上有家的味道，闻着家的味道它就能够像以前一样地感受温暖，所以它至死没有离开……

库区万只忠犬如来福的命运一样，现在，谨祝它们灵魂安息。

丹江口库区三十四万移民已经迁徙完毕，三千里汉水就要进京了！

谨以此文告慰我的故乡，也告慰我自己那颗无法告慰的心……

原载《黄河文学》2015年第5期

精致的肺

——

李敬泽

咸阳机场，全中国最能吃一碗好面的机场。高深青花碗，碗底几条子面，埋在丰足的酱料下面，几口吃了，顿觉天下大定。

吃完一碗，细细纠结一会儿——不过了，再来一碗！

吃撑了，刷微信朋友圈，见澎湃新闻推送了那天在先锋文学三十年国际学术论坛上的致辞。从头看起，准备着驴唇不对马嘴，准备着被记者记得一地狼藉，看完了，竟是铁证如山，句句都是我说的，一个字都不错。

好吧，这位记者超出了我的预期，他不仅手快，他显然熟谙文学言谈的逻辑和词语，一边听着，他就正好找到了每一个词，无一处失手。

给澎湃的朋友发了一条微信：

现场记录竟然无误，贵报记者的职业水准果然是高。

即将关机的时候，对方回复：

李老师，您不知道有速记吗？

哦，速记。

一边飞着，一边想着速记。很少想到她们，她们坐在会议室的后排，但那天是上百人的会场，不知她们坐在哪里。是的，好像都是女孩子，灵巧的手指，应有微硬的茧，在场而沉默。这是一门手艺，有一个速记专业吗？还是文秘专业？她或许经常为文学院工作，莫言写作中心的同一层楼上还有天文学系，天文学的会议也会找这个姑娘，她敲击键盘，从宇宙深处、从星云与黑洞切换到先锋、传统、理想和欲望。文学家有时也会提到天空，而在天文学家眼里，文学家甚至连尘埃都算不上。这是两个不同的地下组织，各自说着只有自己人才能听懂的暗语和黑话——她有时会感到隐秘的得意，只有她潜伏着，她是外人，

但只有她能同时听懂那位长得据说像普希金的张教授和那位据说是中国的霍金的李教授在说什么，她暗自把他们称为张金和李金，她在百度上搜出了普希金和霍金的照片，她觉得李金一点都不像霍金。

现在，她坐在某个角落，一绺儿长发垂在眼前，她当然不用看键盘，但她也不必看台上，毕竟这不是多么庞大的黑社会，她知道刚才那位感冒了，但是他还是那么激动，他照例会突然激动起来，然后，就像一颗气得发疯的流星，以不可预测的轨迹不知砸到什么地方。她垂着眼睛，有点气恼，她知道会打出一片杂乱无章的喧闹，就像小时候看《水浒》，鲁智深一拳打在人家鼻子上，“便似开了个油酱铺：咸的、酸的、辣的，一发都滚出来”；她微微叹了口气，她不喜欢这样，她喜欢手下打出的文字流畅、安稳，所以，她喜欢现在这位，他是完全可以预测的，像行星、像月亮，只要他一开始，顺着他的话，她几乎可以在轨道上自动运行，她有时甚至知道他下面要说什么和怎么说……

飞回北京的第二天晚上，在北师大的课堂上，我向一群写作专业的学生谈到了那次致辞和那位速记。

一个庄重的场面，都有点庄严了。我忽然意识到，不能空着手上去，手里应该庄重地拿着稿子。赶忙翻包，幸好摸出一张对折的纸。我走上讲台，打开它，看到这张纸上写着几串数字，是前一天谈论单位预算时随手记下的，这让我多少有点走神，为了稳住，毫无必要地开口就说：今天这个场合很庄重，所以，写了个稿子——女士们，先生们，早上好！

现在看，这是一篇中规中矩的致辞，说的都是该说的话和说了等于没说的话。只有一段有些意思：

“但是，我也觉得这件事同时也充满了反讽。今天这个场面和这个会也同时可以写成一篇具有先锋精神的嘲讽的和欢乐的小说。它可以让严肃和刻板的事物重新面对它的极限，让喧嚣的话语袒露出沉默。所以，我不仅期待着今天的这么多精彩的论文，我也期待着在座的作家和年轻的朋友们可以拿今天做题材，写一篇精彩的小说，我想这本身就能够有力地证明先锋文学的影响。”（据速记稿）

——那天晚上，我花了很多时间谈论这篇臆想中的小说，好吧，建议你们都写一篇，你们不是都在场吗？

下课了，和三个学生走在校园里，深厚的、沉甸甸的雾霾，把人删节为一挂僵硬的肺。于是谈论了一会儿我们的肺，告诉他们，清洗猪下水时，肺是最麻烦的，详细讲解了清洗过程，那年那具洗净的猪肺有惊世骇俗之美。谈完了肺，我觉得有必要谈谈他们的学业，名义上我还是其中两位的导师，但是据我看来，这两位似乎对写作都没有什么兴趣，对此我一向怀着窃喜暗自鼓励。我问其中一个德语学得怎样。他一直在学德语，我们探讨了德语的复杂和麻烦，顺便评论了一下法语，我的耳朵混浊低俗，实在听不出法语有什么好听，咚咕隆咚的。他说起他喜欢艰难深奥的语言，好啊，那么，就学梵文、吐火罗文。我想起手头正写的一篇文章里，斯坦因在尼雅发现的佉卢文文书，信口滑翔：我也想学一种语言，在中国只有三四个人懂的那种，比如古波斯语。想当面听人说说话就得坐三个小时飞机，今天晚上，四个人终于相聚，找个酒馆，用古波斯语吟唱雾霾之上的月亮或雾霾之中的玫瑰。但是，古波斯语里有雾，没有霾，那么，我们就得与时俱进，在这种语言中创造出“霾”，以此类推，渐渐地，这将成为只有我们四个人懂的一种话，混杂了古波斯语、现代汉语、德语等等，暗自流传，而终于失传。然后，鬼知道什么时候，斯坦因在一处沙埋的废墟下发现了写在纸片上的神秘字迹……

是啊，那天在广东外语外贸大学，我就和老师认真探讨着学习古波斯语的可行性。

是在饭桌上，老师正阐述学习波斯语和古波斯语的难度和寂寞，她长得就像波斯人，唐代某件黄金酒盏上浮现的面容，她显然感到困惑，不知这个老男人在抽什么疯。桌子那头，毕飞宇正在谈论他的一篇关于《项链》的文章，莫泊桑的《项链》，契约精神……

等等！我一下子从波斯跳出来：不，不仅是契约精神，是神圣的物权！

当你编一个故事，当你开始虚构，不管是丢项链还是发疯要学古波斯语，这个故事都不是自然浮现的，它需要条件，比如当聂赫留朵夫打算娶玛丝洛娃的时候，你得知道他是个东正教徒，哪怕他或者托尔斯泰不承认这一点，但他绝对不会是中国的官二代或富二代。飞宇的意思似乎是，借与还的契约所具有的伦理和法律正当性，是《项链》这个故事不言而喻的条件。

但还不仅如此，这里矗立着神圣的物权，这比契约更为根本。这个故事如果被写成一篇中国小说，那么它更可能走向另一个方向、成为另一个故事，那不幸的女人会提出莫泊桑不曾想到的问题：为什么她拥有这个项链而我没有？由此，她也许就终于走上了革命道路。

当然，我不能冷落我的波斯语老师而和飞宇讨论什么劳什子项链，那只是黏稠的饭桌言谈中一个微小气泡。后来，那天晚上在课堂上，我看着对面墙上的表，计算着下课时间，把这个气泡找回来，慢慢拉长。小说作为一种虚构形

式，需要有文本之外的条件，或者说，小说必定安放在恰当的支架上，如果我们意识不到支架的存在，那只是因为它是如此基本，如同空气，是透明的，如同呼吸，是当然如此而不必被肺所感知的。但如果你把这个支架抽掉，那么，一切都会坍塌下来。

虚构是一个精致的肺。

请您谈谈中国非虚构文学的现状和发展前景。

他看着眼前的话筒，他就知道，他们必定让他谈论非虚构，这一切都是因为阿列克谢耶维奇。他被认为有资格谈论这一话题，因为他曾经鼓吹过非虚构，也因此他们认为他应该早就认识她。

但他在那一刻对这一切感到厌倦。西安的黄昏，在大慈恩寺遗址，他刚刚重逢两年前认过的那一块碑，贾岛写道："病身来寄宿，自扫一床闲。"

非虚构？——为什么不谈谈虚构？

记者愣了一下，他不习惯由被采者决定话题，而且这个问题是他昨夜赶完了两篇稿子在百度上搜了一遍之后憋出来的，眼前这个家伙，你以为你是贾平凹呀，在此之前，我连你是谁都不知道，更不知道该向你问什么问题。

那个，很多人认为，虚构已经过时，小说正在没落。

他笑了，他有点兴趣了，抬起眼看着对方：

小说没落了？虚构也过时了？那么你是说，我们已经真实和老实得听不进一句谎话了吗？记者茫然无辜地看着他，这孩子有点乱了，他只不过是想要完成今天的采访任务。好吧，他叹了口气，决定还是做一个合作的被采者。

还是谈非虚构吧。

他用熟练的、书面的语调开始回答问题，似乎话不是说出来，而是印出来的。

虚构是一个问题。

在苏州诚品书店巨大的玻璃穹顶下，从喉咙到腿，都在不由自主地收缩。一座宫殿，一座教堂，书的帝国，书的大陆。

这或许就是博尔赫斯所想象的图书馆，我曾说过，我宁愿成为一个绝对的读者，但是想想吧，在深夜，天空下——我必须提到天空，因为当你在深夜独自一人身处这茫茫无际的书卷之间，你会感到，不是天空下，是天空中，你在黑暗中飘荡，抓不住任何实在之物，你是无所指的能指，一个空的符号，无数的书如冰冷的风吹过你中空的身体，吹出单调尖锐的哨音，无止无歇……

深夜的图书馆。这是噩梦，如果再猛然看见失明的博尔赫斯坐在那里，我会从床上惊叫着跳起。所幸此时，阳光猛烈，人潮汹涌。大陆著名作家毕飞宇和台湾著名作家骆以军在此对话，著名评论家李敬泽是这次对话的主持者。飞宇是老友，一个刀光闪闪的家伙，而我喜欢骆以军这松软的小胖子。他们是如此不同，一个把一团乱麻清晰地讲述出来，精确流畅；另外一个，让坚硬的一切软下去，融化，混浊。我认为他们可以构成一个封闭的循环，毕把骆搞糊涂的事理清楚，骆把毕搞清楚的事搅糊涂，这样，在这个世界上他们都不会闲着。

今天，他们有一个共同的话题，他们都喜欢波拉尼奥的《2666》。

我坐在毕和骆中间，心情阴郁地想着八百六十九页的《2666》，直到昨天夜里，我才看到了五十二页，我看到四个阿琴波尔迪研究者的友谊——我拼命记住阿琴波尔迪这个名字，我想这是我看过这本书的唯一证据，此人据说是德国作家，但我从这个名字里闻到了燠热的拉丁气息。现在，我知道，这四个人中，有两个男人分别从巴黎和马德里爱上了伦敦的女人，第四个在罗马，眼睛瞎了，坐着轮椅。到目前为止，他们还没有撕起来的迹象，他们共同热爱着阿琴波尔迪——但是，谁也没有见过他，甚至不知道他经历了什么，活着还是死了，尽管他们像一群彩民或股民一样热切期待他获得诺贝尔奖。实在困得不行的时候，我想，也许这个作家——他叫阿琴波尔迪——并不存在，对，没有这么一个人。也许波拉尼奥写出八百六十九页就是为了这个。这件事真他妈的疯狂。

主持人发问：现在，请谈谈《2666》，你为什么喜欢它？

然后，飞宇告诉我们，波拉尼奥其实不像拉丁美洲作家，而像一个欧洲作家。当然，拉丁美洲也有博尔赫斯这样的作家，所以，波拉尼奥实际上是完成了博尔赫斯的想象。

——博尔赫斯的图书馆或者百科全书。也许我可以另写一部卷帙浩繁的《太平御览》，作为某个皇帝每天批阅奏章后的睡前读物……

然而，这个背信弃义的家伙，他的话已经完了，Over，他跷着二郎腿，悠闲地看着我，暗自欣赏他的句号之圆。可是我们必须坐在这儿说一个半小时啊，说好的契约精神呢？我转过头去，看着骆以军，好吧，该你了，你这牯岭街少年，看你的了，你得滔滔不绝地说下去，咱们不讲契约讲义气，我会寄一包宁夏枸杞给你这写了《西夏旅馆》的人。

然后，骆以军开闸放水。

从当年台北的溜冰场开始，他在超现实的亚热带之冰上快活滑行，从一九八〇滑到一九九〇，二六六六遥不可及。二十分钟过去了，我微笑着恶狠狠地盯着他。哦，《2666》，一个漂亮的急停，冰花四溅。他终于来到了西伯利亚

或者什么别的什么冰天雪地的地方，在那里，士兵阿琴波尔迪爱上了一个女人，苍茫乱世，不可能的爱，注定没有未来的爱，女人忽然说：你要记住我。

世上所有的男人都在回答：我会记住你。

你怎么让我相信你会记住我？

这个男人，阿琴波尔迪呆住了，他的情人盯着他，他说，我会以军人的荣誉、夏洛克的契约或者实在不行就梁山泊的道义记住你。

但女人知道他在胡说。

阿琴波尔迪可怜巴巴地看着他的女人。

我也看着骆以军，我想那个男人已经绝望了——不仅因为他无法让女人相信自己，还因为，他忽然意识到，这竟然是一个超出语言边界的问题，无法靠发誓、抒情、论证加以解决。而骆以军或波拉尼奥会解决这个问题。果然，他抛出了答案：

最后还是女人说了，她说，你要像阿兹特克人那样记住我。

阿兹特克人，我记得骆以军说的就是这个词，说完之后得意扬扬地瞟了我一眼。当然我可能记错了，我也懒得从八百多页里翻出那一页，不管阿兹特克人还是粟特人还是苏美尔人，反正这个女人认为她给出了完美答案。

我至今没有明白骆以军或波拉尼奥的意思。但是，我知道，如果换了麦克尤恩，这个问题会如何回答：

我要像一个作家那样记住你。

我要写一本小说记住你。

我要让你活在虚构中。

我这么干是为了记住你，也是为了记住我自己。

那天在北师大的课堂上，我一直在谈论麦克尤恩的《甜牙》以及我对英国小说无可救药的爱，我爱狄更斯、奥斯汀、格雷厄姆·格林、约翰·勒卡雷、安东尼·伯吉斯，还有麦克尤恩。现在，在这本《甜牙》里，麦克尤恩完成了几乎不可能完成的惊险任务：让在政治、阴谋和欺骗中穿行的爱情安顿于花好月圆，但又是如此忧伤，令人心碎。

这恰好也是一本关于作家和女人的小说，关于虚构的虚构。它是虚构写作的教科书。同学们，今晚就去京东买一本，然后写一篇关于先锋论坛的小说。

小说开始时，一个当年的先锋作家走进会场。人们围上来，他早已习惯了这种肉包子打狗般的骚动。但是今天早上，他经受了便秘的折磨，而昨天夜里，面对着电脑，他感到油尽灯干，每一个字似乎都是刻在永恒的石碑上，而精疲力竭的石匠忽然满怀怨愤：你们到底要我怎么样？你们不是已经记住我了，我的书你们宣布已成经典，到底怎样才能让你们相信，我就是那个你们深爱的、永不遗忘的伟大作家？此刻，他感到天下太平，人们是爱他的，但是，谁知道呢，迎面走来的这厮，刚刚发了一篇文章，在一万字的表扬之后顺便谈到了中国作家与那个白俄罗斯老太太的距离，什么意思？是与老太太的距离还是与斯德哥尔摩的距离还是小说与非虚构的距离？……

或者，我们可以让另一个当年的先锋作家走进来。他已经很久不写了，他现在是一个中学教师。那天接到请柬，如同接到三十年前的一封来信，他花了好几天时间才渐渐认出当年的自己。此时他茫然地站着，没有人认出他，他在辨认记忆中的那几张面孔。他已经多年不读小说，他不是语文老师，他教的是数学，是的，他和《甜牙》中的那个女人一样，是数学系毕业的，那个女人在剑桥，他在北大……

无穷无尽的可能。然后，作为一篇小说，必须发生点什么。好吧，最简便的办法是让他遇见一个女人。一个陌生的女人，一个足以让他的生活真的发生一点什么的女人。

为了不被道德高尚的网民骂，他不应该处在已婚状态，这里是一个孤独的老单身汉或老流氓，让我们在这个会场里找找，找那个最出人意料的人。她在那里，但很少有人看到她。

就是那个速记。

一个长发姑娘。

然后，故事就真的开始了，天知道那是个什么样的姑娘，也许她竟是埋伏在速记座位上的评论家，或者一个夜观天象的女巫。但是，你爱上她了，你必须记住她，记住她的一切：她怎么就成了速记员，她住在哪里，与人合住吗，她的收入和支出账目，她用什么样的化妆品，她刚买了一件什么式样的大衣，她身上隐秘的疤痕，她每天下班后手指的感觉，她什么星座，她是哪里人，她的父母、她的童年、她的朋友圈、她的初恋或暗恋，她头发的气息，她打算一辈子做速记员吗？如果不，她的梦想是什么……

总之，你已经决定不写了。你发现，这个精致的肺需要吞吐全世界的空气。

原载《十月》2015年第1期

一念三千里

毕淑敏

写下个“念”字，盯着细细看一会儿。

念，由“心”和“今”组成。顾名思义是“心中当下的想法”。

“念”来自法显和尚从印度带回国的《摩诃僧律》。第十七卷中说：“一刹那者为一念，二十念为一瞬，二十瞬为一弹指，二十弹指为一罗预，二十罗预为一须臾，一日一夜有三十须臾。”

推算下来，一个念头的具体时间长度为零点零一八秒。念头比闪电还快！它起于精微，源自无明。产生之后见风就长，跨越天地时空，纵横驰骋风驰电掣。

念头可分好坏。它一动，就有倾向发生。要么是善，要么是恶，要么善恶夹杂。你纵有亿万千个念头，也逃不脱这窠臼。

念头组成了命运。所有人的生活，无不源自这经纬复杂繁多变幻的念头。念头生生不息，我们奔波不已。

念头衍生出五光十色的世界，一旦念头止息，生命也就终结。从这个意义上说，念头是组成我们生命质量的金色颗粒。

念头交织，故“一念三千”。

此典出于佛教的天台宗。隋朝智者大师号称“东土小释迦”，他认为人的当前一念心，就具有三千种法的内容，从而也就显现出宇宙的全体。苦乐升沉，光明黑暗，都从一念而起，故要从一念深处净化自心。

因喜欢这说法，有时会向友人结结巴巴学说一番。某朋友听后若有所思道，哦哦，一念三千里。

我说，没有“里”，一念三千。

他说，佛理深奥，我也不大搞得明白。加上一个“里”字，便成了俗语。念头和念头之间的差异，只怕是三千里之遥，也打不住的。

他自攒出来的这个话，离开了庄严佛经，潜入了诡谲江湖。

念头如果有颜色，可不得了。有吉祥的红色，有土豪的金色，有杀戮的猩黑，有春意的绿蓝……每个人的内心如同最斑斓的调色盘。

念头如果有重量，有重达千钧的，有轻如鸿毛的，有不轻不重但黏腻难缠的，有随生随灭云淡风轻的……每个人的内心，如同翻滚着一锅关东煮。

念头如果有年龄，有从一而终贯穿几十年甚至整整一生的，有速生速灭秋水无痕的，有历久弥坚的，有余音袅袅的，有稍纵即逝永无再现的，有忠贞不渝化成木乃伊也坚守初衷的。

念头如光。零点零一八秒之间，纵横三千里，这是什么速度？一秒钟跑十六万五千里，合八万多公里，可绕地球两圈多。如果以北京为圆心，三千里到哪儿了？按照直线距离，以北京为中心，南可至广州，北可抵哈尔滨，西快抵乌鲁木齐，向东就出国游了太平洋。

心的容量如此之大，运转如此迅捷，名目如此繁多，善恶如此纷杂，到了令人惊悚的地步。

我热衷于看电视中的法制节目，尤其爱看抓住罪犯后的审讯过程，屏气凝神。先生纳闷，说你是在研究他们的长相吗？

原载《北京文学》2016 年第 6 期

司马迁：在肉身与灵魂之间（节选）

——

夏立君

中国历史上有两个受了大委屈的男人——屈原、司马迁。

“魂一夕而九逝。”（屈原《抽思》）屈原始终有强烈的被抛弃感，一夜之间离开躯壳九次的灵魂要到哪儿去？到楚国国都郢都去了。屈原投水自尽是绝望后的自我抛弃，也是对被抛弃命运的无奈反抗。

“是以肠一日而九回……”（司马迁《报任安书》）是何缘故使司马迁陷入肝肠寸断、痛不欲生之境地？是耻辱，是撕裂躯体、深入灵魂的耻辱。以受宫刑为标志，司马迁的人生判然分为两截。司马迁亦被抛弃了，且是更彻底的抛弃——他成了“非人”。一把耻辱之锯，拉扯着他的肉身和灵魂。他晃荡着残躯，带着一个难以安抚的巨大创伤，激愤又冷酷地登场。

司马迁把自己活埋在那个张牙舞爪的盛世，《史记》就是他的坟，他的墓志铭。司马迁以超常心力，突入历史的纵深地带，亦突入人性的纵深地带。

宫刑，是活人所能经受的最沉重身体创伤和精神镇压。恶心，不仅仅是对自己残躯的恶心。历史与现实的令人恶心之处，亦正是令司马迁恶心之处。他怀着这样的恶心感度过残生。

义气深重的司马迁，义气深重的《史记》，不仅能触动你的心理，甚至能触动你的生理。

他本在盛世跑龙套

不知其人，视其友。——司马迁

智者贵在乘时，时不可失。——司马迁

历史一直在说汉武帝时代是一个伟大盛世。司马迁的奇崛人生历程，基本与这个时代相始终。

人是历史动物。把自己安顿在历史里，是人类由来已久的精神需求。汉武帝时代，中华民族已累积了丰富的历史经历。而历史文化最丰富的家族就是司马迁家族。司马氏世代为史官。

汉初崇尚道家的无为而治，饱经战乱的社会得到休养生息。第五位皇帝——汉武帝刘彻接手的是一个富于生机、野心勃勃的庞大帝国。这个帝国，差不多可说就是从前的“天下”。先秦时代诸子百家所向往的天下一统局面，似乎是实现了。

看看这样一个时代，容纳了些什么人物。

一号人物当然是刘彻（前一五六—前八十七年）。刘彻十六岁登基，在位逾半个世纪，将汉朝推至鼎盛，寿命长，威势重，能量大，阴影亦大。元鼎四年（前一一三年），刘彻出巡至河东郡（今山西夏县），郡太守料不到突然来了皇上，供给保障措手不及，急得以自杀来逃避。司马迁以十一个字实录此事：“河东守不意行至，不办，自杀。”（《史记·平准书》）第二年，同样原因，陇西郡守自杀。皇上——这个权力恐龙，影子就能吓死人。刘彻热衷武功与出巡，是古代走得最远、出巡次数最多的皇帝。他对女人的热衷亦甚有名。“用剑犹如用情，用情犹如用兵。”（翦伯赞语）

卫青、霍去病、李广等，在现实与历史中，他们皆赫赫有名。他们一次又一次远征漠北、西域。他们是武帝性格的延伸，是帝国挥出的铁拳。对内集权与对外征伐，是刘彻的力量来源。他对卫青说：不出师征伐，天下不安。武帝一朝，是中国古代进攻型将领最多的朝代。靠蛮力挑战汉朝的匈奴，在武帝铁拳不断打击之下，不得不一再远遁。

张骞，中国古代走得最远、出使时间最长的外交家、旅行家。军事将领向远方伸出铁拳，大汉使者则向远方传布帝国消息。

董仲舒，首次确立儒学至尊地位的思想家。天下一统了，也必然要求“软件”一统。帝国到了从容建设“软件”的时候，董仲舒应运而生。他将儒学世俗化、实用化兼神学化，殚精竭虑从天上到人间为体制寻找自圆其说的合法性。

……

这些人与司马迁同代。他们大都不会留意、在意人微言轻的司马迁，而早早就有史学使命意识的司马迁却不会不留意他们。

大文明需要大时空。汉朝人不论走多远，都没有发现文明高于自己的地方，

更不会发现比自己还要庞大的帝国。在这一大背景下，刘彻追求好马的热情极为高涨，为此他不惜耗费巨量人力物力，派将士一次又一次深入西域。后世不断有人诟病刘彻此举。其实，这类似当今追求尖端武器。刘彻有理由认为，他最有资格拥有尖端武器，最好的马应该为他的帝国驰骋。

司马迁（约前一四五—前八十七年）面对的就是这样一个时代。他的命运，他的才华，在此时空下展开。

比生活在这个时代更加幸运的或许是：司马迁有一位伟大父亲——史学家司马谈，一个有能力有条件站在时代文化巅峰的人物。司马谈任太史令，太史令掌文史星历。"天下遗文古事，无不毕集太史公。"（《史记·太史公自序》）司马迁的读书条件当世无人能比。司马谈服膺道家精神，却让儿子师从孔安国、董仲舒等人习儒。这应当含有为儿子规划未来人生的现实考虑。崇儒大局已定，只有习儒才能走上仕途，这类似今日的接受应试教育。司马迁十岁时，父亲就将他从家乡夏阳（今陕西韩城）带到京城长安。二十岁时，司马迁迎来了他一生至关重要的首次壮游。这时的司马迁无公职，出游必出于父亲的安排。由此可见司马谈对儿子的期待之深。司马谈的影响及有意识的培养，必使司马迁的文化自觉、史学胆识发育极早，为他成长为精神更雄伟、文采更丰富的人，奠定了重要基础。

司马迁在《太史公自序》中高度概括了自己二十四岁前的人生：

> 迁生龙门，耕牧河山之阳。年十岁则诵古文。二十而南游江、淮，上会稽，探禹穴，窥九嶷，浮于沅、湘；北涉汶、泗，讲业齐、鲁之都，观孔子之遗风，乡射邹、峄；厄困鄱、薛、彭城，过梁、楚以归。

司马迁对自己的游历甚为得意。首次壮游大约持续了三年时间，再次出游则已是奉使青年朝官身份。这些游历可视为司马迁所进行的史学"田野调查"。一个学养非凡的青年，又及时进行了非凡的浪漫长旅，胆识、文气得到有力淬炼，他以广阔的地理为人生奠基。正当多情易感的青春时代，走出书斋，面对大地山河，胸中典籍掌故在游历中一一指认，书生心窍豁然开朗。如此时空的长旅，在汉代之前是不可想象的。国家大，心脏亦大。帝国的强大心脏，能把志向非凡的司马迁送到很远的地方。司马迁深知这个时代，并喜欢这个时代。当然这并不妨碍他后来激烈批判这个时代。在此后二十多年时间里，他又不断随侍热衷出巡的刘彻，遍行大汉江山。后世的史学家，在脚力与心力两方面皆无人能及司马迁。非凡的游历考查，使他对历史特别是现当代史具备了鲜明在场感，历史的大局与细节了然于胸。他把游历化为《史记》的一条脉络，其深沉的脉动不时在各篇中呈现。

司马迁已经把自己确立为这样一个人物：中国古代游历最为深广、文化准备最充分的史学家。到司马迁以深邃眼光打量历史的时候，中华民族极其宏富的历史经历，亦在呼唤一位伟大史学家、一部伟大史学著作的出现。

在这个大时代，司马迁却一直是一个小人物。司马迁二十四岁左右为郎官。此后二十余年，他几乎随侍了刘彻所有出巡行动，虽自视为莫大殊荣，但他无疑是一个无足轻重的旁观者、记录者。与众不同的是，职业敏感、知识修为使他自觉不自觉地成为一个洞察者。司马迁能看到并经历他人看不到的历史活剧。在那些活剧中，他只是一个跑龙套的角色，对剧情却可能比主角、比导演看得更清楚，并深知产生那剧情的背景。元封元年（前一一〇年），刘彻举行汉朝首次登泰山封禅大典，司马谈却突然在周南（洛阳）病危，不能随侍封禅，临终遗命司马迁完成《史记》。司马迁垂泣受命。按汉制，儿子可继父职。三年后，三十八岁的司马迁继任太史令。此后至四十八岁遭宫刑前，司马迁除应对本职事务外，集中撰述《史记》。

司马迁或许自信已具备洞察历史的能力了，但对自己的命运却完全无能为力。他深知历史，在现实中却一派天真。

他要为自己的天真付出“意外”代价了。

李陵案的一个意外事件

千人之诺诺，不如一士之谔谔。——司马迁

士为知己者用，女为悦己者容。——司马迁

不管投降及投降后的遭际多么曲折，李陵是叛徒这是历史事实。

吊诡的是，一代又一代后人一直同情乃至喜欢这个叛徒。历史的可畏与有趣，在李陵身上得到充分体现。

对李陵的这份历史情感较大程度上是司马迁给奠定的，是他抚哭叛徒情怀的濡染和发酵。

司马迁朋友很少，撰写《史记》这一浩大工程要求他必须心无旁骛，家族、

职位亦决定他不会成为朝廷股肱之臣，无巴结权贵的必要。虽然如此，皇帝刘彻的身影却不能不深深地笼罩他。宫刑之前，他是这种心态："绝宾客之知，忘室家之业，日夜思竭其不肖之材力，务一心营职，以求亲媚于主上。"（《报任安书》）谁都可以不必巴结，皇帝却是生存意义所在。青年郎官司马迁小心翼翼，紧手紧脸，让皇帝满意、讨皇帝欢心是最高行为准则。与皇权下的许多臣子近侍一样，司马迁亦具"臣妾心态"。

任安是他少数几个朋友之一。公元前九十八年司马迁入狱并受宫刑，次年出狱，且意外地尊崇任职——任中书令（皇室机要秘书）。七年后，任安因"巫蛊案"下狱，论腰斩之罪。任安下狱前数年，曾致信已任中书令的司马迁，希望他"尽推贤进士之义"，就是利用职务之便向刘彻推荐自己。司马迁竟数年未复此信，直至任安死到眼前才复信。两千年后一读再读《报任安书》，司马迁那颗流血的心仍会令人心惊胆战：老朋友任安你太不理解我的心事了。

刘彻对司马迁施以宫刑，皇帝心事依旧，司马迁心事已非。

司马迁对李陵家族的敬仰和同情由来已久，而他与这个家族向来毫无瓜葛。"夫仆与李陵俱居门下，素非相善也，趣舍异路，未尝衔杯酒接殷勤之余欢。"（《报任安书》）与李陵连一杯酒的交情都没有，却为他蒙受奇耻大辱。

李陵像他的祖父李广一样急于立功。公元前九十九年秋天，李陵主动要求率五千步卒出击匈奴。进入漠北已是寒风吹彻的冬天。这注定是一个与他过不去的冬天。在浚稽山一带，李陵部众与单于三万骑兵展开了遭遇战。单于很快发现他这三万骑兵竟不能制服李陵五千步卒。单于又调集八万余骑，对李陵摆成合围之势。李陵部众的一百五十万支箭全飞向了匈奴人。部队损失惨重，且成了一支赤手张空弓的部队。他下令部众解散，各自突围。单于太想活捉李陵了。李陵未能冲出重围，最终为单于所活捉。

李陵投降了。

李陵投降前二十年（公元前一一九年），其年过六十的祖父李广最后一次出击匈奴。他已转战疆场四十余载，匈奴人都惊呼他为"汉之飞将军"。时乖命蹇的李广始终未能封侯。他想用战功说话。可是，部队却因迷路而贻误战机。为向皇上谢罪，亦为本人和家族免受羞辱乃至屠杀，李广果断自杀于阵前。

李陵却陷入了复杂的选择。

李陵全军覆没的消息掀起轩然大波。刘彻一开始听说李陵阵亡了，接着又有消息说投降了。他便让相师给李陵母妻相面。相师说李陵母妻脸上皆无死丧之色。独裁者往往乐见他人的牺牲，牺牲愈壮烈，独裁者心境愈欣慰：这样是好的。一将功成万骨枯，为有牺牲多壮志。李陵阵亡或自杀，他这当皇帝的才有面子：李陵竟不肯为我一死，他至少应该和他祖父李广一样啊。

名将阵前降敌，深深刺激了朝廷心脏。事件中心不是李陵，而是皇帝。刘彻的心情，才是臣妾们最关心的。他们在揣度此时刘彻爱听什么话。从前赞扬李陵的人都说李陵坏话了。司马迁对无人为李陵说句公道话甚为不满，臣妾心态又使他牵挂刘彻，希望皇上能把心放宽一些。适逢皇上召问，小臣司马迁发言了：

> 仆观其（指李陵）为人，自守奇士，事亲孝，与士信，临财廉，取予义，分别有让，恭俭下人，常思奋不顾身，以徇国家之急。其素所蓄积也，仆以为有国士之风。……且李陵提步卒不满五千，深践戎马之地，足历王庭，垂饵虎口，横挑强胡，仰亿万之师，与单于连战十有余日，所杀过当。……转斗千里，矢尽道穷，救兵不至，士卒死伤如积。然陵一呼劳军，士无不起，躬自流涕，沫血饮泣，更张空拳，冒白刃，北向争死敌者。……身虽陷败，彼观其意，且欲得其当而报汉。事已无可奈何，其所摧败，功亦足以暴于天下矣。(《报任安书》)

司马迁对任安说，他就用这些话去应对皇上。可是，秀才心事对帝王心事，真是南辕北辙。刘彻龙颜大怒：你这是攻击贰师将军李广利屡次劳师远征，却损兵折将！李广利是谁？刘彻宠妃李夫人之兄。皇权政治必有强烈的裤裆味道。刘彻对自己的裤裆政治竟如此敏感如此精打细算。国家，国家，国就是人家刘彻的家呀。对多疑忌刻、心理又遭重创的刘彻这样说话，可视为司马迁之不智。专权者有翻脸不认人的强大优势，闷棍的这个打法当然是臣子无法也不可能招架的。

司马迁下狱。司马迁成了李陵事件中的一个意外“事件”。

这完全出乎司马迁意料——微臣可是一片忠心啊！

更大的不幸还在后面。第二年，刘彻对李陵之事有所悔悟，派公孙敖深入匈奴，企图寻机接回李陵。公孙敖未能见到李陵，却传给刘彻如此消息：李陵正为匈奴练兵，准备与汉朝对垒。

刘彻心灵再次遭受重创。皇帝总有迁怒的办法：李陵被灭族；狱中司马迁论死罪。

司马迁在武帝面前开口为李陵辩解时，内心既有书生的正直天真，又有婢

妾般的绝对忠诚。几句话惹出杀身之祸，令司马迁一下子明白：帝王心事与臣妾心事，实有天壤之别。司马迁当时大约连咬碎舌头的心都有了。可是，宫刑七年之后，在那封著名的《报任安书》里，仍情不自禁盛赞李陵。可以后悔当时那样说话，但一旦白纸黑字却还是要那样说话。

司马迁的悲剧是偶然中的必然。驰骋疆场的将领，或胜或败或死或降，乃正常命运，因将领正常命运而致司马迁无妄之灾，又属非常事件，非常事件落在司马迁身上又有必然性。如他不在场，或在场不说话，或察言观色随大流说话，都可免祸。他在场了，他说话了，他说话必发自肺腑，发自肺腑就要惹祸，就要触犯宫廷丛林法则。这是性格决定命运的古代版本。彻底的恐怖效果来源于绝对的惩罚权力，专制者需要不讲理就能做到绝不讲理。

按汉律，死罪可拿五十万钱赎罪，或以宫刑免死。司马迁家无余财，朝中也无人为他说话，他只能面临三种选择：自杀、处死、宫刑。自杀是最能保持一点尊严的死法，司马迁也最想自杀。读《史记》，你看到自杀是如此普遍，伍子胥、田横及五百士、李广、屈原、蒙恬等等，皆自杀。自杀是有用的，或明志，或避辱，或解脱……可是，《史记》未完成，我司马迁不能死。是斩首还是去势，他只能在身体的两头之间选择。——他选择了宫刑。当朝当代不许他发自肺腑说话，他对历史、对后人发自肺腑说话的愿望就变得格外强烈。司马迁坚定地想：我必须活下去。他决定接受一具荒谬的身体，在荒谬中活下去。从此，他终生视自己为该自杀而未自杀的人。

人是唯一的为了自身利益而对同类或其他动物实施阉割术的动物。比身体阉割更加普遍的是精神阉割。能决定现实秩序者，必求决定心理精神秩序。在宫刑之前，司马迁虽学识超人，却亦自觉走在精神阉割的路上了："以求亲媚于主上。""婢妾心态"在皇权体制下是常态，而非异态。大环境足以使你自觉养成"婢妾自律"。宫廷之内，大约只有皇帝一人无"太监表情"。从阉者身体和精神里，皇权可以得到所需要的最"纯正"奴性。

敏感自尊、学识超人的四十八岁老男人司马迁被处以宫刑了。少小时遭阉割，会自然养成阉者人格，可司马迁已经做男人四十八年了。

宫刑，这真是一种令人发指的酷刑，一种最具中国特色的摧残术。文明进化的结果使男女性器成为最深忌讳最根本隐私，宫刑则把这一切一刀挑开。消逝的性器实际上可看作是被张挂在了受刑者脸上。司马迁将耻辱列为十等，"最下腐刑极矣"。腐刑（宫刑）是生人耻辱之极。"仆以口语遇遭此祸……以污辱先人，亦何面目复上父母之丘墓乎？虽累百世，垢弥甚耳！是以肠一日而九回……每念斯耻，汗未尝不发背沾衣也！”（《报任安书》）七年两千多个日夜未能使耻辱感稍有缓释。他时时感受着身体上的那片虚空。阉人，皇权体制里不可或缺的蛆虫。司马迁的残生里，时时有蛆虫在身的恶心。

司马迁的裤裆空空荡荡。一刀下去，他终于窥破帝王心事了。司马迁坚定地想：刘彻，这回我不跟你玩了，不给你为婢为妾了。

在与武帝刘彻的短兵相接中，司马迁看见刘彻并不高大，他看见了刘彻脸上的毛孔和眼中的血丝。匍匐的他站了起来，站立成大丈夫，站立成一心可对八荒的大丈夫。对司马迁来说，现世已成“荒原”。现在，《史记》成为他生命中第一位的东西。

中书令向来由宦官担任。对司马迁宫刑后任此职，不断有人说这是刘彻羞辱司马迁，有意提醒他的宦竖身份。从前我亦认同这一说法。今日看来，这是高估了刘彻的情商。对下级，没什么奖赏比官帽更重要，这是皇帝和各级首长的共同思维。司马迁出狱时，李陵事件已尘埃落定。公孙敖传回的消息有误：为匈奴练兵者不是李陵，而是另一位降将李绪。李陵得知被灭族后，怒而杀掉李绪。“大势已去”的司马迁出狱后竟升了官，参与皇家机密，这很大程度上是刘彻的悔过表示。杀人不眨眼的皇帝，犯不上用一顶级别更高一些的官帽子去羞辱一个人，也与情理不通。

对皇帝心事，司马迁已洞若观火。对司马迁心事，皇帝完全无知。刘彻完全不知眼前这个无根男人在精神上已走得多远。处司马迁宫刑这年，刘彻是六十岁老人了。这个老英雄，这个把权力使用到极致的帝王，他不会去判断也无兴趣判断身边这个小人物的雄心壮志及情感风暴。

当世荣辱、皇帝恩宠对司马迁已完全无意义。他虽被置于权力系统中，但精神上绝对是“局外人”了。皇帝亦不过是“荒原”的组成部分而已。宫刑无异于一场精神淬火。司马迁在精神上已彻底抛弃了当代，抛弃了皇帝。

司马迁要在历史里无所依傍地站着。

至莫（幕）府，广谓其麾下曰：“广结发与匈奴大小七十余战，今幸从大将军（指卫青）出接单于兵，而大将军又徙广部行回远，而又迷失道，岂非天哉！且广年六十余矣，终不能复对刀笔之吏。”遂引刀自刭。广军士、大夫一军皆哭。百姓闻之，知与不知，无老壮皆为垂涕。（《史记·李将军列传》）

《李将军列传》是唱给李陵祖父李广及李陵家族的深情挽歌。司马迁的深情，化为历史的深情。李陵案为《史记》增加了最深重的义感气。

李陵案意外地改写了司马迁的命运，被改写命运的司马迁重写了中国历史。中国历史多了一种“意外”的表情——司马迁表情。

原载《钟山》2016年第3期

士与绅的最后遭逢

阿　来

今天我来谈谈李庄，谈谈对李庄的感受。因为我知道宜宾市里和区里正在做李庄旅游的开发，其中最基础性的工作，就是研究李庄文化。那么也许我的这些感受，就可以作为一个案例，可以作为一个游客样本，作为有文化兴趣的游人的样本，看他来到李庄，希望看到什么，或者说，他来到了李庄，有关中国文化所产生的一些联想，所有这些也许都可以作为当地政府对李庄旅游开发跟文化开掘的参考。我不是旅游规划专家，所以，我作为一个有文化的游客，只是希望在这一点上对你们有所启发，这就是我愿意来此谈谈李庄的原因。

其实，我这次也只是第二次来李庄。两个月前吧，还来过一次，那是第一次。听说这个地方好多年了，读这个地方有关的资料、书籍，尤其是读我们四川作家岱峻的非虚构作品《发现李庄》，也有好多年，但不到现场，这种感受还是不够强烈。因为过去我们老是想，来到李庄的那些知识分子，如傅斯年、董作宾、李济、梁思成等这样一些人，他们是跟中国新文化运动相始终的这样的一代知识分子，如果只是讲他们如何进入一个谁都没有预想到过的地方，在这个地方艰难存息，而且继续兢兢业业地从事使中国文化薪火相传的平凡而又伟大的工作——尤其是在抗战时期，中国文化面临巨大存续危机的时代——这样的工作更是具有非凡的意义。第一次我来李庄时，便忍不住说了四个字，“弦歌不辍”。这是一个有关孔子的典故。《庄子》上说：“孔子游于匡，宋人围之数匝，而弦歌不辍。”这种精神当然是很伟大的。这一部分事迹，在今天李庄文化的开掘中，已汇集了相当丰富的材料，也有了较为充足的言说。

但我觉得，这并不能构成李庄文化的全部面貌，因为抗战时期，不同的学术机构、不同的大学，辗转到不同的地方，到桂林，到贵阳，到长沙，到昆明，

到成都，到重庆……但在那些地方并没有产生像今天李庄这样有魅力的故事，那就说明这样的一种局面的形成情况并不是一个单向度的问题。就像今天讲在昆明的西南联大，怎么讲呢，大多还是像今天我们讲李庄那些外来的大知识分子的故事一样，讲他们如何在困难的条件下专注学问，如何在风雨飘摇的时势中不移爱国情怀，却很少讲出昆明跟西南联大、这个地方跟联合大学互相之间产生交互作用的过程。这也情有可原，因为那些机构大多在大的地方，在相对中心的城市，中央政府政令相对畅通的地方，所以与地方交互的故事，并不是那么多，尤其是他们跟当地民间各个阶层相互交往关系故事并不是特别多。

这其中好些地方我都去过。比如西南联大所在的昆明翠湖边，也曾在湖边曲折的街巷中怀想那些消逝了的一代知识分子的背影。

但为什么独独是李庄？一下子就在这么小的一个地方，来了这么多学术机构，而且，至少同济大学的到来，是由李庄的大户人家，也就是过去所说的有名望的乡绅们联名主动邀请来的。我觉得这里头一定是包含了某种有意味的东西，这个过程体现了某种特殊的价值，有特殊的意义存在。那这样的意义到底是什么？

第一次来过李庄后，回去我就老在想这个问题。

当时我就有个直觉，可能我们今天谈李庄的时候，谈外来的学术机构尤其是那些学术机构当中在中国乃至在全世界的不同学术领域都有显赫地位的知识分子，讲他们的故事讲得特别多。他们的故事应不应该讲？当然应该！但是在讲这些故事的同时，我们可能遮蔽了一些事实，那些被遮蔽的事实就是：当地人如何接纳这些机构，使得这些知识分子得以在这里度过整个抗日战争的艰难时期，在这个过程中，李庄人做了什么？更为重要的是，完成了这一义举的为什么是李庄，不是赵庄不是张庄？那么，这在当地它有一个什么样的道德传统，什么样的文化氛围，可以使得当年在李庄这个半城半乡的地方，由这些当地的士绅邀请这些下江人来到李庄，而且来到李庄以后，又给他们提供那么多的帮助，提供那么多的方便？那这其中一定还有很多湮灭在政治运动和漫长时光中的故事，等待我们的打捞与讲述。只有把这双方的故事都讲述充分了，才是一个真实的李庄故事，完整的李庄故事，更有意义的李庄故事。所以我觉得将来的李庄故事，一定是一个双向的挖掘。

寄住者的故事和接纳者的故事的双向挖掘。

那么，这个故事的双向挖掘的意义又在哪里？

我以为，通过李庄故事，可能还原一个中国传统社会的图景，传统社会最美好的那一面的完整图景——过去的几十年中，我们看待中国传统社会形态时，较多注意它不公平不美好的那一面，而对其美好的那一面关注是太少太少了。

在我看来，李庄故事里的两个方面的主角，恰巧是中国的上千年传统社会结构当中，两个最重要的阶层最后一次在中国历史中同时露面，在中国文明史上最后一次交会。我们知道中国有一个词叫士绅，在过去旧社会里，中国长期的封建社会当中，有时士绅是二而一的，但更多的时候，士是士，绅是绅，士是读书人，是以求仕进、以求明心见性的读书人；绅，是乡绅，是地主，是有产者，也是宗法社会中的家族长老。很多时候，士就是从绅这个阶层中培育生长出来的。在过去的社会，即便到了民国年间，到了同济、史语所、营造学社等中国最高级的学术与教育机构来到李庄的时代，士与绅这两个阶层在社会中的作用也是非常非常重要的。他们几乎就是社会的中坚。士，用我们今天的说法就是知识分子；绅呢，就是大部分在中国的乡村，聚集财富，维护道统，守正文化的有恒产，兼有文化的，并且成为家族核心的那些人。大家知道，中国古代政府不像今天政府这么大、这么强势，所以政府真正有效的控制大概就到县一级，下边今天划为区乡镇村组这些地方，按今天的话就可以叫作村民自治。但是这个“民”如果像今天的农村，大家实力都差不多，一人平均一两亩地，几分地，大家都是这样的一两幢房子，文化也都处于那么一种荒芜半荒芜的状态，没有宗族的、道德的、精神性的核心人物，所谓“自治”其实几乎是不可能的。但过去在乡村中，首先有宗族制度维系，同姓而居，同姓而聚，构成一个内部治理结构。从经济上说，因为允许土地自由买卖，土地就会相应向一些人手里集中，就会出现地主。大多数时候，地主不只是聚敛，他也施予，扶贫，办教育，等等。不管是宗族的族长，还是地主，还是小城镇上某种商业行会的领袖，这些人都叫乡绅。绅，他们在大部分时候构成中国乡村县以下的自治的核心阶层。而且不只是乡村，还包括乡村周围的小城镇，如李庄，也不是典型的乡村，他既是乡村，也是一个不小的城镇，因水运，因货物集散而起的城镇。总而言之，在封建社会当中，就是士与绅这样两种人成为中国社会的两个支柱，除了皇帝从中央开始任命到县一级的官员以外，他不再向下任命官员，王权的直辖到此结束。到民国时期政权开始向下延伸，乡绅中的某一个人，比如说李庄当时的乡绅罗南陔，他可能当过乡长、区长，但这个恐怕更多也是名义上的，官与民互相借力，真实的情形可能是照顾到他的这种乡绅的地位与其在乡村秩序中所起的特定作用——在乡村自治或半自治中所起的作用。

这个时候，刚好遇到全面抗战爆发，于是，故事就发生了。没有全面的战

争，这些知识分子，这些士，不可能来到这个地方。我觉得李庄故事的核心就是：在这里，中国士与绅来了一次最后的遭遇，最后的结合，然后留下了一段李庄故事。今天中国社会已经改天换地，我们大概可以说士这个阶层，也就是知识分子阶层还在，虽然在国家体制中的存在方式与民国时期也有了很大的变化，但还是继续存在。但是，绅，乡绅这个阶层却是永远消失了。今天国家政权不但到县，还到了乡、镇，还进了村，此前还经过了土地改革，土地所有者也变成了国家。土地私有制被消灭后，绅所赖以存在的基础就彻底消失了，所以从此以后绅这个阶层在中国社会当中是不会再有了。所以，我以为李庄的故事其实是中国乡村跟城市，不，不能说是城市，应该说是中国基层的乡绅们跟中国的士这个阶层最后发生的故事，而这个故事是这样美好，这样意味深长。

过去我们说到绅，得到的多是负面的印象。从共产党进行第一次国内革命战争，就是红军时期以来，中国人习惯了一个词，叫土豪劣绅，习惯了给“绅”加上一个不好的定语：“劣”。过去乡村里有没有劣绅呢？肯定有的，但是不是所有绅都是劣的呢？那也未必。如果是这样，中国乡村在上千年历史的封建社会中，没有办法维持它的基本的正常的运转，如果绅都是恶霸，都是黄世仁，都在强占民女，都要用非法的方式剥夺土地和其他生产资料，农民都没有办法活，那这个乡村早就凋零破败，不存在了。但中国乡村在上千年的历史中一直延续到二十世纪五十年代初期，自有其一套存在的方式与合理的逻辑。当然，乡村这种秩序的瓦解也并不全是革命的原因。这种乡村制度的瓦解首先还是经济上陷入困境。其中重要一点，就是近代以来，现代工业的兴起，廉价的工业品从城市向乡村的倾销，造成了首先是手工业的凋敝。但因为城乡贸易的增加，自然会带来物流运输的增加，那么，那样一个特殊时期，是不是反而造成了李庄这个水码头的繁荣呢？

话有些远了，还是回到绅这个话题吧。

我来说说“绅”这个字是什么意思。这个字最早出现在汉字里头，是说古代的人都穿长衣服，所以腰上会有一条带子，绅的本意就是束腰的带子。《说文解字》里说：绅，束腰正衣，使貌正之。就是人穿衣服要有规矩，显出有一个庄重的样子。后来就从这个本意引申出来“绅”这个字一个新的意义，就是说凡可以叫绅的人，在道德上对自己是有要求的，他们在生活当中，在生产活动，在经商过程当中，是对自己有某种道德要求的。更不要说那些大的家族，绅作为家族的族长，一个家族祠堂的总的掌门人，他要平衡各个方面的关系，协调相互之间的情感，很显然如果只是使用暴力，只是用阴谋诡计，恐怕很难达到为尊族中与乡里的目的。他还是依靠合于传统道德的乡规民约，依靠一种道德言行规范，来约束自己的言行。前些天我去扬州，参观一个地方，也是看到一个以前老乡绅的老院子，从这老宅子中抄到两副对联，其实这就是自古以来，中国乡绅阶层对于自己的约束和要求。用什么样的带子来维系他们的道德、维系他们的传统呢？这两副对联就是这家人的传家箴言，第一副的上联这样写的："几百年人家无非积善。"说一个家族要在一个地方，在当地立足不是一代不是两代，是要在这里几百年传家，要在这里长久立脚，而且还要家世昌盛就要多做惠及邻里的好人好事。下联是："第一等好事只是读书。"我们知道，过去乡下乡绅门前大多会有个匾额，匾额上大多书四个字——"耕读传家"的，正是这个意思。第二副对联上联是："传家无别法非耕即读。"说我们这些人家做什么事最好最长久呢？只有两件事，不是耕作就是读书。下联是："裕后有良图唯勤与俭。"说使后代保持富裕不是传多少钱给他，最好的方法是学会勤劳与节俭。这其实不只是这一个家族的传家格言，而是中国古代以来乡绅们所秉持的一个久远的传统。

进一步说，过去的士，很多人都是从这些耕读世家出身的，如我们四川的三苏，一门三父子都通过科举考试成为士，而在没有成为士之前就是当地有名的绅。到了明代，新都的杨升庵一家，父亲是朝中高官，自己又考上状元。父子没有出仕之前，就是当地的绅。他们的家庭，就是当地耕读传家的绅。如果我们愿意多下一点儿功夫，查一查抗战中来到李庄的那些士，傅斯年、李济、董作宾、梁思成、林徽因、陶孟和、童第周等等，考察一下他们的家世，一代，两代，三代……大多都是来自乡村，来自乡村的绅这个阶层。

土地改革以后，绅中的一些人被划了一个成分，叫地主。这本来是一个中性的词，土地的主人。划定成分时，就有了贬义。之前，却应该是一个好的词吧。孟子说过"无恒产则无恒心"嘛，有了地就是恒产，有恒产就有恒心，所以这样的一种士绅耕读的传统，就决定了这些乡绅不是今天我们再用这个词时所说的，那些个不尊重文化的暴发户，那些第一桶金或许都带有原罪色彩的所谓土豪。那个时候的乡绅中土豪其实是有的，但也是少的，大多是耕读传家的大家族大乡绅，他们的发展是一步步走来的，除了财富的积累，同时也有道德与文化的长久积淀。所以当抗日战争爆发，国家和这个国家的文化都面临深重的危机时，这些李庄的乡绅们才能够懂得文化的价值，这些士的价值，才会主动邀请这些文化人，这些当时的士与未来的士来到李庄，托庇于李庄。今天大家都在挖掘李庄那封电报的故事，那不就是当地的乡绅们结合在一些，他们身

份很复杂，有商人、有国民党的区长乡长、有乡间的哥老会首领，但这些都是乡绅在新的时代中出现的逐渐分化，也许，在寻常情形下，他们之间还有种种明里暗里的争斗，有各种利益的冲突，但这个时候，他们可以集合在一起，说邀请这些文化人、这些文化机构来李庄吧，让我们为保护中国文化，保护中国的读书种子做点儿事情。

在这样的时期，当中央研究院史语所及其他所、国立同济大学、中国营造学社等学术机构遇到困难时，很难想象从那么一个从来没有听说过的地方，有一群人联名发出电报邀请他们来到李庄。所以我觉得我们以后一定要把李庄的故事讲好，一定要讲出他背后的道理，而这个背后的道理恰好正是中国悠久的文化传统当中最最重要的那一个传统。绅这个阶层，不但一直在哺育中国士的阶层，他们还内在地坚守着一种精神，一种尊重中国文化人、读书人的精神。

前次我去板栗坳，看见史语所的人他们离开时还留了一块碑在那里，碑文写得很好，我想再给大家念一念，其实也就是记述了当时乡绅收留他们的事情，还写出了张姓乡绅的家世。

这通碑叫“留别李庄栗峰碑铭”：

“李庄栗峰张氏者，南溪望族，其八世祖焕玉先生以前清乾隆间，自乡之宋嘴移居于此。起家耕读，致赀称巨富。哲嗣能继堂构辉光。本所因国难播越，由首都（南京）而长沙而桂林而昆明，辗转入川，适兹乐土。尔来五年矣。海宇沉沦，生灵荼毒，同人等幸而有托，不废研求。虽曰国家厚恩，然使客至如归，从容乐居，从事于游心广意。斯仁里主人既诸军政当道，地方明达，其为藉助有不可忘者，今值国土重光，东迈在迩，言念别离，永远缱绻，用是询谋，佥同醵金伐石，盖弇山有记，岘首留题，懿迹嘉言。昔闻好事，兹虽流寓胜缘，亦学府一时故实。不为镌传，以宣昭雅宜，则后贤其何述？”

碑文开头就写了在栗峰传家八代的张家。张家不是穷人，穷人怎么接纳他们呢？“……移居于此。起家耕读……”注意刚才我讲过，这些士如傅斯年、李济他们这些人是深深懂得中华乡村传统的，所以他们说李庄乡绅如张氏这样的望族是起家于耕读的……而且一家人继续读书，不因为有点钱就荒废了，所以这个家族传了八代还是勤谨兴旺、耕读传家之人……碑文里几句话，说得非常简单，然后他们要走了，又说了几句话……说我们在这儿做研究，在战乱时候在李庄做研究，完全靠的是主人的仁厚，就这么一个短短的碑文，我在那儿看，我念了三遍，很感动。士这个阶层，他们自己就有很大的发言权，用今天的话叫作有话语权。而他们刻下这通碑的时候，就把绅对于士在特殊时期的庇护说了出来，大声说了出来：是为了“宣昭雅谊”，这是士与绅在中国最后一次遭遇所留下的雅谊。

古时候说，居高声自远，士都在高处的，知识分子的声音都是传得很远的，可乡绅呢？当地呢？而且这个阶层在接下来的几年，在我们的土地改革当中，这个阶层就已经消失了，大概中国以后也再不会出现这个阶层了，而他们的声音就消失了。所以我们今天要讲好这些士的故事，这些知识分子的故事，要把这个故事讲得更加完整全面，就不能不说出这些乡绅所代表的李庄人的故事。这个故事我们也要讲好。所以我有个建议，以后要着力做一些关于这些乡绅家世事迹的调查整理工作，在考虑李庄文化陈列的时候，也应该有一两个地方来说一说李庄本身的文化，李庄本身的历史。不然就不能说清楚为什么是李庄，不是王庄，不是赵庄，托庇了这些伟大的传承了中国文脉的中国学术机构与人士的道理何在。这个道理就是中国几千年传统文化中，耕读传家的乡绅文化当中，一种天然的对文化的追求和对文化的向往与尊重。

当然，时代已经处于剧烈的变化之中，中国的乡村社会，中国的乡绅们也正在接受现代文化的冲击，虽然相较而言，他们还是更熟稔中国的传统文化，孔孟之道。有一个外国汉学家跟梁思成夫妇很好的，他谈到中国文化时，就说过，中国的乡绅们大部分其实就是儒家，他们自己就是儒家文化的传统的代表，对于现代的民主与科学思想还不是很了解。所以这里也有这样的故事，说李庄人对于同济大学医学院做尸体解剖是如何惊诧与不解。我相信这样的故事一定是有的。但这种故事该怎么讲，该以什么样的方式来讲，也是大有考究的。我觉得以后再讲这样的故事，应该要基于一种对传统文化以及对当地人的充分尊重，要基于历史学家常说的一句话叫“同情之理解”，我们要很正面地更详尽地讲这个故事，一定不要在讲这种故事的时候，变成简单的文明跟落后、文明跟愚昧那样的冲突，而把李庄当地人在这个故事当中漫画化了。这个不是对于接纳了那么多那么重的士的李庄人的尊重。即便他们在观念上暂时不能接受，但他们后来不是就接受了吗？所以这里头有一个历史学的原则，我愿意再重复一次，就叫“同情之理解”，你必须站到他那个位置上，想他为什么会这样看待这个问题、这个新出现的事物。那是传统文化驱使，而不是他对文化本身的看法，如果我们漫画化了他们，就可能出问题，给来李庄的游客一个印象，原来这是一个非常愚昧的地方。

如果这里真是一个非常愚昧的地方，我们一来到李庄，就不会看见镇口就耸立着一座奎星阁。

奎星在中国古代文化中指的是北斗七星中的一颗，我记不得是在第三还是第四颗的位置，总之北斗七星中有一颗就叫奎星，又叫文曲星，是专门照应一个地方文运的。如果这是一个愚昧之地，那么为什么在李庄这个地方人们没有塑一个别的东西，比如不是商人奉为保护神的关公，关云长，而修了一个奎星阁？奎星阁为什么修得那么高？因为可以接应到天上昭示文运的奎星的光芒，使这个地方文运昌盛。这说明这个地方一直是尊重文化的。我第一次来，一看这个地方有一座奎星阁，我想这一定是一个有文化向往、尊重文化的地方。

在李庄故事的重新讲述的过程中，当地已经做了很多有意义的工作，比如那些知识分子，那些士在那么艰难的条件下，种种使得中国文化得以薪火相传的事迹。但原谅我觉得这还不够，我们还应该在另一个方向有做大的努力，做一些恢复跟重建当年当地乡绅文化的努力。只有这样，有了士与绅之间这么一种相互的印照，互相的激发，我们才真正会知道中国文化的活力所在的最大秘密。我们也才知道为什么那么多文化机构在半个中国四处漂泊后，能最终安顿在此地，扎根在这里，出了这么多成果和成就，而且是在那么艰难的条件之下，这是什么道理？在物质生活非常艰难的情形下，两个不同的阶层之间，当地人和外来人互相之间这种人情的滋润，对于当时来到这里的困窘无比的文化人来讲，我想，就是一份巨大的温暖和支持！

从很早以前，中国就是实行乡村自治的。从春秋时代开始，就出现了中国乡村的基本建构单位，出现了我们今天表达乡村建构的那些词。顾颉刚先生在他的《春秋》一书中说，春秋时代的乡村治理，或者说乡村的构建，最小的单位叫家，家上的单位叫邻，今天我们讲的邻那时其实是一个行政单位，邻上是里，再往上是乡，乡上是党。今天我们谈乡亲谈乡村的时候，经常还用这些词：邻里，乡党。北方人，尤其是陕西人特别喜欢说，我们是乡党啊。这代表一个地方的，其实从邻里到乡党，都是乡村结构。而且国家政府机关并不向你派出官员，大部分就是乡村自治。前些天我看到一个材料，说清代时，人口开始大增长，用了不到一百年时间，人口就翻了两番，到了三亿多近四亿。为什么呢？因为这个时候从外国传来了产量高的作物，来了玉米、番薯，来了马铃薯，过去粮食产量低，自然形成对于人口增长的抑制，粮食产量高了后，人口自然大爆发。同时，在这样的情况下，清代的官吏跟明代相比，人口翻了两番，但吃行政饭的人，也就是公务员并没有增加。这就说明在这样一种情况下，乡村通过乡绅们的自治，仍然是行之有效的。这些用束腰的带子——绅作为命名的人们，在乡村是宗法权力的维系者，是经济生活的维系者，同时也是道德与文化传统的维系者。而正是他们对自己有约束有要求，这种传统才能够存之千年，而不被废弃。如果情形不是这样，如此这些人都是土豪恶霸，这种乡村治理早就被推翻，早就崩溃，废之不存了。

当然，封建社会从形式上是永远结了，经过改天换地的土地改革，绅这个阶层是没有了。现在看来，当年的那些乡绅们，在解放后还受到不公平过激的对待。但是今天的情况正在发生变化，我们可以坐在这里，比较客观地来反观这段历史了。而且我们谈的不是给谁平反的问题，而是谈一个文化传统问题，给一个历史现象一个合情合理也是合乎当时历史事实的文化解释。当年李庄那些乡绅，他们是有代表性的人，代表了中国传统文化的一些人。只有讲清楚他们的故事也才能把士和绅的故事梳理清楚。只有这样，只有有了他们充分的庇护与帮助，就如栗峰碑文中所讲的，“幸而有托，不废研求”。才有那封电报中那简洁而又恳切的话，“同济来川，李庄欢迎，一切需求，当地供应”。所以，当这些文化机构，这些士，这些知识分子来到这里，才能在抗战烽火中觅得一块平安之地，继续专注于自己的学问，自己的研究与教育工作，而弦歌不绝，使得这些人在困顿之中更加表现出谔谔之士最美丽的一面。

是的，就像传统文化决定了乡绅有乡绅对自己的道德与文化要求，知识分子对自己也是有道德与人格要求的，士对自己从来就是有要求。不像今天我们讲知识分子，条件已经过于宽泛，有一定学历就叫知识分子或者有个技术职称就叫知识分子，不是这样的。当然知识分子对自己的第一个要求就是有学养、有学识、有学问，但是只有这个是不够的，知识分子还要有风骨、有气节、有人格。我们在讲李庄故事时，讲士与绅时，有很多知识分子都可以作为楷模来讲。比如傅斯年这个人，可能就是中国的更符合士的要求的知识分子，很多的老先生、知识分子比如董作宾这样的人，他们更多的可能是专注于自己的学问，但是傅斯年这样的人不一样，他要过问国家的政治，他要干预国家的政治，但是你真正要让他去做官，他又不做官，蒋介石亲自请他吃饭，让他当议员，不当。但他一定要当好史语所的所长。那个时候情况不一样，傅斯年们不会觉得在大学里在研究机构里当领导就是做官，那时必须到政府任职才算做官。今天上述所有地方的领导都是官了，这是今天时代带来的变化，这个变化也带来知识分子的某些变化。当年抗战刚结束，李庄的摊子还没收拾，傅斯年就急急忙忙跑到了北京，他要恢复北大。这个时候国民政府已经任命了胡适当北大校大，西南联大要分开，清华归清华，北大归北大，但胡适还没有从美国回来。傅斯年在李庄的一摊子事还没有收拾的情况下，就跑到北京去了。有点儿争强好胜

急于恢复北大，说不能让北大落在清华后面。北大当年撤离后，还有一部分教职工留在北京，在伪北大做事。傅斯年说胡适这个人学问比我好，但办事比我坏，别人让胡适快点回来接任北大校长，他却给胡适写信说，你不着急，你慢慢回来，我先去给你代理校长。因为怕你心软，对伪北大的人下不了手。他回去就一件事，只要是在伪北大干过一天的，当年北大撤离后还留在北京，在日本人手下工作的这些人，一个不留。当时，这些人也到政府去静坐上访，也有政府官员找傅斯年说算了吧，除了少数人真给日本人做事，别的也就是混口饭吃。傅不干，说为人没有这样的，我们是北大人，只要这些伪北大的人中有任何一个人留下来，那么对于那些历经千辛万苦，撤离到昆明、到李庄的这些人来说，就是不公平的。后来，他自己说我就是北大的功狗，我就是北大的一条狗，等我把那些人都咬完了，再把校长位子还给胡适。胡适学问大，却是好好先生，他干不了我这种拉下脸皮不讲情面的事情。所以我来当北大的狗，功狗。傅是文化人，他骂自己也是有学问的，这背后是有典故的。功狗这个典故是从刘邦来的。汉高祖刘邦平定了天下，对手下很多人论功行赏的时候，韩信、张良等不服，问他，萧何不是跟我们一样帮你打天下吗？为什么萧何做丞相，我们就没有那么大的权力？刘邦说，萧何是功人，有功的人，你们是功狗，有功的狗。不是刘邦看不起那些人，他打了个比方，说好比上山打猎，你们呢像狗一样，是人家指出了猎物在哪里，你们就去追，你们就把猎物追回来。萧何呢，他是能发现猎物并指出猎物在哪里的人，然后计划好门道告诉你们怎么去得到猎物，所以他是猎人，你们是猎狗，但都有功，所以萧何做丞相，他的本事比你们大，他是功人，你们是功狗。这就是功狗的典故。所以说北大教授不会轻易骂自己为狗的，即便骂自己为狗也是要有典故的。所以这些知识分子是在这样一种环境里出来的，知识分子也是要报效国家的。

没来李庄前的史语所还发生过一个故事。这个人在中山大学毕业，曾在史语所工作一段时间。傅斯年把他派到我家乡一带的地方，今天甘孜、松潘、茂县那一带地方，去调查羌族语言，做羌族语言研究，然后，又去做藏族语言的研究，傅斯年对人要求很高，有时候又有点儿着急，几次调查报告拿回来都不满意，不满意这个人。这个人也很硬气，就不理傅了。这个人是爱国青年，还上过军校，突然他到了阿坝就不想回来了，傅斯年写信批评他，他就不回来了，不回来干什么呢？阿坝有个县叫金川县，那个时候已经很汉化了，当地有个绅真是个劣绅，当袍哥首领种植走私鸦片，没有人敢管，县长也不敢管。这个人就找到省政府说，我去那里当县长。当时任用干部的好处是不用像现在要经过副乡长、乡长，跟区长再当县长的这样的过程。上面说你真想去，真敢去，就去吧。那个时候史语所已经搬离李庄了，一九四六年了，他就真去当了金川县县长。上任没几天，就准备对付那个劣绅，他说前任怎么就把他拿不下，我来把他拿下。他的做法很简单，他对手下人说，你们连《史记》都没读过吗?《史记》里有鸿门宴，我就给他摆一道鸿门宴吧。他真就这么干的，发请帖，请杜总舵把子了——那个劣绅姓杜，请到县政府赴宴。宴席中真的就跟古书里写的一样，酒过几巡，摔杯为号。那位姓杜的袍哥舵把子也有胆气，就敢到县政府喝酒，接到请帖就去了，去会会新到任的县长。真的当这人喝到半醉，就让县长的卫兵把这个人打死了。这位书生县长他真的觉得是为地方除了一大害。但他没想到，第二天，这个人的手下几百人就把县政府包围了，最后把他给杀了，这个史语所出来的人就当了几天县长。也许他不熟谙官场的一套东西，但正因为不愿意尸位素餐，不肯得过且过，自己丢了性命。但他确实用他的死，让国民党政府有了借口，马上派兵镇压，这个县一股尾大不掉的势力，从此被铲除。这是一个书生用他的死换来的。也许在今天现场这些富于行政经验的听众看来，他把这个事想得很简单，但我们确实可以看到，那个时代的知识分子身上，他确实有忧民报国的真切情怀的，而且他这种情怀在史语所这样一个特殊的知识分子群体所形成的氛围中得到巩固和强化。后来我遇到一个台湾史语所的人，我问他你们那儿是不是有他的档案，他说真有这个人，说他当年搞民族语言调查的油印材料还在史语所的学术档案里，还有傅斯年批评他的文字留在上面。然后他愤而出走，愤而去当县长，然后献身。这个人的名字叫黎光明。

我们可以看到围绕史语所的这种故事，我们可以看到那个时代知识分子身上蕴藏的精神与人格力量。我觉得这些故事都还有待于进一步发掘。现在是双向的故事发掘都不够，李庄的故事要更立体更完备更符合当时的历史语境。讲故事是一回事，怎么讲这些故事，用什么样的方式，用什么样的态度讲这些故事又是一回事，这其中都大有文章。有些故事如果处理得不好，就可能像医学院的尸体解剖故事那样，可能会简单化，漫画化。讲到说故事的方式与态度，还有个危险就是，比如说怎么讲梁思成林徽因及其他人的爱情故事，也是一个问题。因为今天我们所处的消费时代，这个故事如果讲得不好，就有可能像当下很多地方一样，只热衷于把林塑造成一个被很多男人疯狂追求的人，这既轻薄了林，也轻薄了那些美好的爱情故事。我们更应该把她作为一个知识分子的建树，尤其是作为一个知识女性在那样的年代里，一个大家闺秀沦落到一个乡间妇女的日常生活的焦虑中的对家庭的倾心维系，对学术研究的坚持表达出来。

她的弟弟“二战”中死在战场上，她是怎么对待的，而不被这巨大的悲痛所摧垮，这是什么样的精神！即便说到爱情，她病得那么重，金岳霖专门从西南联大过来为她养鸡，这故事怎么讲，今天我们的故事讲得太草率了，不庄重，逸闻化。长此以往，李庄这样一个本身可以庄重的，意味隽永的故事慢慢就会消失它的魅力。当然关于这些知识分子，这些士的故事确实是太多了，还是要深入地挖掘。这些学人的后人大多还在，其中很多还是有言说能力的知识分子，也许他们出于对前辈的维护，提供材料的同时，也会规定或影响这个故事的讲述方式。这个当然要尊重，但规定性过强，也会出现问题，这也是需要加以注意的。

到了李庄，我又有新发现，我原来都没想到，在中央博物院突然找到了一个人叫李霖灿，这个人在我做有关丽江泸沽湖的历史文化调查时遇到过，遇到过他写那些地方的文字，后来，这个人就从我的视野中消失，不知所踪了。我在丽江做调查的时候，我就查到在民国时代三十年代到四十年代有三个人写过丽江。其中两个人是外国人，一个叫约瑟夫·洛克，一个是俄国人叫顾彼德。洛克写的书叫《中国西南的古纳西王国》，顾彼德写的书叫《被遗忘的王国》。此外，我还找到过一本小册子，就是李霖灿写的。这是一本游记，当时散乱发表在报刊上，后来有人收集起来，出了一个小册子。那时候李是杭州美专的老师还是学生我记不起来了。学校派他到西南少数民族地区去收集一些美术资料，他就去了丽江和泸沽湖一带，在那个年代，中国人大部分还没留下那些地方的真实记录的时候，搞美术的李霖灿却写了一本跟泸沽湖跟丽江跟玉龙雪山这一带有关的大概几万字的书。至少对我有很重要的参考作用。但后来我就再也找不到这个人去哪儿了，从此再无消息，因为我觉得一个搞美术的，而在美术活动中再也不见他的名字，又没见到他继续从事文学书写，从此就断了线了。那次在张家祠，一下子见到他的名字，原来他加入中央博物院了，进了当时那么高的学术机构，就是缘于他在丽江的那段经历。在那里，他从搜集美术资料入手，进而接触到纳西族的文字，并对此发生浓厚兴趣，半路出家，转而对当地的东巴语言和文字进行研究，编撰出了汉语东巴文词典，成了中国知识分子用现代语言学方法研究中国少数民族文字的中国第一代学者，也许今天我们很多学者还在沿用他创建出来的一些方式跟方法。所以要感叹，这个世界很大，但这个世界也很小，一个在我自己研究视野当中失踪了多少年的人，突然在李庄出现，而且，这个人已经从一个搞美术的人变成为一个语言学家。因此可以见得，在当时那么艰难的条件下，他们还在教学相长，还在努力尽一个士、一个知识分子的责任，以学术的方式研究这个国家，建设这个国家。这样的精神，对今天的知识分子来讲，有多么可嘉可贵，自不待言。

前几天我刚好去眉山的彭祖山，我有一个朋友在那儿搞养老地产开发，我去彭祖山一看，在当地档案馆一查，对彭祖山最早的文化考察，对当地汉墓的考古挖掘，也是当时李济所属的在李庄的考古所的人去做的，留下了很有价值的考察报告。那时，你就不得不感慨，在那么艰难的条件下，他们还在认认真真地从事他们的学术事业，有人甚至还到了敦煌，去临摹敦煌壁画，而且一待就是一年两年，天天跟傅斯年写信要钱。傅斯年就又从李庄出发，坐船到重庆，到教育部去求人，去骂人，把钱又要一点儿回来寄给大家花，就是用这样的方式在延续文脉，不使中断。所以我觉得我们要把李庄故事讲好，这些知识分子留下来的生动的故事也要进一步挖掘要整理，而且这些整理要有更好的方式、更直观更生动的方式来呈现，今天我们可以有很多方式做出种种呈现，因为我们的博物馆学已经很发达，博物馆的方式已经有很多很多，我相信能够找到更好的呈现方法。

但是我觉得更重要的是，李庄的故事最精彩之处，就是刚才我讲的，中国的士跟中国的绅的最后一次遭逢，而这次遭逢从人文精神上绽放出这么美丽的光华。而且这在中国历史上一定是最后一次了。如果说知识分子这个阶层，士的精神还会继续在读书人中间继续存在的话，中国乡间的耕读传家的绅是永远不会再现了。

中国传统社会当中最重要的两个阶层在既是抗战时期，也是中国发生翻天覆地巨大的社会革命的前夜，绽放出来这样一种光华，呈现出来这样的历史文化现象，我相信无论我们怎么书写呈现，都绝不为过，也是具有非常特别的意义的，对我们构建我们民族文化的记忆，尤其是一个地方历史文化的记忆，这一章是非常重要的。从这个意义上讲，李庄是非常重要的，李庄是非常珍贵的，李庄是值得我们永远珍视的，因为只有在这样一个历史节点上，士和绅这样两个阶层在这样的时刻，都向中国人展示了他们品格中最美好最灿烂耀眼的那一面！所以我认为但凡对于中国文化怀有敬意，对于中国文化那些优质基因的消失感到有丝丝惋惜的人，都应该来到李庄，在这个地方被感动被熏染。

我记得老子《道德经》中有这样一句话——在我感觉中，老子是个悲观主义者，总感叹这个社会在精神道德上处在退化之中。所以，他说："失道而后德，失德而后仁，失仁而后义，失义而后礼。"他说这个世界本是按大道自在运行的，但人的弱点，人性的弱点，让人失去自然天道的依凭，而不得不讲求

德，这已经不是自然状态了，只好用德这个东西来自我约束和彼此约束，只好退而求其次，“失道而后德”。但最后我们连德也守不住，就“失德而后仁”，当我们失去自我约束，所谓仁，就是我们只能要求我对别人好一点，别人也对我好一点，特别是统治者对我们好一点，我周围比我强大的人对我好一点，这也就是孔子说的仁者爱人。但仁也守不住，“失仁而后义”，说仁也不成了，就只好讲点义气。到义气就很不好了，义气就是我们这帮人扎在一起搞成一个小团体，小团体内部彼此很好，但对团体外面的人很差，我们想想中国的传统小说，《三国演义》里刘、关、张之间当然有义，但他们对别人就可能仁也没有德也没有了。《水浒传》里，宋江和李逵有义，宋江被抓了，李逵为救他不顾生死去劫法场，讲不讲义气？中国人觉得这个特别好，但我们看李逵从法场上救出宋江，往江边码头狂奔，一路抡起斧子就砍，砍到江边砍了多少人？对宋江有义对其他被他砍的人有义吗？用今天的眼光来看，李逵简直就是古代版的恐怖分子嘛，所以到义已经就非常不堪了。但是在李庄故事里我们回过头来看到，不管是这些知识分子，还是接纳他们的这些乡绅，我想先不说道，但至少还在德跟仁的层面上，在这个层面上我们来看到中国传统文化当中的这些因素，在不同方向上对不同层面的人都形成了某种有效的制约，使这些在达成了某种人格，达到了某种令人难以企及的境界。这种关系用今天话来讲，还是一种充满了正能量的关系。所以李庄在传统文化维度上的教育意义肯定比中国武侠小说要强。中国文化，中国的人际关系到了要靠义来维护的时候，其实已经很不堪了。但是，李庄故事不是这样的，李庄故事还会给所有人以温暖的感染。

在今天这个已经高度组织化的社会，在社会深刻转型变革的时期，在时代剧烈的动荡当中，其实讲求义都很困难。“背信弃义”这个词，在中国语言中存在也已经很久了。想想这个局面，真是令人不寒而栗。而在那样一个动荡的时代当中，李庄这样一个地方，还保存了读书种子，还保存了文明之光，更重要的是通过士与绅这两个阶层的结合，保存了中国传统社会当中的那种基本的道德感，基本的人性的人情的温暖，这就是李庄让人流连忘返的所在，让人觉得李庄故事了不起的地方。

原载《十月》2016年第3期

安放自我（节选）

——

梁鸿鹰

为什么是文学?

对文学的最初感情来自我的母亲和外祖母。

是母亲讲述的《西游记》和民间故事让我知道了日常生活之外幻想世界的精彩。记得我在上学前后那段时间，已经养病在家的母亲经常给我和妹妹讲唐僧带着徒弟西天取经的故事，唐僧收徒弟、蟠桃会、大闹天宫、猪八戒吃西瓜、高老庄娶亲、三打白骨精、过火焰山，以及豌豆公主、东郭先生的故事，多么奇幻迷人，她讲的“洋铁桶”历险记、小兵张嘎，一直被我视为民间传说。姥姥则用她浓重的胶东口音给我们讲牛郎织女、八月十五的传说，当然最多的是用“狼来了”的故事吓唬我们。她们的讲述牵动着我们的每一根神经，我们一遍遍着迷地听着。这些故事是那么美好、直接、有趣，里面的人物铅华洗净、音容毕现，他们的呼吸、他们的声音好像就在我们四周一样触手可及，我确信妖怪们的魔力货真价实，相信豌豆公主有那般娇嫩，也丝毫不怀疑“洋铁桶”跳进粪坑就能躲过日本鬼子的追杀。这些故事诉诸我的想象，把我对世界的认识立体化、具象化、趣味化，这些“文学的人物”在遥远的空间和时间里飘来飘去，我渴望变成他们中间的一员，与他们在一起，参与他们的游戏与生活。

当我拥有了自己的连环画的时候，事情就不同了，图与文的结合给了我更多想象飞升的空间。我忘不了高尔基的《童年》《在人间》和《我的大学》。那个穿着厚厚衣服、永远围着围巾或者披肩的“外祖母”让我怎样地痴迷，又让我暗自流下多少泪啊——外祖母，我们身边也有个慈祥无边的亲爱的外祖母。这三本“小人书”让我看到了这个世界上居然有那么多的争吵、搏斗、哭闹，有那么多的贫穷、欺诈、绝望。终于，我看到倒霉的阿列克塞长大了，他不单

活下来了，还读上了书、出人头地了。可看到他在《列宁在1918》和《列宁在十月》里以紧锁眉头的大胡子形象出现的时候，除了高个头让我佩服外，我对高尔基大失所望。但这个“三部曲”给我的冲击是巨大的，我似乎由此开始设想自己未来的生活。

忽然有一天，我在里屋的书架上发现了邹韬奋文集中的一册——《萍踪寄语》《萍踪忆语》，这是怎样漂亮的书啊，硬壳精装，美轮美奂，上面有穿扮入时的男男女女的照片，工整的蝇头小楷信件影印件，邹韬奋一张英气逼人的标准像，所有这一切与我生活的那个物质、文化双重匮乏的现实相距都太遥远了，这本书让我心里隐隐作痛！一页又一页地翻开、读着，我似懂非懂，只记得，邹韬奋在旅俄（或旅欧）的轮船上，看了一路、写了一路。可邹先生笔下这些人的生活离我们整天嚼红薯干、吃钢丝面，过节才能吃大米饭的现实无异于天上地下，这个优雅的、由女士和绅士构成的世界似乎不比齐天大圣上天入地的生活更现实。我们未来可能过这样的生活吗？我当时这样想。

这种感受很快就被《高玉宝》《把一切献给党》《平原枪声》《铁道游击队》等带来的快感给淹没了，在打打杀杀的热闹中，在穷人翻身的喜悦中，我浪掷着自己的精力，投入自己的想象，这些小说或者读物帮我认识历史、认识世界——原来世上历来就有地主和贫农，他们水火不容，就像八路军和日本鬼子必须你死我活一样。《野火春风斗古城》《苦菜花》和《林海雪原》则给我更复杂的感受，里面的情感纠葛、多角男女关系吸引了我，革命的图景退在后面。正在我费力地要解读这些的时候，手抄本《梅花党》《一只绣花鞋》扑面而来，这些另类的革命斗争史、反特史，让我读得气喘吁吁、汗流浃背，而不同版本的手抄《第二次握手》则令我强烈地感觉到“知识分子”叙事的酸腐。手抄本文学在正规出版物之外构建的世界，从另外的维度上考验了我的想象力。

上高中前后，我开始用零花钱邮购上海的《文汇月刊》和北大的《未名湖》。《文汇月刊》封面很长一段时间都是竖排的，骑钉印装，读的东西我全忘了，只记得里面的文章大声疾呼“文化开禁”。除了“伤痕文学”“知青血泪”之外，我对朴素的《未名湖》的记忆只剩下王友琴和卢新华。王友琴是全国的高考状元，卢新华则命名了“伤痕文学”。接着，我几乎跟踪似的，读刘心武、张洁、蒋子龙、徐迟，读张承志、阿城、韩少功、张辛欣，再后来就读到了很多让人心惊肉跳、想入非非的东西——因为我已进入了青春期。上世纪八十年代的我国当代文学作品基本上消解了我在“文革”后期通过读《金光大道》《西沙之战》《红雨》和《小靳庄诗选》等建立起来的社会图景。

高中毕业选择文学是必然的，此时文学已经成为我鲜明的爱好。上大学后，我把精力一头扎进外国文学的阅读中，主要是欧美文学——当然也只是翻译文本，如董秋斯译的《战争与和平》《大卫·科波菲尔》，罗玉君译的《红与黑》，汝龙译的《复活》，周扬、谢素台译的《安娜·卡列尼娜》，傅雷译的《高老头》《欧也妮·葛朗台》《幻灭》，李健吾译的《包法利夫人》，钱春绮译的《浮士德》，杨苡译的《呼啸山庄》，李青崖译的《温泉》，罗大冈译的《约翰·克利斯朵夫》，张谷若译的《德伯家的苔丝》，朱维之译的《失乐园》，查良铮译的《雪莱诗选》，王佐良译的《唐璜》，楚图南译的《草叶集》，杨绛译的《堂吉诃德》，朱生豪译的《莎士比亚全集》，纳训译的《一千零一夜》，祝英庆译的《简·爱》，李文俊译的《喧嚣与骚动》等，那些用发暗的新闻纸印出来、封面简约又大方的名著，伴我度过了多少个欣喜的夜晚啊。我只读经典的、最有名的东西，杨武能译的《少年维特的烦恼》、傅东华译的《飘》只能当作消遣的补充来读。这一番恶补使我看到外国经典的伟大，也感受了这些翻译名家的学养，名著的风范，是我在当代文学中很难感受到的。经典作品中的道德、正义、哲理魅力令我着迷，文学世界的宏大、精妙让我彻底折服。但我得承认，四年当中，唯一一本让我读得大气不敢出的作品是英国作家乔治·奥威尔的《1984》。我在外版书库偶然发现了这本书，是台湾译的竖排版。不让外借，我泡在图书馆读了两天，一种“窥破天机”或读“反动书”的感觉让我心惊胆战了两天。书是在一九八四年之前读到的，过了一九八四年，我也就把它抛在了九霄云外。

在大学后半阶段我又重新发现了中国现代作家的不凡、古代话本小说的智慧，但即使是冰山之一角，我也尚未得时间窥其究竟于一二。这是我至今引为遗憾的。

大学时代学习的文学理论，从总体上看是苏联的框架，是对延安文艺座谈会讲话精神的贯彻，上世纪五六十年代的话语，但今天仍然有用。这就是理论的光芒。毕业后我留在文艺理论研究室，作家温小钰建议我到哲学系进修美学和西方哲学，以便承担更多的教学任务。我立下宏愿苦读中外文论，阅读兴奋点并没有转向中国当代文学。没想到一年后，我被派支援西部教育。边履行“支教”的使命，边复习考研究生，我只得权且在各种文学选本中领略到一星半点文学之永恒与壮美。

三年研究生的生活是在无拘无束的无序状态中度过的。我们同专业的几个人，大都没有按照专业规定的方向读书，而是遇到什么读什么，“二战”以后特别是上世纪六十年代以来的美国文学让我痴迷，我尤其对几位犹太作家感兴趣。

南开大学校友、美籍华人周仲铮给校图书馆捐助的大量英文书，我走马灯似的借过不少。印象最深的是波兰裔美国犹太作家杰西·柯辛斯基（Jerzy Kosinsky）的《漆鸟》（*The Painted Bird*），该书引马雅可夫斯基诗句作为题献——“只有上帝，真正全知全能，知道他们（人类）是不同种群的哺乳动物。”篇幅不大，通过“二战”中从纳粹魔掌中逃出来的犹太男孩的眼睛，写东欧偏远落后地区的五光十色的社会生活，主题是痛斥人类的愚昧与自相残杀，语言极简明，极有韵味。但后来，声名鹊起、已经贵为美国笔会主席的柯辛斯基终因剽窃、作伪曝光于一九九一年自杀。研究生阶段的美国小说阅读使我感受到，由二十六个字母组合起来的英语世界可以那样动人，可以那样意会与言传！从此之后，我再不愿读翻译作品——老一辈翻译家的译作除外。我理解，美国文学涉及的主题、宣示的理念，蕴藉的各种现代意识，实际上是人类长期思考的一些共同问题，但正是来自四面八方，有着不同族裔、人生和教育背景的美国作家，把这些题旨揭示得更有穿透力，从而搅动了世界文坛。霍夫曼的《美国当代文学史》对此进行的充分感性化梳理和分析，则极大提升了美国文学的影响力。

研究生毕业论文题目选择的是《亨利·詹姆斯小说叙事理论研究》，为此我似懂非懂地啃了大量有关詹姆斯的书，还专门从天津到北京的美术馆东街二十二号拜访过詹姆斯的译者、北大西语系教授赵萝蕤。当时老太太穿中式棉袄，独守着个偌大的院子，若干年后，《三联生活周刊》专门就这个院子被拆做过一期“封面文章”，这时的赵教授已经作古，让人感慨良多。我在她家头一次看到像图书馆一样前后排列摆放的书架，架子上的书都很老旧，在昏暗的光线中默默地等待人们的翻阅。想不起谈话的内容了，只记得她说话江浙口音重，好歪着头，双眼从镜片后面紧紧地盯着我。我立题的时候詹姆斯还是个时髦题目，待我做完，这个题目已经“臭遍街”了。我的文章受当时“思潮热”“翻译热”“西方热”的影响很重，注重理论论证，不愿用文学实践支撑。关于小说叙事问题，南开大学通过对中国古代小说的研究多有揭示，如果把中外的实践经验与理论结合起来，对我国的小说创作想必会多有助益。如果东与西老死不相往来，学术与实践也永远隔离，文学研究又有何用？

到机关工作后，我做的第一件事情是通读《鲁迅全集》，然后就东一榔头、西一棒槌地读杂书。逛书店，特别是逛旧书店的毛病依然未改，我购进了大量的书，并开始重新触摸老祖宗留下的东西。书法字帖、中医典籍、杂家论著，我在那里面窥得了幽深无比的所在，初步领略了属于我们民族的表达方式、思维方式的奇妙，这里的大气与细腻，狂躁与沉敛，具体与抽象，似乎你永远也探求不尽。无论是刘勰、傅山，还是李斗、曹去晶，他们构建的世界诱惑着我们，这个迷人的世界让我们后人自卑。

但我确信，无论是古代的、现代的还是外国的、中国的，文学永远值得用生命去探究和守望。

为什么是文学?

为什么要守望文学的天空?

文学让我们想起生命的短暂，文学提醒我们宇宙的有限与无限;

文学让我们想起在这个世界上，作为过客和羁旅者，我们是孤独的;

文学也让我们想起自己是高贵的、聪慧的，因而也无比幸运。

原载《十月》2016 年第 5 期

索布日嘎之夜：我听到了谁的歌声？

鲍尔吉·原野

我的心是一块顽石，在泥泞雾霾中泡过好多年。这样的心常常听不到草叶在微风里细碎的摩擦音。我来牧区，进入蒙古语的言说里面，感觉蒙古语把我的脑子拆了，露出天光，蒙古语的单词、句子和比喻好像是树条、泥巴和梁柁，像盖房子一样重新给我搭建了一个脑子。这个脑子有泥土气息和草香，适合感受马、盐、泉水和歌声，不适合算计，虚伪的功能完全被屏蔽了。我的心仿佛在蒙古语里融化了，剥落掉核桃一样坚硬的外壳，露出粉红色血管密布的心，一跳一跳，回到童年。

我们坐在蒙古包里喝奶茶，外面响起雷声。牧民说：天说话了。其他人附和：天说话呢。是的，蒙古语管打雷叫天说话，也可译为“天作声”。天这个词，牧民常常尊称为“腾格里阿爸”——天爸爸。他们说出这个词自然亲切，像说自己家里的长辈。在牧民心里，一生都接受着天之父的目光，他的目光严厉而又仁慈，无处不在。

在巴林右旗索布日嘎镇，牧民说，他如果需要一块木料，上山选树。砍树的人心里忐忑不安，斧子藏在后腰衣服里。牧民们不砍草原上孤独的树，那是树里的独生子。他到树林里找一棵与他需要的木料相似的树。比如勒勒车的木辐条坏了，就找一棵弯度与辐条接近的树。准备砍树的人下跪、奉酒，摆上奶食糕点，说“山神啊，我是谁谁谁，我的什么东西坏了，需要这棵树，请把这棵树恩赐给我吧，并宽恕我砍树的罪孽”。然后拔出斧子砍树，砍完拖树一溜烟跑下山了。对了，砍树前，他还要掰下几根树杈示警，说：我要砍树了，住在树上的神灵起驾吧！

我跟别人讲到这件事，对方笑了，说蒙古牧民挺幼稚，不懂科学。我想人类从远古走到今天，并非依靠科学，科学也不应该是巧取豪夺之学。人幼稚是说此人尚处在童蒙阶段，如果民族仍然幼稚，它该多么天真纯洁，归它走的路还有很远，这该是多大的幸运呢？

蒙古民族对其信赖尊崇的事物赋予拟人化的代称，比如把加工五谷的碾子叫“察干欧布根”——白色的、吉祥的老翁，管拉盐车队的首领叫“噶林阿哈”——火的兄长，管接生婆叫“沃登格”——大地的母亲。在蒙古语里面，一切都是生灵，彼此是具有亲属关系的父亲、母亲、兄弟姐妹，尽管这些生灵的外形是空气、云彩、土壤、水或结为晶体的盐。人只是这个大家庭中间叫作“人”的小兄弟而已。不同的语言里暗含着不同的价值观，顺着每一条语言的路都会走向不同的终点，清洁的生活产生清洁的语言。

在索布日嘎，我看见一个男人拥抱一个女人，身旁一人赞叹：“乃波乃仁恩特贝日乎。”直译为“细细地拥抱”，也可译为“温柔地拥抱”，实际说的是“细致珍惜地抱住她”。我感叹于世界仍有这么体贴人心的语言，如果心与心拥抱，能不细致吗？我感觉人们现在使用语言太草率了，无所敬畏，也无所怜惜，我们失去了好多用心描摹生活的机会和能力。

蒙古牧民称走马为“蛟若”，最好的走马是“蛟若聂蛟若”——走马中的走马。他们形容马走起来“像流水一样”，这一种步态寓意着马和马倌的智慧。水跟火是蒙古牧民心中的圣物，他们至今恪守着成吉思汗规定的戒律：不许往河水里扔脏东西，不许在河水里洗衣服与撒尿。河是母亲，河水就是母亲的身体。牧民们告诉我：每一座火里都住着一位火神，他们虔诚的神情表示这是不可怀疑的，“火神是一位女性神灵”。火婀娜地伸展腰身，让黑暗退隐，黑暗在远处注视女火神怎样为牧人煮好每一餐饭食。火的纹理没有杂质，如缎子一般细腻。它飘扬的样子正如母亲小声哼唱一首长调。直到现在，牧民们用干净的木柴和纸张引火，不许往火里吐唾沫，不许泼水。火最好的燃料是干牛粪。牧民说，小时候，父亲把他拣回的牛粪里的羊粪、狗粪和狼粪拣出来，烧这些粪是对火神的不敬。水啊火啊，山川大地，人们用清洁的、没有伪饰的语言吸纳你的回音，存在心里。大自然当中所有原初的事物都有浑朴的本质，即使我们闭上眼睛，用手摸一摸它们，也感觉得出这些事物亘古以来未变的质感。闭上眼睛摸摸并捻一捻河水，水的柔软活泼与清澈是一回事。摸一摸石头就摸到了时间的皱纹和古代。摸摸马，你想象马正用长睫毛的、黑水晶一般的眼睛看你，它光滑的脊背有汗，说明刚刚跑完。有一句蒙古民歌的歌词尤其让我感动——马驹在羊水里就记住了自己的故乡。牧民们喜欢传诵一个故事，说一匹马被卖

到了长江以南的地方，它不知怎样翻山渡河回到了内蒙古故乡。牧民们说到这里，交换眼神，唏嘘赞叹，并用眼神征求我的看法。我心里想这不可能，马固然会泅水也能登山，但它路过地方的人是不会放过它的。我还是跟着牧民一起赞叹，一起惊讶。既然我们会相信网络上天天都有的谣传，为什么不相信马也有返乡的美德？为什么不信火里和水里住着清洁的神灵呢？我宁愿把自己脑子里贮存的所谓知识清除掉，它们也许早过时了，让更多的民间传说和神话进入心灵。索布日嘎的猎人说猞猁聪明，它平时不留下任何痕迹。下雪天，所有野兽在大地上留下脚印，猞猁等大动物出来觅食之后，爪子踩在大动物的脚窝里行走。我眼前浮现出八十多岁的猎人苏达纳木手脚并用模仿猞猁跨越大步的情形，这多好啊！多幼稚！我喜欢这些还没有摆脱童年的幼稚的人们！

今年七月二十二日，农历六月十九，我被邀请参加索布日嘎镇吉布吐村祭拜村庄敖包的仪式。祭敖包何其神圣，村虽小，但越小越纯粹，我被邀请参加祭祀，深感荣幸。晚上，我甚至在镇政府的宿舍里来回踱步，享受这份荣幸。巴林右旗要在天亮之前祭敖包。古人称，约略看清自己的掌纹曰天亮，而天亮前依然伸手不见五指。我们凌晨三点钟起床，三点半出发。开车的司机甚神奇，他在漆黑的夜里瞪大双眼看前方，左右转动方向盘，仿佛他是一只夜视的猫，在夜色稠密的草原上看清一条路。车停了，可能停在山脚下，抬头却辨不清山峰与夜空的分割处。我被扶上一台摩托的后座，抱住驾驶员的腰。摩托突突行进，我听到黑暗中有许多摩托轰鸣前进。摩托驮着我们爬上跃下高低起伏的丘陵，我听到水声，摩托冲过浅浅的河流之后停下来。这时影影绰绰看见许多人，却看不清面孔和衣服。我们登上一座不太高的小山。山虽然不高，但登上去周围却清晰了。一座敖包矗立眼前，上面系着飘动的哈达。全村的男人环立敖包前，他们穿着整齐的蒙古袍，戴帽子，脸膛肃穆坚毅。他们的面色好像比夜色还要黑，只有眼睛和鼻梁反光。驮我的摩托车手竟然穿着陆军作战服，他刚从部队复员。村里的敖包长宣读祭文，祈求敖包神灵庇佑村子人畜平安，风调雨顺。吾等全体俯身跪拜，起身献上自己所带祭品。我献上了酒、袋装牛奶、糕点和奶豆腐。拜过，我取一点奶豆腐带给父母吃，用我爸的话说："山神吃剩下的东西，人吃了最好。"

站在山上转身看，仿佛就在转身的一瞬间，天亮了许多。天和地像轻云和浓云分开了，沉黑的大地伸向远方。我身边的村民笑眯眯地互致问候，这时能看清他们的年龄和老年人的皱纹了。他们变得轻松而欣慰，相信自兹日起，直到来年，吉布吐村风调雨顺，国家康泰平安，那是必须的。下了山，略多的光线让我看到吉布吐村牧民身穿的蒙古袍有多华丽。这些光让我看清他们海蓝色蒙古袍上的银白团花和橙色的腰带，灰色蒙古袍大襟的橘红绲边。他们比演员更漂亮，他们的英武气质和服饰在大自然中更显出恰当。而我想到一个村的男人们穿着华丽的衣着在夜色里穿行，该有多么诚恳，携带着他们自己才知道的美，让敖包神多么欢喜。大地啊，你有多少我所看不到的美，坚定地、默默地发生，它们发生在事物的肌理内部，而不是表演。

我们又坐摩托又过河，碾过晨曦铺就的地毯之前我们还按巴林人的习惯祭拜了清澈可爱的沃森花泉水。大地亮了，曦光下的大地多么可爱。光线以它刹那千里的怀抱告诉人们草原的辽阔，比长调唱的、骏马跑的还辽阔。如瓷器般青白色的天空刚刚醒来，而大地比天空更宁静，灌木和草毛茸茸地等待苏醒。远处的山峦如同画家的初稿，还差六遍敷色。而我们在飞驰，身旁还有人骑马，他们显得比骑摩托的人高大，手挽缰绳也比手把摩托好看。骑手在马背上跃跃然，瞻顾四方。东方正好有太阳倾泻的红光，如洪水决堤（这些光每天早上决堤一次）。这时看出平坦的草原并不平啊，每一处隆起泥土都被红光刷了漆，像千万座雕塑面东沉思。前方是吉布吐村，光线早于我们赶到那里。“吉布”是箭头的意思，也是古代的名字。村里的彩钢瓦像在屋顶铺了一片片红毡。这个村好漂亮，户户有同样的黄栅栏和带“乌力吉江嘎”（吉祥图案）的大门，街路硬化，新栽的小树排列成行。太阳把鲜艳的红光照在吉布吐村里一点都没糟蹋，这里像一处童话外景地。而我自从祭祀敖包后成了村民中的一员，混迹在摩托车和马队里，与晨风冲撞。我们相互微笑，如同赞美这个时刻，领取大地天空赐予吉布吐村民和我本人的这个美好的早晨。

也是在索布日嘎，几天前，镇里的蒙古族职员组织了一场野餐会，地点在这个镇临近西乌珠穆沁旗的景区“荣升十八景”。他们在一棵枝叶繁盛的黑桦树下面等我，地上铺着防雨车衣，摆着食品，他们大多三四十岁，带着家属孩子。他们并不说什么，却用眼光亲切地注视我，仿佛眼光是一块布，轻轻擦去我脸上的尘埃。蒙古族人口少，同胞为他们自己民族能出一个作家而高兴，这是这么多双目光交织的眼睛送给我的信息。我很惭愧，我还没达到让这些纯真的目光褒奖的程度，但又没法解释，只好看周围景物。那一边山峦俊秀，这一边草场宽广。蒙古黄榆沿河边生长，如同河流的卫士，保护着它的清澈。黑桦树下面歌声响起来了——《诺恩吉雅》，所有的人都在唱，他们的眼睛看着树，看着山，看着虚空，仿佛那里写着歌词——“海青河水长又长……”一遍唱完，再唱一遍。他们用嗓音不断往歌的火堆里添柴，不让它熄灭。这情形特别像海浪

一遍遍冲刷堤岸，洗刷着我的心。他们怎么知道我需要洗礼？“吾欲仁，斯仁近矣。”歌罢，一个小女孩用蒙古语朗诵了一首诗，诗中说“这座山哪管只有牛粪那么大，也值得跪拜，因为这是我们的土地”。她以稚嫩的嗓音念出这么诚恳的诗句，态度却坚定，竟使我老泪纵横。我怕在别人面前流泪，可在这样的旷野里，我能躲到哪里流泪呢？谁让你遇到这样的歌声和这样的诗呢？

高林艾里是一个村的名字，意谓河的村——这真是一个好名字，我参加了一场牧民为我举办的篝火晚会。什么人值得让村里的乡亲为他办篝火晚会？我闻所未闻。听说这是为我办的，我真是惭愧至极。那是在山坡上，村民几乎从山的各个方向走向篝火，他们好奇地看我。一些孩子大胆地与我交谈，他们读过内教版蒙汉文课本收录的我的作品。我觉得更值得一说的是这里的夜色——珐琅色深蓝的夜空下，山坡上卧满牧归的羊，如石羊。篝火烧起来，有一人高，众多火星往更高处蹦跳。村民们用胸膛迎着火歌唱，高音冲向旷野回不来了，低音被火吸走。我走到山坡看篝火和火边的人群，远处有山的暗影，被搅碎的月色在白白的河水里流淌。我忽然问自己，这是哪里？我是谁？我真忘了自己是谁，忽然感到写作跟做一个淳朴的人相比真是微不足道，到牧区来找写作资源更是卑俗至极。人不写作也能活着，而活着值得做的事是清洗自己，我不想当我了，想变成牧民，放牧、接羔、打草，在篝火边和黑桦树下唱歌，变成脸色黝黑、鼻梁和眼睛反光的人。长生天保佑所有诚实和善良的人。

原载《人民日报》2016年11月28日

天空下的麦菜岭

朝　颜

遗落在北方的麦子

我的村庄叫作麦菜岭。有很多年，我对这个地名百思不得其解。我们村庄种有各色各样的很多菜，被高高低低的山岭层层包裹，可是麦子呢，麦子在哪里？

父亲在一张新置的竹椅上刻字。他表情严肃，嘴唇紧抿，像是正在进行一个庄重的仪式。对于我的疑问，父亲充耳不闻，他只是捏着刻刀，一刀，又一刀。我看到他手背上青筋暴凸，刻刀下模糊的笔画逐渐成形——颍川郡钟氏。字是隶书体，有蚕头燕尾，那高高翘起的一笔，仿佛谜题般地指向某一个遥远的地方。

“不能忘了，我们的根在哪里。”父亲转过身来，轻轻地说。

我忽然间有些明白父亲。那些刻在桌椅板凳上的字，那些刻在锄头镰刀上的字，甚至是刻在禾杠、畚箕上的字，其实是刻在我们兄妹幼小心灵上的字。它们早已形成一个陌生而又熟悉的场，锲进了我们的生命里。

关于颍川，关于钟氏，我又懂得多少？我只是模模糊糊地感觉到，我们的祖先在北方，那里生长着许许多多的麦子。而麦菜岭当中那个与村庄地理完全相悖的“麦”字，是否和久远的族群记忆有关？没有人告诉过我。

我坐进了村小的课堂，跟随十几个年纪大于我的孩子，用拖长的乡音朗诵《瑞雪》。那一天，我将“今冬麦盖三层被，来年枕着馒头睡”背得滚瓜烂熟。

晚上，麦子来到了我的梦里：当厚厚的白雪融化，麦苗在广袤的田野里一根根地探出头来，针尖一般齐刷刷向着天空刺去。绿，一望无际的绿，铺天盖

地的绿，一齐朝我奔涌过来。似乎是玉米苗的形状，又似乎是禾苗的样子，麦子始终用绿作为遮盖它的面纱，不肯让我确切地分辨出它的长相来。我越是急切地想要跑过去看清，却越是不能够。梦醒，我发现自己在冬天的棉被里大汗淋漓。

那时候，我与馒头之间亦隔着深远的鸿沟。我单知道它长得白白胖胖，只出现在镇上极其稀有的几家早点铺子里。它躺在大蒸笼上，冒着热气，身上披着一层薄薄的白网纱。可是它属于有工作有闲钱的人，于我，是不能逾越的奢侈，只可远观而不可饕餮焉。我认命、隐忍，从不为口腹之欲而哭闹耍赖。我只是想，不停地想，麦子是怎样被遗落在北方的呢？

事实上，我们的祖先在从北往南的艰难跋涉中，何止是丢失了麦子这一样东西？祖图？族谱？一个贴身的玉饰？一件宽袍大袖的长衫？一些个共同踏上征程的亲人？没有人能够还原当年的纷乱仓皇，为着一些不能不走的缘由，为着一个活下去，将血脉延续下去的信念，他们走啊，走啊，就这样从一马平川的北方走到了重峦叠嶂的南方。其中必有一个，是我亲亲的祖宗！

我不知道，是否有一匹马，驮起他疲惫不堪的身躯；是否有一个包袱，裹住他所剩不多的物事；是否有一条路，记得他深深浅浅的履痕。但是我知道，最后必有一块土地，收容了他生存的渴望；必有一个女人，与他共同繁衍生息。那是属于我们的一支，历千年，历百年，将一股滚烫流动的血脉伸向了麦菜岭。然后，才有了我。

我不能想象，也不敢想象，如果他成了战役中乱刀横向的冤魂，如果他成了迁徙途中倒毙的饿殍……真的，我们是物竞天择，大浪淘沙中幸运的那一粒发光体。那么，即使没有麦子又如何呢？

我们的胃早已习惯了南方的大米、番薯，我们的腿脚早已谙熟了南方的沟沟坎坎、山冈陡坡，我们的骨骼变得娇小，性格柔润温和，还有一口完全丧失了卷舌的南方口音，都为我们的生命打上了永远不可复原的烙印。梦里不知身是客啊，我们，回不去了。那些一望无垠的青纱帐，那些属于北方的高大威猛和烈性，只留在血液里，留在口耳相传的记忆里。

至镇上念中学的时候，我第一次吃到了馒头。那一天，炖饭的搪瓷缸被人偷去，别无他法，只得战战兢兢掏出少得可怜的那点零用钱，去买馒头。一直以为它会很贵，其实并不，两毛钱一个，我买了两个。我不忍大口吞咽，像品尝一个天上的蟠桃那般细致。吃完一个的时候，我想起了最要好的朋友水秀。我猜想她一定也没吃过，必须留一个给她。我深信那是我十三岁之前吃过的最好吃的东西，它绵软，香甜，有着令我回味无穷的甘美。那一天，存在于生命里的味蕾记忆开始复活，我又一次为麦子而感到了莫大的遗憾。

我们的根在颍川，这是毋庸置疑的了。但是同一条根上生出来的许多条枝丫呢？隐约听父亲谈起过福建，然而那些多年以前的离散早已是无迹可寻了。人类的迁徙和流向如此令人难以捉摸，天灾、人祸、战乱、排挤，任何一个理由，都有可能导致一群人拖儿带女，跋山涉水，寻找新的立锥之地。毕竟，活着才是最重要的事情。于是那些在同一条藤上结出来的瓜果，咕噜噜地向着可以遮蔽于乱世的地方四散开去。其实这样的迁徙，无非是从一座山向另一座山的奔赴而已。他们躲在闽粤赣浙的深山老林里，不问世事，不论功名，只求偏安苟存。这是一段多么辛酸的历史，刀耕火种、织麻种桑，几乎与世隔绝，成为落后的代名词。我常常想，畲族的祖先为什么要把自己称为山哈？山哈意为居住在山里的客人，多少年了，人们是不是从来都没有忘记过那一片可以纵马疾驰的广阔平地？

有一年我来到景宁畲族自治县，在一个最原始纯粹的畲族村落里游走。那是一座长满了树木的小山包，在斜面朝阳的地方，我忽然看到一堆用片石垒就的简陋坟墓，一块石碑上，镌刻着一个离世之人的全部密码——颍川郡钟氏。我的眼前晃动着父亲刻下的那些字，它们在阳光下舞动、跳跃着，渐渐与石碑上的这几个字叠合。我忽然遏止不住泪流满面，那一刻，我感到隔阻多年的血脉被某种巨大的力量瞬间接通。

总有一天，我父亲的墓碑上也会刻上这几个字，还有我父亲的儿子、孙子，还有散落在天南海北的钟氏一脉。这一条被深深扎进土壤里的根，是任何世事变迁也拿不走的。

暑假里，我带女儿往北走，去旅游。在一个餐馆里，服务员送上来一壶大麦茶。女儿第一次尝到，便惊呼好喝。我从未和她提起过麦子，但是她天生喜欢面食。现在，她对一壶大麦茶同样一见钟情，那是血脉里的回音吗？我不知道这样的想法算不算一种矫情。那个服务员体贴地抓了一把大麦，用袋子装好，送给女儿。“你是地道的北方人吗？”我问。他点点头。呵，可是我与北方之间隔了几个世纪。

我至今没有见过真实的生长在地里的麦子。我想，我们的祖先把它遗落在北方太久了。

在歧路上奔跑

通往麦菜岭的马路上，年事已高的接生婆在一辆自行车的后架上颠簸。她肩上挎个军绿色的布袋子，一只手牢牢地抓着一个盆，脑后的头发被风吹动，拂起一片时间也挽不住的白。骑车的男人使劲弓着身子踩动踏板，穿过下段村成片的田野，穿过渔业厂波光粼粼的鱼塘，风风火火地往前方赶去。

不用说，又有一个女人要生孩子了。麦菜岭没有一个自己的接生婆，这个来自邻村的名叫肖展娣的接生婆，从十几岁开始学习接生，至少见证了麦菜岭三代人的出生。印象中，她总是有一双红红的手，回家时还提着一兜红红的蛋。从我父亲那一辈开始，村庄里新添的人口八成以上都是从她手上抱出来的。我的父亲是，我们兄妹是，我的堂兄堂姐们还有侄儿侄女们都是。

稚童时期的很多年，我的生育常识来源于村子里的猪牛狗，自以为聪颖地认定孩子是从屁股里生出来的，像拉一泡屎那般轻而易举。我们喜欢玩一种叫作生孩子的游戏，将石头装在裤裆里，弓着腰走，然后从裤腿里哧溜地滑将下来，再用破布裹着抱在手中，就算是生了一个宝宝了。

许多年以后，我饱受育婴的折磨。直到孩子长大，我仍无比警觉，时常在睡梦中被某一个窗户里挤出的啊啦啊啦的婴儿啼哭声惊醒。我总是与那个无措的母亲一同失眠，一个人睁着眼睛谛听黑夜里的响动，女人的哄劝声，男人的怨怒声，偶尔还夹杂被吵醒的邻居的咒骂声，直到世界重新安静下来。没有人知道我有多么害怕重复那样的一种生活，那种完全晨昏颠倒的，睡眠永远在和你捉着迷藏的抑郁症患者一般的生活。那个时候，我总是会想到童年的那一场生育游戏，想到那块不吃不喝不哭也不闹的，乖顺地躺在我怀里的石头，不禁哑然失笑。

记事中的第一场出生发生在老洞水那间黑乎乎的旧房子里。待产的女人英，一声接一声嗷嗷地痛叫着，发出猪嚎一般的声音。接生婆进去了，英的婆婆进去了，而我们被阻隔在门外，英的丈夫也被阻隔在门外。作为一个旁观的孩子，我素不知生育会有这般的痛苦。而可怖的声音持续从屋子里传出，我的心仿佛被一双无形的巨手一次次地捏紧又松开。她会死吗？她为何发出如此凄厉的惨叫？英的丈夫脸上却泛起若无其事的笑，话语里甚至有些嫌恶女人叫得夸张的意思。年长一些的女人教育着他：“人家是头胎，你懂得什么？”

就在我们等得快不耐烦的时候，听到一声婴儿的啼哭。接生婆手捧着一个双目紧闭，满脸皱巴巴跟老头似的小东西出来，老迈的脸庞笑成了一朵菊花：

“恭喜恭喜，是个带把的。”我看见英的丈夫那欣喜若狂又不知所措的样子。后来我想，他应该是骄傲的，穷苦让他多年抬不起头来，但是一个“带把”的儿子，却给他的生命带来了最初的荣耀。我不知道，接生婆究竟给多少个家庭带来了这样的喜讯。而她面对一个没有“带把”的婴儿时，又该以怎样的神情公布消息?

我还记得我的第一个侄儿出生时，肖展娣已七十六岁高龄，她的背变得佝偻，动作明显不那么利索了。“是个男孩。”她走出房门，有些龅牙的嘴边泛出和多年前一样喜悦的笑。刚刚当上爷爷的父亲急不可待地拨通了嫂子娘家的电话:“亲家，碧林生了。”“生的什么哟? ”“是从楼下跌下来的，七斤多呢。”所谓跌下来的，跌破了的，自然是女孩的代名词。父亲满以为他说的反话能被亲家破译，满以为他那激动万分的语气已经传递出了某种意义。只可惜亲家不是个高明的译者，所行的礼数完全如对待女孩之凉薄。为这，母亲埋怨了父亲多年。

父亲常常埋首于案头，手抄一本厚厚的族谱。他的字仿佛用钢板刻过一样，是标准的仿宋体。谱系里密密麻麻按着字辈往下延伸的名字，全是属于男人的。没有女孩，一个也没有。父亲有兴致时会讲给我听:“顺生五子，一郎、二郎、三郎……你看这四郎身后，就没有再接续下去了。”“为什么? ”“应该是膝下无子吧。”然后是长久的沉默。他抬起头来，目光探向空中，似乎在为一个无后的先人哀恸叹惋。

身为女孩，我一直愤愤于村庄里对待男孩女孩的天壤之别。可是那一刻，我忽然透过父亲的目光，洞见了某种难以言喻又真实存在的东西。那是某位先人衰败的屋脊，荒草丛生甚至已被岁月铲平不留一丝痕迹的坟茔，还有一个终将消失的名字。他们在世间活过的数载光阴，他们的喜怒哀乐，他们基因中最值得显性遗传的容貌，通通都已经消失不见了。父亲叹了口气。我知道，读懂了族谱，其实就读懂了人们对于男丁的渴望。

过年的时候，父亲为全村人写对联喜帖。我常常在一旁打下手，一张一张地接过来，摊平在地上晾干。我注意到，父亲永远不会忘记给每一个家庭送上“人丁兴旺”这个喜帖。因为，父亲深深地懂得，他们需要怎样的祝福和憧憬。

每年的正月初二，麦菜岭都要举办盛大的添丁酒会。旧年添丁的家庭，抬出一缸缸最香醇浓酽的米酒，装出一盘盘用心煎制的果品，邀请全村老小一起享用。桌面上，酒壶上，碗沿上，均粘上一层红纸，一抹抹的鲜红营造出喜气洋洋的气氛。的确，他们有足够的欢喜的理由，他们需要用这种方式来昭示他

们的扬眉吐气。而那些未曾添丁又亟待添丁的家庭，脸上总是写着些许落寞的神情。

最离奇的一次出生发生在弱智女人带娣身上。她嫁到麦菜岭有十多年毫无生育的迹象，饱受丈夫的拳脚和叱骂之苦。连带我的父亲，也成了被责怪的对象。因为是父亲促成了这一桩婚事。男人全然忘了，如果不是父亲为他四处打探消息，矮矬穷老的他连女人的边也沾不上，兴许就要打一辈子光棍了。

十几年后，带娣的肚子突然一天一天隆起，全家人都没往怀孕这层去想，只当是得了大肚子的怪病。是病也不找医生看，而是寻了村里的巫婆桂秀问神，说那是得罪先人降下罪来了。于是一边烧香拜神，一边吃跌打草药，硬是把个能干粗活脚步咚咚响的女人折腾得上吐下泻。最后男人家一个年轻的弟媳妇实在看不下去，带到诊所一搭脉，方知原是有喜。吃了那么多打药，孩子竟然还活着，也算是一个奇迹。

女人生产是在严冬，肖展娣在寒风中赶来，人已经颤巍巍的了。但她仍然不负使命，顺利将婴儿接生。据前去帮忙的人讲，婴儿又黑又瘦，跟小老鼠似的，啼哭的力气都没有。因为小，从一出生便得了一个外号“粒粒婆”。但是无论如何，孩子是个带把的。于是那个又穷又破的家里从此有了天伦的气息，男人不再打骂弱智的女人，转而悉心哺养孩子。第二年的添丁酒会上，他们抬出来的那缸酒味道近乎潲水，但大家还是配合地喝了一碗又一碗。

前几年母亲回了一趟麦菜岭，带来一个消息：“粒粒婆”娶了老婆，生了儿子了。而且在全村同龄的男丁中，数他第一个生儿子。我一时恍惚，脑海中回想起他幼时的情景。那时候他常常将屎尿拉在身上，他的父亲把他拎到村边的水田里洗净，像拎一只青蛙那样。

母亲回村的那天，“粒粒婆”的父亲强留我母亲在家吃饭，饭是他儿媳烧的。男人对着我母亲感慨着这些年的不易和幸运，终于说了一句发自肺腑的良心话：“多亏了南昌（我父亲），才有了我这个家！”的确，在“粒粒婆”出生之前，他的父亲已经抱定了终身无后的信念，开始张罗命里的大事。在长辈们的主持下，他的弟弟将多个儿子中的一个过继到他门下。如果不出意外，这个男孩的名字将刻在他百年之后的墓碑上，续写在他的家谱后面。

对于“过继”二字，无人着意解释，但我从小便谙熟了其中的要义。我的二爷爷无后，是由我的二伯养老送终的。事实上，我的二爷爷当初也是过继在我的二太公门下。中断的血脉于是通过这样的方式勉强接续下去。我于是想，一本根系庞大、枝蔓繁多的族谱，是否会因为这样的“过继”，最后出现追溯不到真正祖先的情况？父亲点点头肯定了我的想法。

在植物的世界里，有一种东西叫作寄生。它们依附在大树上，从寄主身上汲取养分和水分，几乎和大树融为一体。但是无论黏附得多么紧密，它们终究不是树。

从什么时候开始，麦菜岭的出生事件变得隐秘，像地里结个番薯那样不为人知？和喜气洋洋的添丁酒会相反，相当一部分的出生不再大张旗鼓，不再挨家挨户发红蛋，甚至，不再将接生婆请进家门。我已经有许久没看到肖展娣了，兴许她已经老得走不动了，兴许这样的出生连她也看不懂了。村庄里突然冒出来那么多蹒跚学步的孩童，我望着他们，常常感到陌生而怪诞。

多年以后，母亲与我说起堂嫂的某一次的生育。是在冬天，孕妇躲在密不透风的偏屋里，几乎足不出户。已有多次生产经验的她，没有号叫，没有声张，自己一个人应对了阵痛，应对了接生，剪断了婴儿的脐带。产后的第四天夜晚，她怀抱初生婴儿，坐一辆摩托车躲进了山区一个远房亲戚家。是时，寒风凛冽，山路伸手不见五指。

“怎么能这样？”我对一个女人如此凌虐自己的身体感到不可理喻。“有什么办法呢，都生四个女儿了，被抓到就得结扎。”母亲知晓堂嫂的执念，不生个儿子，她岂会罢休！的确，在东躲西藏的几年以后，她终于有了自己的儿子。其间她还有过好几次孕情，有的一经鉴定性别就被放弃了生命，还有的幸运一些，有了出生的权利，但是很快就被送走。

那些年，麦菜岭的孩子大多出生在打工的地方。比如福建煤矿边上的简易工棚，比如工业园附近的出租屋。男孩，欢天喜地地带回家乡，办酒，交罚款，上户口；女孩，留一两个自己养，其余的养不起，只能送给别人养。自然，在年复一年执着的生和弃之间，大多数夫妻最终得偿所愿。只是我常常想，他们在余生里，将以怎样的心情怀念起那些被抛弃的女婴？为了与收养女婴建立亲情，大多数养父母会选择与孩子的亲生父母断绝一切联络。那么，她们在那些不可知的地方，活着，还是死了？幸福，还是痛苦？谁又知道呢。

若干年前，我在城区一所小学里教书。同村的一位叔辈找到我，托我打听学校里是否有一个名叫杨欢的女孩。早些年，他的大儿媳以每年一个的速度生下诸多女娃，其中大多数已无踪可寻了。唯有这个孩子，隐约了解大致的方向。可惜杨欢这个名字太过普通，况且他知道的也只是个大概，尚不能完全确定。在几千名学生的大学校里，我最终没能找出他要找的那个孩子。其实找到又该如何呢？送一些零花钱？来一场感人肺腑的血肉相认，还是只远远地望上一眼

便得到满足？当孩子的姓氏、生活都已经与他无关，又怎能让她回到当初的轨迹之上？

离开麦菜岭的时候，我以为我终将和一种因循的世俗告别，后来才知道，其实不然。就在我调到城区那所学校不久，便听到一个本校女教师被开除的故事。她叫芳，按照政策只能生育一胎，可她生下的是女孩。她的丈夫单传，在婆家的强烈要求下，芳一再冒险，又生下两个女孩。芳最终丢失了她的工作，也丢失了她的婚姻。在广东的某个城市里，芳带着她超生的女儿，独自饮下余生的苦酒。据说，她一直没有再婚。

而我刚刚带着的一个见习生，则经历了另外一重风暴。见习生于某个周末到山区去找同学玩，那原本是一个多么平常的日子，可是他亲见了同学家腆着孕肚的嫂子要被强行拉去引产。一场争执在所难免。见习生就像遭遇了龙卷风，身不由己卷入其中。青年的血气方刚，友情的真挚深重全都冒出头顶。那时候，他怎么知道他的命运会从此拐一个大弯，他的工作分配和未来的走向，会成为一个迷局呢？

生活的歧义，渗进了光阴的每一个缝隙里。

二〇〇四年，我生下了我的女儿。除了我自己，身边的每一个人，都难掩遗憾的神色。甚至，包括我的母亲。那时候，我就知道，有些东西不是逃离麦菜岭就可以逃脱的。丈夫抱着他的孩子，常常自言自语："好是好，可惜就是少了那么一点点。"我想我终究可以释然，毕竟丈夫没有因此而嫌弃我，嫌弃孩子。而我的一个好朋友，正带着女儿孤独地住在一套大房子里，那是婆家为了让她顺利答应离婚允诺下的补偿。她的前夫，已经有了新妇，大着肚子等待生产一个"带把"的儿子。

我的婆婆临终前，按照法律程序立下遗嘱，把一切的财产都留给了她的子女。她给两个儿媳留下的，只有一句遗言："你们两个，一定要想办法再生个儿子啊。"是的，她活着的时候没有抱上孙子，这一定是她带入泥土的最深重的遗憾。彼时她已经没有力气命令、埋怨和责备了，她的眼神里只剩下哀求，对，哀求，甚至还有几丝讨好。十几年相处的光阴里，她从来都是强悍的，不容置疑的。这样的眼神，我第一次从她眼里读到过。我的心一软，便应承下来："若是有政策，我会争取生。"真的，我不忍拂逆一个将死之人最后的愿望。何况，我想有政策在前面挡着，我自可以按着自己的意愿过日子。或者等政策出台时，我已经是耄耋老人了。

但这一天还是来了，而且来得那样快，快到我还没有做到迎接它的准备。

二〇一五年十月的某一天，一条消息在微信朋友圈里疯狂地传播着，“普遍放开二孩”这几个字像刀子一样逼近眼前，冷光闪闪。彼时丈夫还在外地出差，在得悉国家新政之后，第一时间给我打来电话：“明天，你就去把环给取下来。”他的语气里，竟有着一种恶狠狠的扬眉吐气的味道。天知道他盼这一天，盼了有多久啊。

可是这时候，我已三十五岁高龄。我有了我不甘愿放下的文学。十一年前那种生育哺养之苦，我仍心有余悸；十一年前落下的暗疾，依然与我如影随形。

窗外开始下起雨来。我一遍一遍地刷着朋友圈，看到世人的欢欣鼓舞，或者遗恨怨怼。关于二胎的各种版本的笑话、图片、标语满世界地疯传着。那个晚上，属于月子病的失眠症又一次光临了。我听见风声、雨声，还有枕畔孩子均匀的呼吸声……

明天，我是否终将奔跑在同一条歧路上？

2016 年

还有哪里比湘西更美

——

彭学明

谨以此文献给我的湘西土家族苗族自治州六十大庆。

湘西的美是山做的，山做的湘西是山做的美。一座座大山小山，就那么绵延不绝、莽莽苍苍地连在一起，形影相随，唇齿相依，成为山脉和峰峦，成为沟壑和峡谷，峰头出尽，出尽风头，组成一条条刚直而妩媚的风景线。山脉错落起伏，山就有了线条和韵致。峰峦嵯峨挺拔，山就有了雄浑和伟岸。而沟壑和峡谷的蜿蜒陡峭，山就有了舒朗和迤逦，有了奇崛和险峻。远看，每一条山脉都是一首长长的唐诗在飘飞起伏。近看，每一座山峰都是一阙阙宋词在开合隐没。左看右看，都是一支支壁立千仞的画笔在为湘西款款落墨、依依写生。

山是湘西永远的房东，花鸟树草，雨雪风霜，各种动植物都是山的常客、贵宾和精灵。树是一个情种，会催开一山野花。山是一个花篮，会装满一山野花。而鸟和蜂蝶等所有的动物们是一个花匠，会认出一山野花。白的梨花、栀子花，红的桃花、杜鹃花，粉的梅花、木槿花，黄的金桂、龙船花，紫的翠蝶、碗碗花，蓝的虎耳、薰衣花，还有多种颜色的龙虾花、山荷花、喇叭花、山茶花及农家田舍最为浩荡、惹眼的油菜花，都不会在湘西错过花期，耽误花事，都不会因为某个季节和时辰而丢失一片花海、迷失一句花语。其实，那一朵一朵的山，就是一朵朵的花，开在湘西的田边地头，开遍湘西的每一个角落，是山花野花的各种时装表演秀。

不信，你到湘西来看看，八面山的辽阔，白云山的高远，高望界的广袤，吕洞山的神奇，蚩尤山的雄浑，坐龙峡的幽深，腊尔山的空旷，天桥山的原始，当然还有德夯的深邃、红石林的斑斓，都会让你明白山的意义、触摸山的众美。

湘西的美是水绣的。水绣的湘西是水绣的美。一根根水线，穿过一根根山针，以江河的胸怀在山谷里静卧、以溪流的舞步在山涧里奔跑、以瀑布的英勇在山崖上蹦极、以湖泊的安详在山洼里养身。绣出沅江、酉水一样的绫罗，绣出峒河、沱江一样的绸缎，绣出猛洞河、万溶江一样的水袖，绣出长潭河、龙潭河一样的水弦，当然也绣出小溪、古苗河一样的裙边，绣出栖凤湖、紫霞湖一样的蜡染。

偌大的湘西，不知有多少条这样的绫罗绸缎、水袖水弦和蜡染裙边。一条水就是一支笔，笔锋走过，不是绿了芭蕉，就是绿了牡丹，不是绿了青山，就是绿了蓝天。一滴水就是一滴墨，墨水滴过，一切洇染。当一把船篙撑开一面春水时，撑开的就是一河碧绿、一湖天蓝，就是一幅幅被美打翻的明媚水景、世外桃源。夹岸的山是被美打翻的。夹岸的树是被美打翻的。夹岸的草是被美打翻的。夹岸的人，也是被美打翻的，任何的形容词都形容不出打翻的美是怎样的美入了地、美翻了天。湘西的水啦，怎能如此清澈透亮？清澈透亮得大地和天空的五脏六腑都看得见；怎能如此鲜嫩？鲜嫩得如同婴儿的肌肤脆生鲜灵；又怎能如此甘甜？甘甜得舌尖心间都是糖分。

湘西的美是人创的。人创的湘西是人创的美。好山好水养育的湘西人，个个天生丽质、才貌双全，女人如花，男人似玉，男人女人，男神女神。女人会织布绣花，男人会蜡染锉花。女人织布绣花时，是云一梭霞一梭地织，花一针草一针地绣；男人蜡染锉花时，是蓝一缸青一缸地染，刀一笔光一笔地锉；一种叫西兰卡普的土家织锦就有了，一种叫务图的苗族蜡染就有了，一种叫踏虎的锉花就有了。披一身织锦和蜡染制作的绣衣，整个湘西就花枝招展、摇曳生姿，就是少数民族的表情在飞扬、奔走，迎风歌舞。

开出一片田园，田园就是锦绣。种出一片庄稼，庄稼就是画展。而一些木板、瓦片和石头装订成册时，就是一栋栋民居、一个个家园。吊脚楼是土家族的，建在青山绿水的吊脚楼，仿若一本翻开的古书，任世人去读，或若一架打开的钢琴，任世人去弹。一个个土家人就像一个个钢琴师，弹鸟语花香，弹日月星辰，弹炊烟里的鸡犬相闻、池塘蛙声。苗家的黄泥屋、石头屋或者小木屋，则更像一幅幅美妙的版画，质朴而艳丽的色彩，与山与水，交相辉映。那是苗家的一个个画师精心描绘的，蓝天上色一层，白云上色一层，阳光上色一层，彩虹上色一层，整个苗家，苗画风情。凤凰、乾州、德夯、浦市、茶峒、坪朗、里耶、丹青、中寨、芙蓉镇、惹巴拉、洗车河、老司岩、黄石桥、排拔寨，都是湘西撩人心魄的建筑风景。

更为骄傲自豪的是，祖先为我们留下了一片万年不朽的秦简、一座千年不朽的老司城。一片里耶出土的秦简，带出的不仅是湘西几千年的文明，更是华夏几千年的文明，仅一个九九乘法表，就把中华文明的历史推远了一千多年。秦简出自里耶，却改写世界。秦简来自湘西，却充满了神奇。一片秦朝的竹简，为什么会出现在楚国？一个楚国的世界，为什么会为秦国埋单？遥远神秘的湘西，又如何保全了一个华夏文明的胎记？秦简正让历史告诉未来，历史不管多么艰难曲折，终会找到真相，真相不管多么简单直接，都得经历艰难曲折。老司城留给世界最为古老但却最为先进的地下排水系统、防火系统和疏散系统，老司城留给世界最为古老但却最为简单的立交桥，都是我们湘西最骄傲自豪的资本。老司城成为世界文化遗产，天经地义。当然，当古老的文明还在熠熠生辉时，新生的文明，我们也在创造，一座矮寨大桥，就足以让世界记住我们。那么深的峡谷，那么高的山，那么险的涧，居然连一个桥墩都没有，居然就让一座桥横飞过去了，而且创造了那么多世界桥梁史第一！这是我们湘西的高度！这是我们湘西的底气！

湘西人生来会唱歌。他们的肺是世界上最清新的空气沁润的。他们的金嗓子是世界上最清亮的泉水清洗的。他们的歌词歌曲是世界上最清爽的山风擦亮的。所以，他们的歌声天然地婉转、悠扬，高亢、嘹亮。有如天籁，亦如仙音。梯玛神歌和苗族古歌，能让我们一次一次地流着热泪感受到民族的骨血是那样的深远、祖先的体温是那样的温暖。薅草锣鼓、喊秋调子，能够让我们一次一次地怀着喜悦懂得劳动是快乐的、创造是欢愉的。而酉水船歌、沅水号子，则让我们在激情澎湃和热血沸腾中自豪一个民族的百折不挠和坚强坚韧。最软人心肠的，当然是那些甜蜜的山歌、情歌。一首首山歌、情歌，都是从俊男靓女的心尖尖上飞出的，是一壶壶迷魂汤和黏黏药，黏着情感，扯着糖丝，巴心巴骨地暖，巴心巴骨地甜。湘西的山歌你不能听啊，一听你就抬不动脚了。湘西的情歌你不能唱啊，一唱你就有情人了。

湘西人生来会跳舞。世界上最美的山塑就了他们的舞姿。世界上最美的河摇曳了他们的舞步。世界上最美的生活灌注了他们的舞魂。一棵草是一种身影。一朵花是一种表情。一线光是一种眼神。而一抹朴素或绚烂的颜色，则是一种说不完道不尽的风韵。身披满身稻草的茅古斯舞是土家族祖先劳动场景的复活与描摹，头顶一把花伞的接龙舞是苗族祖先接龙祈雨的再现与重温。土家调年摆手，摆来风调雨顺。苗疆击鼓踏花，踏来五谷丰登。土家苗家共同拥有的傩舞，则是砸烂骨头还连着筋的文化遗存和生命聆听。一树乱颤的花枝，搅动一池春水；一场湘西的舞蹈，舞动世界身影。

湘西人血性、英勇、忠义。大山哺育的湘西人，有大山一样刚硬的筋骨和风骨，不怕苦，不怕死，咽得血，吞得铁，侠肝义胆，忠勇双全，其家国情怀和民族情感，就像血与脉、泥与土，血在脉中，泥在土里，不可分离。嘉靖年间，彭荩臣、彭翼南率几万土家子弟远征东南沿海浴血奋战，英勇抗倭，赶走了日本倭寇，岌岌可危的华夏江山得以稳定平安，大明王朝把“东南抗倭战功第一”的功勋授予土家子弟。抗日战争期间，顾家齐率八千苗家子弟在淞沪会战中与数倍于自己的日军战斗，一寸山河一寸血，成功阻击了日军的大举进攻，掩护了民众和大部队的安全撤离。在红军“扩红”和解放战争中，湘西数十万人跟随贺龙流血、牺牲，成为默默无闻的革命功臣。抗美援朝时，一万多土家苗家子弟跨过鸭绿江，与敌作战，威震敌胆，成了魏巍笔下最可爱的人。

湘西人浪漫、率真、多情。一年四季，湘西都有那么多浪漫的爱情节日，苗家四月八、挑葱会、赶秋，土家六月六、社巴节、糊仓，还有苗家更为频繁的边边场、土家更为频繁的歌圩，都是一场场爱情的盛宴，一场场爱情的专场。湘西的少男少女们，总会不怕山高路远，不舍白天黑夜，从苗家到土家，从土家到苗家的，为爱转场。即便是六月六、社巴节这样的不是专为爱情的节日，湘西的男女也会专为爱情而去，也会从节日的脚步里觅到爱情的踪影。一个湘西人，就是一颗爱情种，播下去就会发芽，发下去就会开花，开下去就会是一个又一个爱情的家。走进湘西，湘西的空气中都弥漫着爱情的气息和糖分。湘西到处都是爱情的阵地和堡垒，到处都是爱情的地雷和引信。踏上去，你就是爱情的俘虏或战士，你就会为了爱情奋不顾身。

湘西人纯朴、好客、热情。这是湘西人的本性。纯朴来源于内心的善良。好客来源于做人的大气。热情来源于为世的真诚。重情重义的湘西人，宁亏自己一辈子，也不亏客人一阵子。进了湘西，拦门酒是要敬的，拦门歌是要唱的，拦门鼓是要打的。一碗酒，一首歌；一段鼓，一生情。湘西所有的食材都是原生态的、无污染的，你放心地吃。湘西有的是美食美味，你尽管品。你吃得越多品得越多，湘西人越嗨皮越高兴。腊肉你是要吃的，香肠你是要吃的，稻花鱼你是要吃的，铁板烧你是要吃的，枞菌炖鲜肉你是要吃的，胡葱炒腊肉你是要吃的，泥鳅钻豆腐你是要吃的，苞谷、生姜、萝卜、豇豆、糯米等各种酸菜你是要吃的，鸭脚板、山竹笋、阳雀菌、水芹菜等各种野菜你是要吃的。这些都是湘西人用生活的智慧烹调出来的人间美味极品，你不吃实在是可惜，实在是少了一种滋味、一种生活、一种人生。

有这样世界上最美丽的风景、最深厚的文化、最厚重的历史和最销魂的味道，你一定会想，湘西人真幸福啊！的确，湘西人幸福。幸福的湘西人，不用像大城市里的人那样每天呼吸雾霾、尾气，湘西的空气是甜丝丝的、凉爽爽的、满含负氧离子的，健脾，清肺，养胃，益身。湘西不用像大城市那样，每天马不停蹄地追赶时间、身心疲惫地跟时光赛跑，时间和时光一到湘西就停了、慢了，湘西的美景和美人，湘西的民风和民情，把时间和时光迷住了。湘西，不会像大城市那样把时间和时光折磨得又苦又累，湘西有的是地方和地点让时间和时光休息，有的是时间和时光任湘西人消遣和享受。时间悠闲，生活悠闲。时光富裕，生活富裕。品点小茶，喝点小酒，钓点小鱼，哼点小曲，散点小步，聊点小天，优哉乐哉，自由自在，人生常态。湘西永远不会像大城市那样连邻居都不认识，一个湘西的人都是熟人，一个湘西的人都很温馨，早餐吃个粉条，一个粉馆的人都是隔壁邻居、同事朋友，上一碗的人把下一碗人的单买了，再下一碗的人又把下下一碗人的单买了，吃到最后，谁把你的单买了，你都不知道。那个人情，那个人性，真的叫纯！

所以，你不来湘西走一遭，你就白活了。

所以，你在湘西没有一个朋友，你就枉为此生。

所以，你才觉得看遍世界风景，总觉我的湘西最美；阅尽人间风情，总觉我的湘西最醇；品遍世上人情，总觉我的湘西最真。湘西，是一个来了就不想走的仙境。

原载《意林（少年版）》2017年第23期

激流中（节选）

——

冯骥才

一、当头一棒

一九七九年十一月文代会开过，我扛着热烘烘的一团梦想返回天津，准备大干一场。此时这种感觉我已经充分又饱满地写在《凌汛》中了。心中想写和要写的东西很像如今春运时车站里的人群——紧紧地挤成一团。我完全不知道自己身体内潜藏着一种危险，很可怕的危险。记得当时我对人文社的一位责编说，我有一种要爆发的感觉，我信心满满，扬扬自得，好像我要创造一个文学奇迹，记得当时我还不知轻重地写过一篇随笔《闯出一个新天地》，完全不知道自己的身体已经承受不住了，要出大问题了。我给自己的压力太大了！

一九七九整整一年，我都陷在一种冲动中，片刻不得安宁，不得喘息。半夜冲动起来披衣伏案挥笔是常有的事。这一年我写的东西太多太多。中篇就有三部：《铺花的歧路》《啊！》《斗寒图》，都是从心里掏出的“伤痕文学”。还有许多短篇和散文随笔。散文《挑山工》也是在这期间写的。往往在一部作品写作的高潮中，会突然冒出一个更强烈的故事和人物，恨不得把正在写的东西放下，先写这个更新更有冲击力的小说。我有点控制不住自己了。我感觉自己整天是在跳动着。我那时烟抽得很凶。因为有了稿费，可以换一些好牌子的烟来抽，把“战斗”换成“恒大”。我不知烟抽得愈来愈多，是因为好烟抽得过瘾，还是烟有助于思维？烟使我更兴奋更有灵感，还是更理性与更清晰？于是我小小的书桌上天天堆满大量的手稿、信件和堆满烟蒂的小碟小碗。有时来不及把烟蒂放进小碗，就带着火按灭在书桌的侧面。烟头落了一地。这是一种带点野蛮意味的疯狂的写作。

刺激我写作的另一种力量来自读者的来信。

那时一部作品发表激起的反响，对于今天的作家是不可思议的。来自天南海北的信件真如雪片一般扑面而来。在没有电话的时代，读者迫不及待想要与你说话时只有靠写信。那个时代的读者可不是盲目的粉丝，他们都是由于被你的作品深深打动了、心里有话渴望对你说、要与你共同思考的陌生人。每天的读者来信塞满了我的信箱，我不得不动手用木板自制一个更大的信箱，挂在院中的墙上。每当打开信箱时，里边的信会像灌满的水一泄而出，弄不好掉了一地。这使我每天开信箱时要用一个敞口的提篮接着。

那是一个纯粹的时代，所有的信件都是纯粹的，真实的情感与真切的思考。这些来自全国各地的信使用各式各样的信封：有的人很穷，信封是用纸自己糊的；有的读者不知道我的地址，信封上只写"天津作家冯骥才"，甚至"天津市《×××》（我的某篇小说的篇名）作者冯骥才"，这使我想起契诃夫的小说《万卡》。九岁的万卡第一次给他乡下的爷爷写信时，不知道地址，在信封上只写了"乡下的爷爷收"。还好，由于我的信太多，邮局里的人熟悉我，只要上边有我的名字，我都能收到。

这些信有的来自遥远的村镇，再远的来自边疆，大多地名我从来没听说过。信里边的内容全是掏心窝的话，全是被我感动、反过来又深深感动我的话。他们向你倾诉衷肠，倒苦水，把心中种种无法摆脱的困扰告诉你，把你当作真正可以信赖的朋友，甚至不怕把自己的隐私乃至悔恨告诉你；还有的人把厚厚一叠请求平反的材料认认真真寄给你，他们把你当作"青天大老爷"。碰到这种信我真不知道该怎么办才好。

这样，我才知道当时大地上有那么广阔无边的苦难与冤屈。那部《铺花的歧路》招致那么多老红卫兵写信给我，叫我知道时代强加给他们的苦恼有多么深刻。尤其一种来信给我的印象至今不灭。这种信打开时会发出轻轻的沙沙声。原来这些读者写信时，一边写一边流着泪，泪滴纸上，模糊了字迹。我原先不知道眼泪也有一点点黏性。当把信写好折起来，放在信封里，邮寄过程中一挤压，信纸会轻微地粘在一起，打开信时便发出沙沙声。这极轻微的声音却强烈地打动我的心。我从来没想过自己的写作，竟与这么广泛的未曾谋面的人心灵相通。文学的意义就这样叫我感悟到了。

七九年我写过一篇文章:《作家的社会职责》。我说我们的社会职责是"回答时代向我们重新提出的问题"，我们的写作"是在惨痛的历史教训中开始的，姗姗而来的新生活还有许多理想乃至幻想的成分"。在这样的时代，"作家必须探索真理，勇于回答迫切的社会问题，代言于人民”。我在这篇文章中专有一节是“作家应是人民的代言人”。这是“文革”刚刚过去的那一代作家最具社会担当与思想勇气的一句话。

这样一来，不但让我自觉地把自己钉在“时代责任”的十字架上，也把身上的压力自我“坐实”。我常说“我们是责任的一代”，就是缘自这个时代。它是特殊时代打在我们一代骨头上的烙印，一辈子抹不去。不管背负它有多沉重，不管平时看得见或看不见，到了关键时候它就会自动“发作”，直到近二十年我自愿承担的文化遗产保护——这是后话了。

现在，我要说说个人经历的一场灾难了。

在长期各种——外部的和自我的压力下，我的身体发生了问题。最初出现了两个迹象。一是在七九年初冬一个夜里，我埋头在抽烟时吐出的一团团银白色浓雾里写作时，忽然脑袋有一种异样感。我感觉我对所有东西好像全都隔着“一层”，没有感觉了。这十分奇怪。我叫醒爱人，说我脑袋不大舒服，出去散散步，便下楼出门，走到大街上。那时城市很少汽车，也没有夜生活，路灯昏暗，但十分安静。我走了一会儿脑袋仍然感觉是空的，我试着背诵几首古诗，检查一下自己的脑袋好不好使，这些古诗倒还都记得；再想一想自己正在写的小说，却什么想法也没有，好像机器停摆了，我不知自己犯了什么病，走了一大圈也不见好，回来倒下便睡。早晨醒来竟然完全恢复，昨天夜里那种离奇并有点可怕的感觉一点都没有了，脑袋里一切如常，我就接着干活。以前除去感冒我没生过什么病，眼下又急着写东西，便没有把昨夜诡异的感觉当作一个危险的信号。

过了几个月，《人民文学》通知我去北京参加一个短篇小说的“交流班”，与陈世旭、贾大山、艾克拜尔·米吉提等五六个人同住一屋。后来才知道我们都是七九年“全国优秀小说奖”的获奖者。我们天天在屋里聊天说笑，可是我又出现一个毛病，经常感到有一种身体突然往下一掉的感觉，同时还有种断了气那样不舒服。这种感觉不时地出现，这又是什么毛病呢？反正我年轻，能扛得住，先不理它。那时获得全国的小说奖是一个很大的荣誉，心头的兴奋把潜在的疾患压住了。由北京返回天津那些天，这种身体的不适竟然也消失了，好像消失得无影无踪，我认为这就过去了呢。

一天，百花文艺出版社请我去讲一讲北京文坛的情况。那时，文坛的前沿和中心都在北京，我一半时间在北京，又刚刚获奖归来，各种情况知道得多。我到了出版社，和编辑们坐下来兴致勃勃地刚刚一聊，突然感觉胸部有很强的

压抑感，呼吸吃力，甚至说不出话来。大家发现我脸色不对，前额竟流下冷汗来，叫我别讲了，说我肯定这段时间过累。我天性好强，不舒服也不肯说，逢到头疼肚子疼，向来都是忍一忍。我在编辑部休息一会儿感觉好一些，便起身告辞。当时我急于回家，很想马上躺下来。

百花出版社离我家很近，平时一刻钟就可以到家了，可是现在我感到两条腿真像棉花做的了，身体很沉。我骑上车从胜利路拐向成都道时，忽然肩膀酸疼起来，胸闷，刚才那股劲儿又来了。我从来没有过心慌，我感觉心慌得难受，跟着心脏像敲鼓那样咚咚响，猛烈得好像要跳出来。这时我已经骑到黄家花园拐角处，远远看到我家所在的那条小街——长沙路的路口了。我想我要尽快骑回家，到妻子身边，可是忽然我好像没有气了，心脏难受得无以名状，我感到已经无力回到家了。第一次有要死了的感觉。

我得承认我命运里有个保护神——

就像“文革”抄家那天，我“疯”了一分钟却突然感觉被什么“抻”了一下，居然奇迹地返回正常。

就在这时候，我看见一个人迎面走来。他是我年少时的朋友，名叫王凤权。他是市二附属医院的医生，就住在成都道上。不知为什么，就在这几乎生死攸关的时刻，他出现在我面前。我双手撒开车把，连人带车扑在他怀里，我说：“凤权，我不行了。”此后，我不知道他怎样把我弄到他家中，叫我躺在他床上，给我吃一片药。后来我知道这片药是硝酸甘油。他用听诊器给我听了心脏。他说：“你心脏跳得太快了，现在还二百多下呢，要去医院做个心电图。”

我从来没进过医院，对各种疾病都一无所知，但我很怕得上心脏病。到了医院检查后，医生却说我的心脏没有病，只是室性的心动过快。我从医生的话和表情里得到了安慰。然而从这天起，我却掉进了一个百般折磨着我、无法挣脱的漆黑的深洞里。

在这个深洞里，我被一个无形和狰狞的病魔死死纠缠着。我不知它在哪里，它却随时可能出现。它一来，我立时心慌难耐，不停地心跳，全身神经莫名地高度紧张。我无法知道它什么时候来，它说来就来；我尝试过各种办法都无法叫它停止，吃任何药都没用，严重时我有一种恐惧乃至濒死感。当时“文革”刚刚结束，书店里只能买到一本绿色塑料皮的医书，是一九七〇年出版的《赤脚医生手册》，书中的各种病名、病症和药名中间，到处是黑体字的语录。我几乎把这本书翻烂了，依据自己的症状从书里却找不到答案。我从医生那里听到两种过去不曾知道的疾病，一是心脏神经官能症，一是植物性神经功能紊乱，据说我得的就是这两种病，原因是用脑过度，长期精神高度紧张，加上抽烟过多，还说这两种病都很难缠，没有特效药。这样，我不得不停了笔，戒了烟，有病乱求医，四处寻访民间的良医良方，然而每一个希望最终都成为泡影。这种病更大的麻烦是在心理上。不能听任何响动，怕见来客，不敢单独一人在家，害怕病魔突然来袭，这便迫使妻子必须与我时刻相守，对坐相视，不时听她小心地问："舒服些了吗？"那一阵子，我很灰心，我想这可能是一种宿命，一生都叫厄运压着。别人受苦时，我也受苦；别人好了，我却要换一种苦来受。当然我不甘心，只要心脏相对平静，我就拿天天收到的各种书信——特别是朋友的信件来读。

现在我还保留着文坛前辈和同辈的朋友们当时向我问候病情的来信。我文坛上的朋友——好朋友太多。我的病惊动了他们。作家、编辑、记者。王蒙、刘心武、李小林、屠岸、李陀、蒋子龙、高莽、阎纲、路遥、陈世旭、章仲锷、苏予、严文井、李景峰、李炳银、彭荆风等等。这些信今天读来仍然叫我心动，感受那些留在岁月里昨日的情意。

我无法找到昨天文坛与时代那种纯粹，但那种纯粹却保持在我心中。陈建功听到的是我死了的误传，据说他当时还哭了一泡。留在我心中的还有当时在《北京文学》做编辑的刘恒受他们编辑部委托扛着一个大西瓜来瞧我的"故事"。我把这个故事已经写在《凌汛》里了。还有谌容、张洁和郑万隆结伴来天津看我，那天我那个思治里阁楼上的小屋，只这几个人就挤不下了。我们还是热烘烘挤在一起。张洁是个率性又真实的人，还在她的一篇散文《我心灵的朋友》里写下我们那天见面时——友情的纯粹。是呵，再也没有比来自文坛的关切对我更重要了。因为我那时最深爱的、要为之献身的文学都在文坛。

那的确是一个奇特的时代，文学就是文坛，文坛就是文学。

我扛着这个不明不白的病忍了半年，依旧在漆黑的深洞里盘旋不已。一天，一位老医生对我说，最好的办法不是药，是"异地疗法"。所有官能症都有心理因素，换一个全新环境会有助你打破疾病的惯性和心理暗示。

"文革"时医学界完全中断与外界的联系，相互间也很少交流，手法与观念全都陈旧过时，医院给我的药只是一种：西药的安定和中药的安神丸。这个"异地疗法"听起来有理，不妨一试，就"死马当活马治"吧。我便托我所在的单位天津文艺创评室帮我联系北戴河的管理所，找到一间小房，妻子陪我去了。天津虽说是海滨城市，却与海相距极远，海风都吹不到，与海无关。到了这里一片碧海蓝天，所见所闻和心境立时全变了，以致忘了心脏，自然感觉挺好。

记得一位医生曾对我说过，如果你感觉不到内脏在你身体里存在，就说明你内脏没有毛病。如果你总感觉它在哪儿了，多半有毛病了。这话通俗有理。

有一天，还发生了一个叫人高兴的意外。那是个黄昏，我和妻子在海边散步，脚踩着软软的沙子，听着潮声；海边只有不多的人在游泳玩耍。忽然听人喊我——大冯！冯骥才！大冯！喊声有男有女，几个穿泳衣的人笑嘻嘻跑过来。我首先认出蒋子龙。跑过来的都是男的，女的都还远远站在海边。那时社会还不开放，女士穿泳衣有些害羞吧。在那几个女子中，我认出叶文玲，早在前年中越反击战时我在云南前线与她相识，她给我热情又朴实的印象。还有一个女子，挺苗条，穿一件带红点的花泳衣侧身站着，她是张抗抗。我的第一部中篇《铺花的歧路》和她第一部短篇《爱的呼唤》发表在同一期《收获》上，但我没见过她。之前文代会期间她给我打了一个电话，说话很冲，口齿特别清楚，每个字都像是刻意说出来的，我们聊了一会儿，她忽然说："你和我们年轻人还挺说得来。"我在电话里开玩笑说："怎么，你认为我是老前辈吗？"怎么今天她站在那里不过来？只朝我点点头，是因为她穿着泳衣吗？

我一问子龙，才知他们是当时中国作家协会文讲所第五期的学员。子龙是"班长"。成员全是崭露头角、有才气的青年作家，都是凭着颇具锐气的力作在文坛一炮打响。其中不少作家我都相识。刘亚洲、竹林、叶辛、陈国凯、贾大山、陈世旭、韩石山、高尔品等等。子龙知我来养病，晚饭后和讲习所几个成员来看我。其中一个很年轻的穿着长裙子的姑娘，文气，安静，目光明亮，一经介绍才知道是王安忆，并且是我很喜欢的作家茹志鹃的女儿。她凭着《雨，沙沙沙》一"露面"，那种先天的文学气质，就叫人心头一亮。记得那天她叫我给她"提提意见"。我笑了，说："将来你的影响肯定愈来愈大，你可得叫媒体和评论界欠着你呵。"她想一想，明白了我的意思，也笑了。那时她二十多岁吧，到了今天，安忆已是一位当代公认却始终低调的大家。

随后，子龙约我和妻子到他们驻地去。晚间他们要在一起联欢。我们应邀去了，在一间挺大的房间里，亮着许多灯，大家相互"强迫"上台表演。记得张抗抗很投入地朗诵普希金的长诗《渔夫和金鱼的故事》，然后子龙上来唱了一段京剧，黑头，大嗓门唱得豪气满怀。大家又逼着叶文玲表演，叶文玲自己不敢唱，非拉着子龙合唱，大家叫他们唱《夫妻双双把家还》，两人都不擅唱，自然唱不到点儿，还接不上词儿，笑得大家前仰后合，然后是舞会。这个意外又欢快的"遭遇"，一下子把我拉回到久违的文学——文坛中。我真恨不得病快快好起来。

北戴河之行使我相信“精神转移”对我的病治疗有效。我的一位好友医师张大宁对我说，你何不试一试中医的腹部按摩？他把我介绍给中医院一位姓胡的按摩室主任。经胡主任一治，才知道腹部按摩的妙处，他的手并不接触我的腹部，而是放在距离腹部十公分左右的地方一动不动，叫我用意念感受他的手掌发出的气与力。我真的渐渐地感觉到很热，很舒服，有一种穿透力，并且明显地感到病魔在一点点离开我，人也渐渐地从那个痛苦的深洞里一点点探出头来，看到光亮。

我想重新拿起笔来，但是开始时不敢，我怕病魔重又回过身。我甚至有点怕撂在桌上的那支被我冷落了太久的钢笔。当年秋天里，吴泰昌带一个朋友从北京跑过来看我。泰昌人单纯，文学的情怀很深，眼光很好，和我投缘，他来了我自然高兴；他说话总是连喊带叫，说到激动时，还喜欢不断地跺脚。那天他把我家养了多年的心爱的大黄猫吓跑了，从此无影无踪，叫我儿子多次伤心落泪。然而他那次给我带来一个“转机”，他说李小林叫他看望我，并问我能不能给《收获》写一篇散文。小林是我敬重的朋友，她的约稿我不能拒绝。吴泰昌对我叫着说：“我看你肯定行，你已经完全好了，你不写东西活着还有什么价值？对不对？”

他这句话叫我拿起了笔，写了散文《书桌》。我从自己书桌的命运里写了自己人生的变迁，一动笔心中便溢满一种伤感美。没想到搁笔半年多了，竟还写得这样投入、这样顺畅、这样有感觉，可能这次大病一场，使我不觉增添了很多人生的感悟；这是一种从心里流出的散文，至今还是我“自我欣赏”的一篇散文。从此，我便自然而然回到了写作中。更重要的是从这篇散文我的文学观悄悄发生了变化，并从不自觉到自觉的变化——这也是后话了。

而且，我开始敢于一个人独自待在家里了，这便解放了妻子。半年多来，我把她和我的病的困扰长时间一刻不放松地捆在一起，真够残酷的。随后便是敢于自己走出家门参加一些活动，在公众场合说些话，当然，有时还会感觉不适，甚至会有要“发病”的心理威胁。

比如八一年我的中篇小说《啊！》获全国第一届中篇小说奖，发奖会在北京的京西宾馆。中国作协叫我代表获奖作家讲话，我便紧张起来，担心上台讲到一半时犯病，可是我又不好拒绝。会前，我早早到了会场，人还不多，我在会场外的门厅便开始感觉心跳起来，而且愈跳愈厉害，我束手无措。这时一个穿军装的很柔和的女子走过来，自我介绍她叫陶斯亮。我说我读过你的报告文学，写得很好。她告诉我她是军医，我便说我现在心跳得厉害，有没有办法制

止。她问了我的病情便说："你这种毛病怎么好上台呢？"她跑去给我弄来一片镇静药，一杯白水，叫我吃下。不多时心跳稳住了，上台讲话居然没犯病，从此让我记住了这位"救命"的陶斯亮。

就这样，我返回写作和文坛。当然，至少两三年间我口袋里总带一小瓶镇静药。烟却始终没有抽。

然而，当写作重新回到我身上时，文学已非昨日，这是我下边要说的。

二、下一步踏向何处？

自从一九八〇年秋天写过《书桌》，我便开始回到书桌前动笔写作了。这"书桌"二字对于我，是一种职业的意味还是一种什么暗示？反正，它已是我一生安放灵魂的地方。它比绘画重要得多。尽管我天性里很多东西适于绘画，但命运迫使我操起写作。所以当时我写过一篇文章，题目叫作《命运的驱使》，刊载在一九八一年三月的《文艺报》上。

刚刚恢复写作时，不敢写大的东西，我怕把病魔招回来。我天天都很早起来到街上长跑。我需要身体的强大。当我一拿起笔就不能自已了。因为我被病魔囚禁了半年多，而且是在写作高潮时被病魔一脚踩在下边，心里压抑了太强烈的写作欲望。现在检查一下我八十年代初的写作目录，可以看到从这年二月到十月是空的，没有任何写作记录，完全空白，我好像白活了。可是到了一九八一年我一连写了十多个短篇，还有许多散文、随笔和游记，包括《挑山工》都是在这一年写的，而且很快就开始写中篇了。

八十年代前期——新时期文学初期，是中篇小说的天下。最有影响的作家都是凭着一两部中篇震动文坛的。比如从维熙《大墙下的红玉兰》、谌容《人到中年》、叶蔚林《在没有航标的河流上》、张一弓《犯人李铜钟的故事》、鲁彦周《天云山传奇》、张贤亮《绿化树》等等。我这时期主要的中篇是《铺花的歧路》和《啊！》。这因为我们这代作家心里的东西分量太重，短篇的篇幅有限放不下；而长篇的写作还需要沉淀、需要更长的时间。那时作家们都渴望将威力十足的手榴弹尽快地扔进文坛，中篇便走红一时，各地的大型期刊则应时蜂拥而起，如《十月》《当代》《钟山》《花城》《小说家》《百花洲》《雨花》《莽原》《芙蓉》等等，而且愈办愈多，福州还办起了《中篇小说选刊》。那时，各个期刊都来约稿，争着要有分量的中篇打头炮（头条），作家们的压力可就更大了。

到了八一年，文学悄悄发生了变化。

一是中国社会搭上了改革的快车，生活天天在变，到处闪闪发光，从来没有过的新事物接连不断地往外冒，比如引进外资、开发区、个体户、商品粮等等。这些蜂拥而来、闻所未闻却根本地改变生活的事物自然叫作家们关注与思考。中国的伤痕文学与德国“二战”废墟文学不同，作家还没有能够在原地站稳，新生活的车就发动起来，并且加速，急转弯。虽然当时已不再提“文艺为政治服务”，改称“文艺为人民服务”，但官方希望文学为改革助力，应时的改革文学便很快成为强势的主流。评论界也一拥而上为改革文学推波助澜，伤痕文学便自然而然地被边缘化了，来不及深化就走向了萎缩。严格地说，从《班主任》和《伤痕》算起，短命的伤痕文学只有三年左右的生命期。然而，伤痕文学无疑是中国当代文学绝无仅有的一次批判现实主义运动。本来由此不断深究社会与历史，可以产生具有深刻思想与文学价值的大作品，但是这条当代文学十分重要的脉络夭折了。作家们并不甘心，故而此后又有“反思文学”概念的出现。

还有一个变化是，作家们开始对前一段红极一时的“问题小说”进行反思。这是一种文学自身的反思。

在那个极特殊的时代，作家的社会位置十分独特。他们自觉地站立在生活的前沿，社会思想的前沿；自许为社会进步的排头兵，冲击着十年“文革”精神的森严壁垒。作家采用的方式是把这种政治化的社会问题——往往是尖锐的积重难返又十分敏感的问题提出来，同时勇敢地做出回答。伴随这一方式的，是一连串突破写作的“禁区”，比如突破写悲剧的禁区、写爱情的禁区、写知识分子的禁区、写领导是反面人物的禁区、写人性的禁区乃至写性的禁区等等。写作禁区实际是思想禁区。不打破这些僵死的精神禁锢，改革开放的大门怎么打开？一时，每一篇切中时弊、突破禁区的问题小说的问世，都会引来一阵轰然的社会反响。然而，随着禁区一个个被爆破之后，对这种概念化、问答化、图解式的问题小说的诟病也就显现出来。

对文学本身——文学的性质、功能、价值，审美的思考，已经在很多作家脑袋里转悠起来。

对于我本人来说，由于曾经所受欧洲文学与艺术中人文主义的影响很深，大病中对个体生命与人生又有了深切的感悟，很自然就进入了这种文学的反省。

八一年初与人民文学出版社社长、作家严文井先生通信时，我便把这些思考告诉他，希望听到他的意见。我说：“近来，我想要试着走另一条路子，即从人生入手”，“我们这代人写东西大多是从社会问题入手。这是大量堆积如山的社会问题逼着我们提出来的，我们渴望这些问题得到解决，我们是急渴渴、充

满激情来写这些问题的，但这样子写下去，势必道路愈来愈窄，直到每写一篇作品都要强使自己提出一个具有普遍意义的、深刻的、敏感的社会问题来，此种写法的倡兴，致使文学出现了一种新的主题先行和概念化的倾向。最近我们这些青年作者对此都有所发觉，并开始探索各自的文学道路。”

这期间我已经写的一些小说，如《老夫老妻》《三十七度正常》《酒的魔力》《逛娘娘宫》等等，以各式各样的方式试图离开问题小说。我对严文井先生所说的“我们这些青年作者”是指当时我们这些活跃的青年作家。每当我们聚在一起时，最热衷讨论的就是这个话题。我们渴望从一种昨天使我们狂热、今天却使我们感到束缚与困扰的文学方式里挣脱出来。

一次与刘心武商量，将就这个话题用书信方式进行公开讨论，以期更多作家参与进来。我写信告诉他，我的信题目叫作《下一步踏向何处》。他很高兴。我现在还保存着他给我的一封信，这封信他自称采用的是“意识流”写法，饶有情致地将他“近期”的一些思考用散文笔法一连写了十四节，还自画了插图。他在第十节写道：

> 我多么盼望能早些读到《下一步踏向何处》啊！下一步究竟踏向何处呢？我想到了朗费罗的诗——
>
> 我们命定的目标和道路，
> 不是享乐，也不是受苦，
> 而是行动，在每个明天，
> 都要比今天前进一步！
> 那么，让我们起来干吧，
> 对命运拿出英雄的气概，
> 不断进取，不断追求，
> 要学会劳动，学会等待。

那时的我们真是年轻、单纯又真诚呵。

很快，我就把《下一步踏向何处》写出来，寄给心武。我在这篇书信体的文章中说：

> 心武：
>
> 你好！年前你两次来津，我们都得机会长谈。回想起来，谈来

谈去始终没离开一个中心，即往下怎么写？似乎这个问题正在纠缠我们。实际上也纠缠着我们同辈的作家们。你一定比我更了解咱们这辈作家的状况。这两天蒋子龙来信问我：“你打算沿着《歧路》(《铺花的歧路》)走下去，还是依照高尔基《在人间》的路子走下去？”看来，同一个问题也在麻烦这位素来胸有成竹的老兄了。本来，文学的道路，有如穿过莽原奔赴遥远的目标，不会一条道儿、一口气走到头。但我们这辈作家为什么几乎同时碰到这个难题呢？看来这是个共同性的问题。

这些天，我产生许多想法，虽然纷乱得很，也不成熟，但很想拿出来在你那里换得一些高明的见解。

我们这辈作家（即所谓“在粉碎‘四人帮’后冒出来的”一批），大都是以写“社会问题”起家的。那时，并非我们硬要写“社会问题”，而是“十年动乱”里堆积如山的社会问题迫使任何一个有良心、有责任感、有激情的作家不能不写；不是哪儿来的什么风把我们吹起来的，而是社会迅猛的潮流、历史的伟大转折、新时代紧急的号角，把我们卷进来，推出来，呼唤着挺身而起。我们写，一边潸潸泪下，义愤昂昂，热血在全身奔流，勇气填满胸膛。由于我们敢于扭断“四人帮”法西斯精神统治的锁链，敢于喊出人民心底真实的声音，敢于正视现实，而与多年来某些被视为“正统”、实则荒谬的观念相悖。哪怕我们写得还肤浅、粗糙，存在各种各样明显的缺陷，每一篇作品刊出，即收到雪片一般飞来的、热情洋溢的读者来信。作者与读者互相用文字打动和感动着，这是多年文坛不曾有过的现象。

可是，我们必须看到这些作品存在的问题。尤其是短篇小说，常常把“社会问题”作为中心，难免就把人物作为分解和设置这些问题中各种抽象的互相矛盾因素的化身。作者的着眼点，经常是在各处矛盾冲突之后（即在小说的结尾部分），发表总结式或答案式的议论。即使这些议论颇有见地，但小说缺乏形象性，构思容易出现模式化和雷同化，并潜藏着一种新的概念化倾向。往往由于作者说了真话，对于多年听惯和厌烦了假话的读者来说，这些议论很有打动人心、引起人共鸣的力量。作品获得的强烈的社会反响会暂时把作品的缺陷掩盖起来，时间一久，缺陷就显露出来。这样下去，路子必然愈走愈窄。由于作者的目光只聚焦在“社会问题”上，势必会产生你上次谈话时所

说的那种情况，“在每一篇新作品上，强迫自己提出一个新的、具有普遍性和重大社会意义的问题”，这样就会愈写愈吃力、愈勉强、愈强己之所难，甚至一直写到腹内空空，感到枯竭。

当然，多年来非正常的政治生活造成的、有待解决的社会问题，成堆摆在眼前，成为生活前进的障碍。作家的笔锋是不应回避的。而且，自从十九世纪中叶以后，政治对社会生活的影响愈来愈直接，政局的变动，往往牵涉千万人的生活乃至生存。它迫使人们愈来愈关注它，这是地球上的事实。我一直不大相信“远离政治”或“避开政治论”卵翼下的作品才是有生命力的。中世纪田园诗和牧歌式的小说是那个历史时代的必然产物。我相信，二十世纪后期的世界性的杰作，差不多都离不开政治，而且包含着不少作家对政治的独到认识和见解，纵横穿插着不少社会问题。关键是作家在观察、体验、剖析、表现生活时从哪里着眼，是先从“社会问题”着眼，还是先从这些问题的政治因素着眼?

我以为，一个作家观察生活和动笔写作时，都要站在一定的高度上。我把这个高度分解为六个部分：历史的，时代的，社会的，人生的，哲学的，艺术的。其中“人生的”和“艺术的”两方面，一直不被我们所重视。

随后，我便发表了我所强调的关于“写人生”个人的思考。

这篇文章发表在一九八一年第三期《人民文学》上。

心武很快写了“回信”，题目是《写在水仙花旁》。他同意我“写人生”的观点，也阐述了他自己的意见。一时，我们的讨论引起了文坛的热议。连路遥的长篇也直接以“人生”为题。

然而，真的一脚迈出去，却不知踏向何方。

我这一代人最深切的人生是在“文革”里。作为普通人，我们是不幸的受难者；对于作家来说，我们却是“幸运儿”。因为，历史很难出现这样一个时机，叫我看到了社会和生活的底色，还有人的多面与背面。人性和国民性也都在眼前赤裸裸暴露无遗。我说的人性和国民性也不只是负面，还有正面。但是它怎样进入文学，并创造出独特的形象与独特文本？我面对着一个巨大的挑战。我以前没有思考过这样的问题。我被自我的反省、自己的思考推到一个举步维艰的境地。我开始怀疑我写作前的“准备”不足，怀疑自己的创造力和发现力。

我有过一个奢望和野心，想像巴尔扎克的《人间喜剧》那样，用一系列的长篇、中篇和短篇组成一个宏大的“文学构成”，我自称为“非常时代”。我想以此囊括并表现我所亲历的时代与社会生活。我想以自己十年中大量的“秘密写作”为依靠，展开我自己的文学世界。为此我写过一篇《我写“非常时代”的设想》，阐述了上述这个宏大设想的思想宗旨。我一直认为文学对时代对生活有历史性的记录功能。当然作家是用独特的个性形象、人物命运和场景来记录生活和记录历史的。作家与史学家的工作不同，史学家依据客观的史实材料与文献记录历史事件的本身，作家们却要凭仗着他们创造的人物的命运与心灵来记录一个过往时代的真实。彼此不能替代，各自使命都不能回避。如果我们不记录，不写，后代根本无法真正认知这个“匪夷所思”的时代。其实，我这个想法在当年冒死地秘密写作时就有了。可是这个计划难以实现。因为，我们的生活是在完全封闭的状态里突然开放的。一旦放开，它变化得太快、太缤纷、太多的冲击与意外。我无法使自己安静地待在这个心中认定的文学原点上。

更何况还有一个个文学思潮席卷而来，这在下边另一章里要详细展开的。

从八一年到八三年，时代在变，我的文学在变，但我的生活没有变。仍住在长沙路思治里十二号那个小阁楼上。换句话说，我的文学灵感和我不时仍在对自己心脏隐隐的担忧以及小阁楼上烟熏火燎的生活混合在一起。我说烟熏火燎是指我家没有厨房，做饭要在楼梯拐角处。饭锅和炒勺里的气味和浓烟全要灌进我的小屋里。随着屋内的书稿愈来愈多，房间中央的空处只够儿子晚间支开那张小小的行军床。夜间屋里就再没有可以走动的地方。散文家谢大光写了一篇文章《阁楼里的作家》，还叫我配了一张漫画式自嘲的插图，发表在上海的《文汇月刊》。那时《文汇月刊》影响很大。我住房的拮据加上疾病的困扰便成了当时知识分子生存状况的一个标志性的写照。据说还给报社记者写成“内参”上报给中央的领导部门，目的是促进“落实知识分子政策”。那时市场经济还没有到来，住房没有买卖，全部由单位分配，“文革”期间住房标准是每人一点五平方米。当时单位也拿不出多余的房子给作家解决住房问题，尤其在唐山大地震之后，很多震后无房的人还住在街头的临建棚里。“文革”十年使国家和老百姓穷到底了。我最大的困难还不是房间小，而是我住的房子是地震后草草搭起来的简易房。屋顶只有一层薄薄的土板子，上边铺一层油毡，里边吊一层苇帘，抹上白灰。这样的屋顶冬不御寒，夏不隔热。伏天里，白天晒上一天，夜间如在蒸笼里。这便逼得我一边向上级部门作揖磕头申请分配住房，一边向出版社杂志社张口要“价”——如果想得到我的书稿，就给我在旅店里租一间房，我

到那里去写。这样，我一家三口就可以搬到旅店住，我写稿，妻儿也舒服多了，还可以洗澡。当时这种“改善写作和居住条件”的妙招普遍被名作家们使用着，这便招来一个“宾馆作家”的批评词语。我的两三部中篇小说和一部电影剧本都是在旅店里写的。如果夏天在家中写作，便是我在散文《苦夏》里所写的感受：“夏天于我，不只是无尽头的暑热的折磨，更是我顶着毒日头默默又坚忍地苦斗的本身。年年夏日，我都会再一次体验夏的意义。一手撑着滚烫的酷暑，一手写下许多文字来。”

然而在生活上我不是弱者。长期的艰辛使我不惧怕困难，习惯于苦中作乐。让生气盈盈的快乐的生命小草从粗硬的乱石阵中钻出绿芽。一个破皮球也能叫我和儿子兴致勃勃玩上好一阵子，一块颜色雅致的花布也能叫妻子缝制成一个小短衫美上几天。那时的稿费很低，一篇散文不过十几块钱。《雕花烟斗》获全国优秀小说奖，奖金只有二百元。但我写得多，吃喝不愁了，还敢在有肉片有鸡腿的餐桌上神气十足地加上一瓶海河啤酒或山海关汽水。那时生活变化很快，称得上日新月异，比如一个煤球炉高矮的小冰箱和一台日本三洋牌的盒式录音机弄到家中，生活就立即变得神奇美妙了。到了八一年底我和妻子狠下心花钱买下一台十三寸的彩电，那可真称得上“提前进入了共产主义”了。

由于在文学上比较冒尖，一些不曾想过的事会先找到我身上。

八一年初接到中国作协通知，去英国访问。一团三人，团长是吴伯箫先生，团员是我，还有一位年轻的女翻译何滨。这真是一个连想都不敢想过的事突然降临头上。我那时对英国的印象仅仅是从几部英国古典小说里得到的，脑袋最先反应出来的是“雾都”，其他所知寥寥。作协从社科院外文所请来一位专家给吴老和我恶补几天英美文学，又讲了种种“不准”的“外事纪律”。然后去到出国人员服务部定制一套西装，向父亲求教怎样系领带，然后就在一个借来的帆布箱子里装了些应用的衣物上了飞机。在长达十多个小时的航程中根本没合上眼睡觉。那时飞行的感受一是没完没了地飞，好像要上月球，再有就是飞机一着陆，全体乘客一起鼓掌，庆幸安全到达——这种世界性的“习俗”现在已经没有了。到了英国，从议会大厦前泰晤士河上那座威斯敏斯特桥一入城区时，满眼古典的建筑，街上跑着红色的双层公交车，所有人都是金发碧眼，而且这时的伦敦早已不是雾都，景象清晰如画，我完全懵了，完全像到了另一个星球上。

当晚第一件事就叫我无地自容。英中文化协会举办的欢迎晚会是“黑礼服晚会”——过去不曾听说过——男士必须着装黑色西服，当时我国规定出国只能定制一套西装，而我定制的是灰色西装，我无法叫西装改变颜色，因而晚宴时满屋的黑西装，只我一人身穿灰衣，我因“不尊重人家的习俗”而频遭冷眼。

这次出访毕竟叫我大开眼界，一切都是意外。参加布克文学奖颁奖，看了英国皇家莎士比亚剧团的《罗密欧与朱丽叶》和伦敦芭蕾舞团的《睡美人》，还有英超足球，参观大英博物馆，在诺维赤亲历一次大学的文学课，还与后来获诺贝尔文学奖、《蝇王》的作者威廉·戈尔丁在一间怪房子里聊天。这些都叫我写进一本小书《雾里看伦敦》中。我庆幸自己第一次出国就到一个典型的西方国家中。使我最有兴趣的还是他们对自己传统的敬畏。这种兴趣中还有些惊讶，因为在十年中我们的传统和历史事物是被扫荡被践踏的对象，哪有这样尊贵的地位？记得国际笔会的秘书长艾伊斯托布问我对英国的印象如何。我笑道：“天上的变化很大，地上的变化很小。”回国后我写过一篇散文叫作《在旧梦中甜睡》，表达我这种好奇与欣赏。在伦敦一个艺术家俱乐部门前挂了一个牌子，上面写着“妇女不能入内”。我很诧异，问过方知，这原来是十九世纪的一块牌子，自从“妇女解放”运动后早已不成问题。现在还挂着这块牌子，是为了表述这里一个荒诞的历史——对妇女的轻视。这个牌子不正是为了彰显社会文明的进程吗？我想，如果我第一次去的是美国，最初的西方印象一定是另一样了。而现在这个印象成了我后来西行各国时一个特别关注的视角，并因此影响我的文化观与遗产观。

还有一个细节。出于长期的冷战思维，西方人特别关心中国作家的独立思考与独立立场，这是我们在很多地方交流和谈话时，他们都会忍不住要问的问题。有一次在剑桥大学与他们的东方学者交流。他们大约很久没见到来自中国的作家了，问题提得踊跃又直率，甚至问我怕不怕写错了被抓起来。这时，我忽然发现吴伯箫先生闭上眼，好像睡了。我想连日来的奔波，他年纪大，肯定是疲倦了。我便接过话题来与对方交谈。那天从剑桥回到伦敦的酒店后，吴老叫我到他的房间，他忽然问我：“刚刚在剑桥座谈时，你是不是以为我睡觉了？”我一怔，心想他闭着眼，怎么会知道我注意他了？我说：“您岁数大了，路上辛苦，您太疲劳了。”吴老摇摇头，正色对我说：“我根本没有睡，他们提的问题是在挑衅，怎么答？只能不理。”他沉一下又说：“你还年轻，你要懂得外事不是小事，是大事，不出错就是胜利。”

老实说，那时我对吴老不大了解。我上学时念过他著名的散文《记一辆纺车》，仅此而已。后来我画画，所读的文学都是古典文学与西方名著，对中国文学看得很少。不了解他在革命文艺史上有较高的地位，更不知道他在“文

革”遭到迫害，被开除党籍。但我很理解他的话出于老一代对我的爱护。他经历过许多政治运动，深受其苦，自有“安身立命”的经验之道。由此我知道为什么在新时期文学中，这一批老革命作家反而缺席了，他们获得平反后反倒停笔了。

他们背负的历史太重，或者他们被过去思想的惯性束缚着，尽管时代已经换了一匹飞马，但他们跨不上去了。

原载《收获》2017年第5期

母亲的手艺

林那北

母亲十八岁之前的故事有两个版本，一种是她自述，另一种来自我奶奶口述。作为一个二十四岁就丧夫的年轻寡妇，我奶奶万万不会想到自己又帅又蓬勃又口才滔滔的唯一儿子，有一天会沦为宠妻狂魔。她以一米七五或者一米七三的巍峨身高，华丽俯视只有一米五八的城市娇小姐，横竖都想不明白为什么这个半路突然杀来的陌生女人，能不费吹灰之力就把她捧在手心呵护二十多年的儿子一把夺走，这事反复想，反复怒上心头。瞅住儿媳不在跟前的机会，她冷不防就把强压的戾气倒进孙辈耳朵，千言万语都无非力图表明一个事实：我儿子的老婆以前非常、极其好吃懒做，整天蜜蜂般殷勤地只忙一件事，就是花枝招展。

这确实离理想的林家媳妇太远了。丰臀肥乳厚肩大胯在哪里？低眉顺眼恭恭谦谦又在哪里？嗓子脆亮能唱闽剧会拉二胡没用，会下腰会跳舞更没用，这样的小身板能挑担吗？能下厨吗？能扑通扑通轻松生养一个又一个吗？

福州下杭路，叶记藤行。如果不是因为六七岁时母亲去世，父亲续弦生下三个子女后又暴病而亡，然后掌控叶家经济的祖母也骤然归西，家境因此一落千丈，全家大小的用度只能靠老本儿局促撑着……总之，如果不是这些变故接踵而至，叶记藤行最得宠的二小姐不可能从城里孤身跑到县里找工作，然后又在一个叫“廷坪”的乡政府里，遇到大眼高鼻的英俊秘书。两个好色之徒四眼相对，很快电光石火。在还不盛行老夫少妻的年代，我父亲除了对身世的自卑外，还一直对自己比叶小姐年长六岁稍怀歉意。行行行，你说什么就是什么。好好好，你爱怎样就怎样。他拿这样的句式作为家庭鸦片，顿时疗效显著，成功营造出一派祥和与温馨。于是一二三，个子娇小的叶小姐一口气替他生下两

女一男，而且子宫还开启了修饰模式，后面生下的，都是前面的升级版，总是个子更高，脸蛋更端正，性格更开朗，脑子更灵光。

也是虚岁二十四时，母亲第一次当母亲，她一下子懵了，完全适应不了被另一个人如此不可理喻地胡搅蛮缠的跌宕日子。婴儿昼夜的哭闹与屎尿，突如其来地齑粉了她，她只好以更放肆的痛哭来针锋相对。父亲夹在其中，很快把情感天平倒向妻子，他到几百公里外的村子里找到一个奶妈，出生才十六天的女儿就这样被不明不白地送走了。这当然是个昏招，而我奶奶虽然明知儿子是同谋，并且是事实上的执行者，却选择性地忽略不计，将矛头高度聚焦到她认为该聚焦的人身上。生活摇身一变就是两重天，我母亲十八岁前的做派被迅速有机地与当下衔接起来，我奶奶觉得一下子手握重器，之前的攻击还多少虚浮半空，接下去，她余生的每一发炮弹，都可以落到实处了。二十四岁无依无靠的小寡妇，脚小个子高，走路风吹弱柳状，却硬是凭一口绝不低头的硬气，靠给人缝衣制鞋，把出生刚刚九个月零八天的儿子独自养大，居然还送进了福州的学堂，而这个儿子如今却对另一个女人言听计从。

白眼兼唾沫横飞相继而至，我母亲却并不吃这一套，很久以后她的羞愧虽如期而至，但那并非被婆婆骂醒过来，而是自我成长后的顿悟。检讨自己，她多次数落年少时的轻率，但都搬出同一条理由：我十八岁以前在家里连水都没烧过，怎么懂得带孩子？

水都没烧过，是忙着花枝招展吗？

很侥幸，我和弟弟出生后不再被送走，父亲从有限的工资里省下一笔钱把保姆请进家里，这自然也令我奶奶怒不可遏。上有老下有小，钱哪里不好花，非得花到别人身上？

说的也不是一点道理都没有，但即使是真理，怎么说是一门学问，能不能做到是另一门学问。十八岁以前母亲在家被宠得连水都没烧过，其实并不等于什么事都不会干。有一天她递过几张发黄的黑白老照片，其中一张是与三个年纪相仿女孩的合影。指着照片，她说：我衣服是自己做的。又说：她们的衣服也是我做的。

接着她补充道：“我以前非常喜欢拍照。”

她出生于一九三四年，所谓的以前是指四五十年代，这可以从侧面印证了“花枝招展”的故事。那时候拍一张照片并不是件容易的事，不是极致爱美，爱臭美，谁舍得掏出白花花的银两，只为了把活生生的自己印到一张小小的纸片上？最奇怪的是，她拍了很多，却都没有留下，哪儿去了？弄丢了，我父亲的、她自己的、三个子女的，总之一张不剩。几十年过去，过去的老同学重逢团聚，聚会前她已经先弄清谁家相簿里还存放几张她当年赠送的老照片，逐一嘱其扒下带上，然后她又把它们带回家，进门时笑得很异样，咧大嘴露出空前多的牙齿。这确实是件特别值得高兴的事，所有的失而复得，其珍贵性都顿时翻了好几倍。

照片上，她的衣裳不是绫罗绸缎，无非普通的棉质碎花布，弧形公主领，前襟捏出一排细密的褶子，这种款式一直延续到上个世纪八九十年代都还算时髦。现在想起来有点后悔，母亲指着照片说那些衣服是她做的时候，估计正殷切等待一个惊诧的赞美，至少用上一些“太厉害了”“真的啊”之类带感叹号的表达，但我仅淡淡噢了一声就应付过去了。她会做衣服，这一点都不陌生啊，有记忆以来，一直到我也当上母亲前，身上所穿的差不多都是她亲手缝制出来的。

随着工作的调动，家不时随着她搬迁。回头望向曾经住过的屋子里，在穷得还买不起任何电器、机械类用具之前，一架破旧的缝纫机就已经赫然摆在最显著的位置，它总是过劳，每天嗒嗒嗒响，母亲娇小的身子则虾一样趴在上面，脑袋恨不得钻到针眼里。一块块布进门，再出去时，已经是全家上下一件件衣服和裤子了。

缝纫机旁边的墙上挂着几个长条形硬纸筒，上面依次插满不同型号的竹针，它们是母亲的另一种如影随形的“武器”，缝纫机不响时，竹针的碰撞声就响了。“见缝插针”这个词语用在这件事上如此妥帖契合，坐着织，站着织，走着织，边聊天、看书边织，以至于现在想起来，那些吊在腹部的织品仿佛是她下移的舌头，总是晃晃悠悠地醒目地垂在那里。没有哪种款式图案她征服不了，只要你穿出来，她看一眼，低头用手指搓一搓，针法的秘径就马上昭然了。如法炮制，一件毛衣，一条裙子，出手就是啧啧啧地引来赞叹。

凡事重复多了，自然就生出排斥。进入八十年代后，商店里明明越来越多地出现各式不同花样的服装，可是那台破旧的缝纫机和那批竹林般的毛线针，仍然坚不可摧地把一切都挡在家门外。直至调县城工作，离家上百公里，一个月最多晃到她眼皮底下一次，而每次回去，她都会发现我所穿的已是她陌生的。她眼露失望沮丧过吗？我没注意过，所以也想不起了。估计受挫感丛生，但她靠尊严忍住了。身体越长越大，必然就越来越无法控制。好在孙辈很快次第到来，峰回路转，她的新战场又浩荡呈现了。

我女儿在八岁以前一直由她带。一个自己第一个女儿出生就完败逃跑的人，

在年近六十时，却将刚出生的外孙女二话不说一把揽过去了。这女婴很快就不属于我。饿了没关系？不行！哭一哭没关系？不行！冻一冻练筋骨？不行！病了扛一扛不必上医院？不行！幼儿园全托学自立？不行……十万个不行山一般横亘在日子里，她非常执拗地坚持，半寸不肯让步，反对的全部底气都建立在“反正我来”之上。为了精确掌控第二天女婴穿衣厚度，她成为每晚电视天气预报的忠实观众；为了把一碗米糊塞进小肚子，她一手拿勺子，一手抱着女婴并握牢一碗食物，能从街的这一头一直喂到那一头。她说：“快看，那是什么东西啊！”女婴无限好奇地问：“在哪里？”说话间嘴张大了，一勺米糊或面条就趁机捅进两唇间。其实没必要这样，女婴一出生就有奇大的好胃口，她不吃一定有不吃的理由。但母亲对这样的理由一概无视，按她理解，多吃一口总能多长一两肉，并且能快一天长高。幸亏该女婴天生不擅长堆积肥肉，她被这样不厌其烦地一口口撑了八年，看上去仍黑瘦得很。但非常结实，每天嘻嘻哈哈地制造没心没肺的笑声。人最本质的快乐都源自身体，笑需要体力，而体力则拜健康所赐。

然后这个女婴无法幸免地成为服装模特，小裙子、小棉袄、小衬衫、小毛衣、小旗袍……翻看老照片，女儿有过色彩非常缤纷的童年，即使过了二十多年，每一件款式仍然有模有样。

是啊，时光又过了二十多年，已经八十多岁的叶家二小姐节节败退，如今完全丧失了亲手为家人制作服装的任何机会。我们买回衣服时，她悻悻凑上前，拿起标价牌看了看，啧啧啧地悲愤摇头。款式这么简单为什么这么贵？这么贵为什么非要在外面买？我猜测她肯定暗暗期盼过这些像外敌一样入侵的衣服，与我们的身体不要太契合，肩偏宽了，腰围偏大了，袖口偏长了，如此等等。这时候无论什么价格的衣服，我都会很放心地交到她手中。没有问题，重新拿回来时，一定已改得恰如其分了。她准确记得家里每一个人的身体尺寸，丈量时张大巴掌一下两下三下，总之根本无须动用尺子。如果是毛衣被虫子咬出小洞，她会以侦探破案般的眼力，在毛衣上找出多余的毛线，然后用其细密补上。洞呢？洞找不到了，它已经与周围重新有机地融为一体，了无痕迹。

缝纫机依旧在她屋里赫然摆着，穿针引线她仍无须戴花镜，趴在上面踩动脚踏板也依然嗒嗒作响，但连缝补修改的机会其实也越来越少了，她荒芜下来的用武之地只剩下孤独的自己。把我们不穿的衣服剪开重新缝制，她套到自己身上；到市场买回花布，她剪裁成连衣裙穿进穿出……衣柜塞得快爆炸了，真的可以三百六十五天不重样地更新。查了一下，她生日是九月二十四日，天秤座。星象专家说，这是一个最自恋、爱美、爱花钱、爱注重外表的星座。原来不是故意的，蜜蜂般花枝招展是天命所定，料她自己也根本无法招架得住——多么好啊。

我五六岁时，跟着她住在县一中校园里。那时一中有个教师文艺宣传队，晚上只要不开会，一群三四十岁的人就卸下白天讲台上的正儿八经，凑在一起热乎乎地吹拉弹唱蹦蹦跳跳。有一次母亲登台扮演一个比她年纪还小的同事的女儿，梳着两根大长辫，摇头晃脑地又唱又跳，仿佛真的化身为一个未成年少女了。之后她同事就时时以“外公”自居，见面就让我这么喊他。我当然不喊，我弟弟也不喊，他就心生一计，沉着脸说：“你敢叫我外公，我就对你不客气！”又指着雨后地上一汪水渍说：“这水你要是敢踩，我就对你不客气！”弟弟那时刚蹒跚学步，不谙世事又愣头愣脑。不客气吗？还这么凶，他就犟起来，偏要“外公”“外公”地叫，脚又猛一抬，重重踏进水渍里。母亲在旁笑得比谁都大声，然后把儿子带回家，洗衣刷鞋自是忙乱一通。

几十年来我似乎从没正面写过母亲，歌颂母爱的篇章已经多如繁星，实在不必再去赶这个趟。但那天听说小区成立了舞蹈小组，特地请专业老师来教，母亲竟也赫然报名了。从上传到微信群里的现场照片看，她是全场最老的一个，正一脸认真地盯着老师，煞有介事地跟着手舞足蹈。很欣喜和感慨，那一瞬心怦然一动，觉得应该写一写她。在这之前，她每周风里雨里倒两趟公交车，赶到十余公里外的老年大学上美术书法课。班上也没有比她年纪更大的学生，巧的是其中一位老师还曾是她以前的同事。无所谓啊，她一上就是五六年，直至被我们反复劝诫，才罢了。

有些人年少就已苍老，有些人垂暮了仍始终保持生命初始阶段的新鲜生动，天真是能滋养人的，骨子里的单纯渗到脸上，就成为有效减龄的上等化妆品。少女感，上苍给一个女人最好的礼物，就是这三个字啊。

除了做衣服打毛衣，十八岁以前连水都没烧过的人，早已荣升为家中厨房大权独揽的人物，烹饪花样百出，并且滋味万千。她还无师自通地用塑料珠子编出各种玩偶、花瓶、灯笼、纸巾盒，并骄傲地以此为礼物，赠送四面八方的亲友。去年春节忽然听到客厅里传来古怪音乐，出去一看，是一个塑料珠编成的娃娃在地上打转，肚子一闪一闪地亮着，音乐就是从那里发出的——她居然纯手工完成了电动玩具。而且，她能做木工活儿和土工活儿，以前家里拮据时，要扩建厨房，她一个人就挑砖拌泥砌起一面墙。那些凳子、桌子、柜子，有很多也出自她手。只要动手的活儿，她从来都夸张地自信，以至于前两年我家新

购买的餐桌因为没安装牢而有些晃动，她二话不说拿起两个大钉子就从桌面往下砸。哎呀，如今现代化流水线生产出来的实木家具，榫头和螺丝都藏于隐秘处啊，她不管，反正钉子已经霍霍下去。桌子确实不晃了，但钉眼也结结实实留下了。

我父亲在世时曾感叹：没想到她变化这么大。

我奶奶也早已去世，如果活着，看到被她认定好吃懒做的叶家二小姐，竟一天天变成艺多压身的巧媳妇，不知她会不会悄然松口气，终于服输，确信自己的儿子当年并没有看走眼。

原载《文汇报》2018年5月13日

玄鸟

——

格　致

我数电线上的燕子。我正闲着，看到什么就会去数什么。数燕子之前，我在数葫芦架上的葫芦。那些汹涌的叶子，怀里抱着玻璃杯，对云彩、风和我充满了警惕。葫芦的孩子很多很小很拥挤，它们害怕下雨、害怕日晒，也害怕被我数清楚。

我准确地数清楚了电线上的燕子，它们的窝藏在屋檐下。但是电线上的燕子不能是五只，它们可以是三只六只七只八只，其他任何只，单单不能是五只。其他数字我都可以心平气和，都可以像数葫芦那样悠闲。能数几个就数几个，看不清楚就不数了。但是电线上的燕子，我从左往右数是五只，从右往左数也是五只。它们不能是五只，是五只我的心就乱了，是五只我就得从春天开始说了。

而此刻，中伏的最后一天，我坐在秋千上，秋千吊在榆树下；燕子坐在院子上空的电线上，一字排开，像五个黑色的象形文字。它们组成了一个句子，为我呈现出故事的结局。

这是最好的结局了——它们都活着！

我离开秋千站了起来。一只巨大的冬瓜，忽然从木架上掉到了地上。我的心就是一颤。冬瓜身上的绒毛还是绿色的，它还没有长大。

一

一开始它们是两只。

门楣上方有两个燕子窝，三年前我搬进这个院子的时候就有了。不知道是

什么时候，由哪两只燕子筑造的。就像我住的这所老房子，不知道是什么时候由谁修建的。我住进了老房子里，而门楣上燕子窝空着。我盼着来两只燕子住进来。这样这座老房子才算客满了。一座乡下的院子，光住了人，还是不够的。

第一年的谷雨时节，一天院子里的吵闹声很大，出来一看是两只燕子。它们先是落在院子上空电线上看，然后又落到院子里晾衣绳上大声地商量，它们说了很多话，听上去是那种激烈的争吵。好像是一只想住下来，另一只不同意。各自说着各自的理由。一只还飞到屋檐下近距离地考察那两个旧燕子窝。我在心里期待着它俩能达成共识，住在一直空着的燕子窝里。那两个空着的燕子窝悬在我的头顶，出门进门都能看到，我一刻也没有忘记那里应该住着燕子，而燕子窝空着，说明我的生活有缺憾，甚至有漏洞。我虽然坚决地选择了这所宅院，但如果燕子也选择这里，那么我的理由就更充分了，我就更有理了。燕子的争论持续了两三天，最后还是飞走了。它们不愿意住在我家。我是多么沮丧，这足以构成对我的打击。燕子如果一直没来还好，关键是燕子来了，反复地看了，议论了，然后不住在这里，这说明这里不好，这里有人类看不见的凶险。我很惶恐。我想起一句俗语：燕子不入愁宅。那燕子看见了我心里的忧愁了吗？我把整个院子都污染了吗？因为我的坏情绪，而使整个一个院子都成了愁宅了吗？那么燕子不住这里，不仅是宅院的问题，也是我的问题。看来燕子选住所，不光看房子、看院子、看环境，更看院子里的人。

第二年春天，又来了两只燕子，考察了两天，大声地争论了两天，最后还是不在这里住。第二年燕子在考察的时候我还是暗暗地期待着，我有理由期待，因为第二年，我已经做了一系列的补救工作。我找人把院子做了围墙，院子里种了许多鲜花，我种红花、黄花、紫花……我用这些花表达我的好心情，我在和燕子说我是热爱生活的，你们看我种了多少花草啊！这个院子里的花园，其实是从我的心里移栽出来的。我还搭了葡萄架、葫芦架、黄瓜架。那葫芦不能吃只能看，种葫芦的目的也是想让燕子知道，你看我有多悠闲。你看这里有多安宁。我心情很好。我不忧愁。我努力取悦燕子，努力营造安静、繁荣、祥和的氛围，但是，它们还是飞走了。我的花园、我的葡萄、我的葫芦架都没能留住燕子。后来我找到了安慰自己的理由：春天的时候，我种的花朵还没有开放；葡萄也刚刚发芽；葫芦还没有开出白花；西侧新盖的房子还没安上门窗，燕子还看不出我为留下它们所做的努力。

今年春天，我已不再盼望。我已认定，这个院子有大问题，我有大问题。一切繁荣都是表面的，燕子认定这个院子不祥、主人脸上笑着内心很苦。但是今年春天，好运就在我绝望的时候突然来了。有一天，天已经黑了，我从老房子屋檐下走过，看见一只燕子嗖地飞进去，我站住，等了一分钟，燕子没再飞出来。我以此确定燕子住在我家了，因为天黑了，燕子回到哪里就是住在哪里了。第二天我躲在新房子里，偷偷向外看，我疑心昨晚嗖地飞进屋檐下的是不是麻雀。我看见了两只燕子在屋檐下飞进飞出，在忙着。我很激动，把这个好消息告诉了很多人，同时一直不安的心落下了。我的家终于不是愁宅了。我的所有努力都做对了：葡萄架搭对了；葫芦架搭对了；西侧的厢房也盖对了……

两只燕子每天都很忙，在捉虫子吃，也可能是维修旧巢。我想仔细看看燕子，但是我不敢冒险，怕它们误会我，以为我要伤害它们。盼了三年才盼来的燕子，它们就是我高照的吉星，是我看不见的环境的安全证明，我哪敢让它们起疑心呢。我总是从窗子后面偷偷地看，拿东西即使必须从它们的窝巢下面经过，我也要加快脚步，不敢停留。它们好不容易对我满意了，我要好好地表现，让燕子对我的印象更好一些。此后许多天似乎每天都一样，燕子的故事没有进展、没有起落。时节到了立夏，停滞多日的燕子的故事，终于向前流动了起来。在燕子窝下面的窗台上，我发现了残破的蛋壳。蛋壳很薄，比鸡蛋壳薄多了。鸡蛋壳像粗陶，而燕子蛋壳像细瓷。黄色的蛋液也凝固在水泥台上。这说明这只蛋至少是一天前掉下来的。也就是故事在一天前就往前推进了，而我没能及时发现。毫无疑问，蛋是从燕子窝里掉出来的，是燕子蛋。确定是燕子蛋后，一个问题出现了：燕子蛋是不小心掉出来的，还是老燕子有意舍弃的？燕子从来不对我解释它们的行为，我就只能猜。依据那只破碎在窗台上的蛋，依据那残破的蛋壳，凝固的蛋液，我像个依据蛛丝马迹破案的侦探，我的推论是这样的：那只掉出摔碎的蛋，是大燕子不要的——因为那是一只石蛋。什么是石蛋？就是没有受精的蛋，里面没有小燕子。燕子窝里的空间有限，住两只燕子刚好，加上几只蛋，就已经拥挤了。但是再拥挤也要孵小燕子啊。而不能孵出小燕子的蛋，就没有理由在那里占据空间。这只蛋的存在没有意义，这只蛋没有未来。大燕子就把这只没有意义没有未来的石蛋舍弃了。燕子能知道哪只受精了，哪只没受精吗？据我对燕子的了解，燕子知道。燕子把腹部贴在蛋上，那里面的一切，燕子就都知道了。那些贴着蛋的羽毛，早就把获得的消息告诉了燕子。蛋里面的小燕子，也一刻不肯消停。很傻的燕子都会知道哪只蛋里有小燕子，哪只里面没有。那只石蛋，要不了几天，就被燕子发觉了，然后就被丢弃了。

至于燕子窝里有几只好蛋，我也不用鬼鬼祟祟地上去数，要不了几天，我

就会知道答案。这个秘密燕子是守不住的。当它们一只一只飞出来的时候，我数数就可以了。

十天，或者十五天之后，我听到了一个声音，那不是幼小无力的声音，而是嘎嘎嘎嚣张的大叫声，还此起彼伏的。这说明发出这种声音的不是一个个体，而是人多势众的。我看见大燕子飞回来，燕子窝里就会传出那种呀呀的大叫声。这是小燕子凶恶的叫声。它们在用声音争夺大燕子送来的食物。它们还不能动，连眼睛还没有睁开，这时候它们唯一的争抢工具就是大嘴和大叫。那叫声很难听，很伤害神经。大燕子快速地飞走又快速地飞回来，就是要平息那凶猛的叫声。我急忙赶过去，站在燕子窝下，看见了三张突然张开的剪刀一样的嘴。两只大燕子不停地往这三张大嘴里输送着昆虫。那么一开始，大燕子一共下了四只蛋。我数小燕子，回来送食的大燕子警惕地看了我一眼。它还是不信任我。我赶紧说，我只是数一数，我这该死的好奇心，没别的意思。然后我赶紧走了。第二天我从那里路过，又数了一遍。

我在数数的过程中，意外发现了小燕子的凶猛。它们一出生就携带了两样凶器——那让人头晕的叫喊声和张开的剪刀一样的大嘴。

二

电线上的燕子，头都朝着院子里老房子的方向，那是它们曾经的家，也是那三只小燕子的出生地。它们坐在高高的电线上，就那么看着，不肯靠近老房子，也不说话。这期间，有另外一只燕子飞来，落在我家五只燕子的旁边，它只坐了几秒就飞走了。它叫了几声，我家的燕子也叫了几声。那是一只路过的燕子，以为这里有什么好看的，结果就是在看一座老房子，觉得没趣，就飞走了。我家的五只燕子继续坐着，继续看着老房子。

小燕子的初飞我没有看到。当我数完有几张嘴从窝里伸出来要吃的，为我的春天的疑问找到了答案后，我就不去燕子窝那里了。我怕大燕子误会，以为我图谋伤害它们的孩子。接下来许多天，我都能听到小燕子凶恶的叫声。它们大喊——给我！给我！给我！大燕子像遇到三个蒙面的劫匪。大燕子把嘴里的蜻蜓给了其中的一只劫匪，心里惦记着没吃到蜻蜓的另外两只劫匪。它们心甘情愿地被三个劫匪一次次地打劫。我坐在新盖的西厢房里，听着外面小燕子打劫父母的大喊声，知道一切还在继续，小燕子还没有长大。然后我就出差了。等我回来，那种嘶哑的大叫声已经没有了，而在院子上空忽东忽西飞翔的黑影似乎多了。我看见窝巢空空如也。我紧张起来，我的老房子上面有老鼠，我一直担心老鼠会爬上去。我只离开了不几天，燕子的故事就结束了吗？燕子的故事讲到这里，出现了空白，我得想办法补上。我走后，院子里还有人，这个人是我的儿子。我儿子在他幼小的时候，也曾把我洗劫一空。现在他温文尔雅，我可知道他当初为了吃奶，闭着眼睛大哭大叫有时候还蹬腿尥蹄，不比小燕子好多少。现在，他是燕子的故事的唯一目击者，我说，咱家小燕子呢？他说，它们都飞上天了。我说你真的看见啦？他说看见了。我又问，你看见了几只？他说一共五只。有三只小的。他说他看见五只燕子在屋檐下的电线上、在院子里的晾衣绳上落着。

原来故事没有结束，还有了精彩的情节。世界原本好好的呢，我真是瞎担心，这种世界观要不得，我得改。

在屋檐下，离它们的窝巢不到一米，就有一条废弃的有线电视的白色管线横在那里。离这条管线不到三米就是院子里的晒衣绳。小燕子如果练习飞翔的话，这两条线可以帮助小燕子，不会掉到地上。因为掉到地上很危险。小灰（巨型阿拉斯加犬）的大爪子一下子就能要了小燕子的命。小燕子试飞，刚一出窝会很害怕，这时可以抓住那近在咫尺的电视线，稳定一下，再往三米处的晾衣绳上飞。稚嫩的翅膀刚刚没了力气，晾衣绳已经到了。这样反复练习几次，就了解自己的翅膀了，等对自己的翅膀有了信心，就可以往高处的电线上飞了。有难度的是飞回来的时候，屋檐下的窝，位置太靠上，屋檐又长，得盘旋一下才能进去。小燕子一开始肯定不会盘旋。我认为盘旋很难，需要技术和熟练。盘旋就是在飞行的时候在空中的停顿、转弯。多亏院子里有晾衣绳，落在晾衣绳上，准备一下再飞到屋檐下的电视线上，然后再进窝。这样就把一个弧线分成了两段直线，难度就降低了。那个一连贯的动作被分解了，就容易掌握了。

我回来的那些天，刚进入伏天，天气非常热。院子里忽然有很多蜻蜓在飞。我还以为蜻蜓都灭绝了呢。蜻蜓出现了，我为燕子高兴，我觉得蜻蜓能比其他昆虫干净好吃。小燕子吃一两只就会饱了。蜻蜓飞得慢，小燕子抓得到。

我看见它们的时候，从形容上我已经不能区分谁是小燕子，谁是燕子爸妈。那个燕子窝，它们五个已经住不下了。住不下没关系，在燕子窝斜上方不到一尺的地方，还有一个空的旧燕子窝。它们五个可以分开住。从紧挨着的位置看，就像一套房子里的两个房间。我猜应该是小燕子住原来的窝，两只大燕子住旁边的窝。两个窝离得很近，有个什么情况可以互相照应。如果我是燕子，我就会这样安排。但是，我不是燕子，燕子也不是我。

一天我到老房子的窗台上找一根钉子。那窗台上不光有钉子，还有钥匙、锁头、螺丝刀……那里是我的五金店。我要找这类东西，到老房子的窗台上总会找到。可我的窗台，上面的东西是随便丢在那里的，找到要找的东西并不容易，有时得花点时间，并且需要集中精神。我低头仔细寻找，心里想着钉子，这时我感到有一股气流从头发梢上过去。我抬头一看，一只燕子落在了窗子上方。那里竟然有个刚建的新巢，泥还是湿的。这个巢已经初具规模，应该就剩收尾工作了。而离这个新巢不到三十厘米，还有一个正在建设的新巢。这个巢只建到一半。它们依托的是我去年用塑料封窗子时钉在窗子上方的一段木条。它们竟然在这里大兴土木，一起建了两座住宅。燕子看见我，很惊慌，快速飞走了。好像建新巢得偷偷摸摸地进行。燕子也觉得建房子应该由我审批一下吗?

这是个重大发现，比发现石蛋还让我意外。这么重大的事，我才知道，人家的新巢几乎建完了。这段时间我对燕子的关注度不够。自从小燕子不那么大叫，能自己飞了，我就不再每天观察燕子。我觉得它们已经长大了，每天飞出去找吃的，然后飞回来睡觉。空中飞着它们的食物，屋檐下有现成的鸟窝，什么都不缺，它们一家五口一起过着幸福的生活。什么都不用我操心了，我也真帮不上什么忙。想不到它们不安于过我为它们想好的幸福生活。它们在我不注意的时候，已经制造出了这么大的起伏和波澜。燕子的思路和我的思路一直没有重合过。那么一个很大的问题我就没法绕过去了：旧巢还好好的，它们为什么要建新巢？它们刚来的时候为什么不建？燕子的生活对于我来说就是一道复杂的数学题，不是一步就可求出最后的解。

当冬瓜咕咚一声掉到地上，我已经意识到我对我的院子里的植物和动物都没有掌控力。没有谁按照我思想的道路走。我并不能主宰这里的事物。这里的一切都按照自己的意愿在行动。此刻燕子的行为，已经在我眼里心里都成了谜语。我不想学英语，不想学日语，我想学燕子语。我想知道它们为什么这样做。光靠猜测我已经不能准确地把握这个院子了。我也想和那只冬瓜交流一下，这里就藏着这个世界的奥秘，只会人的语言是远远不够的。世界的大部分我是陌生的，甚至是看不见的。

虽然我不懂燕子的语言，我还是要尽力解读它们：两只大燕子春天来，住在了旧巢里，那是因为母燕子急着下蛋。它们没有时间建一个新巢。下蛋之后就更不能建巢了，它们的工作重点是孵蛋。等小燕子孵出来，工作重心是喂养小燕子，然后是小燕子学飞、学捉虫，这些时候，燕子都没条件建新巢。从小燕子长大后它们建新巢这件事，可以知道，燕子对旧巢是不满意的。现在，小燕子长大了，有了劳动能力，五只燕子干起活儿来会很快的。我不知道盖新房子的决定是谁提出的，应该是大燕子吧。它们今年建好了，明年春天来时就不用建了。来了就可以直接下蛋了。趁着现在是雨季，水和泥土好找，人手又多，天又长，时间充裕，还可教会小燕子筑巢。

明年它们还会来的。新巢都筑好了，说明它们有了长远打算。明年会来两窝燕子，每一窝孵三只小燕子，加上老燕子，一共是十只燕子，那我的院子可就热闹了。院子里都是飞翔的翅膀，气流是欢畅的，一切忧烦都没有地方降落。

我不再关注它们了。连明年它们还会来，都被我洞悉了，我彻底放心了。那个建了三分之一的新巢会很快建好的。五张衔泥球的嘴一起上阵，那点活儿不愁。

三

转眼就是中伏了，这也是一年中的雨季。到了雨季这里就下雨了。下了小雨，下了中雨，下了大雨，有一天下了暴雨。下小雨下中雨的时候，世界还是原来的样子，仅仅是城市和乡村都被淋湿了；下大雨下暴雨的时候，这里就天下大乱了。首先是南面不远处的城市，雨水滞留在城市的大街小巷，大街小巷满了，就进了居民的家。低洼的地方，雨水已经顺着楼梯上楼了，进了二楼的家了。没有谁家欢迎雨水来到家里，但是雨水没有地方去，它们该去的地方道路堵塞了。雨水有些像滞留在机场、火车站、汽车站的旅客。旅客谁愿意滞留呢，谁不希望快点到自己想去的地方呢？因此，雨水进了居民的家并不是雨水爱去你家，它是没办法啊。城市的水泥挡住了雨水回到泥土里的道路，城里人留给雨水回家的道路又是那么窄，而需要回到泥土的雨水又是那么多。城市不能下暴雨，城市处理不了暴雨。一座城市就是一个不会游泳的人。乡村除了道路，还保留了大片的土地。泥土可真是个好东西。平时你不觉得，到了下雨的时候，到了下暴雨的时候，泥土的好就明显了。我的院子，暴雨之后，地面没有积水。院子里那片四四方方的菜地，把暴雨都接住，并且送到泥土深处去了。我到大街上看了看，路面没有积水，玉米地里也没有积水，白菜地里也没有积水。原来，泥土和泥土之间悄悄地留着我们看不见的缝隙呢，这样的缝隙无法计数，多大的雨，都从那缝隙里走了。那么大地本来是一张网，它为雨水留着无数的通道。这些通道在天晴的时候，也把地下的水蒸发到天上去，形成云，

云再形成雨，雨落到地上，流到下面去。这是水的生命路线。

我住的村子暴雨过后，什么事也没有。可是村干部说有事。在村子的上游，有五座水库，大雨暴雨之后，水库的水已经满了，满到就要溢出来了。如果大雨接着下，五座水库就要同时溃堤。五座水库，那是多少水？大片的农田也吸收不了它们。农田只能吸收雨水。而水库里的水，已经不是雨水了。雨水是从天上直接来的，而水库里的水，经过了水库的存储，性质变了。比如农民，在家里种田，就是农民，而成千上万地集合起来，打家劫舍，那就是土匪了。而水库里的水，就是组织起来的水，就是要作祸的水。

面对这样的水，谁也没有办法，只有躲避，我被通知撤离到地势较高的太平村去。

太平村人家这名字好啊，太平村成了这片地方的诺亚方舟。天黑了，没有人睡觉。大家说，水库为什么在大雨之前不放水，把库容预留好，等大雨暴雨来了，世界的水已经够多了，水库又要放水，这能不淹吗！后半夜，雨停了，没有继续下。第二天早上，太阳竟然出来了。水库看来没有溃坝，那任性的在地上横扫一切的洪水没有出来。它们还在水库的牢笼里好好地锁着呢。早上，我往家赶。我只离开家一宿，仿佛离开了一世。小灰早就听到了我的脚步声，从大门的门缝看见我回来了后，高兴得又蹦又转圈。院子里的一切和我昨天走时一样。没有水流从院子里经过。地上只是湿了，没有存水。那么大的雨，地上没有积水。我知道我的小鸡也不会少的。走时留给了它们足够的食物。果然都好好的呢。那只大母鸡甚至还下了一个蛋。但是我也知道，我并不是虚惊一场，而是侥幸逃过一劫。在这场大雨之后，南面的那个城市损失惨重，无数的汽车被水淹了报废了。更南的一个小城，大水带走了几十人的生命。

天彻底晴了。雨不再下了。小雨也不下了。日子继续。土豆应该起出来了。然后好种上白菜。头伏萝卜二伏菜。现在是二伏了，但是地里的土太湿了，得等一两天。这一两天我移栽花草。在别人家挖了一些马蛇菜花，栽到院子里，又在人家大门外薅了一把秋菊，回家栽上。等土豆装在纸箱子里存放到仓房里，白菜都种上了，甚至白菜都长出来了，我忽然想到一个事儿——燕子呢？这些天怎么没有看见燕子？没有听见燕子？

四

燕子走了。五只燕子一起离开了我的家，离开了它们的家！这个结论是发现燕子离开后的第三天晚上做出的。我站在屋檐下，头顶着四个空巢。南天的天蝎座照耀着空巢，而我的心，被困惑包裹着，漆黑一团。已经三天了，燕子在天黑后没有回家。

在我冒雨撤离乌拉街的时候，燕子也撤离了。我是村长通知的，燕子是谁通知的？我撤离到了太平村，燕子撤离到了哪里？太阳出来了，我回来了，燕子为什么不回来？它们飞到上游看到水库里那满满的、颤巍巍的水了吗？从上空往下看，那五座水库，已经像五只装得太满的水杯，大地的手已经端不稳它们了吗？

这是燕子留给我的最后一个谜题。从春天开始，我跟随在燕子身后一路捡拾燕子抛给我的谜题。我在猜谜的时候心里是多么愉快啊！那只石蛋、有几只小燕子、为什么建新巢……这些问题多好猜啊！这些谜语就像河水中的石头，我踩着它们，一步一步过了河，走到了燕子身边，和燕子成了一家人。我以为我已认识了燕子，理解了燕子，掌握了燕子。但是，燕子就在我最自信的时候，突然抛出了最后一个谜题，呈现出它们从来不曾示人的部分。燕子给了我沉重的打击，我不知道谜底，连通往答案的路径都找不到了。

找不到我也得找。燕子的离去和水灾有关，和我也有关。我一定是无意间做错了什么。我在院子里转圈，在燕子的老巢、新巢的下面久久停留。我仰视它们留下的空巢，似乎那里装着答案。我踩着凳子，把头升到和燕子窝一样的高度，把四个燕子窝都看了一遍。哪一个窝里燕子也没有给我留下说明去向和离开原因的书信。

几天之后，我终于找到了可疑的东西。老房子西侧的窗台上，有一个菜板，菜板上放着一把切菜刀。这是给院子里养的鸡切青草和白菜用的。小鸡喜欢吃蔬菜，但是得切碎才吃得进去。燕子新巢在窗子上方，菜刀在下面的窗台上，它们两者之间的距离非常近，不到两米。而且切菜刀并不是老老实实躺在切菜板上，每天早晚，切菜刀都要切菜，来帮助小鸡消化巨大的菜叶和青草。刀把白菜切碎的过程就是杀戮的过程。这个过程发出的声音在燕子听来很恐怖吧？刀切菜的样子也很凶恶吧？切菜刀切碎蔬菜的场面很血腥吧？关键是这可怕的声音和这凶恶的现场，就在离燕子窝不到两米的地方天天出现。

我儿子二十岁了。他和我之间有代沟。这个代沟多宽呢？有三十年那么宽。我们总是发生冲突，对世界的看法很不一致。我们站在不同的时间点上，看世界的角度是完全不同的。他看见的我看不见，我看见的他看不见。他认为我已经老了，跟不上人类前进的车轮，我认为他基本上还没有进入人类社会的秩序

里面去。我们住在一个屋檐下，却生活在不同的时间里，不同的秩序里。我儿子不想和我吵架，他想和我和平共处，他四处寻找导致我们不和的原因，不久他就找到了。他拿着厨房菜板上的切菜刀对我说，妈，刀用完要收起来，不能这样放在外面。他说刀会导致住在这个屋子里的人发生冲突。他说如果刀收到碗柜里，他的情绪就会平稳下来，不会动不动就发脾气。我猛然感到儿子关于刀的认识有些道理，但是我记不住，多年的坏习惯我一时改不了，刀还是经常躺在光天化日之下。儿子看到了，总是把刀收起来。

窗台上的那把刀，大摇大摆的，白天被太阳照耀着，晚上沐浴着月光，刀吸纳日月精华，在我疏忽的时候已经成精了？那把成精的刀，能那么老实地待在菜板上吗？天黑了后，它一定发出了什么声音，吓到了燕子。那刀在月光下可能还跳起舞来了，舞姿怪异邪恶，变幻出各种样子，故意吓唬燕子。燕子快要被吓死了。

一把刀会如此影响我儿子的情绪，那么刀也会影响燕子的情绪。燕子无力把刀收起来，它只能选择离开刀的领地。

现在是下午，太阳走到西厢房的屋脊上面。丝状云从西向东铺在天上，五只燕子坐在院子上空的电线上。头对着院子里的老房子。老房子坐北朝南，燕子坐南朝北。它们面对面对视着。我忽然感到老房子和燕子之间是能交流的。它们互相懂得。它们的语言我听不见、听不懂。现在，它们就在说话。燕子告诉老房子，它们搬到了哪里。至于搬走的原因，老房子是知道的。

我现在明白了，燕子回来，为什么落在高高的电线上，而不肯落到院子里的晾衣绳上。它们是和那把窗台上的刀保持安全的距离。它们想念老房子，想念旧巢，就飞回来看看。

五

几分钟后，当五只燕子一起飞走的时候，我的心并没有一下子空了。我从它们选择的位置，清晰地知道，它们只是回来看看过去的家，而不是回家来了。我的心是安宁的，因为我终于知道，它们还活着，找到了住处。这是我最后的疑问，它们今天给了我答案。这是最好的结局了。它们回来看过去的家，我恰好也在院子里，它们也看到我了吧。我如此牵挂它们，它们怎么会不知道呢？

可是，事情还没有完。当我以为所有的谜题都找到了答案，可以把这页翻过去的时候，关于燕子的最后一个谜题出现了。

一个月后，和后街的一个女人闲说话，我说到了燕子，我说我家的燕子走了。她马上惊讶地说，她家的燕子也走了。她又补充说，还没到走的时候啊。我说你知道燕子为什么走了吗？她说不知道。我说你家燕子窝下面的窗台上有一把刀吗？她说没有啊。

我的心忽然沉下去了。是不是整个村子的燕子都走了？我的燕子离开我，那把切菜刀只是原因之一，还有另外的原因隐藏在这个村子的空气里，人类的肉眼不能看见，但是燕子看见了。

这个问题我不想要答案了。我也无处得到答案。我忽然感到很累，对于猜谜失去了兴致。这是一件多可怕的事情啊。我宁愿相信，只有我家的燕子走了，只有我家出了问题，而不是整个一个村庄出了问题，整个一个村庄的燕子都走了。

原载《黄河文学》2018年第1期

鲁迅的公务员生涯

张宏杰

常人印象中，鲁迅是二十五岁（一九〇六年）在日本留学期间，因幻灯片事件受刺激，愤而弃医投身文学事业，发愿用文学唤醒国人。

事实上，鲁迅直到三十七岁（一九一八年），才写了第一篇白话小说。

那么，三十七岁以前的鲁迅在做什么呢？做公务员。用他自己的话说，在做“官”。

辛亥革命是“海归”们成为社会中流砥柱的一个关键契机。从日本回国后，鲁迅是师范学校的普通化学老师，绍兴一“光复”，他就被委任为“浙江山（阴）会（稽）初级师范学堂监督”，也就是校长。

仅过两个月，一九一二年初，更好的机会来了。鲁迅的朋友许寿裳从南京来信，已向中华民国临时政府（南京）教育部长蔡元培推荐，任命他为民国临时政府教育部部员。

鲁迅毫不犹豫地辞职，前往南京。他后来回顾当年从政的心情写道：“说起民元的事来，那时却是光明得多，当时我也在南京教育部，觉得中国将来很有希望。”

入职：因看重而兴奋

民元初创的教育部，机构精简，共三个司：普通教育司、专门教育司、社会教育司。各司下有两到三个科，全体人员不过七十三名。

鲁迅入职时是“普通教育科科员”。数月后，国民政府北迁。鲁迅半年后获升迁，官阶定为“佥事”，实职则被任命为社会教育司第一科科长。

这可不同于今天。鲁迅的上级是司长，按今天的级别，他的职务相当于处长。

至于官阶“佥事”，比今天的处级还要高。“佥事”是民国沿用清末的官阶名，所以鲁迅的官位，从品级看相当于清代从四品，也就是现在的副司局级。佥事之下，还有主事、技正、办事员、录事、工友等级别。

因此，晋升后的鲁迅在教育部是中层领导，日常事务有人负责给他跑腿。也因此，当时鲁迅相当兴奋。一九一二年八月二十二日，鲁迅日记记载：“晨见教育部任命名氏，余为佥事。”当晚，鲁迅约好友钱稻孙、许寿裳到广和居欢宴，“每人均出资一元”。饭后回家，日记记载：“归时见月色甚美。”这种反映心情的景色描写在鲁迅日记中是极罕见的。五天之后，第一科科长的委任状颁下，鲁迅当晚又“大饮于季市之室”。

履职：相当尽职和努力

鲁迅这个“官”，社会教育司第一科科长，管辖以下内容：

关于博物馆、图书馆事项；关于动植物园等学术事项；关于美术馆、美术展览会事项；关于文艺、音乐、演剧等事项；关于调查及搜集古物事项；关于通俗教育及讲演会事项；关于通俗图书馆及巡行文章事项。

管辖范围颇广。一九二〇年以前，鲁迅对他的工作是相当尽职和努力的。作为民国创始阶段的中级官员，鲁迅在文化建设中留下了自己的印迹。今天的中国国家图书馆和故宫博物院、国家博物馆，最初都是由他参与首创的。

为筹办京师图书馆总馆和通俗图书馆，鲁迅花了很多时间和精力，这在日记中多有反映。

他也参与了历史博物馆的筹建。一九一二年六月二十五日，“午后视察国子监及学宫”，是为了察看国子监是否适合设立历史博物馆。还有采购事宜，日记记载他“赴历史博物馆观所购明器土偶，约八十余事”。

中华民国的国歌审定也是鲁迅的工作内容。一九一九年，他被指派为“国歌研究会”干事。

中华民国的国徽更是由鲁迅直接设计的。钱稻孙回忆：“总统府要定国徽，由陈任中传达，让鲁迅、许寿裳和我同拟……国徽的说明是鲁迅写的。图案并不很好，但文章写得很好，是用六朝文写的，部里其他的人是写不出来的，教育部的人都很佩服。”

鲁迅受蔡元培所托为北大设计校徽，这校徽沿用至今。

鲁迅参与制定注音字母方案。一九一三年二月，他参加“读音统一会”，因与会人员达不成统一意见，鲁迅作为主办方人员，努力居间调停，促成了解决方案。

戏曲也归第一科管理。一九一二年六月，鲁迅为考察戏剧曾出差天津，为此专门“购领结一”“革履一”。

鲁迅还参与“大内档案”的整理，主持过教育部社会教育司规程草案的编订，在溥仪出宫后被任命为清室善后委员会助理员，在中华民国文化奠基的很多方面做过自己的贡献。

仕途：起点高但后劲不足

进教育部两年后，鲁迅又从五等官进叙为四等官，后又得过北洋政府颁发的五等嘉禾勋章。一九一五年，袁世凯为了称帝颁大总统策令，对各部门公职人员进行封赏，封鲁迅为“上士”。袁氏称帝后的洪宪元年二月，鲁迅又得“进第三级俸”的物质奖励。

鲁迅进入公务员体系半年，就成为中级官员。如果再晋升，就会成为司长，数年乃至十数年后成为次长乃至总长。事实上，他的很多同事此后纷纷“进步”。一九一五年，老同学伍仲文升为普通教育司司长，与他同级别的佥事陈仲骞升至代理次长，他的下级主事李梦周做到司长，甚至小小技正范吉陆后来也做到司长。老友许寿裳先到外省当教育厅厅长，后回京当高校校长。一九二二年，也曾留日、当过师范学校校长的汤尔和出任教育总长。此人早先曾巴结鲁迅，鲁迅在日记中记他“似有贺年之意”，语气颇为鄙视，没想到数年后成了自己的最高领导。

不过，鲁迅的仕途起点虽高，后劲不足。一九一五年之后，他在仕途上陷入停滞。

鲁迅勤勉，愿意尽职，但他性格中的偏激和苛刻导致他无法很好地处理与上级和同僚的关系。

鲁迅言语不多，内心却相当倨傲，几乎所有上司都不入他的法眼。蔡元培不久离职，继任者为范濂源。鲁迅听了他的演讲后在日记中记载“其词甚怪”，有些瞧不起。一年后，海军总长刘冠雄兼任教育总长，鲁迅评价他的就职演说“不知所云”。对次长梁济善，鲁迅的评价是“山西人，不了了”。

他的直接领导是社会教育司司长，先是夏曾佑，著名历史学家，其学术成就今天仍得到较高评价。然而鲁迅对他的评价是“阴鸷可畏也”，还起了个外号叫“老虾公”。

内心鄙夷如此，鲁迅自然很难搞好和上级的关系。

他与大部分同事的关系也并不算好，认为他们观念落后，不学无术。一九一二年七月十二日，鲁迅参加临时教育会议后，激愤地在日记中写道：“开临时教育会议竟删美育，此种豚犬，可怜可怜！”

鲁迅一九一八年给许寿裳的信中说：“京师图书分馆等章程，朱孝荃想早寄上。然此并庸妄人钱稻孙，王丕谟所为，何足依据？”

钱稻孙自认为鲁迅好友，相知甚深，哪里想得到自己会被鲁迅私下称为庸妄人。对好友尚且如此，其他人更可想而知。

鲁迅从三十二岁到四十六岁做了十四年京官，离职时级别仍是“处级”。

薪水：堪称丰厚

一九一二年八月，鲁迅成为五等佥事，月工资二百四十元。一九一四年八月，晋升为四等，工资涨至二百八十元，与当时的大学一级教授薪俸相同。一九二一年，鲁迅又获佥事最高薪俸三百六十元之“年功加俸”。

这样的薪俸购买力如何？“北京一九一一年至一九二〇年大米每斤三分，猪肉每斤一角至一角一分……植物油每斤七分。”当时北京普通四口之家，每月伙食费是十二元。鲁迅所雇女佣，每月工资二至三元。因此鲁迅的收入是普通市民的数十甚至上百倍，堪称巨款。

正因为有高收入，一九一九年，鲁迅、周作人兄弟才能以自己近三千银圆的积蓄，加上卖掉绍兴故宅所得的一千余银圆，买下北京新街口八道湾一套四合院。那可是北京典型的“三进”大型四合院。前院坐南朝北的前罩房共九间，每三间一套，当中三间是鲁迅的书房。中院有高大的北房三间，东房西房各三间，后院内有后罩房九间。这在当时颇为阔气，今天价值更是起码过亿。

也正是有了这笔薪俸，鲁迅在北京才能过上较优裕的生活。下馆子、看戏、逛琉璃厂买书籍碑帖文物，这都是有钱有闲阶级才能做的事。他上下班常坐黄包车。

午饭他是到馆子吃包饭的。一九一四年三月二十六日鲁迅日记记载：“午与稻孙至益锠午饭，又约定自下星期起，每日往午食，每六日银一元六角。”日常

生活也有仆从伺候。一九一四年八月十一日日记记载："佣剃去辫发，予银一元令买帽。""佣"就是仆人。

离京：结束公务员生涯

一九二〇年起，从政八年后，鲁迅对公务员生涯开始感觉厌倦。

原因有二：一是迟迟未得升迁，且已知前途渺茫，因此生活重心已从恪尽官守转向文学创作；另一更重要的原因，是因政局动荡，教育部开始欠薪。

此时他肩负着包括母亲和两弟在内的整个大家庭的养家重任，只得另想他法。一九二〇年八月，他接受北京大学蔡元培校长聘请，兼任北大国文系讲师，每周一小时讲授"中国小说史"，月薪十八元。之后，他又接受高等师范学校、世界语学校、女子师范学校甚至黎明高中等校邀请，频繁奔波，以积少成多的讲课费来维持高水准的生活。

当然，班还是要上的，每天至少要到部里点个卯，再偷偷开溜。鲁迅曾向郁达夫描述他亦官亦教的生活："……同唱戏的一样，每天总得到处去扮一扮。上讲台的时候，就得扮教授，到教育部去，又非得扮官不可。"

这种半官半学的生活持续了五年多。一九二五年，有几个因素促使鲁迅决定告别公务员生涯。一是女学生许广平闯入了他的生活。他的结发妻子和老母都生活在北京，而这一师生恋在当时并不为主流舆论所接受，他需要离开北京。另一是因文学创作已文名大著的鲁迅，经好友林语堂介绍，收到创办不久的厦门大学抛出的橄榄枝——担任研究教授，月薪四百元。

鲁迅开始积极讨薪。一九二六年一月，他与各校代表同赴国务院索薪。一九二六年七月二十一日，鲁迅发表《记"发薪"》，控诉北洋军阀政府积欠他应得薪水共两年半，九千二百四十银圆。钱稻孙回忆，教育部所欠薪金后来都没有还清。

一九二六年八月二十六日，鲁迅收到厦门大学提供的差旅费一百元和月薪四百元，离开北京，结束了十多年的公务员生活。

原载《记者观察：上》2018年第12期